Ô JÉRUSALEM

Dominique Lapierre est entré dans le journalisme à dix-sept ans en traversant l'Amérique avec trente dollars en poche. De la guerre de Corée à la mort de Caryl Chessman, ses grands reportages ont raconté dans Paris Match *toute l'actualité brûlante de ces dernières années.*
Le journaliste américain Larry Collins a été correspondant au Moyen-Orient puis chef du bureau de Paris du magazine Newsweek. *Ses reportages sur les révolutions arabes, la guerre d'Algérie et les affaires françaises ont connu un grand retentissement outre-Atlantique.*

Jérusalem, le 14 mai 1948 : la Ville sainte est à feu et à sang une nouvelle fois de son histoire. Ce jour-là, les Anglais quittent la Palestine après trente années d'occupation, les Juifs proclament la naissance d'Israël, les Arabes partent en guerre. Un conflit commence qui ne s'éteindra pas. *Ô Jérusalem* est l'histoire passionnée et objective de la naissance de ce conflit.

C'est l'histoire d'une cité qui devient l'enjeu et le symbole d'une lutte fratricide. C'est l'histoire du chef arabe Abdel Kader, précurseur des feddayin d'aujourd'hui, qui descend des montagnes avec ses partisans pour assiéger la Ville sainte. C'est l'histoire des cent mille Juifs de la ville condamnés à mourir de faim et de soif sous le déluge des bombardements arabes. C'est l'histoire des vieillards et des enfants de Tel-Aviv creusant dans les collines de Judée une route secrète pour porter à leurs frères affamés quelques sacs de farine. C'est l'histoire de centaines de survivants des chambres à gaz pour qui leur vie le droit d'entrer sur le sol de la Terre promise. C'est l'histoire des nobles bédouins de la Légion arabe courant au secours de la mosquée d'Omar. C'est l'histoire de milliers de familles arabes et juives devenant ennemies après avoir partagé les mêmes pierres pendant des siècles. C'est l'histoire de jeunes Arabes et de jeunes Juives unis par les liens de l'amour et que la guerre brutalement sépare. C'est l'histoire des soldats anglais venus faire régner la paix sur la Terre sainte et qui embrassent ses passions et désertent pour un camp ou pour l'autre. C'est le drame du petit peuple de Jérusalem, arabe et juif, rougissant de son sang les pavés qu'avaient foulés David, Jésus, Saladin. C'est l'histoire du fantastique jeu de cache-cache que Juifs et Arabes se livrèrent à travers le monde pour acheter les armes avec lesquelles ils voulaient conquérir Jérusalem. C'est Golda Meïr déguisée en femme arabe allant secrètement rencontrer le roi Adbullah pour tenter de sauver la paix. C'est Farouk

(Suite au verso.)

décidant d'entrer en guerre après une partie de poker. C'est David Ben Gourion griffonnant la première proclamation de l'Etat juif sur un morceau de papier hygiénique. C'est l'écheveau des intrigues, des rivalités, des complots, tissé par les chefs politiques du Proche-Orient et du monde autour du destin de Jérusalem. *O Jérusalem* conduit le lecteur chez Harry Truman, président des Etats-Unis, à Yalta chez Staline, chez Attlee à Londres, partout où se joua en ce crucial printemps 1948 le sort de Jérusalem et de la Palestine.

Paru dans Le Livre de Poche :

... Ou tu porteras mon deuil *(Récit).*
Paris brûle-t-il ?
Cette nuit, la liberté.
Le Cinquième Cavalier.

DOMINIQUE LAPIERRE
ET
LARRY COLLINS

Ô *Jérusalem*

RÉCIT

LAFFONT

Si je t'oublie, ô Jérusalem,
que ma main droite se dessèche !
Que ma langue s'attache à mon palais
si je perds ton souvenir,
si je ne mets Jérusalem
au plus haut de ma joie !

Chant des enfants exilés d'Israël
Psaume 137

Ô Jérusalem, toi qui tues les prophètes
et lapides ceux qui te sont envoyés,
que de fois j'ai voulu rassembler tes enfants
à la manière dont une poule rassemble ses
poussins sous ses ailes...

Jésus contemplant Jérusalem du mont des Oliviers
Saint Matthieu, 23-37

Ô Jérusalem, terre élue d'Allah et patrie
de Ses serviteurs, c'est de tes murs que le monde
est devenu monde.

Ô Jérusalem, la rosée qui descend vers toi
guérit tous les maux parce qu'elle vient des
jardins du Paradis.

Le Hadith, paroles du prophète Mahomet

PROLOGUE

Ce soir de mai 1948, la plainte des cornemuses se répandait pour la dernière fois dans le dédale des antiques ruelles. Elle annonçait le départ des soldats britanniques qui avaient occupé la Vieille Ville de Jérusalem. Impassibles, ils marchaient en silence par groupes de huit ou dix, et le martèlement de leurs brodequins ponctuait la mélodie. Encadrant chaque groupe, deux hommes, mitraillette au côté, surveillaient avec attention les façades et les terrasses de l'univers hostile qu'ils traversaient.

Aux fenêtres ou sur les seuils des synagogues et des écoles religieuses de la rue des Juifs, les vieillards à longue barbe contemplaient ce défilé. Depuis trois mille ans, leurs ancêtres avaient vu partir bien d'autres occupants : Assyriens, Babyloniens, Perses, Romains, Croisés, Arabes et Turcs. Aujourd'hui, c'était au tour des militaires britanniques de quitter ces remparts après un triste règne de trente années.

Pâlis et courbés par une existence tout entière vouée à l'étude, ces vieillards incarnaient la pérennité de la présence juive à Jérusalem. Rabbins, talmudistes ou docteurs de la loi, ils avaient survécu de siècle en siècle, parcelle presque oubliée de la communauté dispersée. Ils avaient honoré le jour du sabbat et réglé chaque acte de leurs pauvres vies selon les préceptes sacrés. Ils avaient appris par cœur les versets de la Torah et recopié avec soin les textes du Talmud qu'ils s'étaient transmis de génération en génération. Chaque jour, ils étaient allés se prosterner devant le mur des Lamentations, implorant le Dieu d'Abraham de faire revenir son peuple sur cette terre d'où il avait été chassé. Jamais ce jour n'avait paru plus proche.

D'autres regards épiaient en effet la colonne des soldats étrangers. Embusqués à l'abri des sacs de sable qui obstruaient certaines fenêtres, ou derrière d'invisibles meurtrières aménagées dans les vénérables façades, des guetteurs juifs attendaient, armés de mitraillettes et de grenades rudimentaires. Dans quelques instants, dès la disparition du dernier soldat, ils s'élanceraient vers les positions britanniques abandonnées, une demi-douzaine de maisons fortifiées qui défendaient le quartier juif contre les attaques venues des quartiers arabes qui l'encerclaient.

Comme le dernier détachement britannique atteignait le bout de la rue, il obliqua vers la gauche pour remonter une ruelle qui menait à l'imposante clôture du patriarcat arménien. Arrivé devant l'arceau de pierre qui couronnait l'entrée du n° 3 de la rue Or Chayim, il s'immobilisa.

Dans son bureau aux murs tapissés de livres anciens et d'objets religieux, le rabbin Mordechai Weingarten, la plus haute autorité du quartier, avait passé l'après-midi dans la compagnie de ses textes sacrés. Perdu dans sa méditation, il hésita un moment avant de répondre au coup frappé à la porte. Il se leva enfin, passa son gilet et sa redingote noirs, ajusta ses lunettes à monture d'or, mit son chapeau et sortit. Dans la cour, un officier aux insignes jaune et rouge du régiment du Suffolk l'attendait pour lui présenter solennellement une longue clef. C'était la clef de la porte de Sion, une des sept portes de Jérusalem.

« Depuis l'an 70 jusqu'à ce jour, déclara l'officier, aucune clef de Jérusalem n'a plus été entre les mains des Juifs. C'est donc la première fois en dix-neuf siècles que votre peuple obtient ce privilège. »

Weingarten tendit une main tremblante. La légende voulait que la nuit où l'empereur romain Titus avait détruit le temple des Juifs, ses prêtres aient lancé *lait sous ses yeux. Sensible à la beauté du site mais ignorant de la Bible, un obscur fonctionnaire avait édifié la résidence officielle du haut-commissaire britannique sur cette colline dite du Mauvais Conseil. Sir Alan Gordon Cunningham laissa pour la dernière fois errer son regard sur le spectacle de la vieille cité dans sa couronne de remparts, puis il descendit présider une brève cérémonie. Pour un militaire, même les échecs les plus douloureux avaient en effet droit à la sanction d'une rigoureuse liturgie. Ce matin, Sir Alan enterrait le règne de la Grande-Bretagne en Palestine.*

Pourtant, peu de responsabilités avaient été plus convoitées par son pays que le mandat qu'il avait reçu de la Société des Nations en 1922, et par lequel son autorité se substituait en Palestine à celle de la Turquie vaincue par les canons alliés de la Grande Guerre. La Palestine était nécessaire à l'Angleterre pour mener à bien sa politique au Moyen-Orient au lendemain du premier conflit mondial. Elle devait lui servir de trait d'union entre les fabuleuses réserves de pétrole d'Irak et le canal de Suez, artère vitale devenue aussi britannique que la Tamise.

Pour réaliser cette ambition, la Grande-Bretagne s'était solennellement engagée à effacer cinq siècles d'obscurantisme turc par un modèle de domination chrétienne éclairée, et à ouvrir aux Juifs dispersés les portes de leur ancienne patrie. Elle avait envoyé à Jérusalem l'élite de son administration coloniale. Mais les problèmes s'étaient révélés totalement insurmontables et la Grande-Bretagne, consciente de son échec, avait fini par renoncer à son mandat.

Sir Alan Cunningham, dernier représentant d'une courte lignée de grands commis animés des intentions les plus hautes, savait mieux que personne que son pays ne laissait derrière lui que le chaos et la perspective d'une guerre. Pendant qu'il contemplait la ville étendue à ses pieds, une pensée angoissante l'avait troublé : là, au-dessous de sa terrasse, cent soixante mille habitants n'attendaient que son départ pour s'entre-tuer.

ment cru au départ des Anglais. Il lui paraissait surtout impossible que ces hommes, qui lui avaient inculqué leur amour des choses bien faites, puissent s'en aller « en laissant un tel vide derrière eux ». Et pourtant, après une rapide poignée de main, ils grimpaient l'un après l'autre dans l'autocar. Pressés, désormais, de quitter ces lieux, aucun d'eux ne songeait à lui souhaiter un bon retour chez elle.

Le convoi se dirigea vers la porte de Damas pour prendre la route du port de Haïfa, d'où les voyageurs allaient regagner leur pays. Restée seule sur le trottoir, Assiya agitait le bras pour un dernier adieu. L'hôtel du Roi-David était maintenant désert. Dans cet édifice qui avait été la citadelle de son pouvoir civil en Palestine, il ne restait de la Grande-Bretagne que quelques morceaux de papier tourbillonnant dans le vestibule abandonné.

A son retour, Assiya trouva un message de son frère la pressant de venir le rejoindre dans le quartier arabe, derrière les remparts protecteurs de la Vieille Ville. Elle rassembla quelques affaires, sa machine à écrire, son oreiller de petite fille et son ours en peluche. Puis, sur un rayon de sa bibliothèque, elle choisit un livre.

Pour Assiya Halaby comme pour d'innombrables habitants de Jérusalem, commençait une nouvelle existence. En parcourant la courte distance qui séparait sa maison natale des murs de la vieille cité, c'était en réalité sur le chemin de l'exil qu'elle s'engageait. Bientôt, sa ville serait coupée en deux. Et pendant les dix-neuf années qu'allait durer cette séparation, la jeune femme aurait le temps de méditer le message du livre qu'elle avait emporté. Il s'intitulait Le Réveil Arabe.

*

Raide et solennel dans son uniforme fraîchement repassé de général de l'Artillerie royale, l'Ecossais à moustache blanche apparut sur le perron d'honneur de sa résidence et contempla le panorama qui s'éta-

11

Ce matin-là, le vestibule de l'hôtel du Roi-David était presque vide. Une couche de poussière jaune recouvrait fauteuils et canapés, des papiers jonchaient les corridors. Sur le perron, plusieurs armoires remplies d'archives scellées d'un cachet de cire rouge attendaient d'être chargées sur un camion. Dehors, sur la terrasse, d'autres documents n'en finissaient pas de brûler dans des cages métalliques, vieux décrets ou règlements dont la publication avait naguère suscité tant d'espérances et dont les cendres s'éparpillaient à présent au gré des courants d'air. Dans un coin du vestibule, quelques fonctionnaires britanniques bavardaient à voix basse avec cet air embarrassé qu'ont les derniers invités d'une réception quand ils découvrent que les autres convives sont déjà partis.

Assiya Halaby comprit que de tous les employés, arabes ou juifs, elle était la seule qui fût venue, au péril de sa vie, dire adieu à ces hommes. Ils avaient gouverné sa terre natale pendant près d'un tiers de siècle. La veille, dans son bureau du troisième étage, elle avait exécuté à leur service un dernier acte officiel pour le gouvernement de Sa Majesté. Elle avait signé le document allouant au département de l'Agriculture le crédit supplémentaire exceptionnel de six cent cinquante livres palestiniennes pour l'affectation de deux nouveaux gardes à la forêt de Jenin. La certitude qu'aucun arbre de cette forêt ne connaîtrait jamais leur protection n'avait pas arrêté le paraphe consciencieux de sa plume de fonctionnaire. Assiya Halaby était un pur produit de cette administration dont les caisses d'archives emportaient maintenant le travail ordonné.

Issue d'une famille arabe chrétienne de la moyenne bourgeoisie, elle devait beaucoup à cette administration. Et d'abord son émancipation, symbolisée par une brève formalité au bureau d'immatriculation des véhicules de Jérusalem, un matin de 1939. Ce jour-là, Assiya Halaby était devenue la première femme arabe à posséder et conduire une voiture. Comme la plupart des Arabes de Palestine, Assiya n'avait pas vrai-

*les clefs de Jérusalem vers le ciel en s'écriant :
« Dieu soit désormais le gardien de ces clefs ! »*

L'officier britannique se figea au garde-à-vous et salua.

« Nos relations n'ont pas toujours été faciles, mais séparons-nous bons amis, reprit-il. Bonne chance et adieu.

— Béni sois-tu, murmura Weingarten, ô Dieu qui nous as accordé la vie et le pain, et nous as permis de voir ce jour. »

Puis, s'adressant à l'Anglais, il ajouta :

« J'accepte cette clef au nom de mon peuple. »

L'officier fit demi-tour et commanda à ses hommes de se retirer. Le crépuscule couvrait déjà la ville d'ombres. Un bruit nouveau succéda bientôt au lamento des cornemuses. La joie du rabbin qui serrait entre ses doigts la clef de la porte de Sion s'évanouit. Ce bruit venait de lui rappeler combien fragile était le droit du peuple juif à vivre dans cette cité, et combien illusoire pouvait s'en révéler la possession. Une fois encore, Jérusalem allait devenir un champ de bataille. Ses murs appartiendraient à ceux-là seuls qui sauraient les conquérir et les garder. Dans l'obscurité grandissante, le bruit se multipliait. Déchirant et sinistre, il parut bientôt venir de tous les coins de la ville. C'était le crépitement des balles.

*

A chaque sifflement, la jeune femme arabe baissait la tête et pressait le pas. Sur sa gauche, Assiya Halaby discernait les remparts de la Vieille Ville embrasés par le soleil levant. Devant elle, en haut de l'avenue déserte, s'élevait l'édifice de cinq étages où elle avait passé une grande partie de son existence. Cette lourde masse de pierre dominait le ciel de Jérusalem comme ses occupants avaient dominé la vie de la cité. Elle portait le nom du roi juif qui avait choisi de construire sa capitale sur ces collines de Judée et, hier encore, abritait le siège de l'autorité britannique en Palestine.

Quelques officiers, des fonctionnaires et des journalistes — une vingtaine de personnes en tout — s'étaient rassemblés sur l'esplanade. Cunningham constata avec tristesse qu'aucun représentant des communautés arabe et juive n'était venu lui faire ses adieux. Après avoir serré quelques mains, il alla se placer devant la façade de la résidence. Cinq soldats en kilt vert à liséré jaune du régiment Highland Light Infantry se tenaient au garde-à-vous sur le balcon. Il était sept heures du matin. Un clairon retentit et ses notes flottèrent un long moment dans l'air transparent. Puis, lentement, majestueusement, les cornemuses accompagnèrent de leur plainte la chute de l'Union Jack dans le ciel bleu. Sir Alan se sentit submergé de découragement. « Tant d'efforts, songea-t-il, tant de vies pour un résultat aussi dérisoire. Que reste-t-il de ces trente années ? »

La limousine noire qui allait le conduire à l'aéroport vint alors s'immobiliser devant lui. L'apparition du véhicule le contraria. C'était une Daimler blindée de quatre tonnes, spécialement conçue pour les déplacements du roi George VI pendant les bombardements de Londres. L'Écossais avait toujours refusé de l'utiliser. Mais ce matin, à la demande de l'officier chargé de la sécurité, elle lui ferait faire son ultime voyage à travers Jérusalem.

Avant d'y prendre place, il voulut revoir un endroit qui lui était cher. Il avait aimé venir méditer dans les allées de ce jardin. Bien souvent, il y avait en conscience débattu de la vie ou de la mort d'un condamné juif, ou cherché à oublier l'atroce vision de ses soldats déchiquetés par les bombes terroristes. Il connaissait chaque rosier, chaque bouquet de lavande, chaque pin d'Alep soigneusement taillé. « Et maintenant, se demandait-il, qui va s'occuper d'eux ? »

C'était le 14 mai 1948. Ce jour vit les Anglais quitter la Palestine, les Juifs proclamer l'État d'Israël, les Arabes partir en guerre.

Un conflit allait embraser la Terre sainte et ne plus s'éteindre. Ce livre en raconte la naissance.

JÉRUSALEM ET SES ENVIRONS

1. La porte de Jaffa où est morte Mme Majaj.
2. L'hôtel *Sémiramis* où disparut la famille Aboussouan.
3. Le *Palestine Post* qui ne devait plus paraître.
4. Le massacre de la rue Ben Yehuda.
5. L'Agence Juive d'où Ben Gourion a annoncé : « Enfin nous sommes un peuple libre. »
6. L'embuscade tragique du convoi de l'hôpital de la Hadassah.
7. Ici Josef Nevo stoppa les autocanons de la Légion arabe.
8. Notre-Dame de France, la forteresse qui changea dix fois de mains.
9. L'orphelinat Schneller, première base de la Haganah à Jérusalem.
10. Le Centre Commercial, théâtre de la première émeute.
11. Université hébraïque.
12. Hôpital de la Hadassah.
13. Résidence du haut-commissaire britannique.
14. Institut Augusta Victoria.
15. Hôtel du *Roi-David*.
16. Rue Mamillah.
17. Gare.
18. Y.M.C.A.
19. Enceinte russe.
20. Ecole de la Police.
21. Consulat de France.
22. Avenue du Roi-George-V.
23. Avenue de la Princesse-Mary.
24. Poste centrale.
25. Monastère de Saint-Siméon.
26. Rue des Prophètes.
27. Porte Neuve.
28. Porte de Damas.
29. Porte d'Hérode.
30. Porte de Saint-Etienne.
31. Porte Dorée.
32. Porte de Dung.
33. Porte de Sion.
34. Centrale électrique.
35. Immeuble David.
36. Casernes Allenby.
37. Musrara.
38. Banque Barclay's.
39. Couvent des Sœurs Réparatrices.
40. Place de Sion.
41. Avenue de Soliman.
42. Caserne El-Alamein.
43. Hôpital italien.
44. Maison de Katy Antonious.

14

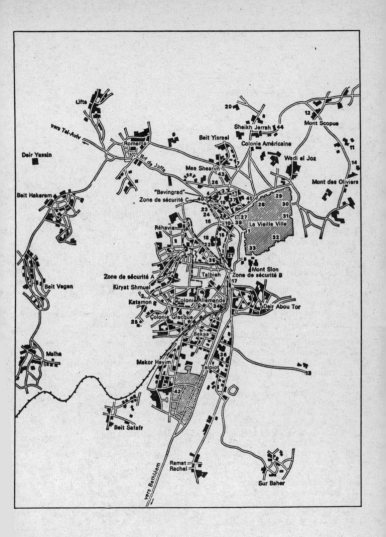

Lifta

vers Tel-Aviv

Deir Yassin

Beit Hakerem

Beit Vegan

Malha

Beit Safafr

Romema

Brd de Jaffe

Mea Shearim

"Bevingrad"
Zone de sécurité C

Réhavia

Zone de sécurité A
Kiryat Shmuel

Katamon

Colonie Grecque

Colonie Allemande

Mekor Hayim

Talpiot

Ramat
Rachel

Beit Yisrael

Sheikh Jerrah

Colonie Américaine

Wadi el Joz

Mont Scopus

Mont des Oliviers

La Vieille Ville

Mont Sion
Zone de sécurité B

Talbieh

Deir Abou Tor

Bekaa

Sur Baher

vers Bethléem

1

LA PATINOIRE DE NEW YORK

C'EST un vote du parlement des hommes qui rendit le conflit inévitable. Le 29 novembre 1947, un froid samedi, six mois avant que les premiers obus de la guerre ne tombent sur les toits de Jérusalem, les représentants de cinquante-six des pays membres de la nouvelle Organisation des Nations unies étaient assemblés à Flushing Meadows, dans la banlieue de New York. Là, sous la coupole d'une ancienne patinoire, ils devaient fixer le sort d'une bande de terre située sur la rive orientale de la Méditerranée, deux fois moins étendue que le Danemark et cinq fois moins peuplée que la Belgique, centre de l'univers pour les cartographes de l'Antiquité et destination, à l'aube du monde, de toutes les routes de l'homme — la Palestine.

Dans la courte histoire des Nations unies, rarement débats avaient déchaîné autant de passions. Chacun des pays représentés devait à cette contrée, d'une certaine manière, une part de son héritage spirituel. On proposait à l'assemblée internationale de partager la Palestine en deux Etats distincts, arabe et juif. Ainsi la sagesse collective devrait-elle mettre un terme à trente années de guerre civile. Mais, tracée avec le crayon du désespoir, la carte de ce partage était un mélange de compromis supportables et de monstruosités inacceptables : cinquante-sept pour cent de la Palestine étaient attribués aux Juifs alors que la majorité des terres du futur Etat juif et presque la moitié de sa population étaient

arabes. Quant aux frontières de ce territoire juif, si-
nueuses et torturées, elles étaient de véritables défis
aussi bien au bon sens qu'aux nécessités de leur défense : plus de neuf cent cinquante kilomètres pour un
pays qui, du nord au sud, n'en avait pas quatre cent
trente. En outre, le plan refusait aux Juifs et aux
Arabes le contrôle de Jérusalem, ce haut lieu autour
duquel gravitait depuis l'Antiquité toute la vie politique, économique et religieuse de la Palestine. Placée sous la tutelle de l'O.N.U. en vertu de sa vocation de lieu saint et des intérêts matériels que
d'innombrables nations y possédaient, Jérusalem devenait un territoire international, où ni les Arabes
ni les Juifs n'avaient le droit d'installer leur capitale.

Pour le peuple juif, la perspective de recouvrer
un Etat sans pouvoir lui donner pour métropole
la cité de David équivalait à une résurrection « de
sa chair mais non de son âme ». Deux mille ans
durant, la prière « Si je t'oublie, Jérusalem, que
ma main droite m'oublie ! » s'était fait l'écho de la
fidélité dans la dispersion. Des hommes qui n'avaient
pas la moindre possibilité, ni même l'intention, de
contempler un jour de leurs yeux les collines de
Judée, avaient néanmoins solennellement fait le vœu,
chaque année, en fêtant la Pâque, de se retrouver
« l'an prochain à Jérusalem ». Et comme les mihrâbs
des mosquées tournés vers La Mecque, la face noble
des synagogues du monde entier regardait toujours
dans sa direction. Dans tous les foyers religieux,
une pierre était laissée sans peinture en rappel de
la Ville sainte. A la fin de chaque mariage juif,
l'époux écrasait un verre du pied droit en signe de
douleur pour la destruction du Temple, et on réci-
tait une prière afin que son union inonde de joie
et de danses les rues de Jérusalem. L'expression
rituelle de la consolation : « Que le Tout-Puissant
vous réconforte ainsi que les endeuillés de Sion
et de Jérusalem », évoquait elle aussi la ville. Le
mot même de sionisme, qui traduisait dans toutes
les langues la volonté de rassembler les Juifs dans
leur ancienne patrie, venait du nom de cette colline

de Sion qui s'élevait au cœur de Jérusalem. En hébreu, Sion signifie l'Elue, et depuis vingt-cinq siècles elle désigne Jérusalem, espérance du peuple israélite.

Sa religion et son histoire se confondaient avec cette terre promise au peuple élu pour y attendre la venue du Messie. A ces liens spirituels s'ajoutaient d'importants intérêts politiques et stratégiques. Deux sur trois des habitants de Jérusalem étaient juifs, et leur nombre représentait presque le sixième du peuplement juif de toute la Palestine. Par sa situation géographique, la ville constituait en outre un admirable bastion au centre du pays, sans lequel le futur Etat juif ne serait qu'une bande de terre acculée à la mer.

Mais de nombreux pays chrétiens d'Amérique du Sud ayant annoncé que l'internationalisation de la Ville sainte était le prix de leur soutien au Partage, les Juifs avaient finalement dû accepter cette mutilation. Renoncer à Jérusalem leur coûtait un douloureux sacrifice, mais leur permettait tout de même d'exaucer un rêve deux fois millénaire et de résoudre dans l'immédiat les problèmes les plus urgents. Les Juifs, surtout ceux des communautés religieuses qui formaient une masse compacte et qui avaient maintenu leurs traditions, avaient montré une constance et une opiniâtreté uniques dans les annales de l'humanité. Alors que l'Histoire semblait confirmer l'éternité de leur exil, ils avaient perpétué le souvenir et le culte du royaume biblique dont leurs pères avaient été chassés en l'an 70. Dans leurs prières et leurs offices, à chaque moment marquant de leur vie, ils s'étaient souvenus de leurs attaches avec la Terre promise, *Eretz Israël*, et du caractère passager de leur éloignement. Dans les cités fortifiées de l'Europe médiévale, dans les ghettos frileux de Pologne et de Russie, dans les taudis nés de la révolution industrielle, les communautés avaient, au cours des siècles, célébré aux jours de fête les moissons d'orge et de blé de la terre qui avait autrefois été la leur. Banquiers, fonctionnaires, commerçants, artisans, docteurs de la loi, écoliers et ménagères, tout un peuple avait ainsi fidèlement prié chaque année pour que le soleil et la pluie épanouissent les récoltes d'un pays qui n'existait que dans son imagination.

C'était trente ans, presque jour pour jour, avant la réunion historique des Nations unies que la Grande-Bretagne avait offert aux Juifs la première occasion véritable de réaliser le rêve d'un si grand nombre d'entre eux — un foyer en Palestine. Et cela par une simple lettre de cent dix-sept mots que Lord Arthur James Balfour, ministre des Affaires étrangères, avait adressée le 2 novembre 1917 à Lord Walter Rothschild, chef de la branche anglaise de la grande famille des banquiers. « Le gouvernement de Sa Majesté, y était-il dit, envisage favorablement l'établissement en Palestine d'un Foyer national pour le peuple juif... étant clairement entendu que rien ne sera fait qui puisse porter atteinte aux droits civils et religieux des collectivités non juives existant en Palestine... » Officiellement confirmée dans la charte du mandat confié cinq ans plus tard à l'Angleterre par la Société des Nations, cette déclaration avait provoqué sur place une immédiate dégradation des relations entre Juifs et Arabes.

Mais en cet automne 1947, les droits historiques invoqués et la promesse de Lord Balfour pesaient en réalité moins lourd que les nécessités du moment. Le monde venait de découvrir avec horreur que six millions de Juifs avaient été exterminés dans les chambres à gaz de l'Allemagne nazie. Des milliers d'enfants, dont aucun pays ne voulait, erraient sur les routes. Le drame de l'*Exodus*, ce bateau où quatre mille cinq cent cinquante-quatre survivants des camps nazis avaient trouvé de nouveaux geôliers, venait de souligner à quel point il était urgent d'assurer un abri aux parias de l'Europe entière.

En leur accordant quelques milliers de kilomètres carrés de terre pratiquement inculte, un monde qui avait mauvaise conscience s'en tirait à bon compte. Mais les rescapés de l'holocauste savaient que pour éviter le retour de pareille tragédie, la seule garan-

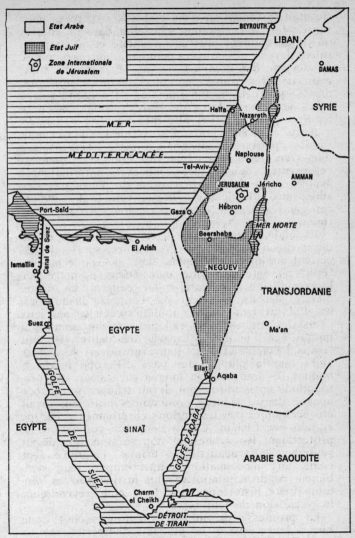

PLAN DU PARTAGE DE LA PALESTINE
EN UN ETAT ARABE ET UN ETAT JUIF
Vote de l'O.N.U. du 29 novembre 1947.

tie était la fondation d'un Etat aux structures puissantes. Les Juifs devaient s'installer dans un endroit où ils ne seraient plus une minorité et où ils pourraient devenir des citoyens comme les autres hommes. Et devenir des hommes comme les autres, c'était avoir un Etat comme les autres. Droits historiques, droits spirituels, droits humains se confondaient à leurs yeux pour faire de cette reconnaissance la légitime compensation aux injustices de l'Histoire.

Petits et grands Etats, Est et Ouest, Juifs et antisémites pouvaient souscrire à cette compensation d'un cœur léger. Mais bien des Etats nouvellement représentés dans la communauté internationale avaient aussi de bonnes raisons de n'être pas sensibles aux injustices qui la motivaient. A commencer par les Arabes, et en particulier ceux de Palestine.

Ils étaient un million deux cent mille à considérer qu'un partage de ce territoire, sur lequel ils étaient majoritaires depuis sept siècles, représenterait un acte d'iniquité monstrueux perpétré par l'impérialisme occidental pour réparer un crime qu'eux, Arabes, n'avaient pas commis. Jusqu'alors, les Juifs avaient presque toujours vécu en paix aux côtés des Arabes. Leur exil avait même connu son unique âge d'or dans l'Espagne des califes. De tout temps, l'Empire ottoman leur avait ouvert ses portes alors que la plupart des pays d'Europe leur fermaient les leurs. Et la longue succession des persécutions antisémites, qui devait trouver son atroce apogée dans les fours crématoires hitlériens, avait été accomplie par les nations chrétiennes d'Europe et non par l'Islam. C'était donc sur ces nations-là, protestaient les Arabes, et non sur eux que devait retomber le fardeau de ces crimes. En outre, sept cents ans d'occupation ininterrompue leur semblaient un droit infiniment plus justifié que les lointains liens historiques des Juifs pour revendiquer la possession de leur terre.

La promesse du ministre Balfour n'était donc bien à leurs yeux qu'un pur acte d'impérialisme. La

Grande-Bretagne prenait une hypothèque sur l'avenir du territoire, sans y posséder aucun titre; une décision arbitraire était imposée aux Arabes, qui représentaient alors quatre-vingt-douze pour cent de la population locale. Ainsi le conflit palestinien leur apparaissait-il comme le prolongement d'une époque qui avait laissé les puissances coloniales européennes disposer à leur guise du destin des peuples afro-asiatiques. Farouchement hostiles à un quelconque partage, ils proposaient une solution inacceptable, cette fois, pour les Juifs : la création d'un seul Etat, arabe, où les Juifs jouiraient des mêmes droits que les Arabes mais resteraient une minorité.

Pour la Grande-Bretagne, le débat de Flushing Meadows mettait un terme sans gloire à une situation qui tournait au cauchemar. Deux ans après la fin de la seconde guerre mondiale, la Palestine était le seul endroit où des soldats britanniques mouraient encore au service de leur roi. Entraînée dans l'aventure palestinienne par ses seules ambitions politiques et économiques, l'Angleterre s'était trouvée prise au piège de ses engagements contradictoires. Pour sauvegarder ses liens d'amitié avec les Arabes, elle persistait à interdire aux rescapés du génocide hitlérien l'entrée du foyer national qu'elle leur avait promis en 1917, provoquant ainsi un grave conflit avec la communauté juive palestinienne. Pour assurer un semblant d'ordre public en Palestine, il ne lui fallait pas moins de cent mille soldats, soit un pour six Juifs. Faute d'avoir pu établir elle-même les conditions d'une paix juste et durable, l'Angleterre s'était finalement déchargée de ses responsabilités auprès de l'Organisation des Nations unies.

Mais les réactions de cette nouvelle assemblée étaient encore imprévisibles. Nouveaux venus à la diplomatie mondiale, de nombreux Etats qu'aucune attache directe n'intéressait au conflit disposaient d'une voix égale à celle des nations concernées. En ce début de guerre froide, où les Etats-Unis et l'Union

25

soviétique étaient d'accord pour la dernière fois, quel serait le vote de l'Inde et du Pakistan, qui venaient quelques mois plus tôt de sceller leur partage dans un bain de sang ? Tout aussi incertain était celui des pays d'Amérique Latine ou d'Extrême-Orient, qui cherchaient l'occasion d'affirmer leur indépendance contre l'hégémonie des Etats-Unis; celui, même, de la France, que ses traditions tiraillaient entre ses intérêts arabes et ses amitiés juives.

Les Etats-Unis se montraient les plus actifs à promouvoir le Partage. Sensibles aux pressions électorales de la communauté juive la plus importante et la plus influente du monde, de nombreux hommes politiques américains menaient une fervente campagne pour une immigration sans restriction en Palestine et la création d'un Etat juif. Ces nobles efforts cachaient pourtant mal l'hypocrisie de l'attitude américaine. A l'heure même où était publiquement stigmatisée la condition pitoyable de centaines de milliers de personnes « déplacées », le Congrès américain refusait de discuter l'augmentation des quotas d'immigration pour les réfugiés d'Europe. Tout en proclamant l'urgence d'admettre en Palestine deux cent cinquante mille immigrants juifs pour une population d'un million deux cent mille Arabes, ces législateurs n'avaient laissé que quatre mille sept cent soixante-sept survivants des chambres à gaz franchir les portes de la terre promise américaine pendant les huit premiers mois de 1946, soit à peine plus que n'en comptait la cargaison clandestine du seul *Exodus*.

La Maison-Blanche avait néanmoins exercé toutes les formes de pression possibles sur les pays opposés au Partage ou seulement indécis. Le président Truman avait ainsi averti son représentant aux Nations unies, l'ambassadeur Hershel Johnson, qu'il avait « le plus grand intérêt à faire en sorte que le Partage soit voté s'il ne voulait pas supporter personnellement les conséquences d'un échec ». De la même manière, le financier Bernard Baruch, conseiller du Président, n'avait pas hésité à menacer Alexandre

Parodi, le délégué de la France à l'O.N.U., d'une interruption possible de l'aide américaine en cas d'opposition de son pays.

En dépit de tous ces efforts et de l'offensive mondiale qu'ils avaient menée de leur côté, les responsables juifs se trouvèrent confrontés à une sombre réalité le mercredi 26 novembre, à moins de six heures du scrutin. Comme chaque matin, les chefs de l'Agence Juive, le gouvernement officieux de la communauté juive de Palestine, se réunirent au 16 East 66th Street, leur quartier général new-yorkais, voisin du célèbre night-club Copacabana. Accomplissant un rite quotidien, ils procédèrent à un nouvel appel des nations représentées et supputèrent leur choix probable à la lumière des dernières informations. C'était chaque fois le même pointage angoissant. Une majorité des deux tiers étant requise, le nombre des partisans nécessaire était tel que chaque voix devenait un enjeu capital. Il fallait déjà vingt-deux voix pour remonter le handicap des seules nations musulmanes, et pour chaque autre vote hostile, deux nouveaux « oui » devaient être obtenus. Ce dernier pointage fit apparaître une évidence tragique : si le scrutin avait lieu comme prévu dans l'après-midi, la création d'un Etat juif serait définitivement compromise.

Devant ce péril, Moshe Sharett, le ministre des Affaires étrangères de l'Agence Juive, et ses compagnons décidèrent de tenter une manœuvre de la dernière chance. Après deux mille ans d'attente, l'accomplissement du rêve du peuple juif dépendait peut-être d'un sursis de quelques heures. Pour arracher les ultimes voix indispensables, il fallait retarder le scrutin à tout prix. Une vieille tactique parlementaire allait permettre d'y parvenir. Les stratèges juifs coururent à Flushing Meadows rassembler tous les délégués présents favorables à leur cause et les prièrent de tenir la tribune jusqu'au soir. Quand les représentants arabes se rendirent compte de la manœuvre d'obstruction, il était trop tard. Leurs véhémentes protestations restèrent sans effet. Devant ce subit marathon oratoire, le président de l'assemblée, le Brésilien Oswaldo Aranha, au demeurant sincère partisan du Partage, dut proclamer l'ajournement du scrutin à la prochaine séance. Or, par un providentiel concours du calendrier, les sionistes gagnaient en fait plus de quarante-huit heures, le lendemain étant un jour chômé en raison du Thanksgiving Day, la grande fête d'action de grâces américaine.

Pendant ce récit vital, quatre nations hostiles au Partage — la Grèce, Haïti, le Libéria et les Philippines — allaient être soumises à un incroyable déferlement de pressions et même de menaces.

Les Etats-Unis, estimant que la position de deux au moins de ces pays devait être modifiée, apportèrent aux sionistes tout le concours de leur puissance. Le parlementaire new-yorkais Emmanuel Cellar réclama dans un télégramme ouvert au président des Etats-Unis que « des pays récalcitrants comme la Grèce soient ramenés à la raison ». Deux juges de la Cour suprême câblèrent de leur côté au président des Philippines que son pays « risquait de perdre des millions d'amis et de supporters américains s'il maintenait sa décision de voter contre le Partage ». L'intervention collective de vingt-six membres du Congrès, le S.O.S. téléphonique d'une très haute personnalité américaine que l'Agence Juive avait contactée en pleine nuit à Londres, les suppliques de son ambassadeur à Washington devaient finalement convaincre le président des Philippines d'ordonner à sa délégation aux Nations unies de changer son vote « dans le plus haut intérêt national ». Pendant que des agents sionistes traquaient dans Harlem le représentant de Haïti, un des plus grands industriels américains, le fabricant de pneumatiques Harvey Firestone, était de son côté menacé de voir boycotter ses productions s'il ne parvenait pas à contraindre le président de la République africaine du Libéria à renverser son attitude et voter le Partage. Le Libéria était un peu la propriété de Firestone. Il y possédait quatre cent mille hectares de plantations d'hévéas et s'apprêtait à y réaliser de nouveaux et considérables investissements.

*

L'issue du scrutin restait pourtant incertaine, ce samedi 29 novembre 1947, à l'heure où les délégués commencèrent à remplir les travées de l'ancienne patinoire. Longtemps avant l'arrivée de la première limousine, une foule de sympathisants sionistes brandissant des pancartes s'était massée aux abords de l'édifice, et des policiers municipaux new-yorkais avaient dû prendre position dans l'enclave internationale pour aider le service d'ordre intérieur. Sous l'afflux des appels, les plombs du standard téléphonique sautèrent, isolant pendant trente-cinq minutes le quartier général des Nations unies du reste du monde. De sinistres rumeurs couraient dans les couloirs. L'une d'elles affirmait que le délégué de la Thaïlande venait d'être assassiné.

C'est au milieu de cette agitation que délégués et observateurs achevèrent de gagner leurs places. Solennel et majestueux dans son abbayah noir et or, Faysal Ibn'Abd Al-Aziz, émir d'Arabie Saoudite, entra à la tête du cortège des délégations arabes. L'ancienne patinoire fut très vite comble et plusieurs membres de l'Agence Juive durent chercher refuge dans une tribune réservée à la presse.

La voix du président Aranha retentit pour ouvrir la séance et le vacarme s'apaisa. Du haut de la galerie, Moshe Sharett, le Juif responsable de l'ajournement du scrutin, considéra avec inquiétude cette assemblée silencieuse. Pour ne pas imaginer les conséquences d'une défaite, il occupa son esprit à un dernier calcul. Un insupportable suspense continuait, à quelques minutes du verdict, de planer sur la création d'un Etat juif.

Non loin du leader sioniste, le représentant des Arabes de Palestine, Jamal Husseini, cousin du Grand Mufti de Jérusalem, patientait avec sérénité. Tout à l'heure, dans les couloirs, il avait encore répété la menace qu'il avait inlassablement proférée ces dernières semaines : si l'O.N.U. votait le Partage, les Arabes de Palestine, soutenus par tous les Etats arabes, feraient la guerre aux Juifs dès le départ des Anglais.

L'instant crucial arriva. Invités à se prononcer publiquement depuis leur siège, les délégués attendirent en silence que le Président tire au sort le pays qui serait appelé à voter le premier. Quand le nom du Guatemala fut annoncé, il y eut un instant d'agitation. Puis, à nouveau, le silence. Délégués, spectateurs et journalistes, tous semblaient accorder à ce vote la même considération. Le représentant du Guatemala se leva. Avant qu'il ne prenne la parole, une voix perçante tomba de la galerie du public, lançant en hébreu un cri aussi vieux que le temps et la souffrance des hommes : « *Anna Hashem Hoshia-na* — O Dieu, sauve-nous ! »

2

« ENFIN NOUS SOMMES
UN PEUPLE LIBRE »

SUSPENDU dans le ciel d'automne, le gigantesque disque lunaire éclairait l'enchevêtrement de coupoles, de minarets, de clochers, de dômes et d'antiques remparts crénelés. A neuf mille kilomètres de la patinoire où quelques diplomates allaient déterminer l'avenir d'une terre dont elle était le cœur, la cité sacrée de Jérusalem attendait de connaître la nouvelle orientation de son destin.

Que ce soit par le sacrifice des animaux sur l'autel de son ancien temple juif, par le sacrifice du Christ sur la croix, ou par celui, sans cesse renouvelé, des hommes sur ses murs, Jérusalem avait vécu comme aucune autre ville du monde dans la malédiction du sang versé. *Yerushalayim*, en hébreu ancien, signifie pourtant « la ville de la Paix »; et ses premiers habitants s'étaient installés sur la pente du mont des Oliviers, ces arbres dont les rameaux deviendront le symbole universel de la concorde. Une interminable succession de prophètes avaient proclamé ici la paix de Dieu pour les hommes, et David, le roi juif qui en avait fait sa capitale, l'avait honorée par cette invocation : « Priez pour la paix de Jérusalem. »

Sacrées pour les trois grandes religions monothéistes — le christianisme, l'islam et le judaïsme — les pierres de Jérusalem portaient les stigmates de leur sainteté et le souvenir des crimes qui y avaient été commis au nom de la religion. David et Pharaon, Sennacherib et Nabuchodonosor, Hérode et Ptolémée, Titus et Croisés de Godefroi de Bouillon, Tamerlan et Sarrasins de Saladin, Turcs et soldats britanniques d'Allenby, tous avaient ici combattu, pillé, incendié et tué. Tous étaient morts pour Jérusalem.

Dans l'obscurité bleuâtre de cette nuit de novembre, déployée au milieu des hautes collines de Judée, la ville offrait l'apparence de la paix. Des lumières lointaines l'encerclaient, comme des satellites autour de leur planète. Au nord, celles de Ramallah; au loin, vers l'est, près des rives de la mer Morte, celles de Jéricho; et vers le sud, celles de Bethléem. Plus près, brillaient de colline en colline les feux des villages qui semblaient, tels des phares, garder les entrées de la ville. A l'ouest, celui de Castel, couronné des ruines de son château croisé, dominait l'unique voie qui venait de la côte, la route étroite par laquelle arrivaient chaque jour presque tous les approvisionnements destinés aux cent mille Juifs de la cité. Ses quelques kilomètres déterminaient l'existence de Jérusalem. Presque toutes ces lumières étaient celles de villages arabes.

*

La ville commence quand cette route devient un boulevard. Avant de finir au pied des remparts de la Vieille Ville, le boulevard de Jaffa traverse les quartiers juifs de la nouvelle Jérusalem dont il est la grande artère commerçante. Magasins, banques, cafés, cinémas s'y succèdent dans une débauche de vitrines et d'enseignes où se marient en noces insolites l'Europe centrale et l'Orient. Au nord du boulevard, dans le quartier de Mea Shearim, groupés autour des coupoles de ses nombreuses synagogues, vivent les gardiens les plus fanatiques de l'orthodoxie religieuse, les Juifs des sectes hassidim. Au sud, s'étendent les quartiers juifs modernes de Ohel Moshe, Réhavia, Kiryat Shmuel et au-delà les quartiers, également modernes mais principalement peuplés d'Arabes, de Katamon, Bekaa et des colonies grecque et allemande.

Au bout du boulevard, fiers et majestueux, se dressent les remparts qui emprisonnent la Vieille Ville dans une superbe ceinture de pierre. A l'intérieur, dans le fouillis des constructions et le labyrinthe des ruelles couvertes et des passages secrets, vivent cinquante mille habitants que rites ou religions cloisonnent dans divers ghettos. La Vieille Ville se compose des quartiers arménien, chrétien, juif et musulman. Mais surtout, elle abrite en son sein les trois hauts lieux sacrés qui font la gloire de Jérusalem et son malheur.

Presque en son centre, deux coupoles de pierre et un clocher roman coiffent les profondeurs obscures et parfumées d'un lieu pour la possession duquel les foules du Moyen Age se sont jetées sur les routes des Croisades. Site le plus sacré de la chrétienté, l'église du Saint-Sépulcre est bâtie à l'endroit présumé de l'agonie et de la mort du Christ. Là, dans un désordre poussiéreux de piliers, d'escaliers et de voûtes, les prêtres de tous les rites du christianisme, grecs, russes, coptes, latins, arméniens, chaldéens et syriaques, montent une garde méfiante devant leurs autels et leurs reliques en psalmodiant des litanies à la gloire du Seigneur ressuscité dont chaque confession revendique la propriété.

A l'autre bout de la Vieille Ville, au milieu d'une vaste esplanade, se dresse le témoin de l'importance de Jérusalem pour une autre foi, le Qoubbet es Sakhra — le Dôme du Rocher. Enchâssée sous les mosaïques de sa coupole où l'or et le vert se fondent pour honorer les gracieuses inscriptions célébrant Allah l'Unique et le Miséricordieux, apparaît une sombre masse rocheuse. Haut lieu de l'Antiquité, c'est le sommet du mont Moriah. La tradition islamique veut qu'une légère empreinte sur sa paroi soit celle de la main de l'ange Gabriel le retenant sur terre la nuit où Mahomet partit sur sa jument blanche pour son ascension céleste.

Enclavée dans un étroit couloir au pied de cette

esplanade, s'élève une longue façade faite d'énormes blocs de pierre disjoints. Vestige des fondations du temple bâti par Salomon, le mur des Lamentations est le lieu le plus sacré du judaïsme; vers lui se tourne, depuis vingt siècles, le peuple juif pleurant sa dispersion. Luisant, doré, patiné, encrassé à sa base par l'attouchement séculaire des fronts, des lèvres et des mains, cette masse inflexible a résisté à toutes les calamités qui, depuis le fond des temps, ont meurtri Jérusalem. Rythmant d'un balancement du buste la mélopée de leurs prières, une poignée de Juifs orthodoxes vêtus de noir a monté devant lui une garde perpétuelle. Glissés dans les fentes et les crevasses des grands blocs de pierre, se trouvent des dizaines de bouts de papier, messages de fidélité au Dieu tout-puissant, prières implorant sa bénédiction pour un fils nouveau-né, une épouse souffrante, un commerce en difficulté ou la délivrance du peuple d'Israël.

Roulant dans une même ferveur sonore par-dessus ses toits, les carillons des églises, les appels perçants des muezzins du haut de leurs minarets, et les plaintes solennelles des shofars des synagogues rythment la vie de la vieille Jérusalem et l'invitent à une prière perpétuelle. Ils rappellent aussi à ses milliers d'habitants que Jérusalem n'est qu'une étape d'un voyage mystique dont la destination finale est un profond ravin au pied de la ville. Là, entre les remparts et le mont des Oliviers, se trouve la vallée biblique de Josaphat, où les trompettes du Jugement dernier appelleront à la fin du monde toutes les âmes de l'humanité. Cette perspective fait de Jérusalem une ville où l'on vient autant pour mourir que pour vivre. Des générations de chrétiens, de juifs et de musulmans dorment ainsi pêle-mêle sous les pierres blanches de cette vallée, trouvant dans la mort la réconciliation qu'ils n'ont pu obtenir de leur vivant.

A son fractionnement ethnique et historique en une multitude d'îlots hostiles, les occupants britanniques venaient d'ajouter trois nouvelles enclaves.

Ceintes de réseaux de barbelés, couvertes par des mitrailleuses, ces zones, dites de sécurité, abritaient les installations militaires et les bâtiments publics. L'une d'elles, située en plein centre de la ville moderne, englobait l'hôtel de police, la mairie, l'hôpital gouvernemental et l'immeuble de Radio-Palestine. Personne ne pouvait entrer dans ce camp retranché sans laissez-passer. Officiellement dénommée « Zone C », elle devait son surnom de « Bevingrad » à l'ironie des Juifs de Jérusalem, cruellement déçus par l'attitude du ministre des Affaires étrangères de Grande-Bretagne, Ernest Bevin.

Par sa géographie et son intérêt stratégique, en raison surtout des passions que soulevait son nom, Jérusalem semblait condamnée à une malédiction permanente. Si la décision de cette nuit devait engendrer un nouveau conflit, elle en serait le cœur et l'enjeu.

Et pourtant, comme le crépuscule glissait vers la nuit, la ville paraissait avoir retrouvé l'unité dont elle avait rarement profité pendant les trente années qui venaient de s'écouler. Dans les maisons, les cafés, les échoppes, tout le peuple de Jérusalem, arabe et juif, s'était rassemblé autour des postes de radio pour suivre dans une même inquiétude chaque mot du lointain débat dont dépendait le destin de la cité.

*

Ce soir-là, comme presque chaque jour depuis leur mariage, les Arabes Ambara et Sami Khalidy s'étaient installés devant la cheminée de leur petite bibliothèque — Ambara derrière l'étroit bureau sur lequel elle avait fait la première traduction de *L'Iliade* et de *L'Odyssée* du grec ancien en arabe, Sami dans le fauteuil à bascule au coin du feu. Tout autour, leurs reliures de cuir patinées par le temps, s'alignaient les textes de la plus ancienne bibliothèque islamique du monde. Depuis ce jour de l'an 638 où Whalid Ibn Whalid était entré dans la Ville sainte à la tête d'une colonne des guerriers conquérants du calife Omar, il y avait toujours eu des Khalidy à Jérusalem. Dernier représentant d'une longue lignée d'érudits, de professeurs et de cheikhs qui avaient été le levain intellectuel de la communauté musulmane de Jérusalem, Sami Khalidy dirigeait le Collège arabe dont les bâtiments s'étendaient au-delà de la fenêtre de sa bibliothèque. Des fils de notables, de marchands, de cheikhs bédouins étaient rassemblés dans son école, communauté riche de promesses dont Sami Khalidy espérait faire une élite capable de diriger la Palestine. Ce soir-là, son large front plissé par l'inquiétude, il guettait chaque mot que diffusait le poste de radio et se demandait si le destin n'était pas sur le point de priver ses jeunes élèves de la patrie dont il les préparait à devenir les chefs.

*

Dans leur logement près de la porte d'Hérode, un autre couple arabe, l'employé des postes Hameh Majaj et sa jeune épouse accompagnaient l'écoute de la radio d'une occupation plus rassurante. Une fois de plus, ils étudiaient le plan de la petite villa qu'ils voulaient faire construire à l'entrée de Jérusalem. Tout l'automne, ils avaient rêvé de cette maison qui devait couronner leur bonheur. Ils s'étaient rencontrés deux ans plus tôt au comptoir de la Grande Poste. A la jeune femme venue lui demander un emploi, Maja avait alors, tout simplement, proposé de l'épouser. Deux enfants étaient nés depuis et ils venaient d'acheter un bout de terrain. Ils étaient persuadés que son numéro cadastral leur porterait chance. Cette fois pourtant, le numéro treize devait rester impuissant. Le vote de cette nuit allait détruire le bonheur des Majaj.

*

Pour tromper l'attente inquiète des nouvelles, une

femme avait choisi de se réfugier sur les remparts de sa ville. Veuve de l'historien arabe le plus éminent de sa génération, Katy Antonious était la première hôtesse de Jérusalem. Rares étaient les visiteurs de marque de la ville, évêques ou princes, savants ou généraux, poètes ou hommes politiques, qui n'étaient pas passés sous l'inscription « Entrez et soyez les bienvenus » gravée en arabe sur l'arc de pierre surmontant la porte de sa demeure.

Ce soir-là, voulant défier les menaces qui pesaient sur le destin de ses compatriotes, elle avait abandonné ses salons pour la terrasse crénelée de l'antique tour des Cigognes. Là, à même les pierres, elle avait fait disposer pour ses invités les mille petits plats d'un *mézé*. Le choix de cet endroit était symbolique. Huit siècles et demi plus tôt, une autre génération d'Arabes avait sauvé ici l'honneur de Jérusalem en opposant une résistance héroïque aux assauts du conquérant chrétien Godefroi de Bouillon et de ses soldats croisés.

*

A l'autre bout de la ville, dans sa modeste maison d'un des nouveaux quartiers juifs, une femme de quarante-neuf ans tirait nerveusement sur sa cigarette en couvrant d'inscriptions la feuille de papier posée devant elle. Elle aussi était une hôtesse célèbre de Jérusalem, d'un genre différent toutefois. C'était sa cuisine qui servait de salon, et son hospitalité se manifestait par l'inépuisable café qu'elle versait à ses hôtes, d'une grosse bouilloire en permanence sur le feu. Fumant à la chaîne, distribuant à ses amis tasses de café et gâteaux secs avec autant d'insistance qu'elle les encourageait à agir, elle avait été, pour les adolescents de cette nouvelle race de Juifs, la mère éternelle de la Bible.

En un sens, elle était née pour vivre cette nuit. Son père était un artisan menuisier dont l'habileté avait valu à sa famille d'habiter à Kiev en dehors du ghetto, mince privilège qui permettait seulement de mourir de faim un peu moins vite. Cinq des six enfants nés avant elle étaient morts en bas âge. Son père l'avait plus tard emmenée en Amérique, terre promise des émigrants de l'époque. Et c'est là qu'elle avait, en récoltant des fonds pour les victimes des pogroms de la première guerre mondiale dans les rues de la ville de Denver, trouvé à dix-sept ans la foi sioniste. Dès lors, elle s'y était vouée totalement. Cette nuit représentait pour elle la consécration du combat de sa vie, une sorte de justification de sa propre existence. D'ordinaire, elle était la plus sociable des femmes, mais l'émotion de cette heure était si précieuse que Golda Meïr avait choisi de la vivre seule, avec sa tasse de café, son inséparable cigarette et le carnet sur lequel elle allait, dans un instant, inscrire chaque résultat du vote qui la rapprocherait du rêve de toute une vie.

*

Trente des Juifs les plus recherchés de Palestine écoutaient les nouvelles autour du vieux poste posé sur une table encombrée d'assiettes, de tasses et d'une douzaine de bouteilles de vodka. A moins de deux cents mètres, dans son enceinte de barbelés, se trouvait le quartier général de la Sûreté britannique dont les officiers les avaient, pendant deux ans, traqués à travers tout le pays. Imposant, le crâne chauve traversé d'une seule mèche bouclée, celui qui les avait réunis était assis au bout de la table. Officier dans l'armée du tsar, lutteur de cirque, tailleur de pierre, marchand de tableaux, journaliste et docteur en philosophie, Isaac Sadeh était déjà un personnage de légende. Ce n'était pas toutefois le talent qu'il avait montré en ces divers métiers qui lui valait la vive admiration de ses compagnons et l'acharnement des policiers anglais. Il était le père spirituel de la Haganah, l'armée secrète de la communauté juive de Palestine, et le fondateur de son fer de lance, le corps d'élite du Palmach, ou « force de frappe ».

Façonné d'après des principes marxistes-léninistes, le Palmach était une armée sans insignes, sans véritable uniforme, sans parades, sans discipline stricte, une armée où le grade ne donnait droit qu'au privilège de se faire tuer le premier.

Il y avait quarante-huit heures qu'Isaac Sadeh conférait dans cette pièce surpeuplée avec les jeunes loups du Palmach, tous hommes dont le monde entendrait parler vingt ans plus tard, comme Yigal Alon et Isaac Rabin.

« Si le vote est positif, déclara-t-il avec gravité, les Arabes nous feront la guerre. Et leur guerre nous coûtera cinq mille vies humaines. »

Il y eut un silence, puis il ajouta :

« Et si le vote est négatif, c'est nous qui ferons la guerre aux Arabes. »

Cette perspective parut figer l'assistance. Puis la radio commença à égrener chaque résultat. Isaac Sadeh allongea le bras, saisit une bouteille de vodka et s'en versa une grande rasade. Levant ensuite son verre à l'intention des jeunes officiers, il dit avec un triste sourire :

« Mes amis, l'heure est si grave que je crois que nous devrions porter un toast à chacun des votes ! »

*

Dans la salle des téléscripteurs de Radio-Palestine, chaque dépêche était arrachée au fur et à mesure de son arrivée. L'original était transmis au service anglais, une copie au service hébraïque, une autre au service arabe. Là, le jeune rédacteur Hazem Nusseibi griffonnait une rapide traduction pour le speaker. Alors que les résultats des votes se succédaient, il gardait le sentiment que l'issue du scrutin restait incertaine. Mais bientôt, une dernière dépêche tomba sur son bureau. L'Arabe la traduisit à la hâte. Et ce fut seulement en écoutant la voix du speaker que le jeune rédacteur comprit ce qu'il venait lui-même d'écrire : « Par trente-trois voix contre treize et dix abstentions, l'assemblée générale

des Nations unies a voté le partage de la Palestine. »
Venant de l'autre côté de la petite cour, il entendit alors les clameurs de joie de ses collègues juifs.

*

La lune était pleine au-dessus de la ville. De son balcon, le dentiste Israël Rosenblatt contemplait avec une attention presque mystique le panorama qui s'étalait devant lui : le boulevard de Jaffa traversant le cœur de la Nouvelle Ville, la citadelle de Soliman, la tour de David, les remparts de la vieille Jérusalem, les dômes de ses églises et de ses synagogues, ses minarets miroitant dans un chatoiement d'albâtre.

Montant de quelque cour cachée derrière les remparts, un bruit étrange parcourut les ténèbres silencieuses. C'était la plainte d'un shofar, cette corne de bélier au son de laquelle Josué avait fait tomber les murs de Jéricho. Rosenblatt se rappela soudain les paroles d'une prière de Yom Kippour, la grande fête du Pardon. « Mon Dieu, murmura-t-il avec respect, le shofar annonce enfin notre liberté. » Des cours des maisons et des synagogues, d'autres shofars reprirent l'appel jusqu'à ce que leur bruit rauque et primitif semblât déchirer la nuit de tous côtés. Comme beaucoup d'autres habitants de Jérusalem, Israël Rosenblatt tourna son regard vers l'est, vers ce mur de pierres dépositaire de tant de souvenirs sacrés du judaïsme. Doucement, presque imperceptiblement, il se mit à réciter une prière d'action de grâces.

Transcrits avec soin au fur et à mesure des annonces de la radio, les résultats du scrutin couvraient plusieurs pages du carnet de Golda Meïr. Mais celle qui avait lutté toute sa vie pour cet instant ne pouvait même plus déchiffrer ce qu'elle avait écrit. Quand le résultat définitif avait été proclamé, ses yeux s'étaient subitement voilés de larmes.

L'Arabe Sami Khalidy, quant à lui, se leva de son fauteuil à bascule et traversa la bibliothèque pour aller éteindre son poste.

« Une tragédie va maintenant commencer », dit-il seulement à sa femme.

A l'autre bout de la ville, dans une maison du quartier arabe qui portait le nom de sa famille, le jeune Nassereddin Nashashibi entendit son père déclarer que ce vote signifiait la guerre. Il ne devait pas oublier la prophétie que fit cette même nuit, à la radio, le délégué syrien aux Nations unies. « Les Lieux saints, déclara Fares el Khoury, vont traverser de longues années de guerre, et la paix n'y régnera pas avant plusieurs générations. »

*

Comme Paris avait vécu le jour de sa Libération, comme Londres et New York avaient fêté celui de la Victoire, la Jérusalem juive allait exploser dans un débordement de joie, une folle allégresse qui saluait la fin de deux mille ans d'attente.

Au bar *Fink's*, qui lui appartenait, Dave Rothschild avait écouté les nouvelles en compagnie de deux jolies filles. Quand le résultat fut proclamé, ils se précipitèrent tous les trois dans la rue encore calme. Riant comme des enfants, ils se dirigèrent vers l'avenue du Roi-George-V, l'une des principales artères de la ville. Ils tambourinaient sur toutes les portes et criaient à perdre haleine :

« Nous avons un Etat, nous avons un Etat ! »

Deux jeunes officiers de la Haganah, Motke Gazit et Zelman Mart, sautèrent dans une vieille Chevrolet. Avec des hurlements de joie, ils sillonnèrent les rues dans un tintamarre d'avertisseur jusqu'à ce que Gazit eût le sentiment d'avoir réveillé toute la ville avec son klaxon.

Partout, tandis qu'éclatait la nouvelle, des lumières s'allumaient, des fenêtres s'ouvraient, des voisins s'interpellaient. En pyjamas et en pantoufles, un peignoir ou un pardessus jeté sur les épaules, les Juifs de Jérusalem commencèrent à envahir les rues. Débouchant sur la rue Ben Yehuda, le journaliste Uri Avner se heurta à un groupe d'étudiants qui la descendaient en courant. De chaque porte, des gens surgissaient pour se joindre à eux, grossissant leur nombre de maison en maison. Au coin du boulevard de Jaffa, une voiture de la police britannique les arrêta.

« Savez-vous qu'il est plus de minuit ? demanda un officier anglais.

— Savez-vous que nous possédons un Etat ? » lui crièrent-ils.

A l'angle de ce même boulevard et de l'avenue du Roi-George-V, l'un des carrefours les plus animés de Jérusalem, un étudiant entraîna ses camarades par la main et prit la tête d'une farandole qu'il fit tourner au milieu de la chaussée. Prisonnier de la ronde, Uri Avner s'aperçut qu'il dansait une *hora* pour la première fois de sa vie.

D'autres jeunes gens s'étaient emparés d'un camion équipé d'un haut-parleur et parcouraient les rues pour inviter les habitants à manifester leur joie. Un blindé britannique leur barra la route. Mais bientôt, c'est lui qui fit demi-tour pour les suivre et apporter le concours de son haut-parleur à celui du camion juif. Membre de la milice juive, Reuven Tamir courut se joindre à la foule. Rue Ben Yehuda, il rencontra des amis. Dans leur euphorie, ils enfoncèrent la porte d'un kiosque de rafraîchissements et de friandises. Ils le dévalisaient quand le propriétaire arriva en vociférant. Mais, sentant soudain que, ce soir-là, tout appartenait à tout le monde, le commerçant continua lui-même la distribution. Un groupe passa devant le kiosque. Des jeunes gens portaient en triomphe un policier juif de la force publique britannique en criant : « Il sera notre premier ministre de l'Intérieur ! » Tamir applaudit avec fougue et courut se mêler au groupe. C'était son père qu'on acclamait.

Au centre de la ville, tous les cafés et les restaurants étaient combles. Les patrons offraient une tournée générale. Le dépositaire des vins « Carmel Mizrahi » roula même au milieu de la chaussée une énorme barrique de vin rouge pour la plus grande joie de la foule. Dans le quartier ultra-religieux de Mea Shearim, les élèves à papillotes des écoles talmudiques aidaient leurs rabbins à verser des rasades de cognac à tous ceux qui passaient.

« *Le Chayim* ! — A la vie ! » s'exclamaient-ils en levant leurs verres.

Les chauffeurs d'autobus coururent chercher leurs véhicules pour amener gratuitement vers le centre leurs concitoyens des quartiers périphériques. A deux heures du matin, des milliers de Juifs en liesse avaient envahi le cœur de Jérusalem. A chaque carrefour, des jeunes gens exultant de joie dansaient des horas effrénées. Enlacés en d'interminables chaînes d'allégresse, d'autres défilaient dans les rues en chantant la *Hatikvah*, l'hymne sioniste. En russe, en tchèque, en allemand, en hongrois, en yiddish, en hébreu, dans presque toutes les langues, les vieux chants des pionniers du sionisme montaient dans la nuit. Des inconnus s'étreignaient et s'embrassaient.

Les Anglais eux-mêmes se joignirent à la fête. Dans sa course, Jacob Salamon, officier de la Haganah, tomba sur une voiture blindée britannique. Il en blêmit d'effroi. La gourde truquée qui pendait à sa ceinture contenait deux grenades et un pistolet, de quoi le faire emprisonner à vie. Il vit alors un groupe de jeunes gens arrêter le véhicule et grimper dessus pour embrasser les policiers dans de grands éclats de rire. D'abord stupéfaits, les Anglais se mirent à rire à leur tour et à embrasser les Juifs. Revenu de sa frayeur, Salamon constata que c'était la première fois que des Anglais partageaient le bonheur des Juifs.

Ailleurs, une autre voiture blindée parada devant les bâtiments de l'Agence Juive, sa tourelle couverte d'une grappe humaine qui chantait la *Hatikvah*, et son canon orné d'un grand drapeau juif. L'allégresse était si contagieuse que plusieurs soldats anglais fouillèrent dans leurs poches pour glisser quelques shillings dans les troncs des quêteurs du Fonds national juif, dont ils arboraient ensuite l'emblème bleu pâle au revers de leur uniforme.

Avant d'engloutir le tiers de la bouteille de cognac que lui offrait le rabbin Spicehandler, un soldat cria joyeusement : « Vivent les Juifs ! »

Longtemps avant l'aube, toute la Jérusalem juive était éveillée et manifestait sa joie. Les synagogues ouvrirent leurs portes à trois heures du matin et furent immédiatement envahies de foules reconnaissantes. Même les Juifs les plus agnostiques avaient cette nuit-là l'impression de sentir sur eux la main de Dieu.

Comme les premières lueurs du jour rougissaient le ciel, le commerçant Zev Benjamin évoqua la création du monde telle que la raconte la Bible : « Et il y eut un soir, et il y eut un matin : ce fut le premier jour. » D'autres songèrent à l'image de la création dans le Livre de Job : « Quand les étoiles du matin chantaient ensemble et que tous les fils de Dieu éclataient de joie. » En regardant les jeunes danser, le contremaître Reuven Ben Yehoshua, d'origine russe, se souvint avec gratitude des « premiers pionniers qui n'avaient jamais imaginé cette nuit, et sans qui pourtant cette nuit n'aurait peut-être jamais eu lieu ».

Quelques habitants, cependant, refusaient de participer à la jubilation générale. Prosternés dans la pénombre de leurs synagogues, les chefs de la secte ultra-religieuse et conservatrice des Nétoré Karta — les Gardiens de la Cité — étaient virtuellement en deuil. Pour ces orthodoxes fanatiques, la création de l'Etat que fêtaient leurs compatriotes était un sacrilège, un miracle forgé par les mains des hommes alors que seul Dieu avait le droit de l'accomplir.

Soucieux et solitaire, un personnage distingué remontait lentement la rue Ben Yehuda. Tandis qu'on célébrait autour de lui la promesse du nouvel Etat juif, Eleazar Sukenik rêvait à cet autre Etat qui avait disparu presque deux millénaires plus tôt sur l'éperon rocheux de Masada. Cet après-midi même, dans la boutique d'un marchand de souvenirs arabe près de l'église de la Nativité, à Bethléem, ses doigts avaient pieusement caressé quelques fragments de parchemin pétrifié couverts d'inscriptions. Tremblant d'émotion, il avait compris qu'il tenait entre les mains les témoignages les plus précis qu'on eût jamais trouvés sur cette civilisation disparue. Le lendemain, il devait revoir le marchand pour en négocier l'achat. Il se demandait avec inquiétude si les événements de la nuit n'allaient pas briser ses relations avec l'Arabe dont il comptait obtenir ces rouleaux inestimables — ces liens de tradition qui allaient unir l'Etat nouveau à l'antique nation juive. C'était la découverte archéologique la plus importante du vingtième siècle — les Manuscrits de la mer Morte.

Pourtant, à travers toute la Palestine, les Juifs partageaient la même joie. Tel-Aviv, la première cité juive du monde, ressemblait à une capitale latine une nuit de carnaval. Dans chaque kibboutz, la communauté tout entière dansait et priait. Dans les colonies du Néguev et de la frontière syrienne du Nord, les jeunes pionniers de garde dans leurs postes isolés bénissaient la nuit qui les enveloppait.

A Jérusalem, la joie populaire éclatait maintenant autour d'une forteresse dont les murs de béton avaient pendant des années abrité les espoirs des Juifs. Illuminés par les faisceaux des projecteurs, l'édifice de l'Agence Juive et sa cour étaient le théâtre d'une manifestation délirante.

Quand l'étoile de David du drapeau sioniste, bleu pâle sur fond blanc, s'éleva au mât du bâtiment, une explosion d'applaudissements partit de la foule. Pris dans les tourbillons de la multitude, le journaliste Isaac Giviton fut frappé par une image inédite qui devait symboliser pour lui le bonheur des Juifs de Jérusalem cette nuit-là. Pour la première fois, il vit des gens piétiner allègrement les massifs de fleurs habituellement si respectés. « Ces gens désormais ne sont plus une foule. Ils sont devenus une Nation », pensa le syndicaliste Reuven Shari devant la joie délirante de cette multitude.

Brusquement, le tumulte s'apaisa et un étrange

silence tomba autour de l'édifice. Une solide silhouette féminine venait d'apparaître au balcon.

« Pendant deux mille ans, s'écria Golda Meïr, nous avons attendu notre délivrance. Et maintenant qu'elle est là, elle paraît si grande, si merveilleuse, que les mots manquent pour exprimer nos sentiments. »

Puis, la voix nouée par l'émotion, le cœur gonflé de tendresse, la fille du menuisier de Kiev formula le souhait dont son peuple avait, pendant des générations, accompagné les moments joyeux et solennels de l'existence.

« Juifs, cria-t-elle, *Mazel Tov !* — Bonne chance ! »

*

Dans les rues désertes des quartiers arabes, les échos de ces clameurs triomphales résonnèrent comme un glas. Depuis les villas enveloppées de bougainvillées de Katamon jusqu'aux immeubles de pierre rose de Sheikh Jerrah, de nombreux Arabes épiaient la nuit. En écoutant les bruits qui montaient des quartiers juifs, ils se demandaient quels bouleversements allaient subir leurs destinées.

« Tout est perdu. Le sang va couler dans les rues de Jérusalem », annonça à sa femme Gibraïl Katoul, un fonctionnaire de l'Instruction publique, plein de mélancolie et d'amertume.

Puis, un fatalisme ancestral lui fit chercher un bouc émissaire :

« C'est la faute des Anglais, ajouta-t-il. Ils nous ont laissés tomber. Le monde entier a conspiré à nous abattre. »

Mais la plupart des Arabes se refusaient même à imaginer que les Anglais puissent quitter un pays qu'ils avaient administré pendant trente années. La réaction de Sami Hadawi, un autre fonctionnaire du Mandat, était significative. Il gardait la conviction profonde que la décision de cette nuit n'était qu'un mirage et qu'elle ne serait jamais appliquée. « C'est vrai, se répétait-il confiant, les Anglais ne quitteront jamais la Palestine. »

De sa fenêtre, Zihad Khatib, un comptable de vingt et un ans, regardait les lueurs orange des torches qui dansaient sur les murs du quartier voisin de Mea Shearim d'où montait le bruit des réjouissances. « C'est comme le Jour de la Victoire », se dit-il. Puis, amèrement, il pensa : « Mais ce sont eux qui sont victorieux, et pas nous. »

En quittant son studio de Radio-Palestine, Hazem Nusseibi entendit une voix murmurer près de lui, dans l'obscurité :

« Quand le jour viendra, il y aura des Arabes prêts à accomplir leur devoir. »

Il se retourna pour voir qui avait parlé. C'était un officier bédouin de l'unité qui gardait la station de radio. Il appartenait à la fameuse Légion arabe, ce corps d'élite dont les mitrailleuses et les canons allaient bientôt faire payer aux Juifs le prix de l'Etat qu'ils fêtaient cette nuit-là.

Parmi les Arabes qui furent témoins des célébrations juives, aucun n'avait senti l'étrangeté de la situation avec plus d'acuité qu'un jeune officier de l'armée syrienne, qui se promenait en civil au milieu de la population de la première ville juive du monde. Tandis que le jour se levait sur Tel-Aviv, le capitaine Abdul Aziz Kerine contemplait de la fenêtre de son hôtel les foules joyeuses qui dansaient toujours dans la rue. Le jeune Syrien avait toutes les raisons d'être impressionné, car c'était une mission très spéciale qui l'avait conduit ici. Dans quelques heures, il allait s'envoler de l'aérodrome de Lydda pour Prague. Dans la capitale tchécoslovaque, il devait acheter dix mille fusils automatiques, mille mitraillettes et deux cents mitrailleuses, premières armes avec lesquelles les Arabes espéraient balayer les espoirs suscités par cette nuit historique.

*

« Qu'importe si nous avons gagné ! chuchota la femme en robe de chambre. Laissez-le dormir. »

C'était pourtant pour réveiller ce vieil homme

que le jeune fonctionnaire de l'Agence Juive Gershon Avner, fils d'un fabricant de cravates berlinois, venait de parcourir quarante kilomètres depuis Jérusalem jusqu'à ce kibboutz de Kalya, au bord de la mer Morte. Il apportait au personnage endormi le brouillon d'une déclaration, première reconnaissance officielle par l'Agence Juive du vote des Nations unies. L'homme qui dormait devant Avner était plus qu'aucun autre responsable de ce triomphe. Avec la patience implacable du chasseur traquant sa proie, il s'était attaché à la création d'un Etat juif en Palestine. Tour à tour souple et ferme, conciliant et intraitable, il avait mené son peuple avec l'ardeur messianique d'un prophète et l'habile réalisme d'un guerrier biblique.

Avner regarda avec tendresse et respect le profil bedonnant et les touffes hirsutes de cheveux blancs. Doucement, il toucha l'épaule du dormeur.

« Mazel Tov, murmura-t-il à David Ben Gourion, nous avons gagné. »

Ben Gourion se leva, enfila une robe de chambre et, d'un pas lourd, alla s'asseoir à sa table. Ayant ajusté ses lunettes, il étudia le projet de déclaration. Les cent cinquante mots de ce texte rédigé en anglais furent bientôt raturés de griffonnages qui en réduisaient l'émotion au profit d'un ton plus sobre.

« Encore du papier ! » réclama Ben Gourion.

C'étaient les premiers mots qu'il prononçait à l'adresse du jeune homme. Avner et Paula, l'épouse de Ben Gourion, se mirent à chercher frénétiquement tandis qu'augmentait l'impatience du vieil homme. En désespoir de cause, Avner finit par lui tendre tout ce qu'il avait pu dénicher, une feuille de papier hygiénique qu'il avait arrachée au rouleau des W.-C. Ben Gourion commença à y écrire le texte de sa déclaration. Il avait presque terminé quand de jeunes travailleurs de l'usine de potasse voisine firent irruption dans la chambre. Acclamant leur leader, ils dansèrent autour de lui une hora endiablée. Les poings enfoncés dans les poches de sa vieille robe de chambre, Ben Gourion les regardait le cœur lourd. Réaliste, il savait déjà le prix que le peuple juif serait contraint de payer pour l'Etat que les Nations unies lui avaient promis cette nuit. Les jeunes gens voulurent l'entraîner dans leur danse. Avec un triste sourire, il fit non de la tête.

« Je ne pouvais pas danser avec eux, devait-il dire plus tard. Je ne pouvais pas chanter cette nuit-là. En les voyant tous si joyeux, je n'avais qu'une pensée : ils allaient partir pour la guerre. ».

*

A Jérusalem, les premiers préparatifs de cette guerre avaient déjà commencé. Tandis que l'Austin de l'envoyé de l'Agence Juive roulait vers le kibboutz de Kalya, une autre voiture se faufilait dans les rues enténébrées d'un faubourg juif de Jérusalem. Elle s'arrêta devant le dispensaire de la Histadrouth, la Confédération Générale des Travailleurs Juifs en Palestine. Un homme trapu aux cheveux gris crépus en descendit, se glissa jusqu'à la porte et frappa doucement. Emergeant de l'ombre, la silhouette blanche d'un infirmier vint lui ouvrir. Les deux hommes traversèrent les corridors déserts, puis le visiteur se mit au travail dans un petit bureau au fond du bâtiment.

Israël Amir commandait la Haganah de Jérusalem et l'infirmier était un de ses soldats. Depuis plus d'un an, ce dispensaire avait servi de couverture à son P.C. Amir étudia les messages téléphonés au cours de la soirée et de la nuit. Ils n'indiquaient aucune activité suspecte ni aucun accrochage dans les quartiers arabes, mais Amir n'était pas rassuré pour autant. Il savait que les Arabes ne pouvaient pas laisser passer le vote du Partage sans réagir. Comme la plupart des P.C. de la Haganah, celui de Jérusalem disposait d'un plan d'alerte qui permettait une mobilisation rapide de ses forces. Amir le déclencha en donnant trois coups de téléphone apparemment anodins. Puis il prit une deuxième décision. Il ordonna à son service de renseignements composé d'indicateurs arabes et de Juifs originaires des pays orientaux de patrouiller sans interruption dans les souks de la Vieille Ville. Si des incidents devaient se produire, Amir savait qu'ils viendraient d'abord du fouillis surpeuplé des souks et des ruelles du quartier musulman.

*

Le chef de la Haganah avait vu juste. Des Arabes s'activaient déjà dans la Vieille Ville. Chacun était porteur d'un papier marqué d'un croissant et d'une croix superposés, et signé en arabe des deux lettres « E.G. » Ces initiales étaient celles d'Emile Ghory, un Arabe chrétien diplômé de l'université américaine de Cincinnati et membre du Haut Comité Arabe [1].

Les portes que devaient ouvrir ces énigmatiques laissez-passer étaient dispersées dans toute la Vieille Ville, à proximité du mur des Lamentations, près d'une mosquée de la porte de Saint-Etienne ou derrière le Saint-Sépulcre. Les envoyés d'Emile Ghory eurent bientôt sorti de leur lit aussi bien des cheikhs que de simples marchands ambulants ou même des veuves de petits bourgeois conservateurs que leur piété plaçait au-dessus de tout soupçon. Sur présentation du message de Ghory, ils étaient conduits vers les cachettes recélant ce qu'ils étaient venus chercher. Ils ouvrirent de faux panneaux, soulevèrent des lattes de parquet, creusèrent des trous, descellèrent des cloisons, vidèrent des caisses pleines de bimbeloterie, démontèrent des fours à pain, déplacèrent des meubles. Au lever du soleil, leur moisson était faite. Pendant que les Juifs, de l'autre côté des remparts, avaient passé la nuit à danser, tout l'arsenal secret du Haut Comité Arabe de Jérusalem avait été exhumé. Au total, huit cents fusils cachés presque dix années plus tôt à la fin d'une longue et

---

1. Les Arabes de religion chrétienne sont à Jérusalem presque aussi nombreux que ceux de religion musulmane.

sanglante révolte des Arabes de Palestine contre les Anglais.

*

Pour les Juifs de Jérusalem, la tempête que laissaient présager les ordres d'Emile Ghory n'était encore qu'un lointain souci. Ce jour radieux de novembre avait été fait pour la joie. C'était, comme le Grand Rabbin l'avait proclamé devant les pierres du mur des Lamentations, « le jour que Dieu avait fait pour que nous nous réjouissions en Lui ».

Et Jérusalem se réjouissait en vérité. Tôt le matin, chaque réverbère de la ville juive s'ornait d'un bouquet d'oriflammes bleu et blanc qui flottaient dans la brise. Les murs se couvraient déjà des proclamations hâtivement imprimées par les nombreux partis politiques de la communauté juive. Des colonies entourant la ville arrivaient des convois de tracteurs décorés de drapeaux, leurs remorques pleines d'enfants qui chantaient. Tandis qu'ils défilaient lentement dans les rues, leurs passagers agitaient des rameaux de pin d'Alep ou d'olivier vers la foule qui encombrait les trottoirs. Un vieillard qui descendait la rue Ben Yehuda sur une mule en brandissant un petit drapeau sioniste apparut à la foule comme l'incarnation de la prophétie de Zacharie : « Pousse des cris de joie, fille de Jérusalem ! Voici ton roi qui vient à toi... monté sur un âne. »

Une autre vision étonna Chava Eldar, une serveuse du café Atara. Elle n'avait encore jamais rien vu de pareil dans cette Jérusalem d'ordinaire si austère. L'établissement était déjà bondé à sept heures du matin et la plupart des clients, qui avaient choisi de remercier Yahvé en honorant Bacchus, étaient ivres.

Les débordements de cette longue nuit avaient sérieusement compliqué le plan de mobilisation de la Haganah. Toutes les éventualités semblaient avoir été prévues, sauf celle qui s'imposait ce matin. Dans tout Jérusalem, pas un seul jeune Juif de sexe masculin ne se trouvait dans son lit. Pour rassembler les soixante-dix hommes de sa compagnie composée en grande partie d'étudiants de l'Université hébraïque, Zvi Sinaï dut emprunter le vélomoteur de sa fiancée et sillonner lentement les rues pleines de monde. Dès qu'il apercevait un de ses hommes, il se glissait derrière lui et, d'une tape sur l'épaule, lui annonçait que la fête était terminée.

Ce matin-là fut, pour quelques Arabes et quelques Juifs, l'heure d'une timide tentative pour se rejoindre dans l'espoir d'éviter le conflit auquel ils paraissaient condamnés. En faisant côte à côte leur visite à l'hôpital gouvernemental, deux vieux amis, les docteurs Rajhib Khalidy et Cooke observaient les rangées de lits que leur guerre fratricide allait bientôt remplir de victimes.

« Nous faut-il absolument nous battre ? soupira Cooke. Ce serait vraiment trop horrible ! »

Avenue du Roi-George-V, le dentiste Samy Aboussouan reçut une brutale réponse à cette question. Homme fin et cultivé, violoniste accompli, il faisait partie de ces Arabes qui avaient toujours vécu en harmonie avec la communauté juive. En dépit des crises des dernières années, il persistait à croire à la réconciliation finale des deux peuples. Il fut donc surpris de reconnaître au milieu des danseurs son vieil ami le professeur de violon Isaac Rottenberg, un homme dont il avait toujours apprécié la sérénité et le pacifisme. Et c'est avec stupeur qu'il remarqua sur sa manche le brassard de la milice juive.

Zihad Khatib, le jeune comptable arabe, connut une déception d'un autre genre. Quand il arriva à son bureau, ses collègues juifs étaient en pleines festivités. Parmi eux se trouvait la ravissante Elisa, une jeune Roumaine blonde dont il était secrètement amoureux. Ils se parlèrent. Puis Elisa lui apporta un morceau de gâteau, le prit par la main et l'entraîna vers la fête. Khatib essaya de faire bonne figure, mais le cœur n'y était pas. Quelques minutes plus tard, tristement conscient que les événements de cette nuit venaient de creuser entre eux un fossé que rien ne pourrait plus combler, il quitta le bureau. Le jeune Arabe ne reverrait plus qu'une seule fois la jeune fille juive qu'il aimait. Au mois d'avril suivant, il la reconnaîtrait derrière un fusil pointé depuis un fortin de la Haganah dans le quartier de Montefiore.

Le Juif Shalom Turgeman mesura lui aussi le fossé qui séparait désormais les deux communautés lorsqu'il franchit la porte de Jaffa pour accompagner une amie jusqu'au commissariat de police britannique où elle travaillait. Dans les yeux des Arabes qu'il croisait, il lisait une lueur hostile. Il eut alors la certitude qu'une explosion de haine allait se produire, car il connaissait bien ces regards. Dix-sept ans plus tôt, encore enfant, il avait vécu le massacre d'Hébron.

*

Le déchaînement dont Shalom Turgeman pressentait l'imminence avait déjà éclaté dans plusieurs capitales du monde arabe. Considérant que la décision des Nations unies les dépouillait injustement d'une part de leur patrimoine, les étudiants de Damas manifestaient depuis l'aube. Aux cris de « Nous voulons des armes », ils coururent au Sérail, le siège du gouvernement. Le premier ministre Jamil Mardam leur offrit d'exprimer leur patriotisme par des actes plutôt que par des mots. Il annonça qu'un centre de recrutement serait ouvert dès le lendemain pour enrôler les volontaires désirant combattre en Palestine. Mais à midi, ils avaient déjà saccagé les légations de France et des Etats-Unis et incendié le siège du parti communiste syrien, faisant périr quatre de ses membres dans les flammes. A Beyrouth, la capitale du Liban, d'autres groupes dévastèrent les bureaux de l'Aramco, la compagnie pétrolière américano-arabe. A Amman, capitale de l'émirat de Transjordanie, seul un hasard providentiel arracha deux professeurs américains aux mains qui s'apprêtaient à les lyncher. De son palais de Riyad dans le désert, le roi Ibn Séoud d'Arabie proclama que son dernier vœu était de mourir en Palestine à la tête de ses troupes.

Chose étrange, ce fut la capitale du pays le plus important du monde arabe, l'Egypte, qui accueillit la nouvelle avec le plus de sérénité. Le messager du premier ministre qui était venu apporter au chambellan du roi Farouk les dépêches de la nuit n'avait pas manqué d'y joindre la gratification d'usage. C'était la garantie que les documents importants seraient bien transmis à Sa Majesté au seul moment favorable — vers midi, quand Farouk émergeait de ses nuits de plaisir.

Dans son bureau du Caire, le premier ministre Mahmoud Noukrachy Pacha examinait les nouvelles avec inquiétude. Ancien professeur d'histoire, aussi réservé que son souverain était excessif, Noukrachy était une exception parmi les politiciens égyptiens. Il était honnête. Adversaire farouche des Anglais, il considérait que l'unique ambition de son pays devait être d'obtenir l'évacuation du canal de Suez et la réunion du Soudan à la couronne égyptienne. Noukrachy ne voulait sous aucun prétexte que l'armée égyptienne s'engageât dans une guerre en Palestine.

Les circonstances allaient pourtant modifier les louables intentions du premier ministre. Excités par une émotion réelle, et dirigés par des hommes vivant dans la chimère perpétuelle de leurs propres illusions, les Arabes étaient poussés par la dangereuse rhétorique de politiciens souvent sans scrupules et impuissants à endiguer les passions qu'ils avaient déchaînées. Ils allaient bientôt se lancer sur la voie du désastre.

Deux forces se préparaient déjà à conduire l'Egypte à la révolution nassérienne et Mahmoud Noukrachy Pacha au rendez-vous d'un assassin. Dans les venelles de l'ancien bazar du Caire — le Khan El Khalil — les recteurs d'Al Azhar, la plus vieille université islamique du monde, élaboraient des décrets : ils allaient sanctionner le même appel qui avait conduit les conquérants des califes de Bagdad jusqu'à Poitiers, et les cavaliers de Saladin jusqu'à la Corne d'Hattïn. Bien que son utilisation abusive l'ait récemment privé d'une partie de son contenu spirituel, aucune exhortation ne pouvait soulever l'émotion arabe mieux que le vieil appel à la *djihad*, la guerre sainte.

Dans ces mêmes souks du Caire, en vue d'obtenir le soulèvement populaire qu'ils recherchaient, les annonciateurs fanatiques d'un Islam nouveau, les Frères Musulmans, prêchaient eux aussi la révolte contre la décision de l'O.N.U. Bientôt, Damas, Beyrouth, Bagdad verraient apparaître sur leurs murs la signature sanglante de ces templiers d'un Islam renaissant qui maniaient avec une égale maîtrise le Coran, le poignard et la mitraillette.

*

David Ben Gourion avait décidé de rentrer d'urgence à Jérusalem. « Comme ils sont inconscients, songea-t-il en découvrant toute la ville en train de danser, ils s'imaginent qu'une guerre peut commencer par des farandoles ! » Il gagna directement son bureau à l'Agence Juive. De nouveau réunie autour de l'édifice, la foule réclamait avec insistance l'apparition de ses dirigeants.

Fermement résolu à faire partager à ses compatriotes les sentiments d'angoisse qui l'étreignaient, Ben Gourion finit par sortir sur le balcon, entouré de ses principaux adjoints. Tandis qu'il parlait, quelqu'un chuchota à l'oreille de Golda Meïr une information qui justifiait singulièrement l'avertissement qu'il s'apprêtait à lancer. Trois Juifs venaient d'être massacrés dans une embuscade à la sortie de Tel-Aviv.

« La décision des Nations unies, déclara Ben Gourion à la foule, ne constitue pas en soi un bouclier contre les périls qui nous menacent encore. Si l'ère des miracles n'est pas révolue, celle des agressions ne l'est pas non plus. Ne nous leurrons pas en croyant que toutes nos difficultés ont disparu et que la vie peut désormais n'être faite que de joies et de festivités. »

Quand il eut terminé, monta de l'assistance une ovation effrénée qui attendrit le vieux leader. Lui aussi s'abandonnait enfin à l'émotion de cette heure et ressentait la grandeur de ce rendez-vous du peuple hébreu avec son serment deux fois millénaire sur ces collines de Judée.

Et c'est en souriant à présent qu'il se laissait acclamer. Un immense drapeau bleu et blanc pendait à côté de lui. Doucement, comme avec respect, il en caressa les plis.

« Enfin, murmura-t-il, enfin nous sommes un peuple libre. »

3

UNE ROUTE LONGUE ET DOULOUREUSE

LONGUE et douloureuse avait été pour le peuple de Ben Gourion la route vers cette liberté. De la première apparition de ses ancêtres les Hébreux sur la terre promise par Dieu à leur chef Abraham, jusqu'au vote de cette nuit qui la lui rendait, quatre millénaires de souffrances et de luttes s'étaient écoulés.

A peine arrivés de leur Mésopotamie natale, les Hébreux avaient été chassés et condamnés à mille ans de migrations, d'esclavage et de combats avant de revenir, conduits par Moïse, et de fonder enfin sur les collines de Judée leur premier Etat souverain. Mais leur apogée sous les rois David et Salomon ne dura pas même un siècle. Etablis au carrefour des grandes routes de l'Afrique, de l'Asie et de l'Europe, installés sur une terre devenue une perpétuelle tentation, ils devaient subir pendant un nouveau millénaire les assauts des Empires voisins. L'Assyrie, Babylone, l'Egypte, la Grèce et Rome s'acharnèrent tour à tour à les détruire, leur infligeant deux fois le châtiment suprême de l'exil et de la destruction du temple élevé sur le mont Moriah à la gloire de Yahvé, premier Dieu unique et universel. Mais de cette double dispersion et du cortège de calamités qui les accompagnèrent allait précisément naître et se perpétuer l'attachement charnel et mystique à la terre ancestrale. Les nations du monde venaient cette nuit d'en admettre le bien-fondé.

Les vicissitudes du peuple juif commencèrent avec l'essor d'une religion qui prêchait pourtant l'amour.

Dans leur ardeur à convertir les masses païennes, les premiers Pères de l'Eglise chrétienne s'évertuèrent à souligner le fossé qui séparait le judaïsme de la foi nouvelle qu'ils répandaient. Codifiant cette volonté par des textes juridiques, l'empereur byzantin Théodose II condamna le judaïsme à la ségrégation et fit des Juifs un peuple à part selon la loi. Par la suite, Dagobert, roi des Francs, les chassa de Gaule et les Wisigoths d'Espagne s'emparèrent de leurs enfants pour les rallier au christianisme. Au VIᵉ siècle, un autre empereur byzantin, Héraclius, mit hors la loi l'exercice du culte hébraïque. Avec le temps des Croisades vint une persécution systématique. Les Sarrasins vivaient au loin, et ils étaient dangereux; des Juifs habitaient chaque pays d'Europe à portée de main, et les combattants de la foi chrétienne trouvaient à assouvir plus promptement et plus facilement sur eux leurs passions religieuses. Pour justifier leurs crimes, c'est au cri de *Deus vult !* — Dieu le veut ! — qu'ils massacrèrent chaque communauté juive rencontrée sur leur route vers Jérusalem.

La plupart des Etats refusaient aux Juifs le droit à la propriété foncière. L'accès aux corporations artisanales et commerçantes du Moyen Age leur était également fermé. Un édit du pape interdisant aux chrétiens le commerce de l'argent, les Juifs furent relégués à l'infamant métier d'usurier. L'Eglise défendait par ailleurs aux chrétiens de travailler pour des Juifs et même de vivre parmi eux. Cette discrimination atteignit son comble en 1215, quand le quatrième concile de Latran décida de faire des Juifs une véritable espèce à part, en les obligeant à porter une marque distinctive. En Angleterre, c'était un insigne qui représentait les Tables de la Loi sur lesquelles Moïse avait reçu les dix commandements. En France et en Allemagne, c'était un O de couleur jaune, annonciateur de l'étoile jaune que choisira le Troisième Reich pour désigner les victimes de ses chambres à gaz.

Edouard Iᵉʳ, en Angleterre, et Philippe le Bel, en France, expulsèrent du jour au lendemain les Juifs installés dans leurs royaumes, ce qui leur permit de s'approprier la plus grande partie de leurs biens. On accusa même les Juifs de commettre des meurtres rituels d'enfants et de répandre la terrible peste noire en empoisonnant les puits avec une poudre faite d'araignées pilées, de cuisses de grenouille, de lézards, d'entrailles de chrétiens et d'hosties consacrées. A la suite de cette accusation, plus de deux cents communautés juives furent totalement exterminées.

Pendant ces siècles de cruauté, le seul pays où les Juifs purent mener une existence à peu près normale fut l'Espagne des califes. Là, sous la domination éclairée des Arabes, le peuple juif prospéra comme il n'en aurait plus jamais l'occasion durant tout le temps de sa dispersion. Mais la Reconquête chrétienne mit fin à cette exception. En 1492, l'année même où ils envoyaient Christophe Colomb à la découverte de nouveaux continents, Ferdinand et Isabelle bannirent à leur tour les Juifs d'Espagne.

En Prusse, les Juifs n'avaient pas le droit de circuler en voiture ni d'utiliser les services de chrétiens pour allumer leurs feux du sabbat. Comme celle du bétail, leur entrée dans une ville était passible d'un octroi. Dans la péninsule italienne, la façon de traiter les Juifs n'était pas moins inhumaine. La possession du Talmud y constituait un crime. Chaque année, Rome, pour se divertir, renouait avec l'antique cruauté des jeux du cirque, contraignant cette fois des Juifs qu'on avait engraissés comme des oies à courir à moitié nus sur le Corso. Venise, elle, enrichit le vocabulaire universel en baptisant *ghetto nuovo* — la nouvelle fonderie — le quartier de résidence forcée des Juifs. Dans les ghettos de la plupart des villes, le nombre des habitants était fixé par la loi et les jeunes gens devaient attendre pour se marier qu'un décès rende une place vacante.

En Pologne, les Juifs jouirent pendant un certain temps d'une liberté et d'une prospérité presque comparables à celles dont ils avaient autrefois bénéficié en Espagne. Ils étaient même admis à occuper d'importantes fonctions dans l'administration. Aussi, quand les Cosaques se révoltèrent contre les Polonais, les

Juifs en furent-ils les principales victimes. Avec une férocité et un raffinement jusqu'alors sans exemple dans l'histoire des persécutions antisémites, les Russes firent disparaître plus de cent mille Juifs en moins de dix ans.

Alors que les tsars repoussaient les frontières de leur empire vers l'ouest à travers la Pologne, une nouvelle ère de cruautés, semblable à celle du Moyen Age, s'abattit sur presque la moitié de la population juive du monde. Les tsars déportèrent et enfermèrent les Juifs dans le plus grand ghetto de l'Histoire, la *Zone de peuplement* située sur la frontière occidentale. Les jeunes étaient astreints à la conscription dès l'âge de douze ans et pour une période de vingt-cinq ans. Des taxes spéciales étaient perçues sur la viande kacher et les chandelles du sabbat. Les femmes juives n'avaient le droit de vivre dans les grandes villes universitaires qu'en arborant l'insigne jaune des prostituées. Et, au lendemain de l'assassinat d'Alexandre II, en 1881, les foules furent officiellement encouragées à massacrer les Juifs. Un mot nouveau allait naître, celui de *pogrom*, synonyme de terreur et de mort, qui résonnerait bientôt de ville en ville à travers l'immensité russe. Désormais, cette population maudite des pays de l'Est n'échapperait à l'extermination qu'en se repliant sur elle-même dans un attachement fanatique à sa religion et l'observance passionnée de ses traditions.

Depuis la Révolution française, les Juifs des pays de l'Ouest jouissaient d'un sort plus enviable. En France, en Allemagne, en Angleterre, le XIXe siècle les avait libérés des tutelles et avait favorisé leur émancipation. C'est pourtant dans la capitale des Droits de l'homme, un matin de janvier 1895, que le destin des Juifs allait prendre un tournant décisif.

Parmi la foule massée ce jour-là dans la grande cour de l'Ecole militaire de Paris, un homme au visage orné d'une splendide barbe noire battait la semelle. C'était un journaliste autrichien, correspondant à Paris du plus grand journal de Vienne. Devant lui, se dressait, face à quatre mille hommes de troupe au garde-à-vous, la silhouette frêle et solitaire d'un capitaine d'artillerie. Frémissante d'un patriotisme dévoyé, la foule ressemblait à ces populaces médiévales venues assister à l'exécution publique d'un condamné. Et, dans un sens, le spectacle de ce matin était bien une mise à mort. C'était la dégradation publique d'un officier de l'armée française.

L'adjudant Bouxin, qui faisait office de bourreau, s'avança. D'un geste sec, il saisit le sabre du capitaine et, comme une corde brise le cou d'un pendu, rompit la lame sur son genou. Il arracha ensuite les épaulettes de l'officier.

« Alfred Dreyfus, déclara-t-il, vous êtes indigne de porter les armes pour la France. »

Un remous secoua l'assistance qui bientôt hurla de sinistres cris de vengeance.

« A mort le traître ! A mort les Juifs ! »

Cette scène devait métamorphoser le journaliste en prophète. Comme Alfred Dreyfus, Theodor Herzl était juif. Et comme Dreyfus, un Juif assimilé, parfaitement intégré dans la société de son pays, indifférent aux questions de race et de religion. A Vienne, où il avait passé sa jeunesse, il avait toutefois entendu parler du destin de ces masses de l'Est dont il ne faisait pas lui-même partie, et voilà que, soudain, sur cette esplanade balayée par le vent glacial de l'hiver parisien, les clameurs du peuple le plus civilisé du monde lui rappelaient les hurlements sauvages des Cosaques. D'un seul coup, Theodor Herzl venait d'avoir la révélation que le volcan de l'antisémitisme ne serait jamais éteint et qu'au siècle des Etats-nations, les Juifs, victimes de l'essor du nationalisme, ne survivraient qu'en devenant nation à leur tour.

Brisé, Theodor Herzl quitta les lieux du supplice. Mais la brutale révolte semée ce matin-là au fond de son cœur allait cristalliser une vision qui modifierait le destin du peuple juif et l'histoire du xxᵉ siècle.

Le sionisme religieux devenait le sionisme politique. En deux mois, Herzl allait transposer cette vision dans la réalité en rédigeant un manifeste d'une centaine de pages. Cette plaquette deviendrait l'évangile qui allait conduire le peuple juif à sa libération. Herzl lui donna le titre le plus simple. Il l'appela *Der Judenstaat* — l'Etat juif.

« *Les Juifs qui le veulent posséderont leur Etat*. Tandis que je traçais ces mots, notera-t-il dans son journal, il me semblait entendre un bruit étrange, comme si un vol d'aigles passait au-dessus de ma tête en battant des ailes. »

*

Deux ans plus tard, Herzl fonda officiellement le mouvement sioniste au cours du premier Congrès sioniste mondial réuni au « Casino » de Bâle, en Suisse. Etrange congrès qui mêla l'utopie et le réalisme, et décida la création d'un Etat, sans savoir où ni comment — car l'Empire turc refusait toute ouverture en Palestine. Les délégués élurent cependant un bureau exécutif international et créèrent un Fonds national ainsi qu'une banque pour l'achat de terres en Palestine. Ils choisirent même les deux emblèmes d'un Etat qui n'existait pour l'instant que dans la ferveur de leur imagination : un drapeau et un hymne national. « A Bâle, conclut Herzl le soir même dans son journal intime, j'ai fondé l'Etat juif. Si je disais cela à haute voix aujourd'hui, je soulèverais un éclat de rire universel. Dans cinq ans peut-être, dans cinquante ans certainement, ce sera une évidence pour tous. »

Les couleurs choisies pour le drapeau étaient le bleu et le blanc, les couleurs du taleth, le châle de soie rituel dont les Juifs se couvrent les épaules pendant la prière. Quant au chant hébreu choisi pour hymne, il était encore plus symbolique. Il honorait la seule richesse dont Herzl et ses partisans disposaient en abondance. Il s'appelait la *Hatikvah* — l'Espoir.

*

A aucun moment les Juifs n'avaient cependant tout

à fait disparu de cette terre de Sion vers laquelle les disciples de Theodor Herzl leur proposaient de revenir. Même aux heures les plus noires, de petites colonies israélites avaient survécu à Safed, à Tibériade et en Galilée. Comme en Europe, leurs plus cruelles souffrances étaient venues de la domination chrétienne. Les premiers chrétiens avaient en effet obtenu leur bannissement de Jérusalem et les Croisés avaient brûlé vifs dans les synagogues des Juifs de la Ville sainte.

Les conquérants musulmans de la Palestine avaient montré plus de clémence. Le calife Omar leur avait laissé une paix relative tandis que Saladin les avait ramenés à Jérusalem. Les Turcs avaient même toléré les premiers retours de Juifs en Terre promise. Ils avaient également autorisé, en 1860, le philanthrope anglais Moses Montefiore à encourager leur installation à l'extérieur des remparts de la Vieille Ville de Jérusalem par la construction d'un nouveau quartier. Pour l'époque, cette initiative était si hardie que Montefiore dut promettre une livre sterling à tout Juif qui consentirait à passer une nuit hors les murs.

A la suite des pogroms de Russie de 1881 à 1882, la Palestine vit arriver sa première vague importante d'immigrants. A l'époque où le futur auteur de *l'Etat juif* assistait à la dégradation de Dreyfus, trente mille habitants de Jérusalem sur quarante mille étaient juifs. Les massacres du début du siècle firent affluer de nouveaux immigrants. Ceux-là étaient les fils du mouvement lancé par Theodor Herzl. Idéalistes à l'esprit pratique, ils constituaient la première génération de ces pionniers de Palestine parmi lesquels le sionisme allait puiser ses chefs pendant tout un demi-siècle. Il y avait parmi eux des intellectuels comme Reuven Shari. Il était avocat en Crimée et sa femme pianiste de concert. « J'ai emporté mes parchemins et je suis allé creuser des caniveaux, dirait-il plus tard, et ma femme s'est servie des doigts qui jouaient les concertos de Mozart et de Brahms pour traire les vaches, parce que c'était ainsi seulement que nous pouvions faire prospérer cette terre. »

Il y avait aussi David Gryn, un garçon de dix-neuf ans, fils d'un avocat de la petite ville industrielle polonaise de Plonsk, à soixante kilomètres de Varsovie. David Gryn avait découvert le sionisme en épiant derrière la porte du bureau de son père les conversations des adorateurs de la terre de Sion. Mais, contrairement à ceux qui avaient fait de cette pièce leur lieu de rencontre favori, il n'avait aucune intention de discourir du sionisme. Il voulait le vivre.

Et il le vécut durement. Il connut la faim, la malaria, et l'épuisement physique de la lutte pour défricher un sol hostile qu'il s'était juré de faire fructifier.

Un an après son arrivée, il entreprit, à pied, une randonnée de deux jours et demi pour aller découvrir la ville qui symbolisait la cause à laquelle il avait consacré sa vie, Jérusalem. C'est une tour de Babel qu'il découvrit. Tant de langues et de dialectes y frappèrent ses oreilles qu'une certitude s'imposa à lui : sans une langue commune, jamais les communautés juives de Palestine ne pourraient se fondre en un véritable Etat.

Quelque temps après, il revint à Jérusalem en qualité de rédacteur d'un journal syndical sioniste pour pouvoir servir à la fois la cause du travail manuel juif et celle de l'hébreu obligatoire comme langue nationale. Lorsqu'il eut terminé son premier article, il considéra son nom en bas de la page. Il n'y avait rien d'hébreu dans le nom de Gryn. Il réfléchit un moment, puis il le biffa et s'en choisit un autre, qui rendait hommage à un héros du siège de Jérusalem par les Romains. En hébreu, *fils de lion* se dit Ben Gourion.

*

Moins d'un an après la parution du premier éditorial signé David Ben Gourion, sept jeunes Arabes, dont deux étaient palestiniens, fondaient à Damas une société secrète à laquelle ils donnèrent le nom d'*Al Fatah* — la Victoire. Son objectif était la libération des Arabes de la tutelle turque. Mais surtout, à l'heure où le nationalisme juif de Theodor Herzl arrachait ses premières conquêtes, la fondation d'Al Fatah était le signe avant-coureur d'une renaissance du nationalisme arabe qui allait, un demi-siècle durant, contester les prétentions des Juifs en Palestine.

Bientôt, les Arabes reçurent eux aussi une promesse analogue à celle que Lord Balfour avait faite aux Juifs. En un échange de huit lettres entre son représentant en Egypte, Sir Henry McMahon, et la plus haute autorité religieuse musulmane, le chérif de La Mecque, la Grande-Bretagne promit aux Arabes, en contrepartie d'une révolte contre les Turcs alliés de l'Allemagne, de leur attribuer un vaste royaume indépendant quand la première guerre mondiale serait finie. Remarquables par leur imprécision toute diplomatique, les lettres de McMahon s'abstenaient de mentionner la Palestine, mais leur ton pouvait laisser croire aux Arabes qu'elle était comprise dans la zone géographique qui leur était ainsi dévolue. Eperonnés par cette promesse et par l'éloquence du colonel Thomas Edward Lawrence, les Arabes tinrent parole et se soulevèrent contre les Turcs. Mais tandis que leur révolte se répandait dans l'Orient arabe, la Grande-Bretagne cédait à la France une énorme partie de la zone déjà promise aux Arabes pour y établir leur royaume indépendant. Négocié par Sir Mark Sykes et Charles Georges-Picot, l'accord fut signé à Moscou en 1917. Il aurait dû rester secret. Mais à leur arrivée au pouvoir, les bolcheviques le révélèrent, soulevant ainsi l'indignation des Arabes. Trahis par l'Angleterre, évincés de Damas et de Syrie par la France, leurs revendications en Palestine contrées par les effets de la promesse de Balfour aux Juifs et par la tutelle du mandat britannique, les Arabes assistaient à l'écroulement de leurs rêves. Il était dès lors inévitable que leur colère prît pour première cible l'installation des sionistes sur une terre qu'ils n'estimaient promise qu'à eux-mêmes.

Les Juifs dispersés, de leur côté, n'imaginaient le plus souvent la Palestine que dans une vision biblique. Que cette terre puisse être habitée par un autre peuple prêt à y défendre ses droits était pour eux une découverte choquante. Pendant des années, les leaders sionistes refusèrent de reconnaître officiellement la présence arabe et ses droits. Herzl ne mentionne les Arabes dans aucun de ses discours aux congrès sionistes mondiaux et, dans ses écrits, il relègue le problème arabe au second plan.

Ce n'est qu'en 1925, huit ans après la création d'un Foyer National Juif en Palestine, que le dirigeant sioniste Chaïm Weizmann souligna l'importance du problème arabe. « Six cent mille Arabes vivent en Palestine, s'écria-t-il devant le quatorzième congrès mondial. Chacun d'eux a le même droit à son foyer que nous à notre foyer national. »

Les premiers sionistes étaient largement imprégnés de la philosophie sociale dont ils avaient irrigué les idéaux de Herzl. Influencés par les théoriciens du marxisme, qui tout comme eux avaient maudit les persécutions tsaristes, ils rêvaient de construire un Etat où la tradition juive se conjuguerait avec l'institution d'une véritable démocratie sociale. La poursuite de cet idéal avait fait du sionisme une doctrine infiniment plus riche qu'un simple mouvement religieux et imprégné ses adeptes d'un sens de la discipline sociale et de la responsabilité collective qui jouerait un rôle vital dans ses réussites ultérieures.

L'un des concepts fondamentaux qu'ils avaient apportés au sionisme était celui d'une sorte de rédemption de la race juive par un retour au travail manuel, une purification de la mentalité des ghettos par la recherche de tâches que les Juifs n'accomplissaient plus depuis longtemps. Dans l'Etat juif tel qu'ils le concevaient, les terrassiers auraient autant d'importance que les philosophes. Avec leur pioche et leur fusil, les pionniers des kibboutzim mettaient en pratique l'utopie dont avaient rêvé tous les socialistes du XIXᵉ siècle et rejetaient parmi les vieux oripeaux le mythe du juif errant, paresseux et vénal. Phalanstère et monastère à la fois, le kibboutz allait répondre aux exigences de la sécurité comme aux aspirations de l'idéal et cultiver le désintéressement, le travail et la vertu.

Décidés à former une véritable classe ouvrière, les pionniers s'acharnèrent à promouvoir une main-d'œuvre juive au service d'entreprises juives. Ainsi la Histadrouth, la Confédération Générale des Travailleurs Juifs en Palestine, obligea-t-elle les sociétés juives à n'employer que des ouvriers juifs. A mesure qu'ils achetaient des terres, la plupart du temps à de grands propriétaires arabes vivant à Beyrouth, les sionistes en expulsaient les fermiers arabes pour y installer des colons juifs.

Soucieux de répandre l'hébreu, préoccupés de renouveau culturel, les Juifs développèrent également leur incomparable système d'instruction publique. A travers les structures de l'Agence Juive, ils purent aussi conduire à leur gré leurs propres affaires politiques. Dans la poursuite de ses objectifs, la communauté juive agissait comme si elle occupait seule la Palestine, tandis que son niveau de vie et d'éducation l'incitait à considérer la communauté arabe comme inférieure.

Pour les Arabes, ces institutions dont les Juifs étaient si fiers constituaient une intolérable intrusion étrangère. La politique de main-d'œuvre juive et le déracinement de la paysannerie arabe aboutirent à la création d'un prolétariat urbain arabe sans défense ni ressources. Ecrasés ou repoussés par le sens de l'organisation et le dynamisme de leurs adversaires, les Arabes de Palestine ne devaient pas tarder à se laisser gagner par l'amertume, la crainte et, finalement, la haine. Chaque jour qui passait ne pouvait qu'élargir le fossé entre les deux communautés.

Au début, les Arabes s'en tinrent à des réactions à la fois primaires et viscérales. Baignant dans un monde qui n'était pas encore entré dans l'ère industrielle, habitués à l'irresponsabilité des peuples colonisés, renforcés dans leur attitude par un fatalisme traditionnel, encore peu mobilisés par des revendications nationales, ils choisissaient d'instinct le comportement qu'ils croyaient le plus payant : le refus. La dynamique arabe était en retard d'un demi-siècle sur celle du sionisme.

Condamnés à la recherche de solutions extrêmes, les Arabes refusaient catégoriquement tout compromis. Les revendications des Juifs n'étant nullement fondées à leurs yeux, le seul fait d'en discuter leur aurait donné un commencement de validité. A maintes reprises, leur attitude, fortifiée par le fanatisme de leurs chefs, leur fit perdre des occasions d'endiguer l'essor juif en Palestine et de définir leurs propres droits avec précision. A la place, le ressentiment arabe donna périodiquement lieu à des explosions de violence, en 1920, en 1929 et en 1935-1936 lors d'une révolte ouverte contre la tutelle britannique.

Le Foyer National Juif survécut toutefois à ces tempêtes comme à son pire ennemi, la pénurie de nouveaux immigrants. Puis l'arrivée de Hitler au pouvoir jeta sur les rivages de Palestine plus de soixante mille personnes en quatre ans. Les investissements juifs s'accrurent dans les mêmes proportions. Dans les quinze premières années du mandat britannique, ils totalisèrent quatre-vingts millions de livres sterling, soit presque le double du budget britannique pour la Palestine pendant cette même période. Une des conséquences de la violence arabe fut de convaincre les Juifs de n'avoir à compter que sur eux-mêmes pour assurer leur protection, et non sur la police et l'armée britanniques, trop souvent indifférentes. De cette découverte devait naître une milice de veilleurs, puis une organisation de gardes très complexe, et finalement l'armée clandestine de la Haganah, et son corps d'élite, le Palmach.

La seconde guerre mondiale apporta une courte trêve dans le conflit judéo-arabe. Mais des chambres à gaz et des fours crématoires de l'Allemagne nazie allaient surgir les motifs d'un nouvel affrontement. Alors que le conflit mondial touchait à sa fin, les deux chefs des communautés antagonistes commencèrent à se préparer aux événements décisifs que la fin des hostilités allait inévitablement déclencher en Palestine.

*

En ce début du printemps 1945, rien ne distinguait à Tel-Aviv le 15 de la rue Keren Kayemet des autres immeubles de béton rougeâtre. Partout les mêmes parapets de brique obstruaient les fenêtres du rez-de-chaussée, souvenirs du temps récent où la ville était à portée des bombardiers de la Luftwaffe. Derrière un soupirail, une femme de petite taille, un fichu de paysanne russe autour de la tête, débarrassait la table de sa cuisine, où elle venait de dîner avec son mari de quelques tranches de tomate et de concombre avec du lait caillé et du pain noir.

Juste au-dessus, dans son bureau en désordre où s'entassaient des centaines d'ouvrages de philosophie et d'histoire, David Ben Gourion recevait un visiteur. De la fenêtre ouverte leur parvenait le bruit de la mer. Cette pièce tapissée de livres était la tour d'ivoire de Ben Gourion, le sanctuaire dans lequel il se retirait chaque soir pour lire et travailler. Rares étaient les événements ou les hommes qui pouvaient détourner le leader juif de ce rite nocturne. Ce soir pourtant, David Ben Gourion aurait voulu bavarder toute la nuit avec le personnage qui était assis en face de lui.

Membre important du gouvernement des Etats-Unis, celui-ci avait, quelques semaines auparavant, participé à une rencontre exceptionnelle. Dans la petite ville de Yalta, en Crimée, les trois Grands avaient dessiné sous ses yeux la carte du monde d'après-guerre. A présent, il relatait à son hôte captivé les détails d'une conversation privée entre Franklin Roosevelt, Winston Churchill et Joseph Staline à laquelle il avait assisté et dont le sujet n'était autre que la Palestine. Au cours de l'entretien, Staline, l'air très irrité, s'était tourné vers Churchill. Il n'y avait qu'une seule solution au problème des Juifs et des Arabes en Palestine, avait-il dit à l'Anglais, et il s'en ferait l'avocat. C'était celle d'un Etat juif.

Cette révélation parut bouleverser Ben Gourion.

Personne mieux que lui ne pouvait saisir son immense importance. Des années plus tard, il devait rappeler que ce fut à ce moment précis qu'il eut pour la première fois la certitude absolue qu'un Etat juif naîtrait un jour en Palestine. Cela pouvait prendre un, deux ou trois ans, mais sous la pression combinée de l'Union soviétique, dont les intentions venaient de lui être dévoilées, et des Etats-Unis, si sensibles à la puissance de leur communauté juive, il était désormais convaincu que la Grande-Bretagne serait finalement obligée d'accepter les revendications des Juifs.

Ben Gourion s'enfonça dans son fauteuil et se mit à rêver aux conséquences de la nouvelle qu'il venait d'apprendre. Pendant des années, l'effort essentiel des sionistes avait porté sur la reconnaissance par le reste du monde des droits du peuple juif à posséder un Etat. A partir de ce jour, la priorité totale devait être donnée à la défense de cet Etat. Ben Gourion savait que si les grandes puissances avaient le pouvoir de donner à son peuple une identité politique, elles n'empêcheraient pas l'affrontement militaire avec les Etats arabes coalisés. Et ce conflit n'opposerait plus, comme en 1936, les forces clandestines de la Haganah à quelques bandes de guérilleros, mais à des armées arabes régulières, possédant aviation et unités blindées. Quand viendrait cet affrontement, la survie des Juifs dépendrait uniquement de leur degré de préparation.

David Ben Gourion remercia chaudement son visiteur pour l'extraordinaire information qu'il venait de lui apporter. Désormais, toute son énergie serait consacrée à préparer les Juifs de Palestine à la guerre. Il veillerait personnellement à les tenir prêts pour l'heure du choc.

4

« PAPA EST REVENU »

Au printemps de 1945, le vrombissement des bombardiers au-dessus de ·Berlin signifiait pour un Arabe de Palestine à barbiche rousse l'écroulement de ses espoirs et la défaite du pays dont il avait embrassé la cause. Mohamed Saïd Hadj Amin el Husseini, Grand Mufti de Jérusalem, avait perdu son pari.

Pendant quatre ans, dans cette confortable villa berlinoise de la rue Goethe qu'il s'apprêtait à fuir en ce 6 avril 1945, il avait eu le privilège de recevoir les plus hauts dignitaires du Troisième Reich. De toute l'Europe et d'Orient, il s'était fait envoyer les spécialités qui avaient rendu sa table célèbre dans la capitale nazie, foie gras du Périgord et de Strasbourg, caviar et esturgeons de la Caspienne, grenades, mangues et sucreries orientales. Himmler, Goebbels, Ribbentrop étaient venus jouir ici de l'hospitalité raffinée de cet Arabe enturbanné de blanc, à la voix douce et fragile et aux manières d'une exquise courtoisie.

Quelques jours seulement après l'entretien de Ben Gourion avec son interlocuteur américain, l'unique représentant du Troisième Reich présent à la table du Grand Mufti de Jérusalem était le chauffeur S.S. de sa Mercedes à gazogène. Et dans son assiette ne se trouvait plus que l'humble plat des fellahs égyptiens, une purée de petites fèves assaisonnées de vinaigre, le *foul*, que ses amis germaniques considéraient comme à peine digne d'être jeté au bétail. Autour de la table, comme les pleureuses antiques des banquets funéraires, étaient assis une douzaine

71

d'Arabes qui avaient suivi Hadj Amin quand, en octobre 1941, déguisé en servante d'un diplomate italien, il avait échappé à la souricière tendue par les Anglais et marché de Téhéran jusqu'à la frontière turque d'où il avait gagné la capitale du Troisième Reich.

Depuis 1929, il avait été le leader des Arabes de Palestine. Cruel, habile, vaniteux, doué d'un surprenant talent pour les intrigues politiques, il était, pour le meilleur et pour le pire, l'homme que les Palestiniens avaient désigné pour être leur David Ben Gourion.

Persuadé qu'une victoire allemande lui permettrait d'atteindre ses objectifs, c'est-à-dire imposer sa domination à ses compatriotes pour chasser les Juifs de Palestine et les Britanniques du Moyen-Orient, Hadj Amin avait lié son sort à celui des nazis. Il avait mis à leur service son prestige personnel et celui de ses fonctions de chef religieux de la communauté musulmane de Jérusalem. Il avait fait tout ce qui était en son pouvoir pour contribuer à la victoire de l'Allemagne : il avait envoyé des saboteurs arabes derrière les lignes britanniques, encouragé le recrutement par les S.S. de deux divisions de musulmans yougoslaves, facilité l'invasion allemande en Tunisie et en Libye, et même annoncé quarante-huit heures à l'avance à la Wehrmacht, qui refusa d'y croire, la date du débarquement allié en Afrique du Nord. Parfaitement au courant de la fameuse « solution finale », il avait fait de son mieux pour qu'aucune des victimes promises aux chambres à gaz de Himmler ne pût échapper à son sort et gagner la Palestine. En 1943, il était intervenu personnellement auprès de Ribbentrop pour empêcher l'immigration en Palestine de quatre mille enfants juifs de Bulgarie. Comme Ben Gourion, il devait maintenant préparer la prochaine étape du combat.

Hadj Amin envoya son garde du corps S.S. chercher dans sa voiture un sac plein de colis de la Croix-Rouge destinés aux prisonniers de guerre. Il les distribua en silence aux hommes assis à sa table. Puis, il plongea la main dans les plis de son abbayah noir et en ramena une pochette de cuir dont il sortit une épaisse liasse de francs suisses, de dollars et de certificats d'or britanniques. Il les compta et les répartit avec soin en une douzaine de tas qu'il déposa devant chacun de ses compagnons.

Son regard bleu vif aussi impénétrable qu'il l'était lorsque, trois ans auparavant, les armées allemandes semblaient tenir la victoire au bout de leurs canons, Hadj Amin déclara alors à ses partisans :

« C'est fini pour nous ici. Chacun doit trouver le meilleur moyen pour rentrer en Palestine. Là-bas notre combat devra reprendre sur d'autres bases. »

Puis, il se leva et quitta la pièce à pas courts et précis.

La carrière de ce personnage énigmatique avait commencé sur les bancs de la vénérable université Al Azhar du Caire, temple du savoir islamique. Mais, dépourvu de toute vocation théologique, accablé d'ennui par les choses de la religion, il avait répondu à un autre appel plus conforme à sa nature en s'engageant comme jeune officier dans l'armée turque. Avec ses cheveux d'un roux lumineux, le bleu perçant de ses yeux et son sabre étincelant, il avait si fière allure qu'il attira bientôt l'attention des nationalistes arabes de Jérusalem, puis celle des Anglais au service desquels il entra comme agent secret. Informé de leurs promesses aux Arabes et convaincu que la Grande-Bretagne libérerait son peuple, il devint un anglophile passionné.

Plus tard, la déclaration de Lord Balfour et les accords Sykes-Georges-Picot lui révélèrent brutalement la perfidie britannique. Hadj Amin allait devenir l'ennemi le plus implacable de l'Angleterre. Dans la hiérarchie de ses haines, les Anglais passeraient désormais avant les Juifs. Il abandonna son emploi de conseiller auprès de l'administration britannique au Soudan et rentra à Jérusalem. Là, dans les rues et les souks de sa ville natale que parcouraient les premières rancœurs éveillées par l'immigration juive, Hadj Amin trouva enfin sa véritable vocation.

Canalisant avec une habileté machiavélique des

émotions encore vagues et diffuses, il entreprit de transformer le mécontentement des cafés en de terribles explosions de foule. Le dimanche de Pâques 1920, sa patiente exploitation de la colère populaire aboutit à une sanglante émeute en plein cœur de Jérusalem dans laquelle périrent douze personnes, six Juifs et six Arabes. Avec ce premier sang versé commençait en ce dimanche de Résurrection un nouveau combat pour la possession de Jérusalem. Dorénavant, si les citadelles et les plaines de la Palestine arabe appartenaient aux Anglais, les souks et les villages étaient le fief de Hadj Amin Husseini.

Son rôle dans le déclenchement de cette émeute lui valut une condamnation par contumace à dix ans de prison. Mais avec une ruse qui allait devenir la griffe de son génie, il réussit à échapper à la justice et à gagner la Transjordanie. Son exil fut bref. Bientôt, la plus importante charge religieuse de la Palestine musulmane devint vacante. C'était à la Grande-Bretagne qu'incombait la responsabilité de pourvoir le poste en choisissant un candidat sur une liste de trois noms proposés par un collège de notables musulmans. Bien que le nom de Hadj Amin ne figurât pas sur cette liste, c'est lui qui fut finalement désigné. En mars 1922, il reçut des mains juives du premier haut-commissaire britannique en Palestine, Sir Herbert Samuel, la charge de Grand Mufti de Jérusalem, troisième ville sainte de l'Islam. Par ce choix politique audacieux, la Grande-Bretagne espérait museler son ennemi le plus acharné.

Pendant quelque temps, cette décision parut une manœuvre particulièrement habile. Hadj Amin restait silencieux. En réalité, il avait mieux à faire que de harceler ses ennemis. Avec une patience tout orientale, il entreprit d'édifier les assises de sa puissance. Il assura d'abord son élection à la présidence du Conseil suprême musulman, obtenant ainsi la disposition absolue de tous les fonds religieux de Palestine. Il fit ensuite passer sous son autorité les tribunaux, les mosquées, les écoles et les cimetières, si bien qu'aucun musulman de Palestine ne put naître ou mourir sans avoir affaire à lui. Aucun cheikh, aucun professeur, aucun fonctionnaire, si bas fût-il dans la hiérarchie, ne pouvait recevoir de salaire sans avoir prouvé d'abord sa loyauté totale au Grand Mufti. Celui-ci n'éprouvait que mépris et soupçons à l'égard des classes éduquées de son pays et préférait recruter ses partisans dans les bastions de l'ignorance, les souks et les villages. Là, il savait que l'argent et les armes pouvaient cimenter toutes les loyautés.

Le 24 septembre 1928, jour de la fête juive de Yom Kippour, Hadj Amin décida de rompre la trêve qu'il observait depuis six ans. Aucun prétexte ne pouvait être plus futile que celui qu'il invoqua pour exciter le fanatisme religieux des foules. Ce jour-là, les Juifs avaient placé au milieu du mur des Lamentations un paravent destiné à séparer les hommes et les femmes en prière. Initiative sans importance, sauf pour Hadj Amin qui savait combien à Jérusalem on attachait de prix au moindre geste modifiant l'équilibre religieux. Accusant les Juifs de profaner une propriété arabe, insinuant que leur objectif était en réalité de s'emparer du rocher d'où Mahomet était monté au Ciel, le Mufti orchestra le fanatisme religieux de ses troupes en un déferlement de protestations.

La véritable épreuve de force ne commença qu'un an plus tard, au mois d'août 1929. Cette fois, le feu s'étendit à tout le pays. Quand il s'éteignit, plus de cent Juifs étaient morts et Hadj Amin était devenu le chef incontesté des Arabes de Palestine. Six ans plus tard, ses partisans organisèrent avec succès quelques actions de guérilla. Hadj Amin estima que le peuple était prêt à mourir et résolut de le lancer dans une djihad, une guerre sainte. Il comptait expulser les Anglais de Palestine et dicter ses conditions dans le règlement du problème juif.

L'entreprise débuta par une grève générale de six mois. Puis, comme les Anglais ne cédaient pas, la grève tourna au soulèvement armé. Dirigée d'abord contre l'Angleterre et les Juifs, la rébellion s'écarta bientôt de ces deux objectifs pour devenir une sorte de guerre civile entre Arabes. A la faveur de cette révolte, Hadj Amin entreprit de faire disparaître tous ceux qui risquaient de contester un jour son autorité, notamment les membres les plus influents des grandes familles rivales de la sienne, les Nashashibi, les Khalidy et les Dajani. Des propriétaires terriens, des commerçants, des instituteurs, des fonctionnaires du gouvernement, des employés tombèrent ainsi sous les balles de ses tueurs sous le prétexte qu'ils parlaient et lisaient trop bien l'anglais. Dans les villes, les meurtres étaient habituellement commis sur la place du marché, tôt le matin, quand les hommes, suivant la coutume arabe, faisaient leurs achats. Une ombre se glissait derrière la victime, sortait un pistolet des plis de son abbayah, tirait et disparaissait. Dans les campagnes, on tuait la nuit : un commando faisait irruption dans la chambre de la victime et l'exécutait dans son lit. Plus de deux mille Arabes tombèrent ainsi sous les balles fratricides des assassins du Mufti.

Pendant que se multipliaient chez les Juifs le nombre des jeunes chefs et les institutions sociales qui seraient un jour leur plus grande force en Palestine, Hadj Amin priva les Arabes de ces mêmes ressources. Etranglant le progrès et la raison par les débordements de son fanatisme religieux, terrorisant les élites avec les fusils de ses paysans analphabètes, il réduisit à la peur et au silence toute une génération de chefs arabes.

En contrepartie, il s'entourait d'étonnantes précautions. Jamais cet homme à l'aspect fragile et aux ongles faits ne sortait sans son gilet pare-balles et ses six gardes du corps noirs. Il ne se déplaçait que dans une Mercedes blindée et arrivait toujours en avance ou en retard à ses rendez-vous, mais jamais à l'heure.

Quand les Anglais se décidèrent enfin à l'arrêter, le Mufti les devança par sa fuite. Déguisé en mendiant, il passa par-dessus le mur de la Vieille Ville. De l'autre côté, un âne l'attendait pour l'emmener à

Gethsémani, d'où une voiture le conduisit à Jaffa. Il gagna clandestinement le Liban à bord d'un bateau de pêche. De Beyrouth, il continua, sous l'œil bienveillant des autorités françaises, à tirer les ficelles de la rébellion en Palestine.

Quand, un soir de septembre 1939, il demanda à un ami : « Croyez-vous que les Allemands valent mieux que les Anglais ? » le Mufti avait déjà répondu lui-même à cette question. Il était en contact avec les nazis depuis 1936. Poliment prié par la police française de quitter le Liban, il se réfugia à Bagdad où il participa à un nouveau complot, destiné cette fois à renverser le régime irakien probritannique avec l'aide de l'Allemagne. Mais c'était à un rendez-vous avec Adolf Hitler que l'exil devait finalement conduire le Mufti. Et c'était de Berlin, où il était arrivé en septembre 1941, qu'il prenait, en ce printemps 1945, dans le chaos de la défaite nazie, le chemin du retour.

Six semaines après son dernier repas à Berlin, Hadj Amin Husseini était l'hôte de la prison parisienne du Cherche-Midi. Après avoir gagné l'Autriche, il avait tenté de se réfugier en Suisse à bord d'un avion d'entraînement de la Luftwaffe. Refoulé, il avait alors choisi de se rendre aux autorités françaises. De Paris, il semblait que sa route ne pourrait le mener ailleurs qu'à Nuremberg, où une place d'honneur ne manquerait pas de lui être réservée parmi les criminels de guerre. Son dossier était accablant. La plupart des témoignages qui l'accusaient avaient été patiemment accumulés en Allemagne même par sa femme de chambre préférée, une israélite placée à son service par l'Agence Juive pour espionner ses activités. Elle avait été si dévouée et si discrète dans l'accomplissement de sa tâche ancillaire que le Mufti l'avait récompensée à son départ par une substantielle gratification, marque toute spéciale de son affectueuse reconnaissance.

Nuremberg, cependant, ne devait pas être la prochaine étape de Hadj Amin. Quelque peu amers à l'égard de l'Angleterre qu'ils tenaient pour responsable de leur éviction de Syrie et du Liban, les Français n'étaient pas mécontents de détenir un personnage aussi embarrassant et dangereux pour leur alliée. Le Mufti fut averti que le général de Gaulle s'intéressait personnellement à son cas. Il fut autorisé à s'installer, avec les quelques fidèles qui l'avaient accompagné, dans une villa de la banlieue de Paris, où il fut l'objet d'une discrète surveillance policière.

Pour ne pas risquer de soulever la colère des musulmans dans leurs autres colonies, les Anglais renoncèrent finalement à exiger sa comparution devant le tribunal de Nuremberg. Au printemps de 1946, plusieurs chefs sionistes américains vinrent trouver Léon Blum, alors en visite aux Etats-Unis, et lui promirent qu'en échange de la personne du Mufti, la France serait assurée de l'aide économique de l'Amérique. Sympathisant de la cause sioniste, Blum accepta. Mais son ministre des Affaires étrangères, Georges Bidault, fit échouer la tractation. Hadj Amin fut alors informé que son départ du territoire français était souhaité. Le 29 mai 1946, après avoir rasé sa barbe, muni d'un faux passeport syrien et d'une réquisition militaire américaine, il prit l'avion de la T.W.A. pour Le Caire [1].

Quatre jours plus tard, un télégramme de trois mots arriva à son quartier général de Jérusalem. « Papa est revenu », annonçait-il. Dès lors, le commandement des Arabes de Palestine revenait inéluctablement à ce personnage fanatique et intraitable.

Pendant les dix-huit mois qui suivirent, Hadj Amin Husseini se consacra, comme David Ben Gourion, à préparer son peuple au conflit qu'ils savaient l'un et l'autre inévitable. D'une chambre d'hôtel de la station estivale libanaise d'Aley, il avait suivi mot par

---

1. Douze ans plus tard, le journal *Paris-Presse* révéla qu'en échange de son évasion, le Mufti avait promis de considérer favorablement la position et le rôle de la France en Afrique du Nord.

mot les ultimes phases du débat des Nations unies sur la Palestine. Pendant les six mois qui allaient s'écouler entre le vote décidant le partage de la Palestine et la naissance officielle de l'Etat d'Israël au départ des Anglais le 15 mai 1948, il n'allait pas rester inactif. Dès le lendemain à l'aube, il appela Jérusalem au téléphone et donna ses consignes pour la première action du combat qu'il avait juré de reprendre. Et comme au début de sa carrière, vingt-sept ans plus tôt, il choisit de déclencher les hostilités dans le bastion qu'il connaissait le mieux, les souks de Jérusalem.

5

PAS DE DEUX À PRAGUE

Avec ses cheveux noirs luisants, sa peau basanée et son regard sombre, il avait l'air plus arabe qu'un Arabe. Et pourtant Abraham Gil était juif. C'était précisément cette similitude qui expliquait sa présence ce jour-là dans les souks de la Vieille Ville. Il faisait partie de la « section arabe », composée de Juifs arabisants créée par la Haganah de Jérusalem pour espionner l'adversaire. Gil avait traîné toute la journée dans les ruelles encombrées à l'affût de renseignements. Soudain, il s'arrêta. Des commerçants arabes s'empressaient de peindre sur les rideaux de fer de leurs boutiques une croix ou le croissant de l'Islam. Gil savait que les Arabes cherchaient par ces marques à empêcher que leurs boutiques soient confondues avec celles de leurs voisins juifs. Il avertit aussitôt la Haganah qu'une manifestation arabe se préparait.

C'était en effet sur le peuple que le Mufti Hadj Amin comptait pour donner sa réponse au vote de l'O.N.U. Pendant les cinq mois et demi qui allaient s'écouler jusqu'au 15 mai 1948, date à laquelle le partage de la Palestine entrerait en vigueur, le Mufti entendait faire parler la rue. Pour la population juive de Jérusalem, une retombée brutale dans la réalité allait succéder aux festivités de la nuit du Partage.

Le lendemain, dès l'aube, des groupes se rassemblaient dans tous les quartiers arabes. Echauffés par les rumeurs accompagnant traditionnellement ce genre de manifestations — cette fois le viol par les

Juifs de deux femmes arabes à la porte de Jaffa — ils ne tardèrent pas à échapper au contrôle de leurs chefs. A la Porte Neuve, Emile Ghory, cet Arabe dont la signature avait ouvert les cachettes d'armes de la Vieille Ville, vit la foule s'avancer en brandissant des matraques et des gourdins. Des enfants portant des bidons d'essence suivaient les premiers rangs. Ghory se précipita.

« Où allez-vous ?

— Mettre le feu chez les Juifs ! »

Ghory était désemparé. Il savait que les ordres du Mufti ne prévoyaient pas encore de tels débordements, car les Arabes seraient incapables d'empêcher les représailles. Il tenta de barrer la route aux émeutiers. Un instant, la foule parut s'apaiser. Mais les sifflets et les plaintes stridentes des femmes la remirent bientôt en marche. Bousculant Ghory, un flot hurlant s'engouffra sous l'arceau de la Porte Neuve et se précipita vers la Ville nouvelle.

Prévenue, la Haganah avait mis en état d'alerte un groupe d'intervention. Zvi Sinaï, ce jeune officier juif qui avait la nuit du Partage sillonné Jérusalem pour rassembler sa compagnie, reçut l'ordre d'aller patrouiller sur l'avenue de la Princesse-Mary, l'une des artères qui reliaient la ville arabe au cœur de la ville juive. En haut de l'avenue, Sinaï aperçut sur un trottoir un groupe de policiers britanniques armés de mitraillettes. Se donnant l'air d'un promeneur, il s'avança jusqu'à eux.

Tel un flot rompant ses digues, il vit alors déboucher de la porte de Jaffa la colonne de manifestants arabes. Se dirigeant directement vers la ville juive, elle se gonflait de nouvelles troupes tout le long de sa route. Ouvriers en chemise, paysans coiffés de keffiehs à damier noir et blanc, fonctionnaires en tarbouche, jeunes porteurs de pancartes, commerçants en veston se mêlaient dans un désordre général qu'excitaient les sifflements des femmes et les slogans criés en chœur. D'une fenêtre de la banque Barclay's, Nadi Dai'es, un Arabe de seize ans, garçon de courses dans une société de transports, bouleversé à la vue de ce spectacle, laissa choir son plateau et ses tasses de café, et courut se joindre aux manifestants.

Une forêt de barres de fer, de gourdins, de bâtons hérissait la colonne qui remontait l'avenue. Pris sur son passage, un journaliste juif, Ashor Lazar, fut arraché de sa voiture et massacré sur place.

Cependant, Zvi Sinaï observait sans trop d'alarme la rapide progression des émeutiers. Il était persuadé que les policiers britanniques allaient se déployer d'un instant à l'autre pour leur barrer l'entrée de la ville juive. Vingt-quatre heures plus tôt, comme tant d'autres habitants, il avait vu ces mêmes policiers trinquer et fraterniser avec les Juifs de Jérusalem. Mais quand les Arabes ne furent plus qu'à une dizaine de mètres, le jeune officier juif comprit avec stupéfaction que les Anglais n'avaient aucune intention de les arrêter. Avec la même indifférence que des « bobbies » de Piccadilly Circus laissant passer un monôme d'étudiants un soir d'examen, ils allaient laisser cette horde plonger vers le cœur de la ville juive. Sinaï décida alors d'agir tout seul. Il brandit son pistolet Beretta et tira quelques balles au ras des têtes. Au bruit des détonations la forêt mouvante des gourdins et des matraques se figea. « Attention, ils ont des armes ! » cria un manifestant en montrant Sinaï et le petit groupe de Juifs assemblés sur le trottoir derrière les policiers britanniques. Il y eut un flottement dans la colonne. Puis les rangs se disloquèrent et la foule commença à refluer vers la porte de Jaffa. Tandis qu'il observait la débandade avec soulagement, Sinaï vit deux policiers anglais fondre sur lui. « Tire ! entendit-il crier l'un d'eux, mais dans les pieds, il faut le prendre vivant. » Sinaï s'engouffra dans la première boutique et réussit à s'enfuir par la cour.

Cette chasse à l'homme succédant à l'inaction précédente résumait à elle seule la conception partisane que la police britannique se faisait désormais de sa mission. Presque au même moment, dans la Vieille Ville, l'Arabe Emile Ghory pouvait violer impunément la loi au point de faire ostensiblement garder, par des miliciens arabes armés, les principaux bâtiments susceptibles d'être l'objet de représailles juives. Mais dans quelques heures, cette attitude allait produire de tragiques conséquences.

Encouragés par la passivité des policiers, les manifestants arabes se regroupèrent. Et soudain leur colonne bifurqua vers le quartier en contrebas de la porte de Jaffa, connu sous le nom de « Centre Commercial » à cause de la mutiplicité de ses boutiques, presque toutes juives. La foule s'abattit là comme un vol de sauterelles, dévastant les étalages, pillant les devantures, blessant et tuant les commerçants terrorisés qui s'enfuyaient de tous côtés. A chaque coin de rue, des policiers britanniques observaient avec indifférence cette vieille plaie de Jérusalem qu'était la mise à sac d'un de ses quartiers. Quelques policiers allaient jusqu'à prêter la main aux émeutiers en faisant sauter des serrures à coups de mitraillette, et l'on vit même une automitrailleuse défoncer le rideau de fer d'un magasin.

Accouru sur les lieux, le préfet James Pollock se plaignit au capitaine Haddington de l'inaction de ses troupes.

« Sir, répondit l'officier, on a inlassablement répété à ces hommes que les Arabes sont nos amis; vous ne pouvez leur demander de cogner dessus, du jour au lendemain. »

Après le pillage vint l'incendie. Bientôt d'épaisses colonnes de fumée montèrent de tous côtés et envoyèrent une pluie de cendres sur les quartiers juifs voisins. Courageusement, quelques résidents arabes tentèrent de limiter les dégâts. Samy Aboussouan, le dentiste violoniste, réussit à éteindre le feu qui venait d'éclater dans la boutique située sous son appartement. Puis, armé d'un pinceau et d'un pot de peinture, il alla discrètement badigeonner d'une croix ou d'un croissant les devantures encore intactes des magasins de sa rue, qui appartenaient à ses amis juifs. Mais de tels efforts ne jetaient que quelques gouttes d'eau sur la fournaise qui s'étendait rapidement.

Moins de quarante-huit heures après la décision qui devait régler le sort de la Palestine, tout espoir de paix venait de se consumer dans les flammes du Centre Commercial. Jérusalem retournait à ses divisions originelles.

Décidé à ne pas laisser tout à fait impunie la violence arabe, un commando de l'organisation terroriste de l'Irgoun fit irruption dans la salle de projection du cinéma arabe Rex. Après avoir tout saccagé, le commando remplit la pièce de bobines de films auxquelles il mit le feu. Le grand théâtre disparut en quelques secondes dans une mer de flammes que coiffait la plus épaisse et la plus noire colonne de fumée jamais montée dans le ciel de Jérusalem.

A quelques rues de là, un Arabe photographiait calmement d'un balcon le spectaculaire brasier. Les images prises par Antoine Albina allaient trouver leur place dans son album familial. Ce photographe amateur était en effet le propriétaire du cinéma qui flambait devant son viseur. Sur la façade que dévoraient les flammes, il pouvait encore lire le titre du film qu'il avait offert cette semaine-là à ses concitoyens. Il s'intitulait : *Ah quel plaisir !*

*

Le vol 442 de la Swissair s'arracha de l'asphalte et prit la direction de la mer par-dessus les taches vertes des orangeraies. Par son hublot, le capitaine syrien Abdul Aziz Kerine aperçut le quadrillage des rues de Tel-Aviv où quelques heures plus tôt il s'était trouvé mêlé aux foules exultantes célébrant la promesse d'un Etat juif. Le capitaine dégrafa sa ceinture et alluma une cigarette. Enfin, il était en route ! Dans sept heures il serait à Paris, où il attraperait un autre avion pour sa destination finale, Prague.

Un privilège exceptionnel dont jouissait sa patrie valait au jeune Arabe de se trouver dans ce DC4. Parce qu'elle était l'un des deux seuls Etats souverains de cette partie du monde, la Syrie pouvait acheter librement des armes sur le marché international. Depuis qu'elle était indépendante, une nuée de représentants des fabriques d'armement étrangères, de trafiquants, de contrebandiers assiégeaient le bureau d'Ahmed el Sherabati, l'ancien élève du Massachusetts Institute of Technology devenu ministre de la Défense. Un Belge offrait cinquante mille mitraillettes à cinquante-deux dollars pièce, un Espagnol vingt mille fusils Mauser d'occasion à trente-sept dollars, un Suisse des mortiers de 88 mm à sept cent quatre-vingt-deux dollars l'un. Un Italien de réputation assez louche soldait même des tanks Sherman au prix de trente-quatre mille dollars. Mais la plupart des fusils proposés étaient dépourvus de percuteurs, les mitrailleuses de chargeurs, les tanks de canons et les avions de moteurs. Dans ces années d'après-guerre, l'Europe était en vérité un gigantesque marché à la ferraille regorgeant de matériel de guerre accessible à quiconque pouvait justifier d'un ordre d'achat officiel et d'un compte en banque approvisionné.

Le ministre syrien de la Défense avait finalement accepté les offres d'une des plus grandes et des plus célèbres fabriques d'armes européennes, la Zbrojovka Brno de Tchécoslovaquie. Le voyage du capitaine arabe avait précisément pour objet de confirmer la commande et d'organiser l'acheminement du matériel jusqu'à Damas. Il s'agissait de dix mille fusils, de mille mitraillettes et de deux cents mitrailleuses. Selon les critères de la seconde guerre mondiale, un tel arsenal pouvait paraître dérisoire. Mais pour les Juifs de Palestine, il était impressionnant : l'ordre d'achat du capitaine arabe représentait deux fois plus d'armes que n'en possédaient toutes les armureries de la Haganah réunies.

Quelques rangs derrière l'officier syrien, un passager bizarrement accoutré d'une chemise trop longue et d'un costume trop étroit pour sa corpulence était absorbé dans la lecture du quotidien hébreu *Davar*. Avec une brosse à dents, une bible reliée en cuir et un exemplaire de *Faust*, ce journal était le seul bagage du voyageur. Le passeport palestinien qui se trouvait dans la poche de son veston l'identifiait sous le nom de George Alexander Uiberale et lui attribuait la profession de directeur commercial de l'entreprise juive de travaux publics Solel Boneh. En réalité, seuls étaient authentiques l'âge — trente et un ans — et la photographie montrant un visage un peu rond, dominé par deux yeux remplis d'une tranquille détermination sous leurs épais sourcils. L'homme s'appelait en fait Ehud Avriel. Il n'était directeur commercial ni de Solel Boneh ni d'aucune autre entreprise, encore que ce fût bien pour conclure un marché qu'il se rendait ce jour-là en Europe. Et cette affaire était exactement la même que celle qui avait décidé du voyage du capitaine syrien. Ehud Avriel allait lui aussi chercher dix mille fusils. Mais les siens étaient destinés à la Haganah.

Quelques heures plus tôt, une vieille Ford grise s'était arrêtée devant son logement du kibboutz de Nahariya, dans le nord de la Palestine. « Va te laver et change-toi, avait seulement annoncé le chauffeur, je t'emmène à Jérusalem. Le patron veut te voir. »

Avriel n'avait montré aucune surprise. Pendant dix ans, cet intellectuel autrichien avait consacré son existence à la cause sioniste qui lui devait quelques-unes de ses plus spectaculaires victoires. De Vienne, d'Istanbul, d'Athènes et finalement de Paris, Avriel avait dirigé l'une des plus grandes aventures du mouvement juif, l'immigration clandestine de milliers de Juifs européens en Palestine. En pleine guerre, il avait réussi à introduire ses agents dans l'Allemagne hitlérienne pour arracher des milliers d'enfants juifs aux camps de la mort. Plus de cent mille Juifs de tous les pays d'Europe étaient personnellement redevables à Ehud Avriel et à son organisation d'avoir pu échapper à l'enfer nazi pour atteindre les rivages de la Terre promise. A présent, moins de deux mois après son propre retour en Palestine, Avriel quittait à nouveau sa famille et son kibboutz.

Trois heures plus tard, il entrait dans une pièce tapissée de livres au deuxième étage du bâtiment de l'Agence Juive à Jérusalem. Assis derrière un bureau encombré de dossiers et de documents, David Ben Gourion attendait le visiteur. Sur un ton d'une gravité qu'Avriel avait rarement remarqué chez lui, le leader juif lui expliqua que l'existence même du peuplement juif en Palestine allait dépendre du succès de la mission dont il allait le charger.

« Ecoute-moi bien, déclara-t-il. La guerre va éclater dans moins de six mois. Les Arabes se préparent. Cinq armées régulières nous envahiront au départ du dernier soldat britannique le 15 mai prochain. Mais, avant même cette invasion, une révolte arabe va se produire ici. Et à côté, celle de 1936 fera figure d'un jeu d'enfants. »

Ben Gourion apprit alors à Avriel qu'il l'envoyait en Europe pour y mettre son expérience au service de l'achat des armes.

« Nous devons changer radicalement de tactique, expliqua-t-il encore. Nous n'avons plus le temps de cacher quatre fusils dans un tracteur et d'attendre que celui-ci arrive à Haïfa. Nous devons agir vite et d'une manière décisive. Tu as un million de dollars à ta disposition à l'Union de Banques Suisses à Genève. »

Puis, sortant de sa poche une feuille de papier soigneusement pliée sur laquelle se trouvaient six lignes tapées à la machine il ajouta :

« Et voici la liste de ce dont nous avons besoin. »

Avriel lut : « Dix mille fusils, un million de cartouches, un millier de mitraillettes, quinze cents mitrailleuses. » Quand il releva les yeux, Ben Gourion lui passa une deuxième feuille de papier. C'était une lettre.

« Il y a à Paris un homme d'affaires juif nommé Klinger qui affirme pouvoir nous procurer ce matériel, reprit-il. Il faut que tu ailles le voir immédiatement. »

Le leader juif se leva alors de son fauteuil et fit le tour de son bureau. Il mit sa lourde main sur l'épaule d'Avriel et l'exhorta d'une voix pathétique :

« Ehud, il faut que tu nous rapportes ces dix mille fusils. »

Tandis que l'avion de la Swissair volait vers sa destination, trois hommes se réunissaient dans une bâtisse crépie de rose sur le front de mer de Tel-Aviv. Baptisée « Maison-Rouge », cette construction anonyme, située au 44, rue Hayarqon, était le quartier général clandestin de la Haganah. Les trois hommes, trois chefs militaires, seraient un jour responsables de l'utilisation des armes qu'Ehud Avriel était parti chercher.

Vieux compagnon de Ben Gourion, véritable pilier de l'armée clandestine juive, Jacob Dori était le commandant en chef de la Haganah. Yigael Yadin, un archéologue de trente-deux ans, était le chef du bureau des Plans et Opérations. Six mois plus tôt, David Ben Gourion l'avait arraché à l'étude de ses antiques inscriptions arabes pour lui confier la tâche de prévoir les intentions des Arabes d'aujourd'hui. Le troisième, Michel Shacham, avait créé le premier atelier de fabrication d'armes de la Haganah. Mariant ses compétences de menuisier, d'électricien et de plombier aux connaissances théoriques des savants de l'Institut Weizmann, il avait même contribué, en 1938, à la mise au point d'un explosif qui pouvait être mis à feu mouillé.

Ce qui réunissait ces hommes en ce matin de décembre n'était en apparence qu'un fait divers. L'autocar juif qui reliait la ville côtière de Natanya à Jérusalem venait de tomber dans une embuscade. Cinq voyageurs avaient été tués. Mais aux yeux du chef de la Haganah, cet attentat présageait exactement le type de guerre auquel il fallait s'attendre.

« La guerre, annonça-t-il gravement, sera gagnée ou perdue sur les routes de Palestine. Notre survie dépendra de nos lignes de communication. »

Il se tourna alors vers Michel Shacham :

« La Haganah vous confie personnellement la sécurité de nos transports. »

Sur les murs du bureau de Yigael Yadin se trouvait un document qui témoignait de l'ampleur du problème. Il s'agissait des seize carrés de la carte au cent millième de toute la Palestine dressée en 1945 par les cartographes de la 512ᵉ compagnie de l'armée britannique. Eparpillées de la frontière libanaise, au nord, jusqu'aux confins du Néguev, et de la Méditerranée, à l'ouest, jusqu'à la mer Morte, une foule d'épingles à tête rouge figuraient les communautés juives dispersées dont Shacham devait désormais empêcher l'isolement.

Sous chaque épingle, une inscription en hébreu résumait la mission assignée aux différentes communautés dans le cadre du plan préparé par Yadin depuis six mois. Connu sous le nom de Plan Dalet, ou Plan D, il partait de l'hypothèse que la guerre éclaterait en Palestine au départ des Anglais et à la naissance officielle de l'Etat juif. La stratégie de la Haganah se fondait sur ce plan. Bien que la résolution de l'O.N.U. eût attribué un statut international à Jérusalem, il prévoyait également que la guerre gagnerait bientôt la ville. Il envisageait, lors du départ des troupes britanniques, une courte période de vide absolu pendant laquelle chaque communauté juive devrait assurer sa défense et sa survie par ses propres moyens, en attendant qu'une armée régulière pût entrer en action. Mais l'accomplissement de ce premier objectif n'était lui-même possible que si la Haganah était en mesure d'envoyer d'ici là les hommes et le matériel nécessaires.

D'une épingle à l'autre, tissant sur la carte comme une gigantesque toile d'araignée, couraient les centaines de kilomètres de routes sur lesquelles se jouerait le sort de la guerre. La plupart d'entre elles traversaient de vastes étendues entièrement contrôlées par les Arabes. Là, sur des dizaines de kilomètres, la plus légère courbe, la moindre colline, le plus petit ravin, un simple groupe de maisons pouvaient devenir autant de pièges mortels.

De toutes ces routes, aucune n'offrait plus de dangers que celle qui serpentait au sud-est à travers le carré numéro dix de la carte. L'épaisseur du trait rouge qui la représentait soulignait son importance. Longue de soixante-douze kilomètres, partant du niveau de la mer pour atteindre sept cent soixante mètres d'altitude, c'était la route qui conduisait à la plus grande colonie juive de Palestine, les cent mille hommes, femmes et enfants de Jérusalem.

Successivement sentier biblique, piste des caravanes de l'Antiquité, Via maris des légions romaines, chemin des Croisés, des Sarrasins et des Turcs vers les pèlerinages de Judée, la route de Jérusalem portait tout au long de son parcours les marques d'une histoire tourmentée. Depuis les faubourgs de Tel-Aviv et de Jaffa, elle glissait à travers de riches orangeraies vers un premier village, bouquet de vieilles bâtisses blanchies par le soleil appelé Beit Dagan en souvenir du poisson d'or des Philistins. Une dizaine de kilomètres plus loin, elle passait devant l'un des garants de la *Pax britannica*, le camp militaire de Sarafand, une des plus grandes bases du Proche-Orient, qui s'étendait sur des dizaines d'hectares. Peu après, vers l'est, le fin minaret d'une mosquée annonçait qu'elle pénétrait en pays arabe (voir carte page 108).

Fondée par Soliman le Magnifique, conquise par Richard Cœur de Lion, détruite par Saladin, rebâtie par les mamelouks, prise d'assaut par Napoléon, Ramleh, première ville arabe importante que traversait la route, avait servi de refuge à des générations de pilleurs de caravanes et de bandits. Juste au-delà, derrière une colline aride, se trouvait le site de la cité biblique de Gezer, que le pharaon d'Égypte avait donnée en dot à sa fille pour son mariage avec Salomon. La route longeait ensuite la vallée biblique du Soreq, où naquit Dalila, et où les chacals de Samson, de leurs queues enflammées, avaient incendié les moissons des Philistins. Puis, s'incurvant vers l'est à travers une riche plaine de vignobles et de champs de blé, elle entrait dans la vallée d'Ayalon sur laquelle le soleil s'était arrêté au commandement de Josué. De l'autre côté apparaissaient sur ses bords deux constructions qui résumaient dans leurs destinations la Palestine d'aujourd'hui. L'une était un poste de police britannique qui surveillait la route sur une dizaine de kilomètres; l'autre, située sur les flancs d'une colline coiffée de ruines romaines et croisées, était l'abbaye trappiste des Sept-Douleurs de Latroun. A l'extrémité de l'un de ses vignobles se trouvaient une station de pompage pour l'eau de Jérusalem et les ruines d'un antique caravansérail. De chaque côté de la chaussée surgissait alors un bouquet de pins qui marquait l'entrée de la route dans l'étroit défilé menant aux monts de Judée. C'était ce lieu frais et verdoyant que les Arabes appelaient *Bab el Oued*, la Porte de la Vallée.

Quelques mois plus tard, ce seul nom de Bab el Oued évoquerait pour toute une génération de Juifs de Palestine le prix qu'ils devraient payer pour garder leur Etat. C'est là, en effet, sous les pins de Bab el Oued, que les conversations s'arrêtaient et que la route devenait celle de la peur.

Epousant, sur trente kilomètres, le dessin d'une gorge profonde, elle se glissait entre les versants abrupts couverts d'arbres et de rochers. Chaque pierre pouvait cacher un tireur, chaque virage une embuscade, chaque bouquet d'arbres une horde d'assaillants. Les villages qui surplombaient la vallée de leurs crêtes rocheuses étaient tous aux mains des Arabes : Abou Gosh, où David avait caché l'Arche d'Alliance et la dixième légion romaine établi son camp avant d'aller détruire Jérusalem en l'an 70; Castel, sous les ruines d'un château croisé bâti lui-même sur un fort romain qui gardait au temps du Christ l'entrée occidentale de Jérusalem; Colonia où les soldats de Titus venaient se détendre pendant le siège de la Ville sainte.

Pour être à nouveau en sécurité, les Juifs devaient atteindre les hauteurs et apercevoir les baraquements du kibboutz de Kiryat Anavim. Six kilomètres plus loin, la route franchissait son point culminant. Une longue courbe descendait l'autre versant. Alors seulement apparaissaient les faubourgs rassurants de Jérusalem.

Successeurs des caravanes bibliques, des chars romains et des colonnes croisées, les convois de camions et d'autocars juifs devaient à leur tour forcer les dangers de ce défilé pour apporter à Jérusalem les approvisionnements nécessaires à sa survie. Assurer la protection de cette précaire voie de communication constituait un problème presque insurmontable. Les chefs juifs comptaient cependant sur la police et l'armée britanniques pour assurer cette tâche jusqu'à leur départ : l'importance et le poids international de Jérusalem permettaient en effet de supposer que les Anglais maintiendraient cette route ouverte aussi longtemps qu'ils resteraient en Palestine. Partant de cette conviction, le plan juif assignait en priorité à la Haganah l'organisation du ravitaillement de Jérusalem. Pendant les quelques mois encore où les forces britanniques étaient censées protéger cette artère vitale, tout devait être mis en œuvre pour faire entrer dans la ville les armes et les approvisionnements dont dépendrait sa survie en cas de siège arabe.

Persuadé de la justesse de son plan, Yigael Yadin était confiant. De toute façon, ses moyens étaient si pauvres qu'il n'avait pas le choix. En ce début d'hiver, l'arme principale des Juifs était l'optimisme.

*

Jérusalem pansait ses plaies. La tombée de la nuit et un sévère couvre-feu avaient chassé les incendiaires et les pillards arabes du Centre Commercial. Çà et là, quelques brasiers crépitaient encore dans les ténèbres. Coupé du reste de la ville par des rouleaux de fil de fer barbelé et des cordons de policiers britanniques, ce quartier prospère offrait un spectacle de désolation. De sa fenêtre, le dentiste arabe Aboussouan contemplait l'étendue du désastre. L'électricité, le téléphone et le gaz étaient coupés. Dans la nuit, jaillissaient maintenant une série de détonations qui semblaient provenir des décombres fumants d'une épicerie voisine. Leur fracas allait hanter le quartier pendant plusieurs heures; sous l'effet de la chaleur, des milliers de boîtes de sardines éclataient. Le docteur Aboussouan referma sa fenêtre avec écœurement. Cette fois, sa décision était prise : le plus tôt possible, il irait chercher refuge dans un quartier plus tranquille.

*

Las et découragé, l'homme que David Ben Gourion avait envoyé à Paris acheter dix mille fusils mesurait son échec. Ce jour-là, il lui semblait avoir reçu tous les marchands d'armes d'Europe dans sa chambre de l'hôtel *California*, rue de Berri. Mais toutes les propositions, et d'abord celle envoyée à Ben Gourion par le commerçant Klinger, s'étaient finalement révélées sans fondement ou inacceptables. Ehud Avriel n'avait plus qu'un seul espoir : le visiteur assis en face de lui dans l'âcre fumée d'un cigare. Sur un ton qui trahissait quelque honte, Robert Adam Abramovici, Juif roumain qui dirigeait à Paris une petite affaire d'import-export, raconta à Avriel qu'il avait réussi, en 1943, à entrer en Palestine à bord d'un petit voilier mais qu'il n'y était pas resté. La Terre promise lui avait paru trop exiguë, et les conditions de vie qui y régnaient trop spartiates pour ses goûts.

« J'aime trop la belle vie, avoua-t-il. J'aime les chevaux, j'aime les femmes. Aussi, dès la fin de la guerre, je suis venu m'installer à Paris. Mais si je n'avais pas été aussi exigeant, je serais encore en Palestine. Et c'est moi que Ben Gourion aurait envoyé chercher des armes à votre place. »

Devant la surprise d'Avriel, il révéla qu'il avait autrefois été l'agent en Roumanie de l'une des plus grandes manufactures d'armes d'Europe et qu'il était resté très lié avec ses dirigeants.

« Ils nous vendront tout ce dont nous avons besoin », affirma-t-il en sortant deux catalogues de sa serviette.

Les yeux écarquillés d'émerveillement, Avriel se mit à feuilleter les pages couvertes de photographies d'un arsenal si complet que même l'imagination débordante de Ben Gourion, pensait-il, n'aurait pu en concevoir de semblable.

Abramovici précisa que l'achat de ces armes était cependant soumis à une condition unique et importante. Le fabricant ne pouvait traiter avec un simple particulier, mais seulement avec le représentant accrédité d'une nation souveraine. Comme l'Etat juif n'aurait pas d'existence officielle avant près de six mois, Avriel devrait fournir des lettres de créance d'un autre pays.

L'envoyé de Ben Gourion parut réfléchir. Puis il demanda qu'on lui apportât un dossier qui se trouvait dans son ancien bureau, 53, rue de Ponthieu. De cette adresse, il dirigeait encore quelques mois auparavant l'immigration clandestine des Juifs d'Europe vers la Palestine. Ce dossier, se souvenait-il, portait le nom d'une nation qui n'avait plus eu de liens avec le peuple juif depuis les temps bibliques. L'année précédente, contre remise de mille dollars à un prince russe devenu l'envoyé spécial en Europe de l'empereur Haïlé Sélassié, Avriel avait obtenu cent feuilles à en-tête de la légation de l'empire d'Ethiopie à Paris, ainsi qu'une collection de cachets officiels. Il s'était servi de ces documents pour établir les faux visas d'immigration que les autorités françaises demandaient pour autoriser les Juifs à transiter jusqu'aux bateaux secrets qui les emmèneraient en Palestine. Dans le dossier qu'on lui apporta, Avriel retrouva huit de ces feuilles. Un sourire complice éclaira le visage d'Abramovici. C'étaient exactement les documents nécessaires à la transaction.

Il sortit deux enveloppes de sa poche et en tendit une à Avriel. Le Roumain avait pensé à tout : il s'agissait de deux billets d'avion pour la ville où se trouvait la manufacture d'armes qu'il avait autrefois représentée.

Tandis qu'Avriel se réjouissait de sa chance, à plus de deux mille kilomètres de là, un autre voyageur se félicitait lui aussi du succès de sa mission en Europe. Le capitaine syrien Aziz Kerine sortait à l'instant du grand immeuble moderne où il venait de conclure un marché satisfaisant. Là, au siège social de la société Zbrojovka Brno, 20, avenue Belchrido, à Prague, il avait signé une première commande ferme pour dix mille fusils Mauser de type E 18 et cent mitrailleuses MG 34. Il avait même organisé leur transport jusqu'à Damas. Cependant, s'il avait connu l'identité du client qui allait lui succéder, l'euphorie du jeune Arabe eût sans doute été moindre. Au moment où ce dernier commençait à dîner, le Juif Ehud Avriel replaçait sa brosse à dents, sa bible et son exemplaire de *Faust* dans sa serviette. Le lendemain matin, il avait un rendez-vous à Prague, au 20, avenue Belchrido.

*

La visite d'Ehud Avriel aux bureaux de la Zbrojovka Brno marquait une nouvelle étape du combat mené par les Juifs de Palestine pour se procurer les armes nécessaires à leur survie. Au même titre que l'eau pour leurs cultures, elles avaient été leur perpétuelle obsession. Jusqu'en 1936, les armureries de leurs kibboutzim et de leurs villages fortifiés n'avaient abrité qu'un assortiment hétéroclite de fusils, achetés le plus souvent aux Arabes contre lesquels ils devaient éventuellement servir. Cette année-là, une inoffensive cargaison de tracteurs, de rouleaux compresseurs et de chaudières à vapeur arrivait dans le port de Haïfa : c'était la fin d'une époque incertaine d'achats individuels, et le commencement d'un effort plus radical pour armer la Haganah. Ces machines étaient toutes bourrées d'armes neuves et de munitions.

Leur expéditeur était un ancien inspecteur de la police palestinienne devenu exportateur d'oranges. Pour servir de couverture à ses activités, Yehuda Arazi avait racheté à Varsovie une petite fabrique de matériel agricole et de travaux publics en faillite. Chaque samedi, après le départ du dernier ouvrier, Arazi démontait les engins fabriqués dans la semaine, y cachait ses armes et ressoudait le tout. En trois ans, son petit atelier expédia en Palestine trois mille fusils, deux cent vingt-six mitrailleuses, dix mille grenades, trois millions de cartouches, des centaines d'obus de mortier, et, prouesse suprême, trois avions de tourisme [1].

L'éclatement de la seconde guerre mondiale mit fin aux occupations de l'atelier de Varsovie, mais non à celles de son directeur. Revenu en Palestine, Yehuda Arazi se consacra dès lors à une double activité. Dans le même temps qu'il organisait pour le compte de l'Intelligence Service des actes de sabotage contre les Allemands, il entreprenait le pillage des dépôts d'armes britanniques au profit des armureries clandestines de la Haganah. Déguisés en soldats anglais et munis d'ordres de mission officiels, ses agents entraient dans les arsenaux et repartaient leurs camions chargés. D'autres, cachés à bord des trains d'armes et de munitions circulant entre Haïfa et Port-Saïd, vidaient les wagons de leur contenu en certains points du parcours où attendaient des complices. D'autres enfin, se faisant passer pour des officiers du génie britanniques, allaient explorer les champs de bataille du désert occidental pour en rapporter les armes abandonnées par l'Afrikakorps en déroute. La puissance de feu de la Haganah s'en trouva considérablement accrue, et la tête d'Arazi mise à prix pour deux mille livres sterling.

Ce fut à la fin de la guerre, cependant, que l'épopée des armes de la Haganah connut son plus extraor-

---

1. Une seule de ses expéditions n'arriva pas à destination, du moins pas à la date prévue. Avertis que l'Intelligence Service se préparait à intercepter un chargement de machines-outils conçues pour la fabrication de cartouches, les Juifs réussirent à dérouter le navire vers un autre port encore plus inhospitalier que Haïfa, Beyrouth. Par miracle, les caisses entreposées dans un hangar ne furent pas ouvertes par les douaniers libanais et purent être finalement récupérées par les Juifs en 1941. Cachées dans plusieurs kibboutzim, ces machines furent assemblées en 1945 dans un atelier clandestin où elles servirent à fabriquer les premières cartouches produites en Palestine même.

dinaire épisode. Tout commença à la terrasse d'un café de Tel-Aviv, un soir de l'été 1945. Parcourant un journal, Chaïm Slavine tomba sur une petite information en provenance de Washington. Sept cent mille machines-outils appartenant aux usines d'armement des Etats-Unis, toutes pratiquement neuves, allaient être envoyées à la ferraille dans les mois à venir. Slavine se leva et rentra chez lui pour écrire à David Ben Gourion. « Allez chercher ces machines, l'adjura-t-il, et faites-les entrer clandestinement en Palestine pour qu'elles deviennent la base d'une industrie moderne d'armement. C'est une chance que l'Histoire ne donnera pas deux fois au peuple juif. »

Aucune signature ne possédait autant de prestige dans ce domaine que celle de ce Juif russe de quarante et un ans, rescapé des prisons bolcheviques. Arrivé en Palestine avec le document le plus précieux pour un pays sous-développé — un diplôme d'ingénieur — Chaïm Slavine avait rapidement joué, grâce à ses connaissances en physique et en chimie, un rôle important dans la Haganah. Responsable pendant la journée de la plus grosse centrale électrique de Palestine, il confectionnait la nuit, dans la cuisine d'un appartement de Rehovot, de la poudre de T.N.T. et procédait à des expériences de métallurgie pour la fabrication de grenades.

Son appel survenait quelques semaines seulement après les révélations faites à Ben Gourion par le haut fonctionnaire américain qui venait d'assister à la conférence de Yalta. Pour le vieux leader que hantait depuis lors la nécessité de préparer son peuple à une épreuve de force avec les Arabes, la lettre de Slavine était un signe du destin.

Il ordonna à Slavine de se rendre aussitôt à New York. Là, il le mit en rapport avec le représentant d'une des plus illustres et des plus riches familles juives des Etats-Unis. Deux passions dominaient la vie de Rudolph Sonnenborn, le sionisme et son entreprise familiale de produits chimiques. A la demande de Ben Gourion, il avait depuis quelques années réuni un certain nombre de leaders sionistes américains pour former une sorte d'association qu'on appelait déjà l'Institut Sonnenborn. Choisis pour leur goût du secret, ses membres constituaient un bon échantillonnage de l'Amérique géographique et industrielle.

Avec leur concours, Slavine se mit au travail. Il commença par s'enfermer dans une chambre d'hôtel avec une série de vieux numéros de la revue *Technical Machinery*, dont il avait par hasard découvert l'existence à la devanture d'un kiosque. A force d'en étudier les nombreuses illustrations, il finit par connaître par cœur les caractéristiques de tout l'outillage nécessaire à la fabrication des principaux armements.

Il entreprit alors un gigantesque pèlerinage à travers l'Amérique. Se faisant passer pour sourd-muet afin de ne pas attirer les soupçons sur son anglais pitoyable, il réussit à visiter de nombreuses usines et à leur acheter au prix de la ferraille toute une collection de laminoirs, de presses, de tours et d'autres machines-outils. Mais la législation américaine compliquait singulièrement son entreprise. Certains outillages très spécialisés devaient en effet être démontés et rendus inutilisables par leurs propriétaires avant d'être envoyés à la casse. Pour se procurer ces machines indispensables, Slavine mit sur pied une armée de rabatteurs qui écumèrent les principaux dépôts de ferraille des Etats-Unis à la recherche des différentes pièces. Le moindre écrou était expédié au quartier général de Slavine, une ancienne laiterie située en plein cœur de Harlem, au 2 000 Park Avenue. Là, avec une patience d'orfèvre, Slavine reconstruisait ses machines.

Au terme de cette prodigieuse entreprise, il devait réussir à reconstituer l'outillage nécessaire à la production quotidienne de cinquante mille cartouches de fusils, une chaîne de machines-outils permettant d'accomplir les quinze cents opérations nécessaires à la fabrication de mitrailleuses en série, et l'équipement pour tourner des obus de mortier de 88 mm. Acheté au poids et au prix de la ferraille, l'ensemble coûtait deux millions de dollars. Quelques mois auparavant, neuf, ce matériel valait plus de quarante fois cette somme.

Faire entrer toutes ces machines en Palestine constituerait un nouveau tour de force. Leur nombre et leur volume interdisaient le recours aux stratagèmes de camouflage utilisés naguère par Yehuda Arazi. Après avoir consacré tout son génie à les reconstituer, Slavine entreprit de démonter ses machines jusqu'à la moindre vis et au dernier boulon. Quand il eut terminé, quelque soixante-quinze mille pièces étaient passées entre ses doigts. Il répertoria alors lui-même chaque pièce d'après un code de son invention, puis il truqua le contenu destiné à être emballé dans chaque caisse de manière à ce qu'en cas d'inspection britannique à l'arrivée, celui-ci parût conforme à la mention « Machines textiles ». Pour couvrir l'entrée de ces centaines de tonnes de matériel, Slavine possédait en effet un modeste permis officiel pour l'importation de trente-cinq tonnes d'outillage textile, délivré au nom d'un industriel arabe imaginaire. Toutes les pièces furent si habilement truquées et mélangées que seul un ingénieur de génie aurait pu découvrir leur véritable nature. Aussi chaque caisse put-elle franchir sans difficulté la douane britannique, la bienveillance des inspecteurs étant en outre assurée par de généreux pots-de-vin [1].

Le soir où les Nations unies prenaient la décision de créer une Palestine juive, ces caisses avaient depuis longtemps atteint leur destination; cachées dans des kibboutzim, elles attendaient d'être ouvertes et de livrer leurs richesses. Par mesure de sécurité, les chefs de la Haganah décidèrent toutefois de les

1. Ces fonctionnaires des douanes furent parmi les quelques bénéficiaires de cette époque troublée. Rudolph Sonnenborn confia à l'un des auteurs de ce livre que près de deux cent cinquante mille dollars avaient été versés par son institut à des comptes suisses appartenant à des fonctionnaires britanniques en règlement de leur « coopération » lors de l'arrivée en Palestine de certaines marchandises considérées comme vitales.

laisser dormir dans leurs cachettes jusqu'au départ du dernier soldat britannique. Et c'était pour trouver les armes et les munitions dont les Juifs auraient un besoin désespéré dans l'intervalle que David Ben Gourion avait envoyé Ehud Avriel en Europe.

Quand la dernière de ses machines aurait été remontée et installée, Chaïm Slavine pourrait se vanter d'avoir réussi le plus formidable puzzle mécanique de l'Histoire. Il ne manquerait pas un seul boulon, pas une seule rondelle aux soixante-quinze mille pièces expédiées d'une laiterie de Harlem aux kibboutzim d'Israël.

6

LA BIBLE ET LE REVOLVER

Aucun Juif de Palestine n'attendait les fusils d'Ehud Avriel avec plus d'impatience que le chef de la Haganah de Jérusalem, Israël Amir. Là, comme dans le reste du pays, la pénurie d'armes paralysait l'armée juive clandestine. Le pitoyable arsenal des forces de la ville était dispersé dans deux douzaines de cachettes dont seul un adjoint d'Amir, un ingénieur des P.T.T. yéménite spécialiste de l'armement, connaissait les emplacements. Il y avait beaucoup plus de soldats que d'armes et celles-ci comptaient presque autant de modèles que d'utilisateurs possibles. Elles ne circulaient en général dans la ville que démontées et cachées dans les sous-vêtements des femmes de la Haganah.

Huit jours après le vote qui donnait aux Juifs un Etat, la Haganah de Jérusalem avait pu mobiliser à temps complet un demi-millier d'hommes, grâce à « quelques préparatifs et beaucoup de confusion », se rappelle Amir. Arrachés à leur existence de civils par un coup de téléphone, un message griffonné ou un ordre murmuré au coin d'une rue, ces Juifs constituaient le noyau actif autour duquel serait organisée une sorte de milice composée d'habitants plus âgés et moins entraînés. Amir rassembla ses recrues dans un lycée du quartier de Réhavia. Il en laissa une partie en réserve sur place et dispersa les autres dans les secteurs les plus exposés ou dans les quartiers mixtes, où des incidents avaient le plus de chance de se produire. Des dizaines de jeunes gens vêtus de vieux chandails et de pantalons de velours allèrent ainsi se poster sur les toits et les terrasses, dans les jardins, derrière les fenêtres et les portes d'entrée. Attentifs et discrets, ils épiaient le moindre incident, surveillaient les allées et venues des habitants du quartier, prenaient en filature les étrangers au comportement suspect. Se tenant par la main comme d'innocents amoureux, des couples patrouillaient dans les rues, un revolver ou une grenade dissimulés sous le corsage de la jeune fille.

Natanael Lorch fut envoyé avec vingt garçons et six filles dans le quartier ultra-religieux de Mea Shearim. Là, il répartit les filles d'après l'importance de l'arme que leur taille leur permettait de cacher. Aux plus petites, il confia les revolvers. L'une d'elles était si grande qu'elle aurait pu, pensa-t-il, dissimuler un canon de campagne — si toutefois il avait eu la chance de posséder un tel engin. La cohabitation de ces jeunes filles avec une vingtaine de garçons souleva l'indignation de l'austère communauté religieuse du quartier et Lorch dut finalement instaurer un double tour de garde — l'un contre les policiers du commissariat britannique voisin, l'autre contre la fureur des rabbins de Mea Shearim.

Un autre officier, Elie Arbel, affronta lui aussi le conservatisme des communautés religieuses. Après une épuisante discussion avec un rabbin qui exigeait la garantie écrite que ses élèves n'allaient pas se battre le jour du sabbat, Arbel leva les bras au ciel et s'écria :

« Si vous voulez réellement cette garantie, c'est aux Arabes que vous devez aller la réclamer ! »

A Shalom Dror, un placide Juif allemand aux épaules de débardeur, échut la mission de former un nouveau bataillon. Pour équiper cette unité fantôme, il envoya des jeunes filles faire du porte à porte à travers la ville pour demander des vêtements, des couvertures et des lits de camp. Il fit imprimer des bons utilisables dans tous les restaurants du voisinage. Enfin, pour trouver les troupes nécessaires, il se tourna vers le réservoir de jeunes gens le plus riche de Jérusalem, l'Université hébraïque. Ce temple de la jeune élite juive palestinienne, qui dominait la vieille cité des hauteurs du mont Scopus, était le pôle d'attraction de la jeunesse juive du monde entier. La Haganah allait à présent demander à quelques-uns de ces garçons d'apporter, par leur engagement, un témoignage de solidarité de la communauté juive mondiale.

L'Américain Bobby Reisman n'aurait jamais dû se trouver sur les bancs de l'Université hébraïque. En réalité, c'est à la Sorbonne qu'il voulait aller. Fils d'un homme d'affaires de la région new-yorkaise, il avait combattu dans les rangs de la 101ᵉ division aéroportée, de la Normandie jusqu'au Rhin où une blessure avait mis fin à sa carrière militaire. Après la guerre, Reisman avait décidé de profiter des bourses d'études offertes aux anciens combattants par le gouvernement américain pour aller à Paris. En route, un ami réussit à le faire changer de direction et Reisman se retrouva à Jérusalem où il s'inscrivit à l'Université hébraïque pour y étudier la philosophie. Toutefois, un sujet beaucoup plus excitant occupa très vite son existence en la personne d'une jeune sabra aux cheveux noirs nommée Leah. Il l'épousa en décembre 1947 et ils s'installèrent dans une pension d'étudiants de la banlieue.

Une nuit, alors qu'il était allongé sur son lit, Reisman entendit un bruit de papier froissé. Il vit que l'on glissait une enveloppe sous sa porte, la ramassa et l'ouvrit. Mais le message qu'elle contenait était en hébreu, langue qu'il ne parlait pas encore. Il le passa à sa femme qui le lut en silence. Quand elle eut terminé, elle le posa et parut réfléchir. « C'est une invitation, dit-elle enfin. Une invitation à entrer dans la Haganah. »

Reisman se laissa tomber sur le lit. Rassasié de guerre en Europe, il n'était pas venu dans ce pays pour se battre. Mais il sentait sur lui les yeux noirs de sa femme qui guettaient sa réponse. Au fond de la pièce, sous une pile de linge, se trouvait un petit revolver : il attestait l'appartenance de la jeune

Juive à cette organisation qui l'appelait à son tour. Il regarda ses yeux suppliants et comprit qu'il ne pourrait assister en spectateur à une guerre où son épouse était engagée.

« D'accord, soupira-t-il, j'accepte. »

C'est dans une cave du lycée de Réhavia que se déroula l'engagement d'un autre étudiant américain. Trois hommes dont il ne pouvait discerner les visages dans l'obscurité soumirent d'abord Carmi Charny, le fils d'un rabbin new-yorkais, à un interrogatoire avant de l'introduire dans une sorte de cellule. Dans l'ombre, posés sur une table, se trouvaient deux chandeliers, une bible et un revolver. Un projecteur braqué sur lui traversa les ténèbres. Charny devina la présence d'hommes qui l'observaient. Il posa une main sur la bible et l'autre sur la crosse froide du revolver, puis, tremblant d'émotion, « au nom de la conscience suprême du sionisme », il jura fidélité à l'armée secrète de la Haganah.

C'est par cette même cérémonie, qu'une génération de Juifs palestiniens était entrée dans l'organisation. Appelée en code « la Tante », la Haganah était intimement mêlée aux structures de la communauté juive à laquelle elle appartenait. Consciente de la supériorité numérique des Arabes, elle n'avait jamais fait de distinction entre les hommes et les femmes et avait formé son propre mouvement de jeunesse, le Gadna, qui préparait, sous prétexte de scoutisme, les garçons et les filles au service armé. Ainsi, à l'heure où les Nations unies partageaient la Palestine, la majorité de la jeunesse juive possédait déjà quelques rudiments de formation militaire.

Pour certains, comme l'étudiant Natanael Lorch, servir dans la Haganah était une tradition familiale. Son premier contact avec l'organisation avait eu lieu pendant la révolte arabe de 1936 quand, jeune écolier, il avait porté des cartouches à son père dans la doublure de son tablier. Pour d'autres, la cérémonie du serment à l'âge de seize ans symbolisait l'éveil de la conscience palestinienne. Pour d'autres encore, victimes des persécutions nazies, les réseaux clandestins de la Haganah en Europe avaient été le premier contact avec la Terre promise, le premier signe de leur proche salut.

Le secret était la règle de la Haganah. On n'y prenait pas de photographies et ses archives étaient réduites au minimum. Ses centres d'instruction se trouvaient dans les sous-sols d'institutions juives, en général des écoles ou des clubs d'organisations syndicales. Protégés par un triple cordon de veilleurs, les membres de l'armée secrète s'y réunissaient une fois par semaine pour pratiquer le judo, apprendre à démonter des armes ou soigner des blessés, à grimper à la corde, à pénétrer de force dans une maison ou à sauter d'une voiture en marche. La moindre alerte les transformait instantanément en étudiants appliqués ou en ouvriers jouant aux cartes. Ils subissaient ensuite un entraînement pratique en portant des messages ou en surveillant les déplacements de personnalités arabes ou britanniques. Enfin, deux ou trois jours par mois, ils allaient s'entraîner sur le terrain, en général quelque lointain ravin atteint au bout d'une marche harassante sous le soleil. Des oranges et des pommes de terre farcies de détonateurs servaient de grenades d'entraînement. Mais la Haganah était si désespérément pauvre en munitions que le moment le plus solennel de l'instruction ne venait qu'à la fin, quand chaque jeune recrue recevait en guise de diplôme l'unique cartouche à laquelle elle avait droit. En été, déguisés en ouvriers agricoles, des groupes allaient dans les kibboutzim apprendre le maniement des mortiers et des mitrailleuses. Les pratiques de la guérilla et du combat de nuit si redouté par les Arabes devinrent leurs spécialités. Trompant la surveillance britannique, la Haganah réussit même à organiser des cours d'officiers dans une station agricole expérimentale de la vallée de Jezréel et à former en deux mois des promotions de cent cinquante hommes. L'enseignement dispensé provenait de petits livres rouges patiemment volés dans les baraquements militaires de la puissance mandataire. C'étaient les manuels d'instruction de l'armée britannique.

Au début de la seconde guerre mondiale, la Haganah possédait déjà un embryon d'état-major. Ses services étaient dispersés à travers Tel-Aviv, dans un bureau de la confédération syndicale Histadrouth, dans un cabinet d'architecte, dans une banque, chez un importateur de machines agricoles, et à la compagnie de distribution d'eau. Ses quelques archives furent entreposées dans une cachette aménagée dans les fondations d'un immeuble de la ville. L'engagement de la Haganah aux côtés des Alliés allait donner à certains de ses membres l'expérience de la guerre. Quarante-trois mille volontaires juifs de Palestine y participèrent. Dans certaines unités, comme la Brigade juive, la hiérarchie du commandement britannique était doublée d'une hiérarchie secrète de la Haganah.

Paradoxalement, Jérusalem, cœur des aspirations sionistes en Palestine, n'avait jamais été un centre privilégié de la Haganah. Dans la capitale du Mandat, la surveillance britannique était plus sévère qu'ailleurs. La jeunesse urbaine ne répondait pas à ses appels avec la ferveur des jeunes des kibboutzim et des campagnes. Enfin, à Jérusalem, les communautés religieuses étaient indifférentes, parfois même hostiles, aux buts qu'elle poursuivait.

Et pourtant, à Jérusalem comme partout en Palestine, la Haganah était l'une des forces les plus dynamiques de la société juive. Plus que ses efforts pour enseigner aux Juifs à se défendre, plus que les subtilités de son organisation, plus que n'importe lequel de ses exploits clandestins, sa véritable puissance résidait dans l'esprit qu'elle avait réussi à insuffler aux Juifs de Palestine. Elle *était* la communauté juive.

Egalitaire bien qu'individualiste, organisée bien qu'obéissant à un sens inspiré de l'improvisation, la Haganah puisait ses chefs dans la jeune élite issue du retour des Juifs en Palestine. Par leur exemple, ils lui avaient donné cette tradition de dévouement et de sacrifice que l'étudiant américain Carmi Charny s'était engagé à respecter en lui jurant fidélité.

*

Aucune tradition comparable n'animait la communauté arabe. Rares étaient les jeunes Arabes de la bourgeoisie à avoir subi un quelconque entraînement militaire. Cette bourgeoisie méprisait en général le métier des armes et laissait aux autres classes les tâches d'ordre militaire. Quand le journaliste Hazem Nusseibi et ses voisins découvrirent qu'il n'y avait pas un seul revolver dans la douzaine de villas qu'ils occupaient dans leur quartier de Jérusalem, ils eurent une réaction symbolique : ils se rendirent en délégation au siège du Haut Comité Arabe pour réclamer aide et protection. Après un interminable marchandage oriental, entrecoupé de nombreuses tasses de café, le Comité accepta de leur donner dix gardes armés d'un village de Samarie pour le prix de dix livres palestiniennes par homme et par mois.

A Bekaa-le-Haut, faubourg de Jérusalem, habité par des familles de la petite bourgeoisie, les trois fils du concessionnaire de Buick, Georges, Raymond et Gaby Deeb, entreprirent d'organiser une milice de défense du quartier. Mais sur ses cinq mille habitants, ils ne purent recruter qu'une soixantaine de volontaires. La plupart des femmes trouvèrent une excuse pour empêcher leur fils, leur père ou leur mari de rejoindre ses rangs. Certains commerçants prospères firent même précipitamment partir leurs enfants pour Beyrouth ou Amman. Les frères Deeb furent contraints d'aller chercher des hommes auprès des seules forces arabes disponibles à Jérusalem, les bandes armées du Mufti. Pour le même prix de dix livres, ils recrutèrent vingt-huit gardes originaires du Nord, les installèrent dans les garages et sur les terrasses et les firent nourrir par les habitants du quartier. Pour les commander, les Deeb engagèrent un ancien agent de police à la voix tonitruante et au tempérament irascible, qui se signalait aussi par un penchant prononcé pour le whisky écossais. Il se nommait Abou Khalil Genno. Le pittoresque Genno

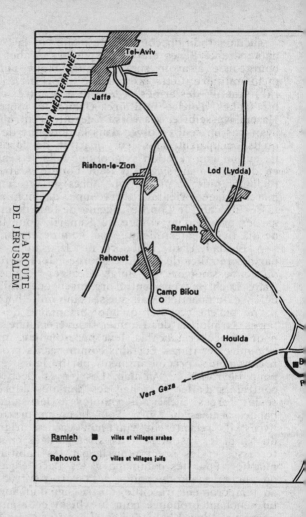

LA ROUTE DE JÉRUSALEM

MER MÉDITERRANÉE

Tel-Aviv

Jaffa

Rishon-le-Zion

Lod (Lydda)

Ramleh

Rehovot

Camp Bilou

Houlda

Vers Gaza

| Ramleh | ■ | villes et villages arabes |
| Rehovot | O | villes et villages juifs |

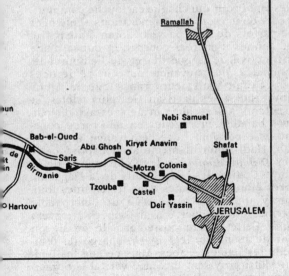

De Bab el Oued à Jérusalem, c'était la route de la peur. Quand elle fut coupée par la Légion arabe, les vieillards et les enfants juifs aidèrent la Haganah à construire la " Route de Birmanie", une piste dans les collines qui sauva Jérusalem de la famine.

Ramallah

Nebi Samuel

Bab-el-Oued

Abu Ghosh   Kiryat Anavim   Shafat

de   Saris

Birmanie   Motza Colonia

Tzouba   Castel

O Hartouv   Deir Yassin   JÉRUSALEM

et sa troupe de mercenaires devinrent très vite un cauchemar pour les Deeb et leurs voisins. Ils passaient autant de temps à piller les maisons abandonnées qu'à monter la garde. Pour un rien — le passage d'un chat, un bruit insolite, une détonation lointaine — ils déclenchaient de violentes fusillades qui terrifiaient autant les Arabes de Bekaa-le-Haut que leurs voisins juifs.

Ces fusillades sauvages exprimaient dans une certaine mesure la mentalité des Arabes des campagnes. La possession d'une arme à feu était pour eux une affirmation de virilité aussi catégorique que la naissance d'un premier héritier mâle. A la fois armes et jouets, les fusils honoraient du fracas de leur mitraille les mariages et les funérailles, ainsi que toutes les fêtes des villages. De cette tradition leur venait une familiarité naturelle avec les armes et une tendance à un gaspillage effréné de munitions, prodigalité inconnue chez les Juifs pour qui chaque cartouche comptait. Ces villageois qu'une ou deux générations seulement séparaient parfois de leur passé bédouin étaient fréquemment animés d'un réel courage et doués d'une science instinctive de la guérilla et de l'embuscade. Bien commandés, ils pouvaient devenir de féroces adversaires. C'était dans leurs rangs que le Mufti avait toujours puisé ses partisans les plus fidèles, et ses représentants à Jérusalem avaient essayé d'amalgamer leurs bandes hétérogènes en une force cohérente dont ils espéraient faire l'équivalent arabe de la Haganah. Hadj Amin lui-même avait baptisé cette armée : les *Djihah Moquades*, les Combattants de la guerre sainte. Comme les jeunes Juifs de la Haganah, ses membres étaient emmenés dans les collines lointaines pour y apprendre à se servir de l'incroyable variété d'armes que la guerre avait semées à travers la Palestine. Cette armée possédait elle aussi son mouvement de jeunesse, le *Futweh*, chargé de drainer vers elle les jeunes Arabes. Mais ce que les lieutenants du Mufti croyaient être une véritable organisation opérationnelle n'était en réalité qu'une vague ossature paramilitaire plaquée sur les structures tribales et rurales de la Palestine. C'était une armée primitive, répugnant à la discipline, liée aux villages qui assuraient sa subsistance, incapable d'assimiler des méthodes modernes de combat, et commandée par des chefs choisis d'abord pour leur importance au sein des clans. La première exigence à remplir pour servir dans ses rangs était une loyauté inconditionnelle au Mufti, et c'étaient finalement les clans, les tribus, les villages à la fidélité éprouvée qui étaient chargés d'en fournir les nouvelles recrues. Ainsi, à la différence de la Haganah si profondément et largement enracinée dans toutes les couches de la communauté juive, l'armée du Mufti représentait plutôt une sorte de milice privée dont la fonction consistait, autant qu'à combattre les Juifs, à rappeler au reste de la communauté arabe de Palestine quel était son véritable chef.

Médiocres pour les meilleurs, effroyables pour les pires, les chefs de cette armée étaient des rustres ou des analphabètes plus experts à manier les habituelles hyperboles de la rhétorique arabe qu'à manœuvrer leurs troupes sur le terrain. Son commandant, Kamal Irekat, était un ancien inspecteur de la police palestinienne, âgé de quarante-deux ans et originaire d'une vieille famille de Jérusalem. Il avait un air renfrogné, une moustache à la Pancho Villa, des yeux brûlants qui jaillissaient de ses orbites; il aimait à se faire photographier en culotte de cheval et turban blanc devant ses hommes. Il se vantait d'avoir été le premier leader palestinien à jurer publiquement de jeter les Juifs à la mer et quelques jours avant le vote du Partage, il avait même annoncé : « Avec quatre cents hommes, j'occuperai Tel-Aviv. »

Les Arabes de Jérusalem ne s'alarmaient pas outre mesure de ces déficiences de leurs structures militaires. Ils savaient que leur communauté était deux fois plus nombreuse que celle de leurs adversaires. A la différence des Juifs, ils disposaient au Proche-Orient de sources d'approvisionnement en armes. Enfin, la position stratégique de leurs villages autour de Jérusalem leur donnait l'avantage du terrain.

Par-dessus tout, ils attendaient d'ailleurs la clef de leur survie. Depuis des semaines, les radios et les journaux de toutes les capitales voisines répétaient aux Arabes de Palestine que leur drame était le drame de tous les Arabes. Jamais leurs voisins ne laisseraient leur pays tomber aux mains des Juifs. Comme naguère les guerriers d'Omar et de Saladin, ils viendraient au secours de leurs frères. Avec leur artillerie, leurs blindés, leur aviation, ils vengeraient la Palestine de l'abominable injustice qui lui était faite. Les Palestiniens pouvaient attendre sans crainte. Leur terre leur serait rendue par la force des armées arabes.

DEUXIÈME PARTIE

DE L'ARGENT ET DES ARMES
HIVER 1948

7

« NOUS ÉTRANGLERONS JÉRUSALEM »

KASR EL NIL, la grande avenue du Caire, était ce soir de décembre 1947 noire de monde. Selon son habitude, la foule était venue contempler les fenêtres illuminées du palais de Kaman Adin Husseini, le siège du ministère égyptien des Affaires étrangères. Dans le salon d'apparat décoré de tapisseries d'Aubusson, les chefs de gouvernement ou de la diplomatie de sept pays arabes discutaient dans un brouillard de tabac oriental. Leur confrontation durait depuis six heures.

Sept de ces hommes représentaient les sept nations de la Ligue arabe : l'Egypte, l'Irak, l'Arabie Saoudite, la Syrie, le Yémen, le Liban et la Transjordanie. Le huitième était le secrétaire général de leur organisation. La puissance potentielle qu'ils représentaient était considérable. Ensemble, ils régnaient sur quarante-cinq millions d'hommes, dispersés sur près de cinq millions de kilomètres carrés, une entité trente fois plus peuplée et deux cents fois plus étendue que la Palestine. Sous leurs immensités désertiques se trouvaient les plus importantes réserves de pétrole du monde. Ils commandaient à cinq armées régulières dont trois, celles de l'Egypte, de l'Irak et de la Transjordanie, n'étaient pas négligeables.

La langue, le passé et la religion les unissaient de liens plus apparents que réels. La politique les divisait. La Syrie et le Liban s'étaient donnés des républiques parlementaires de type français. L'Arabie Saoudite, le Yémen et la Transjordanie vivaient dans les structures tribales de royaumes féodaux. L'Egypte et l'Irak étaient des monarchies constitutionnelles de style vaguement britannique.

Un tissu de rivalités internes rongeait la plupart de ces régimes. Les unes, historiques, remontaient aux lointains conflits entre les califes du Caire et ceux de Bagdad. D'autres étaient plus récentes, comme celles qui opposaient la riche Arabie du pétrole à ses voisins moins favorisés. S'y ajoutaient les antagonismes nationaux et personnels, ou les convoitises locales, comme celle qui conduisait l'Irak à réclamer l'annexion de la Syrie, et la Syrie celle du Liban, revendications qui entraînaient les gouvernements dans des conspirations permanentes.

Toutefois l'affaire de Palestine dominait désormais les autres problèmes. Elle était devenue l'étalon auquel se mesuraient le patriotisme et la popularité des hommes politiques arabes. Depuis quatre ans, ils avaient, par leurs surenchères, encouragé l'intransigeance des Palestiniens qui comptaient aujourd'hui sur eux pour les délivrer de la présence juive. Le Premier ministre du Liban venait encore d'affirmer : « Les Nations unies devront faire protéger chaque habitant du futur Etat juif par un de leurs soldats ! »

L'heure était maintenant venue de mettre une sourdine à ces belliqueuses déclarations et de traduire les menaces en actes. Mais la longue et orageuse semaine de discussions qui venait de s'écouler avait surtout mis en évidence l'abîme qui séparait les discours patriotiques des sentiments réels de chacun. Pour certains, qui proclamaient si volontiers leurs liens indestructibles avec leurs frères de Palestine, ce généreux attachement était limité par les convoitises qu'ils nourrissaient pour cette terre. Et tous pensaient qu'on ne devait se lancer dans aucune action en Palestine sans en calculer d'abord les effets possibles sur leurs rivalités et conflits d'intérêts. De fait, abusés par leurs propres paroles et par une conception chimérique de l'équilibre des forces entre Arabes et Juifs, ils ne sentaient pas la pressante nécessité des sacrifices qu'imposerait le combat avec les sionistes.

116

Nuit après nuit, de son fauteuil réservé au délégué du pays hôte, Mahmoud Noukrachy Pacha, premier ministre d'Egypte, avait réaffirmé sa position : oui pour des armes et de l'argent, non pour l'armée égyptienne. De nombreux et subtils motifs expliquaient ce refus. Le principal était d'ordre stratégique : un conflit opposait l'Egypte et la Grande-Bretagne au sujet de la souveraineté sur la zone du canal de Suez, et ce conflit risquait de compromettre l'approvisionnement de troupes combattant en Palestine.

A la droite de l'Egyptien, se trouvait le représentant du pays le plus riche du monde arabe, le prince Fayçal d'Arabie Saoudite. Son père, Ibn Séoud, unificateur de l'Arabie, grande figure de l'histoire arabe, avait en l'espace d'une génération rassemblé des tribus pour faire surgir du désert un splendide royaume qui s'étendait de la mer Rouge au Golfe Persique.

Vice-roi du Hedjaz et ministre des Affaires étrangères de cet Etat qui ressuscitait par l'opulence de ses chefs les légendes de Crésus, le quatrième fils d'Ibn Séoud était un diplomate avisé. Il était aussi l'antithèse de l'idée que le public se faisait généralement d'un émir oriental. Prince du sang dans un pays où le rang d'un homme avait coutume de se mesurer à la dimension de son harem, Fayçal n'avait jamais eu qu'une seule épouse avec laquelle il menait une existence frugale. Et les douleurs persistantes d'un ulcère à l'estomac qu'il soignait en buvant du lait d'ânesse avaient plissé son visage et assombri ses yeux mélancoliques au point de le faire ressembler à un christ souffrant du Greco.

Ibn Séoud avait répété, dans un télégramme adressé à la conférence, que son dernier vœu était de mourir en Palestine à la tête de ses troupes. C'était un noble désir, mais un maigre secours. Ibn Séoud n'avait pas de troupes. En revanche, il avait du pétrole. Et la menace d'en fermer les robinets pouvait contraindre les nations occidentales, et en particulier les Etats-Unis, à réviser leur politique de soutien à l'Etat juif. Sollicité sans relâche par ses collègues d'offrir ainsi la plus belle contribution que l'Arabie pouvait apporter au conflit, Fayçal avait sèchement répliqué : « Le problème est la Palestine, pas le pétrole. »

En face du prince, se trouvait le représentant d'une famille royale qu'Ibn Séoud avait chassée d'Arabie pour fonder son royaume, les Hachémites d'Irak. Le petit homme à moustache qui gouvernait cet autre royaume était un ancien officier de l'armée ottomane rallié à la révolte arabe de 1917, dont il était un des derniers survivants. Compagnon de Lawrence, Nouri Saïd Pacha était entré à Damas avec les troupes britanniques et arabes et le spectacle de cette fraternité d'armes l'avait marqué pour la vie. Depuis, il n'avait cessé de considérer que son pays devait s'appuyer sur Londres et s'était fait, sur les bords du Tigre, l'homme lige de l'Angleterre.

Aucun leader arabe n'accablait plus volontiers les Juifs d'injures que Nouri Saïd, tout en avertissant secrètement ses amis du Foreign Office qu'il serait prêt à s'accommoder de leur Etat si cette concession pouvait lui valoir le soutien britannique pour l'annexion de la Syrie, accomplissement final de son rêve d'un « croissant arabe fertile » allant de la Méditerranée au Golfe Persique. L'envoyé de Nouri Saïd à la conférence avait proposé un plan destiné à gagner du temps. « Attendons que les Anglais aient quitté la Palestine, conseillait-il, et alors les armées arabes, avec celle de l'Irak à leur tête, fondront sur Tel-Aviv. » Cette suggestion avait éveillé plus de méfiance que d'intérêt. Les rivaux de Nouri Saïd voyaient en fait dans toutes ses initiatives l'ombre de ses protecteurs britanniques.

Une chéchia rouge plantée de travers sur son crâne, un sourire jovial accentuant le saillant de ses pommettes, le président Riad Solh, premier ministre du Liban, était partisan d'une opposition par la force au Partage et réclamait le déclenchement immédiat d'une campagne de guérilla. Son autorité était considérable. Six fois, les occupants turcs et français l'avaient condamné à mort. Après toute une vie passée de prison en exil, il avait été l'architecte d'une réalisation dont son pays était justement fier. Des pays arabes colonisés par l'Occident, le Liban avait été le premier à briser ses chaînes et à conquérir son indépendance. Le conflit palestinien donnait à Riad Solh une nouvelle occasion d'assouvir sa passion pour la lutte, mais la contribution de son pays ne pouvait être que symbolique, puisqu'il n'avait pas d'armée. Riad Solh avait cependant voulu donner l'exemple par un geste personnel. Passant outre aux objections furieuses de son épouse, il avait fait convertir l'imprimerie voisine de sa résidence en un petit atelier servant à fabriquer des cartouches pour les Palestiniens.

A côté de Solh, se trouvait son ami et son principal allié politique, un propriétaire foncier auquel une dévotion ardente à la cause de l'indépendance arabe avait aussi valu une vie de prison et d'exil. Avant même la première guerre mondiale, le Syrien Jamil Mardam avait été l'un des premiers membres de la société secrète Al Fatah, fondée pour arracher à la Turquie l'indépendance arabe. Mardam était, lui aussi, farouchement partisan d'entreprendre immédiatement des opérations de guérilla en Palestine. Basée en Syrie, et sous le contrôle général des Syriens, une telle entreprise pouvait, selon lui, faire contrepoids aux desseins expansionnistes de son voisin irakien.

Au centre de la table, faisant nerveusement cliqueter son chapelet d'ambre entre ses doigts, Abdul Rahman Azzam Pacha, le secrétaire général de la Ligue arabe, avait toute la semaine tenté de naviguer entre les opinions contradictoires. Grand, mince, cet homme courtois qui parlait d'une voix douce, était un révolutionnaire. Pendant que Lawrence soulevait les Arabes contre les Turcs, Azzam Pacha, aidé par ces mêmes Turcs, avait fomenté sa propre révolte contre le pouvoir britannique en Egypte. Il avait certainement été le premier Arabe à solliciter l'aide soviétique pour la cause arabe en demandant à Lénine de soutenir sa rébellion le jour même où la nouvelle de la révolution d'Octobre était parvenue à Constantinople.

Un mémorandum de quatre pages se trouvait devant lui. Portant la mention « Secret », ce document était, pour une bonne part, le résultat de ses patients efforts tendant à réaliser un compromis entre les différentes tendances. Azzam Pacha se mit à en lire lentement le contenu. Le premier paragraphe résumait le problème qui réunissait ses collègues au Caire. « La Ligue arabe, déclarait-il, est résolue à empêcher la création d'un Etat juif et à protéger l'intégrité de la Palestine en tant qu'Etat arabe uni et indépendant. »

Le secrétaire général savait que trois au moins des personnages assis à ses côtés éprouvaient de sérieuses réserves à l'égard de cet engagement, et une répugnance encore plus grande à en payer le prix. Mais si toute une semaine de débats n'avait pu dégager la volonté commune dont les Arabes avaient besoin pour appliquer une telle résolution, le flot des communiqués enflammés qui avaient, jour après jour, proclamé leurs intentions belliqueuses les rendait prisonniers de leur propre rhétorique. La résolution fut ratifiée par un concert d'approbations.

Azzam Pacha déclara alors que les pays devaient fournir à la Ligue, selon une répartition fixée d'avance, dix mille fusils, trois mille volontaires et un million de livres sterling pour permettre un déclenchement immédiat des opérations de guérilla en Palestine.

Le Syrien Jamil Mardam était satisfait. Grâce à cet engagement et aux dix mille fusils supplémentaires qu'il avait fait acheter à Prague par le capitaine Kerine, la guérilla qu'il prônait allait commencer sous des auspices favorables.

Puis, après un coup d'œil vers l'envoyé de l'Irakien Nouri Saïd, Azzam Pacha lut la dernière et la plus importante clause de son mémorandum. La Ligue, déclara-t-il, se proposait de confier au général irakien Ismaïl Safouat, vétéran de la campagne des Dardanelles, la responsabilité de préparer un plan pour l'intervention coordonnée des armées arabes régulières en Palestine.

L'ombre du personnage à barbiche rousse qui se trouvait au cœur du drame de la Palestine avait plané toute la semaine sur les débats des chefs de la Ligue arabe. De sa villa, dans un faubourg du Caire, Hadj Amin Husseini avait suivi les discussions avec la plus vive attention. L'un après l'autre, chacun des hommes réunis au Caire avait fait jusqu'à cette villa un discret pèlerinage. Il avait reçu ses visiteurs sous une large photographie de Jérusalem et, de sa voix douce, les avait exhortés à adopter sa propre ligne de conduite.

Hadj Amin ne voulait pas des armées arabes régulières en Palestine. Il savait trop qu'avec la présence militaire s'installait un pouvoir de fait et il n'avait pas l'intention de partager son autorité en Palestine, surtout pas avec ses rivaux d'Irak et de Transjordanie. Son objectif était au contraire de consolider ses forces jusqu'à ce qu'elles puissent battre les Juifs sans concours extérieur. Dans l'immédiat, les décisions de la Ligue lui convenaient donc parfaitement.

Son but était maintenant d'obtenir le contrôle de la répartition des armes, de l'argent et des volontaires, et de placer sous son commandement suprême toutes les opérations de guérilla en Palestine. C'était pour justifier cette prétention qu'il avait, d'un trait de plume, rassemblé ses bandes éparses de villageois dans son organisation baptisée « les Combattants de la guerre sainte ». Il était maintenant prêt à prendre une décision plus importante encore : il allait envoyer en Palestine le chef militaire le plus capable qu'eût révélé la révolte de 1936 contre les Anglais.

Les murs étaient couverts de cartes de géographie. Deux chandelles posées à chaque bout d'un simple bureau de bois éclairaient la pièce. Les touffes blanches de sa chevelure brillant dans les lueurs des flammes, David Ben Gourion observait le groupe d'hommes autour de lui. Leur rencontre secrète avait lieu dans un lycée juif de la banlieue de Jérusalem. Ben Gourion avait réuni les chefs de la Haganah de la ville parce qu'il était convaincu que c'était ici, dans cette cité, que les Juifs de Palestine allaient affronter pendant les mois à venir leur plus grande épreuve. Isolée, dépendante pour son existence d'une seule route, elle-même menacée, Jérusalem était le talon d'Achille de la communauté juive, la seule colonie où il suffisait d'un coup décisif pour anéantir tous les espoirs de Ben Gourion.

« Si les Arabes réussissent à étrangler Jérusalem, déclara-t-il, ils n'auront plus qu'à nous achever, et notre Etat sera mort avant d'être né. »

Après ce sombre préambule, le leader juif passa à des considérations plus générales. Son génie de l'intuition lui permettait déjà, alors que les ministres de la Ligue arabe discutaient encore au Caire, de discerner vers quels extrêmes les Arabes allaient se trouver entraînés par l'excès de leur rhétorique.

« Le moment est venu, reprit-il, de nous préparer à une guerre contre cinq armées arabes. »

Ces mots tombèrent comme un couperet. Certains auditeurs semblèrent incrédules.

« Pensez-vous que les Arabes de Nazareth vont nous attaquer avec des tanks ? » demanda l'un d'eux en plaisantant.

Pour Elie Arbel, l'ancien officier tchèque chargé des plans de la Haganah de Jérusalem, tout cela paraissait invraisemblable : « Ben Gourion parlait tout à coup d'organiser une guerre contre cinq armées arabes, alors que les Anglais nous arrêtaient encore dans la rue parce que nous portions un pistolet. » Ben Gourion s'entêta. Il expliqua qu'il ne commettrait jamais l'erreur de sous-estimer ses ennemis et que rien ne pouvait plus menacer son peuple qu'une invasion concertée de cinq armées arabes. Mais il ne surestimait pas non plus ses adversaires. Il connaissait leur penchant à croire les plus folles vantardises, à confondre le verbe et la réalité, à se préparer pour l'épreuve à coups de discours plutôt que de sacrifices. Leurs menaces de guerre constituaient un terrible danger pour son peuple. Mais elles offraient aussi une chance inestimable.

Le partage de la Palestine par les Nations unies n'avait pas été, confia-t-il, une solution réellement satisfaisante, mais il était disposé à s'en accommoder. Comme à presque tous les Juifs, l'internationalisation de Jérusalem lui avait laissé au cœur une plaie douloureuse. Les longues et tortueuses frontières attribuées à l'Etat juif étaient indéfendables et de nombreux responsables juifs préconisaient un agrandissement du territoire de leur Etat, quelle que fût l'attitude des Arabes. Mais Ben Gourion, soutenu par une majorité du conseil de l'Agence Juive, avait catégoriquement repoussé cette suggestion.

Cependant, si les Etats arabes persistaient dans leur intention de croiser le fer, les accords deviendraient caducs et les frontières de l'Etat juif ne seraient plus celles que les Nations unies imposaient, mais bien celles qu'il pourrait conquérir et tenir par la force lors du conflit.

Ben Gourion connaissait bien l'histoire de la Palestine. Combien de fois n'avait-il pas vu l'intransigeance arabe servir providentiellement les aspirations sionistes, « aidant par ses menaces à réaliser des exploits considérables que nous aurions été incapables d'accomplir autrement ». Les premières attaques de leurs colonies avaient contraint les agriculteurs juifs à employer contre leur gré de la main-d'œuvre juive. Les agressions contre les Juifs de Jaffa avaient entraîné la fondation de Tel-Aviv. En refusant aux survivants des camps de concentration hitlériens le droit de s'installer en Palestine, les Arabes avaient conduit le monde à soutenir la création d'un Etat juif. Or, la plus grande erreur que les Arabes pourraient jamais commettre en faveur des Juifs, estimait Ben Gourion, serait de refuser la décision des Nations unies. « Ce refus changerait tout pour nous, pensait-il, car il nous donnerait le droit de prendre ce que nous pourrions. »

Mais Ben Gourion était un visionnaire solitaire. Il était alors presque le seul à trouver dans de si grandes menaces une source d'espérance.

A plusieurs milliers de kilomètres de Jérusalem, une autre personnalité avait déjà formulé son propre jugement sur l'issue du conflit. Et, contrairement au leader juif, cet homme se fondait sur le trésor d'une expérience militaire inégalée. Architecte de la plus grande victoire de la Grande-Bretagne pendant la seconde guerre mondiale, il avait conduit ses armées de Caen à Hambourg, et sa prophétie allait donner du poids aux prédictions fanfaronnes de Hadj Amin Husseini. En argot de cricket, le maréchal Sir Bernard Montgomery, Lord of El-Alamein, prédisait que les Arabes pousseraient les Juifs dans la mer en six coups de maillet.

*

Au-delà de Jérusalem et du Jourdain, de l'autre côté de la sombre ligne des monts de Moab, un énigmatique souverain arabe était assis, comme chaque soir, dans le salon de son palais dominant les faubourgs d'Amman. Joueur d'échecs accompli, le roi Abdullah considérait le jeu disposé devant lui et réfléchissait à son prochain coup. Son pion favori était le cavalier et sa tactique ressemblait étrangement à celle par laquelle il s'était hissé à la position qu'il occupait à présent.

Le royaume sur lequel il régnait était, pour les trois quarts, un désert peuplé de moins d'un demi-million d'habitants et dont le budget national s'élevait seulement — subventions britanniques mises à part — à un million et demi de livres sterling. De ce territoire presque vide avaient cependant surgi les seuls pions qu'Abdullah pouvait manœuvrer sur l'échiquier du Moyen-Orient : les hommes de l'unique armée professionnelle de l'Islam, celle que David Ben Gourion craignait par-dessus tout, la Légion arabe.

Aucun Arabe ne pouvait pourtant mieux s'entendre avec Ben Gourion que le monarque qui commandait cette armée. Abdullah était le seul dirigeant arabe qui avait eu de réels contacts avec les Juifs de Palestine pendant les dix dernières années. La lumière qui, chaque matin, éclairait les versets du Coran pour ce descendant du Prophète était fournie par une centrale juive installée dans le nord-ouest de son royaume. C'était au domicile du directeur de cette centrale qu'Abdullah avait, en novembre 1947, secrètement rencontré Golda Meïr. Le ton de l'entretien avait été particulièrement cordial. Le roi avait confirmé qu'il ne participerait à aucune attaque dirigée contre les Juifs. Il avait assuré l'envoyée de l'Agence Juive de son amitié et rappelé que Hadj Amin était leur ennemi commun. Il s'était montré favorable au projet de partage de la Palestine. Si les Nations unies prenaient cette décision, avait-il laissé entendre, il annexerait le territoire attribué aux Arabes.

Abdullah allait fréquemment rendre visite à ses voisins juifs pour leur demander conseils et assistance technique. En réalité, Abdullah considérait le retour des Juifs comme celui d'un peuple sémite persécuté en Occident et revenant en Orient pour aider un autre peuple sémite dont le développement avait été entravé par une autre institution occidentale, le colonialisme. Il ne nourrissait par ailleurs aucune illusion sur les chances des Arabes de faire échec au Partage. A l'inverse du Mufti, dont la propagande identifiait tous les Juifs de Palestine aux fragiles étudiants des synagogues de Mea Shearim fuyant devant les gourdins arabes; à l'inverse des Syriens et des Irakiens qui les jugeaient d'après la docilité des commerçants installés dans leurs pays, Abdullah connaissait l'énergie et la compétence qui animaient ses voisins.

Envers ses collègues, les chefs de la Ligue arabe qui se disputaient au Caire, le monarque à la barbiche blanche affichait le dédain le plus profond. Il appelait la Ligue « un sac dans lequel on a jeté sept têtes ». Il méprisait les Egyptiens en général et le roi Farouk en particulier. « On ne transforme pas un fils de paysan balkanique en gentleman simplement en le faisant roi », avait-il coutume de dire. Il considérait les Syriens, dont le territoire excitait sa convoitise, comme des voisins gênants et querelleurs. Enfin, Abdullah haïssait le Mufti depuis leur première rencontre en 1921. « Mon père, rappelait-il fréquemment à ses partisans, m'a toujours mis en garde contre les prêcheurs de croisade. »

Toute la vie de ce frêle souverain, au visage pâle et au regard brûlant d'intelligence, n'avait été qu'une suite de frustrations. C'était lui qui avait, en 1914, suggéré le premier aux Anglais l'idée d'une révolte arabe contre la domination turque. Mais Lawrence avait préféré confier la direction du soulèvement à son jeune frère, Fayçal. Et la gloire était passée à côté d'Abdullah dont la famille avait ensuite été chassée d'Arabie par Ibn Séoud, perdant ainsi son trône au bord de la mer Rouge. C'est à titre de consolation que les Anglais avaient donné à Abdullah cet émirat désertique, taillé dans la Palestine par Winston Churchill, alors que son frère Fayçal avait reçu des mêmes mains le trône d'Irak. Pour souligner l'insignifiance de ce cadeau, Churchill s'était vanté d'avoir créé la Transjordanie « d'un simple trait de plume, un dimanche après-midi, au Caire. »

Ses habitants avaient accueilli leur nouveau monarque sous une pluie d'œufs et de tomates. Pendant des années, il n'avait eu pour résidence qu'une simple tente bédouine plantée sur une colline dominant Amman, là où s'élevait aujourd'hui son palais. La chance n'avait commencé à tourner qu'en 1934, quand les Anglais, s'étant brusquement souvenus de son existence, avaient décidé d'affermir son autorité pour contrebalancer l'influence, de plus en plus envahissante, du Mufti.

Ces années avaient été cruelles pour Abdullah, que brûlaient de nombreuses ambitions, celle, par-dessus tout, de venger les humiliations de sa famille et de régner sur un domaine digne de ses origines.

Mais il était resté, selon l'image d'un de ses contemporains, « un faucon prisonnier dans la cage d'un canari ».

Le partage de la Palestine allait peut-être lui offrir aujourd'hui cette chance qui lui avait été refusée pendant un quart de siècle de sortir de sa cage, de devenir le chef puissant qu'il rêvait d'être et de régner sur un royaume à sa mesure. Enfin, Abdullah vouait à Jérusalem une ferveur toute particulière. Sa possession donnerait à sa personne un prestige international et réhabiliterait les Hachémites — sa famille — dans le rôle qu'Ibn Séoud leur avait ravi au sein de l'Islam. Privé du droit de régner sur Jérusalem, Abdullah se savait condamné à rester ce qu'il était, le dérisoire suzerain d'une étendue de sable.

Avec le même soin qu'il mettait à déplacer les pièces sur son échiquier, Abdullah réfléchit aux initiatives qui pourraient favoriser ses ambitions. Ce matin de décembre, tandis qu'au Caire ses collègues de la Ligue arabe engageaient une de leurs interminables discussions, il avança son premier pion. Peu avant midi, son premier ministre se présenta à l'entrée d'une modeste résidence située non loin du palais royal, demeure du personnage affable et distingué qui représentait la Grande-Bretagne en Transjordanie, Sir Alec Kirkbride.

Après le café préliminaire et les courtoisies d'usage, le messager d'Abdullah en vint à l'objet de sa visite. Dans le futur Etat arabe de la Palestine partagée, expliqua-t-il, c'était le Mufti de Jérusalem qui s'emparerait du pouvoir. Or, c'était un homme peu enclin à servir les intérêts de la Grande-Bretagne et du roi Abdullah. De toute façon, avec ses frontières absurdes et ses conflits internes, l'Etat arabe ne tarderait pas à sombrer dans le chaos avant d'être finalement balayé par l'Etat juif. Il existait toutefois un moyen de prévenir ce désastre et c'était pour sonder la Grande-Bretagne à son sujet que le premier ministre du roi Abdullah s'était déplacé. Car ce moyen se révélerait probablement impopulaire et Abdullah devrait être assuré du soutien britannique pour l'imposer.

127

Quelle serait la réaction du gouvernement de Sa Majesté, demanda courtoisement le premier ministre, si le roi Abdullah annexait à son royaume la partie de la Palestine attribuée aux Arabes ?

*

Assis dans un fauteuil au coin du feu, un homme pensif se pénétrait de la majesté des pièces pour orgue de Jean-Sébastien Bach. A cent kilomètres d'Amman, dans sa fastueuse résidence de Jérusalem, le haut-commissaire britannique en Palestine goûtait son moment de détente favori. Régulièrement, avant le dîner, Sir Alan Cunningham s'enfermait dans son petit salon pour écouter de la musique et réfléchir aux problèmes qui pesaient sur ses épaules.

Mais en ce mois de décembre 1947, l'Ecossais était maussade. Sa mission en Palestine n'avait été qu'une suite de déceptions et, à l'approche du terme, la plus grande de toutes l'attendait encore.

Il se remémorait avec amertume combien Londres l'avait laissé seul pendant toute cette période. Depuis sa nomination en octobre 1945, il n'avait reçu que des avis contradictoires sur la politique qu'il devait suivre en Palestine. Avant de s'embarquer pour Jérusalem, il était allé voir le premier ministre dans l'espoir de recevoir quelques directives.

« Oh ! avait répondu Clement Attlee avec un haussement d'épaules, allez simplement là-bas et gouvernez. »

Devinant la surprise de son visiteur, Attlee s'était levé pour le raccompagner jusqu'à la porte. Posant la main sur l'épaule de l'Ecossais, il avait ajouté :

« Je suis désolé, général, de donner à votre question une réponse de politicien. Mais c'est la seule que je puisse faire. »

Depuis, et jusqu'à la semaine précédente, c'est-à-dire pendant trois ans, le haut-commissaire en Palestine n'avait reçu aucune instruction précise.

Tout le drame était là, pensait Cunningham; Londres était incapable de se tracer une ligne de conduite et de s'y tenir. « L'urgence de la situation est extrême », avait-il fait savoir au Foreign Office en juillet 1946. Le gouvernement avait tergiversé; il était trop tard, et c'était à présent la force des choses qui imposait d'elle-même une solution.

Ces derniers temps, Cunningham avait le le sentiment qu'Ernest Bevin, le ministre britannique des Affaires étrangères, s'était trouvé « complètement sous la coupe d'une camarilla de fonctionnaires pro-arabes dont il tenait toutes ses informations » et il considérait Harold Beeley, le sous-secrétaire au Foreign Office, comme « un homme particulièrement dangereux ».

Mais ces récriminations appartenaient au passé. Pour la première fois, il venait de recevoir des instructions sur la politique à suivre pendant l'acte final du mandat en Palestine et sur l'attitude à adopter face à la décision des Nations unies. Il devait « veiller à ce que la situation reste aussi calme que le permettrait un engagement physique aussi limité que possible des forces armées britanniques ». Mais surtout, il ne devait « être mêlé en aucune façon et sous aucune forme aux questions relatives au Partage ».

Ces instructions, comme Harold Beeley devait le rappeler plus tard, signifiaient que la Grande-Bretagne acceptait le partage de la Palestine avec « un minimum absolu d'enthousiasme ». Elles reflétaient aussi la dernière décision prise par le Foreign Office. Dorénavant, la Grande-Bretagne alignerait aussi exactement que possible ses intérêts au Moyen-Orient sur ceux des Arabes. Quant au nouvel Etat juif, « elle s'en désintéresserait pour l'instant puisque, de toute façon, elle ne pouvait guère compter sur son amitié avant plusieurs années ». La seule disposition du Partage que soutînt le Foreign Office était l'internationalisation de Jérusalem. La raison en était simple : entre une Amérique considérée comme pro-juive et une Russie jugée antireligieuse, le premier rôle dans la ville internationalisée ne pouvait revenir qu'à la Grande-Bretagne.

Pour concrétiser cette politique, Beeley avait chargé la délégation britannique aux Nations unies de se montrer particulièrement favorable aux thèses arabes. A la veille de l'ouverture de la conférence de la Ligue arabe au Caire, la Grande-Bretagne avait annoncé qu'elle continuerait de restreindre par la force, jusqu'à son départ, l'immigration juive en Palestine [1].

Ces instructions apportaient à Sir Alan une nouvelle déception. Contrairement à Bevin et Beeley, il était favorable au Partage, seul moyen à ses yeux de sortir du dilemme dans lequel leurs atermoiements avaient plongé la Palestine. Homme pondéré, imprégné d'un sens calviniste du devoir et de la justice, il ressentait profondément l'obligation qu'avait la Grande-Bretagne de mettre une fin honorable et ordonnée à son règne en Palestine, afin de laisser derrière elle autre chose que le chaos. Or, voilà que les directives attendues depuis si longtemps lui enjoignaient maintenant de ne tenir rigoureusement aucun compte du seul plan qui, pensait-il, pouvait offrir à la Terre sainte quelque chance de paix. Et il savait combien la Palestine aurait besoin de cette paix pendant les mois à venir. Durant les deux semaines qui avaient suivi le Partage, quatre-vingt-treize Arabes, quatre-vingt-quatre Juifs et sept Anglais avaient été tués. Cette hécatombe lui semblait être le signe avant-coureur de l'horrible moisson qui se préparait.

Dans un tiroir verrouillé de son cabinet de travail, se trouvait un ordre en trois pages émanant de l'armée britannique, marqué « Très secret » et portant la date du 6 décembre 1947. Cet ordre préoccupait l'Ecossais autant que les instructions qu'il venait de recevoir de Londres. Il établissait les principes selon

---

1. De 1946 à février 1948, selon un rapport soumis au War Office par Sir Gordon Mac Millan, dernier commandant en chef des forces britanniques en Palestine, les Anglais interceptèrent quarante-sept bateaux d'immigrants clandestins et internèrent 65 307 personnes dans les camps de détention de l'île de Chypre.

lesquels devait s'effectuer le départ des forces britanniques. Mais cet ordre omettait d'indiquer si ces forces seraient ou non, jusqu'à leur départ dans cinq mois, responsables de l'ordre en Palestine.

Harcelée, humiliée, perpétuellement prise entre deux feux, l'armée britannique était lasse. Maintenant que la fin du Mandat était décidée, son chef, un camarade écossais de Cunningham, le général Sir Gordon Mac Millan, était désormais résolu à ne risquer la vie de ses soldats en Palestine que pour des intérêts strictement britanniques.

Une seule phrase, dans le document, avait déridé le visage du haut-commissaire. Œuvre de quelque zélé sous-officier d'intendance, elle apportait au milieu de tant d'incertitudes une contribution ordonnée aux préparatifs du prochain départ. Précise et minutieuse, c'était l'évaluation du matériel nécessaire à emballer les dépouilles de trente années de règne britannique en Palestine : quatre mille tonnes de planches et vingt-huit tonnes de clous.

*

Le message arriva à l'heure où, dans toutes les mosquées de Palestine, les fidèles se déchaussaient pour la prière de l'aube : « Abou Moussa est de retour. » De Jaffa, de Haïfa, de Naplouse, de Jenin, de Tulkarem, et de vingt autres villes, des hommes se mirent en route, seuls ou par petits groupes, attentifs à ne pas éveiller la curiosité britannique. Tous avaient une destination commune, Beit Surif, un petit village de Judée au sud-ouest de Jérusalem.

Juste avant midi, une Chrysler noire et poussiéreuse apparut sur le chemin qui menait au village. A la vue de l'Arabe coiffé d'un keffieh à damier bleu et blanc assis à côté du chauffeur, la foule se précipita dans un vacarme de cris et de sifflements. L'homme descendit de voiture et entra dans une mer de têtes et de bras qui se pressaient pour l'embrasser et le toucher. Il était de taille moyenne, trapu, avec un visage un peu rond et triste, les plis de son veston trahissant un début d'embonpoint. Visiblement ému, se signant constamment le front et le cœur pour répondre aux ovations, il se fraya un passage vers la simple maison de pierre où l'attendaient ses partisans.

Aucun Arabe de Palestine, pas même son oncle Hadj Amin Husseini, ne suscitait autant d'admiration que cet homme qu'on surnommait affectueusement Abou Moussa. C'était lui que le Mufti avait envoyé en Palestine pour prendre le commandement de ses Combattants de la guerre sainte. Comme son oncle, Abdel Kader el Husseini était un membre du clan des Husseini de Jérusalem. A peine âgé de quarante ans, c'était un meneur d'hommes et un chef d'un courage physique exceptionnel. A l'inverse de la plupart des lieutenants du Mufti, il était instruit, mais il restait en même temps proche de son peuple dont il connaissait instinctivement les vertus et les défauts, et dont il savait tirer tout ce qu'il pouvait donner. Il jouissait d'une telle puissance charismatique qu'il était une sorte de légende vivante. Bientôt, au seul appel de son nom, des centaines, des milliers d'Arabes allaient prendre leur fusil, descendre de leur village, sortir de leurs souks.

Posé sur une montagne fumante de riz, le mouton rôti d'un *mensif*, le traditionnel banquet bédouin, était là pour célébrer son retour. Abdel Kader s'accroupit sur le sol, entouré par le cercle des hommes qui l'attendaient. Le maître de la maison allongea la main droite et arracha un œil de mouton pour l'offrir à son invité. Puis, dans le bourdonnement excité des conversations, le banquet commença.

C'était la première fois, en près de dix ans, que la plupart des hommes assis autour d'Abdel Kader apercevaient leur chef. Deux fois, pendant la révolte arabe de 1936-1939, Abdel Kader avait été blessé à leur tête. La seconde fois, en 1938, il avait été emporté mourant sur un chameau et conduit en Syrie. De là, il avait gagné l'Irak où sa participation au soulèvement contre les Anglais lui avait valu quatre années de prison. Sa présence aujourd'hui à Beit Surif était illégale. Il restait banni de Palestine par les autorités britanniques.

Les Anglais avaient d'ailleurs marqué la plupart des années de son existence. A treize ans, il les avait vus chasser son père de son poste de maire de Jérusalem pour avoir résisté à leur présence. A vingt-trois ans, après avoir obtenu une licence de chimie à l'Université américaine du Caire, il avait participé, aux côtés de son père, à sa première manifestation antibritannique. Depuis, en Palestine, en Irak, en Egypte, il avait passé le plus clair de son temps à les combattre ou à comploter contre eux. En 1938, le Mufti l'avait envoyé à l'étranger avec un petit groupe de partisans sélectionnés. Sur les bancs d'une école spéciale du Troisième Reich, Abdel Kader avait perfectionné ses connaissances sur les explosifs, acquises dans les laboratoires de l'Université américaine du Caire.

Aujourd'hui, après neuf ans d'absence, il revenait en Palestine pour prendre la tête du combat contre un nouvel adversaire. Essuyant ses lèvres avec une pointe de son keffieh, il fit signe à ses compagnons que le banquet était terminé et que le moment était venu de parler de choses sérieuses. Contrairement aux autres lieutenants du Mufti, Abdel Kader était peu enclin aux explosions verbales. C'était un homme sérieux, pondéré, qui savait exactement ce qu'il avait à dire.

« La diplomatie et la politique, déclara-t-il, ne nous ont pas permis d'atteindre nos objectifs. Les Arabes de Palestine n'ont plus le choix et nous allons défendre par l'épée notre honneur et notre pays. »

Calmement, avec méthode, il commença alors à exposer ses conceptions stratégiques. Comme Yigael Yadin, le Juif chargé des plans de la Haganah, Abdel Kader savait lui aussi que la guerre de Palestine se jouerait sur les routes. Aucun terrain n'était plus propice aux forces dont il disposait : la tactique militaire que ses Arabes connaissaient le mieux était l'embuscade, et l'idée de piller des convois ne pouvait qu'éperonner leur ardeur. Déroulant une carte de Palestine, il pointa un doigt vers une chaîne de colonies juives isolées, cerclées de rouge. Harceler les communications juives vers ces colonies, empêcher leur ravitaillement par des embuscades, couper les routes à leurs convois, tel devrait être le premier objectif.

Puis le doigt d'Abdel Kader se déplaça vers le centre de la carte, vers une tache noire au cœur de la Palestine. Abdel Kader savait lui aussi que les cent mille Juifs de Jérusalem représentaient l'objectif le plus vulnérable de Palestine. Dès que ses hommes et ses armes seraient prêts, c'est là qu'il irait porter le coup décisif de la campagne. Il enfermerait Jérusalem dans un siège, annonça-t-il. Joignant ses mains comme pour étouffer par ce geste la tache noire, il jura : « Nous étranglerons Jérusalem. »

8

« NE SOMMES-NOUS PAS VOISINS
DEPUIS SI LONGTEMPS ? »

LA nuit triomphale du Partage n'était plus qu'un souvenir. Le long de la rue Ben Yehuda, à Jérusalem, les bannières bleues pendaient aux réverbères comme les rubans de vieilles couronnes mortuaires. Les harangues placardées sur les murs de la ville juive pendant ces heures d'euphorie étaient recouvertes d'un autre genre de proclamations : les affichettes noires et blanches ordonnant à tous les Juifs du sexe masculin de dix-sept à vingt-cinq ans de s'inscrire pour le service militaire. A quelques centaines de mètres, dans le quartier arabe, un vieux chapelier perdait son souffle à satisfaire une conséquence indirecte et bien différente du Partage, l'afflux subit des commandes de tarbouches. Jamais, depuis 1936, Philippe Arouk n'avait autant vendu de ces coiffures orientales en forme de cône. Ainsi coiffé, un Arabe pouvait être presque certain qu'aucun tireur à tête chaude du quartier ne le prendrait pour un Juif.

Et pourtant, dans la journée, la vie de Jérusalem restait relativement tranquille en ce début de décembre. Les cohues habituelles emplissaient les rues commerçantes du cœur de la ville juive et les marchandises que proposaient les boutiques témoignaient d'une origine aussi variée que la population de la cité : montagnes de tapis persans et de coupons de soie brodée à la main, étalages de bijoux yéménites en argent repoussé, tableaux d'artistes inconnus, disques de Paris, de Londres, de Hollywood et même de l'Europe de l'Est. Dans les devantures des épiceries, s'entassaient des bouteilles du vin de Rishon le Zion, la première entreprise agricole juive en Palestine, les produits laitiers de la coopérative de Tnuvah, les boîtes étincelantes des chocolats Elite. Chez les fleuristes, les glaïeuls et les roses des serres du Shaaron composaient des palettes de couleurs. Un arôme pénétrant de café grillé flottait aux abords de nombreux établissements de la rue Ben Yehuda et de l'avenue du Roi-George-V : l'*Impérial* et le *Royal*, fréquentés par les Anglais; le *Sichel* où une bagarre semblait toujours sur le point d'éclater; le *Brésil*, rendez-vous des étudiants; l'*Atara*, dont le premier étage était le lieu de rencontre favori des membres du Palmach.

Les trottoirs roulaient un flot désordonné — élèves des écoles talmudiques de Mea Shearim, Juifs orthodoxes en chemise blanche, coiffés de kippahs, calottes épinglées aux cheveux, jeunes filles des kibboutzim en short et chandail kaki, ouvriers yéménites, réfugiés allemands, pauvres mais fiers malgré leurs costumes râpés. Déambulant au gré de ses occupations et de ses fantaisies, cette population n'accordait aucune attention aux imprécations des policiers ou aux coups de klaxon impatients des voitures de l'armée britannique. Mais les Arabes qui lui donnaient naguère une touche de couleur supplémentaire en étaient désormais absents. Les petits cireurs de chaussures alignés de chaque côté du cinéma Sion, les marchands ambulants de thé et de café agitant les sonnettes de leurs samovars de cuivre étincelant accrochés à leurs épaules, les Soudanais grillant leurs cacahuètes sur de petits braseros incandescents au bord des trottoirs, tous avaient disparu. Partis aussi, les maraîchers des villages et leurs ânes écrasés sous des montagnes d'oranges, de tomates et de radis.

Par souci de leur propre sécurité autant que par obéissance aux instructions du Mufti, ces Arabes avaient décidé d'éviter dorénavant les quartiers juifs de Jérusalem, coupant de ce fait l'un des derniers liens qui unissaient les différentes communautés de la ville. Chaque secteur possédait déjà sa propre société de transports en commun, les autobus bleu foncé de la compagnie Egged pour les Juifs, et ceux argentés de la Compagnie nationale pour les Arabes. Les taxis juifs refusaient désormais les courses vers les quartiers arabes, et les taxis arabes tout voyage vers les zones juives. « Passer d'un côté à l'autre, notait un journaliste, revient à franchir la frontière entre deux pays étrangers. »

Les services essentiels, le bureau de poste, le central téléphonique, l'hôpital gouvernemental, le quartier général de la police, les studios de la radio, la prison, étaient tous derrière les fils de fer barbelés de la zone britannique de Bevingrad.

De nombreux bureaux du gouvernement, devenus inaccessibles à la fois à leurs employés juifs et arabes, durent changer d'emplacement. Des techniciens juifs ne pouvaient plus se rendre aux installations de l'émetteur de Radio-Palestine, situées dans la ville arabe de Ramallah : on les reclassa dans d'autres emplois à Jérusalem. Nassib Hanna, pharmacien arabe au service du gouvernement, devait emprunter une voiture de police pour aller à son bureau au cœur de la ville juive.

Pour les Juifs, l'accès au Palais de Justice et à la principale banque, la Barclay's, en secteur arabe, devint de plus en plus dangereux. Pour les Arabes, une visite aux bureaux du gouvernement situés dans les secteurs juifs était une entreprise hasardeuse. Les enfants commencèrent à se bombarder de pierres sur le chemin de leurs écoles. Des fonctionnaires arabes et juifs, dont beaucoup avaient travaillé dans le même bureau pendant des années, s'accueillaient à présent chaque matin en se fouillant mutuellement pour s'assurer qu'ils ne portaient pas d'armes.

Le 15 décembre, les Arabes offrirent une démonstration du pouvoir qu'ils avaient d'étrangler Jérusalem. Ils firent sauter les canalisations d'eau alimentant la ville. Pendant que les Anglais les réparaient, l'Agence Juive ordonnait un recensement de toutes les citernes des quartiers juifs.

Le cimetière, dernier endroit où Arabes et Juifs demeuraient en harmonie, ne tarda pas à être troublé à son tour. Les cortèges juifs qui accompagnaient au mont des Oliviers les cercueils des premières victimes des fusillades, furent bientôt pris sous le feu des tireurs arabes.

Le soir, les rues se vidaient rapidement. Dès le coucher du soleil, le centre de la ville était désert et les patrouilles de la Haganah comme les hommes du Mufti gagnaient leurs postes dans l'ombre.

Mais c'était le rituel accompli chaque soir à la gare des autocars Egged, au bout de la ville, qui symbolisait le mieux la vie juive à Jérusalem quinze jours à peine après le Partage. Des groupes commençaient à s'y rassembler avant la nuit, tournant des regards angoissés vers le boulevard de Jaffa, et, au-delà, vers le village arabe de Romema et les collines qui marquaient l'entrée de Jérusalem. Dès que le premier véhicule du convoi de Tel-Aviv apparaissait, un frisson parcourait la foule.

Seule leur forme permettait de reconnaître les autocars de la compagnie Egged. Les vitres en étaient recouvertes de plaques de métal et les banquettes intérieures avaient été enlevées pour permettre l'installation sur toute la longueur d'une triple cloison de planches protectrices. Les traces d'éclats et de balles sur les panneaux arrière et latéraux indiquaient que dès la mi-décembre, le voyage Tel-Aviv-Jérusalem n'était plus une promenade. A leur arrivée, les véhicules étaient entourés par une foule inquiète de connaître le résultat de la sinistre loterie. Les premiers passagers à en descendre étaient souvent couverts de sang. Soutenus par les autres voyageurs, ils étaient conduits vers les ambulances qui attendaient chaque convoi. Les morts étaient les derniers à être sortis. Ils étaient déposés sur le quai en attendant d'être identifiés par le cri pathétique d'un ami ou d'un parent venu les accueillir.

La bataille pour les routes était engagée. Bien qu'encore sporadiques et inorganisées, les attaques arabes se faisaient assez dangereuses pour contraindre la Haganah à constituer deux convois quotidiens de Jérusalem à la côte. Avec leurs plaques de blindage, les autocars pesaient sept tonnes et, dans la longue montée de Bab el Oued à Jérusalem, ils ne pouvaient dépasser quinze kilomètres à l'heure. Rares étaient les convois qui ne recevaient pas quelques balles.

Sans doute les faits ne tarderaient-ils pas à démentir l'hypothèse fondamentale du Plan D et c'était là un sujet d'angoisse encore plus grand pour la Haganah. L'armée britannique, en effet, ne paraissait pas avoir de la liberté des voies de communication la même conception que l'armée juive.

C'étaient traditionnellement des semaines de joie à Jérusalem que celles où les Juifs célébraient Hanoukka, la fête des Lumières, qui marquait le triomphe de la révolte des Maccabées contre le tyran Antiochus, et celles où les chrétiens de la ville préparaient Noël. La nuit, la Jérusalem juive étincelait des lumières de ses *menorahs* dont les huit bulbes étaient allumés un à un, au fur et à mesure que s'écoulait chaque jour de la fête. Des coureurs de relais apportaient les flambeaux depuis les tombes des Maccabées jusqu'au cœur de la cité et l'on dansait partout tandis que chaque quartier préparait des piles de *latkes* fumants et de gâteaux de pomme de terre.

Cette année, Jérusalem était sombre pour la fête des Lumières, et personne ne dansait dans les rues désertes. Toutes les cérémonies avaient été annulées. Dans leurs logements à l'abri de la nuit hostile, bien des Juifs espéraient profiter à leur tour des antiques bienfaits que glorifiait la prière jadis récitée chaque soir de la fête, en allumant une à une les chandelles de leurs *menorahs*.

« Ô Dieu, nous allumons ces lumières pour célébrer les magnifiques victoires et la merveilleuse libération dont tu as comblé nos aïeux. »

*

C'était le plus court voyage. Il ne durait que cinq minutes. Mais les huit cents mètres parcourus par l'autobus N° 2 de Jérusalem constituaient le plus dangereux trajet pour les Juifs de Palestine. Partant de la nouvelle ville, il franchissait les remparts à la porte de Jaffa et descendait le long du quartier arménien jusqu'à une ruelle située au cœur de la plus ancienne colonie juive de Palestine, le quartier de la Vieille Ville. C'était le seul lien entre ce quartier et la nouvelle Jérusalem. Le plus fragile aussi : chaque mètre de son parcours était à la merci des Arabes.

Le quartier juif se trouvait à l'extrémité sud-ouest de la Vieille Ville, sur une pente descendant du mont Sion vers l'esplanade du Temple. Sa frontière sud était constituée par la vieille muraille elle-même, entre les portes de Sion et de Dung. A l'ouest, vivait une colonie de familles arabes du Maghreb. Au nord, s'étendait le quartier musulman. Deux fois moins étendu que la place de la Concorde, il abritait alors deux mille personnes au plus, le dixième de la population totale de la Vieille Ville.

Depuis près de vingt siècles, des érudits et des hommes de religion vivaient sur la pente de cette douce colline. Au cours des siècles, ils avaient édifié, à la gloire de leur nation dispersée et de la foi qui la soutenait, les vingt-sept synagogues qui dominaient le quartier. Tantôt creusées en sous-sol « parce que les profondeurs conduisent vers Dieu », tantôt bâties sur une éminence « parce qu'un temple de prière ne peut être qu'au-dessus de la ville », ces synagogues étaient autant de durs noyaux autour desquels tout s'ordonnait.

Dans un coin poussiéreux de la synagogue d'Elie Hanavi, un fauteuil croulant attendait le retour du prophète Elisée. A côté, sous le dôme de la synagogue Ben Zakaï, se trouvaient le shofar avec lequel il annoncerait la libération de son peuple et la fiole d'huile sainte avec laquelle il rallumerait la lampe du temple reconstruit. Dans la synagogue d'Istanbul étaient conservés des textes sacrés. Une fois par an, trente fidèles sortaient en procession pour aller enterrer symboliquement ces reliques afin d'obtenir une année de pluie pour les récoltes de Palestine. La synagogue Hourva était la plus belle de toutes. Son magnifique dôme décoré des dix commandements abritait les drapeaux de la Brigade juive qui avait participé au premier conflit mondial.

C'est dans la Vieille Ville que les relations entre Arabes et Juifs avaient toujours été les meilleures. La plupart des constructions du quartier juif appartenaient à des Arabes et l'un des spectacles les plus familiers en était la tournée du collecteur arabe des loyers s'arrêtant à chaque maison pour recevoir son dû et boire la tasse de café rituelle. Ici, le respect traditionnel de l'Islam pour les hommes de religion s'était naturellement étendu aux érudits du quartier enterrés dans leurs *yeshivas*. Quant aux artisans et commerçants qui essayaient de vivre de leurs minuscules échoppes ou de l'habileté de leurs doigts, le lien le plus naturel de tous, la pauvreté, les unissait à leurs voisins arabes.

Le vendredi soir, de jeunes Arabes se rendaient au domicile de leurs voisins juifs pour allumer à leur place les lampes à huile qu'un Juif ne pouvait toucher pendant le sabbat. De nombreux Juifs et Arabes se rappellent les cadeaux que leurs communautés échangeaient traditionnellement à l'époque des fêtes. Pour le *soukkoth*, la fête des « cabanes », les Juifs offraient à leurs voisins des plateaux d'amandes pilées, et les Arabes apportaient aux Juifs des offrandes de pain et de miel pour célébrer la fin de la Pâque.

Entre les Juifs traditionnels de la Vieille Ville et les cadres sionistes de la ville moderne, les relations étaient souvent tendues; ce qui expliquait la faible implantation locale de la Haganah. La nuit du Partage, la Haganah comptait exactement dix-huit hommes dans ce quartier autour duquel les Arabes pouvaient mobiliser plusieurs milliers de combattants.

Un expert en armement envoyé sur place pour établir une liste des besoins revint avec un rapport consternant. La totalité de l'arsenal du quartier consistait en seize fusils, dont quatorze en état de marche, vingt-cinq pistolets et trois mitraillettes. Israël Amir, le chef de la Haganah, savait que les Arabes pouvaient à tout moment bloquer la route de l'autobus Nº 2 et couper ainsi son unique lien avec la Vieille Ville. Il décida de profiter de ce qu'elle était encore ouverte pour faire entrer tous les hommes et toutes les armes dont sa garnison pouvait se priver.

Sous le coup des événements, l'instinct qui avait poussé Arabes et Juifs de la Vieille Ville les uns vers les autres allait maintenant les séparer. Des amis cessèrent de se parler. La poignée d'Arabes qui vivait dans le quartier juif s'en alla. Un boulanger partit en abandonnant une fournée de pain. Les premières escarmouches éclatèrent.

Le jeune Nadi Dai'es était l'un des Arabes qui habitaient le quartier juif. Sa famille n'avait jamais eu que de bons rapports avec ses voisins avec qui elle échangeait le pain des fêtes. Mais pendant ces journées qui suivirent le Partage, se rappelle-t-il, « nos sentiments étaient comme électrifiés et nous commencions à comprendre et à croire que chaque Juif était un ennemi qui voulait prendre nos vies et notre pays ».

Nadi alla lui aussi s'acheter un pistolet dans les souks. Une nuit de décembre, une fusillade éclata dans le voisinage. Le jeune garçon courut à la fenêtre et déchargea son revolver. Il entendit alors, montant des ténèbres, un cri pathétique venu de l'autre côté de la ruelle. Il reconnut la voix de la vieille femme juive dont il avait, pendant dix ans, allumé les chandelles du sabbat.

« Ne tirez pas, ne tirez pas ! suppliait-elle. Ne sommes-nous pas voisins depuis si longtemps ? »

*

A Jérusalem, comme dans toute la Palestine, la stratégie de la Haganah avait été fixée par David Ben Gourion. Elle était simple : ce que tenaient les Juifs devait être conservé. Aucun Juif ne devait abandonner son domicile, sa ferme, son kibboutz ou son travail sans autorisation. Chaque avant-poste, chaque colonie, chaque village, quel qu'en fût l'isolement, devait être occupé comme s'il s'agissait de Tel-Aviv même.

En dépit des instructions d'Israël Amir, la population juive de Jérusalem commençait d'abandonner les quartiers mixtes où elle ne constituait qu'une minorité. Le meilleur moyen de mettre fin à cet exode, décida alors Amir, était de chasser les Arabes de ces quartiers. Il résolut en même temps de les expulser des petites enclaves arabes encastrées dans les secteurs juifs.

Il lança d'abord une campagne d'intimidation. Ses hommes se glissaient la nuit dans les zones convoitées et placardaient les portes et les murs des maisons arabes d'affiches menaçantes. Des tracts furent posés sur les pare-brise des voitures pour recommander à leurs propriétaires de s'enfuir « dans l'intérêt de leur propre sécurité ». Des menaces anonymes furent adressées par téléphone aux responsables arabes de chaque quartier. Ruth Givton, une secrétaire de l'Agence Juive, reçut la mission d'effrayer Katy Antonious, la grande dame arabe qui avait reçu tout Jérusalem. Mais Katy était si loquace que sa ligne était perpétuellement occupée.

Ces manœuvres n'eurent qu'un succès relatif. Aussi Amir dut-il changer de méthode. Des commandos de la Haganah allèrent, la nuit, semer l'insécurité en coupant les lignes téléphoniques et électriques, en jetant des grenades sur la chaussée, en tirant en l'air. A Sheikh Badr, ces raids eurent lieu plusieurs nuits de suite. Finalement, un matin, les hommes d'Amir s'aperçurent que les Arabes du quartier empaquetaient leurs affaires et s'en allaient.

*

Presque au même moment, les guérilleros d'Abdel Kader Husseini passèrent à l'action. Eux aussi cherchèrent d'abord à intimider. Leur premier objectif fut une maison juive du quartier de Sanhedria occupée par la Haganah. Pour cette attaque, on amena d'Hébron, en camion, cent vingt partisans. Sous une pluie torrentielle, ils s'approchèrent jusqu'à deux cents mètres de la maison puis Abdel Kader donna le signal de la charge en tirant un seul coup de feu, détonation symbolique qui marquait cette nuit-là le début officiel des hostilités. Les Arabes tiraillèrent pendant une quinzaine de minutes jusqu'à l'apparition d'une automitrailleuse britannique. Ils se replièrent alors en emportant leur premier blessé — un volontaire mordu par un serpent.

*

« Ils attaquent ! » hurla le chauffeur.

A ce cri, le Juif Elie Greenberg, rescapé tchèque de Dachau, jeta un coup d'œil entre les plaques de métal couvrant les vitres de l'autobus. Dehors, devant la porte de Jaffa, Greenberg aperçut plusieurs groupes d'Arabes qui barraient la route de l'autobus en vociférant. Presque au même instant, il entendit le chauffeur crier :

« Les salauds nous ont abandonnés. »

La voiture blindée anglaise qui devait escorter l'autobus N° 2 à travers la Vieille Ville venait de rebrousser chemin. Par chance pour les voyageurs, Greenberg et dix autres jeunes gens à bord étaient membres de la Haganah. Greenberg se leva et fit sauter le couvercle d'une bouche d'aération.

« Vite, une grenade ! » cria-t-il, et il balança le projectile sur la foule qui approchait.

Profitant de la panique qui suivit l'explosion, le chauffeur relança son véhicule, franchit la porte, dérapa le long de la citadelle de Soliman et descendit à travers le quartier arménien, vers la rue des Juifs.

Plus tard, à la tombée de la nuit, on conduisit Greenberg et ses hommes dans les ruelles noires et inquiétantes qui menaient aux postes de garde installés à la périphérie du quartier. Là, Greenberg fut chargé d'occuper un fortin de sacs de sable sur le toit de la synagogue de Varsovie. Un officier lui remit un énorme colt et un chapelet de balles.

« Le mot de passe est *Judith* », murmura-t-il. (Puis il montra la zone de ténèbres au-dessous de la position.) « Ils sont là », dit-il.

Greenberg se colla aux sacs de sable comme pour y fondre son ombre. Trente mois plus tôt, un soldat américain l'avait trouvé, squelette agonisant sur un bat-flanc de Dachau; de nouveau, il sentait rôder la mort, et il l'affrontait cette fois pour défendre un pays dont il ne connaissait presque rien, un pays qui n'était devenu le sien que par accident. Scrutant la ligne indistincte des toits, Greenberg sentit remonter en lui un étrange souvenir. C'était une citation biblique qu'il avait apprise dans son enfance, à Prague. « Sur tes remparts, Jérusalem, j'ai posté une sentinelle. »

Greenberg n'était qu'une des nombreuses sentinelles placées par Israël Amir dans la Vieille Ville. Grâce à la vénalité de quelques gardes britanniques, près d'une cinquantaine d'hommes avaient été envoyés dans deux autobus et trois taxis. De faux étudiants, ouvriers, pensionnaires des yeshivas arrivaient aussi par l'autobus N° 2. Toutes les ruses étaient bonnes. Moshe Russnak fit le voyage en ambulance, habillé en médecin, et escorté par deux voitures blindées britanniques. A la mi-décembre, la Haganah avait réussi à introduire cent vingt hommes.

Il régnait parmi ces volontaires une atmosphère assez particulière. La plupart étaient membres de la réserve du Palmach de Jérusalem, largement composée d'étudiants de l'Université hébraïque. Ils espéraient partager leur vie entre la Vieille Ville et l'université. Une semaine ici, une autre là-bas. Au début, leurs rapports avec les vénérables rabbins du quartier furent amicaux. Ceux-ci accordèrent aux hommes de la Haganah le privilège d'utiliser leur *mikveh*, les bains religieux dépendant de leurs synagogues. La nourriture était rationnée mais suffisante. Au *Café de l'Europe*, le seul qui existât, on se rassemblait pour déguster les deux spécialités qu'on y servait, du café turc et une sorte de pudding gélatineux de couleur jaune.

Les synagogues, à cause de leur taille et de leurs emplacements stratégiques, devinrent les places fortes des positions juives. Construites sur une éminence, la synagogue de Varsovie et celle de Nissan Bek, avec sa coupole offerte en 1870 par l'empereur François-Joseph, dominaient toute la Vieille Ville. Dans cette dernière, deux cents rouleaux de parchemin et de vieux textes du Talmud servaient de sacs de sable. Une porte ancienne suspendue sous la coupole procurait une plate-forme à un guetteur. Grelottant de froid, enveloppé dans une couverture, il attendait sur ce fragile observatoire, un pistolet dans une main et son livre d'étude dans l'autre. Au-dessous, imperturbables, ses condisciples de la yeshiva psalmodiaient.

Un flot de nouveaux venus se déversa également dans la ville arabe — partisans du Mufti rappelés des campagnes, volontaires d'Irak, de Syrie, de Transjordanie, brûlant tous pour Jérusalem d'une passion non moins fervente que celle qui inspirait les hommes de la Haganah. Avec ces arrivées, les fusillades nocturnes entre les avant-postes se firent plus vives. Bientôt, ces bruyants échanges attirèrent dans les remparts de la vieille cité une troisième vague d'étrangers, les soldats en kilt vert d'un des plus vieux régiments britanniques, celui de la Highland Light Infantry.

Un froid matin de décembre, quelques hommes prirent le chemin du mont des Oliviers. Ils s'arrêtèrent au bord d'un trou fraîchement creusé et descendirent lentement un corps dans la terre. Tombée pour la défense de la Vieille Ville, c'était la première victime du nouveau combat du peuple juif pour Jérusalem.

*

A la vue du personnage qui entra dans son bureau, l'Arabe Gaby Deeb eut un sursaut. Le visiteur semblait sortir d'une gravure orientale du XIXe siècle. Une moustache luisante, aux pointes recourbées, lui donnait un air féroce. Il portait une tunique syrienne noire boutonnée jusqu'au menton, des culottes bouffantes et un turban blanc. Sur sa poitrine se croisaient deux cartouchières étincelantes, et à sa ceinture pendaient deux énormes étuis à pistolet et un poignard d'or ciselé. Attaché sur son dos, un gros tube sombre ressemblait à s'y méprendre à un tuyau de poêle.

A soixante ans, cet Arabe avait parcouru seul et à pied la longue route qui venait d'Alep, dans le nord de la Syrie, pour participer, comme il l'expliqua à Deeb dans un arabe choisi, à « la croisade pour El Kuds, la Ville sainte ». Et il brûlait maintenant d'accomplir quelque action d'éclat qui justifiât ce pèlerinage. Quelques heures plus tard, Deeb conduisit obligeamment le vieux Syrien aux abords du quartier juif de Mekor Hayim et lui désigna un château d'eau fréquemment utilisé par les tireurs de la Haganah.

, « Je vais le détruire avec le mortier qui est sur mon dos », annonça le vieil homme.

Et, sous le regard stupéfait de Deeb, il fit glisser l'engin au sol. C'était un vieux mortier français de la première guerre mondiale avec mise à feu par mèche et maintien en place par des tendeurs dont le Syrien commençait déjà à enfoncer les piquets.

« Préparez-vous ! » commanda le vieil homme, d'une voix si forte que Deeb se dit que tous les Juifs de Mekor Hayim allaient aussi se préparer.

Il se jeta à plat ventre.

Un coup de tonnerre ébranla le sol. Le vieil homme et son mortier disparurent dans un énorme nuage de fumée noire. Deeb scruta les ténèbres dans l'espoir d'apercevoir la traînée d'un obus fonçant vers le château d'eau. Mais il ne vit rien. Quelques secondes s'écoulèrent. Le ciel plein d'étoiles de Jérusalem restait désespérément vide et le château d'eau planté comme un défi au-dessus de la crête des toits. Le nuage de fumée noire se dissipa enfin. Deeb se releva. Il ne restait plus rien autour de lui. Mêlés dans une même pluie de chair et de métal, les restes du vieux Syrien et de son mortier étaient éparpillés sur le sol de la cité qu'ils étaient venus défendre.

*

La boîte bleue et blanche de savon Lux était exactement là où elle devait être, devant le carreau de gauche de la plus basse fenêtre. C'était le signal convenu. Le Juif Uri Cohen savait qu'il pouvait entrer dans la baraque. Les autres étaient déjà là. Ils ne connaissaient Cohen que par son pseudonyme, Shamir. Ces hommes étaient tous membres d'une cellule de l'Irgoun, Zwaï Leoumi, une organisation clandestine juive haïe des Anglais, redoutée des Arabes et désavouée par une bonne majorité de la communauté juive. Disciples d'un sioniste fanatique nommé Vladimir Jabotinsky, ils s'accrochaient au rêve d'un Etat juif allant d'Acre à Amman et du mont Hermon au canal de Suez. Quand Churchill avait créé l'émirat de Transjordanie, il avait à leurs yeux mutilé la promesse de Balfour. Ils réclamaient tout le territoire qui avait autrefois été celui du royaume biblique d'Israël. Et ce territoire, ils le voulaient débarrassé, si possible, de ses habitants arabes.

Tandis que l'Agence Juive, représentant la majorité de la communauté israélite de Palestine, avait poursuivi ses objectifs par une politique de patientes négociations, les membres de l'Irgoun et de l'une de ses ramifications, le groupe Stern, avaient toujours eu recours aux armes, n'hésitant pas à tuer et à semer la terreur pour atteindre leurs buts. Leur emblème était un fusil brandi par un poing serré avec la devise : « Par cela seulement. » L'accomplissement de ce serment avait déjà été payé par le sang de plus de trois cents victimes, innocentes pour la plupart, comme les quatre-vingt-dix Arabes, Juifs et Anglais massacrés au cours du plus mémorable exploit de l'organisation, la destruction d'une aile de l'hôtel du Roi-David, à Jérusalem, le 22 juillet 1946.

Les terroristes de l'Irgoun avaient scandalisé le monde et horrifié leurs compatriotes par la pendaison de deux sergents britanniques, dont ils avaient ensuite piégé les cadavres pour venger l'un des leurs. Ces excès avaient provoqué l'antisémitisme de certains militaires britanniques, mais avaient eu d'autres conséquences. Ils avaient poussé l'opinion anglaise à critiquer le rôle joué par la Grande-Bretagne en Palestine, attitude qui avait pesé dans la décision finale du départ prise par Clement Attlee.

Pour l'Irgoun, le partage de la Palestine, tant célébré par le reste de la communauté juive, était une mutilation inacceptable du territoire qu'elle réclamait. Par-dessus tout, l'Irgoun condamnait l'internationalisation de Jérusalem, « cette ville qui fut et sera toujours, proclamait-elle, notre capitale ». Juste avant le vote, Menachem Begin, le petit homme à l'aspect timide qui dirigeait l'Irgoun, avait au cours d'une réunion secrète prévenu ses lieutenants que « Jérusalem devait avoir la priorité sur tout autre secteur pendant les mois à venir ». Ils devaient, par leur action sur place, détruire tout espoir d'internationalisation de la ville. Comme ils avaient éclaboussé la Palestine de sang anglais dans leur combat pour un Etat juif, ils allaient maintenant éclabousser Jérusalem de sang arabe dans leur combat pour une capitale juive. Pour atteindre cet objectif, ils possédaient, avec leurs associés du groupe Stern, un précieux atout, un explosif de fabrication locale qui ressemblait à la poudre d'aluminium utilisée en peinture. « Pendant que l'Agence Juive bavardait, devait plus tard se vanter un des chefs de l'Irgoun, nous introduisions clandestinement des explosifs dans Jérusalem. »

La première utilisation de ces explosifs eut lieu dans deux faubourgs arabes à la lisière ouest de la ville, Lifta et Romema, dont ils soupçonnaient les habitants de transmettre des renseignements sur les mouvements des convois juifs vers Jérusalem. Puis, le 13 décembre, l'un de leurs commandos jeta deux bombes dans la foule arabe de la porte de Damas, tuant six personnes et en blessant une quarantaine.

Les huit membres de la cellule d'Uri Cohen, réunis dans leur baraque du quartier yéménite, étaient représentatifs du recrutement de l'organisation. L'un d'eux, homme d'un certain âge, vendait des roses dans une voiture d'enfant sur la rue Ben Yehuda. L'exercice de ce métier lui permettait en même temps de recueillir les renseignements dont l'organisation avait besoin. Un autre était un ouvrier agricole yéménite qui savait à peine lire et écrire. Un troisième, le membre le plus fanatique du groupe, était un Juif polonais orthodoxe de Mea Shearim.

Uri Cohen était entré à l'Irgoun parce qu'il voulait se trouver « là où il se passait quelque chose ». Taillé comme un avant de rugby, musclé comme un lutteur de foire, il avait presque toute sa vie satisfait son besoin d'action sur les terrains de sport. C'est ce même besoin qui devait, à dix-huit ans, l'inciter à s'engager dans la R.A.F. Mais même dans les rangs de l'Irgoun, il restait insatisfait. « La Haganah ne fait rien, soupirait-il souvent, et maintenant, nous ne faisons plus rien nous non plus. »

Pour Uri Cohen, cependant, la réunion de ce soir ne devait ressembler à aucune autre. Le chef de sa cellule lui apprit qu'il avait été désigné pour suivre un stage spécial qui devait enfin le préparer à accomplir l'action qu'il réclamait depuis si longtemps.

*

C'était un rituel aussi invariable que sa lecture quotidienne d'un verset de la Bible. Chaque vendredi à midi, l'aumônier général des Forces armées britanniques recevait des mains d'un officier d'état-major l'un des vingt exemplaires d'un document secret intitulé *Ordre de bataille et de stationnement des troupes* qui indiquait, en une demi-douzaine de pages, l'emplacement exact et les déplacements éventuels, pendant la semaine, de toutes les unités britanniques au Proche-Orient.

Après en avoir attentivement pris connaissance, l'aumônier enfermait le document dans son coffre-fort et descendait déjeuner au mess des officiers de l'hôtel du Roi-David. Avant son retour, une heure plus tard, un microfilm du document était dans les mains du Deuxième Bureau de la Haganah.

Cette performance, réalisée par une secrétaire de l'Etat-Major, était l'une des premières prouesses d'un service de renseignements dont les exploits devaient un jour stupéfier le monde.

Conscients de leur infériorité numérique, les Juifs savaient que ce n'étaient pas les tactiques primitives du terrorisme qui allaient les sauver. Longtemps avant que l'Irgoun eût jeté sa première bombe dans une foule arabe, la Haganah avait entrepris de mobiliser les multiples ressources de la communauté juive au service des tâches subtiles de la guerre du renseignement.

A la tête du réseau de Jérusalem, se trouvait un physicien de vingt-six ans, d'origine allemande, nommé Shalheveth Freïr. Son passage dans l'armée britannique lui avait permis d'en connaître toutes les coulisses. En Italie, déguisé en commandant ou en colonel anglais, il avait monté de spectaculaires opérations pour faire partir plusieurs bateaux d'immigrants vers la Palestine sous le nez des Britanniques. A présent, d'une salle de l'obscur Institut des affaires sociales de la rue Bezalel, à Jérusalem, il dirigeait une vingtaine d'agents infiltrés dans tous les services de l'administration civile et militaire du Mandat. Il avait même, grâce à une secrétaire arménienne, réussi à pénétrer dans le bureau du haut-commissaire.

Le secret des succès juifs résidait dans l'intelligence et la diversité des individus utilisés pour faire du renseignement. Avec sa moustache broussailleuse, ses yeux vifs et pénétrants, ses vestes de tweed et son parfait accent d'Oxford, Vivian Herzog, vingt-six ans, pouvait passer n'importe où pour un jeune officier britannique en civil. Né à Dublin, fils du Grand Rabbin de Palestine, Herzog était officiellement chargé des liaisons entre la Haganah et l'armée anglaise. Sa véritable mission consistait en réalité à créer un réseau de renseignement en recrutant des officiers pro-juifs placés à des postes importants. Les extraordinaires prouesses accomplies par Herzog n'étaient guère surprenantes. Il avait servi comme officier dans la plus britannique des unités, les Guards, et son entraînement aux missions de la Haganah, il l'avait réalisé en occupant pendant un an et demi le grade de capitaine dans les services secrets de l'armée de Sa Majesté.

Herman Josef Mayer, le fils aîné du plus respectable libraire de Jérusalem, avait, lui, passé la guerre avec un casque d'écoute sur les oreilles. Allemand d'origine, Mayer avait servi dans une unité d'écoute radio qui, d'El Alamein à Monte Cassino, avait intercepté pour le compte de la R.A.F. les conversations des pilotes de la Luftwaffe. A présent, dans le sous-sol de la maison de son père, 33, rue Ramban, Mayer était à nouveau au travail. Mais cette fois, les voix qu'il épiait étaient anglaises. Avec une douzaine de jeunes filles d'origine britannique, canadienne ou américaine, Mayer faisait marcher un service du Deuxième Bureau de la Haganah baptisé « Arnavel » — le Lapin.

Le Lapin fonctionnait vingt-quatre heures sur vingt-quatre. Son poste d'écoute, spécialement branché sur la longueur d'onde de 58,2 mètres, indiquait en permanence à Mayer la température de Jérusalem. C'était la longueur d'onde de la police britannique.

Avec le temps, les exploits de ces différents services devaient atteindre une ampleur impressionnante. Toutefois, le flot de renseignements qui affluait au P.C. central était déjà considérable. Il comprenait le rapport hebdomadaire britannique, la plupart des lettres échangées entre Sir Alan Cunningham et ses supérieurs de Londres, les ordres et les instructions adressés aux commandements subordonnés de Palestine, et l'analyse périodique de l'armée anglaise sur l'état des préparatifs juifs et arabes.

Plus importante encore pour l'avenir était l'infiltration des agents juifs dans les rangs arabes. Moins de quinze jours après chaque réunion de la Ligue arabe, un exemplaire du compte rendu des débats était dans les mains de l'Agence Juive à Jérusalem. Un informateur acheté avait même été placé dans le quartier général de Hadj Amin Husseini au Caire.

Dans un sous-sol sévèrement gardé du bâtiment de l'Agence Juive, Isaac Navon mettait sur pied ce qui deviendrait la plus précieuse de toutes les sources de renseignements. Les deux pièces qu'il occupait étaient reliées par un câble spécial au central téléphonique de Jérusalem. Les techniciens des P.T.T., qui étaient presque tous juifs, branchaient des fiches d'écoute sur les lignes téléphoniques des principales personnalités arabes et britanniques, ainsi que sur les lignes internationales reliant la Palestine à l'Europe et aux autres pays du Proche-Orient. Bientôt, dans sa cachette souterraine, Navon disposerait d'équipes qui intercepteraient jour et nuit les conversations téléphoniques.

Parallèlement à cette guerre secrète, les deux parties commençaient à se livrer une guerre de propagande à coups d'émissions radiophoniques clandestines. La radio arabe « Voix de la Révolution » prenait les ondes chaque soir, à sept heures, avec un petit émetteur caché sous une pile de tapis, dans la camionnette d'un marchand de tapis arménien.

L'émetteur de la Haganah était dissimulé dans un appartement particulier. Pour tromper la détection britannique, ce dernier était situé dans un quartier sans électricité. Le courant était fourni par un fil tiré de maison en maison depuis un hôpital. Pour éviter d'attirer l'attention sur sa destination, la Haganah avait discrètement demandé à toutes les ménagères du quartier d'aller y suspendre leur linge.

9

LE PÈRE NOËL DE LA HAGANAH

La neige s'accrochait aux toits de tuile et coiffait de couronnes ouatées les remparts de la vieille cité. Au-dessus, l'étoile qui 1947 années plus tôt avait conduit les bergers de Judée et les Rois Mages vers l'étable de Bethléem clignotait comme un phare, dans le ciel d'hiver. Enveloppée dans son manteau de neige, Jérusalem se préparait à célébrer le Noël le plus incertain de son histoire. Rarement la paix avait semblé plus lointaine et les hommes de bonne volonté moins nombreux que dans cette Jérusalem de 1947. Régulièrement, tandis que décembre s'avançait vers Noël, le bruit de la fusillade ébranlait la tranquillité de la ville et les escarmouches croissaient chaque jour en intensité et en fréquence. Avant la fin de l'année, elles devaient faire de nombreuses victimes : cent soixante-quinze Arabes, cent cinquante Juifs et quinze soldats britanniques.

Arabes et Juifs rivalisaient de férocité mutuelle pour alimenter ces statistiques. En réponse aux Arabes qui tiraient du haut des remparts sur le quartier juif de Yemin Moshe, Mishka Rabinovitch mit un fusil mitrailleur en batterie à la fenêtre d'un immeuble de l'avenue du Roi-George-V. De cette fenêtre, il disposait d'un axe de tir qui commandait le principal carrefour arabe menant à la porte de Jaffa. Après l'avoir confié à Dina, sa fiancée, Rabinovitch monta sur le toit avec des jumelles. Au premier coup de feu arabe parti des remparts, il commanda à Dina d'ouvrir le feu. La jeune fille pressa sur la détente jusqu'à ce qu'elle eût vidé un chargeur entier. Dans la foule, tombèrent une demi-douzaine de personnes. Quelques minutes plus tard, leur fusil mitrailleur démonté et caché, Rabinovitch et Dina quittaient l'immeuble en se donnant le bras comme deux amoureux [1].

Gershon Avner, le jeune fonctionnaire qui avait apporté à Ben Gourion la nouvelle du Partage, vit deux soldats britanniques être tués sous ses yeux dans une rue pleine de monde de la Jérusalem juive. Un Juif fut kidnappé dans les souks de la Vieille Ville. Quelques heures plus tard, on retrouva son cadavre dans un sac de jute à la porte de Damas. Nuria Alima, un marchand de journaux juif à moitié paralysé, véritable institution de Jérusalem, fut assassiné par un tueur arabe qui venait de lui acheter un journal. Robert Stern, célèbre éditorialiste d'origine anglaise du *Palestine Post*, fut abattu devant le Bureau de Presse. Dans le dernier article qu'il venait d'écrire, Stern avait, sans le vouloir, composé sa propre épitaphe. « Si je meurs, y disait-il, plutôt qu'un monument à ma mémoire, je préférerais une collecte pour l'entretien des animaux du zoo de Jérusalem. » Le lendemain, tandis que les premiers versements affluaient au zoo, les Arabes mitraillèrent le convoi funèbre du journaliste.

Au-delà des portes de la ville, sur cette même route de Bethléem qui avait vu passer le charpentier de Nazareth et son épouse, des tireurs arabes tendirent une embuscade à un convoi juif, tuant dix voyageurs et mutilant ensuite leurs corps.

Même la veillée de Noël ne fut pas épargnée par les fusillades. Traversant en voiture le quartier juif de Mekor Hayim, l'Arabe chrétien Samy Aboussouan, qui venait de jouer du violon au concert de Noël de Radio-Palestine, fut pris sous une volée de balles. Quand il atteignit le perron de l'hôtel Sémiramis, sa voiture était percée d'impacts. Aboussouan avait

---

1. La Haganah désapprouva fermement cet acte. Convoqué le lendemain au bureau de Golda Meïr, Rabinovitch s'entendit déclarer que sa mission était « le combat et non l'assassinat ».

emménagé avec sa famille dans ce modeste hôtel appartenant à son oncle, quelques jours après l'incendie du Centre Commercial. Avec ses trois étages couverts de bougainvillées, cette maison était si discrète qu'elle lui avait paru l'endroit le plus sûr de Jérusalem.

A l'intérieur, réchauffée par un grand feu qui crépitait dans la cheminée, une joyeuse ambiance contrastait avec les rues désertes et sinistres que l'Arabe venait de traverser. Sa famille, selon la tradition chrétienne, avait installé un énorme arbre de Noël dans le salon de l'hôtel, décoré de guirlandes et de boules scintillantes. A minuit, tous les Aboussouan devaient aller en procession jusqu'à la chapelle voisine de Sainte-Thérèse pour la messe de Noël. En route, ils chanteraient dans la nuit les vieux cantiques qui célébraient la naissance d'un Sauveur, dans une étable située à quelques kilomètres seulement de l'hôtel où ils s'étaient réfugiés. Ils rentreraient ensuite pour le réveillon traditionnel autour de la grande table étincelante de porcelaine et d'argenterie. Comme elle avait coutume de le faire à chaque Noël, la mère de Samy avait préparé pour cette fête l'un de ses plats préférés, des *karshat*, des tripes farcies de riz, d'ail et de fèves.

Juste avant onze heures, une étonnante apparition se montra au pied de l'escalier. Coiffé d'un bicorne à plumes, une cape jetée sur les épaules, un sabre pendant à la ceinture d'un uniforme de gala en velours noir brodé d'or, surgit le seul client de marque de l'hôtel Sémiramis. Manuel Allende Salazar, vice-consul d'Espagne, allait représenter son pays à la messe solennelle de minuit célébrée chaque année devant le corps diplomatique et les autorités du Mandat dans la basilique de la Nativité à Bethléem.

A la vue des visages surpris et hilares des autres hôtes de l'établissement, le jeune diplomate espagnol fit valser sa cape, dégaina son sabre et se profila devant la silhouette imaginaire d'un taureau.

« Comme Manolete le soir de sa mort ! » proclama-t-il.

Et d'une brusque virevolte, il disparut dans la nuit.

Quelques jours plus tard, un écho tragique devait répondre aux rires qui fusèrent derrière lui.

*

Ses phares balayant les pentes couvertes de neige, une automitrailleuse britannique guidait la colonne de voitures à travers les collines. Raidi dans son uniforme de diplomate, le représentant d'une nation qui, après tant d'autres, s'était montrée incapable de faire régner la paix sur cette parcelle du globe, s'abandonnait à la mélancolie de ses souvenirs. C'était par une nuit neigeuse de décembre semblable à celle-ci que, trente années plus tôt, l'Anglais James H. Pollock, préfet de Jérusalem, avait aperçu pour la première fois les toits de Bethléem. Jeune lieutenant dans l'avant-garde de l'armée d'Allenby, il était alors au seuil de sa vie et de sa carrière. De cette première nuit jusqu'à ce soir, l'une et l'autre n'avaient pas cessé d'être associées à la Palestine. A présent, Pollock pensait avec tristesse qu'il serait le dernier Anglais à représenter son pays à la messe de minuit de Bethléem.

Quand Mgr Vincent Gélat entra dans la basilique de la Nativité à la tête de la procession des prélats, les accents du Gloria éclatèrent dans l'assistance chamarrée des diplomates et des pèlerins. A cet instant, tous les clochers de Bethléem annoncèrent une nouvelle fois la naissance du Messie. Mais cette année, une poignée seulement de fidèles attendaient sur la place des Bergers devant l'église, pour répondre par des cantiques de Noël à l'appel des cloches.

En entendant le carillon dans sa maison à quelques rues de là, l'Arabe chrétien Michel Malouf, médecin-chef des hôpitaux psychiatriques de Palestine, se leva. La veillée de Noël était d'habitude une fête joyeuse chez les Malouf. Des dizaines d'amis venaient déguster les plats arabes que Berthe Malouf éparpillait sur toutes les tables. Ils écoutaient, pendant le dîner, les mélodies venant de la place des

Bergers, puis, à l'appel des cloches, ils partaient eux aussi en chantant vers la basilique.

Mais, cette année, « une tristesse pesait sur la ville » et il n'y avait ni dîner ni réjouissances dans la maison des Malouf. Berthe et Michel avaient passé la soirée à jouer au bridge avec deux amis. Le seul son qui fût venu jusqu'à eux cette nuit avait été les voix de quelques soldats britanniques en goguette.

Dès que les vagues sonores des carillons entrèrent dans son salon, le docteur Malouf serra la main de ses amis et leur adressa le vœu traditionnel de la courtoisie arabe : « Puissent toutes vos fêtes vous trouver en bonne santé. » Puis il embrassa son épouse et ils accompagnèrent tous deux leurs amis jusqu'à la porte. Serrés l'un contre l'autre, ils les regardèrent s'éloigner dans les rues noires et enneigées. Venant du centre de Bethléem, ils entendirent à nouveau les cris et les chants des soldats britanniques, ivres maintenant, résonner à travers la nuit. « Mais dans les maisons, pensait Berthe Malouf en écoutant ces voix, il n'y a plus de joie. »

*

A quatre mille kilomètres de là, près du port d'Anvers, un petit homme souriant, vêtu d'un imperméable noir, descendait d'une Buick de location, les bras chargés de bouteilles. D'un signe de tête, le Juif Xiel Federman indiqua au gardien solitaire de l'établissement que le cadeau lui était destiné. Etonné par cette générosité inattendue, le gardien ouvrit le portail et fit signe au visiteur d'entrer. Federman lui lança un « Joyeux Noël », déposa son fardeau et se frotta les mains en pensant à la tâche qui l'attendait.

Ce 25 décembre au matin, il était sur le point de devenir le père Noël de la Haganah. Devant lui s'étendait le plus fantastique magasin de soldes existant au monde en 1947. Dispersée dans plus d'une douzaine d'entrepôts se trouvait une quantité de surplus de guerre suffisante pour toute une armée. Soigneusement alignés se succédaient des centaines de half-tracks, d'ambulances, de camions-citernes, de remorques, de bulldozers, de jeeps, de transports de munitions. Il y avait des tentes de toutes les tailles, certaines pouvant abriter cent hommes, un océan de casques, des kilomètres de fils, de câbles et de tuyaux, des milliers de radios, de téléphones de campagne, de talkies-walkies, de générateurs. Il y avait des wagons de cartouchières, de caleçons, de chaussettes, de brodequins, de chandails, de treillis, de lampes de poche, de trousses de secours, de produits prophylactiques, bref un trésor inépuisable qui pouvait équiper la moitié des Juifs du monde. Un trésor que jamais, avant son départ pour l'Europe, Federman n'avait pensé découvrir.

Federman était une exception dans la communauté juive de Palestine. Déjà riche à vingt-trois ans, il avait offert mieux qu'une simple contribution financière en mettant son génie commercial au service de l'armée juive clandestine. Tandis qu'Ehud Avriel était allé en Europe acheter des armes et des munitions, Federman était chargé d'acquérir le reste de l'équipement et du matériel nécessaire pour mettre immédiatement sur pied une armée de seize mille hommes.

Aucune mission ne pouvait mieux lui convenir. Emigré d'Allemagne en 1940, Federman avait ouvert près du port de Haïfa un café qui devint rapidement le rendez-vous des marins britanniques. Il n'avait que seize ans, mais très vite, par-dessus le comptoir, il traita avec ses clients des affaires qui n'avaient rien à voir avec leur simple rafraîchissement. Ayant fait sa bible du *Manuel militaire d'équipement et d'intendance*, il devint rapidement le premier fournisseur de l'armée et de la marine de Sa Majesté. Rare était l'article, si excentrique fût-il, que Federman ne fût en mesure de procurer à ses clients d'une façon ou d'une autre.

Son exploit le plus remarquable consista à fournir à la Royal Navy cent mille bérets de marin en un temps record. Nulle part dans tout le Proche-Orient, il n'existait une presse capable de donner à ces coiffures leur forme aplatie caractéristique. Federman passa au peigne fin les faubourgs de Tel-Aviv et découvrit un vieux chapelier polonais dont la spécialité était la confection des *stramiel*, ces chapeaux ronds que portaient les Juifs orthodoxes de Pologne le jour du sabbat. Le vieil artisan battit le rappel de ses collègues échappés des ghettos de Pologne et, bientôt, les doigts qui avaient façonné les *stramiel* d'une génération de Juifs produisirent les bérets des marins de Sa Majesté.

Quelques mois après la livraison du dernier béret, Federman put contempler son œuvre au cours d'une cérémonie officielle sur le pont du cuirassé *Warspite*. Il pleuvait à verse ce jour-là et, tandis que l'amiral passait la garde d'honneur en revue, les narines de Federman commencèrent à s'agiter. Une abominable odeur montait des rangs, qu'il reconnut aussitôt. C'était l'odeur puante de la colle qu'il avait fournie pour la confection des bérets, et qui se dissolvait sous la pluie; *sa* colle, une pâte faite avec des os achetés aux abattoirs de Tel-Aviv.

Federman contemplait à présent avec émerveillement l'immensité des richesses étalées devant lui et préparait la liste de ses achats. Dans l'un des premiers entrepôts, il buta sur d'étranges objets alignés par centaines. C'étaient des hottes de l'armée américaine dont les soldats se servaient pour porter les charges lourdes. Federman hésita pendant quelques secondes, puis il se dit que les soldats de la future armée de son pays auraient eux aussi de longues distances à parcourir et des fardeaux à porter. Ces instruments pourraient leur être précieux. A tout hasard, il inscrivit sur sa liste « 300 hottes », puis il continua son exploration. Ces hottes coûtaient l'équivalent d'un franc pièce. Un jour, elles sauveraient Jérusalem de la famine.

10

VOYAGE EN ABSURDIE

LA femme s'avança vers le major qui fouillait l'auto-car Jérusalem-Tel-Aviv.

« Qu'y a-t-il encore ? demanda-t-elle avec courroux.

— Nous cherchons des armes, répliqua l'officier britannique.

— Vous n'en avez pas le droit.

— Je n'en ai pas le droit ? » répéta l'Anglais avec un sourire amusé.

La fouille continua. Puis le major annonça que l'autocar pouvait repartir. Mais il retenait la voiture qui l'escortait.

Cette voiture transportait des soldats de la Haganah. Trois garçons avaient réussi à s'échapper, mais les Anglais avaient capturé une jeune fille et saisi une mitraillette.

« Une minute ! cria Golda Meïr, que faites-vous de la fille ? »

L'intervention de Golda Meïr était plus qu'une protestation personnelle. Elle traduisait l'un de ses plus graves soucis : la détérioration de la situation sur la route de Jérusalem. La preuve était faite que les Juifs et les Britanniques ne partageaient pas la même conception de la liberté de circulation. Pour le général Gordon Mac Millan, une route était ouverte lorsque aucun barrage *permanent* ne l'interdisait et que son propre trafic s'y écoulait sans incidents.

Percevant la nuance, les Arabes avaient pris l'habitude de laisser passer patrouilles et convois britanniques et de réserver leurs tirs pour les véhicules juifs. Au nom de l'Agence Juive, Golda Meïr avait aussitôt demandé aux Anglais des escortes de police pour les convois juifs, arguant du fait qu'après tout la Grande-Bretagne restait responsable de la sécurité sur les routes. Les Anglais avaient fini par accepter, à une condition. Ils exigeaient le droit de contrôler le contenu de tous les camions afin d'empêcher la Haganah d'introduire des hommes et des armes dans Jérusalem. Comme telle était précisément l'une des principales raisons d'être des convois, l'Agence Juive renonça à la protection britannique et chargea la Haganah d'escorter elle-même son trafic. Les Anglais répondirent en arrêtant et en fouillant tous les véhicules. Cette décision souleva la fureur des responsables juifs convaincus que la vigilance britannique eût été mieux employée à prévenir les embuscades arabes.

Golda Meïr avait finalement arraché à Sir Henry Gurney, le secrétaire général du gouvernement, un accord mettant fin aux fouilles. L'une des raisons qui motivaient sa présence dans l'autocar était justement de vérifier si cet accord était respecté, et il ne l'était pas. Elle eut une deuxième surprise très déplaisante : le major britannique annonça qu'il devait conduire la jeune prisonnière au poste de police le plus proche, situé dans un village arabe. Golda Meïr frémit à cette idée.

« Dans ce cas, déclara-t-elle, je vais avec vous.

— Vous ne pouvez pas faire cela, répondit l'officier avec irritation, ou alors il faut que je vous arrête aussi.

— Voilà, jeune homme, précisément ce que j'attends de vous », lança-t-elle en prenant place dans la voiture à côté de la jeune fille.

Grâce à leur insistance, c'est finalement à un poste de police en secteur juif que les deux femmes furent conduites. Là, le sergent de service consigna les circonstances de leur arrestation. Puis il demanda son identité à la plus âgée de ses prisonnières. « Oh ! mon Dieu », s'exclama-t-il en découvrant à qui il avait affaire.

Quelques instants plus tard apparaissait un inspecteur qui offrit à Golda Meïr la protection de sa propre voiture blindée pour la conduire à Tel-Aviv.

A l'entrée de la ville, elle fit signe à l'Anglais de s'arrêter.

« A partir d'ici, c'est vous qui êtes en danger », dit-elle en sautant du véhicule.

Tandis que l'officier s'apprêtait à faire demi-tour, Golda Meïr se rappela que c'était le soir du 31 décembre 1947. Pour l'homme qui venait de l'accompagner, une nouvelle année était sur le point de commencer.

« Bonne année », lança-t-elle au policier britannique.

*

Cette année qui commençait promettait d'être, pour les habitants de Jérusalem, l'une des plus troublées des temps modernes. Aucune catégorie, pas même celle dont le rôle traditionnel était d'alléger la souffrance des hommes, n'allait être épargnée.

En plein midi, trois tueurs arabes sortirent d'un buisson du jardin de l'hôpital arabe de Beit Safafa et abattirent dans le dos Hugo Lehrs, un médecin juif qui avait refusé, malgré les exhortations de ses collègues, d'abandonner ses malades arabes. En apprenant cette mort, quelques minutes plus tard, sur les ondes de Radio-Palestine, Michel Malouf, le psychiatre arabe de Bethléem, s'indigna : « Yah Allah, cela n'aurait jamais dû arriver ! »

En représailles, Michel Malouf fut assassiné le lendemain sur le chemin de son hôpital.

Pour de nombreux habitants de Jérusalem, ces premiers jours de la nouvelle année furent marqués par un brusque déracinement, une douloureuse rupture de leurs liens avec le passé. Le regroupement de la population, recherché par la Haganah et par les tireurs de Hadj Amin Husseini, avait commencé. Chose curieuse, ce fut dans le quartier des villas bourgeoises de Katamon que la situation se détériora le plus rapidement. Habité en majorité par des Arabes chrétiens et par une minorité de Juifs aisés, Katamon était condamné par sa situation géographique et l'intérêt stratégique de sa position dominante. Katamon coupait les quartiers juifs de Mekor Hayim et de Talbieh du reste de l'agglomération juive et représentait pour la Haganah une menace constante au sud de la ville, une sorte d'abcès qui venait rompre la continuité du peuplement juif.

Pour les Arabes, Katamon était un coin enfoncé en territoire ennemi, une tête de pont à partir de laquelle ils pourraient peut-être lancer un jour l'offensive qui couperait en deux la partie juive de Jérusalem. De ses toits, les tireurs arabes mitraillaient régulièrement les voitures juives et les quartiers de Mekor Hayim et Talbieh. Dans l'espoir de déclencher l'exode arabe, la Haganah y avait fait sauter huit maisons dans la nuit du Premier de l'An. Sans attendre d'autres provocations, un certain nombre de familles de la bourgeoisie arabe de Katamon quittèrent le secteur et se réfugièrent à Beyrouth, Amman et Damas. Gibraïl Katoul fut l'un des premiers à s'en aller. Deux jours avant son départ, le fils aîné de son voisin, un commerçant juif arrivé d'Allemagne en 1934, apparut à la porte de sa maison.

Pendant la révolte arabe de 1936, Katoul avait fait promettre aux deux gardes qu'il avait engagés pour défendre sa villa d'étendre leur protection à celle de ses voisins juifs, les Jafet.

« A présent, soupira-t-il à l'adresse du jeune Juif, c'est trop tard. Nous ne pouvons plus rien faire pour vous aider, et vous ne pouvez plus rien pour nous protéger. Vous êtes en danger dans ce quartier arabe. Vous aussi, vous devez partir. »

Le surlendemain, une charrette, tirée par un cheval, s'arrêta devant le domicile des Jafet pour emporter leurs affaires tandis qu'un camion venait chercher les caisses des Katoul. De leurs fenêtres, les voisins regardèrent s'éloigner les deux familles, tristes petites caravanes qui s'en allaient chacune dans un sens opposé.

Le Hongrois Alexandre Singer, directeur de la centrale électrique municipale, décida lui aussi qu'en dépit des manifestations d'amitié de ses voisins arabes, Katamon était devenu trop dangereux pour un Juif. Le matin de son départ, Singer et sa sœur allèrent dire adieu à leurs amis égyptiens du rez-de-chaussée. Ils leur confièrent leurs deux chats angora qu'ils ne pouvaient emmener. Les deux familles s'embrassèrent en pleurant. Se retournant une dernière fois sur la maison où il avait vécu tant d'heureuses années, Alexandre Singer envia ses deux chats qui se chauffaient au soleil sur le balcon. « Quelle chance vous avez, pensa-t-il, de pouvoir vous prélasser au soleil sans vous préoccuper du destin qui vous attend. »

*

Pour la deuxième fois en un mois, Michel Shacham se trouvait devant le chef d'état-major de la Haganah. Cette fois, la raison de sa convocation au Q.G. de la Maison-Rouge à Tel-Aviv était l'arrivée d'un rapport de Jérusalem. Si grave en était la teneur que Shacham avait été temporairement déchargé de ses responsabilités à la sécurité des transports pour être envoyé à Jérusalem.

La situation dans la ville, disait ce rapport, se détériorait de jour en jour. En dépit des efforts et des instructions d'Israël Amir, des Juifs toujours plus nombreux abandonnaient les zones excentriques et mixtes pour s'installer dans les quartiers juifs du centre. Tout devait être entrepris pour enrayer immédiatement cet exode. L'ordre lancé par Ben Gourion de « défendre chaque parcelle du territoire » n'était pas une simple phrase destinée à galvaniser un peuple assiégé. Pour les Juifs de Palestine, il n'y avait pas d'Amman, pas de Beyrouth, pas de Damas. Il n'y avait que la mer. Si des tentations d'abandon s'emparaient de la population, tout le peuplement juif de Palestine ne tarderait pas à se désagréger. Jérusalem était le premier bastion où des problèmes surgissaient et c'était là qu'ils devaient être résolus.

Shacham reçut l'ordre de mettre tout en œuvre pour retourner la situation. Quelques heures plus tard, il se présentait au P.C. de Jérusalem. Il y apprit que les Juifs quittaient maintenant des zones dont ils n'étaient encore jamais partis et soudoyaient des policiers britanniques pour les faire sortir, eux et leurs bagages, afin d'échapper aux tueurs du Mufti.

Les officiers de renseignement de Jérusalem lui indiquèrent que la seule manière de changer le cours des choses était de frapper un coup décisif à l'intérieur de Katamon. Le choc d'une telle entreprise, affirmaient-ils, pouvait forcer les Arabes à abandonner le quartier et modifier le climat psychologique de la cité.

« Très bien, conclut Shacham, où se trouve le quartier général arabe de Katamon ? »

*

Le commandement arabe ne se préoccupait pas moins que la Haganah du sort du quartier de Katamon. Le lendemain du jour où les Juifs firent sauter huit maisons, le comité local de défense commença à mettre sur pied une sorte de milice chargée de protéger le secteur. Abdel Kader fit venir d'Hébron l'un des partisans les plus fanatiques du Mufti, un berger analphabète nommé Ibrahim Abou Dayieh qui s'était couvert de gloire pendant la révolte arabe de 1936. Depuis, à la tête d'une petite armée de paysans implantée dans les collines entourant Hébron, il avait été responsable du sud de la Palestine. Dans quelques jours, à bord des autobus de la ligne N° 4, leurs tenues kaki et leurs armes recouvertes d'une cape bédouine, Abou Dayieh et une centaine de ses hommes entreraient dans Katamon à l'insu des Anglais.

Cet après-midi du samedi 3 janvier 1948, quelques heures après l'arrivée de l'envoyé de Tél-Aviv, Abou Dayieh, Abdel Kader et Emile Ghory commencèrent à parcourir les rues de Katamon pour déterminer les emplacements où seraient postés les guérilleros d'Hébron. A la tombée de la nuit, les trois hommes s'arrêtèrent pour faire le point avec le responsable du quartier, autour d'un verre de thé, dans une agréable maison de trois étages à la façade couverte de bougainvillées. Le salon tranquille et discret en faisait l'un de leurs lieux de rencontre favoris. Une plaque sur le montant de la porte en indiquait le nom. C'était l'hôtel *Sémiramis*.

*

Pour leur conférence de dix heures, le dimanche 4 janvier, les officiers de renseignement de l'état-major juif avaient une réponse à offrir à la question de Shacham. Un de leurs informateurs arabes leur avait révélé qu'il y avait deux quartiers généraux arabes à Katamon. L'un était une petite pension baptisée *Claridge*; l'autre, l'hôtel *Sémiramis*. L'informateur avait lui-même aperçu la jeep couleur de sable d'Abdel Kader en stationnement devant l'hôtel pendant plus d'une heure, le soir précédent. Shacham repéra sur un plan l'emplacement des deux immeubles. La proximité des lignes juives faisait de l'un d'eux un objectif plus facile à atteindre. Relevant la tête, Shacham annonça son choix :
« Ce sera l'hôtel *Sémiramis*. »

*

Roulant par-dessus les collines, un tapis de nuages tourmentés couleur de plomb envahissait le ciel de Jérusalem et promettait un furieux orage. Au moment même où le Juif Shacham condamnait l'hôtel où ils s'étaient réfugiés, les dix-huit membres de la famille arabe Aboussouan prenaient le chemin de la messe. Dans la chapelle Sainte-Thérèse, la pieuse mère du dentiste exhorta tous ses enfants à recevoir la confession et la communion, « seules véritables protections contre les périls qui nous menacent tous ».
Un nouveau membre de la famille Aboussouan arri-

va à l'hôtel. Wida Kardous était la fille du gouverneur de Samarie et ses parents l'avaient envoyée à Jérusalem pour y passer la fin de ses vacances de Noël. Avant le déjeuner, Manuel Allende Salazar, le jeune diplomate espagnol qui habitait l'hôtel, vint rapporter à Samy Aboussouan un livre qu'il lui avait emprunté. Les deux hommes se mirent à rire en constatant combien le titre de cet ouvrage décrivait avec précision leur propre situation. Il s'intitulait *Voyage en Absurdie*.

Annoncé par un roulement de tonnerre, l'orage qui avait menacé tout l'après-midi éclata à la tombée de la nuit. Tandis qu'un feu d'artifice striait le ciel, un véritable déluge s'abattait sur la ville et transformait les rues de Katamon en torrents de boue. Frappant les pylônes et les fils électriques, la foudre plongea le quartier dans l'obscurité. Terrifiées, deux vieilles tantes de Samy Aboussouan commencèrent à réciter leur chapelet tandis que les domestiques couraient à la recherche de chandelles.

Ce soir-là, à l'hôtel, le dîner fut une lugubre cérémonie. Les coups de tonnerre faisaient trembler les vitres que martelait une pluie d'une violence impressionnante. Soudain, au milieu du repas, des coups résonnèrent à la porte d'entrée. Deux gardes arabes ruisselants firent irruption et annoncèrent qu'ils venaient chercher Hubert, le jeune fils du propriétaire de l'hôtel, dont c'était le tour de monter la garde aux lisières du quartier. Sa mère s'insurgea contre sa sortie par une telle nuit èt se mit à pleurer.

« Pas ce soir, supplia-t-elle, prenez-le demain, après-demain, toutes les nuits de la semaine, mais pas ce soir. »

Ni l'insistance des gardes ni les protestations de son fils ne purent entamer sa détermination.

A moins d'un kilomètre de là, au dernier étage de la résidence d'un chirurgien juif, quatre hommes étaient réunis autour d'un plan de Jérusalem. Du doigt, Michel Shacham traça la route qui devait les conduire à leur objectif. Les quatre membres du commando seraient couverts par une équipe de protection de la Haganah. Dehors, dans la rue balayée par la pluie, les attendaient la Humber et la vieille Plymouth dans lesquelles ils gagneraient le *Sémiramis*. Une fois sur place, expliqua Shacham, ils auraient exactement dix minutes pour faire sauter la porte de la cave, introduire dans le sous-sol leurs deux valises contenant soixante-quinze kilos de T.N.T., placer les charges contre les principaux piliers de soutien du bâtiment, les allumer et disparaître.

« Heure H : une heure du matin », annonça Shacham.

La pluie continuait à noyer la ville. A l'hôtel *Sémiramis*, Samy Aboussouan posa un chandelier sur une table de jeux pour faire quelques tours de bridge avec trois de ses cousins. Le consul d'Espagne rentra de bonne heure et monta directement à sa chambre. Dans un coin de la pièce, les deux vieilles tantes priaient toujours. Peu après onze heures, tout le monde alla se coucher. En accompagnant jusqu'à sa chambre leur jeune cousine Wida, l'un des frères Aboussouan la rassura gentiment. A minuit, la flamme de la dernière bougie était soufflée.

Dehors, la tourmente ne connaissait aucun répit. D'habitude, trente jeunes Arabes de la milice locale gardaient les dix points de passage principaux du quartier. Ils avaient estimé que ce soir, par un tel orage, aucune attaque juive n'était à redouter, et la plupart étaient restés chez eux. A minuit, son tour de veille terminé, l'étudiant en droit Pierre Saleh rentra lui aussi. Personne ne vint prendre sa relève. Sept des dix postes gardant les entrées de Katamon étaient abandonnés.

*

La Humber et la Plymouth arrivèrent avec quinze minutes d'avance. Il n'y avait pas de garde au seul barrage qu'elles rencontrèrent. De la cour du couvent grec orthodoxe, situé en face de l'hôtel, l'unique factionnaire arabe vit l'une des voitures s'arrêter devant la cuisine du *Sémiramis*. Il remarqua deux silhouettes chargées de valises qui couraient vers le bâtiment. L'Arabe Abou Eid envoya une rafale de mitraillette dans leur direction. Mais la brusque réplique qu'il reçut de l'équipe de couverture le convainquit de la folie qu'il commettrait en s'obstinant, et il battit en retraite vers le couvent.

La porte de la cave était verrouillée. Jurant dans le noir, le Juif Abraham Gil détacha une grenade. de sa ceinture et la fixa à la poignée de la porte. L'engin fit sauter les battants de leurs gonds. Gil et deux autres membres du commando plongèrent dans le sous-sol enfumé avec leurs valises de T.N.T.

La pluie de verre brisé causée par l'explosion de la grenade réveilla Wida Kardous. Dans la nuit, elle entendit sa tante Marie qui appelait. Puis une autre voix cria :

« Couchez-vous par terre ! »

Le bruit avait également réveillé Samy Aboussouan. Pendant un instant, il crut qu'il y avait une bagarre dans la rue. Puis il entendit des pas crisser dans la cour, sous sa fenêtre, et une voix dire en hébreu :

« Pas encore, pas encore ! »

Il sauta alors de son lit. Dans le couloir obscur, il trouva ses parents qui échangeaient leurs craintes avec son oncle et sa tante. Il leur conseilla de descendre dans le salon du rez-de-chaussée, la pièce la mieux abritée de l'hôtel. Puis il courut vers le téléphone.

Aussi vite qu'il le pouvait, Aboussouan composa le numéro de Police secours.

« Ils ont attaqué l'hôtel *Sémiramis* à la grenade », lança-t-il à l'Anglais ensommeillé qui répondit.

Dans le sous-sol, les charges explosives étaient déjà soigneusement fixées autour des piliers, mais Abraham Gil et son compagnon ne parvenaient pas à mettre le feu à la mèche mouillée par la pluie. Ils avaient dû rappeler l'équipe de protection, prête à se replier, et c'étaient leurs voix que Samy Aboussouan avait entendues. Fébriles, le visage et les mains trempés de sueur, ils s'affairaient dans l'obscurité. En désespoir de cause, Gil siffla pour avertir le chef du commando qui guettait à l'extérieur.

« Joël, nous n'arrivons pas à allumer les mèches », murmura-t-il.

Le chef les rejoignit calmement dans le sous-sol et s'accroupit devant les explosifs.

« Voilà comment il faut procéder dans ce genre d'opérations, expliqua-t-il. Ne pas s'affoler, prendre son temps, et tout ira bien. »

Tout en parlant, il coupait simplement les morceaux de mèche mouillée avec un canif.

Au-dessus, la tante Marie abandonna la main de la jeune Wida Kardous.

« Je reviens tout de suite, la rassura-t-elle, je vais juste chercher un peignoir. »

Effrayée, Wida l'entendit s'éloigner dans le couloir. Samy Aboussouan raccrocha l'écouteur du téléphone et se dirigea vers le salon. A l'étage au-dessus, son frère Cyril donnait le bras à sa mère pour la guider dans l'escalier. Leur père suivait en robe de chambre.

Après plusieurs minutes d'efforts pour préparer les mèches, le chef du commando juif alla ramasser un morceau de braise de la porte incendiée, souffla doucement dessus jusqu'à ce qu'une lueur orange apparaisse dans l'obscurité et alluma les mèches des charges explosives.

« Filons maintenant ! » dit-il alors posément.

Wida Kardous n'avait rien entendu. Mais toute sa vie, elle devait se souvenir du spectacle incroyable qu'elle découvrit en ouvrant les yeux. Au-dessus d'elle, il n'y avait que le ciel. « Où est le toit ? Où sont les gens ? » se demanda-t-elle.

Samy Aboussouan fut aveuglé par une éclatante lueur bleue suivie d'un choc violent et d'un rugissement. Il eut l'impression que les murs s'écroulaient sur lui dans une course monstrueuse. Projeté par le souffle, puis rejeté sur le sol, il se retrouva sur un tas de gravats. Le rugissement déchirait encore ses tympans. Il leva la tête vers la porte par laquelle ses parents auraient dû le rejoindre au salon, mais il ne vit qu'un amas de pierres et, derrière, comme suspendue dans le vide, une seule marche de l'escalier. Pendant un long moment, un silence effroyable lui parut envelopper les lieux. Puis, sortant d'un tas de décombres à l'autre bout de la pièce, il entendit la voix terrifiée de son frère qui appelait au secours.

Le fracas de l'explosion réveilla presque tout le quartier. De la fenêtre de sa chambre, l'étudiant en droit Pierre Saleh, qui venait de rentrer de son tour de garde, vit l'hôtel monter comme un geyser et retomber sur lui-même. Un nuage de fumée et de poussière s'éleva des ruines et l'onde de choc se propagea comme un roulement de tonnerre vers les collines de Judée. Tandis que son écho se perdait dans la nuit, Saleh perçut à nouveau le clapotement régulier de la pluie et, venant de la montagne de décombres située presque sous sa fenêtre, les premiers gémissements.

Réveillée par l'éclatement de la première grenade, Kay Albina, avait assisté de la fenêtre de sa chambre au déroulement de tout le drame. Elle avait entendu la fuite des voitures de la Haganah et vu avec terreur l'explosion désintégrer lentement, comme dans un film au ralenti, les trois étages du *Sémiramis*. Secouriste de la Croix-Rouge, elle attrapa sa trousse d'urgence, quelques draps et se précipita pour aider les blessés.

Mais aucun de ses manuels de secourisme n'avait préparé Kay Albina à la vision qui l'assaillit dans les ruines de l'hôtel. Une femme hagarde errait dans les décombres en portant dans ses bras la tête d'une petite fille.

*

Trente-six personnes trouvèrent la mort dans l'explosion de l'hôtel *Sémiramis*. Samy Aboussouan et Wida Kardous survécurent, mais leur famille fut pratiquement anéantie. Le père et la mère du dentiste, ses deux pieuses tantes et trois de ses oncles périrent. Son cousin Hubert Lorenzo, que sa mère avait empêché d'aller prendre son tour de garde, fut écrasé sous les décombres, ainsi que ses parents.

Trois jours après l'explosion, les grattements frénétiques d'un chien qui n'avait pas quitté les ruines depuis la catastrophe conduisirent les sauveteurs vers la dernière victime encore ensevelie. Caché sous un tas de gravats, ils trouvèrent le maître du chien, le jeune diplomate espagnol qui, le soir de Noël, s'était comparé en riant à Manolete la veille de sa mort. Victime d'un drame qui n'était pas le sien, Manuel Allende Salazar avait terminé son propre voyage en Absurdie.

*

Il n'y aurait plus d'autobus N° 2. Le transport des hommes et du ravitaillement vers le quartier juif de la Vieille Ville était interrompu. Depuis la veille du Premier de l'An, les Arabes leur avaient coupé la route en élevant une énorme barricade à la porte de Jaffa. Jérusalem infligeait à la petite communauté du quartier une nouvelle version d'une de ses plus anciennes traditions — le siège. Plus un seul gramme de nourriture, de carburant ou de munitions n'était passé depuis que les Arabes avaient dressé leur barrage. Les corps sans sépulture des habitants morts pendant cette semaine de blocus s'entassaient devant le P.C. local de la Haganah. Le pétrole utilisé par les ménagères pour cuire les aliments était presque épuisé, de même que le lait pour les enfants.

L'Agence Juive avait protesté chaque jour auprès des autorités britanniques, qui n'auraient eu qu'un ordre à donner pour que la barricade soit retirée. Leur seule réponse avait été de demander aux responsables juifs de faire évacuer temporairement les lieux. Devant le refus, immédiat et total, des Juifs, les Anglais avaient proposé un compromis. Une fois par semaine, ils escorteraient un convoi de ravitaillement, à condition de pouvoir en fouiller le contenu pour vérifier qu'il ne transportait ni armes ni munitions. Ils accompagneraient également quiconque voudrait quitter le quartier, mais personne ne serait autorisé à y pénétrer.

C'était un dur marché, contraire à tous les principes que l'Agence Juive s'efforçait de sauvegarder dans ses négociations avec les Anglais. Mais la situation se faisait désespérée. Des habitants commençaient déjà à rendre la Haganah responsable de leurs malheurs et exigeaient de pouvoir partir, avec ou sans escorte. L'Agence Juive accepta finalement la proposition britannique mais elle était bien décidée à la tourner au plus tôt.

Pour les défenseurs des quelques ares les plus sacrés que possédait le peuple juif, ces journées furent une cruelle retombée dans la réalité. Combattre une semaine, étudier la semaine suivante, c'était une idée désormais balayée. Ils étaient pris au piège dans une des positions les plus exposées de Palestine, défendue en tout et pour tout par cent cinquante hommes de la Haganah, cinquante de l'Irgoun et du groupe Stern, et trois équipes de jeunes filles dont le rôle allait devenir essentiel pendant les mois à venir.

*

Le 7 janvier était toujours une date à part dans la vie d'Hameh Majaj, le timide employé arabe des P.T.T. C'était l'anniversaire de son mariage, début de son bonheur. Un grand dîner dans la maison d'un oncle célébrait d'habitude cette fête. Mais en ce mois de janvier 1948, une réunion intime avait paru plus convenable aux Majaj. Ils dîneraient tranquillement chez eux, en tête-à-tête, après quoi, ils pourraient s'adonner à leur distraction favorite, l'étude des plans de la villa où ils espéraient fêter leur prochain anniversaire. Ce serait leur première maison.

Cette année, Hameh Majaj avait néanmoins réservé une surprise à sa femme. Il avait acheté au souk des bijoutiers un cadeau extravagant pour son modeste salaire, mais qui donnait la mesure de son amour : une bague ancienne à trois anneaux d'or.

Il s'était promis de la lui offrir le soir à la fin du dîner. Mais en retrouvant son tendre sourire au réveil, il ne put résister. Il se leva et courut chercher le bijou. Timidement, il le glissa au doigt de sa femme stupéfaite et le contempla, étincelant dans le soleil, avec plaisir et fierté.

*

Ce 7 janvier 1948 allait aussi être un jour exceptionnel dans la vie du Juif Uri Cohen. Son appétit d'action allait enfin être satisfait par ses chefs de l'Irgoun. Devant lui, se trouvaient trois uniformes volés à des policiers britanniques. C'étaient les déguisements qu'il porterait avec deux de ses camarades pour exécuter la mission dont ils étaient chargés.

L'étudiant venait d'enfiler le sien quand le chef du commando fit son entrée. C'était un Juif oriental à peine plus âgé que lui. Cohen savait que celui-ci avait déjà accompli cette mission si souvent que c'était pour lui un travail parfaitement ordinaire. En observant son air paisible, son costume et sa cravate, Cohen se disait : « Mon Dieu, on dirait un fonctionnaire partant pour son bureau. »

Le chef conduisit les faux policiers dans le fond d'un garage voisin. Ils y trouvèrent deux fûts de deux cents litres bourrés de vieux clous, de boulons et de morceaux de ferraille rouillée. Au cœur de chaque récipient se trouvait un noyau de T.N.T. dont l'explosion transformerait les fûts en de terrifiantes machines infernales capables, avec leurs milliers de particules volatilisées, de réduire leurs victimes en une bouillie de chair et de métal. Le système de mise à feu consistait en une douzaine d'allumettes attachées à l'extrémité de la mèche. Il suffisait d'un grattoir pour provoquer l'explosion.

Calmement, le chef répartit les rôles. L'estomac de Cohen se noua quand il découvrit quel serait le sien. C'était lui qui devait faire rouler les fûts vers leurs objectifs.

A quatre heures précises, Cohen, habillé en policier, arriva devant une école de Réhavia. Le fourgon de police, volé dans le garage où il se trouvait en réparation, était là. Une voiture apporta les fûts et Cohen monta dans le fourgon. Le chef s'installa devant, à côté du chauffeur. Les deux autres, armés de mitraillettes, prirent place derrière les volets du blindage, prêts à faire feu.

L'itinéraire avait été calculé pour que le commando entre dans la zone arabe de la ville par un poste de contrôle officiel de la Légion arabe. Cohen apprécia l'indifférence des légionnaires, persuadés d'avoir affaire à un véhicule britannique. Le poste franchi, ils se trouvèrent sur l'avenue qui montait vers la porte de Jaffa et les remparts de la Vieille Ville.

Tandis que le fourgon gravissait la pente à petite allure, Cohen fut saisi d'un irrépressible tremblement. Cette aventure lui parut tout à coup d'une totale folie. « Moi, l'étudiant en biologie, qui avais choisi d'étudier les mystères de la vie, voilà que je vais tuer des gens ! » pensa-t-il. Des gouttes de sueur perlèrent sur son front. Un court instant, il sentit le vertige l'envahir.

Dans le fourgon de police, personne ne parlait. Par le pare-brise, Cohen aperçut un barrage arabe et, une centaine de mètres plus loin, l'objectif de sa première machine infernale. Il vit un Arabe lever la main et faire signe au véhicule de s'arrêter. Le chef se tourna vers le chauffeur :

« Continue ! » ordonna-t-il.

*

L'Arabe Hameh Majaj consulta sa montre. Il décida d'abréger la visite que sa femme et lui rendaient chaque année, pour leur anniversaire de mariage, à une tante qui habitait la Vieille Ville. A cause de la situation et des préparatifs de leur dîner, les Majaj avaient hâte de rentrer chez eux. Ils savaient qu'un autobus de la ligne N° 3 allait passer à la porte de Jaffa dans trois minutes. En se pressant, ils pouvaient l'attraper. Prenant son épouse par le bras, Hameh Majaj l'entraîna dans les ruelles étroites. Au pas de course, ils sortirent du vieux quartier et se précipitèrent vers le groupe de personnes qui attendaient à l'arrêt d'autobus de la porte de Jaffa.

Le Juif ordonna au chauffeur de s'arrêter puis, se retournant, regarda fixement Cohen.

« Allume ta bombe », dit-il.

Cohen fouilla dans sa poche et s'aperçut avec effroi qu'il n'avait pas de grattoir. Il ne fumait jamais et, dans l'excitation, il avait oublié d'emporter une boîte d'allumettes. Le chef lui passa la sienne. Cohen frotta le grattoir contre les allumettes qui entouraient le bout de la mèche. Puis il ouvrit brusquement la porte arrière du fourgon. C'est alors seulement qu'il découvrit son objectif.

Des dizaines d'Arabes le dévisagèrent avec surprise. Pendant une seconde, il les embrassa du regard. Ils lui semblèrent être « des centaines, une vraie foule soudain frappée de stupeur ». C'était celle des voyageurs arabes qui attendaient l'autobus N° 3. A ses pieds, la mèche se consumait.

« Ils ont vu le diable, pensa le Juif. Et maintenant, ils voient sa bombe qui brûle juste devant eux. » Il fit doucement rouler le fût vers la chaussée. Il y eut un bruit mat au contact du sol puis une gerbe d'étincelles. La foule paraissait hypnotisée. Quand il allongea les bras pour refermer la double porte, ses mains passèrent au ras des visages. Une image resterait à jamais gravée dans sa mémoire, celle de « l'incroyable, fantastique étonnement de tous ces Arabes ».

*

L'explosion se produisit à l'instant même où Hameh Majaj et sa femme atteignaient l'arrêt d'autobus. Ils furent jetés à terre. Luttant pour se relever, Majaj fut atterré par le spectacle qu'il découvrit. La place était jonchée de corps et de débris humains éparpillés, hachés comme des morceaux de viande. Il y avait à côté une boutique dont le propriétaire descendait le rideau de fer au moment de l'attentat.

L'homme était à présent empalé sur les morceaux arrachés de ce rideau, en une sorte de grotesque crucifixion. Majaj se tourna vers sa femme qui gisait sur le pavé à côté de lui. Elle était couverte de sang. Ses yeux étaient à demi ouverts.

« Quelque chose est en train de craquer en moi », murmura-t-elle.

Ses yeux se fermèrent. Majaj essaya de lui parler mais il ne reçut pas de réponse. Il s'agenouilla à côté d'elle et, lui prenant la main, la supplia de lui dire quelque chose. Ses lèvres restaient immobiles. Même le tremblement convulsif qui, tout à l'heure, secouait son corps, avait cessé. Majaj réussit à se relever et se mit à appeler au secours.

Trois heures plus tard, un chirurgien sortit enfin de la salle d'opération. « Il m'a regardé, se rappelle Majaj. Il ne m'a rien dit. Mais, à son expression, j'ai compris ce qu'il voulait m'annoncer. »

Il entra dans la salle d'opération pour dire adieu à son épouse. A travers ses yeux inondés de larmes, il contempla le corps de la femme qui lui avait apporté tant de bonheur. Secoué par les sanglots qu'il ne pouvait retenir, il se pencha pour faire glisser de son doigt la relique qu'il garderait d'elle pour le reste de sa vie — une bague à trois anneaux d'or [1].

1. Quelques moments après l'explosion, le fourgon du commando heurta un trottoir alors qu'Uri Cohen s'apprêtait à lâcher la seconde bombe. Cohen et ses compagnons abandonnèrent le véhicule et, sous le feu d'une patrouille britannique, tentèrent de traverser le cimetière de Mamillah et de regagner le secteur juif. Trois d'entre eux furent tués. Un autre s'échappa mais fut abattu peu après dans un autre raid de l'Irgoun. Cohen fut blessé et emmené dans un hôpital d'où l'Irgoun devait le délivrer quelques jours plus tard. Il devait garder une jambe de cinq centimètres plus courte que l'autre. L'explosion avait tué dix-sept personnes.

« BAB EL OUED,
SUR LA ROUTE VERS LA VILLE »

« CHAQUE fois que nous nous endormons, nous ne savons pas si nous nous réveillerons. Ce ne sont pas tellement les balles que nous craignons, mais que l'on fasse tout sauter pendant notre sommeil. Des gens se retrouvent en pleine nuit sous les décombres de leur maison. Pour se rendre à son bureau, ton père doit emprunter une ambulance. Et quand nous entendons frapper à la porte, nous sommes terrorisés à l'idée que l'on vienne dynamiter la maison. Dès six heures, tous les soirs, nous nous verrouillons chez nous. »

C'est ainsi qu'une mère arabe, Mme Itayam, décrivait à son fils, étudiant à Beyrouth, la vie à Jérusalem en janvier 1948, deux mois seulement après le vote du Partage. « Jérusalem, constatait de son côté un correspondant du *New York Times*, est pratiquement isolée derrière un mur de peur. Personne ne vient dans la ville ou ne quitte son quartier si ce n'est en cas d'urgence. »

Dans la partie juive, le ravitaillement devenait de plus en plus difficile. Le lait, les œufs, la viande et les légumes étaient introuvables. La plupart des restaurants n'étaient ouverts qu'à l'heure du déjeuner et, si *Fink's* restait le lieu de rencontre favori des journalistes et des noctambules, son menu se réduisait à une sorte de hamburger généreusement agrémenté de farine. Max Hesse réussissait toutefois à approvisionner son restaurant, le plus élégant de Jérusalem, grâce aux bonnes relations qu'il avait su garder avec ses anciens fournisseurs arabes. Chaque matin, il leur téléphonait sa commande qu'ils déposaient dans une sorte de no man's land, les ruines calcinées du cinéma *Rex*.

C'était un hiver glacial et la plupart des foyers juifs manquaient désespérément de combustible. Les ménagères ne pouvaient pas toujours faire cuire leurs aliments. Elles ne se déplaçaient plus sans un seau ou un bidon et, dès qu'apparaissait une citerne de pétrole tirée par un âne, c'était la ruée.

Une espèce de paralysie gagnait peu à peu toute l'administration britannique. Le courrier n'était presque plus distribué. Les liaisons télégraphiques étaient chaotiques et l'attente pour les communications téléphoniques internationales se prolongeait pendant des heures et quelquefois plusieurs jours. Leur sécurité n'étant plus garantie, les magistrats et les avocats juifs refusaient de siéger. La justice ne fut plus rendue. Les services de santé et de l'état civil cessèrent d'enregistrer les naissances, les maladies contagieuses et les décès. Les hôpitaux durent délivrer des permis d'inhumer provisoires pour les victimes des violences qui se multipliaient. Le cimetière du mont des Oliviers était désormais inaccessible aux Juifs. Portés sur de simples civières, leurs défunts étaient dorénavant conduits à l'ancien cimetière de Sanhedria, là où leurs ancêtres avaient enterré les Juges d'un autre Israël.

Leur sécurité était le souci permanent des habitants de Jérusalem. Peu d'entre eux menaient pourtant une existence aussi exposée que Ruth et Chaïm Haller, l'une des rares familles juives restées à Katamon. Pour atteindre la porte de leur maison, ils devaient emprunter une tranchée creusée dans le jardin. La nuit, Ruth montait la garde à une fenêtre du rez-de-chaussée. Mais sa seule arme était une clochette de vache pour alerter la sentinelle de la Haganah postée au premier étage.

Dans une lettre ouverte, Judah Magnes et Martin Buber, deux vénérables patriarches, déploraient la situation de leur cité. « Aujourd'hui, écrivaient-ils, un Juif qui ose traverser un quartier arabe ou un Arabe qui pénètre dans un quartier juif sont des hommes en danger de mort ! »

C'était surtout l'apparition de petites affiches blanches qui donnait à la Jérusalem juive son air lugubre. On en voyait sur les murs, les poteaux télégraphiques, les devantures des magasins. Elles étaient collées par des membres de la Haganah, de l'Irgoun ou du groupe Stern. Quelle qu'en fût la provenance, leurs sinistres caractères noirs composaient inévitablement la même épitaphe : « Nous saluons la mémoire de notre camarade... »

Les préoccupations des Arabes pour leur sécurité n'étaient pas moins vives que celles des Juifs.

Ainsi, Ambara et Sami Khalidy continuaient de travailler chaque soir dans leur bibliothèque, mais Ambara prenait soin à présent de placer son propre fauteuil devant la fenêtre pour masquer la silhouette de son mari. Les assassinats systématiques des membres de certaines professions, inaugurés par le meurtre des docteurs Lehrs et Malouf, s'étaient en effet étendus au corps enseignant. La détérioration de la situation affectait aussi les enfants. En voyant arriver les gardes que son père avait engagés pour protéger le Collège arabe, la petite Soulafa comprit que « les jours heureux étaient finis ». Comme tant d'autres écoliers arabes ou juifs, les jeunes Khalidy devaient emprunter des autobus blindés pour se rendre à l'école. Un matin, ils revinrent à la maison quelques minutes après l'avoir quittée. Pâles et tremblants, ils expliquèrent qu'une mine avait explosé juste devant leur véhicule.

Si, du côté juif, des rapports étroits unissaient la population aux forces de la Haganah, c'est seulement une sorte de modus vivendi qui présidait, du côté arabe, aux relations des habitants avec les mercenaires recrutés pour les défendre. Chaque quartier avait son petit seigneur, loyal en général envers Hadj Amin, mais collaborant rarement avec ses pareils des autres quartiers. Partagée en fiefs, la cité était l'objet d'âpres rivalités, et bien des chefs arabes s'occupaient plus volontiers de rançonner ses habitants que de les protéger des Juifs. Leurs troupes se gonflaient sans cesse de bandes qui arrivaient de Syrie, de Transjordanie et d'Irak, et qui, venues officiellement combattre pour la Ville sainte, étaient plus enclines à la piller qu'à mourir pour elle. Un marché aux voleurs fonctionnait dans les souks où s'écoulaient les marchandises trouvées dans les maisons abandonnées. Ces partisans épris de fantasias, amoureux du bruit mais dépourvus d'entraînement et de discipline, répondaient au moindre coup de feu d'en face par de sauvages et vains gaspillages de mitraille. Leurs munitions épuisées, ils couraient aux souks acheter de nouvelles cartouches.

« Jérusalem, notait avec tristesse le consul du Liban dans une dépêche à son ministère, est en proie à un désordre encore jamais atteint nulle part au monde. Des armes de tous genres passent de main en main à l'insu des autorités et sont utilisées nuit et jour. La vie publique est pratiquement paralysée. Les boutiques et les marchés ferment à midi. Les bandes arabes ont un chef ici, un autre là, et agissent toutes indépendamment, sans aucune coordination. »

Un seul endroit paraissait échapper à ce chaos de haine et de rancœur : un petit établissement près de Jérusalem, où un groupe d'Arabes et de Juifs vivaient ensemble dans la paix et la fraternité. Après avoir visité ce paradis d'indifférence aux folies extérieures, le Suisse Jacques de Reynier, délégué de la Croix-Rouge internationale, quitta l'asile psychiatrique de Jérusalem en soupirant : « Bienheureux sont les fous ! »

*

« Il faut que la vie des Juifs devienne un enfer ! » Proférée par le responsable du Haut Comité Arabe de Jérusalem, cette menace résumait les intentions des partisans du Mufti. Mais la présence des forces britanniques dans la ville interdisait encore aux Arabes comme aux Juifs la capture et l'occupation d'objectifs ennemis. Ce fut donc une guerre de commandos qu'ils se livrèrent chaque nuit pour obtenir par la terreur ce qu'ils ne pouvaient encore conquérir par un combat régulier. Bien que condamnée par Golda Meïr, l'explosion de l'hôtel *Sémiramis* avait apporté à l'état-major de la Haganah les résultats escomptés. L'exode juif des secteurs mixtes avait cessé et c'étaient les Arabes qui partaient. Les attentats à la dynamite se multiplièrent, aggravant de part et d'autre le climat d'insécurité. Aguerrie par une longue expérience des coups de main, la Haganah excellait dans ce genre de technique. Elle compensait l'infériorité du nombre par des actions éclairs et provoquait une véritable psychose chez ses adversaires. Les familles arabes les plus aisées partirent les premières. A Sheikh Jerrah, un faubourg au nord de la Vieille Ville, Katy Antonious marqua son départ en offrant un dernier déjeuner à ses amis. Assis au milieu des caisses de vaisselle fine, d'argenterie et de cristaux, ses invités pouvaient contempler les éraflures de balles qui constellaient les murs et les plafonds. Toute grelottante dans la salle à manger dont les fenêtres avaient été soufflées la veille, l'ancienne grande dame de Jérusalem pensait avec nostalgie « à cette maison qui pendant deux générations avait connu tant d'éclat et de gaieté, et qui ressemblait maintenant au *Titanic* la nuit de son naufrage ».

Katy Antonious partit le lendemain, persuadée comme tant d'autres que son absence ne serait que provisoire. Elle se trompait. Elle ne reviendrait dans cette maison qu'une seule fois de sa vie, l'été suivant. Lors d'une brève accalmie, elle retrouva le toit criblé d'éclats d'obus, les portes et les fenêtres arrachées. Le parquet sur lequel avaient dansé tant de ses amis était taché de sang, couvert d'immondices et brûlé par les feux des soldats britanniques. Anéantie par ce désastre, elle se laissa tomber sur une caisse et pleura. Jamais plus elle ne devait revenir.

*

A Romema, un faubourg arabe de Jérusalem que les commandos de l'Irgoun avaient plusieurs fois attaqué, l'évacuation de la population se déroula pacifiquement sous la protection de la Haganah. Pendant deux jours, des groupes d'Arabes et de Juifs marchandèrent sur les trottoirs les loyers des boutiques et des appartements ainsi que la reprise des meubles et appareils laissés sur place. Puis les Arabes partirent en masse et des familles juives vinrent aussitôt les remplacer. De nouvelles enseignes en hébreu apparurent aux devantures. Le quartier eut bientôt un boulanger juif, un épicier juif, un cordonnier juif. Les tabourets d'osier sur lesquels des générations de vieux Arabes s'étaient accroupis devant leurs cafés furent expédiés chez un brocanteur et les narguilés chez un marchand de curiosités. Romema semblait avoir toujours été un quartier juif.

*

En cet hiver 1948, la clef de Jérusalem ne se trouvait pas, toutefois, dans la capture de quelques maisons ou d'un quartier isolé. Depuis une semaine, un berger arabe qui poussait son troupeau dans les collines de Judée ne cessait de la chercher. Arpentant la ligne des crêtes, il scrutait chaque repli de terrain, chaque pente rocailleuse, chaque bouquet de sapins.

L'homme n'était pas un berger. Haroun Ben Jazzi était un chef arabe. Cousin d'un ancien compagnon de Lawrence, il appartenait à la tribu bédouine des Howeitat. L'objet de sa curiosité était la route qui montait vers Jérusalem à travers les collines. C'était elle qui commandait le destin de la ville. La lutte pour cette route allait désormais entrer dans une nouvelle phase, celle qu'avait prédite Abdel Kader en annonçant : « Nous étranglerons Jérusalem. »

Au harcèlement désordonné du trafic juif, devait succéder une vraie campagne d'embuscades. Et c'était précisément pour en repérer les emplacements les plus propices entre Bab el Oued et le village arabe de Castel, là où « un seul homme pouvait faire le travail de cent », que Ben Jazzi avait si soigneusement étudié le terrain et observé la progression des convois juifs depuis leur entrée dans la vallée jusqu'aux faubourgs de Jérusalem.

Abdel Kader avait d'abord envisagé la construction d'un barrage permanent qu'il pourrait défendre avec des forces relativement restreintes. Mais le risque d'incidents avec les Anglais à l'occasion du passage de leurs véhicules et le désir de mêler la population locale à son action l'avaient décidé à renoncer à ce plan. Il attaquerait chaque convoi et permettrait aux villageois, ayant pris part à son anéantissement, de participer ensuite au pillage des camions. Il connaissait assez ses compatriotes pour savoir que chaque succès et la promesse du butin les inciteraient à se joindre aux embuscades en nombre toujours plus grand. Il comptait en outre sur cet accroissement d'effectifs pour faire face au renforcement prévisible des escortes des convois.

Utilisant les renseignements de Ben Jazzi, Abdel Kader passa à l'action. Il conduisit lui-même la première attaque. Les pans de son keffieh flottant derrière lui, faisant tournoyer son fusil en poussant des cris de guerre, il se rua vers la colonne des camions juifs. D'abord improvisée, la technique de ces guets-apens se perfectionna. Un petit groupe de partisans se cachait à proximité de Bab el Oued. Dès que le convoi était passé, ils se précipitaient sur la route pour y construire un barrage de pierres qui couperait la retraite des camions. Quelques kilomètres plus loin, le gros des hommes avait édifié un autre obstacle pour arrêter la colonne. Comme l'avait prévu Abdel Kader, la nouvelle d'un convoi pris au piège et le fracas de la fusillade attiraient la foule des villageois affamés de pillage. On signala bientôt l'arrivée des convois avant même que les camions n'eussent quitté le village juif de Houlda, leur point de rassemblement. De vieux bergers au visage buriné, des gosses dépenaillés, des paysannes en robe noire espionnaient les préparatifs juifs et transmettaient leurs renseignements par radio.

L'offensive arabe suscita peu de réactions chez les Britanniques. Pour l'armée anglaise, l'axe Jérusalem-Tel-Aviv revêtait une importance secondaire à côté des voies d'évacuation vers Haïfa au nord et vers l'Egypte au sud. Deux fois par jour, cependant, une patrouille de deux autocanons d'un escadron blindé des Lifeguards descendait jusqu'à Bab el Oued et Latroun puis remontait à Jérusalem. « On fonçait le matin, rappelle le commandant de l'unité, et l'on revenait aussi vite. Et l'on recommençait juste avant la tombée de la nuit. »

L'acheminement des convois vers Jérusalem devenait pour les Juifs une aventure chaque jour plus risquée, plus brutale, plus désespérée. La survie de cent mille Juifs dépendait pourtant des trente camions quotidiens de ravitaillement, trente camions que la Haganah devait, coûte que coûte, arracher aux griffes d'Abdel Kader et conduire jusqu'à Jérusalem. Ce tour de force reposait sur le courage et le sacrifice d'une poignée de garçons et de jeunes filles du Palmach qu'on appelait les *Furmanim*, du nom d'un imaginaire M. Furman chez qui arrivaient, au bureau N° 16 de l'Agence Juive, les ordres qui leur étaient destinés. L'insigne qu'ils arboraient avec fierté sur leurs treillis kaki montrait une sorte d'automitrailleuse, une de ces fameuses voitures blindées, de fabrication locale, que les Juifs avaient baptisées « sandwiches » à cause des tôles protectrices fixées sur leur carrosserie. Six d'entre elles accompagnaient chaque convoi.

Tous les matins à quatre heures, Yehuda Lash quittait ainsi son domicile pour faire redescendre vers Tel-Aviv les camions déchargés la veille. Sa mère ne pouvait cacher son angoisse quand elle l'accompagnait jusqu'à la porte. Il se souviendrait toujours de ses yeux pleins d'inquiétude alors qu'il s'enfonçait dans la nuit pour une nouvelle mission. Lash était chef de convoi. Il venait d'avoir vingt ans.

La véritable épreuve avait lieu au retour. Bourrés de sacs de farine, de sucre, de riz et de munitions camouflées, les camions se traînaient comme de gros scarabées. Il fallait trois heures en moyenne pour parcourir les vingt-huit kilomètres du trajet entre Bab el Oued et Jérusalem. La Haganah équipa les camions de tête de lames de bulldozers pour défoncer les obstacles. Les Arabes alors truffèrent de mines leurs barrages et firent de même sur les bas-côtés pour empêcher les véhicules pris au piège de se dégager. Depuis leurs cachettes, ils faisaient tomber une pluie de mitraille et de grenades sur les toits sans blindage des « sandwiches » de l'escorte.

Reuven Tamir, un autre Juif qui montait chaque jour vers Jérusalem, se souvient qu' « on chantait toujours jusqu'à Bab el Oued. Là, les chants s'arrêtaient brusquement. Un silence pesant enveloppait alors la voiture. Cela faisait une impression étrange. Le seul bruit qui subsistait était le ronron du moteur ».

En franchissant le goulot de Bab el Oued, Tamir fut pris un jour dans une embuscade effroyable. « Par les fentes du blindage, raconte-t-il, nous apercevions les Arabes qui sautaient de rocher en rocher. Ils nous défiaient en hébreu de sortir des véhicules. » Derrière Tamir, deux camions flambaient déjà au milieu des assaillants gesticulants. L'un d'eux transportait des œufs. Dans la fournaise, les coquilles éclataient, laissant couler sur la route une traînée bouillante de lave jaune. Les munitions des Juifs furent bientôt épuisées. Et Tamir se rendit soudain compte qu'il n'avait même pas gardé une balle pour se suicider. Ce jour-là, pourtant, l'armée britannique arriva juste à temps pour sauver le convoi d'un anéantissement total.

Mais de telles interventions étaient si rares que le trajet de Bab el Oued à Jérusalem devint bientôt un cimetière de véhicules calcinés. Noircies par les explosions des grenades et des cocktails Molotov, déchiquetées par les mines, dépouillées de tout ce qui pouvait se démonter, ces carcasses rappelaient constamment le prix que la Haganah devait payer pour approvisionner Jérusalem. Pour les jeunes *Furmanim* qui empruntaient deux fois par jour ce chemin de croix, chaque épave était le mémorial d'un ami dont la jeunesse s'était achevée là, dans le ravin de Bab el Oued. Il y avait parmi eux un poète :

« *De chaque côté de la route nos morts s'entassent,*
Le squelette de métal est aussi silencieux que
[*mon ami.*
Bab el Oued !
Souviens-toi pour toujours de nos noms,
Bab el Oued, sur la route vers la ville. »

*

Abdel Kader était sur le point de voir s'accomplir son serment. Jérusalem était presque étranglée. Pour cent mille Juifs, la perspective d'avoir à soutenir les rigueurs d'un siège se faisait de plus en plus réelle. Ainsi, trois ans après la fin de la seconde guerre mondiale, la cité qui symbolisait la paix pour toute une partie de l'humanité allait connaître la disette, le rationnement, le couvre-feu et les raids aériens, tout le cortège de souffrances que les villes d'Europe commençaient enfin à oublier. L'Agence Juive chargea son conseiller juridique, un homme de loi taciturne nommé Dov Joseph, de préparer la population à cette épreuve.

C'était un choix judicieux. Toute sa vie, Joseph avait voué un culte particulier à Jérusalem. Dans son enfance, tandis que ses jeunes voisins de Montréal jouaient dans la neige, il avait passé les après-midi des longs hivers canadiens à l'école hébraïque de son quartier, fasciné par une gravure du temple de Salomon tel qu'il devait être au temps du royaume d'Israël. Il avait découvert Jérusalem en 1918, sous le casque colonial d'un sergent de la Brigade juive. Quand il se trouva devant les vestiges du monument qui avait frappé son imagination d'enfant, Joseph se sentit submergé d'émotion. Trois ans plus tard, il revenait définitivement à Jérusalem, ayant épousé la première Juive d'Amérique du Nord immigrée en Palestine. Opiniâtre dans la poursuite de ses objectifs, Joseph était aussi dur et intransigeant envers les autres qu'envers lui-même. Dans la perspective des jours pénibles qui attendaient ses concitoyens, il était résolu à ne tolérer aucune faiblesse. Sa tâche était écrasante : tous les problèmes d'une ville en état de siège allaient peser sur ses épaules.

Il s'attaqua d'abord à l'organisation du ravitaillement, et fit procéder à un rigoureux inventaire des réserves alimentaires des entrepôts municipaux et des magasins privés. Dès le début de janvier, les vivres qui arrivaient encore à Jérusalem furent tous placés sous son contrôle et stockés dans des abris sûrs. Il fit même déménager de nuit un entrepôt frigorifique dont la situation lui paraissait menacée par les tireurs arabes de Sheikh Jerrah. Venu en rampant, le commando réussit à évacuer plusieurs dizaines de barils de harengs congelés et une grosse quantité de pièces de bœuf.

Aidé par deux spécialistes de la nutrition, Joseph détermina la ration alimentaire permettant juste aux habitants de ne pas mourir de faim. Puis il calcula les volumes quotidien, hebdomadaire et mensuel des approvisionnements nécessaires pour satisfaire ces pitoyables attributions. Il fit ensuite secrètement imprimer des cartes de rationnement comme celles qu'avaient connues les populations de Paris, d'Athènes et de Leningrad.

Un fléau pire encore que la famine menaçait pourtant Jérusalem. Ses habitants couraient le danger de mourir de soif. La quasi-totalité de l'eau alimentant la ville provenait des sources de Ras el Aïn, situées dans la plaine de Shaaron, à une centaine de kilomètres à l'ouest. Or, les quatre stations de pompage qui refoulaient l'eau jusqu'à mille mètres d'altitude et les énormes conduites de quarante-cinq centimètres traversaient un territoire aussi fortement tenu par les Arabes que les gorges de Bab el Oued. Même le faible appoint fourni par l'une des plus anciennes sources alimentant la cité, les réservoirs du roi Salomon, était contrôlé par les forces d'Abdel Kader. Dès le départ des Anglais, les Arabes pourraient ainsi réduire à merci la Jérusalem juive, sans tirer un seul coup de feu, en la privant de l'élément le plus indispensable à son existence. Une simple charge de dynamite y suffirait. Pour parer à ce péril, Dov Joseph ne disposait que d'une seule ressource : l'eau des citernes dont l'administration britannique avait eu la judicieuse idée d'imposer l'installation sous chaque maison neuve construite à Jérusalem. En décembre, il avait secrètement procédé à leur recensement. Il décréta ensuite leur réquisition et confia à Zvi Leibowitz, l'ingénieur du service des eaux, le soin de les remplir méthodiquement et de leur apposer les scellés. Ces citernes, pensait-il, seraient son seul recours si les Arabes coupaient l'eau de Jérusalem.

L'unique centrale électrique de la ville revêtait également une importance vitale pour les Juifs qui consommaient quatre-vingt-dix pour cent de sa production. Elle était située au sud de l'agglomération. Trente tonnes de carburant étaient chaque jour nécessaires pour faire tourner ses générateurs. En attendant que la Haganah s'en saisisse, Alexandre Singer, l'ingénieur qui avait laissé ses deux chats à Katamon, fut chargé de constituer immédiatement une réserve de fuel.

Enfin, pour le cas où les principales installations hospitalières situées sur le mont Scopus seraient coupées du reste de la ville, Joseph fit aménager une série de postes de secours à l'intérieur même des quartiers juifs. Une banque du sang fut ouverte pour répondre à leurs besoins.

De toutes les responsabilités assumées par l'austère homme de loi, aucune ne devait lui causer autant d'angoisse que la décision qu'il prit au début de février. Les menaces s'aggravaient et l'on faisait pression sur lui afin qu'il ordonne l'évacuation vers la côte des femmes et des enfants de Jérusalem. Cette évacuation offrirait d'immenses avantages. Elle apporterait notamment un soulagement immédiat aux problèmes du ravitaillement en nourriture et en eau. Cependant, Joseph refusa. Quel que fût son souci de mettre en sécurité les dizaines de milliers de femmes et d'enfants, il lui sembla que les hommes de Jérusalem montreraient plus d'ardeur à protéger la vie de leurs familles qu'à défendre une cité vide. Ni ces hommes ni Joseph ne nourrissaient d'illusions sur le sort de ces familles si la ville était capturée. La conscience de la responsabilité qu'il porterait en ce cas devant l'Histoire allait peser lourdement sur lui pendant les mois à venir. Des années plus tard, il devait affirmer en évoquant les motifs de son refus : « Nous n'avions pas le droit de choisir la voie de la facilité. »

*

A dix mille kilomètres de là, d'autres hommes débattaient eux aussi des problèmes de Jérusalem. Ils se retrouvaient depuis des jours dans les salles de réunion de l'Organisation des Nations unies et ne parvenaient pas à régler une simple question de calendrier. Tandis que Dov Joseph décidait du destin des femmes et des enfants de sa cité, un tout autre problème se posait à New York aux membres des Nations unies. Ils venaient de faire leur compte : si l'on devait honorer par un jour férié les fêtes de toutes les religions et institutions nationales présentes à Jérusalem, l'année n'aurait pas assez de jours.

Cette préoccupation illustrait la futilité dans laquelle s'enlisaient les travaux de l'O.N.U. relatifs à l'internationalisation de Jérusalem. Pendant six semaines, alors que la situation sur place se détériorait sans cesse, les membres du comité avaient discuté, paragraphe par paragraphe, la charte qui allait donner naissance à la première ville internationale du monde. Ils reculèrent ses limites géographiques pour y inclure Bethléem et trois autres villages arabes, ce qui équilibrait l'importance numérique des deux communautés. L'agglomération devait être divisée en trois secteurs. L'un serait attribué aux Arabes, un autre aux Juifs et le dernier, constitué par le noyau historique de la vieille cité dans ses remparts, au monde entier. Jérusalem serait démilitarisée et administrée par un gouverneur nommé par les Nations unies et assisté d'un conseil législatif élu. La justice y serait rendue par des voies dont la complexité était de nature à rendre perplexes les casuistes les plus pointilleux de la Ville sainte. Le comité avait même pensé à lui donner un drapeau, celui des Nations unies rehaussé du sceau de Jérusalem et de l'expression latine *Corpus separatum*, qui soulignait son entité. Les travaux du comité furent finalement rassemblés dans un rapport de quarante pages, officieusement appelé *Plan T/118*. C'était un projet sérieux et soigneusement élaboré, mais tellement éloigné des réalités que les événements allaient l'engloutir aussi vite que la marée efface des inscriptions sur le sable.

Les Arabes considéraient ce rapport comme une simple clause d'un plan de partage qu'ils rejetaient en bloc et restaient irréductiblement opposés à l'internationalisation. « Les habitants de Jérusalem, qui ne sont pas des saints, ne doivent pas être punis parce que leur ville, elle, est sainte », déclara un de leurs représentants aux Nations unies.

La position juive s'était, en revanche, modifiée. D'abord opposée à l'internationalisation, l'Agence Juive luttait maintenant activement en sa faveur. La pression arabe autour de la ville était en effet devenue si forte que cette solution apparaissait à certains comme la seule garantie de sécurité pour la population juive. L'Agence Juive s'efforça donc de placer les Etats qui avaient réclamé l'internationalisation devant les conséquences de leur choix. Si l'Occident chrétien voulait conserver une quelconque souveraineté sur Jérusalem, il devait consentir à en payer le prix et, pour commencer, le financement d'une force de police internationale afin d'y maintenir la paix.

Les représentants sionistes parcoururent les chancelleries pour plaider la création d'une telle force mais n'obtinrent aucun résultat. En désespoir de cause, les dirigeants juifs demandèrent, lors d'une réunion secrète tenue en février au consulat des Etats-Unis à Jérusalem, l'envoi rapide de cinq cents Marines. Cette suggestion n'eut d'autre effet que de semer la consternation à Washington. Quelle que fût sa sympathie pour la cause juive, l'administration Truman ne voulait en aucun cas prendre la responsabilité d'envoyer des troupes américaines à l'étranger, en pleine année électorale.

Mais c'était surtout la politique de la seule puissance présente en Palestine qui causait le plus d'anxiété aux dirigeants juifs. La partialité manifestée par la police britannique pendant la récente mise à sac du Centre Commercial n'avait pas été un accident. Bien au contraire, la population juive pouvait constater que l'administration britannique devenait de plus en plus antisémite à l'échelon individuel et de plus en plus pro-arabe à l'échelon politique [1].

Les appréhensions des Juifs n'étaient pas injustifiées. Pendant les deux mois qui suivirent le Partage, cinquante hommes et femmes de la Haganah avaient été incarcérés à Jérusalem sous la seule inculpation de port d'armes. Pendant la même pé-

----

1. Il y avait certes d'importantes exceptions. Alors qu'elle faisait campagne pour obtenir l'envoi d'une force de police, l'Agence Juive trouva un allié inattendu dans le haut-commissaire Sir Alan Cunningham. Ayant perdu l'espoir de faire régner l'ordre dans le reste de la Palestine, Cunningham espérait au moins préserver Jérusalem. Il écrivit à tous les archevêques dont le nom lui était connu pour les inciter à réclamer la création d'une force de police de trois mille hommes. Ces efforts n'eurent pas plus de succès que ceux de l'Agence Juive. L'archevêque de Canterbury se contenta de répondre par une lettre au *Times*, réaction qui, selon le haut-commissaire, « ne souleva l'intérêt d'absolument personne ». Le cardinal Francis Spellman, archevêque de New York, ne répondit même pas. Son attachement pour Jérusalem conduisit cependant Cunningham à prendre une décision d'une importance capitale pour l'avenir des Juifs de la ville. A la fin de janvier, l'armée pressa d'évacuer entièrement Jérusalem et d'administrer la fin du Mandat depuis le port de Haïfa. Il refusa et menaça de donner sa démission si Londres l'y obligeait. Etant donné l'état des forces juives à ce moment-là, son acceptation aurait probablement entraîné la prise de toute la ville par les Arabes.

riode, les autorités britanniques n'avaient montré aucun empressement à interdire aux Arabes de circuler en armes dans la ville. Richard Catling, le chef du Criminal Investigation Department, résuma l'attitude britannique en observant : « Il nous était indifférent que des Arabes se promènent la poitrine bardée de grenades et de cartouchières aussi longtemps qu'ils ne nous causaient pas d'ennuis. » Quand le préfet de Jérusalem reçut des plaintes au sujet de la « liberté de plus en plus grande avec laquelle des Syriens et d'autres personnages armés se rassemblaient dans les lieux publics de Jérusalem », la seule mesure qu'il consentit à prendre fut « d'avertir les chefs arabes de veiller à ce que leurs troupes rendent leur présence plus discrète ».

Officiellement, la Grande-Bretagne imposait aux Arabes comme aux Juifs un strict embargo sur les importations d'armement. Elle signait toutefois, le 9 janvier, un important contrat de vente d'armes avec l'Irak. Une clause secrète autorisait l'Irak à les utiliser « pour assumer ses responsabilités à l'égard de la Ligue arabe ». Aucun doute ne pouvait exister. Ces responsabilités se situaient en Palestine.

Tandis que la Royal Navy interceptait les bateaux juifs chargés d'hommes en âge de servir dans la Haganah, l'armée laissait franchir les frontières à des centaines de partisans arabes en armes. De leur côté, les représentants de la Grande-Bretagne aux Nations unies et à Jérusalem niaient avoir connaissance de ces infiltrations, pourtant révélées par les services de renseignements britanniques dont les rapports étaient volés chaque semaine par des espions juifs. Les Anglais connaissaient le jour, l'heure, le lieu et l'importance de chaque pénétration arabe.

La Grande-Bretagne mit également tout en œuvre pour empêcher la venue en Palestine des cinq hommes chargés par les Nations unies de préparer sur place l'application du Partage. Son délégué à l'O.N.U., Sir Alexander Cadogan, assura le Conseil de sécurité que les cinq diplomates risquaient d'être assassinés s'ils mettaient le pied en Palestine.

Cette attitude soulignait à quel point le chef du Foreign Office et sa coterie de conseillers pro-arabes n'étaient pas résignés au Partage. Si ce dernier se révélait par avance inapplicable, la solution du problème palestinien pourrait être confiée à la Grande-Bretagne. Ernest Bevin en chercherait alors une plus conforme à ses idées. Et rien ne pouvait mieux favoriser cette éventualité que l'opposition armée des Arabes au Partage annoncée par les dépêches arrivant au Foreign Office.

Pour en avoir signé d'innombrables depuis trente ans, le principal auteur de ces dépêches jouissait à Londres d'une infaillibilité quasi légendaire. Chef des services secrets britanniques au Moyen-Orient, le général Gilbert Clayton était pourtant si distrait que ses collègues affirmaient qu' « il pouvait oublier d'enfiler son pantalon pour se rendre à son bureau ». Un des derniers survivants de l'épopée de Lawrence, Clayton était un vieux renard de la politique arabe. Au Caire, à Damas, à Bagdad, à Amman, il n'était pas un salon ou un couloir de palais, de ministère ou d'hôtel qui n'eût régulièrement vu passer sa lourde silhouette de conspirateur aux aguets. Ce qu'il affirmait aujourd'hui était précisément ce que Bevin et son entourage voulaient entendre. « Les Arabes, écrivait-il, vont partir en guerre. Et cette guerre, ils la gagneront [1] ».

Cette perspective renforçait le Foreign Office dans sa décision de ne rien faire qui pût hâter l'application du plan voté par l'O.N.U. et compromettre la base de sa politique dans la région — l'amitié avec les Arabes. Mais cette attitude ne pouvait qu'aggraver les craintes des Juifs. Elle confirmait la prédiction que venait de faire Sir Henry Gurney, secrétaire général du gouvernement britannique en Palestine, lors d'une réunion au consulat des Etats-Unis.

---

1. Comme beaucoup de militaires anglais au Moyen-Orient, Clayton avait tendance à surestimer les Arabes et à sous-estimer les Juifs. C'était une erreur bien naturelle. L'Angleterre ayant formé les principales armées arabes, elle pouvait difficilement mettre en doute la valeur de son enseignement.

Considérant que toute discussion sur le rôle des Nations unies en Palestine était une perte de temps, l'Anglais avait déclaré : « Quand les Nations unies arriveront, la Palestine ne sera déjà plus qu'un navire sombrant dans la tempête. »

12

LES VINGT-CINQ « STEPHANS »
DE GOLDA MEÏR

LE camion s'arrêta devant la pelouse. Cinq hommes chargés de cordes et de planches en sautèrent et s'avancèrent avec précaution dans l'obscurité. L'un d'eux alluma une torche. Dans le faisceau, apparurent les contours métalliques de deux canons turcs. Derrière, au linteau d'une porte, une plaque révélait le nom de l'institution dont ils gardaient symboliquement l'entrée. C'était le Menorah Club de Jérusalem, lieu de rencontre des anciens de la Brigade juive de la Grande Guerre. Les deux canons étaient des reliques de cette guerre. Conservés depuis trente ans sur la pelouse du club, ils étaient l'incarnation de la victoire britannique sur l'Empire ottoman et consacraient la part qu'y avait prise la Brigade juive.

Cette nuit, Elie Sochaczewer, un ingénieur polonais de la Haganah, était venu les chercher pour un nouveau combat. Démontés et sciés, ils allaient devenir les deux premières pièces d'artillerie de l'armée juive.

Que la Haganah dût soustraire ces reliques de musée en pleine nuit à leur honorable mouillage, qu'elle pût les assimiler à des pièces d'artillerie, témoignait bien de la pauvreté des Juifs en armes lourdes. Le besoin en était si pressant que le Grand Rabbin de Jérusalem avait accordé aux ouvriers des ateliers clandestins de Sochaczewer une dispense pour travailler le jour du sabbat afin de convertir les canons turcs en mortiers. Appelés Davidka, du nom de leur inventeur David Leibovitch, un agronome originaire de Sibérie, ces mortiers constituèrent les seules pièces d'artillerie lourde de l'arsenal de la Haganah pendant l'hiver 1948. Ils tiraient un obus fait avec un morceau de tuyau bourré d'explosif, de clous et de ferraille. Leur portée et leur précision, selon les spécialistes, « étaient comparables à la fronde de David ». Mais les Davidka avaient cependant un avantage non négligeable : le bruit de leurs obus suffisait à terroriser les populations.

Cachés dans des garages, des greniers ou des appartements hâtivement transformés en laboratoires de fortune, d'autres habitants de Jérusalem travaillaient cet hiver-là à produire des armes improvisées pour la défense de leur cité. Pour cela, la communauté juive pouvait faire appel aux services de quelques-uns des savants les plus réputés du monde. C'est ainsi que Joël Racah et Aaron Kachalski abandonnèrent leurs travaux sur les secrets de la physique nucléaire et la chimie moléculaire pour se consacrer à la plus banale des tâches scientifiques. Jour et nuit, dans un appartement du quartier de Réhavia, les deux maîtres des mystères de la matière travaillaient simplement à inventer un meilleur explosif pour les Davidka. Dans un autre appartement, deux étudiants en physique et en chimie de l'Université hébraïque, fabriquaient des grenades et une variété d'objets piégés destinés à être répandus dans les quartiers arabes. Pour mettre au point le détonateur de ses grenades, Jonathan Adler se servait d'un manuel qui décrivait les exploits d'une autre organisation clandestine, l'armée républicaine irlandaise. Dans une chambre du quartier de Mea Shearim, un étudiant sourd-muet nommé Emmanuel fabriquait le mortel fulminate de mercure nécessaire aux détonateurs d'Adler. Un autre groupe d'étudiants, utilisant une brasserie abandonnée du faubourg de Givat Shaul, y produisait de la cheddite pour les mines à partir d'une grosse quantité d'insecticide trouvée près de la gare.

Mais c'était dans la région côtière, plus sûre, que les Juifs déployaient leurs plus grands efforts. Leur principal animateur était un vétéran de la Haganah qui avait perdu une main en expérimentant des explosifs. Fils d'un meunier ukrainien, Joseph Avidar avait utilisé quelques-unes des machines achetées aux Etats-Unis par Chaïm Slavine pour monter une manufacture clandestine de mitraillettes et de cartouches. Elle était cachée dans des caves sous le kibboutz de Maagan Michel, au sud de Tel-Aviv. On y entrait par une trappe dissimulée dans la blanchisserie où les habitants du kibboutz nettoyaient les uniformes de l'armée anglaise. Pour masquer son extraordinaire consommation de courant électrique, ses câbles passaient par les fours de la boulangerie dont la cheminée lui servait aussi de trou d'aération.

Le problème technique le plus grave auquel s'était heurté Avidar avait été celui des douilles. Il l'avait résolu de manière originale, en commandant plusieurs centaines de milliers d'étuis de rouge à lèvres à un laboratoire de cosmétiques anglais. Pour expérimenter ses munitions, Avidar installa un pas de tir souterrain. Plus de trois millions de cartouches devaient sortir, avant juillet 1948, de la petite fabrique clandestine.

D'autres installations près de Hadera produisaient des obus de mortier léger. Un atelier d'emballage d'une plantation d'orangers de la région de Haïfa servit de couverture pour l'assemblage de cinquante mille grenades. L'une des plus importantes réalisations de l'infatigable Avidar était la transformation des fameuses voitures « sandwiches » indispensables à la protection des convois vers Jérusalem. Le blindage qui protégeait ces véhicules était fait de deux feuilles de métal de quatre millimètres d'épaisseur placées de part et d'autre d'un panneau de bois de cinquante millimètres. Il pouvait arrêter une balle de petit calibre tirée à vingt mètres, mais son poids ralentissait considérablement la vitesse des engins. Avidar était constamment assiégé par des inventeurs qui lui proposaient des systèmes de protection moins lourds, constitués par exemple de feuilles en matière plastique. Pour vérifier leur efficacité, il demandait aux inventeurs de les placer devant leur poitrine, à vingt mètres de lui, afin de les soumettre à l'épreuve de son revolver. Cette expérience retenait si peu de candidats que les « sandwiches » de bois et de métal continuèrent à équiper les voitures blindées juives.

Partout, mais surtout à Jérusalem, c'était en achetant des armes à ses ennemis que la Haganah enrichissait son arsenal. Cachés dans des camions de carottes ou de choux-fleurs, quelques fusils et quelques caisses de munitions lui arrivaient ainsi, achetés aux Arabes par l'intermédiaire de marchands arméniens. Les occupants britanniques se révélèrent aussi d'excellents fournisseurs. Fin janvier, deux sous-officiers livrèrent un camion plein de munitions contre le seul paiement d'un verre de cognac et d'une poignée de main reconnaissante. Un autre sous-officier vendit pour mille livres sterling son automitrailleuse bourrée de mitraillettes, de bidons d'essence et de boîtes de ravitaillement.

Quelques raids soigneusement préparés dans les dépôts d'armes britanniques vinrent compléter les approvisionnements. Inspirée par l'achat de sa première voiture blindée, la Haganah de Jérusalem envoya un commando dans la zone de sécurité de Bevingrad. Déguisés en soldats britanniques, les Juifs en ressortirent dans une Daimler blindée toute neuve. Tel un vaisseau fantôme, l'engin commença alors à apparaître et à disparaître mystérieusement dans les rues de la ville, jusqu'à ce que les Arabes fussent persuadés que la Haganah possédait une véritable flotte de ces automitrailleuses.

Gênés eux aussi par la pénurie d'armes, les terroristes de l'Irgoun mirent au point leurs propres tactiques pour s'en procurer. La main dans la main, des garçons et des filles déambulaient dans les rues de Jérusalem à la recherche de soldats anglais ou de policiers isolés. Quand un couple avait repéré une proie, il s'approchait innocemment et la dépouillait de son arme sous la menace d'un pistolet. Pendant le seul mois de janvier, les amoureux de l'Irgoun s'emparèrent ainsi de quatre-vingts revolvers.

Pour les Arabes de Jérusalem, les Anglais furent aussi une excellente source d'approvisionnement. Une sentinelle offrit pour mille livres de fermer les yeux pendant qu'un commando arabe viendrait piller le magasin d'armes dont elle avait la garde. Pour la même somme, deux policiers négocièrent la vente de leur automitrailleuse dans un bureau de tabac du quartier de Bekaa. Sur les routes désertes des faubourgs de la ville, des hold-up de camions britanniques étaient régulièrement organisés en échange de quelques livres. Les services de prostituées étaient même utilisés pour détourner l'attention des sentinelles pendant que les hommes de Hadj Amin s'emparaient de quelques caisses de munitions. Des ouvriers arabes travaillant dans ces dépôts y volaient des armes légères et des pièces détachées.

Si le potentiel intellectuel et scientifique de la communauté arabe de Jérusalem ne pouvait se comparer à la galaxie de savants dont disposait la population juive, les Arabes possédaient néanmoins leurs experts en armement. Un rapport du service d'espionnage britannique annonçait, au début de l'hiver 1948, l'arrivée à Jérusalem de vingt-cinq musulmans yougoslaves, tous anciens combattants de la Wehrmacht. Leur mission, révélait le rapport, consistait à aider les défenseurs de la ville à fabriquer des mines et des explosifs.

D'autre part, leurs longues frontières désertes procuraient aux Arabes un avantage exceptionnel pour l'organisation de la contrebande d'armes. Une cargaison envoyée par Ibn Séoud avait été acheminée par cette voie. Mais quand Abdel Kader ouvrit les caisses, il devint blanc de colère. Ibn Séoud lui avait envoyé un lot des vieux fusils datant de la première guerre mondiale avec lesquels il avait conquis le désert d'Arabie. Abdel Kader les brisa un par un.

C'était sur les champs de bataille du désert occidental de Libye qu'en ce début de 1948 les Arabes trouvaient encore leur principale source d'approvisionnement en armes. Mais les violentes luttes intestines qui avaient si souvent handicapé leur action se manifestaient ici aussi. Egyptiens, Frères Musulmans, Palestiniens se disputaient la moisson des sables, surenchérissant les uns sur les autres auprès des bédouins qui récupéraient les armes, attaquant et pillant leurs convois.

Sur les chameaux des caravanes, sous les chargements de fruits ou de légumes des camions, dans les coffres des voitures, les fusils retrouvèrent pourtant les pistes menant vers la Palestine et suivies par des générations de trafiquants de haschisch. Un grand nombre atteignit finalement les souks de Jérusalem. Pendant cet hiver 1948, cette marchandise était si recherchée que son prix n'eut plus aucun rapport avec sa valeur réelle. Un vieux mauser rouillé était vendu cent livres, soit quatre fois le prix d'un mauser tout neuf au paradis tchèque d'Ehud Avriel et d'Abdul Aziz Kerine.

*

Plantée comme une borne sur l'axe historique reliant Le Caire à Bagdad, Damas, la capitale de la Syrie, était l'épicentre traditionnel des multiples explosions qui avaient secoué le monde arabe. Miracle de verdure jaillissant du désert, elle inspirait tant de respect que la légende voulait que le Prophète, à sa vue, eût rebroussé chemin parce qu' « on ne peut entrer deux fois au Paradis ». Elle était le berceau de cette dynastie des califes omeyyades qui avait régné sur l'empire le plus vaste de la terre. Depuis les conquêtes par les hordes assyriennes et la conversion de Paul de Tarse jusqu'à l'écroulement de l'Empire ottoman, en 1918, toute l'histoire de l'Orient était passée sous ses murs. Il paraissait naturel qu'à l'occasion d'une nouvelle campagne de Palestine, Damas retrouvât son antique vocation et devînt, une fois encore, le principal centre de préparatifs arabes, ainsi que le point de ralliement vers lequel convergeait une étrange migration de marchands, de mercenaires et de volontaires enthousiastes. Capitale d'une nation politiquement et militairement indépendante, Damas représentait un sanctuaire idéal pour rassembler, équiper et former ces volontaires, la base d'où ils pourraient se glisser en Palestine et le quartier général d'où leurs chefs allaient préparer leur assaut décisif.

Le labyrinthe obscur et grouillant de ses souks cachait le marché d'armes le plus florissant d'Orient. On y trouvait des fusils français d'avant-guerre, des mitraillettes britanniques, des mausers de la Wehrmacht et même quelques bazookas américains. Des piles de fripes militaires ayant appartenu à six armées différentes voisinaient avec les somptueux étalages de brocarts et de soies pour lesquels Damas était célèbre.

Mais la ville était surtout le théâtre où s'affrontaient toutes les factions du monde arabe qui prétendaient diriger le combat de Palestine. Dans ses faubourgs, non loin du modeste mausolée où dormait le plus illustre général de l'Islam — Saladin — un autre général avait pris ses quartiers dans de vieux baraquements de l'armée française. Nommé par la Ligue arabe lors de sa réunion du mois de décembre au Caire, Ismaïl Safouat Pacha, un Irakien de cinquante-deux ans, était en théorie le commandant en chef de toutes les forces arabes qui devaient intervenir en Palestine : les Combattants de la guerre sainte de Hadj Amin, l'Armée de Libération des volontaires étrangers levée par la Ligue arabe et même les armées arabes régulières, si jamais leurs Etats entraient en guerre. Safouat Pacha ne devait pas tarder à découvrir que dans ce guêpier d'intérêts politiques et d'ambitions contradictoires, son autorité réelle ne s'exerçait que sur la poignée d'officiers qui constituaient son état-major.

Comme tant de ses homologues politiques, le général irakien mêlait une maîtrise du verbe au refus déterminé de considérer la réalité en face. Il avait déjà promis à ses troupes « un défilé triomphal jusqu'à Tel-Aviv ». A un groupe de Palestiniens qui se plaignaient de ne pouvoir attaquer les convois juifs par manque d'armes, il n'avait pas hésité à répondre :

« Bombardez-les avec des pierres ! »

Averti par son jeune et très capable chef des opérations, un Transjordanien nommé Wasfi Tell ayant servi dans l'armée britannique, que sa marche triomphale sur Tel-Aviv pourrait bien se muer en désastre à cause de l'état déplorable de ses forces, Safouat ne prit qu'une seule précaution. Il fit en sorte que le rapport de Tell ne parvînt pas jusqu'aux dirigeants arabes et prévint confidentiellement son auteur que si les gouvernements arabes avaient connaissance de ces dangers, aucun d'entre eux ne prendrait le risque d'envoyer son armée en Palestine.

Une sorte d'anarchie institutionnelle paralysait le quartier général. Tout semblait manquer, excepté les caisses de paperasse et les dossiers qui s'entassaient dans les bureaux. Il n'y avait ni chaises, ni tables, ni téléphones. Il n'y avait pas non plus de radio pour assurer la liaison avec les troupes en campagne. Un essaim d'officiers syriens et irakiens bourdonnaient à travers les bâtiments, plus familiarisés, semblait-il, avec la science de l'intrigue qu'avec celle de la guerre. La distribution des fonds, l'attribution des commandements et des grades, la délimitation des zones opérationnelles, la répartition des armes et du matériel, tout était l'objet de marchandages aussi âpres que ceux pratiqués dans les souks de la ville.

L'autre pôle de la vie politique de Damas se trouvait dans les salons d'une vieille bâtisse au cœur de la cité. Un demi-siècle de complots et d'intrigues avait râpé le velours des fauteuils du vénérable hôtel *Orient-Palace*. En cet hiver de 1948, l'endroit restait fidèle à son passé. Il y flottait son atmosphère éternelle de mystère. Espions, mouchards, indicateurs y traînaient, l'oreille au guet. Des personnages énigmatiques et soupçonneux chuchotaient dans les coins, se figeant dans de brusques silences à l'apparition de certains visiteurs. Des portes s'ouvraient et se refermaient sur des pièces aux tables couvertes de cartes d'état-major et de tasses de café. Perchés sur les tabourets du bar, les agents de renseignement des puissances occidentales surveillaient les conciliabules, affectant un air d'indifférence qui ne trompait personne.

L'arrivée d'un client de marque, au début de février, souligna le rôle que jouaient Damas et l'*Orient-Palace* dans les affaires de Palestine. Accompagné de ses principaux collaborateurs, Hadj Amin prit possession de tout un étage de l'hôtel. Il se mit à hanter les salons et les couloirs de l'air mystérieux qui lui était naturel, toujours escorté de ses six gardes du corps aux ceintures constellées de poignards et de pistolets. Parfois, quand il s'asseyait, un pli indiscret de son abbayah découvrait le gilet pare-balles que lui avait offert son ancien protecteur, Adolf Hitler.

Hadj Amin avait toutes les raisons de s'en vêtir car il ne manquait pas d'ennemis à Damas. Son ambition avouée de faire de la Palestine son fief personnel, la vague d'assassinats qui avait accompagné son accession au pouvoir, son intransigeance et la férocité avec laquelle il pouvait se retourner contre ses rivaux ne lui avaient laissé que peu de vrais amis parmi ses frères arabes. Il était, disait Sir Alec Kirkbride, ambassadeur de Grande-Bretagne à Amman, « comme la Reine Rouge dans Alice au pays des merveilles. Il avait tant excité les passions de ses compatriotes qu'il devait montrer un fanatisme toujours plus extrême pour se maintenir en place ».

Depuis la réunion, en décembre, de la Ligue arabe au Caire, Hadj Amin ne cessait de réclamer que lui soient remis les armes et l'argent recueillis afin qu'il les distribue lui-même. Il était hostile au principe de cette Armée de Libération que la Ligue était en train de constituer. « Pourquoi lever une armée d'étrangers, s'étonnait son entourage, quand nous avons en Palestine des milliers d'hommes prêts à se battre si on leur donne des armes ? » Une double ambition avait conduit le Mufti à Damas. S'il ne

206

parvenait pas à empêcher la création de l'Armée de Libération, il fallait au moins que son chef fût un de ses lieutenants. Il voulait ensuite transformer le Haut Comité Arabe qu'il présidait en une sorte de gouvernement provisoire de Palestine, doté des mêmes pouvoirs et prérogatives que l'Agence Juive.

Ce fut avec le général Safouat Pacha qu'eut lieu son premier entretien important dans la capitale syrienne. La rencontre fut rien moins que cordiale. L'Irakien accusa le Mufti de détournement de fonds, de vol d'armes, de corruption, de népotisme et de préférer, dans le choix des responsables, la loyauté politique à la compétence militaire, en un mot d'accaparer l'effort commun au profit de ses seules ambitions.

Ses rapports avec les chefs politiques arabes lui apportèrent d'autres déconvenues. Les plus éclairés, comme Azzam Pacha, secrétaire général de la Ligue arabe, mesuraient combien l'opinion du monde était devenue prosioniste depuis la découverte des atrocités nazies. Aussi ne nourrissaient-ils guère d'illusions sur la sympathie que pourraient susciter les Palestiniens aussi longtemps qu'il auraient à leur tête un ancien allié de Hitler.

Quant aux Anglais, ils étaient persuadés qu'une solution plus favorable aux Arabes que le Partage pourrait finalement être trouvée si la diplomatie des chancelleries des Etats arabes se substituait à l'intransigeance du Mufti. C'est pourquoi Londres avait laissé entendre à Azzam Pacha et au premier ministre de Syrie, Jamil Mardam, que la Grande-Bretagne s'opposerait à la création de l'Armée de Libération si celle-ci devait être contrôlée par le Mufti, alors qu'elle envisageait une attitude bienveillante dans le cas contraire. Le roi Abdullah fit enfin connaître son hostilité à tout gouvernement éventuel du Mufti en Palestine. C'était en somme une levée de boucliers générale que provoquaient les ambitions de Hadj Amin.

L'Armée de Libération eut bientôt de si nombreux partisans que rien, semblait-il, ne pouvait désormais retarder sa création. Le rôle de plus en plus important qu'elle serait appelée à jouer lui donnerait un droit de priorité sur toutes les ressources de la Ligue arabe, les fonds comme les armes. Après une série de réunions houleuses convoquées par le président de la République syrienne, Choukri el Kouwatly, un deuxième partage de la Palestine fut décidé qui attribuait des zones d'influence distinctes aux forces du Mufti et aux volontaires étrangers de l'Armée de Libération. Tandis que les secteurs de Jérusalem et de Jaffa restaient aux mains de Hadj Amin, l'armée des volontaires se voyait confier toute la moitié nord du pays. Mais la plus cruelle déception que Hadj Amin devait ressentir à Damas fut causée par le choix du personnage que ses collègues nommèrent à la tête de cette armée.

Avec son visage balafré, son cou épais et ses cheveux roux coupés court, Fawzi el Kaoukji ressemblait davantage à un officier prussien qu'à un chef arabe. Parmi les nombreuses médailles qui décoraient sa poitrine, celle qu'il appréciait le plus était une croix de métal noir, la seule distinction digne, selon lui, d'un véritable guerrier. Il avait gagné la croix de fer de deuxième classe trente ans plus tôt, comme jeune lieutenant dans l'armée ottomane, au cours d'une autre campagne palestinienne, en combattant contre les Anglais aux côtés des Prussiens du général von Kreiss. Depuis, il n'avait pas cessé d'admirer inconditionnellement la race germanique, mais il avait dû attendre une grave blessure reçue en Irak en 1941 pour réaliser son rêve de visiter la capitale allemande. Transporté dans un hôpital de Berlin, il avait passé sa convalescence à hanter les boîtes de nuit du Reich en guerre. Une nuit, il y avait rencontré une ravissante jeune fille blonde. Tel un prince des Mille et Une Nuits, il avait fait porter à sa table les deux denrées les plus rares de la capitale nazie : une bouteille de champagne Veuve Clicquot et un paquet de Camel. Malgré les trente années qui les séparaient, la jolie *gretchen* et l'aventurier arabe avaient depuis cette nuit-là formé un couple inséparable. Frau el Kaoukji suivait son mari comme son ombre.

El Kaoukji était né dans le nord du Liban et avait inauguré sa carrière militaire dans l'armée turque. Quand l'Empire ottoman avait vacillé, il s'était engagé chez les Anglais pour espionner les Turcs. Il avait ensuite espionné les Français, toujours pour le compte des Anglais, puis les Anglais pour celui des Français et enfin les Français et les Anglais réunis, au profit des Allemands. Il avait atteint le faîte de sa gloire pendant la révolte palestinienne de 1936 contre les Anglais. Ses innombrables prouesses lui avaient valu une grande renommée dans la population arabe ainsi que la considération de Hadj Amin. Mais celui-ci n'avait pas tardé à prendre ombrage de tant de popularité et s'était empressé d'éloigner le jeune Libanais. El Kaoukji avait reçu de l'argent et des armes pour aller en Irak fomenter une révolte contre les Anglais. Mais il avait disparu après avoir, selon l'entourage du Mufti, « avalé les armes, l'argent et la rébellion ».

De toute façon, le Mufti ne prisait chez les siens que leur loyauté et leur servilité. El Kaoukji n'avait su témoigner ni de l'une ni de l'autre. Les péripéties de la guerre mondiale les avaient bien réunis à Berlin, mais la haine qu'ils se vouaient y était devenue encore plus inexpiable. Profitant, comme Hadj Amin, du chaos de la défaite allemande, El Kaoukji s'était enfui en France d'où il avait réussi à gagner l'Egypte. C'est là qu'il venait de réapparaître pour annoncer :

« Je suis à la disposition du peuple arabe au cas où il me demanderait de reprendre les armes pour lui. »

Les dirigeants arabes avaient accepté cette offre. Ils espéraient par ce choix atteindre un double but : contrebalancer l'influence de Hadj Amin et placer à un poste clef un véritable chef militaire. Mais l'étrange restriction qui accompagnait cette nomination révélait dans quel climat de suspicion se déroulaient les négociations de Damas. Les ministres syriens avaient interdit à El Kaoukji de prendre contact avec ses troupes sur leur territoire. De la villa où ils le tenaient pratiquement séquestré, ils ne le laisseraient sortir que pour traverser la frontière. Ils craignaient en effet que, soudoyé au dernier moment par une faction politique rivale, El Kaoukji ne fût tenté de se tromper de direction et de marcher sur les ministères de Damas plutôt que sur les kibboutzim de Palestine.

Par la radio, par de grands placards dans les journaux, par des harangues dans les mosquées et les cafés, les jeunes gens du monde arabe furent appelés à rejoindre les rangs de l'armée d'El Kaoukji pour aller défendre Jérusalem. Ces appels promettaient le salaire mensuel assez considérable de soixante livres syriennes aux hommes de troupe et les soldes de l'armée syrienne aux sous-officiers et aux officiers. Des bas quartiers surpeuplés du Caire, des souks ténébreux d'Alep, des bords du Tigre et de l'Euphrate, des rives de la mer Rouge et du golfe Persique, des volontaires se mirent en route pour Jérusalem, pour l'aventure et le pillage aussi.

Venant du sud par le chemin des pèlerinages d'Arabie, de l'ouest par celui de Mossoul et Bagdad à travers les solitudes du désert d'Irak, de l'est par la vallée bruissante du Barada, une foule bruyante déferla sur Damas. Les volontaires arrivaient dans des camions sans toit ou de pathétiques vieux autobus recouverts de drapeaux, de fleurs et de draps bariolés de slogans patriotiques. Il y avait les gros autocars argentés de la compagnie Nairn, robustes vaisseaux de la ligne Bagdad-Damas aux tôles érodées par le sable du désert; des taxis venant de tous les coins du monde arabe, certains si chargés que leurs pots d'échappement raclaient l'asphalte; des bicyclettes, des charrettes décorées de fleurs, des chevaux harnachés de velours, des chameaux ornés de petits miroirs où jouaient les reflets du soleil, des mulets coiffés d'extravagantes têtières. Parfois, une audacieuse bannière accrochée aux flancs d'un camion ou d'un autobus révélait le nom de ses occupants. C'étaient les « Lions d'Alep » ou les « Faucons de Basra ». Et tous traversaient la ville dans une joyeuse cavalcade de cris, de chants et de coups de feu.

Une foule incroyable s'abattait sur Damas. Il y avait des étudiants de Beyrouth, du Caire et de Bagdad brûlant d'une ferveur juvénile; des intellectuels de la bourgeoisie en costumes ou en jodhpurs, un keffieh autour de la tête, décidés à venger l'injustice dont leur peuple était à leurs yeux victime; de jeunes politiciens syriens comme Akram Hourani et Michel Aflak, fondateurs du parti Baas, persuadés que la Palestine serait le chaudron de leurs idées révolutionnaires; des Frères Musulmans égyptiens aussi soucieux de renverser le régime de leur pays que de marcher sur Tel-Aviv; des Irakiens chassés de l'armée après l'écrasement du soulèvement de 1941 contre la monarchie; des Syriens francophiles qui avaient travaillé pour tous les services secrets français, y compris ceux de Vichy; des vétérans de la révolte palestinienne de 1936, des paysans haouranais, des Tcherkesses, des Kurdes, des Druzes, des Alaouites, des infiltrateurs communistes. Il y avait aussi des voleurs, des aventuriers, des brigands, des fous, tous les charlatans du monde arabe, le cœur plein de haine contre les Anglais, les Français, contre leurs propres gouvernements, contre les Juifs, il y avait tous les parias de l'Orient pour qui la djihad était plus un appel au pillage qu'à la défense de la mosquée d'Omar.

Leur destination était un aride plateau de poussière rouge au pied des neiges de l'Hermon, à quarante-cinq kilomètres au sud-ouest de Damas. Plantés dans ce décor désolé, se trouvaient quelques tristes vestiges de l'occupation française en Syrie, les baraquements du camp militaire de Katana. Près de six mille volontaires furent bientôt rassemblés dans cette vaste enceinte de barbelés. Leurs rangs comptaient aussi quelques naufragés pour lesquels cette croisade était d'abord un refuge, un petit groupe de déserteurs anglais, de prisonniers de guerre allemands évadés et de musulmans yougoslaves condamnés à mort par Tito pour avoir servi dans la Wehrmacht.

Il n'existait pas d'autorité centrale pour régler la

vie du camp et imposer une discipline commune. Les vrais officiers étaient si peu nombreux que le commandement était abandonné aux chefs de bandes arrivés avec leurs troupes. Les hommes étaient vêtus d'un semblant d'uniforme provenant des surplus américains, anglais et français trouvés dans les souks. Les armes et les munitions étaient rares et bien souvent inutilisables. Un groupe de volontaires était affecté au seul nettoyage des fusils rouillés. L'instruction était laissée au hasard. Le manque de munitions limitait les exercices de tir et les recrues qui avaient eu la possibilité de viser six fois une cible et de lancer une ou deux grenades étaient considérées comme bien entraînées.

Mais c'étaient les moyens pécuniaires pour nourrir, équiper et instruire une telle armée qui faisaient le plus défaut. Les Etats de la Ligue arabe, si prompts à voter au Caire l'attribution d'un premier, puis d'un deuxième million de livres pour la financer, avaient à peine versé un dixième de leurs contributions. Azzam Pacha, le secrétaire général de la Ligue, devait consacrer une grande part de son activité à les supplier de respecter leurs engagements.

*

Les dirigeants de l'Agence Juive connaissaient à Tel-Aviv les mêmes ennuis d'argent. Un soir de janvier, ils furent convoqués pour entendre un rapport de leur trésorier Eliezer Kaplan qui venait de rentrer les mains presque vides d'un voyage aux Etats-Unis où il était allé collecter des fonds. La communauté juive américaine, qui avait si longtemps été le principal soutien financier du mouvement sioniste, commençait à se lasser des incessants appels de leurs frères de Palestine. Mieux valait regarder la réalité en face, conseilla Kaplan. Il ne fallait pas espérer recevoir des Etats-Unis, pendant les difficiles mois à venir, plus de cinq millions de dollars.

Ce chiffre frappa l'assemblée comme un coup de

poignard. Tous les regards se tournèrent vers le petit homme aux cheveux en désordre qui avait écouté le rapport avec une impatience mal dissimulée. David Ben Gourion était mieux placé que quiconque pour mesurer la gravité de ce qui venait d'être dit. Les fusils et les mitrailleuses achetés à Prague par son envoyé Ehud Avriel pouvaient contenir les Arabes palestiniens. Mais que pourraient-ils contre les tanks, les canons, l'aviation des armées arabes régulières dont il prévoyait l'intervention ? Ben Gourion avait bien conçu un plan pour équiper une armée capable de résister à une telle menace, mais pour l'exécuter il avait au minimum besoin de cinq à six fois la somme prévue par Kaplan.

« Kaplan et moi-même devons immédiatement partir pour les Etats-Unis afin de convaincre les Américains de la gravité de la situation », déclara-t-il.

Celle qui avait quêté pour le sionisme dans les rues de Denver prit alors la parole :

« Ce que vous faites ici, dit Golda Meïr, je ne peux pas le faire. Mais je peux aller à votre place aux Etats-Unis pour y ramasser l'argent dont nous avons besoin. »

Le visage de Ben Gourion s'empourpra. Il n'aimait pas être interrompu. La question était vitale, répondit-il, et c'était lui qui devait partir avec Kaplan.

Soutenue par ses collègues, Golda Meïr proposa qu'on eût recours à un vote. Deux jours plus tard, avec pour unique vêtement une robe légère, et son sac à main pour tout bagage, Golda Meïr débarquait à New York par un froid polaire. Son départ avait été si précipité qu'elle n'avait pas eu le temps de monter jusqu'à Jérusalem pour y prendre des vêtements de rechange. Venue chercher à New York des dizaines de millions, elle n'avait dans son porte-monnaie qu'un billet de dix dollars. Un douanier étonné lui demanda comment elle comptait vivre aux Etats-Unis avec si peu d'argent.

« J'ai de la famille ici », répondit-elle simplement.

Le surlendemain, tremblante d'émotion sur l'estrade d'un grand hôtel de Chicago, Golda Meïr se trouvait face à l'élite de cette famille. Devant elle étaient réunis la plupart des grands financiers de la communauté juive américaine. Leaders du Conseil des fédérations juives, ils étaient venus des quarante-huit Etats pour examiner le programme d'aide économique et sociale à apporter aux Juifs nécessiteux d'Europe et d'Amérique. Leur réunion et sa présence étaient une pure coïncidence.

Pour la fille du menuisier ukrainien, l'épreuve était intimidante. Elle n'était pas retournée aux Etats-Unis depuis 1938 et, lors de ses précédents voyages, elle n'avait eu pour interlocuteurs que des sionistes fervents, et, comme elle, socialistes. Ceux qu'elle affrontait aujourd'hui représentaient un vaste éventail de l'opinion juive américaine. La plupart étaient indifférents ou même hostiles à l'idéal qu'elle représentait.

Ses amis de New York l'avaient exhortée à renoncer à cette confrontation. Le Conseil n'était pas de tendance sioniste, lui avaient-ils dit. Ses membres étaient déjà harcelés de demandes de fonds pour leurs œuvres américaines, hôpitaux, synagogues, centres culturels. Ils étaient las, comme Kaplan en avait fait l'expérience, des sollicitations étrangères.

Golda Meïr avait tenu bon. Bien que l'ordre du jour de la réunion eût été arrêté depuis longtemps, elle avait téléphoné à Henry Montor, le président de l'United Jewish Appeal, et lui avait annoncé son arrivée à Chicago.

« Elle ressemble aux femmes de la Bible », murmura un membre de l'assistance, quand cette femme simple et austère se leva à l'appel de son nom.

Sans aucune note, la messagère de Jérusalem prit alors la parole.

« Il vous faut me croire, déclara-t-elle, si je vous dis que je ne suis pas venue aux Etats-Unis dans la seule intention d'empêcher que sept cent mille Juifs soient rayés de la surface du globe. Durant ces dernières années, les Juifs ont perdu six millions des leurs et ce serait, de notre part, une grande présomption que de rappeler aux Juifs du monde entier que quelques centaines de milliers de leurs frères sont en danger de mort. Mais si ces sept cent mille Juifs viennent à disparaître, il n'est pas douteux que pendant des siècles il n'y aura plus de peuple juif, plus de nation juive et que ce sera la fin de toutes nos espérances. Dans quelques mois, un Etat juif doit exister en Palestine. Nous luttons pour qu'il voie le jour. C'est naturel. Il nous faut payer pour cela et verser notre sang. C'est normal. Les meilleurs d'entre nous tomberont, c'est certain. Mais ce qui est également certain, c'est que notre moral, quel que soit le nombre de nos envahisseurs, ne flanchera pas. »

Elle révéla alors à ses auditeurs que les envahisseurs viendraient avec de l'artillerie et des blindés. Contre de telles armes, déclara-t-elle, « notre courage, tôt ou tard, n'aura plus de raison d'être puisque nous aurons cessé d'exister... ».

Elle était venue demander aux Juifs d'Amérique vingt-cinq à trente millions de dollars afin d'acheter les armes lourdes qui permettraient d'affronter les canons arabes.

« Mes amis, conclut-elle, nous vivons un présent très bref. Lorsque je dis que nous avons immédiatement besoin de cette somme, ce n'est pas le mois prochain, ou dans deux mois. C'est tout de suite ! Il ne vous appartient pas de décider si nous devons ou non poursuivre le combat. Nous nous battrons. Jamais la communauté juive de Palestine ne hissera le drapeau blanc devant le Grand Mufti de Jérusalem. Mais il vous appartient de décider qui remportera la victoire, nous ou le Mufti. »

Epuisée, Golda Meïr se laissa tomber sur sa chaise. Un voile de silence s'était abattu sur l'auditoire et elle crut un instant avoir échoué. Puis l'assistance tout entière se leva et un tonnerre d'applaudissements éclata. L'estrade fut prise d'assaut par les premiers délégués qui venaient annoncer le montant des sommes qu'ils s'engageaient à lui fournir.

Avant la fin de la réunion, plus d'un million de dollars avaient été réunis. Pour la première fois dans l'histoire des collectes de fonds sionistes, cet argent était immédiatement disponible. Les délégués téléphonaient à leurs banquiers et souscrivaient des emprunts sur leur nom pour des montants qu'ils estimaient pouvoir recueillir plus tard dans leurs communautés. Avant la fin de cet incroyable après-midi, Golda Meïr put télégraphier à Ben Gourion qu'elle était certaine de réunir les vingt-cinq « stephans [1] ».

Emerveillés par ce triomphe, les dirigeants sionistes américains la pressèrent alors de parcourir toute l'Amérique. Accompagnée de Henry Morgenthau, l'ancien secrétaire aux Finances de Roosevelt et d'un groupe de financiers, elle entreprit un pèlerinage de ville en ville. Renouvelant son pathétique plaidoyer, elle souleva partout le même enthousiasme spontané qu'à Chicago. A chaque étape, la communauté juive répondait à son appel avec une égale générosité. Chaque soir, un télégramme communiquait à Tel-Aviv le total des « stephans » récoltés dans la journée. De nombreux messages partaient aussi vers d'autres destinations. A Ehud Avriel à Prague, à Xiel Federman à Anvers, à tous ceux à qui il incombait d'acheter l'équipement de l'armée juive, ils apportaient la plus réconfortante des nouvelles : l'annonce des virements bancaires qui leur permettraient de conclure de nouveaux marchés.

Il n'y eut pour Golda Meïr qu'un seul moment de découragement au cours de son extraordinaire voyage. C'était à Palm Beach, en Floride. Contemplant l'élégante assemblée de convives réunis devant son estrade, regardant les bijoux, les fourrures, le reflet de la lune sur la mer derrière les baies vitrées de la salle à manger, elle pensa soudain aux soldats de la Haganah tremblant cette nuit-là dans le froid des collines de Judée. Ses yeux se rempli-

1. Le leader sioniste américain Stephan Wise avait ramassé tant de fonds que son prénom était devenu synonyme d'un million de dollars.

rent de larmes. « Ces gens n'ont aucune envie d'entendre parler de la guerre et de la mort en Palestine », songea-t-elle. Elle se trompait. Avant la fin de la soirée, bouleversés par ses paroles, les élégants dîneurs de Palm Beach avaient offert un million et demi de dollars, de quoi acheter un manteau pour chaque soldat de la Haganah.

Arrivée avec dix dollars, Golda Meïr allait repartir avec cinquante millions de dollars. Cette somme représentait dix fois celle qu'avait espéré obtenir Eliezer Kaplan et deux fois celle que Ben Gourion s'était fixé comme objectif. Elle dépassait toutes les recettes encaissées en 1947 par l'Arabie Saoudite, le plus gros producteur de pétrole du Moyen-Orient. Le petit homme qui avait voulu partir à sa place était venu l'attendre à l'aéroport de Lydda. Personne mieux que lui ne pouvait apprécier l'ampleur du succès qu'elle venait de remporter et son importance pour la cause sioniste.

« Le jour où l'on écrira l'Histoire, lui déclara solennellement Ben Gourion, on dira que c'est une Juive qui a permis à l'Etat juif de voir le jour. »

13

« LE SALUT VIENDRA DU CIEL »

LES petites feuilles de papier parvenaient avec une régularité réconfortante au client de la chambre 121 de l'hôtel Alcron de Prague. Envoyées par la Zivnostenska Banka, elles annonçaient l'arrivée au compte d'Ehud Avriel d'un flot ininterrompu de dollars. C'était sa part de la récolte américaine de Golda Meïr, un fabuleux pactole qui lui avait permis, en un mois et demi, d'acheter vingt-cinq mille fusils, cinq mille fusils mitrailleurs, trois cents mitrailleuses lourdes et cinquante millions de cartouches. Mais le Juif qui avait débarqué à Prague avec une brosse à dents et un exemplaire de *Faust* pour acheter quelques fusils rêvait désormais d'acquérir des dizaines de tanks, d'avions et de canons.

« Ne t'inquiète plus pour l'argent, venait de lui annoncer Ben Gourion, dis-moi seulement ce qu'on peut acheter. » Ces mots devaient être le signal d'une nouvelle phase dans l'aventure juive des achats d'armes, la course aux armes lourdes.

Ben Gourion décida de mettre sur pied une véritable organisation d'achat avec ses réseaux, ses experts et son système de liaison. Discret paradis de la finance internationale, Genève fut choisie comme quartier général. A sa tête, Ben Gourion plaça l'un de ses plus vieux compagnons, un Russe souffrant d'une telle manie du secret que, disait-on, il se regardait toujours dans un miroir avant d'ouvrir un coffre-fort pour être sûr de son identité. Shaul Avigour était une légende dans la Haganah. Survivant de la bataille de Tel Haï, premier combat sioniste livré sur le sol palestinien, et fondateur du premier réseau d'immigration clandestine, il venait d'accomplir l'exploit de faire entrer en Palestine quinze mille Bulgares et Roumains.

Les dollars de Golda Meïr étaient d'abord envoyés à la banque genevoise Pictet et Co., vénérable établissement où les financiers juifs, jouant sur les différences de change des monnaies européennes, les convertissaient en francs suisses, puis en lires italiennes, en or et à nouveau en dollars. Au terme de cette opération, Avriel pouvait rajouter quelques fusils sur chacune de ses commandes.

La note de téléphone de Shaul Avigour devint rapidement l'une des plus élevées des postes helvétiques. New York, Prague, Buenos Aires, Mexico étaient sans cesse au bout du fil. Le téléphone était en fait son seul moyen de communication, la Haganah ayant jugé inopportun d'installer en Suisse un émetteur de radio comme il en existait dans la plupart des villes européennes. Le nom de code de ce réseau secret relié à Tel-Aviv était Gédéon, celui du grand Juge d'Israël. Créé pour les opérations de l'immigration clandestine, il allait maintenant servir aux opérations des acheteurs d'armes. L'émetteur central était caché sur le toit d'un orphelinat du mont Mario, l'une des sept collines de Rome. Cinq fois par jour, une antenne de dix-huit mètres envoyait à « Shoshana » — la rose —, le Q.G. de Tel-Aviv, les rapports des agents qui écumaient l'Europe à la recherche d'armes pour les défenseurs de Jérusalem.

Si ces rapports confirmaient les nouveaux succès d'Ehud Avriel dans l'achat d'armes lourdes, ils révélaient aussi les difficultés croissantes que les agents de la Haganah rencontraient cet hiver-là dans un autre domaine. Acheter des armes était une chose. Trouver un bateau prêt à forcer le blocus britannique pour les transporter jusqu'en Palestine en était une autre.

La plupart des assurances maritimes étaient souscrites à Londres et rares étaient les compagnies disposées à couvrir les bateaux à destination de Haïfa. Pour éviter de faire courir trop de dangers à leurs précieux chargements, Avriel et ses collègues risquaient d'être condamnés à entreposer leurs armes en Europe jusqu'à la fin du Mandat. Mais ils se demandaient si l'Etat qu'elles étaient destinées à défendre existerait assez longtemps pour les recevoir.

Ben Gourion manifestait de jour en jour plus d'impatience à cet égard. Il bombardait ses représentants de télégrammes furieux demandant que quelques armes au moins fussent envoyées d'urgence.

Ce n'était pas une entreprise facile. Xiel Federman, le père Noël de la Haganah, avait finalement pu affréter un cargo canadien, l'*Isgo*, en lui donnant Istanbul pour destination. Il le remplit de toutes les richesses qu'il avait trouvées à Anvers dans les dépôts de surplus : half-tracks emballés dans des caisses estampillées « tracteurs », jeeps, camions, citernes roulantes, caisses de casques, de chaussettes, de tentes, de filets de camouflage, de hottes. Toutes ces marchandises portaient des adresses turques. Il fit ensuite vider quarante tonnes de charbon dans les cales de l'*Isgo* jusqu'à ce qu'un matelas de poussière noire eût complètement recouvert la cargaison. Puis il annonça au commandant du navire que le charbon était pour Tel-Aviv, ce qui obligeait l'officier à faire escale dans ce port avant de gagner Istanbul.

La veille de l'appareillage, Federman découvrit encore un lot de téléphones de campagne en parfait état. Le vendeur en voulait quarante mille dollars comptant. Ne possédant pas cette somme et le seul banquier de la ville qu'il connaissait ayant refusé de la lui prêter, il se précipita chez un bijoutier du célèbre marché aux diamants d'Anvers. Au nom de la Haganah, il fit venir tous les diamantaires juifs avec l'argent liquide dont ils disposaient. Chacun arriva avec un paquet de billets enveloppés dans un vieux journal ou soigneusement pliés dans un écrin. En une demi-heure, Federman avait récolté ses quarante mille dollars.

Ehud Avriel, quant à lui, chercha pendant trois mois un bateau disposé à embarquer une partie de ses achats. Il finit par découvrir un caboteur, le *Nora*, dans le port yougoslave de Rijeka. Pour que ses fusils tchèques franchissent à l'arrivée le barrage des inspecteurs des douanes britanniques, il les recouvrit de cent tonnes d'oignons, marchandise bien faite pour décourager leur curiosité professionnelle.

Mais ce misérable caboteur n'allait pas seulement transporter ses armes. Il allait lui fournir l'occasion d'un autre exploit. Un jour qu'Avriel se trouvait dans le bureau de l'agent maritime yougoslave qui avait affrété le *Nora*, un employé l'interpella.

« Félicitations, s'exclama-t-il, je vois que vous avez trouvé un second bateau. Nous avons donné des ordres pour charger un deuxième envoi de fusils sur le *Lino*. »

Les épais sourcils d'Avriel frémirent imperceptiblement tandis qu'il adressait un sourire à l'employé. Il n'avait affrété aucun autre bateau. Mais il avait de bonnes raisons de soupçonner l'identité des propriétaires de la cargaison du *Lino*. Abdul Aziz Kerine, l'officier syrien qui l'avait précédé dans les bureaux de la manufacture d'armes Zbrojovka de Prague, avait réussi, pensa-t-il, à trouver un bateau pour transporter ses fusils en Syrie. Ce navire, lui, ne courait aucun risque d'être intercepté par la Royal Navy. Voilà qui ajoutait à la tâche d'Ehud Avriel et des agents de la Haganah en Méditerranée. Après s'être acharnés à faire franchir à leurs envois le blocus britannique, ils devaient à présent organiser leur propre blocus pour empêcher le *Lino* d'arriver à destination.

*

« Yakum Purkan min Shemaya » — le Salut viendra du ciel —, promettait la vieille prière araméenne dans la langue qu'on parlait en Palestine au temps du Christ. Aucun habitant de la Palestine contemporaine ne croyait davantage en cette promesse que

David Ben Gourion. Il avait vécu à Londres pendant le *blitz* et savait ce que signifiait la puissance aérienne dans la guerre moderne. Il savait aussi qu'elle pourrait être décisive, même à l'échelle modeste du combat qui était le sien. Le transport par air pouvait bien devenir le seul moyen de ravitailler les colonies juives isolées à travers le pays, et si le pire arrivait, Jérusalem elle-même. L'idée de jeter les bases d'une force aérienne obsédait depuis longtemps le leader juif. Mais il s'était toujours heurté à ce même problème, apparemment insoluble : comment créer une aviation clandestine dans un pays occupé ?

La réponse lui fut apportée par un de ses voisins, un jeune vétéran de la R.A.F. qu'il avait autrefois fait sauter sur ses genoux. En missions d'appui lors des débarquements de Normandie, d'escorte pendant les vols de bombardement sur l'Allemagne, d'attaque contre les bases de V.2, Aaron Remez avait volé pendant quatre ans dans la R.A.F. Aucune de ces expériences ne lui avait cependant causé le choc qu'il avait ressenti à son retour en Palestine. C'était derrière les barbelés d'un camp d'internement britannique qu'il avait retrouvé son père, gardé par des hommes qui portaient l'uniforme du pays pour lequel il avait risqué sa vie tout au long de la guerre. Plein d'amertume, il s'était mis à rédiger un long mémorandum, destiné au petit homme qui habitait la maison voisine. C'était un projet pour la création d'une force aérienne juive.

Ce document, ainsi que quatre appareils de tourisme, un avion-taxi et vingt pilotes allaient être le point de départ de ce qui deviendrait, vingt ans plus tard, la plus efficace aviation militaire du monde. Le mémorandum répondait dans un sens à la question qui hantait Ben Gourion. Il ne faut pas chercher à créer une force aérienne clandestine dans un pays occupé; il faut la créer à l'extérieur et préparer à l'intérieur du pays les structures pour la recevoir. Mettez en place à l'étranger un réseau d'achat d'avions, suggérait à Ben Gourion le document de

Remez. Fondez des compagnies fictives pour leur donner une couverture légale. Négociez des droits d'escale dans le plus grand nombre possible de pays et regroupez les appareils sur des aérodromes amis. Recrutez des pilotes volontaires, palestiniens ou non, juifs ou non. Et attendez.

Remez proposait de créer parallèlement, en Palestine même, une unité de transport aérien — le « Haganah Air Service ». Son P.C. aurait pour couverture le siège d'une pacifique organisation installée à Tel-Aviv dans une maison du 9, rue Montefiore, l'aéro-club de Palestine. Le club disposait, sur l'aérodrome de Lydda, d'un simple hangar sous lequel il abritait ses quatre Taylorcraft de tourisme et son Dragon rapide de Havilland utilisé comme taxi entre Tel-Aviv et Haïfa. Le président du club devint le premier commandant du « Haganah Air Service » et Remez son premier chef des opérations. Il se mit en devoir de rassembler tous les Palestiniens qui possédaient quelque expérience de l'aviation. Dans tout le pays, les colons entreprirent d'aménager des pistes de terre pour accueillir les appareils. Dans la perspective plus lointaine de la fin du Mandat, Remez prépara les plans d'occupation des bases aériennes britanniques de Palestine.

Ce n'est pourtant pas en Palestine, mais à Washington, que cette organisation naissante fit un pas décisif. Dans un bureau du service de liquidation des matériels de guerre, s'était présenté, quelques jours après le Partage, le premier volontaire étranger de l'Air Service, un jeune Américain juif passionné d'aviation. En échange d'un chèque de quarante-cinq mille dollars, Al Schwimmer, ancien commandant de l'U.S. Air Force, reçut les titres de propriété des premiers véritables avions de la Haganah, trois quadrimoteurs Constellation pratiquement neufs. Chacun d'eux avait coûté près d'un demi-million de dollars à construire. Schwimmer compléta cet embryon de flotte aérienne par quinze bimoteurs C-46 pour les transports sur de courtes distances. Pour donner une famille légitime à cette petite collection, il fonda deux compagnies dont il fit peindre les noms sur les fuselages : Service Airways et Panamian Air Lines. Puis il loua deux hangars, l'un à Burbank, en Californie, l'autre à Millville, dans le New Jersey.

Il n'était pas question, pour l'heure, d'utiliser en Palestine d'aussi lourds appareils. Les attaques d'Abdel Kader contre les convois, sans cesse plus nombreuses et plus graves, accroissaient cependant la nécessité de se ravitailler par les airs. Ayant appris que les Anglais cherchaient à vendre, au prix de la ferraille, une vingtaine de petits Auster d'observation, Remez s'empressa de les faire acheter par l'aéroclub de Palestine. Ce n'étaient ni des Constellation, ni des C-46, mais ils avaient des ailes et un moteur, et les mécaniciens de la Haganah pourraient en faire voler quelques-uns. Chaque fois qu'un appareil était prêt à reprendre l'air, il était peint aux couleurs des Taylorcraft de tourisme de l'aéroclub. Sur la queue et les ailes étaient soigneusement dessinées les lettres VQ PAI qui identifiaient l'un des quatre Taylorcraft du club. Treize appareils, portant tous le matricule du même avion, sillonnèrent bientôt les cieux de la Palestine. Jamais les inspecteurs de l'aéronautique civile britannique ne purent s'expliquer les raisons de la stupéfiante activité du petit VQ PAI.

Pour les kibboutzim isolés, un salut partiel commença ainsi à venir du ciel. Les petits avions surveillèrent les routes pour repérer les préparatifs des embuscades arabes. Ils apportèrent de l'eau aux colonies du Néguev et parachutèrent des vivres et des munitions aux communautés encerclées. Ils entreprirent même des vols de nuit, atterrissant sur des pistes improvisées qu'éclairaient des phares de camions.

A Jérusalem, la Haganah aménagea un semblant de piste sur la pente d'un ravin près des hautes murailles du monastère grec de la Croix, au pied de la colline où allait s'édifier plus tard le Parlement israélien. Atterrir et décoller étaient la plus grande prouesse que les pilotes de l'Air Service devaient accomplir sur ce bout de terrain incliné. « Il fallait commencer à descendre, rappelle l'un d'eux, dès qu'on arrivait au-dessus de Castel en s'assurant bien que l'on ne passait pas au-dessus d'un groupe de villageois arabes. Puis l'on piquait vers la gare des autocars. Et, de là, plein sud, en faisant attention à ne pas se faire mitrailler depuis les maisons de Katamon. Ensuite, dans un virage très serré, on se glissait entre le monastère et la vallée et l'on plongeait d'un coup vers le sol pour éviter deux lignes à haute tension au bord de la piste. »

Pour les Juifs de Jérusalem, l'incessant ballet de ces petits avions devint un élément rassurant de leur existence quotidienne. A cause de la forme triangulaire de leur train d'atterrissage, ils leur donnèrent bientôt un surnom affectueux. Ils les appelèrent les « Primus », parce qu'ils avaient l'air aussi fragiles et instables que les petits fourneaux à trois pieds sur lesquels tant de ménagères juives cuisaient cet hiver-là leurs aliments.

TROISIÈME PARTIE

LE SIÈGE DE JÉRUSALEM
PRINTEMPS 1948

14

UN LÉGIONNAIRE À JÉRUSALEM

« CE soir, tu ne sors pas ! »

Le Juif Shimshon Lipshitz n'était pas homme à enfreindre à la légère les ordres de celle qui, depuis dix-huit ans, présidait à tous les détails de la vie du foyer. C'était un mari doux et conciliant, et, ce soir-là, il s'agissait de sa sécurité. Comme des milliers de ses concitoyens, Lipshitz ne pouvait même plus parcourir les cinq cents mètres qui le séparaient de son lieu de travail sans s'exposer aux balles des tireurs arabes.

Cette fois pourtant, l'interdiction de sa femme le heurtait dans sa plus grande fierté. Depuis le 1er décembre 1932, il n'avait pas manqué un seul jour de travail. Et, quelle que fût l'intensité des fusillades, il n'avait pas l'intention de faillir à cette tradition. Il posa sa lourde main sur l'épaule de son épouse et annonça :

« Lipshitz n'a jamais manqué un jour. Je pars. »

Une fois de plus, il se rendit à un immeuble en pierre rouge de la rue Hassolel, à quelques pas de la place de Sion, en plein cœur de la Jérusalem moderne.. C'était le siège du *Palestine Post*, le quotidien de langue anglaise le plus lu de la région. Ce journal déplorait le terrorisme des extrémistes de l'Irgoun et du groupe Stern autant qu'il critiquait la politique des fonctionnaires britanniques du Mandat. Mais sa modération valait au *Post* d'être devenu la voix la plus influente du sionisme au Proche-Orient. Depuis sa première édition, en 1932, Lipshitz en était le chef typographe.

De la nuit où les nazis déclenchèrent leurs persécutions à celle où l'O.N.U. attribuait aux Juifs un Etat, ses gros doigts tachés d'encre avaient assemblé, quinze années durant, les plombs qui racontaient une des époques les plus tragiques de l'histoire de son peuple. Dans quatre mois et demi, ses doigts assembleraient ceux qui annonceraient l'accomplissement du rêve sioniste, de son rêve, la naissance officielle d'un Etat juif.

En cette nuit de février, les plombs du *Post* se contentaient d'énumérer la litanie quotidienne des violences. En « représailles préventives », la Haganah avait dynamité une maison dans le quartier arabe de Sheikh Jerrah. Les Anglais avaient saisi un poste de la Haganah à Yemin Moshe. Une embuscade arabe avait endommagé un nombre encore indéterminé de camions à Bab el Oued.

Comme chaque soir, Ted Lourié, le rédacteur en chef adjoint du *Post*, vint contrôler avec Lipshitz la présentation de l'article principal. Puis il jeta un coup d'œil à la première page. Dans la colonne de droite, un encadré était réservé aux nouvelles de dernière minute. Ce soir, il était vide et, à cette heure tardive, Lourié avait tout lieu de croire qu'il le resterait. Satisfait, le journaliste enfila son manteau et sortit pour aller à l'*Atara* boire son habituelle tasse de café.

*

A trois kilomètres au nord, sur la route qui traversait le village arabe de Shafat, un Arabe impatient faisait les cent pas. La cigarette qu'il fumait était la première qu'il eût jamais allumée de sa vie. Abou Khalil Genno observait dans l'obscurité les silhouettes sombres des femmes du village assises au bord de la route. Ces cigarettes et l'uniforme de la police britannique qu'il portait étaient les deux instruments qui devaient lui permettre d'accomplir la mission pour laquelle il avait été choisi. Genno allait bientôt remplir l'encadré resté vide dans le *Palestine Post* du 2 février 1948. Il était chargé d'apporter à la Jérusalem juive la réponse d'Abdel Kader à la destruction de l'hôtel *Sémiramis* et aux bombes jetées par l'Irgoun aux portes de Damas et de Jaffa.

Le principe d'un terrorisme à coups de bombes avait depuis longtemps été envisagé par les collaborateurs du Mufti. Au mois d'octobre 1947, ils avaient communiqué au comité militaire de la Ligue arabe une carte de Jérusalem avec la liste des cent soixante objectifs qu'ils se vantaient de pouvoir faire sauter. A l'époque, cette proposition n'avait pas eu de suite. Mais après la récente vague d'attentats juifs qui menaçaient d'ébranler le moral des Arabes, Abdel Kader décida de riposter à la terreur par la terreur. Il ordonna à ses partisans de « provoquer des explosions dans les zones civiles, partout où cela était possible ». A Jérusalem, il infiltra des espions parmi les balayeurs des rues avec mission de repérer un objectif approprié pour le premier attentat.

Pour piéger la camionnette volée qu'il comptait utiliser, Abdel Kader s'adressa à un jeune Arabe de Jérusalem, qui avait hérité ses cheveux blonds et ses yeux bleus d'un lointain ancêtre croisé. Outre cet aspect insolite, c'était le mouvement perpétuel de ses doigts qui frappait surtout chez Fawzi el Koutoub. Fins et longs, ils tripotaient toujours quelque objet, animant d'une sorte de fébrilité cet homme par ailleurs visiblement sûr de lui. Mais ces doigts avaient pour principal exercice la manipulation d'explosifs. Car un désir obsédait depuis sa jeunesse le Palestinien : tuer le plus grand nombre possible de Juifs.

Dès l'âge de quinze ans, El Koutoub avait déclaré la guerre aux Juifs de Jérusalem en lançant dans les autobus de la ligne N° 2 des grenades qu'il avait confectionnées avec de vieux obus turcs. Il avait plus tard acheté une grenade Mills à un soldat britannique et célébré cette acquisition en offrant un banquet à ses amis. Mais il ne s'était mis à table qu'après être allé la jeter dans un café juif voisin.

Il devait même se vanter d'avoir personnellement lancé cinquante-six grenades sur des Juifs pendant la révolte de 1936.

Sa véritable contribution au terrorisme était cependent infiniment plus diabolique. L'agilité de ses doigts et son esprit inventif lui permirent d'imaginer de nouvelles combinaisons pour rendre ses projectiles plus meurtriers. Il fabriqua une fronde qui donnait à ses grenades une portée de plusieurs centaines de mètres. Pour empêcher leur explosion prématurée, il eut l'idée de bloquer leur percuteur en les enfilant dans un bracelet de verre. Quand la grenade frappait sa cible, le bracelet en se cassant libérait le percuteur. L'une de ses ruses favorites consistait d'autre part à introduire un engin explosif dans un ballon d'enfant. La mèche était conçue pour mettre d'abord le feu au ballon afin de provoquer un attroupement. L'engin éclatait alors dans la foule. Ses objectifs de prédilection étaient les marchés, les arrêts d'autobus et les cours des synagogues.

Les performances d'El Koutoub finirent par attirer l'attention des Anglais. Il dut s'enfuir à Damas, puis à Bagdad. Plus tard, pendant la guerre, Hadj Amin le fit venir à Berlin et lui offrit l'occasion de développer ses talents en lui faisant suivre un entraînement de commando S.S. en Hollande. Au bout d'un an, quand le jeune Palestinien eut maîtrisé les techniques les plus subtiles du terrorisme, les nazis lui commandèrent de rentrer en Palestine à la tête d'un groupe de quatre saboteurs. El Koutoub refusa. Tant d'ingratitude lui valut de la part des Allemands un châtiment d'un raffinement tout particulier. Menottes aux poignets et yeux bandés, il fut conduit par la Gestapo dans l'endroit le plus paradoxal que les nazis pouvaient trouver pour un Arabe qui avait voué son existence à tuer les Juifs de son pays. El Koutoub fut jeté dans un camp de concentration pour Juifs.

Pendant trois mois, il y partagea les souffrances des squelettes humains qui l'entouraient. Seule une intervention personnelle du Mufti auprès de Himmler lui évita de les accompagner dans la chambre à gaz. Libéré, il se rendit à Berlin où il travailla dans un service nazi de propagande en langue arabe. Quand les Russes encerclèrent la ville, il dépouilla de son uniforme un cadavre de soldat allemand, enveloppa son bras dans un faux pansement et s'enfuit vers le sud. Il alla ainsi jusqu'à Salzbourg, en Autriche, où il fut capturé par les Américains. Quatre mois plus tard, sa nationalité ayant été établie, il fut libéré.

El Koutoub erra ensuite de port en port à la recherche d'un bateau pour la Palestine. Il finit par en trouver un à Marseille. Grâce à son séjour dans un camp de concentration, il put se faire passer pour un survivant des chambres à gaz et s'embarquer pour la Terre promise en compagnie de mille cinq cents réfugiés juifs.

Dès le retour d'Abdel Kader à Jérusalem, il était revenu aux côtés de son vieil ami comme spécialiste des explosifs. Ses activités se déroulaient cette fois sur une grande échelle et sa première mission consistait à piéger, avec une demi-tonne de T.N.T., la camionnette volée à la police anglaise qu'Abdel Kader allait utiliser pour inaugurer son offensive à Jérusalem. Pour conduire l'engin jusqu'à l'endroit choisi au cœur de la ville juive, les Arabes disposaient des services de deux déserteurs britanniques, Eddie Brown, un ancien capitaine de police qui prétendait que son frère avait été assassiné par l'Irgoun, et Peter Marsden, un ex-caporal de l'armée. Or, Abdel Kader ne leur faisait pas entièrement confiance, et l'on avait désigné Abou Khalil Genno pour suivre la camionnette dans une deuxième voiture et allumer la mèche avec sa cigarette.

Piétinant sur le bord de la route, Genno attendait maintenant les Anglais. Dans l'obscurité, il entendit un des villageois murmurer :

« Voilà celui qui va accomplir cette nuit un grand exploit à Jérusalem. »

Genno frémit. « Mon Dieu ! pensa-t-il, s'ils sont au courant, toute la ville doit l'être aussi. »

Il se remémora encore une fois le plan. Les deux Anglais partiraient les premiers. En descendant vers le centre, ils franchiraient un poste de contrôle britannique puis un poste de la Haganah. Ils rangeraient la camionnette devant l'objectif et l'abandonneraient comme s'ils allaient boire un verre dans un café proche. Cinq minutes plus tard, lui-même garerait sa voiture à une centaine de mètres de là. Il allumerait alors une cigarette et irait tranquillement mettre le feu à la mèche.

Le véhicule piégé arriva enfin avec les deux Anglais et repartit aussitôt vers Jérusalem avec sa charge de T.N.T. Genno monta dans sa voiture. A cet instant, un groupe de femmes vêtues de noir sortit de l'ombre. Telles les prêtresses de quelque ancienne religion, elles psalmodièrent un verset du Coran et jetèrent une jatte de lait de chèvre sous les roues de la voiture qui démarrait.

*

Le journaliste Ted Lourié vit une camionnette de la police britannique déboucher en trombe du boulevard de Jaffa et s'engouffrer dans la rue Hassodel. « Voilà quelqu'un qui est rudement pressé ! » pensa-t-il.

Il traversa la place de Sion et remonta la rue Ben Yehuda en direction du café Atara. A l'instant où il pénétrait dans l'établissement, une formidable explosion ébranla tout le centre de la ville et le jeta à terre. Mû par son instinct de journaliste, il se releva pour se précipiter vers le téléphone. Mais le numéro du *Palestine Post* n'était pas libre. Bouillant d'impatience, il appela de nouveau. La ligne était toujours occupée. Il répétait frénétiquement son appel quand une voix dans le café lui révéla l'inutilité de ses efforts.

« Mon Dieu, criait quelqu'un, ces salauds ont fait sauter le *Post* ! »

*

Des gerbes de flammes jaillissaient de la salle de rédaction lorsque Ted Lourié arriva au journal. De l'escalier noir de fumée, il vit sortir plusieurs de ses collaborateurs couverts de sang. Tout autour du bâtiment, la chaussée était jonchée de verre brisé. Sous l'effet de l'explosion, la façade rougeâtre était devenue couleur de sable avec de grandes taches sombres. Aux fenêtres béantes des immeubles voisins, des gens contemplaient le chaos qui s'étalait sous leurs yeux. Lourié surveillait les opérations de secours. Il était près de minuit quand il sentit une main lui tirer le bras. C'était sa femme.

« Ted, comment vas-tu faire pour sortir le journal ? s'inquiéta-t-elle.

— Es-tu folle ? demanda-t-il.

— Ton devoir est de faire sortir le journal. »

Lourié sentit qu'elle avait raison. Il fit installer une salle de rédaction de fortune dans un immeuble voisin. Après une heure de recherches, il découvrit une imprimerie de secours. A six heures du matin, fidèle à son rendez-vous quotidien avec les habitants de Jérusalem, le *Post* était dans la rue. C'était un misérable journal d'une seule page mais qui portait fièrement son titre. Abdel Kader avait frappé avec audace au cœur de la ville juive, mais il n'avait pu atteindre son principal objectif : réduire au silence le *Palestine Post*.

*

Le visage recouvert de pansements, Shimshon Lipshitz était dans la salle des urgences d'une clinique de la Hadassah. Celui que sa femme voulait empêcher d'aller au journal, avait été l'une des victimes de l'explosion. Il devait rester à moitié aveugle. Mais il aurait sa revanche. C'est lui qui composerait les plombs de la manchette annonçant la naissance d'un Etat juif.

235

*

Qu'il se trouvât à Jérusalem, à Damas, à Berlin ou au Caire, les habitudes de Hadj Amin Husseini ne variaient jamais. Après trois heures de sommeil, il se levait avec le jour, se tournait vers l'Est et s'agenouillait pour la première oraison sur le tapis de prière râpé que lui avait offert son père, près d'un demi-siècle plus tôt. Ce tapis était le seul objet auquel l'ascétique Hadj Amin attachât quelque importance.

Son quartier général se composait de quatre grandes villas dans la banlieue du Caire. Plus de deux cents Palestiniens y étaient employés, la moitié en qualité de gardes. Un des bâtiments abritait un dépôt d'armes, un autre le central d'un réseau de radio-communications relativement perfectionné, équipé de postes américains SCR 284 achetés dans les souks du Caire. Un technicien avait augmenté la portée de ces appareils que l'on avait introduits clandestinement en Palestine sous un chargement de patates douces, puis répartis en huit points stratégiques du territoire. Le plus important fonctionnait à Bir Zeit, le village proche de Jérusalem où Abdel Kader avait installé son P.C.

Après sa prière, Hadj Amin accomplissait une série de mouvements de gymnastique. Cette pratique, jointe à un régime strict, lui avait permis de conserver, à cinquante-cinq ans, une silhouette aussi svelte qu'au temps où il était jeune officier dans l'armée turque. Il allait ensuite s'adonner à une passion étrange pour quelqu'un qui avait condamné tant d'hommes à mort : il entrait dans le poulailler qu'il faisait construire derrière chacune de ses résidences et distribuait lui-même leur nourriture à ses animaux préférés.

Hadj Amin gagnait alors son cabinet particulier où, pendant trois heures, dans une solitude totale, il dépouillait ou rédigeait des rapports. Juste avant dix heures, il faisait son entrée dans le grand salon garni de chaises dorées de la villa principale. Là, dans une odeur mêlée de tabac oriental et de café turc, la cour de ses partisans tenait de mystérieux conciliabules en l'attendant. Parmi les hommes qui étaient venus cet hiver-là lui offrir leurs services, se trouvait un jeune capitaine de l'armée égyptienne. Le Mufti avait recommandé la patience à cet ardent officier.

« Votre heure viendra », avait-il promis au capitaine Gamal Abdel Nasser.

Une agitation particulière régnait ce jour-là dans la pièce. On avait annoncé la visite d'Abdel Kader. Il venait spécialement de Jérusalem pour faire au Mufti son premier rapport sur les progrès de sa campagne en Palestine. A son arrivée, il fut presque soulevé de terre par le délire de ses admirateurs.

Les nouvelles qu'il apportait ne pouvaient que satisfaire celui qui l'avait envoyé en Palestine pour « rejeter les Juifs à la mer ». Les efforts qu'il avait entrepris afin de couper la route de Jérusalem étaient couronnés d'un succès croissant. Mais surtout l'attentat contre le *Palestine Post* avait démontré qu'il pouvait frapper en plein cœur des zones juives de la capitale. Encouragé par cette première réussite, il déclara qu'il se préparait à porter un nouveau coup au centre de la Jérusalem juive, un coup cette fois si terrible qu'il devait contraindre les Juifs à demander la paix et à livrer Jérusalem aux Arabes.

Le Mufti parut enchanté. Après avoir octroyé sa bénédiction à son neveu, il lui recommanda de rester quelques jours au Caire pour surveiller les approvisionnements en armes et s'accorder une détente méritée auprès de sa femme et de ses enfants installés dans une villa du voisinage.

Le diplôme scientifique qu'Abdel Kader avait obtenu à l'Université américaine du Caire ne l'empêchait pas de respecter les traditions familiales. C'est le matin de ses noces qu'il avait vu sa femme pour la première fois. Quand, dans le salon de son père, il souleva timidement le voile de son visage, elle était âgée de quinze ans. Depuis, elle lui avait donné quatre enfants. Elle était son soutien le plus fervent. La buanderie, l'armoire à linge, les placards de sa maison étaient bourrés de fusils, de détonateurs, de pistolets et d'explosifs confiés à sa garde par les amis de son mari.

Pendant les cinq jours qu'ils passèrent ensemble, elle suivit avec une tendresse complice les efforts qu'il déploya pour récolter quelques fusils et quelques grenades de plus. A sa fièvre, elle comprit qu'il allait livrer une phase décisive de son combat. Le matin de son départ, elle plaça dans sa main un exemplaire miniature du Coran. Il en portait toujours un qu'elle lui avait offert. Il avait perdu le premier quand il avait été grièvement blessé, en 1936, et il venait d'en égarer un deuxième avant d'arriver au Caire. Elle voulait qu'il portât le nouveau dans la poche de sa chemise, sur sa poitrine, comme un talisman protecteur.

De la terrasse, elle regarda partir son mari. Ses quatre enfants étaient à ses côtés. En le voyant vêtu du costume gris qu'il avaient acheté ensemble au Caire, dans des temps plus calmes, elle pensa que ce pouvait être le présage de jours meilleurs.

Abdel Kader salua de la main. Puis, avec un dernier sourire, il monta dans sa voiture et démarra, décidé à aller frapper ce grand coup qui devait réduire à merci les cent mille Juifs de Jérusalem.

*

A quatre cents kilomètres au nord-est du Caire, sur le terre-plein de la gare routière de Tel-Aviv, un homme et une femme s'apprêtaient à se quitter un même matin de février. Ils se tenaient face à face, unis dans un silence ému. De taille moyenne, lunettes à monture d'écaille et nez busqué, l'homme était vêtu d'un short et d'une chemise kaki. Au premier toussotement du moteur de l'autocar blindé, il se pencha vers son épouse et l'embrassa.

« Shalom », dit-il seulement avant de monter à bord.

David Shaltiel se retourna lui aussi pour apercevoir une dernière fois sa femme. Mais il ne souriait pas. Vingt-quatre heures plus tôt, David Ben Gourion lui avait confié le commandement militaire le plus important de Palestine. Il l'avait choisi pour remplacer Israël Amir au poste de commandant en chef de Jérusalem afin d'imprimer une impulsion nouvelle à la défense de la ville.

Le leader juif lui avait donné de vive voix ses instructions. Répétant qu'aucune parcelle de terre juive ne devait être abandonnée, il avait ordonné à Shaltiel de défendre les quartiers juifs rue par rue, maison par maison. Il fallait contraindre la population à rester sur place. Si des familles devaient être évacuées, d'autres seraient appelées à les remplacer. Partout où cela était possible, on installerait des Juifs dans les maisons arabes désertées pour acquérir un droit d'occupant sur les zones laissées par l'ennemi.

Militairement, Shaltiel s'efforcerait d'éliminer progressivement les quartiers arabes imbriqués dans les zones juives afin de créer un front juif continu. S'il pouvait y parvenir sans conflit avec les Britanniques, il occuperait le faubourg arabe de Sheikh Jerrah qui coupait la Jérusalem juive du mont Scopus, où se trouvaient les édifices de l'Université hébraïque et du grand hôpital de la Hadassah. Avant tout, il faudrait maintenir les communications avec le quartier juif de la Vieille Ville, l'usine de potasse de la mer Morte et les colonies proches de la ville.

Ben Gourion avait ensuite rappelé au nouveau commandant de Jérusalem que l'Agence Juive s'était résignée à accepter l'internationalisation de la ville. Il devrait en conséquence, si la commission des Nations unies arrivait, reconnaître son autorité et lui apporter sa coopération.

C'était une tâche incroyablement difficile : nul ne le savait mieux que l'homme au front soucieux qui montait dans l'autocar de Jérusalem ce 6 février 1948.

La carrière de David Shaltiel avait été une accumulation de contradictions, la plus grande de toutes étant peut-être de devenir le défenseur de la ville qui se trouvait au cœur des aspirations sionistes. Il était l'un des Juifs les moins représentatifs de ce mouvement. Ce n'était pas dans les rangs de la Haganah qu'il avait reçu sa formation militaire, mais dans ceux de la Légion étrangère française. Le décor où il avait appris la guerre ressemblait à ces collines de Judée vers lesquelles l'envoyait aujourd'hui son destin. Il avait combattu dans les montagnes du Rif, et ses adversaires d'alors étaient, comme aujourd'hui, des Arabes, les farouches guerriers d'Abdel Krim.

Shaltiel descendait d'une vieille famille sépharade installée à Hambourg où son père dirigeait une petite affaire de maroquinerie. Ses parents observaient les règles du judaïsme avec une telle sévérité que le jour du sabbat, toute activité étant interdite, il ne pouvait même pas avoir un mouchoir dans sa poche. Sa mère le lui cousait dans la manche de sa veste, afin qu'il ne fît aucun effort pour s'en servir. De bonne heure il se révolta contre son éducation religieuse. A quinze ans, le jour de Yom Kippour, la fête la plus sainte du calendrier juif, il dégusta ostensiblement sa première nourriture non kacher. Il avait même choisi la plus impure de toutes, une tranche de porc. Puis il attendit le châtiment de Dieu. Celui-ci n'étant pas venu, le jeune Shaltiel conçut un mépris définitif pour le fanatisme de toute religion établie. Il n'en garda pas moins sa piété personnelle. Des années plus tard, à Dachau, au péril de sa vie, il conserva une bougie qu'il allumait pendant quelques secondes à chaque veille de sabbat.

Sa révolte le poussa bientôt à rompre avec l'existence bourgeoise de sa famille. Il émigra en Palestine. Dormant la nuit sur une paillasse qu'un autre ouvrier occupait le jour, il travailla d'abord dans des champs de tabac. Puis il devint employé d'hôtel et, très vite, le premier maître d'hôtel de Tel-Aviv. Mais il ne tarda pas à souffrir de l'austérité d'une vie qui n'offrait même plus l'exaltation d'être un pionnier. Il quitta la Palestine. A Milan, où il séjourna une année, il travailla dans une entreprise électrique. L'industrie n'ayant pour lui guère plus d'attraits que les champs de tabac, il mit à profit son premier congé pour chercher autour des tables de jeu de Monte-Carlo un raccourci vers la fortune. Ce fut un raccourci vers la misère. Sans ressources, désespéré, il célébra son vingt-troisième anniversaire en s'engageant dans la Légion étrangère. Il la quitta cinq ans plus tard, avec les galons de sergent-chef et la croix du Mérite. Il s'installa alors à Paris et entra comme commis voyageur à la société Shell. Il apprécia la France et en garda un goût tenace pour les produits de ses vignes et de ses fourneaux.

Les persécutions antisémites qui éclatèrent en Allemagne nazie le rejetèrent vers le sionisme. Il revint en Palestine. Le seul travail qu'il trouva à son arrivée fut le poste de gardien des chats et des lapins promis à la vivisection dans les laboratoires de l'Université hébraïque de Jérusalem. Mais le vétéran de la guerre du Rif se révéla un trop sensible gardien. Emu par le sort de ses prisonniers, il ouvrit un jour leurs cages et leur rendit la liberté.

De nouveau chômeur, Shaltiel faisait la queue devant un bureau d'embauche quand il fut reconnu par un ami qui l'envoya à la Haganah. Il se retrouva bientôt en Europe pour y acheter des armes. Ce nouvel épisode de sa carrière fut brutalement interrompu en gare d'Aix-la-Chapelle, une nuit de novembre 1936, quand la Gestapo vint le cueillir dans son compartiment.

On le tortura pendant six semaines au quartier général de la Gestapo à Berlin. Mis au secret, il fut pendant six semaines enchaîné à un bat-flanc. Il se sauva de la folie en étudiant l'hébreu dans son cachot à l'aide d'une petite grammaire qu'il avait pu dissimuler. Mais c'est dans l'enfer de Dachau, où il arriva trois ans avant les autres Juifs d'Europe, que le meilleur de David Shaltiel devait se révéler. Apôtre de l'espoir, il sut soulager les misères de ses camarades par son héroïsme tranquille et son autorité. Mobilisant les forts pour soutenir les faibles, cet homme amoureux de la vie se montrait toujours prompt à donner l'exemple.

Libéré en avril 1939, il rentra en Palestine. Rapidement monté de grade en grade, il devint responsable du contre-espionnage. A ce titre, il fut chargé de livrer une guerre impitoyable aux membres de l'Irgoun. Puis on le renvoya en Europe pour organiser l'immigration clandestine et notamment l'évasion des Juifs survivants des camps de concentration.

Malgré son passé aventureux, Shaltiel demeurait un homme raffiné, un amateur éclairé et subtil des plaisirs de l'existence. Dans un pays où l'on se nourrissait de haricots secs et de poisson bouilli, dans une société qui prenait pour idoles des chefs syndicalistes et des présidents de kibboutzim, il restait un aristocrate et un incorrigible admirateur d'Epicure. Parmi ses livres de chevet figuraient toujours deux bibles : la vraie et le guide Michelin.

Bien qu'il y occupât un rang élevé, Shaltiel ne s'était cependant jamais vraiment intégré à la Haganah. Son passage à la Légion étrangère l'avait profondément marqué : en matière militaire, il était farouchement partisan de l'orthodoxie. Aucune armée, pensait-il, ne pouvait exister sans le respect de certaines servitudes. Dans son esprit, l'officier idéal ressemblait plus aux saint-cyriens en burnous et gants blancs qui l'avaient entraîné sur les pentes du Rif qu'aux sabras dépenaillés et indisciplinés du Palmach. S'ajoutant à la haine que lui vouait l'Irgoun et à son manque d'attaches profondes avec le sionisme, cette conception augmenterait considérablement les difficultés qu'il allait rencontrer à Jérusalem. La plus grave viendrait d'un sérieux handicap dont Ben Gourion n'avait pas tenu compte. Au cours de sa longue carrière militaire, David Shaltiel n'avait jamais commandé au feu une unité plus importante qu'une simple section d'infanterie.

Son premier combat, en arrivant à Jérusalem, ce

n'est pas contre les partisans d'Abdel Kader qu'il le livra, mais contre les bureaucrates de l'Agence Juive. Son prédécesseur s'était contenté, pour tout quartier général, de deux pièces au sous-sol. Shaltiel exigeait cinq fois plus d'espace. « Il est impossible, lui écrivit un fonctionnaire de l'Agence, de modifier dans les conditions actuelles la répartition de nos locaux sans une décision de la commission appropriée. » Scandalisé de découvrir que les responsables de l'Agence Juive ne comprenaient pas qu'une guerre allait éclater, Shaltiel réquisitionna d'office les locaux dont il avait besoin. Puis il instaura le principe fondamental de la hiérarchie si chère aux armées classiques. Chaque membre de son état-major reçut un titre et une fonction. Il décréta également que tous les ordres devaient être écrits et exigea de ses subordonnés des rapports réguliers. Il s'efforça enfin d'imposer le port de l'uniforme avec insignes de grade et, suprême affront à la nonchalance habituelle des soldats de la Haganah, il ordonna l'usage du salut.

Sa première épreuve eut lieu moins d'une semaine après son arrivée. Un sous-officier du régiment Highland Light Infantry arrêta quatre membres de la Haganah impliqués dans un échange de coups de feu avec les Arabes. Une heure plus tard, les quatre Juifs furent livrés à la population arabe. Un seul eut de la chance : on le tua d'une balle. Ses trois compagnons furent émasculés puis lynchés à mort.

« Quatre Juifs ont été assassinés de sang-froid par les Anglais, proclama Shaltiel indigné. Dorénavant, tous les membres de la Haganah doivent se servir de leurs armes pour s'opposer à toute tentative d'arrestation ou de fouille de la part des forces britanniques. »

Les premières réformes qu'il instaura et son apparente fermeté devaient donner un sens nouveau au combat de ses subordonnés. « C'est la première fois, remarqua un jeune officier, que nous avons un chef qui sait où nous allons. »

Shaltiel était cependant angoissé par la gravité de

la situation. Son premier message à Tel-Aviv était révélateur. Il réclamait d'urgence trois mille chandails : les pneumonies faisaient alors plus de ravages que les balles des partisans d'Abdel Kader. Tout manquait, déplorait-il, armes, munitions, hommes, nourriture; tout, sauf les ennemis en nombre sans cesse croissant.

« Jérusalem, confia-t-il à un ami, va devenir notre Stalingrad. »

*

Pour une partie de la ville, cette prédiction était déjà en train de se réaliser. Depuis que les Arabes avaient coupé la ligne d'autobus N° 2, les habitants du quartier juif à l'intérieur des remparts paraissaient condamnés à succomber tôt ou tard dans les ruines de leur ghetto assiégé.

Pour galvaniser leur résistance, la Haganah leur envoya un nouveau chef, un officier de trente-trois ans, d'origine russe. Abraham Halperin semblait tout désigné pour commander cette sainte fraction du peuple juif. Fils d'une famille de rabbins, c'était un homme pieux. Arrivé clandestinement grâce à l'aide d'un militaire anglais soudoyé, Halperin fut consterné par le premier spectacle qui s'offrit à lui. Les soldats qu'il était venu commander refoulaient à coups de gourdin un groupe de civils qui cherchaient à quitter le quartier.

Depuis le début du siège, près d'un quart des habitants avaient fui en profitant de l'offre d'évacuation britannique. Si cet exode continue, pensa Halperin, il ne restera bientôt à la Haganah que les pierres des synagogues à défendre.

Halperin souhaitait cependant éviter de recourir à la force pour contraindre la population à rester sur place. Celle-ci se composait pour l'essentiel des membres de tout âge des différentes communautés juives orthodoxes. Si l'on parvenait à rétablir des conditions d'existence aussi normales que possible, ils n'auraient plus envie de partir. Il décida donc de convoquer le Grand Rabbin de la communauté askhenaze. De la part de la Haganah, il lui offrit de verser un salaire à chacun de ses disciples qui viendrait étudier dans une yeshiva. Quand le Grand Rabbin sépharade apprit cette proposition, il vint immédiatement solliciter le même traitement pour sa communauté [1]. Un troisième rabbin demanda à son tour ce que pourrait faire le commandant de la Haganah pour les fidèles de sa synagogue, trop âgés pour étudier. Halperin lui conseilla de les réunir pour leur faire réciter des psaumes et promit de donner à chacun un shilling par jour.

Les jeunes furent intégrés à la défense du quartier. Du haut des terrasses, ils surveillaient les Anglais pendant que leurs aînés patrouillaient dans les ruelles. Ces terrasses étaient leur terrain de jeux habituel. En cas de couvre-feu, ils couraient de l'une à l'autre pour porter les messages. Ils pratiquèrent le judo, apprirent à escalader les murs et à sauter d'une maison à l'autre. Mais ils étaient surtout chargés d'aller acheter ou chaparder aux soldats britanniques les munitions dont les fusils du quartier avaient un si pressant besoin. Chaque matin, ils venaient en bande au P.C. chercher une poignée de shillings avant de filer vers les postes britanniques. Ils revenaient, se rappelle une combattante du quartier, « un sourire triomphant aux lèvres et criant : J'ai acheté des balles, j'ai acheté des balles ! Donnez-moi encore de l'argent ! »

Halperin confia au reste de la population le soin de construire des fortifications et d'aménager des ouvertures dans les cloisons de toutes les maisons pour les relier entre elles. Amateur passionné d'archéologie, il avait trouvé dans de vieux textes des traces de passages souterrains qui pourraient permettre à des hommes de se déplacer, secrètement et sans risque, d'un point d'appui à l'autre. Il affecta

1. Le culte israélite comporte deux rites. Les Juifs sépharades sont originaires des pays de la Méditerranée. Les askhenazes viennent de l'Europe centrale.

des dizaines de terrassiers à leur déblaiement, et le quartier s'enrichit d'un formidable réseau de tunnels. L'un des principaux traversait le côté réservé aux femmes d'un mikveh, le bain religieux. Pour apaiser les rabbins horrifiés à l'idée que des soldats pourraient surprendre la nudité des femmes, Halperin fit fermer la galerie par une grille dont il garda la clef. Et il jura qu'il ne l'ouvrirait qu'en cas de *pikuach nefesh*, de vie ou de mort.

Ses moyens de transmission étaient si pauvres qu'il devait inventer toutes sortes de stratagèmes pour pallier leur insuffisance. Les deux seules lignes téléphoniques du quartier étaient surveillées par les Anglais et n'importe qui à Jérusalem pouvait, à condition d'être sur la bonne longueur d'onde, capter son unique poste émetteur. Pendant quelque temps, la seule manière pour Halperin de faire sortir ses messages secrets de la Vieille Ville était de les cacher dans les oreilles d'un chien qui aimait à se rendre dans la Nouvelle Ville. Un jour, pourtant, l'animal ne revint pas. Soupçonneux, les Arabes l'avaient abattu.

La poursuite de la lutte dépendait surtout de l'arrivée des deux convois auxquels les Anglais faisaient franchir chaque semaine les barricades arabes. La Haganah utilisait toutes les ruses possibles pour tromper la surveillance des inspecteurs britanniques et faire passer dans ces convois des armes et des munitions. Quelques hommes furent même introduits en fraude dans un véhicule à double fond jusqu'au jour où ce stratagème fut découvert. Des explosifs furent dissimulés dans des barres de savon. Le cuisinier de la cantine reçut même un jour plusieurs sacs de grains qui ressemblaient à du riz. Quand il voulut en faire cuire une ration, les grains se mirent à exploser : « Je compris alors que ce produit n'était pas destiné à la soupe », rappellera-t-il plus tard.

Les fûts qui contenaient le pétrole pour la cuisine et le chauffage procuraient les cachettes les plus efficaces. Ils étaient truqués : un autre fût plus petit était soudé à l'intérieur de chacun. Celui-ci était effectivement rempli de pétrole, comme le stick de n'importe quel officier britannique pouvait le vérifier. Mais l'espace entre les deux récipients contenait, lui, des explosifs, des armes et des munitions.

La crasse et la vermine ajoutaient aux souffrances des assiégés. L'eau était rationnée. Chaque soldat ne recevait qu'un seau d'eau chaude par semaine.

Ces jours pénibles eurent pourtant leurs grands moments. Juste avant la fête de Pourim, la population s'enrichit de deux nouveaux membres, un coiffeur et une prostituée. « Ah ! quelle joie de les voir arriver ! se rappelle un des garçons. Nous allions tous faire la queue à la porte du coiffeur et, tout frais rasés, nous allions ensuite tous faire la queue chez la fille. »

Dans ses efforts pour organiser la population civile, Halperin devait, c'était fatal, se heurter au vénérable personnage qui présidait aux destinées du quartier depuis 1935 : le rabbin Mordechaï Weingarten à qui un officier britannique devait remettre un jour la clef de la porte de Sion. Weingarten était un petit homme, plutôt fort, aux gestes cérémonieux, à la longue barbe et aux lunettes dorées. Sa famille habitait la Vieille Ville depuis plus de deux siècles et cinq générations de Weingarten s'étaient mariées dans la maison où il vivait aujourd'hui à l'entrée du quartier. C'était lui qui avait fait venir l'eau, l'électricité et les autobus de la ligne N° 2. Depuis son élection à la présidence du conseil juif local, il avait régné en patriarche. Son administration ressemblait d'ailleurs plus à celle des cheikhs arabes avec lesquels il partageait le territoire de la Vieille Ville, qu'à celle des jeunes sionistes socialisants de la Nouvelle Ville. C'est lui qui recevait les cinq mille livres d'assistance allouées chaque mois au quartier par l'Agence Juive, et les affectait à des écoles, à un hôpital et à une soupe populaire. Il dirigeait ces institutions avec l'autorité d'un homme capable de dire les dates de naissance et de mariage de presque tous ses administrés.

Ses fonctions avaient amené Weingarten à nouer d'étroites et amicales relations avec les Anglais comme avec les Arabes. Cette cordialité avait cependant paru de plus en plus gênante aux dirigeants de la Haganah. Peu de temps après l'arrivée de Halperin, les cinq mille livres mensuelles cessèrent de parvenir au rabbin. Celui-ci protesta avec véhémence, mais Halperin lui confirma qu'il était dorénavant chargé de gérer lui-même ces fonds. Le vieil homme fut indigné. Il comprit qu'on avait délibérément voulu le priver de la source de son autorité. Quelque temps plus tard, Halperin vint à son tour lui rendre visite. Tandis que les deux Juifs bavardaient en buvant une tasse de café, on frappa à la porte. Weingarten sortit un instant. Halperin regarda par la fenêtre et vit le rabbin parler à un officier britannique.

Quand le jeune chef de la Haganah sortit un instant plus tard de la maison de son hôte, il fut cerné par des soldats britanniques. L'Anglais qui avait frappé à la porte de Weingarten s'avança.

« J'ai l'ordre de vous arrêter », déclara-t-il.

15

UN ÉCLAIR DE LUMIÈRE BLANCHE

« Seule la force armée pourra imposer l'application du Partage. » Telle était la conclusion du premier rapport transmis au Conseil de sécurité par le Comité des Nations unies pour la Palestine. En cet hiver de 1948, cette simple phrase valait tous les faits d'armes. Sa conséquence était plus importante que celles des embuscades à Bab el Oued et du raid au cœur de la Jérusalem juive : Abdel Kader tenait là sa plus grande réussite depuis son retour en Palestine.

La crainte de perdre de précieuses voix au moment du vote de novembre 1947 avait conduit l'Agence Juive à tourner publiquement en dérision les menaces arabes d'opposition par la force au Partage. De nombreuses nations avaient cru qu'une fois acquis le choix de l'organisation internationale, il suffirait de quelques pressions diplomatiques et de l'appât d'une aide économique pour contraindre les Arabes à l'accepter. Mais la réalité de la résistance arabe ébranlait à présent les partisans du Partage.

La question se posait même de savoir si la charte des Nations unies les autorisait à employer la force pour appliquer une de leurs décisions. Personne, au demeurant, n'était disposé à fournir cette force. La Grande-Bretagne s'était déchargée de ses responsabilités. La France était déjà engagée en Indochine. Quant à Truman, il avait exclu l'envoi de troupes américaines et s'opposait à toute présence soviétique au Moyen-Orient. Les petits États n'avaient, eux, nullement l'intention d'aller tirer les marrons d'un feu qu'avaient allumé les grandes puissances.

Force était de constater que la jeune organisation internationale n'avait pu apporter qu'une solution inapplicable à son premier problème grave. Au sein même du gouvernement américain deux politiques s'affrontaient. La Maison-Blanche soutenait le Partage tandis que les départements d'Etat et de la Défense lui étaient hostiles. La querelle était devenue si vive que l'entourage du président accusait les diplomates du département d'Etat·de sentiments antisémites. Ces derniers répliquaient que la Maison-Blanche faisait passer ses préoccupations électorales avant l'intérêt national.

Le chef de file des adversaires du Partage était le directeur de la division du Proche-Orient au ministère des Affaires étrangères. Loy Henderson, qui avait longtemps servi à Moscou, s'inquiétait de tout ce qui pouvait aggraver la guerre froide; il estimait que le ressentiment arabe envers l'Occident serait tel qu'il pourrait ouvrir à l'U.R.S.S. la porte du Moyen-Orient et lui livrer ses immenses réserves de pétrole. Comme ses collègues du Foreign Office, Henderson ne se résignait pas à tenir le Partage pour irrévocable. Il était même résolu à tenter un ultime effort pour faire adopter un nouveau projet. La conclusion pessimiste du rapport des Nations unies lui fournit le prétexte qu'il cherchait. Il demanda au département d'Etat de réévaluer les chances du Partage à la lumière des récents événements. Comme on pouvait s'y attendre, le rapport qu'il reçut confirma que le plan de partage tel qu'il avait été conçu était inapplicable. Les Etats-Unis, soulignait ce document, n'étaient pas obligés de le soutenir si l'emploi de la force se révélait nécessaire pour le faire respecter. Il recommandait en conclusion que les Etats-Unis prissent de rapides mesures pour en obtenir l'annulation.

Ce rapport ne tarda pas à attirer l'attention d'un autre adversaire du Partage. Pour le secrétaire à la Défense James V. Forrestal, les Etats-Unis risquaient en cette affaire de perdre le libre accès au pétrole du Moyen-Orient. Par voie de conséquence, le plan Marshall était menacé d'échec; il se pouvait que l'Amérique fût bientôt incapable de soutenir une guerre d'importance et que dans dix ans « la nation fût obligée de réduire à quatre cylindres les moteurs de ses automobiles ». Le vice-amiral Robert B. Carney, chef adjoint des opérations navales, venait de son côté de rappeler devant la commission des Forces armées de la Chambre des représentants la menace qui pèserait sur les intérêts pétroliers de l'Amérique en cas de troubles au Moyen-Orient.

Forrestal organisa aussitôt une réunion avec Henderson. Il existait déjà suffisamment de preuves, expliqua-t-il, pour affirmer publiquement que le Partage était inapplicable. Tout en souscrivant à cette opinion, Henderson était assez avisé pour savoir qu'une telle déclaration ne mènerait nulle part si elle n'était accompagnée d'une contre-proposition. Il en présenta une.

Elle suggérait de placer la Palestine sous la tutelle des Nations unies pour une période de dix ans, dans l'espoir que, d'une façon ou d'une autre, les deux communautés finiraient par s'entendre sur leur avenir. Paradoxalement, ce nouveau plan exigeait l'intervention armée que les États-Unis refusaient précisément de fournir. Il n'y avait en outre aucune raison de croire que dix années sous l'égide des Nations unies conduiraient les deux communautés à une entente qu'elles n'avaient pu réaliser en trente années de mandat britannique. Ce projet recueillit néanmoins l'appui du général George C. Marshall, secrétaire au département d'État. Avec son accord, une ébauche du nouveau projet fut soumise à l'approbation du président Truman. La caution de Forrestal et surtout le grand respect que le président vouait à Marshall devaient, aux yeux des diplomates du département d'État, garantir l'approbation finale de la Maison-Blanche. Le secret fut jalousement gardé mais les dirigeants juifs ne tardèrent pas à comprendre que les Américains étaient en train de réviser leur position.

Depuis décembre, les Etats-Unis imposaient déjà un embargo sur tous les envois d'armes à destination du Proche-Orient. La déception des sionistes était d'autant plus amère que la Grande-Bretagne continuait à vendre librement des armes à leurs adversaires. Si les Etats-Unis revenaient sur la question fondamentale du Partage, s'ils tentaient surtout de faire adopter par l'O.N.U. un nouveau projet, un coup mortel risquait d'être porté à leurs espérances. Les Juifs pouvaient alors se trouver contraints soit de renoncer à créer un Etat, soit de passer outre et imposer leur volonté contre celle des Américains et des Nations unies. Les deux perspectives étaient également tragiques.

Les dirigeants sionistes découvrirent de surcroît que la porte de l'homme qui avait été leur plus ardent défenseur aux Etats-Unis leur était fermée. Exaspéré par leurs pressions continuelles et animé d'une antipathie personnelle pour le rabbin Hillel Silver, leur principal porte-parole américain, Harry S. Truman refusait dorénavant de recevoir les responsables juifs. Devant cette situation nouvelle, les chefs de l'Agence Juive lancèrent un S.O.S. au vieux savant presque aveugle qui avait dirigé leur mouvement pendant tant d'années et qui se trouvait à Londres. Seul Chaïm Weizmann pourrait peut-être fléchir Truman. Il n'avait rencontré le président qu'une seule fois, en novembre 1947, mais un extraordinaire courant de sympathie et de compréhension était alors passé entre les deux hommes.

Weizmann s'embarqua immédiatement pour New York. Pendant deux semaines, terrassé par la fièvre dans sa chambre du *Waldorf Astoria*, il tenta d'obtenir une audience de Truman. En vain. Les portes de la Maison-Blanche demeuraient obstinément closes, même pour le prestigieux vieillard qui à cette heure incarnait toute l'espérance du sionisme.

Weizmann, le cœur lourd, se préparait à rentrer à Londres quand un Américain vint le voir. Son visiteur se rappelait avoir rencontré, un an plus tôt, dans le bureau d'un avocat de Kansas City, un homme dont l'aide pouvait se révéler utile. Cette personne n'était pas sioniste, mais dans l'impasse actuelle il n'y avait rien à perdre à tenter une démarche auprès d'elle. Le visiteur se dirigea vers le téléphone.

A trois mille kilomètres de là, une sonnerie retentit dans l'obscurité d'une chambre à coucher. L'homme qui répondit était propriétaire d'un petit magasin de confection sur la 39ᵉ Rue de Kansas City. Il était juif, mais la cause du sionisme n'avait jamais éveillé en lui qu'une très vague sympathie.

Et pourtant toutes les espérances de ce mouvement semblaient, cette nuit-là, suspendues à la réponse que cet Américain allait donner. Car Eddie Jacobson avait été autrefois l'associé de Harry Truman en affaires et il était resté l'une des seules personnes au monde pour qui la porte du président des Etats-Unis ne fût jamais fermée.

*

A Jérusalem, c'était la fin du sabbat. Rue Ben Yehuda, ce samedi 21 février 1948, la fête recommençait. Conformément à l'une des coutumes les plus sacrées du judaïsme, un déchaînement de joie succédait aux longues heures où la ville était restée déserte. Magasins fermés, rues sans voitures ni promeneurs, Jérusalem observait scrupuleusement la trêve de Dieu. Mais au coucher du soleil, tel un corps soudain irrigué, elle revenait à la vie. Partout, des lumières s'allumaient. Les enseignes des cinémas, les vitrines s'éclairaient, les restaurants et les cafés ouvraient leurs portes et, par centaines, les habitants affluaient vers le centre, marée joyeuse et bruyante qui remontait et descendait la rue Ben Yehuda en s'arrêtant de café en café.

Pour quelques heures, la ville semblait alors oublier dans une sorte d'euphorie les menaces qui pesaient sur elle. Ce soir-là, le ciel de Judée lui-même conspirait à faire de cette fête un instant privilégié. Il scintillait d'étoiles, et la douce tiédeur qui tombait de ses voûtes contrastait agréablement avec la température de ces dernières semaines.

Comme tant d'autres, le jeune Juif David Rivlin décida de passer la soirée à l'*Atara,* son café préféré. Il y rencontra son ami Abraham Dorion. Les deux garçons étaient unis par un lien presque familial. Au lendemain de la guerre, Rivlin, Juif de Palestine, avait accepté de conclure un mariage blanc avec la sœur de Dorion afin de permettre à la jeune fille, restée seule en Europe après la perte de toute sa famille dans les chambres à gaz, d'obtenir un certificat d'immigration en Palestine.

Apprenant que son ami devait prendre à l'aube l'autocar blindé pour Tel-Aviv, Rivlin lui proposa de dormir dans son appartement, proche de la rue Ben Yehuda. Dorion accepta de bon cœur car cette invitation lui évitait de s'exposer aux balles arabes en regagnant son hôtel, situé à proximité du quartier arabe de Talbieh. Il alla se coucher de bonne heure. Rivlin resta jusqu'à la fermeture de l'établissement. En rentrant chez lui, il contempla à nouveau la clarté du ciel, tout à la joie de passer un soir de sabbat rue Ben Yehuda sans entendre ni fusillades ni explosions.

*

Le jour se levait quand Abraham Dorion se réveilla. Les yeux encore lourds de sommeil, il buta de meuble en meuble à la recherche de la salle de bain. Là, il s'aspergea le visage d'eau froide et se planta devant le miroir. Il avait un beau visage aux traits fermes et volontaires, un nez proéminent et des yeux dont la mélancolie évoquait les tragédies qui avaient marqué sa vie. Ce visage était l'atout essentiel de sa carrière — Dorion voulait être acteur. Dans sa valise, se trouvait une copie du premier film qu'il venait de tourner. Ces bobines de celluloïd étaient sa raison d'être. Un jour, espérait-il, les foules de New York, de Paris, de Londres contempleraient le visage que reflétait ce matin un simple miroir de salle de bain. Peut-être aurait-il même l'honneur d'incarner sur les écrans du monde entier la nouvelle nation juive. Nul, après tout, ne méritait plus que lui ce privilège. C'était un ancien de la Brigade juive et sa famille avait péri dans les fours crématoires.

Quelques maisons plus bas, Mina Horchberg s'indignait du manque d'appétit de son neveu. Lui aussi allait prendre l'autocar blindé du convoi de Tel-Aviv, et elle ne voulait pas le laisser rentrer chez sa mère sans un repas chaud dans l'estomac.

A un kilomètre et demi de là, au poste de contrôle de la Haganah de Romema à l'entrée ouest de la ville, il n'y avait pas une demi-heure que l'officier juif Shlomo Chorpi avait pris son service quand trois camions de l'armée britannique, précédés d'une automitrailleuse, débouchèrent à petite vitesse de la côte de Bab el Oued.

La tête blonde d'un officier vêtu du grand manteau bleu de la police palestinienne sortit de la tourelle de l'automitrailleuse.

« Ils sont O.K. Ils sont avec moi », cria le policier à Chorpi en désignant les camions qui le suivaient.

Un des gardes juifs passa la tête dans la cabine du premier camion et échangea quelques mots avec le chauffeur britannique. Il fit signe à Chorpi que tout était en règle. L'officier juif éleva alors le bras en direction du boulevard de Jaffa pour indiquer que la voie était libre vers le cœur de Jérusalem.

*

Le grand policier blond n'était pas anglais. C'était un Arabe nommé Azmi Djaouni et ce qu'il s'apprêtait à accomplir était si horrible qu'il passerait le reste de sa vie à l'expier dans un asile psychiatrique du Caire. Les trois camions qui le suivaient étaient les instruments qu'avait choisis Abdel Kader pour porter le coup décisif promis au Mufti, ce coup qui devait forcer les Juifs de Jérusalem à implorer la paix.

De vrais Anglais, Eddie Brown et Peter Marsden, les deux déserteurs qui avaient participé à l'attentat contre le *Palestine Post,* se trouvaient dans les camions. Aucun sentiment de vengeance n'expliquait cette fois-ci leur présence. Ce travail leur était payé. Leur rôle, et celui de deux de leurs camarades, était essentiel. Non seulement ils avaient découvert la couleur du code figurant sur les plaques des camions pour ce dimanche, mais leur présence était nécessaire pour franchir les postes de contrôle de la Haganah. Par leur faute, l'opération avait un jour de retard. Elle aurait dû avoir lieu la veille, à l'aube du sabbat. Mais Brown et Marsden avaient refusé de partir tant qu'ils n'auraient pas reçu la moitié des mille livres de leur salaire.

Fawzi el Koutoub, le spécialiste des explosifs, avait disposé dans chaque véhicule plus d'une tonne de T.N.T. additionné d'un mélange particulièrement meurtrier : cinquante kilos de potassium et autant de poudre d'aluminium. La combustion de ces deux éléments devait augmenter considérablement la température de l'explosion et projeter à une grande distance une pluie de minuscules cocktails Molotov. Il avait réglé la mise à feu directement sur le tableau de bord au moyen de mèches reliées aux charges explosives. En outre, il avait pris la précaution de protéger la combustion des mèches en les passant dans un tube métallique. Il suffisait aux Anglais de gratter une allumette avant de quitter les camions. Après soixante secondes d'une combustion inextinguible, tout sauterait.

*

Un bruit aigu venant de la rue Ben Yehuda éveilla David Rivlin. Il se leva et, dans un demi-sommeil, marcha jusqu'au balcon. C'était, il s'en souviendrait toujours « un matin clair et magnifique ». Il se frotta les yeux et regarda en direction de l'avenue du Roi-George-V. Il n'aperçut qu'un laitier qui déposait ses bouteilles de porte en porte. Il se tourna vers la droite. La place de Sion était vide et les premiers rayons d'un jour ensoleillé éclairaient les toits des immeubles. Se penchant au-dessus du balcon, il vit alors trois gros camions militaires. L'un était garé quelques maisons plus bas, devant l'hôtel *Amdursky*, le second devant l'immeuble Vilenchick. Le troisième était juste sous sa fenêtre.

Rivlin retourna dans sa chambre. Il venait de s'asseoir sur le bord de son lit quand il fut frappé par une intuition toute simple. « Mon Dieu, pensat-il, nous allons sauter ! »

Presque au même instant, dans un éclair de lumière blanche, la façade de l'immeuble Vilenchick se gonfla doucement et s'écroula dans la rue; l'hôtel *Amdursky* s'effondra d'un mouvement lent et majestueux. En face, deux immeubles s'affaissèrent à leur tour comme s'ils avaient été écrasés par une presse géante. Des centaines de personnes furent projetées hors de leur lit et toutes les vitres soufflées dans un rayon de deux kilomètres. L'écho de l'explosion roulait encore sur les toits de la ville quand les premières flammes s'élevèrent des décombres.

Au moment de l'explosion, Mina Horchberg était à son balcon, regardant s'éloigner son neveu. Elle fut instantanément décapitée par la force de la déflagration.

Au cinquième étage du 16 de la rue Ben Yehuda, au-dessus du restaurant Goldman, Uri Saphir, un jeune soldat de la Haganah, se retrouva au milieu de sa chambre sous un nuage de poussière, de fumée et de plâtre. Sa première pensée fut pour son chien. Il l'appela, mais n'obtint pas de réponse. Un trou béant s'ouvrait devant lui à la place de la fenêtre. Il se traîna jusque-là et, à travers la poussière et la fumée, aperçut l'animal affolé qui courait dans les ruines. Un morceau de l'encadrement de la fenêtre était resté accroché à la corniche de la pièce voisine et Saphir y découvrit, « flottant comme un drapeau au-dessus de la rue Ben Yehuda », le pantalon qu'il avait porté la veille. Un spectre nu, couvert de sang, entra alors dans la chambre. Saphir reconnut son père. Il l'enveloppa dans une couverture, le prit dans ses bras et s'engagea dans l'escalier. A chaque étage, les portes des appartements avaient été arrachées et tout, à l'intérieur, semblait pulvérisé. Saphir devait cependant enregistrer une image insolite de sérénité : six œufs intacts sur une table de cuisine.

David Rivlin se retrouva, sans une égratignure, toujours assis sur le bord de son lit. Suffoquant dans la poussière, il se répétait : « Je suis vivant, je suis vivant. » Le balcon sur lequel il se tenait trente secondes plus tôt avait disparu. Un faible gémissement lui parvint alors de la chambre voisine. Derrière la porte se trouvait un homme à moitié nu. Son visage ruisselait de sang et des lambeaux de chair pendaient de ses joues. Rivlin poussa un cri quand il reconnut sur le blessé un de ses pyjamas. La plaie béante qu'il avait sous les yeux était tout ce qui restait du beau visage de son camarade Abraham Dorion, défiguré à jamais par les mille éclats du miroir devant lequel il se rasait. Celui qui voulait incarner la nouvelle nation juive ne paraîtrait jamais sur un écran.

*

Quand la population découvrit l'ampleur de la tragédie, sa colère se déchaîna contre les Britanniques. L'Irgoun donna l'ordre de tirer à vue sur tout Anglais et des fusillades éclatèrent à travers la ville. A midi, après avoir perdu près d'une dizaine d'hommes, les autorités occupantes prirent une décision sans précédent. Elles interdirent provisoirement à leurs troupes de pénétrer dans la Jérusalem juive.

Cet attentat était de loin le coup le plus dur porté par les Arabes aux Juifs de Jérusalem. Pourtant, en dépit de toute son horreur, ses résultats furent contraires à ceux qu'escomptait Abdel Kader. Au lieu d'inciter les Juifs de Jérusalem à implorer la paix, la tragédie resserra leurs rangs et galvanisa l'esprit de résistance. Le déchaînement antibritannique qu'il provoqua conduisit par ailleurs les autorités à raréfier encore leurs patrouilles dans les quartiers juifs, laissant ainsi les Juifs maîtres de leurs zones comme les Arabes l'étaient des leurs depuis quelques semaines.

Toute la journée, les recherches des survivants et des morts se poursuivirent dans les ruines de la rue Ben Yehuda. Sur un pan de mur au-dessus de ce qui avait été l'escalier de l'hôtel *Atlantic*, un drapeau sioniste avait étrangement survécu au cataclysme. Il pendait dans le soleil d'hiver, dérisoire mais réconfortant symbole. Sous ses plis, quelqu'un avait placé une pancarte sur laquelle on pouvait lire : « Silence — des blessés sous les ruines appellent peut-être au secours. »

*

Tard cette nuit-là, dans la banlieue du Caire, deux Anglais moroses achevaient de vider une bouteille de whisky au bar de l'*Auberge des Pyramides*, une des boîtes de nuit préférées du roi Farouk. Eddie Brown et Peter Marsden étaient arrivés au Caire pour toucher le solde de ce qui leur était dû. Mais le Mufti de Jérusalem les avait payés d'un sourire méprisant et les avait fait jeter hors de sa villa.

Il ne leur restait plus qu'à disparaître pour toujours. Partout ils seraient condamnés à vivre dans la peur. Car Eddie Brown et Peter Marsden avaient donné aux Juifs de solides raisons de se venger. Les explosifs avaient tué cinquante-quatre personnes. A leur tarif de tueurs à gages, cela ne faisait même pas dix livres sterling par vie humaine.

16

LE REZ-DE-CHAUSSÉE DES DIPLOMATES

Aucune plaque diplomatique, aucun pavillon, aucune escorte de motocyclistes ne distinguaient du reste de la circulation londonienne la Humber noire qui roulait ce soir de février 1948 vers la Tamise. Ce voyage était secret et il allait le rester pendant de nombreuses années. Dans un instant, la voiture s'arrêterait devant le porche latéral du palais de Whitehall, le siège du Foreign Office par lequel des générations de diplomates étrangers étaient passées pour leurs rencontres officielles avec les administrateurs de l'Empire britannique. En haut, dans son imposant bureau, le ministre des Affaires étrangères de Grande-Bretagne, Ernest Bevin, attendait les passagers de la Humber.

L'un était arabe. Premier ministre du royaume de Transjordanie, Tewfic Abou Houda avait été choisi par le roi Abdullah pour mener à bien son projet d'annexer la Palestine arabe. L'autre était anglais, mais, après le souverain, c'était le personnage le plus important de Transjordanie. Ses ennemis affirmaient même qu'il était en réalité le vrai maître du pays : il commandait les guerriers bédouins de la Légion arabe, la force sur laquelle reposait le trône d'Abdullah.

Sir John Bagot Glubb — Glubb Pacha — regardait avec une aversion évidente la ville grise qui défilait derrière les vitres de la Humber. Ces rues tristes et glacées lui étaient devenues étrangères; son pays était ailleurs, dans la solitude du désert.

C'était là-bas, au milieu des immensités silencieuses sous un ciel sans fin, que John Glubb se sentait réellement chez lui. Ce petit homme au menton déformé et à la moustache chapelinesque ne ressemblait certes pas à Lawrence, mais, de la longue lignée des arabisants britanniques qui avaient suivi ce dernier en Orient, il était incontestablement le plus grand. Aucun Occidental n'avait maîtrisé la complexité des dialectes bédouins aussi parfaitement que lui. Il partageait leur savoir et connaissait leurs coutumes, leurs structures tribales et la trame embrouillée des lois orales qui gouvernaient leur vie. A son accent, il pouvait deviner l'origine d'un bédouin; aux plis de son keffieh, les traits de son caractère.

Cette vocation, Glubb l'avait découverte au lendemain de la première guerre mondiale, lorsqu'il avait été nommé officier des Affaires indigènes en Irak. Appelé en Transjordanie pour régler un conflit entre deux tribus frontalières, il avait eu le coup de foudre pour ces guerriers dont il était venu arbitrer les différends. Il avait tout de suite épousé leur mode de vie. Juché sur de rapides chameaux hadjin, il avait conduit lui-même les soldats d'élite de sa Patrouille du désert et rivalisé d'endurance avec eux. Il dormait enveloppé dans une peau de chèvre à même le sable, une pierre en guise d'oreiller. Sa nourriture était la leur, des galettes de seigle accompagnées de lait de chamelle et de beurre de brebis rance. Pendant les longues nuits à la belle étoile, il s'accroupissait auprès de leurs feux, les écoutait, les questionnait et accumulait patiemment une connaissance unique de leur race en voie de disparition. Il s'était pour ainsi dire fait bédouin jusque dans les gestes : s'asseyant en leur compagnie, il se mettait à pourchasser sur sa poitrine des poux imaginaires qu'il faisait semblant d'écraser entre les ongles.

A Amman, où il habitait avec sa femme de trente ans plus jeune que lui et qui élevait des chats, il fuyait régulièrement les mondanités. Comme au temps de sa jeunesse, son seul plaisir restait de sauter dans une jeep et de courir retrouver ses tribus et leurs déserts silencieux.

Son attachement aux bédouins lui valait de leur part une considération proche de la vénération. Il commandait la Légion arabe depuis mars 1939, date à laquelle son fondateur, le colonel F.G. Peake Pacha, avait pris sa retraite. Contre l'avis de tous, il avait entrepris de former avec ses guerriers primitifs une unité d'élite mécanisée, destinée à devenir le noyau de la Légion. Les bédouins avaient justifié sa confiance, se révélant étrangement habiles à assimiler les tactiques et les complexités de la guerre moderne. Sous son commandement, la Légion arabe vit ses effectifs passer de deux mille hommes en 1939 à seize mille en 1945. En Syrie, elle avait combattu aux côtés de l'armée britannique contre les Français de Vichy et en Irak contre ses frères arabes révoltés, gagnant partout l'admiration de ses alliés comme celle de ses ennemis.

Les yeux bleus et les longues mains presque féminines de Glubb Pacha, son attitude timide et réservée, dissimulaient un tempérament tyrannique. Dans un accès de fureur, il avait un jour bastonné si durement un cheikh qu'il avait dû lui envoyer le lendemain vingt chameaux pour solliciter son pardon. Il était arrivé à plus d'un officier de prendre la porte de son bureau, un encrier ou un presse-papiers sifflant à ses oreilles. Cet ascète inflexible exigeait que rien de ce qui concernait la Légion arabe ne lui échappât. Elle était sa chose.

« Il adorait jouer à la guerre, se rappelle un de ses familiers. Il débarquait à l'improviste dans les campements, lançait des patrouilles, déplaçait les mitrailleuses, organisait des embuscades, tout cela avec un mépris total pour la hiérarchie. Il n'aurait jamais pu agir ainsi dans une autre armée. Mais c'était vrai, la Légion arabe était son armée. »

Personnage complexe, il était mal compris. « On ne savait jamais ce qu'il préparait, raconte un de ses subordonnés. Son esprit s'était mis à fonctionner comme celui d'un Arabe; il en avait toute la subtilité. Sa lucidité était devenue si particulière qu'il pouvait comprendre l'illogisme apparent de la pensée arabe et même la prévoir. Il savait qu'ils agissaient toujours en fonction de leurs émotions, et ces émotions, il les connaissait. Il traitait avec le palais royal comme un Arabe, avec les tribus comme un bédouin, avec Londres comme un Anglais. Seul Glubb Pacha était au courant de tout. »

Sa présence dans la Humber noire, aux côtés du premier ministre d'Abdullah, en était une preuve. Abou Houda l'avait choisi comme interprète de préférence à un Transjordanien. Il serait le seul témoin de son entrevue secrète avec Bevin.

Les deux visiteurs furent immédiatement introduits dans le vaste bureau où la carte du monde avait été si souvent modifiée en quelques mots ou en quelques coups de crayon. Dès qu'il fut assis, Abou Houda commença son plaidoyer pour une nouvelle modification de cette carte, mineure celle-ci, mais d'une importance primordiale pour le souverain qui l'avait envoyé à Londres.

De nombreux Palestiniens, déclara-t-il à Bevin, pressaient le roi Abdullah d'occuper la rive droite du Jourdain après l'expiration du mandat britannique en Palestine, afin d'annexer ce territoire attribué par le plan de partage à l'Etat arabe. Il était de l'intérêt commun de l'Angleterre et de la Transjordanie d'empêcher à tout prix le retour de Hadj Amin à Jérusalem. Mais bien entendu, affirma-t-il en conclusion, jamais Abdullah n'entreprendrait une opération de cette importance sans l'assentiment et le soutien de son principal allié.

Bevin réfléchit un instant. Tout comme John Glubb, qui venait de traduire les propos d'Abou Houda, il était persuadé de la valeur que pouvait représenter pour la Grande-Bretagne une monarchie hachémite stable en Transjordanie, unie par le sang à l'Irak, l'autre allié de l'Angleterre au Moyen-Orient.

« Il semble que ce soit la seule chose à faire », répondit le secrétaire au Foreign Office.

Puis, tout de suite, comme pour modérer son acquiescement, il adressa une mise en garde au Transjordanien :

« Mais n'allez pas envahir les zones attribuées aux Juifs ! »

Si Abdullah voulait que ses espoirs se réalisent, John Glubb devait maintenant obtenir à Londres un second acquiescement. La Légion arabe, sur laquelle le monarque allait s'appuyer pendant les mois à venir, ne comptait plus que quatre mille hommes. Glubb voulait augmenter ses effectifs jusqu'à sept mille et convertir son régiment mécanisé en brigade par l'achat de cinquante à soixante-quinze autocanons. Mais plus important encore était le fait que la Légion arabe avait toujours dépendu de l'armée britannique en Palestine pour ses subsistances, ses munitions, ses ateliers et ses transports. Tout cela devrait être remplacé quand les Anglais se retireraient.

Pendant des semaines, Glubb avait pressé le premier ministre Houda d'attribuer des moyens financiers supplémentaires à son armée. « Chose étrange, devait-il noter, ce gentleman se figurait qu'il ne fallait pas d'argent pour soutenir une guerre. » Il allait désormais s'en remettre à la générosité de ses compatriotes. Les résultats de sa visite à Londres apparaîtraient trois mois plus tard, quand la guerre éclaterait en Palestine. En multipliant par trois leurs subventions, les Anglais allaient faire de Glubb et de ses bédouins les arbitres du conflit. Le destin de Jérusalem serait entre leurs mains.

*

C'était moins l'inconfort que l'incongruité de la situation qui choquait Pablo de Azcarate. Sa qualité de diplomate, son rang, l'importance de l'organisation qu'il représentait lui donnaient droit à quelques égards. Fonctionnaire international respectueux du protocole et des préséances, il avait imaginé tout autrement son arrivée à Jérusalem. Ce chrétien avait rêvé d'embrasser d'un seul coup d'œil le panorama magique de la ville, le mont des Oliviers, le jardin de Gethsémani, les antiques remparts, toutes ces merveilles dont il venait prendre possession au nom de l'humanité. La réalité s'était montrée infiniment moins romanesque. Le premier représentant des Nations unies en Palestine ne pouvait contempler pour son entrée officielle dans la Ville sainte que les brodequins cloutés et le postérieur majestueux d'un policier britannique.

Malgré les vigoureuses objections des Anglais, il avait été envoyé pour établir la présence des Nations unies à Jérusalem et y préparer l'application du Partage. Un colonel norvégien, un économiste indien, un juriste grec et deux secrétaires l'accompagnaient. Pour les accueillir à l'aéroport, il n'y avait eu qu'un sous-lieutenant anglais. Avec la plus parfaite indifférence, il avait ordonné au diplomate de monter dans un camion militaire. Chaque cahot du véhicule réveillait douloureusement le lumbago du malheureux Espagnol condamné « pour sa sécurité » à rester accroupi.

Si Azcarate avait conservé quelques illusions, elles se dissipèrent lorsqu'il découvrit la résidence officielle que les Anglais avaient attribuée aux membres de sa commission. Ils disposaient en tout et pour tout de quelques pièces au rez-de-chaussée et au sous-sol d'une petite maison de deux étages, située en face de l'hôtel du Roi-David. Quand l'Espagnol pénétra dans ces lieux, il eut une nouvelle surprise : un plombier s'affairait à la réparation des W.C., tandis que deux ouvriers démolissaient une cloison. Le courant électrique était coupé. Quant aux rares meubles posés lamentablement çà et là, ils lui semblèrent provenir d'une cellule de moine ou de prisonnier. Pas une goutte d'encre, pas une feuille de papier. Les domestiques arabes employés dans la zone britannique ayant catégoriquement refusé de servir des représentants des Nations unies, Azcarate devait envoyer quelqu'un chercher sous escorte tous leurs repas. Cette situation menaçait de s'éterniser, mais les deux secrétaires qu'en bon Latin il avait choisies pour leur jolie mine autant que pour leur compétence de sténographes, lièrent connaissance avec deux policiers. Le ravitaillement put alors s'améliorer.

En réservant cet accueil à Azcarate, les Anglais montraient avec quelle répugnance ils acceptaient la présence des Nations unies en Palestine. Ils avaient déjà fait savoir que les fonctionnaires de Sa Majesté n'avaient pas l'intention de partager leur autorité en Palestine avec les Nations unies ou avec quiconque jusqu'à l'expiration de leur mandat.

Choqué par une telle attitude, l'Espagnol se demanda si elle ne méritait pas une protestation officielle. Considérant finalement que la politique la plus sage était « d'afficher indifférence et bonne volonté », il ordonna à son groupe de défaire les bagages.

Le lendemain matin, le premier secrétaire de la Commission des Nations unies pour la Palestine inaugura sa mission en s'attaquant à la première tâche qui l'attendait : laver la vaisselle de son petit déjeuner et faire son lit. Ensuite, jugeant que la présence des Nations unies, pour indésirable qu'elle parût, devait être convenablement annoncée à la ville, Azcarate déplia le beau drapeau bleu et blanc de l'O.N.U. qui lui avait été remis juste avant son départ de New York.

Pénétré de la gravité de l'instant, le petit homme monta au deuxième étage pour faire flotter sur la parcelle de terre la plus vénérée de l'humanité l'emblème du parlement des hommes. Avec la dignité raide et solennelle d'un matador, l'Espagnol suspendit le drapeau et le salua au garde-à-vous.

Bien qu'il eût déjà parfaitement senti le peu de popularité de sa mission, Azcarate resta décontenancé par la réaction immédiate que provoqua son geste. Une volée de balles s'abattit sur la maison. L'infortuné diplomate avait simplement oublié que les couleurs bleu et blanc de l'emblème des Nations unies étaient les mêmes que celles du drapeau sioniste. Tous les tireurs arabes de Jérusalem étaient convaincus qu'Azcarate pavoisait avec le drapeau juif.

*

Comme chaque matin à sept heures trente précises, le général Sir Gordon Mac Millan, commandant en chef de l'armée britannique en Palestine, dégustait un pamplemousse de Jaffa en prenant connaissance des messages de la nuit. Les dépêches de ce samedi 6 mars 1948 étaient de celles qui gâchent un breakfast. Elles annonçaient l'entrée en Palestine du représentant d'un autre groupe de nations. A minuit, à la tête d'une colonne de vingt-cinq camions et de cinq cents hommes, le chef des volontaires de l'Armée de Libération arabe, Fawzi el Kaoukji, avait traversé le Jourdain sur le pont Allenby sans rencontrer la moindre opposition de la part des troupes de Mac Millan. L'Anglais était furieux. Même si le Foreign Office montrait une certaine tolérance envers l'armée d'El Kaoukji, il savait qu'il ne pouvait être question de la laisser opérer sur un territoire où la Grande-Bretagne se voulait la seule autorité souveraine. Comme il le craignait, toutes sortes de messages furibonds commencèrent à arriver de Londres ordonnant qu'El Kaoukji et ses gens « soient foutus à la porte immédiatement ».

C'était là précisément une opération dans laquelle Sir Gordon Mac Millan tenait par-dessus tout à ne pas s'engager. Soucieux de sauvegarder la vie de ses hommes, il ne voyait « vraiment pas de raison d'en faire tuer un grand nombre dans une action militaire contre El Kaoukji ». Puisque celui-ci était déjà en Palestine, la tactique la plus habile était de le persuader de se tenir tranquille jusqu'au départ des Anglais et d'éviter tout incident susceptible de déchaîner un concert international de protestations. Mac Millan finit par vaincre les résistances du haut-commissaire Sir Alan Cunningham et obtint qu'un émissaire du gouvernement accompagnât l'officier chargé de convaincre El Kaoukji.

Le chef de l'armée arabe était déjà fort occupé ce matin-là. Il recevait la presse dans son Q.G. installé près de la ville arabe de Naplouse.

« Je suis venu ici pour combattre, déclarait-il. J'y resterai jusqu'au jour où la Palestine sera une nation arabe libre et unie ou jusqu'à ce que j'y sois tué et enterré. »

Son intention, précisa-t-il en reprenant le slogan devenu le leitmotiv de la propagande arabe, était de « rejeter tous les Juifs à la mer ».

Les circonstances de l'entrée en Palestine du chef arabe étaient encore plus compromettantes pour les Anglais que ne l'avait imaginé le général Mac Millan. El Kaoukji avait été reçu la veille à Amman par le roi Abdullah avec tous les honneurs que le monarque estimait dus à un ennemi du Mufti. Une garde d'honneur de la Légion arabe l'avait ensuite escorté jusqu'au pont Allenby. Là, il avait aimablement conversé pendant plusieurs heures avec les Britanniques du poste de garde et ceux de la douane, en attendant quatre camions retardataires.

Ce fut avec la plus grande cordialité qu'il accueillit les émissaires britanniques de Jérusalem. Nous sommes responsables de l'ordre et du respect de la loi, lui déclarèrent ces derniers, et si vous provoquez des troubles, nous n'aurons pas d'autre choix que de vous expulser. Votre présence ici est illégale mais nous la tolérerons à titre exceptionnel si vous prenez l'engagement de vous tenir tranquille.

L'Arabe s'empressa de rassurer ses visiteurs. Il se conformerait naturellement aux désirs de la Grande-Bretagne. Il n'avait en fait aucune intention de respecter sa promesse. Mais Mac Millan n'en demandait pas davantage pour l'instant. Comme il l'avait espéré, l'engagement verbal d'El Kaoukji apaisa pour un temps le gouvernement de Sa Majesté.

Le chef de l'Armée de Libération n'éprouvait de son côté aucune hâte à engager les opérations. Grâce aux infiltrations régulières des deux derniers mois, quatre mille Arabes en armes se trouvaient sous ses ordres. Regroupés en quatre régiments, ils étaient concentrés en Galilée et près de Naplouse. Leur présence dans cette ville était si peu clandestine que six cents d'entre eux avaient défilé devant la population avant de recevoir un accueil officiel du maire. Contrairement aux combattants palestiniens, ces volontaires étrangers disposaient d'un armement correct. Leurs transmissions et leurs transports restaient toutefois primitifs et c'étaient des coureurs à pied qui portaient les ordres de poste en poste. Quant à l'intendance, elle ne préoccupait guère El Kaoukji. Il laisserait son armée vivre du pillage des colonies juives. Que son stock de médicaments ne comprît que des laxatifs et de l'aspirine ne l'inquiétait pas davantage. Il ne prévoyait pas une longue campagne ni des pertes graves.

En dépit des glorieuses manchettes qui la saluèrent dans toute la presse arabe, sa première bataille ne fut pourtant pas un succès. Un de ses officiers lança ses hommes à découvert à l'assaut du kibboutz de Tirat Zvi. Malgré tout leur courage, les Arabes allèrent au-devant du désastre : trente-huit morts et cinquante blessés — tandis que les Juifs perdaient un seul homme.

El Kaoukji imputa cet échec à la tactique de guérilla employée par son subordonné. Cela ne se reproduirait plus. Depuis son séjour en Allemagne, il connaissait les principes de la guerre moderne. Il n'était plus chef de bande mais bien général.

« Tout est prêt, annonça-t-il, la vraie bataille commencera quand je le voudrai ! »

*

Le chef de l'armée britannique en Palestine n'était pas seul à vouloir dialoguer avec l'Arabe Fawzi el Kaoukji. Depuis plusieurs semaines, le Juif Yehoshua Palmon tentait de le rencontrer en secret. Arabisant distingué, Palmon avait vécu dans le désert avec les tribus bédouines. Déguisé en colporteur arabe, il avait parcouru toute une année durant la Syrie à dos de mule. Cette expérience lui avait révélé quelles âpres rivalités opposaient les différents clans arabes, et notamment El Kaoukji et le Mufti de Jérusalem. Les Juifs, pensait Palmon, devaient exploiter ces rivalités. S'il parvenait à s'entretenir avec El Kaoukji, il était sûr de rendre un inestimable service à ses chefs. Palmon était l'un des meilleurs agents de renseignement de l'Agence Juive.

*

La présence menaçante d'une armée arabe dans le nord de la Palestine eut des répercussions immédiates à Jérusalem. Aussi longtemps que la valeur militaire de ces envahisseurs n'aurait pas été plusieurs fois éprouvée sur un champ de bataille, les chefs de la Haganah ne pouvaient courir le risque de dégarnir le front du nord pour renforcer celui de Jérusalem. David Shaltiel, le nouveau responsable de la ville, était pourtant formel : ou il recevait des renforts en hommes, ou il devait raccourcir ses lignes de défense. En un mois, il aurait pu découvrir l'extraordinaire difficulté de sa mission.

Les particularités locales qui avaient toujours pesé sur l'existence de Jérusalem avaient empêché la Haganah d'y atteindre la même efficacité qu'ailleurs. Des années de stricte surveillance britannique y avaient gêné son entraînement et la mosaïque complexe des communautés ethniques rendait son unité difficile. Les communautés religieuses orthodoxes qui composaient une large part de la population ne lui avaient jamais fourni beaucoup de recrues. Les dissidents du groupe Stern et de l'Irgoun y étaient, en revanche, relativement plus nombreux et plus influents, mais leur hostilité à l'internationalisation de la ville condamnait cette sorte de coopération qui s'établissait ailleurs avec les forces de la Haganah.

C'était l'ensemble de ces problèmes qui avait finalement poussé Shaltiel à écrire à Ben Gourion au début de mars, afin d'obtenir des renforts. Il n'avait que trois mille hommes pour défendre Jérusalem, ce qui était tout à fait insuffisant. Nombre d'officiers n'étaient pas à la hauteur de leur tâche et il demandait la permission de les remplacer. Contrairement à Dov Joseph, Shaltiel pensait qu'il n'était pas à l'avantage de la ville d'être défendue par ses fils. « Chaque fois qu'un habitant de Jérusalem est tué, écrivait-il, le moral de tout le monde s'en ressent. » En outre, il possédait tout juste assez d'armes pour tenir les positions fixes. « Lorsque je dois fournir une escorte pour un convoi, ajoutait-il, il me faut prélever les armes nécessaires sur les positions. Si le convoi tombe dans une embuscade, je perds les armes. »

Quelques jours plus tard, résumant la situation de la cité dans un rapport à l'intention d'Eliezer Kaplan, le trésorier de l'Agence Juive, Shaltiel précisait que l'insuffisance des réserves en eau, des fortifications et des effectifs ne permettait pas de préparer convenablement Jérusalem à l'éventualité d'une guerre. Il n'était même pas certain que la ville pût tenir jusqu'au départ des Anglais, si d'ici là n'étaient pas résolus de façon satisfaisante un grand nombre de problèmes inquiétants. La population montrait quelques signes de lassitude; le moral de certains éléments de la Haganah n'était plus aussi élevé qu'il était souhaitable. Mais surtout, l'Irgoun et le groupe Stern, en refusant d'intégrer leurs forces dans la défense générale, privaient Shaltiel des effectifs dont il avait un si urgent besoin. Il s'était efforcé en vain de parvenir à un accord. Au cours d'une rencontre secrète, Yehoshua Zetler, le chef du groupe Stern, lui avait jeté sèchement : —

« Pas de compromis avec vous tant que vous accepterez l'internationalisation de Jérusalem ! »

Shaltiel avait supplié son interlocuteur de participer au moins à la défense des villages et des colonies qui protégeaient les abords de la ville.

« Au diable les villages ! avait rétorqué Zetler. Seule Jérusalem nous intéresse. »

Les rapports avec les nombreuses communautés religieuses n'étaient pas moins difficiles. Les rabbins

considéraient que la cause de Jérusalem serait mieux
servie si les milliers d'élèves de leurs écoles talmudiques continuaient de consacrer leur temps à l'étude
et à la récitation des psaumes plutôt qu'à porter les
armes. Pour inciter ces saints hommes à modifier
leur attitude, Shaltiel leur délégua son plus fin négociateur. Le jeune Jacob Tsur acheta un beau chapeau
noir et se rendit chez le Grand Rabbin de Palestine
pour rencontrer les chef religieux les plus éminents
de la ville. Rassemblant toute son érudition, Tsur
invoqua Maimonide, le grand philosophe juif du
Moyen Age qui, parlant de ces guerres totales où
l'existence même du peuple est menacée, écrit que
« chaque homme doit être mobilisé, même le fiancé
sous la *houppa* ». Après un échange dialectique passionné, les rabbins consentirent finalement à laisser
leurs élèves travailler pour la défense quatre jours
de la semaine. En revanche, pendant les trois jours
restants, ils devraient se consacrer à la prière « pour
que Dieu nous accorde la victoire [1] ».

C'était cependant sur le plan militaire que Shaltiel connaissait ses plus graves difficultés. Tenir
l'agglomération avec de si faibles moyens — y compris
le quartier assiégé de la Vieille Ville — et défendre
en même temps les colonies satellites dont certaines,
comme l'usine de potasse de la mer Morte, se trouvaient à quarante kilomètres, était une gageure. Près
d'un tiers des effectifs de la ville étaient mobilisés
à la protection de ces colonies et de leurs communications. Persuadé que l'invasion de la Galilée par
les forces d'El Kaoukji éliminait tout espoir de recevoir des renforts, Shaltiel décida d'en appeler à celui
qui l'avait chargé de défendre jusqu'à la mort chaque
parcelle de territoire juif.

« Evacuons les colonies à l'ouest et au sud de la
ville et surtout le quartier de la Vieille Ville, recom-

1. Désobéissant à leurs maîtres, plusieurs centaines d'étudiants
se portèrent volontaires pour se battre dans la Haganah.
L'examen médical que l'organisation faisait subir à ses recrues apporta une triste révélation. Un nombre surprenant
d'élèves des écoles talmudiques étaient atteints de tuberculose.

manda-t-il à David Ben Gourion. Les hommes et les armes ainsi libérés seront suffisants pour garantir la défense de Jérusalem. » Le 1er mai, annonça-t-il, le rapport des forces sera de cinq à un en faveur des Arabes, et il adjura Ben Gourion de ne pas faire de sentiment. Il fallait évacuer « sans tenir compte des considérations politiques car elles sont incompatibles avec nos impératifs militaires ».

*

« La seule raison qui l'a poussé à venir nous trouver, c'est que nous sommes de meilleurs clients », pensait le Juif Nahum Stavy en regardant le major britannique essuyer nerveusement ses lunettes. L'Anglais était responsable d'un groupe de bâtiments situés sur la bordure nord-ouest de la Jérusalem juive — l'institution Schneller, un orphelinat qui appartenait à une œuvre de charité allemande. Officier à l'état-major de Shaltiel, Stavy venait d'expliquer au major que la Haganah attachait une importance essentielle à ces bâtiments et ne voulait absolument pas qu'ils tombent aux mains des Arabes.

Sans daigner lever les yeux, l'Anglais répondit qu'il serait éventuellement disposé à apporter son aide mais que celle-ci « entraînerait quelques dépenses ». Stavy avait prévu cette éventualité. Il était prêt à payer en espèces n'importe quelle somme raisonnable, déclara-t-il. Le major parla de deux mille dollars. Le Juif accepta d'un signe de tête.

Cette transaction était le premier engagement de l'unique bataille dans laquelle David Shaltiel était, pour l'instant, disposé à engager ses forces. Pour la gagner, la ruse compterait plus que les fusils, le whisky plus que les munitions. Sa phase décisive se produirait dans les heures qui suivraient le départ des Anglais. Ceux qui réussiraient à occuper ce jour-là les points stratégiques et les installations évacués auraient à demi conquis la ville. Choisis pour leur emplacement et leur fonction dans le gouvernement de la cité, ces édifices d'où la Grande-Bretagne avait régné pendant tant d'années contrôlaient Jérusalem. Il y avait « Bevingrad » au centre, sorte de camp retranché entouré de barbelés dans lequel se trouvaient le bureau de poste avec son central téléphonique, l'hôtel de police, les tribunaux, les services administratifs, la prison, la station de radiodiffusion, deux hôpitaux, le service de santé et les banques. Il y avait l'hôpital italien dont la tour dominait tout un quartier; il y avait l'énorme hostellerie de Notre-Dame de France aux massives ailes de pierre surplombant les remparts de la Vieille Ville, les casernes d'Allenby et d'El Alamein, l'hôtel du *Roi-David*. Pour s'emparer sans coup férir de ces installations, la Haganah aurait besoin de la coopération étroite des Anglais, et surtout de connaître avec précision les horaires et les plans d'évacuation. La plupart des édifices étaient situés en bordure des secteurs arabes et juifs. Un réseau de barbelés, d'obstacles et de fortins défendait leur accès du côté juif. Du côté arabe, en revanche, les entrées étaient si peu protégées que les hommes de Hadj Amin n'auraient aucun mal à les franchir au départ du dernier soldat britannique.

Pour les Juifs, la seule manière de prendre les Arabes de vitesse était d'obtenir que les Anglais quittent chaque bâtiment par les issues situées du côté arabe afin de permettre aux forces juives d'entrer sur leurs talons. La Haganah avait confié à Vivian Herzog, l'ancien major des Guards, la tâche capitale de convaincre les Britanniques. En outre, on pria Herzog de dresser la liste des officiers anglais sympathisants à la cause juive ou qui accepteraient de fournir contre rétribution les dates et les horaires d'évacuation.

C'était parce que l'ancien orphelinat allemand occupait une position isolée que les Anglais avaient décidé de l'évacuer plusieurs semaines avant leur départ définitif. Comme promis, le major britannique téléphona un matin de mars à Nahum Stavy.

« Nous partons, annonça-t-il. Soyez devant la porte de Schneller à dix heures avec l'argent. »

A dix heures précises, le Juif était là et les deux hommes firent ensemble l'inventaire des lieux. Puis le major prit dans sa poche un trousseau de clefs et le présenta à Stavy qui lui remit en échange une enveloppe contenant deux mille dollars. L'Anglais remercia et dit seulement :

« Bonne chance ! »

Des hommes de la Haganah surgis des immeubles alentour occupèrent aussitôt la place. Quand les Arabes découvrirent un quart d'heure plus tard l'identité des nouveaux locataires, ils s'élancèrent furieusement à l'assaut du bâtiment. Mais il était trop tard. Shaltiel avait remporté son premier succès. L'orphelinat Schneller allait devenir l'une des bases principales de la Haganah à Jérusalem.

17

LE VIEIL HOMME ET LE PRÉSIDENT

La jeune Juive se regarda dans le miroir avec satisfaction. Son tailleur de flanelle grise lui allait aussi
bien après deux années de mariage que le jour où
le regard de Vivian Herzog s'était posé sur elle pour
la première fois. Aura Herzog goûtait aujourd'hui le
plaisir, de plus en plus rare, de porter ce costume
acheté pour son trousseau au grand magasin Cicurel
du Caire. Les Herzog avaient ce jour-là un important rendez-vous. A treize heures, ils emmèneraient
déjeuner au restaurant le colonel norvègien arrivé à
Jérusalem avec la mission des Nations unies.

Si les Anglais et les Arabes avaient accueilli l'organisation internationale, les premiers avec un mépris
calculé, les autres à coups de fusil, les Juifs, eux,
étaient soucieux de s'en assurer le soutien. Ils
avaient désigné Vivian Herzog, l'un de leurs plus
habiles représentants, pour être l'officier de liaison du Norvégien.

Aura Herzog décida de se rendre en avance à
l'Agence Juive afin d'y discuter certaines affaires
qui concernaient son travail avec la Haganah. Elle
y retrouverait ensuite son mari à l'heure du déjeuner. En sortant de sa chambre, la jeune femme aperçut sur la cheminée ses boucles d'oreilles en or.
Elle les mit dans sa poche. Quelle chance, pensa-
t-elle, voilà juste ce qu'il faut pour montrer à notre
invité norvégien le raffinement dont les femmes de
Jérusalem sont encore capables.

C'était pour le poignet d'une jeune fille de Jaffa que l'Arabe Fawzi el Koutoub, le spécialiste des attentats à la bombe, avait acheté cette montre en or à Berlin. Mais la fidélité de son amie n'avait pas résisté à la séparation et il destinait aujourd'hui le cadeau à un usage bien moins sentimental que n'avait certes pas prévu le fabricant suisse. Ayant retiré le verre et l'aiguille des heures, il avait fixé un premier fil électrique à l'aiguille des minutes. Puis, après avoir planté une épingle dans le chiffre 6 du cadran, il avait attaché un deuxième fil électrique à cette épingle. El Koutoub contemplait avec satisfaction les deux cent cinquante kilos de T.N.T. qui se trouvaient dans le coffre d'une Ford gris-vert. Quand l'aiguille des minutes viendrait toucher l'épingle, elle déclencherait une explosion assez puissante pour souffler un immeuble de cinq étages.

Comme pour l'attentat de la rue Ben Yehuda, El Koutoub s'était servi de son expérience de chimiste amateur pour multiplier la puissance du nouvel engin. Afin d'accroître la chaleur de l'explosion, il avait placé des détonateurs supplémentaires dont il avait augmenté la puissance habituelle par l'adjonction d'une composition de mercure, d'acide nitrique et d'esprit de sel. Il avait même prévu, pour le cas où le système principal ne fonctionnerait pas, deux autres systèmes de mise à feu, l'un par un détonateur à pression, placé dans le coffre sous le T.N.T.; l'autre par contact électrique pour le cas où le chauffeur, pris de panique, arracherait les fils de la montre.

Ce chauffeur n'attendait plus qu'un signe pour monter dans la Ford. Quand tout fut prêt, il se dirigea vers l'avant de sa voiture pour fixer sur l'aile droite l'emblème qui lui assurerait un passage rapide à travers n'importe quel barrage routier, qu'il fût arabe, anglais ou juif. La Ford s'ornait à présent du drapeau américain. L'Arabe Antoine Daoud était chauffeur du consulat des Etats-Unis.

La voiture sortit doucement de la cour. Puis elle prit la direction de l'édifice juif le mieux gardé de Jérusalem, véritable forteresse qui abritait le Q.G. mondial du mouvement sioniste et celui de la Haganah — l'Agence Juive.

Pour Abdel Kader comme pour toute une génération de ses compatriotes, l'imposante façade qui dominait l'avenue du Roi-George-V était le symbole du malheur des Arabes palestiniens, l'incarnation des usurpateurs venus leur arracher leurs terres. Ses caves obscures renfermaient les archives d'un demi-siècle de sionisme et c'était de là qu'étaient partis ceux qui avaient inlassablement collecté les fonds, recruté les émigrants, rallié les partisans et obtenu la caution finale des Nations unies. C'était de son balcon que David Ben Gourion avait proclamé, quelques heures après le Partage : « Nous sommes enfin un peuple libre ! »

Des mesures spéciales de sécurité assuraient sa protection. Une enceinte métallique de trois mètres de haut, gardée par des sentinelles, en clôturait les abords et des rails d'acier plantés en chicanes limitaient l'accès de la cour à de rares véhicules. A l'entrée, des hommes en armes contrôlaient sévèrement les laissez-passer, vérifiaient les identités, fouillaient tous ceux qui entraient. C'était là pourtant qu'un timide Arabe chrétien de Bethléem se préparait à introduire un quart de tonne de T.N.T.

Antoine Daoud avait lui-même suggéré le plan de l'opération à Abdel Kader. Tous les matins, il arrêtait sa Ford devant la porte de l'Agence Juive pour prendre les deux secrétaires juives qui travaillaient au consulat. Il était devenu pour les gardes un personnage si familier qu'ils lui avaient même demandé quelques semaines plus tôt s'il ne connaissait pas un moyen de leur procurer des armes. D'accord avec Abdel Kader, Daoud leur avait aussitôt apporté quelques pistolets et des grenades.

Un jour enfin, l'occasion qu'attendaient les Arabes s'était présentée. Les Juifs demandèrent des fusils mitrailleurs au chauffeur. Daoud feignit d'hésiter pendant vingt-quatre heures puis accepta à la condition de pouvoir pénétrer dans l'enceinte de l'Agence avec sa voiture, afin de livrer la marchandise à l'abri de tout regard indiscret.

Ce fut donc sans l'ombre d'une difficulté que le chauffeur de la Ford put entrer dans la cour et arrêter son véhicule juste sous l'aile occupée par le Q.G. de Shaltiel. D'un sac de toile caché sous le siège arrière, il exhuma alors un fusil mitrailleur. C'était sans doute l'arme la plus onéreuse qu'acquerrait jamais la Haganah. Tandis qu'un des gardes allait chercher la somme convenue pour la transaction, Daoud annonça qu'il s'absentait un instant pour acheter un paquet de cigarettes au tabac voisin.

Subitement inquiet de voir cette voiture abandonnée par son conducteur juste sous les fenêtres du Q.G. de la Haganah, un autre garde se précipita vers elle, desserra le frein et la poussa quelques mètres plus loin, jusqu'à la hauteur du bureau de Vivian Herzog.

Ce geste coûta la vie au soldat mais épargna vraisemblablement celles de David Shaltiel et de la plupart des officiers de son état-major. L'explosion de la Ford piégée fit treize morts. Celui qui aurait dû périr à coup sûr dans les décombres de son bureau était miraculeusement indemne. A l'instant où la voiture arrivait sous sa fenêtre, Vivian Herzog s'était levé pour satisfaire un besoin naturel. Sortant des toilettes situées à l'autre bout du bâtiment, il courut de pièce en pièce pour secourir les blessés.

En entrant dans un bureau ravagé, il poussa un cri. Il venait de reconnaître la jupe de flanelle grise sur le corps sanglant allongé par terre.

« Mon Dieu, murmura-t-il en tombant à genoux, que fais-tu là ? »

Un gémissement lui répondit. Tendrement, il se pencha pour essuyer le sang qui coulait sur le joli visage de sa femme. Puis, aussi doucement qu'il le pouvait, il glissa ses bras sous son corps pour l'emporter vers une ambulance.

Deux heures et demie plus tard, à treize heures très précises, Vivian Herzog se présentait au bureau des Nations unies pour emmener le colonel Rosche-Lund déjeuner. Il excusa l'absence de son épouse qui venait, annonça-t-il, d'être blessée et il pria son invité de pardonner son apparence un peu débraillée. Les deux hommes allèrent ensuite rejoindre Reuven Shiloah, personnage influent de l'Agence Juive. Lui aussi avait été blessé par la bombe d'Antoine Daoud et sa tête enveloppée de bandages ne laissait voir que les quatre trous des yeux, du nez et de la bouche. On passa à table après un verre de sherry. Un spectacle incroyable se déroula alors sous les yeux stupéfaits du Norvégien. Tandis que Herzog s'efforçait de cacher sous sa veste les taches du sang de sa femme dont sa chemise était maculée, Shiloah entreprit d'avaler sa soupe à l'aide d'une paille qui semblait sortir de la bouche d'une momie. « Nous devons convaincre ces gens que nous sommes capables de diriger notre pays après le départ des Anglais », pensait Herzog. Au cours du déjeuner, ni lui ni Shiloah ne mentionnèrent la catastrophe qui les avait frappés le matin même et qui avait failli leur coûter la vie à tous les deux. Pendant une heure et demie, ils parlèrent des rêves qu'ils nourrissaient pour le nouvel Etat qu'ils allaient édifier en Palestine au cours des vingt prochaines années. En écoutant ces hommes qui délibérément chassaient de leur esprit un présent cruel, pour ne penser qu'à l'avenir, des larmes envahirent les yeux du Norvégien.

« Mon Dieu, murmura-t-il, personne n'arrêtera un peuple comme le vôtre. »

*

A Washington deux jours plus tard, le samedi 13 mars, la cause sioniste risquait de recevoir un autre coup. Le chemisier de Kansas City, que l'appel téléphonique venu de la chambre de Chaïm Weizmann avait sorti de son lit, était complètement découragé. Pendant toutes leurs longues années d'amitié, Eddie Jacobson n'avait jamais entendu Harry S. Truman parler avec une telle colère et autant d'amertume. C'était aussi la première fois que celui qui avait autrefois été son associé lui refusait une faveur personnelle. Truman venait de lui annoncer qu'il n'avait aucune intention de recevoir Chaïm Weizmann, ni aucun autre leader sioniste.

Jamais pourtant l'urgence d'une telle rencontre n'avait été plus grande. Quelques jours auparavant, Truman avait donné avec réticence son accord au projet du département d'Etat qui visait à remplacer le Partage par une tutelle des Nations unies sur la Palestine. Il avait expliqué son changement d'attitude dans sa réponse au câble que Jacobson lui avait envoyé le 20 février. « Voilà deux ans et demi que cette situation est un casse-tête pour moi, lui avait-il écrit. Les Juifs sont si passionnés et il est si difficile de parler aux Arabes qu'il est pratiquement impossible de réussir à faire quelque chose... J'espère que tout finira bien, mais je suis arrivé à la conclusion qu'on ne peut résoudre le problème dans le cadre du plan actuel... »

En dépit du ton peu encourageant de cette lettre, Jacobson était accouru à Washington pour intervenir directement auprès du président. Mais les pressions des sionistes américains avaient tellement exaspéré Truman qu'il restait sourd à l'appel de son ami. Découragé, Jacobson allait prendre congé quand il aperçut sur un coin du bureau présidentiel une statuette équestre d'Andrew Jackson, le grand homme d'Etat américain du début du siècle précédent. Cet objet ranima son ardeur.

« Toute ton existence, Harry, tu as eu le culte d'un héros, s'écria-t-il. Tu es peut-être l'Américain qui connaît le mieux la vie d'Andrew Jackson. »

Pointant un doigt vers le cavalier, il poursuivit :

« C'est cette statue que tu as placée devant le nouveau palais de justice que tu as fait construire à Kansas City... Oui, celle-là, grandeur nature, sur la pelouse, juste devant l'édifice où elle se trouve encore... Eh bien, Harry, moi aussi j'ai un héros, un homme que je n'ai jamais rencontré mais qui est, je crois, le plus grand Juif qui ait jamais vécu. Je parle de Chaïm Weizmann. C'est un homme très malade, à bout de force, presque aveugle, mais il a fait des milliers de kilomètres uniquement pour te voir et plaider la cause de son peuple. »

Quand Jacobson s'arrêta, il remarqua que les doigts du président s'étaient mis à tapoter nerveusement le bureau. Puis il le vit pivoter dans son fauteuil et poser son regard sur les tiges dénudées de la roseraie. « Il est en train de changer d'avis », pensa Jacobson. Tout à coup, après ce qui lui parut une éternité, le fauteuil du président pivota à nouveau. Truman le fixait droit dans les yeux.

« Tu as gagné, espèce de salaud ! »

*

Cinq jours plus tard, Chaïm Weizmann franchissait le portail Est de la Maison-Blanche pour rencontrer Harry S. Truman dans le plus grand secret. Une fois encore, l'extraordinaire courant de respect mutuel et de sympathie, qui avait animé leur première rencontre, domina leur conversation. Ce fut surtout Weizmann qui parla. Il aborda trois questions essentielles : la levée de l'embargo sur les armes, l'immigration et le soutien de l'Amérique à la cause du Partage.

Le président répondit que le département d'Etat était en train d'examiner la première. Quant à l'immigration, sa position avait toujours été claire : il lui était favorable. C'était donc au sujet du troisième point que leur rencontre trouvait sa raison d'être. L'émouvant plaidoyer où le vieux leader sioniste avait jeté tout ce qui lui restait de forces, pesa finalement plus lourd dans l'esprit du président que le rapport de ses conseillers du département d'Etat. Truman revint à sa conviction première. Il tiendrait ses engagements envers ce vieillard et les milliers de Juifs qui attendaient encore derrière les barbelés des camps européens. Les Etats-Unis, promit-il à Weizmann, continueraient à soutenir le partage de la Palestine.

*

Warren Austin, le chef de la délégation américaine à l'O.N.U., ignorait tout de cette entrevue quand il pénétra moins de vingt-quatre heures plus tard dans la salle du Conseil de sécurité. Rédigé par Loy Henderson, auteur du projet de tutelle des Nations unies sur la Palestine, et approuvé par le secrétaire d'Etat Marshall, le discours qu'il allait prononcer était prêt depuis quatre jours. Personne ne savait au département d'Etat que le président des Etats-Unis avait renversé sa position et décidé de revenir au soutien du Partage.

Tandis que Warren Austin exposait officiellement les nouvelles propositions américaines en vue de différer *sine die* le partage de la Palestine, une sorte de silence bouleversé tombait sur la salle. Dans la tribune du public, beaucoup de sionistes américains étaient au bord des larmes. Puis les délégations arabes, d'abord stupéfaites, laissèrent éclater leur joie.

Austin déclara que le gouvernement des Etats-Unis demandait solennellement au Conseil de sécurité de suspendre toute action concernant le Partage et d'appeler l'Assemblée générale en session extraordinaire pour considérer une mise sous tutelle de la Palestine à l'expiration du mandat britannique, le 15 mai. Le partage, disait-il, ne pouvait s'opérer pacifiquement « aussi longtemps que se poursuivrait la résistance actuelle des Arabes ». Il avertit alors ses collègues que si des mesures d'urgence n'étaient pas prises, on verrait la violence s'abattre sur la Terre sainte, violence qui pourrait contaminer le Moyen-Orient tout entier et menacer la paix du monde.

Cette initiative des Etats-Unis était pour les sionistes une trahison, une « capitulation » devant l'opposition arabe au Partage. Le lendemain, un samedi, des services funèbres furent célébrés dans toutes les synagogues américaines. Les délégations arabes exultaient : c'était la victoire, le Partage était « mort » !

A Jérusalem, les irréguliers arabes en liesse saluèrent la nouvelle par un triomphant barrage de mitraille tandis que Hadj Amin proclamait de Beyrouth qu'il n'avait jamais douté que « tôt ou tard les Etats-Unis retourneraient sur le chemin de la vertu et de la justice ». Laissant libre cours à sa colère, David Ben Gourion qualifia le discours d' « abandon » et promit à son peuple que, le moment venu, l'Etat juif serait proclamé avec ou sans le soutien des Etats-Unis.

Nulle part, cependant, la stupéfaction causée par le discours d'Austin ne fut plus grande qu'à la Maison-Blanche. Truman était consterné. En approuvant le projet de tutelle soumis par le département d'Etat, le président avait considéré qu'il se réservait le choix du moment et de la manière dont il serait rendu public. C'est pourquoi il n'avait pas jugé indispensable, après sa rencontre avec Weizmann, de faire savoir au département d'Etat qu'il avait finalement décidé que les Etats-Unis devaient revenir à leur première position et rester fidèles à leur engagement de soutenir le Partage. Il était convaincu que la précipitation avec laquelle ce discours avait été prononcé constituait une manœuvre délibérée de la faction du département d'Etat opposée au Partage pour lui forcer la main en le plaçant publiquement devant un fait accompli.

Cet objectif avait été atteint. Le président ne pouvait évidemment pas désavouer les déclarations de son représentant à l'O.N.U. Son autorité était déjà suffisamment ébranlée par ce renversement total de la politique internationale américaine. Un nouveau renversement achèverait de la détruire. Truman était prisonnier. Il devrait se satisfaire du plan de tutelle.

Le président était cependant bien décidé à faire connaître en privé son opinion et toute la colère qu'il éprouvait.

« Allez trouver Weizmann, où qu'il soit, ordonna-t-il au juge Samuel Rosenman, l'un de ses intimes. Et dites-lui que chaque mot prononcé devant lui exprimait véritablement ma pensée. Quand je lui ai promis que nous resterions fidèles au Partage, je pensais ce que je disais. »

Le président chargea ensuite un de ses conseillers de procéder à une enquête afin de déterminer les responsabilités. Marshall lui-même et le sous-secrétaire d'Etat Lovett ne furent pas épargnés par la colère présidentielle. Le discours prononcé par Warren Austin valut à celui qui l'avait rédigé d'enrichir son expérience des voyages à l'étranger. Par décision spéciale du président, Loy Henderson se vit confier une charge particulièrement exaltante — celle d'ambassadeur des Etats-Unis à Katmandou, capitale du Népal.

18

« QUE LES FEMMES VIENNENT AVEC LEURS FOURRURES »

Même les plus anciens habitants de Jérusalem ne se souvenaient pas d'avoir connu un mois de mars aussi froid. Toutes les nuits, le thermomètre descendait au-dessous de zéro. Transpercés par les rafales de neige fondue, souvent empêchés de voir plus loin que les fusils qu'ils serraient dans leurs mains, les soldats de Shaltiel tout comme ceux de Hadj Amin grelottaient. Mais le froid n'avait pas diminué l'intensité des combats en cette fin de l'hiver 1948.

Certaines artères, comme l'avenue Mamillah qui descendait de la Nouvelle Ville vers la porte de Jaffa, étaient constamment sous les balles. Un matin, une vieille Juive allemande, incapable de supporter plus longtemps la fusillade, empila tout ce que contenait sa petite boutique d'antiquités sur une charrette et s'en alla. Elle n'avait pas fait cinquante mètres qu'un tireur arabe l'ajusta depuis les remparts et la tua. Quelques jours plus tard, l'Arabe Ibrahim Dajani vit un de ses amis se faire abattre presque au même endroit par un tireur juif embusqué à l'autre bout de l'avenue.

Le commandant de la Haganah fit mener vivement le recensement de tous les hommes âgés de dix-huit à quarante-cinq ans. Des soldats porteurs de brassards patrouillèrent dans les cafés, les restaurants et les cinémas pour vérifier les papiers. Des parents avaient envoyé leurs fils en Angleterre pour les soustraire à l'incorporation dans la Haganah : on les frappa d'une amende de quatre mille dollars, ce qui ne les dispensa pas de faire rentrer leurs garçons. On intensifia l'entraînement du Gadna, l'organisation de jeunesse de la Haganah. Un camp permanent fut installé à Sheikh Badhour, un village arabe abandonné. Baptisé Givat Ram — la Colline du chef — ce camp pouvait accueillir deux cents garçons et filles à la mi-mars. Les plus âgés servaient ensuite d'estafettes entre les postes ou de sentinelles dans les positions les plus tranquilles.

Dépourvus de l'esprit communautaire et des institutions de leurs voisins juifs, les Arabes de Jérusalem faisaient face à la situation chacun à leur manière. Quassem Moughrabi, un garçon de quatorze ans, alla offrir ses services au représentant de Hadj Amin dans son quartier.

« Retourne téter le sein de ta mère, et reviens après pour t'engager ! » lui répondit-on.

Ecœuré, Moughrabi rentra chez lui, vola l'argent du ménage dans le sac de sa mère et partit s'acheter une grenade dans le souk pour la lancer dans la vitrine de la première boutique juive qu'il rencontrerait. « Je suis devenu un homme », pensa-t-il en entendant son engin exploser.

Pareilles actions ne pouvaient compenser le préjudice croissant que le lent et continuel exode des Arabes des classes moyennes portait à la résistance arabe à Jérusalem et dans le reste de la Palestine. Dans une lettre aux gouvernements de Syrie, d'Egypte et du Liban, Hadj Amin dénonçait le 8 mars « la tendance d'un grand nombre de fils de Palestine à quitter leurs villes pour s'installer dans les pays arabes voisins ». Le Haut Comité Arabe, annonça-t-il, avait décrété qu'aucun Palestinien ne pourrait dorénavant quitter le pays sans son autorisation. « Tous ceux qui ont abandonné leur patrie depuis le début des combats, ajoutait-il, doivent être contraints de rentrer dans l'intérêt national ». Il demandait aux trois gouvernements de ne prolonger aucun permis de résidence et de refuser d'en distribuer de nouveaux sans l'accord du comité.

Ce fut cependant l'entourage même du Mufti qui viola le premier cette règle. Dans un rapport à son ministre, le consul du Liban à Jérusalem notait au début de mars que la population éprouvait une amertume grandissante envers le Haut Comité Arabe, dont elle accusait les chefs politiques de fuir le pays. Tout aussi amèrement, on accusait les Etats arabes « de n'apporter aucune aide efficace, de ne pas tenir leurs promesses et d'avoir proféré de vaines menaces au cours de ces dernières années ». Avec une rare clairvoyance, le Libanais concluait : « Les Etats arabes feraient bien, soit d'apporter un concours valable aux Arabes de Palestine, soit d'entreprendre de les calmer. »

La situation s'aggravait de jour en jour, et l'existence quotidienne s'en ressentait. Les écoliers juifs durent célébrer la fête de Pourim, qui commémorait le temps où Esther sauva du massacre le peuple juif exilé en Perse, sans les deux instruments habituels de leur joie, les pétards comme les pistolets à amorces étant interdits. D'innombrables familles furent contraintes de bouleverser la disposition de leur logement car cette année-là les pistolets ne tiraient pas à blanc. Le journaliste juif Harry Levin et tous les habitants de son quartier transportèrent leurs lits dans les couloirs. Les Arabes Sami et Ambara Khalidy abandonnèrent eux aussi leur chambre à coucher pour un abri plus sûr. Leur fille Soulafa vit avec tristesse disparaître la terre de la roseraie familiale dans des sacs de sable. Désormais la frontière était infranchissable entre le Collège arabe de son père et l'Ecole d'agriculture juive, qui se partageaient la crête d'une même colline. La fillette voyait les jeunes Juifs qui lui avaient si souvent renvoyé son ballon avec un timide « shalom », occupés à creuser de profondes tranchées. Comme les élèves de son père, on les avait « éduqués pour diriger leur pays, mais ils étaient condamnés à faire la guerre ».

Une autre institution de la ville ferma bientôt ses portes. Informé que la Haganah devait prendre pos-

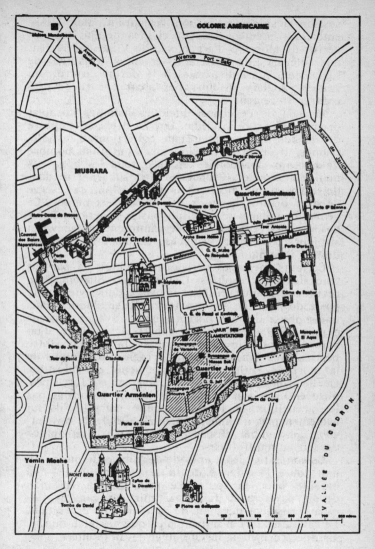

LA VIEILLE VILLE DE JÉRUSALEM
DANS SES REMPARTS

session des locaux de son restaurant, Max Hesse emballa tristement les porcelaines de Bavière, les verres de Mosar et l'argenterie de Vilna qui avaient mis l'élégance de son établissement à la hauteur de sa cuisine. Ainsi disparaissait le dernier endroit où Arabes, Anglais et Juifs pouvaient encore se rencontrer librement.

Au sein de ce chaos, quelques hommes faisaient preuve d'une rare intuition. Dov Zwettels, un employé des postes juif, commença de collectionner les téléphones. Il visita méthodiquement un grand nombre de bureaux abandonnés et rafla tous les appareils qu'il put trouver. Cachée en lieu sûr en attendant de servir un jour aux besoins de l'État juif, sa réserve dépassa bientôt le stock des P.T.T. eux-mêmes. Ce genre de pillage ne facilitait pas le fonctionnement des services postaux. Un télégramme mettait environ six jours pour aller du bureau de poste au domicile de son destinataire.

Certains messages arrivaient quelquefois par les voies les plus insolites. L'officier juif Shalom Dror reçut la plus merveilleuse nouvelle de sa vie par le poste de radio de son automitrailleuse bloquée dans une embuscade. Ses parents, qu'il n'avait pas revus depuis 1939, venaient de débarquer à Haïfa d'un bateau clandestin d'immigrants. Dror avait lutté pendant des années pour les arracher aux camps de la mort de Hitler et les faire venir en Palestine. Quelle ironie, pensa-t-il; ils arrivaient en Terre promise en ce matin de mars, et lui, il ne pouvait pas les accueillir sur le sol de cette patrie qu'ils lui avaient appris à aimer. Dror était sûr de ne pas survivre au combat désespéré qui se déroulait autour de son automitrailleuse.

Ce combat était un épisode de la bataille qui dominait toute l'existence de la Jérusalem juive — la bataille pour la route. Le prix que la Haganah devait payer pour faire parvenir ses convois jusqu'à Jérusalem devenait de plus en plus exorbitant. Le ravitaillement n'arrivait plus que miette à miette. Un spectre hantait la cité juive — la famine.

Sabine Neuville, l'épouse du consul général de France à Jérusalem, jeta un regard satisfait sur sa table. Ce soir-là, vingt-huit habitants de Jérusalem allaient à son invitation savourer un repas mémorable. De la nappe damassée brochée d'or, recouverte d'une guirlande de roses, jusqu'à la vaisselle en porcelaine de Limoges et les verres en cristal de Baccarat, la table qui les attendait était un parfait mélange de raffinement oriental et de bon goût français. Ce soir, comme l'indiquaient les cartons posés devant chaque couvert, le représentant de la nation qui avait envoyé les Croisés arracher la Terre sainte aux infidèles offrait un dîner d'adieux aux représentants de celle qui, neuf siècles plus tard, avait commandé au général Allenby d'en chasser les Turcs.

Du débarquement de Napoléon à Saint-Jean-d'Acre jusqu'aux récentes complicités britanniques dans l'éviction des Français du Levant, la France et la Grande-Bretagne s'étaient, pendant cent cinquante ans, disputé la suprématie dans la région. En un sens, ce dîner constatait leur double échec. Désormais l'influence appartenait ici à deux autres peuples, dont le combat pour cette terre, pour cruel qu'il fût, était cependant plus justifié que les leurs.

Aucun endroit de Jérusalem ne pouvait offrir, pour cette soirée d'adieux, un cadre plus émouvant que la salle à manger du consulat de France. De ses vastes baies, les invités de Mme Neuville pourraient apercevoir les toits des vieilles maisons du quartier juif de Montefiore et, au-delà, la couronne de remparts de cette ville qui, pendant dix siècles, avait fasciné leurs ancêtres.

Après un délicat consommé de poule, Mme Neuville servirait à ses invités des filets de dorade, puis une pièce de bœuf sauce Périgueux, garnie de petits légumes « comme les Anglais les aiment », du foie gras enfin. Pour accompagner ce festin, René Neuville avait savamment choisi dans sa cave les grands crus d'Alsace et de Bordeaux qui faisaient sa fierté de connaisseur. Mais la véritable surprise de la soirée serait le dessert, un magnifique gâteau au chocolat nappé de crème Chantilly, baptisé par son créateur, Monsieur Franck — le cuisinier du consulat —, « un nègre en chemise ». Aucun lien particulier n'unissait pourtant cet artiste culinaire au pays de Brillat-Savarin. Il avait été présenté à Mme Neuville par la nurse juive de ses enfants. Avant d'arborer la toque blanche de cuisinier, Monsieur Franck avait longtemps porté un autre couvrechef : le casque d'acier des officiers de l'Afrikakorps.

Mme Neuville vérifia une dernière fois la place qu'elle avait assignée à chacun de ses convives : Sir Alan Cunningham d'abord, puis Sir Henry Gurney, secrétaire général du gouvernement, Sir William Fitzgerald, Chief Justice, les deux aides de camp du haut-commissaire, de séduisants jeunes gens parlant un français irréprochable.

Dans moins de deux heures, toute l'élite britannique de Jérusalem, les hommes en habit et décorations, les femmes en robe du soir, serait réunie autour de cette table illuminée par les flammes de quatre somptueux chandeliers d'argent. A la vue de ces chandeliers qui appartenaient à la collection personnelle de son mari, le visage de Sabine Neuville s'éclaira d'un sourire narquois. En dégustant leur consommé de poule, ses invités britanniques auraient sous les yeux l'initiale gravée sur le socle de chaque chandelier. Superbe et méprisant, c'était le grand « N » doré de leur premier possesseur — Napoléon.

*

A moins de cinq cents mètres de la salle à manger des Neuville, juste derrière la tour crénelée de la citadelle de David, deux Arabes étaient lancés dans une âpre discussion. L'objet semblait en être la bouteille de whisky à moitié vide que l'un d'eux serrait jalousement contre lui. A côté des deux hommes, se trouvait un camion. Volé à l'armée britannique, c'était un nouveau véhicule piégé par Fawzi el Koutoub. Cette fois, il n'aurait pas besoin des services d'un déserteur anglais pour le conduire à destination. Il avait choisi parmi plusieurs volontaires un ancien caporal de l'armée française, Kadour Mansour, que tout le monde appelait le Tunisien. La bouteille de whisky était justement le salaire du Tunisien. Terrifié par la vitesse à laquelle il avait commencé à la vider, El Koutoub craignait qu'il ne conduisît les mille kilos de T.N.T. vers quelque village arabe et non vers l'objectif choisi par Abdel Kader. Mais le chauffeur réclamait obstinément sa bouteille.

« Jure-moi que si tu reviens, tu ne toucheras plus jamais à une goutte d'alcool ! » finit par lui demander El Koutoub.

Le Tunisien acquiesça sans hésiter. Après avoir avalé d'un trait le reste de la bouteille, il présenta subitement une requête.

« Si je reviens, jure-moi, toi, que tu me trouveras une femme ! »

El Koutoub le rassura et le poussa dans le camion.

Couvert par une demi-douzaine de mitrailleuses embusquées sur le mont Sion, le camion du Tunisien descendit en zigzaguant vers le ravin de la Géhenne, puis remonta vers son objectif. Abdel Kader avait choisi ce quartier parce que, du haut de ses vieilles maisons de pierre, les tireurs de la Haganah pouvaient harceler les communications vers Bethléem.

C'était le quartier juif de Montefiore — celui dont les toits de tuiles apparaissaient sous les fenêtres de la salle à manger de Mme Neuville.

*

L'explosion volatilisa une trentaine de bâtiments et fit quinze victimes parmi les habitants de Montefiore. Seule la prévoyance de la Haganah, qui avait fait évacuer quelques-unes des maisons les plus exposées, évita un désastre.

Quand le vacarme s'apaisa, Mme Neuville se précipita dans sa salle à manger. La table était jonchée d'une poussière de vitres brisées, de porcelaine et de verre pulvérisés. Mais elle constata avec soulagement que les chandeliers de Napoléon étaient restés debout. Elle soupira et se dirigea vers le téléphone intérieur.

« Chéri, demanda-t-elle à son mari, téléphone à nos invités, s'il te plaît. Que les femmes viennent avec leurs fourrures. Il n'y a plus de vitres dans la salle à manger. »

*

L'Arabe Haroun Ben Jazzi scrutait la nuit pleine de bruit. Régulier mais encore lointain, le ronronnement des moteurs montait de la vallée. Il y avait des heures que ses hommes et lui, grelottant dans l'obscurité, attendaient ce signal. De Houlda, le centre de rassemblement juif, un message secret avait fait savoir que les Juifs devaient pousser un important convoi jusqu'à Jérusalem.

Ben Jazzi était prêt. Trois cents Arabes étaient tapis sur les pentes au-dessus du barrage de rochers et de troncs d'arbres qui coupait la route. Le plus proche était à moins de cinq mètres du bas-côté, prêt à bondir avec ses grenades sur les voitures de tête si les mines du barrage n'explosaient pas. De chaque bord, une mitrailleuse Vickers était pointée sur la route.

De son automitrailleuse qui roulait en tête, le lieutenant juif Moshe Rashkes distinguait les silhouettes sombres des camions qui le suivaient. Ils étaient quarante à s'étirer en une longue chenille d'un kilomètre, transportant des centaines de sacs de farine, des milliers de boîtes de viande, de sardines, de margarine. D'un camion, débordait même une cargaison de fruits que les habitants de Jérusalem n'avaient pas vus depuis des semaines — des oranges. Pour cent mille Juifs, les quarante camions du lieutenant Rashkes représentaient bien plus que quelques simples rations. Ils devaient démontrer que l'artère vitale, la route vers la mer, n'était pas coupée.

Le premier véhicule qu'aperçut Ben Jazzi fut l'automitrailleuse de Rashkes émergeant lentement des brumes de l'aube. Elle se trouvait à environ six cents mètres de la station de pompage qui marquait l'entrée du défilé de Bab el Oued.

Rashkes entendit claquer les premiers coups de feu puis le bruit mat d'une explosion. Le camion forceur de barrages venait de toucher une des mines. Au même instant, il reconnut dans ses écouteurs la voix du chef du convoi qui avertissait Houlda :

« Nous sommes encerclés, mais nous continuons à avancer. »

Les « sandwiches » de l'escorte furent bientôt si près de Ben Jazzi qu'il pouvait distinguer les éclairs des mitraillettes qui tiraient par les volets des blindages. D'un coup de sifflet, il ordonna à ses hommes cachés dans le fossé de diriger un jet de grenades sur les voitures, obligeant ainsi leurs occupants à s'enfermer complètement.

L'atmosphère devint suffocante. Les rafales enveloppaient l'automitrailleuse de Rashkes comme un orage de grêle. Par une fente, il chercha à repérer les assaillants, mais il ne vit que la muraille d'arbres et de rochers qui emprisonnait la route. Devant lui, il apercevait l'épave du forceur de barrages gisant au bord du fossé et, à côté de lui, celle d'un deuxième camion qui achevait d'obstruer complètement la route de Jérusalem.

Les détonations sèches des pneus qui éclataient lui parvenaient de toute la colonne et, dans la lumière du jour qui se levait, il distinguait les petits panaches de vapeur qui montaient des radiateurs crevés. Comme un chien de berger courant après son troupeau, le chef du convoi remontait la colonne à bord de sa Hillman, hurlant aux chauffeurs de ne pas serrer leurs véhicules les uns derrière les autres. Mais la queue du convoi poussait en avant et la colonne offrit bientôt une cible compacte aux tireurs de Ben Jazzi.

Rashkes reçut l'ordre d'aller recueillir l'équipage du forceur de barrages. Les cinq naufragés purent sortir de l'épave par l'issue de secours et se réfugier dans l'automitrailleuse. Puis il s'approcha du deuxième camion, qui était couché sur le flanc. Sous la porte de sa cabine blindée coulait un mince filet de sang. Des flammes dévoraient l'arrière et se propageaient vers la cabine et le réservoir d'essence.

Rashkes appela mais n'obtint aucune réponse. Le feu redoubla. Au moment où il faisait signe à son automitrailleuse de s'éloigner du brasier, il vit tout à coup une chose effrayante : la poignée de la cabine bougeait. Deux hommes sautèrent de l'automitrailleuse et rampèrent vers le camion. Tandis que les Arabes les arrosaient de balles, ils essayèrent d'ouvrir la porte.

« Quelqu'un cogne de l'intérieur », cria l'un d'eux en secouant frénétiquement la poignée.

Mais la serrure restait bloquée. Le filet de sang noirâtre continuait de couler goutte à goutte sur le sol. Les flammes redoublèrent et vinrent bientôt lécher le réservoir. Rashkes ordonna aux deux hommes d'abandonner l'épave et de regagner l'automitrailleuse. La poignée bougea à nouveau, imperceptiblement. Puis, en quelques secondes, le feu enveloppa le réservoir et la cabine fut engloutie dans une mer de flammes.

Le convoi était irrémédiablement bloqué. Une demi-douzaine de camions avaient culbuté dans le ravin en essayant de faire demi-tour. Il n'était plus question de franchir le barrage ni de contourner les carcasses calcinées.

Alertées par la fusillade, des bandes de villageois accouraient des collines pour se joindre à la curée. Des hauteurs, les cris stridents des femmes les poussaient en avant.

« Isaac, Isaac, aujourd'hui la mort est pour toi ! » entendait crier Rashkes dans un mauvais hébreu.

Une heure, deux heures, six heures s'écoulèrent. Dans les voitures, les Juifs, suffoquant de chaleur, arrachèrent leurs vêtements. Les munitions de l'automitrailleuse de Rashkes étaient presque épuisées.

L'ordre de repli arriva enfin par radio. Les camions qui pouvaient encore rouler reculèrent, la plupart sur les jantes. Les automitrailleuses qui avaient échappé au désastre essayèrent de couvrir la pitoyable retraite et de lui ouvrir un chemin en poussant les épaves dans le ravin. Tandis que mètre par mètre son automitrailleuse revenait vers Houlda, Rashkes vit les Arabes dévaler les pentes. Poussant des cris de victoire, ils s'abattaient sur les camions comme des sauterelles, les pillant jusqu'à la carcasse. Des mains frénétiques s'emparaient des sacs de farine, des caisses de sardines, des boîtes de viande. Rebondissant de pierre en pierre comme les perles d'un collier brisé, des dizaines d'oranges roulaient de tous côtés. D'interminables files de villageois, écrasés sous le poids de leur butin, remontaient déjà les sentiers de la vallée. Ce soir, à Beit Mahsir, à Saris, à Castel, dans tous les pauvres villages de Judée accrochés au-dessus de la route, on allait festoyer triomphalement avec la nourriture que les Juifs affamés de Jérusalem attendaient dans le désespoir.

Ce jour-là, la Haganah perdit dix-neuf véhicules, dont seize camions et deux automitrailleuses, presque la moitié des effectifs partis de Houlda. Le dix-neuvième, remorqué par ses hommes, deviendrait pour Haroun Ben Jazzi le souvenir personnel de sa victoire. C'était la Hillman du chef du convoi.

Comme d'habitude, Dov Joseph avait reçu à l'aube un message codé lui annonçant qu'une colonne de quarante camions était en route vers Jérusalem. Dans la soirée, une secrétaire lui apprit que cette colonne n'arriverait pas. Pour la première fois depuis le 29 novembre, un convoi entier n'avait pas réussi à atteindre la ville. Profondément déprimé, il s'enfonça dans son fauteuil. Une évidence s'imposa à son esprit :

« Cette fois, nous sommes assiégés. »

19

« UNE MAISON AU MILIEU DE L'ENFER »

Les baraquements de la colonie surplombaient une route presque aussi vieille que les migrations de l'homme. Ils s'étendaient à l'ouest d'un petit monastère russe construit à mi-chemin de Jérusalem, la cité de David, et d'Hébron, celle des Patriarches. Depuis plusieurs mois, les quatre cent cinquante hommes, femmes et enfants qui les habitaient vivaient pratiquement en état de siège. Les quatre kibboutzim de la colonie de Kfar Etzion gardaient les approches de Jérusalem. Mais leur position était si exposée et leurs liens avec la ville juive si ténus que David Shaltiel avait supplié le haut commandement d'autoriser leur évacuation.

Abraham avait promené ses troupeaux dans ces collines désolées, David les avait traversées pour aller conquérir Jérusalem et unir les tribus de Juda avec celles d'Israël et les guerriers de Josaphat s'y étaient rassemblés pour remercier Dieu de leur victoire sur les Moabites.

Berceau des chefs du peuple hébreu, ces collines étaient devenues bien des siècles plus tard le bastion d'un nationalisme arabe ardent et parfois belliqueux. En dépit de la présence séculaire d'un foyer de science et d'érudition judaïque, Hébron, leur capitale, rivalisait de fanatisme arabe avec Naplouse, sa sœur du Nord. Récemment encore, pendant les troubles de 1929, soixante-six Juifs, presque tous des rabbins sans défense, avaient payé de leur vie l'attachement passionné de cette cité à la cause du Mufti. En 1936, un nouveau soulèvement arabe avait chassé les derniers Juifs de la ville où reposait leur père Abraham.

Les quatre établissements qui composaient la colonie de Kfar Etzion témoignaient de l'effort tenace entrepris pour rétablir une présence juive au pays des Patriarches et constituer en même temps un avant-poste pour la défense de Jérusalem. Pour les Arabes de la région d'Hébron, Kfar Etzion était une intrusion étrangère sur un territoire qui leur avait entièrement appartenu pendant des siècles.

C'est en 1928 qu'un cheikh arabe vendit ces terres à un groupe de Juifs orthodoxes de Jérusalem. Une dizaine de familles devaient s'y installer, mais les massacres de 1929 firent échouer cette première tentative. Un riche propriétaire juif se rendit alors acquéreur du terrain, l'agrandit de plusieurs parcelles achetées aux villages voisins et y installa quarante ouvriers pour y créer une plantation de citronniers. Les troubles de 1936 mirent un terme provisoire à tout essai de colonisation juive dans la région.

Pour empêcher que la terre ne retournât aux mains des Arabes, le Fonds national juif, soucieux de l'avenir, s'empressa de la racheter à l'infortuné propriétaire. Il réussit même, par une astuce juridique, à tourner les dispositions du Livre Blanc britannique qui interdisait depuis 1939 aux Juifs d'acquérir de nouvelles terres dans ce secteur. Il acheta en 1942 les terres et le bâtiment voisins d'une communauté de bénédictins allemands dont les membres avaient été internés par les Anglais. Une nuit d'avril de l'année suivante, dix hommes et trois femmes en prirent secrètement possession. La colonie de Kfar Etzion était née. Elle allait devenir une illustration parfaite de cette institution originale engendrée par le peuplement sioniste en Palestine — le kibboutz.

Ces premiers colons appartenaient à une organisation religieuse, fondée en Pologne en 1934, dont la doctrine unissait l'observance scrupuleuse des préceptes de la Torah à la pratique du travail collectif. Et c'est en défrichant pendant sept rudes années la terre ingrate de Samarie qu'ils avaient gagné leur titre de propriété sur les collines inhospitalières de Kfar Etzion. « Tandis que nos frères affrontent en Europe un horrible destin, écrivit l'un d'eux la nuit de leur installation, nous sommes venus ici construire un refuge pour ceux qui survivront. »

Rarement prophétie s'était révélée plus juste. Deux ans plus tard, une soixantaine d'hommes et de femmes décharnés arrivèrent à Kfar Etzion pour commencer une nouvelle vie auprès des pionniers. Plus que par un lien spirituel, ils étaient unis cette fois par une similitude physique, le numéro matricule des déportés gravé dans leur chair. Akiva Levi, un Tchèque de dix-neuf ans, avait vécu toute son adolescence aux portes des chambres à gaz d'un camp de la mort de Silésie; Zipora Rosenfeld, blonde, très belle, revenait d'Auschwitz; et le ghetto de Varsovie brûlait encore dans les yeux de Natanael Steinberg. Pour Isaac Ben Sira, c'était la fin d'un lugubre pèlerinage. Après avoir été l'un des treize fondateurs de Kfar Etzion, il avait parcouru l'Europe, à la fin de la guerre, pour rechercher les survivants de sa famille. Il n'avait retrouvé que cinq de ses douze frères et sœurs. Quatre d'entre eux l'avaient accompagné pour faire revivre un rameau de la famille Ben Sira sur les collines de Kfar Etzion.

Une rude existence attendait les nouveaux venus. Un vent cinglant s'engouffrait l'hiver entre les collines tandis qu'un linceul de brume glacée noyait fréquemment les crêtes. L'été, c'était un soleil implacable qui desséchait la terre et terrassait les hommes.

Pendant deux ans, la colonie ne subsista qu'avec l'eau des pluies d'hiver recueillie dans les citernes du monastère et elle était si rare que les colons devaient la réserver en priorité aux plantations. Chaque mètre carré de terre était conquis sur les pierres, nettoyé à la main et protégé de l'érosion par un incessant quadrillage de terrasses. On ne tarda pas à comprendre que seule la vigne et les arbres fruitiers pourraient croître et produire dans ce sol rocailleux.

Une cérémonie solennelle marqua la plantation des premières pousses. Réunie devant les sillons des futurs vergers, la communauté tout entière récita avec ferveur le serment spécialement composé par l'un de ses membres.

« Nous jurons, promirent les colons de Kfar Etzion, de ne connaître ni la paix ni le repos avant d'avoir chassé de nos collines la honte de la stérilité, avant de les avoir couvertes de fruits et de forêts. »

Aux difficultés naturelles s'ajoutaient celles qu'engendrait la rigueur particulière de leur foi. Il fallut ainsi imaginer un système très compliqué pour la traite des vaches les jours de sabbat. Les colons savaient aussi que la greffe de pommiers sur des amandiers sauvages habitués à la pauvreté du sol permettrait une croissance plus rapide des arbres. Mais la Torah interdit toute union d'espèces étrangères et l'intervention des plus hautes autorités religieuses de Jérusalem fut nécessaire pour pouvoir appliquer cette technique. La Torah défendant aussi que les fruits soient cueillis avant la quatrième année, les colons durent chercher des sources de revenus en dehors de l'agriculture. Au printemps et en été, ils s'installaient donc sous la tente et louaient leurs habitations aux gens de Jérusalem désireux de passer quelques jours à la campagne.

Malgré tous ces obstacles, le premier kibboutz ne cessa de s'agrandir. Le nombre de ses habitants s'accroissant également, trois autres kibboutzim furent installés autour du noyau de Kfar Etzion — Massuot, Ein Tsurim et Revadim. L'ensemble de ces quatre établissements, intimement liés, prit officiellement le nom de Bloc Etzion. Mais Kfar Etzion resta par habitude le nom qui désignait la colonie.

Salué avec autant d'allégresse par les Juifs de toutes les régions de Palestine, le vote du Partage ne fut accueilli à Kfar Etzion qu'avec une joie mitigée. Les cartographes des Nations unies n'avaient pas inclus dans le futur Etat juif ces collines que leurs habitants avaient tant peiné à faire fructifier.

Cette décision marqua le début d'un hiver cruel. Conscients de la menace que la colonie faisait peser sur leurs communications, persuadés à juste titre que

Kfar Etzion avait été créé pour des raisons militaires autant qu'agricoles, les Arabes s'empressèrent de l'attaquer. Moins de deux semaines après le vote, un convoi de ravitaillement tomba dans une embuscade à la sortie de Bethléem. Dix de ses vingt-six occupants furent tués et tous les véhicules perdus. Depuis lors, Kfar Etzion était virtuellement en état de siège.

Le 5 janvier, la plupart des femmes et tous les jeunes enfants furent évacués à Jérusalem, sous escorte britannique. Quelques jours plus tard, des centaines d'Arabes lancèrent une attaque concertée. Ils furent repoussés après une journée de sévères combats mais, cette nuit-là, dans la Neveh Ovadia — la Maison de l'Ouvrier de Dieu — qui servait de synagogue et de foyer culturel, quelqu'un inscrivit dans le journal du kibboutz : « Une série de miracles nous ont sauvés aujourd'hui, mais combien de temps pourrons-nous tenir ? Nous ne sommes qu'une île minuscule perdue au milieu d'une mer d'Arabes déchaînés. »

Quatre jours plus tard, le sol de la Neveh Ovadia servait de morgue aux corps mutilés de trente-cinq étudiants de la Haganah massacrés alors qu'ils tentaient d'atteindre la colonie depuis Jérusalem. C'était le plus sanglant échec que les Arabes eussent jamais infligé aux Juifs.

Tandis que le printemps succédait à l'hiver, les colons et les jeunes gens du Palmach envoyés en renfort délaissèrent les travaux des champs pour tisser sur le sol rocailleux de nouveaux réseaux de barbelés et creuser des abris et des tranchées. Ils improvisèrent une piste d'atterrissage et la colonie isolée fut parmi les premières à voir s'accomplir la promesse de la vieille prière araméenne, et à recevoir son salut du ciel.

Cette dure existence avait pourtant ses joies. Avec le printemps, les champs devenaient un chatoyant tapis de fleurs sauvages. Chaque soir, Isaac Ben Sira allait s'y promener avec ses frères et sœurs retrouvés et tous ensemble ils remplissaient leurs bras d'anémones rouges, d'asphodèles, de boutons d'or et de jonquilles.

La fête de Pourim arriva. En l'absence de leurs enfants, les colons montèrent eux-mêmes le spectacle traditionnel. Ce soir-là, à la fin de la représentation, réunis dans la Neveh Ovadia, ils trinquèrent tous au *Chayim* — à la vie. Jamais un toast ne pourrait être pour eux plus chargé d'espoirs. C'était le printemps de leur première récolte.

*

A Jérusalem, pendant ce temps, les chefs de la Haganah débattaient du sort de Kfar Etzion. De leur décision dépendrait que ses habitants puissent ou non récolter les premiers fruits de leurs vergers.

Dov Joseph s'était trompé de vingt-quatre heures dans son estimation. L'anéantissement des camions du lieutenant Moshe Rashkes à Bab el Oued ne marquait pas tout à fait le début du siège de Jérusalem. Un convoi de soixante véhicules arriva le lendemain sans rencontrer de sérieuse opposition, la grande majorité des Arabes fêtant encore leur victoire de la veille.

Cette arrivée inattendue concentrait à Jérusalem la plus grande partie des voitures blindées disponibles pour la protection des transports. Le lendemain étant jour de sabbat, traditionnellement sans convoi, ces automitrailleuses et les camions vides attendraient vingt-quatre heures avant de redescendre à Tel-Aviv. La Haganah devait-elle profiter de leur présence pour tenter de ravitailler massivement Kfar Etzion ?

David Shaltiel et son adjoint, Elie Arbel, y étaient hostiles. Les risques étaient trop grands, estimaient-ils, car les deux cents tonnes nécessaires à la colonie pour subsister pendant trois mois exigeaient quelque quarante camions et une vingtaine de voitures blindées.

« Trente à cinquante pour cent de ces véhicules seront perdus, prédit Shaltiel. C'est un prix déraisonnable. »

Les automitrailleuses étaient beaucoup trop précieuses pour qu'on les hasardât dans une telle aventure. Avec insistance, il renouvela ses recommandations. Kfar Etzion devait être évacué et ses forces repliées à Jérusalem.

Mais à Tel-Aviv, le jeune archéologue qui dirigeait les opérations de la Haganah n'était pas de cet avis. Pour Yigael Yadin, Kfar Etzion était une position vitale, « le bastion qui protégeait Jérusalem d'une attaque venant du Sud ». Il pria donc Shaltiel de remplir les camions de tout ce qu'il était possible de trouver à Jérusalem et d'organiser un convoi. Pour le conduire, il lui dépêcha Michel Shacham, l'homme qui avait fait sauter l'hôtel *Sémiramis*.

Le succès dépendait de la rapidité d'exécution. Il fut décidé de limiter à quinze minutes — pas une de plus — l'escale à Kfar Etzion.

« Si ce programme n'est pas respecté à la minute près, déclara Arbel, les Arabes auront le temps de nous couper le chemin du retour. »

Chaque phase de l'opération fut réglée avec la précision d'un mouvement d'horlogerie. Des groupes de colons devaient attendre les camions dès l'entrée du chemin montant au kibboutz pour commencer à les décharger avant même qu'ils n'eussent atteint les baraquements. Quatre voitures de l'escorte resteraient en arrière pour patrouiller aux abords de la colonie et tenir les Arabes à distance pendant cette manutention acrobatique.

L'ancien orphelinat allemand Schneller acheté aux Anglais quinze jours plus tôt fut choisi comme lieu de rassemblement. Des tonnes de vivres, de médicaments, de munitions, de ciment, de poutrelles métalliques, de fil de fer barbelé, de mazout furent hâtivement entassées dans la cour.

Une centaine de garçons et de filles du 6e bataillon du Palmach furent chargés d'assurer la protection du convoi. Pour leur donner une puissance de feu supérieure à tout ce que la Haganah avait jusqu'ici aligné sur une route, Shaltiel avait consenti à dépouiller ses propres troupes de leurs meilleures armes. L'escorte disposerait de dix-huit mitrailleuses, deux mortiers, quarante-cinq mitraillettes et quarante-sept fusils de modèle récent. Un camion forceur de barrages équipé d'une grue, quatre autocars blindés, quarante camions et dix-neuf automitrailleuses — en fait, tout le parc roulant disponible — furent mobilisés pour apporter les deux cents tonnes de ravitaillement. Quatre émetteurs assuraient les liaisons radio. Un des précieux Auster d'observation fut même mis à la disposition de Michel Shacham.

Le départ fut fixé à six heures du matin. Les Juifs espéraient que les Arabes ne les attendraient pas ce samedi de Pâques 27 mars, jour du sabbat.

Une activité de fourmilière en péril anima toute la nuit l'enceinte de l'ancien orphelinat. Mais les responsables furent dépassés par l'envergure de l'opération. A six heures du matin, il restait encore une douzaine de camions à charger. Le convoi ne fut prêt à partir qu'un peu avant huit heures.

En observant la longue file des véhicules dont les moteurs étaient en train de réveiller la moitié de Jérusalem, Elie Arbel prit conscience de l'effrayante gageure que représentait cette entreprise. Il rattrapa l'officier qui commandait l'escorte pour lui faire ses ultimes recommandations. Il lui montra une dernière fois sur la carte les points du parcours qu'il jugeait les plus dangereux, ceux où il devrait patrouiller avec une vigilance particulière pendant le déchargement. Son doigt se pointa enfin sur une courbe située juste au-delà des Vasques de Salomon.

« Attention, insista-t-il, c'est là que les Arabes vont essayer de vous tomber dessus. »

*

Encouragée par les acclamations de la foule, la lourde colonne sortit de Jérusalem et s'enfonça dans la campagne. Elle passa devant le Tombeau de Rachel et le monastère grec de Mar Elias. A l'entrée de Bethléem, les Arabes du poste de garde, stupéfaits, abandonnèrent précipitamment leur barrière. De kilomètre en kilomètre, l'état-major juif de Jérusalem suivait par radio la lente progression du convoi. Les Vasques de Salomon, puis le virage fatidique furent dépassés. Au bout de quatre-vingt-dix minutes, les camions de tête quittaient enfin la route goudronnée pour prendre à droite le chemin qui montait à Kfar Etzion. Personne n'avait entendu le moindre coup de feu.

Les colons leur firent un accueil triomphal. Le déchargement se déroula si rapidement que le délai de quinze minutes ne fut pas dépassé. A Jérusalem, les chefs de la Haganah reprenaient confiance. Ce raid éclair promettait d'être un succès. Le convoi serait de retour à l'heure.

Mais dans les collines, entre Jérusalem et Kfar Etzion, le destin avait entamé une course contraire.

D'une fenêtre du monastère grec de Mar Elias, l'ancien inspecteur de police Kamal Irekat, lieutenant d'Abdel Kader pour la zone sud de Jérusalem, avait vu passer la colonne avec satisfaction. Il l'attendait depuis plusieurs jours. Tout le long du parcours jusqu'à Hébron, il avait posté ses Arabes et entreposé des explosifs. Il n'avait pas l'intention d'intercepter le convoi pendant son trajet vers Kfar Etzion mais de le surprendre au retour, quand il serait aussi loin que possible de tout secours.

Les premiers camions n'avaient pas encore franchi les portes du kibboutz que ses émissaires couraient déjà de village en village pour ameuter la population. Irekat lui-même avait sauté sur une motocyclette pour gagner au plus vite l'endroit choisi pour l'embuscade. Il était neuf heures trente. Il savait qu'il lui faudrait deux heures pour installer son piège.

A Jérusalem, rivés au poste de radio, Shaltiel, Arbel et Isaac Levi, le chef du Deuxième Bureau, se demandaient avec une impatience croissante pourquoi le convoi ne repartait pas. Shaltiel appela Shacham.

« Michel, implora-t-il, pour l'amour du Ciel, dépêchez-vous ! »

Le déchargement des camions et l'embarquement dans les autocars blindés des quatre-vingt-dix étudiants du Palmach que les nouveaux arrivants venaient relever s'étaient déroulés comme prévu mais deux impondérables venaient d'enrayer le mécanisme de l'entreprise.

Le premier était un ordre de Tel-Aviv commandant à Shacham de rapporter à Jérusalem le petit avion qui avait capoté en atterrissant à Kfar Etzion quelques jours auparavant. Le second était dû à la répugnance subite et obstinée que manifestait à monter dans son camion le seul membre de la colonie autorisé à la quitter. En dépit des efforts conjugués d'une demi-douzaine de colons, Zimri, le taureau reproducteur de Kfar Etzion, refusait de se laisser embarquer pour les pâturages plus sûrs de la plaine de Shaaron.

L'appel d'Irekat se répandait pendant ce temps dans toutes les collines. Les muezzins avaient escaladé leurs minarets pour propager la nouvelle. Des pères disputaient à leurs fils l'honneur d'emporter au combat l'arme familiale. Des paysans sortaient précipitamment de leurs gourbis avec un vieux fusil de chasse et une poignée de cartouches. A cheval, dans des guimbardes grinçantes ou de rutilantes limousines américaines, à dos d'âne ou à pied, les Arabes des villages de Nahlin, de Beit Fajar, d'Alloul, d'Artas, de Beit Sahour et de Beit Djala convergeaient en masse vers la route. Des camions ramassaient dans les rues de Bethléem et celles d'Hébron la foule des souks et des cafés, impatiente elle aussi d'aller griller ses cartouches.

Cet empressement frénétique illustrait à la fois la force et la faiblesse militaire des Arabes. Il n'y avait aucune préoccupation logistique dans toute cette fièvre. Personne ne pensa à se munir de nourriture, d'eau ou de pansements. Faute d'instructions précises et d'encadrement, chacun accourait pour décharger son arme sur la première cible venue. Par dix, cent, mille, ils déferlaient sans cesse.

C'était une ruée tumultueuse, désordonnée, incontrôlable. Bien avant d'atteindre l'endroit où il voulait tendre son embuscade, Irekat rencontra un groupe de paysans qui avaient déjà coupé la route par une avalanche de rochers énormes. Impuissant à faire respecter son plan, il dut se résigner à rappeler ses hommes avec leurs explosifs. L'embuscade se déroulerait donc dans cette courbe que les paysans avaient instinctivement choisie.

Dès qu'il découvrit cette inquiétante animation sous les ailes de son petit avion de reconnaissance, le juif Daniel Beckstein alerta Jérusalem. Le convoi devait rentrer sur-le-champ. Dans quelques minutes il serait trop tard.

Au quartier général de Shaltiel, la fièvre montait.

« Partez donc ! mais pourquoi ne partez-vous pas ? » suppliaient tour à tour les chefs de la Haganah.

Mais à Kfar Etzion, les colons continuaient de batailler avec le chargement de l'avion et la mauvaise volonté de Zimri.

Les autorités britanniques étaient maintenant au courant du drame qui se préparait. Indigné que la Haganah ait osé organiser ce convoi sans en informer ses services, le préfet de Jérusalem dépêcha un de ses collaborateurs à l'Agence Juive pour mettre un terme à toute l'opération sous peine pour elle d'en assumer totalement les conséquences. Shaltiel envisagea un instant d'interdire au convoi de repartir puisque son horaire n'était plus respecté. Il y renonça finalement. Il ne pouvait laisser à Kfar Etzion toutes ces automitrailleuses dont dépendaient les approvisionnements ultérieurs de Jérusalem.

Une heure, une heure et demie s'écoulèrent. Chaque minute accroissait le pessimisme du petit groupe silencieux autour du poste de radio. « Le pire peut arriver », se dit Arbel. Les quatre voitures blindées qui patrouillaient firent savoir que les Arabes étaient maintenant si nombreux qu'elles ne parvenaient plus à les tenir à distance.

Kfar Etzion annonça enfin le départ du convoi. Il était onze heures trente. Au lieu des quinze minutes prescrites, l'escale avait duré deux heures. Exactement le temps que le chef arabe Kamal Irekat avait estimé nécessaire pour couper sa route du retour.

Une voiture de reconnaissance roulait en tête,

suivie par le forceur de barrages avec sa grue. Une centaine de mètres derrière venaient les premiers camions vides, puis les quatre autocars blindés ramenant les hommes du Palmach, et enfin le reste des camions. Les automitrailleuses étaient réparties comme des chiens de garde tout au long de la colonne. L'une d'elles fermait la marche derrière le camion qui emportait le taureau récalcitrant. La voiture de commandement était en contact radio permanent avec le Q.G. de Shaltiel.

Le forceur de barrages ouvrit sans difficultés un passage à travers une première barricade, puis une seconde et une troisième. Trois autres barricades furent encore aisément franchies. Le soulagement succédait à l'anxiété. C'est alors qu'apparut le septième obstacle, beaucoup plus important que les précédents. Sous un feu très vif, le forceur de barrages s'avança pour tenter de bousculer les énormes blocs qui obstruaient la route. Mais à l'instant où il entrait en action, une avalanche de rochers s'abattit sur la chaussée. Sous le choc, le mastodonte culbuta dans le fossé. Par le volet arrière de sa cabine, son chauffeur vit le convoi tout entier s'immobiliser après un dernier soubresaut, comme un serpent à qui l'on vient de couper la tête. Le tir des Arabes se déchaîna sur les véhicules arrêtés. Le bruit des pneus qui éclataient se mêlait déjà à la fusillade. Le piège s'était refermé.

« Où êtes-vous exactement ? demanda Jérusalem.
— A Nebi Daniel ! »

Arbel frémit. Nebi Daniel était le nom d'une vieille maison arabe située au bord de la route, juste dans le funeste virage des Vasques de Salomon qu'il avait indiqué quatre heures plus tôt au chef du convoi.

*

Les échos d'une autre fusillade rententissaient en ce samedi de Pâques dans les collines à l'ouest de Jérusalem. Une exubérante pétarade saluait l'arrivée dans le bourg arabe d'Al Maliha des huit cents habitants du village voisin. Toute vibrante d'émotion dans sa robe de velours pourpre de la tribu des Keis, Alia Darwish, la fille cadette d'un des patriarches d'Al Maliha, écoutait ce vacarme avec exaltation. Elle n'avait que quinze ans mais ces clameurs célébraient la fin de son enfance. Ses voisins venaient la chercher. En une joyeuse et bruyante procession, ils la ramèneraient ensuite à leur village. Un homme qu'elle n'avait encore jamais vu, le séduisant tailleur de pierre Mohamed Moussa Zaharan, l'y attendait. Ce samedi de mars serait le jour le plus mémorable de la vie d'Alia Darwish. C'était celui de ses noces.

Les bras chargés d'amandes salées et de sucreries, les cavaliers entrèrent dans Al Maliha conduits par le *moukhtar* — leur maire. Les femmes suivaient dans de vieux autocars loués pour la circonstance. Alia Darwish fut hissée sur un cheval tout harnaché d'or, puis son père lui mit dans les mains un long sabre dont elle devait plaquer la lame contre le voile blanc qui cachait son visage. Elle resterait dans cette posture jusqu'à l'instant de son mariage, quand son époux prendrait symboliquement possession d'elle en écartant le voile de la pointe du sabre.

Le cortège se mit en route. Les hommes chantaient une mélopée nuptiale, soutenus par la mélodie aigrelette des joueurs de flûte et de *kakabeh*, une sorte de guitare. Derrière la future mariée, les femmes de son nouveau village faisaient virevolter leurs longues robes de satin ou de velours brodé en dansant la traditionnelle Zafeh des mariages.

La petite communauté vers laquelle partait la jeune Arabe était perchée sur une hauteur rocheuse de l'autre côté du profond ravin qui la séparait d'Al Maliha. Ses pentes couvertes des buissons fleuris de ses amandiers étaient entaillées de larges échancrures blanches. C'étaient les carrières de pierre qui depuis des décennies constituaient la richesse principale du village et faisaient sa réputation. Avant le fiancé d'Alia, des générations avaient travaillé cette pierre et l'habileté de leurs ciseaux était légendaire à travers tout le Moyen-Orient. De Jérusalem à Bagdad, rares étaient les villes qui ne s'enorgueillissaient pas de posséder quelques maisons dont les pierres blondes finement ciselées provenaient de cette carrière.

De tout temps, les Arabes de ce village avaient entretenu de cordiales relations avec leurs voisins juifs de Givat Shaul, Motza et Montefiore. Ils participaient aux fêtes les uns des autres, dansaient, chantaient et buvaient ensemble le café et l'arak.

Même en ce printemps troublé de 1948, le nouveau foyer d'Alia Darwish avait su rester un étrange paradis aux portes de Jérusalem. Ses habitants avaient courtoisement mais fermement interdit aux hommes du Mufti de venir perturber la tranquille existence de leur village qui portait le nom du notable qui l'avait autrefois fondé.

Il s'appelait Deir Yassin. Un nom qui deviendrait le symbole d'une tragédie.

*

Il ne restait plus au convoi juif le moindre espoir de forcer le barrage. Les Arabes s'étaient approchés à moins de trois cents mètres des véhicules pris au piège et, de leurs cabines, les chauffeurs pouvaient les entendre s'interpeller.

Pour tenter de sauver la colonne d'un anéantissement complet, son chef ordonna la retraite sur Kfar Etzion. Il était déjà trop tard pour la plupart des véhicules. Cinq voitures blindées avec trente-cinq hommes et cinq camions seulement réussirent à faire demi-tour. Dans l'un d'eux se trouvait Zimri, le taureau dont l'entêtement avait tragiquement contribué à retarder le départ du convoi. L'animal ne connaîtrait jamais les pâturages à l'abri des balles. Il était condamné à partager le sort des Juifs qui l'avaient élevé.

La dernière chance de salut pour les cent quatre-vingts hommes et femmes qui restaient pris au piège était de pouvoir se retrancher dans la maison abandonnée qui avait donné son nom au virage.

Les camions encore capables de se traîner vinrent se placer en carré devant cette construction comme dans le plus classique des westerns. A l'abri des balles, les Juifs firent sauter la porte et se ruèrent à l'intérieur. Ils barricadèrent toutes les ouvertures et mirent quatre mitrailleuses en batterie sur le toit. Les voitures blindées encore intactes firent la navette pour recueillir les naufragés des véhicules immobilisés et les amener jusqu'à la maison.

Personne ne put secourir les Juifs emprisonnés dans le forceur de barrages. L'équipage qui comptait plusieurs blessés avait réussi à tenir les Arabes en respect tout l'après-midi. Mais après six heures de combat, les munitions étaient épuisées et les survivants gisaient à bout de force au fond de la cabine. Quand le véhicule prit feu, touché par deux cocktails Molotov, Zerubavel Horowitz conseilla calmement à ses hommes d'essayer de sauver leur peau. Lui-même resterait auprès des blessés. Ceux qui pouvaient encore se relever sautèrent de la cabine. Avant de se jeter dehors, Jacob Aiges regarda une dernière fois Horowitz debout au milieu de ses blessés. Quelques secondes plus tard, le lourd véhicule explosa.

A mesure que l'après-midi s'avançait, les messages des hommes et des femmes assiégés dans la maison de Nebi Daniel se faisaient de plus en plus désespérés. Shaltiel réclama à Tel-Aviv une intervention aérienne. La Haganah envoya ce qu'elle avait de mieux, un Auster d'observation et un petit Tigermoth qui lâchèrent sur les Arabes des bouts de tuyaux bourrés de dynamite avec l'espoir que leurs détonateurs à pression fonctionneraient en touchant leurs cibles.

La nouvelle du désastre se répandit rapidement à Jérusalem et jeta la consternation dans la population juive. Rares étaient ceux qui ne comptaient pas un ami ou un parent parmi les assiégés. Comme il en avait l'habitude, le maçon Benjamin Golani essayait de capter sur son poste la voix de son fils, l'opérateur radio de la Haganah du quartier juif de la Vieille Ville. En tripotant ses boutons, il tomba sur une autre voix, également familière. C'était celle de son gendre, Moshe. Il lui avait prêté son revolver le matin même, un magnifique parabellum. A travers ses messages, le maçon suivit tout au long de la journée le drame qui se jouait à moins de quinze kilomètres de chez lui.

La Haganah avait mobilisé toutes ses forces pour protéger le convoi. Elle n'avait plus aucun moyen de le secourir. Shaltiel n'avait pas le choix. Il devait faire appel aux Anglais pour sauver, avant qu'il ne soit trop tard, les cent quatre-vingts combattants et les précieuses voitures blindées prises au piège.

Une fin de non-recevoir répondit à ses premières sollicitations. Le préfet James Pollock avait pu constater dans la matinée que ses hommes montraient la plus extrême répugnance à se mêler de cette affaire. Certains s'étaient presque mutinés quand il leur avait commandé d'aller sur place étudier la situation, protestant que les Juifs avaient envoyé leur convoi en violation des instructions britanniques et qu'ils l'avaient fait revenir de même. Dans ces conditions, « ils n'avaient qu'à payer les conséquences de leur sacré entêtement ».

Tout fut tenté pour fléchir les autorités britanniques. Le Grand Rabbin de Palestine Isaac Herzog consentit à enfreindre la sainte trêve du sabbat pour intervenir personnellement auprès du haut-commissaire Sir Alan Cunningham. Son fils Vivian, l'ancien officier des Guards britanniques, courut de bureau en bureau supplier ceux dont il avait porté l'uniforme pendant si longtemps de sauver ses compatriotes du massacre.

Le général Sir Gordon Mac Millan, commandant en chef, et le général Jones, gouverneur militaire de Jérusalem, étaient tous deux en conférence à Athènes. L'officier responsable en leur absence, le colonel George W. Harper, commandant du Suffolk Regiment, était l'un des officiers britanniques les mieux disposés envers les Juifs. Mais il se trouvait aujourd'hui prisonnier d'un dilemme. S'il ne se reconnaissait pas le droit d'exposer ses soldats dans ce lamentable fiasco dû au seul entêtement des dirigeants juifs, d'un autre côté, il ne pouvait pas laisser ces hommes et ces femmes se faire massacrer sans intervenir.

Il forma donc une petite colonne et s'engagea sur la route d'Hébron. Mais une barricade arabe l'arrêta à la sortie de Bethléem et, le soir tombant, l'officier décida de reporter sa tentative au lendemain. Les assiégés étaient condamnés à passer la nuit dans leur précaire refuge.

Leur situation devenait d'heure en heure plus critique. Les blessés s'alignaient sur le sol. Presque tout le matériel sanitaire était resté dans les camions et il n'y avait plus de morphine. Yehuda Lash vit un moribond s'agripper à une jeune fille et la caresser « comme si la chaleur de son corps était la vie même ». Quand il mourut, Lash entendit la jeune fille constater simplement :

« C'était tout ce que je pouvais pour lui. »

Dehors, la marée arabe ne cessait de grossir. Profitant de l'obscurité, elle se rapprochait du carré d'épaves protégeant la maison. Vers minuit, Hamoud, le cheikh d'Hébron, s'avança avec un commando pour faire sauter la maison. Mais ils furent repérés et repoussés à la grenade. Cet échec arrêta pour un temps les attaques arabes. Toute la nuit, les assiégés purent entendre leurs voix derrière la ceinture des véhicules. Ils attendaient l'aube pour l'assaut final.

*

Un soleil radieux se leva sur Jérusalem et la joyeuse vague sonore qui roula sur ses toits, aussi claire et lumineuse que cette journée de printemps, chassa un instant l'écho de la fusillade de Nebi Daniel. Toutes les églises mêlaient leurs carillons pour annoncer une nouvelle fois le mystère de la résurrection de Jésus-Christ.

L'abîme qui séparait l'espérance portée par le sacrifice du Christ et la triste réalité qui écrasait Jérusalem n'altéra en rien la liturgie solennelle de ce jour. Précédé par un diacre porteur d'une grande croix en argent massif, le patriarche latin conduisait la procession traditionnelle du clergé et des notabilités sous les sombres voûtes de la basilique du Saint-Sépulcre. Tout à la pensée qu'un Britannique accomplissait ce rite pour la dernière fois, le préfet James Pollock marchait en tête du corps diplomatique. Dans sa poche se trouvait la copie du télégramme que les chefs des communautés chrétiennes de Jérusalem venaient d'adresser conjointement aux Nations unies pour réclamer d'urgence une force de police internationale. C'était bien la première fois, se dit-il avec amertume, que ces augustes personnages avaient été capables de se mettre d'accord sur quelque chose.

La procession s'arrêta devant le tombeau du Christ. Le patriarche se prosterna, puis il proclama solennellement :

« Christ est ressuscité !

— Christ est ressuscité ! » reprirent en chœur tous les fidèles, alléluia, paix à tous les hommes.

*

Les appels de détresse qui arrivaient de la maison de Nebi Daniel étaient de moins en moins perceptibles, comme si la faiblesse des batteries de leur radio traduisait l'épuisement des Juifs assiégés. Exténués, titubant de faim, étourdis par la chaleur, aveuglés par la fumée, ils allaient d'une meurtrière à l'autre, trébuchant parfois sur un corps.

Au-dehors, la férocité des assauts avait redoublé depuis le lever du jour. Les Arabes non plus n'avaient rien mangé depuis vingt-quatre heures. Certains n'avaient pas bu une goutte d'eau depuis le début de la bataille. Mais la certitude de la victoire les électrisait. Vers dix heures, ils commencèrent à avancer par centaines derrière un écran de fumée. Les Juifs apprenaient au même moment une sinistre nouvelle. La colonne de secours britannique venait à nouveau d'être immobilisée.

Cette fois, le colonel Harper s'était arrêté pour négocier avec les Arabes les conditions de la reddition. Le prix allait en être particulièrement élevé. Du Caire, Kamal Irekat recevait par radio les exigences du Mufti. Il demanda que tous les combattants de la maison lui soient livrés comme prisonniers de guerre. Les Anglais refusèrent. Après de laborieuses tractations, ils se mirent enfin d'accord sur des conditions que l'Agence Juive ne pouvait faire autrement qu'accepter. Elles allaient bien au-delà des craintes de Shaltiel. Pour sauver la vie des assiégés, le commandant de Jérusalem devrait abandonner toutes ses précieuses voitures blindées et toutes les armes qu'il avait prélevées dans ses unités pour la protection de ce seul convoi.

Le colonel Harper remit sa colonne en marche — quatorze half-tracks et cinq camions que précédait une automitrailleuse. Derrière, suivaient des ambulances. Dans l'une d'elles se trouvait le Suisse Jacques de Reynier, représentant de la Croix-Rouge internationale. La maison lui apparut tout à coup « seule et toute petite au milieu de l'enfer ». Tout autour, il ne trouva « qu'un désastre de carcasses écrasées, calcinées, de corps brûlés, mutilés, décapités, émasculés ».

Tout se passa très vite. Le colonel Harper transmit aux assiégés les termes de leur capitulation et leur donna trois minutes pour se rendre. Les Arabes dévalaient déjà les collines en masse pour goûter de près le spectacle de la défaite juive. Dans la maison, les hommes démontèrent les mitrailleuses à toute vitesse et jetèrent les culasses dans un puits. Ils sabotèrent ensuite le plus d'armes possible. Le radio brisa son poste à coups de hache. Puis le premier Juif sortit en titubant, ébloui par la lumière, hagard et sale. Les autres suivirent rapidement. Ceux qui en portaient jetèrent leurs armes au pied du colonel Harper. Les Arabes regardaient avec ivresse le tas grandir. Quand le dernier des treize morts et des quarante blessés eut été évacué, le colonel anglais se tourna vers Irekat.

« Tout ceci est à vous », lui dit-il simplement.

Moins d'une heure plus tard, le convoi des survivants entrait dans Jérusalem. En voyant leurs concitoyens les dévisager avec tant d'émotion, les occupants du premier camion se mirent à chanter. Ceux qui suivaient les imitèrent et leur chant emplit bientôt toutes les rues sur leur passage. Ce chant, les rescapés de la plus terrible défaite jamais subie par la Haganah semblaient le dédier à tous ces visages bouleversés, à tous les habitants angoissés de Jérusalem. C'était la Hatikvah — l'Espoir, l'hymne de leur futur Etat.

Au même moment, d'autres chants résonnaient dans les collines de Kfar Etzion. Unis dans une même inquiétude, les Juifs avaient les yeux fixés sur la route désormais coupée. Les Arabes de Kamal Irekat laissaient éclater leur joie et descendaient, triomphants, vers Hébron à bord des véhicules conquis. Ils déchargeaient leurs fusils pour célébrer leur victoire et brandissaient comme de glorieux trophées les armes capturées qu'ils retourneraient bientôt contre la colonie.

Tard ce soir-là, un des radios du convoi juif, encore chancelant et abasourdi, arriva chez le maçon Benjamin Golani. Moshe apprit à son beau-père qu'il avait dû abandonner aux Arabes le précieux revolver qu'il lui avait prêté trente-six heures plus tôt. Pour adoucir l'amertume de cette défaite, il précisa qu'aucun Arabe ne pourrait toutefois s'en servir contre les colons de Kfar Etzion. Avec un regain de fierté, il tendit à son beau-père une pièce de métal. C'était le percuteur de son parabellum.

*

Deux hommes consternés se retrouvaient dans le bureau de David Ben Gourion. Yigael Yadin, qui avait fait partir le convoi, et Michel Shacham, qui l'avait commandé, examinaient avec leur leader les conséquences du désastre de Kfar Etzion. La perte de ce convoi resterait pour Yadin « le moment le plus sombre de notre combat ».

Jamais l'horizon n'avait en effet paru plus noir qu'en ces derniers jours de mars 1948. Les Arabes étaient en train de gagner la bataille des routes. Les communications avec les colonies isolées étaient coupées ou ne se maintenaient qu'au prix d'épuisants sacrifices. Tout le Nord de la Palestine était menacé par l'armée de Fawzi el Kaoukji et quarante-cinq personnes venaient de périr dans une de ses embuscades près de la frontière syrienne.

A l'extérieur, la situation n'était pas moins alarmante. L'opinion internationale, qui avait soutenu la cause des Juifs en novembre, changeait d'attitude à mesure que la résistance arabe rendait improbable une application pacifique du Partage. Les Etats-Unis, longtemps le principal allié des Juifs, avaient fait volte-face comme le signifiaient leur embargo sur les envois d'armes et leurs récentes propositions pour une mise sous tutelle internationale de la Palestine.

Quelques facteurs réconfortants éclairaient toutefois ce funeste bilan. Aucune parcelle de territoire n'avait été cédée aux Arabes. Les ateliers locaux de fabrication d'armes prévus trois ans auparavant par Ben Gourion et Chaïm Slavine commençaient à produire. Quant aux efforts d'Ehud Avriel à l'étranger, ils avaient été couronnés de succès, même si aucun fusil tchèque n'était encore arrivé en Palestine.

Un fait marquant, cependant, demeurait. La Haganah était presque partout sur la défensive. Or, ses défaites ne lui avaient pas été infligées par les armées arabes régulières que Ben Gourion redoutait le plus, mais par les Palestiniens d'Abdel Kader. Cet audacieux guerrier était sur le point de tenir sa promesse d'étrangler Jérusalem. Depuis l'arrivée des véhicules perdus ensuite à Nebi Daniel, aucun convoi n'avait pu franchir le défilé de Bab el Oued. La route coupée condamnait un sixième de la population juive de Palestine à l'isolement et à la famine. Si la Haganah ne parvenait pas à rétablir la situation, c'était l'existence même du futur Etat qui courait à la ruine.

Pour David Ben Gourion, Jérusalem était la clef de voûte de tout l'édifice. Les tragiques événements qui venaient de se produire imposaient une action vigoureuse et immédiate. Il annonça ses intentions :

« Le haut-commissaire nous avait solennellement promis de maintenir la route ouverte, déclara-t-il. Puisqu'il n'a pas tenu parole, c'est à nous de nous en charger. »

Le plan que soumit Yigael Yadin était le plus téméraire qu'eût jamais conçu la Haganah. Il faisait intervenir des effectifs d'une ampleur encore jamais envisagée pour une seule opération — plus de quatre cents hommes.

Ben Gourion éclata :

« Quatre cents hommes ne pourront rien ! »

Puis le vieux leader donna libre cours à sa colère.

« Les Arabes comprennent sans doute mieux que vous l'importance vitale de Jérusalem. Ils savent très bien que s'ils parviennent à prendre dans leurs griffes la ville avec ses cent mille juifs, c'en sera fini de nous et notre Etat sera anéanti avant même d'avoir vu le jour. Ce n'est pas avec quatre cents pauvres types que nous sauverons Jérusalem. »

Il ordonna à Yadin de convoquer d'urgence à Tel-Aviv tous les commandants de secteur.

« Tous ensemble, dit-il, nous préparerons un plan pour sauver Jérusalem. »

Quand Yadin et Shacham eurent quitté son bureau, Ben Gourion se rassit à sa table de travail pour rédiger un télégramme à l'intention de celui qu'il avait envoyé en Europe quatre mois plus tôt pour y acheter des armes. Ces armes étaient plus nécessaires aujourd'hui que jamais. Son impatience ne lui laissait pas de place pour témoigner son affection à Ehud Avriel. « Ce n'est pas en restant à Prague que tes armes sauveront Jérusalem, lança Ben Gourion sur les ondes de « Shoshana », l'émetteur secret de la Haganah. Envoie-les d'urgence en Palestine par n'importe quel moyen. »

20

UN AÉRODROME DANS LA NUIT

Un simple tableau statistique résumait la gravité de la situation à Jérusalem. Tenu à jour quotidiennement par le Juif Dov Joseph, il rendait compte de l'état des stocks de ravitaillement et concernait vingt et une denrées, de la farine à la viande séchée, du thé au sel. En ce lundi 29 mars 1948, où Ben Gourion décidait une vaste opération pour ouvrir la route de Jérusalem, il révélait qu'il restait dix jours de viande séchée, cinq de margarine, quatre de pâtes alimentaires. Il n'y avait plus ni viande fraîche, ni fruits, ni légumes frais. Si l'on avait la chance d'en trouver, un œuf valait l'équivalent de cinq francs d'aujourd'hui. La ville vivait de ses réserves de légumes secs et de conserves. Les soldats recevaient quatre tranches de pain recouvertes d'un liquide sirupeux appelé cocozine, un bol de soupe, une boîte de sardines et deux pommes de terre par jour. C'étaient eux les mieux nourris.

Pour ne pas créer de climat d'insécurité, Dov Joseph avait évité aussi longtemps que possible d'imposer un rationnement. Celui qu'il appliquait maintenant était sévère. Les adultes devaient se contenter de deux cents grammes de pain par jour. Les enfants avaient droit en outre à un œuf et cinquante grammes de margarine par semaine.

La pénurie n'affectait pas que le ravitaillement. Pas une seule goutte de fuel domestique n'avait été distribuée depuis février. Les ménagères s'étaient mises à utiliser du D.D.T. liquide pour cuire leurs aliments. Comme toutes les villes d'Europe pendant la guerre, Jérusalem découvrit les produits de remplacement. Toutes les cours et les balcons se transformèrent, avec plus ou moins de succès, en jardins potagers. A ceux qui n'avaient pas le moindre pot de terre, d'éminents biologistes de l'Université hébraïque enseignèrent l'art de faire pousser des légumes dans de l'eau. Dans les cafés encore ouverts de la rue Ben Yehuda, on se rassemblait autour d'un verre de « champagne » — quelques gouttes de vin blanc ordinaire et un filet de citron dans beaucoup d'eau gazeuse. Les soldats touchaient trois cigarettes par jour, ceux des unités de choc du Palmach en recevaient cinq. Chaque cigarette passait habituellement de bouche en bouche afin qu'aucun brin de tabac ne brûle inutilement.

Il arrivait à des Arabes de s'émouvoir de la famine de leurs voisins. Le Juif Chaïm Haller entendit une nuit un appel. Il se glissa dans l'obscurité jusqu'à la clôture de barbelés et y trouva la vieille Salomé qui avait travaillé pour lui pendant de nombreuses années.

« Je sais que vous manquez de tout », chuchota la vieille femme arabe en lui passant une vingtaine de petites tomates.

La situation devenait si dramatique que le Conseil de sécurité des Nations unies en vint à réclamer une trêve pour Jérusalem. Sentant qu'il tenait la victoire, le Haut Comité Arabe rejeta violemment cet appel. La condition des cent mille Juifs de la ville deviendra bientôt intenable, claironna son porte-parole, « quand nous aurons coupé l'eau et placé trois cents barricades entre Jérusalem et la mer ».

L'Agence Juive annonça de son côté qu'elle accepterait volontiers une trêve, quels qu'en fussent les instigateurs, pourvu qu'elle garantît les voies d'accès à la ville. Le 26 mars, l'Agence avait tenté une nouvelle démarche auprès des nations chrétiennes d'Occident pour qu'elles assument les obligations découlant de l'internationalisation de Jérusalem. Elle avait demandé l'envoi d'une force de dix mille casques bleus danois ou norvégiens. Mais cette requête n'avait pas recueilli plus d'échos que les précédentes. Il apparaissait de plus en plus clairement que les Juifs de Jérusalem ne devraient compter que sur leur farouche volonté et sur l'aide que le reste du pays pourrait leur apporter.

Après avoir analysé ses dernières statistiques, Dov Joseph découvrit que le rationnement et les insignifiantes réserves que chaque famille avait constituées sur son conseil ne pourraient jamais être que des palliatifs. Tout au plus permettraient-ils de tenir un peu plus longtemps. Si la Haganah ne réussissait pas à rouvrir la route, les Juifs de Jérusalem allaient mourir de faim bien avant le départ du dernier Anglais. En cette fin de mars 1948, les chiffres parlaient d'eux-mêmes. Les entrepôts de la ville ne contenaient plus que 34 226 kilogrammes de farine — de quoi fournir trois cents grammes de pain à chaque habitant.

*

Le Canadien Julius Lewis montrait un intérêt quelque peu surprenant chez un pâtissier pour le jargon technique qu'échangeaient trois Américains assis à côté de lui au bar de l'hôtel California, à Paris. Ils portaient des uniformes bleu marine achetés d'occasion. Avec leur vieux DC 4 garé au Bourget, ils représentaient à eux trois la direction, le personnel volant, les actionnaires et le capital de l'Ocean Trade Airways, une compagnie de transport aérien enregistrée au Panama. Les trois hommes vivaient d'un commerce à la limite de la légalité. Ils transportaient des produits rares encore dans l'Europe d'après-guerre tels que bas de nylon, cigarettes, parfums et whisky.

Ils acceptèrent volontiers le verre que Lewis leur offrit; avec le même empressement, ils se laissèrent inviter à dîner au *Jour et Nuit*, un restaurant des Champs-Elysées. Au café, Lewis leur révéla qu'il était en réalité un Juif anglais, ancien pilote de la R.A.F., qu'il se nommait Freddy Fredkens et que, contrairement à ce que laissait croire son passeport, ses occupations n'avaient pas grand-chose à voir avec la confection de gâteaux. Il était agent de la Haganah et venait juste d'être chargé d'une mission. Sa rencontre avec les trois propriétaires de l'Ocean Trade Airways était une chance pour tous car il avait un transport à leur proposer. Ce serait le travail le mieux rétribué que l'on eût jamais offert à leur compagnie. Il leur donnerait en outre l'occasion de se familiariser avec un fret beaucoup plus noble que les bas de nylon ou les cigarettes. Pour dix mille dollars, Fredkens leur demanda de transporter une cargaison d'armes tchèques de Prague jusqu'en Palestine.

*

Les commandants de secteur entrèrent l'un après l'autre dans le petit bureau. Paula Ben Gourion leur versa à chacun une tasse de thé. Quand le dernier eut pris place, Ben Gourion ouvrit la séance.

« Nous sommes ici pour trouver un moyen d'ouvrir la route de Jérusalem, expliqua-t-il. Nous possédons trois centres vitaux : Tel-Aviv, Haïfa et Jérusalem. Nous pouvons survivre si nous perdons l'un d'entre eux, à condition que ce ne soit pas Jérusalem. Les Arabes ont fait un calcul juste. La prise ou la destruction de la Jérusalem juive infligerait un coup fatal à notre peuple et briserait sa volonté et sa capacité de repousser une agression arabe. Pour empêcher cette catastrophe, nous devons être prêts à prendre tous les risques. Il faut à tout prix ouvrir la route de Jérusalem. »

Le vieux leader déclara ensuite que la Haganah devrait faire ce qu'elle n'avait encore jamais fait : abandonner les techniques de la guerre secrète et s'engager cette fois en terrain découvert afin de conquérir un objectif géographique précis. Ben Gourion exigeait que l'on mobilisât quinze cents hommes au moins en prélevant dans chaque secteur les meilleures troupes dotées du meilleur armement.

Un silence oppressé accueillit la fin de cet exposé.

Tous étaient frappés par la détermination du vieil homme. L'urgence de l'opération qu'il proposait était évidente, mais ce qu'il réclamait n'en était pas moins considérable. Il leur demandait de courir le risque d'engager dans une seule action l'élite de leurs forces et de leurs armes. Pour un temps, tous les autres fronts de Palestine seraient gravement dégarnis et si les pertes étaient lourdes, le pays courrait au désastre. Joseph Avidar, qui contrôlait tous les dépôts d'armement, savait que la Haganah pouvait à peine compter sur dix mille armes modernes dans toute la Palestine. La brigade Golani engagée sur le front nord, particulièrement menacé, possédait exactement cent soixante-deux fusils et cent quatre-vingt-huit mitraillettes Sten. Par-dessus tout, la Haganah savait qu'elle ne pouvait pas, après la perte du convoi de Kfar Etzion, se permettre une nouvelle défaite. Quelle qu'en fût l'issue, l'opération que Ben Gourion avait décidée constituerait un tournant décisif de la campagne de Palestine.

A minuit, tous les chefs de la Haganah accompagnèrent leur leader au Q.G. de la Maison-Rouge pour mettre l'offensive sur pied. Toute la nuit, des messagers portèrent les instructions destinées aux différents secteurs au poste de transmissions caché dans un W.-C. du 6 de la rue Lassale. En relevant le nombre et la nature des armes et des munitions demandées à chaque unité, Joseph Avidar ressentait l'affreuse impression de « voir son compte en banque se vider brusquement ».

Un peu avant l'aube, quelqu'un proposa de donner un nom à l'opération hasardeuse qu'ils avaient accepté d'entreprendre. Ils l'appelèrent « Opération Nachshon », du nom de l'Hébreu qui, d'après la légende, avait affronté l'inconnu en plongeant le premier dans les flots de la mer Rouge.

*

Pour un Arabe entré en Palestine à la tête de quatre mille hommes avec l'intention de jeter tous les Juifs à la mer, Fawzi el Kaoukji entourait son hôte d'une singulière prévenance. L'agent de la Haganah Yehoshua Palmon en était venu à ses fins. Accroupi dans une maison du village arabe de Nouri Shami, il s'entretenait depuis presque deux heures avec El Kaoukji de théologie, de l'histoire du Moyen-Orient, de la guerre, du conflit qui opposait leurs deux peuples. Subtilement, le Juif aiguillait à présent la conversation sur Hadj Amin.

A sa grande surprise, El Kaoukji se lança, malgré la présence d'une douzaine de ses subordonnés, dans une violente tirade contre « les Husseini, cette famille d'assassins », et contre les « ambitions politiques de Hadj Amin, contraires aux intérêts de la nation arabe et auxquelles tous les patriotes devaient s'opposer ».

Le Juif fit alors une allusion discrète à Abdel Kader. Mordant à l'hameçon, l'Arabe se mit à accuser aussi le vainqueur de Bab el Oued des plus noires ambitions politiques. Ce qu'il confia justifiait amplement les risques que Palmon avait courus pour venir jusqu'à lui. Un tel aveu se révélerait d'un prix inestimable dans les tout prochains jours.

« Il m'est indifférent que vous vous battiez contre Abdel Kader, déclara Fawzi el Kaoukji. J'espère même que vous lui donnerez une bonne leçon et il ne faudra pas qu'il compte sur mon aide. »

Décidément, l'Arabe était en verve.

« Je vais préparer ma revanche après la défaite de mes forces à Tirat Zvi, confia-t-il encore. Je dois vous vaincre pour garder à mon nom son prestige. Je vous combattrai et vous écraserai très bientôt dans la vallée de Jezréel. »

Palmon était certain qu'El Kaoukji ferait tout pour tenir sa promesse. Il venait de découvrir qu'il avait lui aussi des ambitions politiques et qu'il lui fallait des victoires pour les étayer.

Sur le chemin du retour, Palmon réfléchissait à cette étonnante conversation. Outre de précieuses révélations, il en rapportait une impression très nette. El Kaoukji avait été bien plus influencé par son séjour en Allemagne qu'il ne l'avait supposé. Cet Arabe qui vénérait la Croix de Fer plus que toute autre décoration voulait être un général allemand, livrer ses batailles à la manière allemande. Les soldats qu'il commandait malheureusement pour lui n'étaient pas des Allemands mais des Arabes, qui n'étaient habitués qu'aux actions de guérilla.

Le moment venu, Palmon saurait traduire sur le terrain les enseignements de cet entretien. Pour l'instant, il ne lui restait plus qu'une chose à accomplir. Cette nuit-là, toutes les colonies juives de la vallée de Jezréel furent mises en état d'alerte.

*

Le succès de l'Opération Nachshon qui devait rouvrir la route de Jérusalem supposait l'occupation systématique d'un corridor de part et d'autre de la route. Les Juifs ne pourraient empêcher les embuscades qu'en neutralisant la douzaine de villages qui fournissaient à Abdel Kader les forces dont il avait besoin pour maintenir son étreinte autour de la route.

De Deir Muhezin, à l'ouest, jusqu'à Castel et Colonia, à l'est, ce chapelet de villages perpétuait une Palestine immémoriale, plus ancienne que le mandat britannique et les premiers pionniers du sionisme. Les enchevêtrements de leurs gourbis décolorés s'accrochaient comme des nids aux pentes désolées des collines qu'une succession de murets découpaient en terrasses. Il y poussait des figuiers, des grenadiers et des amandiers, ainsi qu'une partie des légumes qui approvisionnaient habituellement Jérusalem. Sur les plateaux rocailleux, les villageois faisaient paître les moutons qu'ils amenaient pour l'Aïd el Kebir à la porte d'Hérode, le souk à bestiaux de Jérusalem.

Rares étaient les villages qui possédaient l'électricité. Aucun n'avait l'eau courante ou le téléphone et, le plus souvent, on ne pouvait aller de l'un à l'autre qu'à pied ou à cheval. Leurs structures sociales étaient à la fois primitives et imperméables à toute influence étrangère. Les timides efforts de rénovation tentés par l'administration britannique y avaient toujours échoué. Deux monuments dominaient chaque agglomération, la mosquée et la maison du maire — le moukhtar — dont la fonction était généralement héréditaire. Le moukhtar dirigeait les affaires du village et c'est chez lui que les hommes se rassemblaient chaque jour pour de longues palabres ou pour écouter les nouvelles autour d'un poste de radio à piles.

Les troupes d'Abdel Kader étaient essentiellement des sortes de milices qui avaient gardé leurs villages pour bases. C'est là qu'elles trouvaient abri et ravitaillement, c'est de là qu'elles descendaient attaquer la route au premier signal. La mission de les réduire incomba au chef de la brigade Harel du Palmach, Isaac Rabin, un jeune officier dont le monde allait entendre parler vingt ans plus tard. « En ne laissant nulle part pierre sur pierre et en chassant tous les habitants, se dit Rabin, il n'y aura plus un seul village où les Arabes puissent revenir. Privées de ces villages, les bandes arabes seront paralysées. » Quand l'opération serait terminée, la Haganah pourrait retourner sans risques au système des convois.

L'ensemble de l'Opération Nachshon fut confié à Simon Avidan, le chef de la brigade Givati du Palmach. Vétéran de l'armée secrète, il avait entraîné pendant la guerre mondiale les saboteurs juifs palestiniens envoyés derrière les lignes allemandes. Les différents secteurs avaient consenti de lourds sacrifices, mais l'insuffisance de l'armement demeurait inquiétante. Quant aux jeunes recrues qui formaient la majorité des troupes, elles sortaient à peine de l'instruction. Prenant contact avec sa compagnie, le commandant Iska Shadmi eut l'impression d'avoir affaire à « une bande de boy-scouts ». Avec leurs baluchons et leurs petites valises, « ces garçons et ces filles aux airs romantiques semblaient partir en excursion, dirait-il plus tard. Ils arrivaient avec, pour toutes munitions, le livre de Rachel, la poétesse du Lac de Tibériade ».

Shadmi les fit aligner et leur expliqua que désormais ils ne porteraient plus qu'un sac à dos.

« Choisissez ce que vous préférez prendre, des fleurs ou des balles ! »

Des filles éclatèrent en sanglots. « Dire, songea Shadmi en frémissant, que dans quelques jours je vais partir avec ces gosses, dix fusils et quatre mitrailleuses pour ouvrir la route de Jérusalem ! »

*

Les Arabes des villages voisins ne montrèrent pas le moindre intérêt pour le cadeau que venait de leur faire la R.A.F. Ce cadeau, il est vrai, était particulièrement dérisoire. L'aérodrome de Beit Darras, évacué par l'aviation britannique, n'avait ni tour de contrôle, ni électricité, ni pompe à essence, ni radio et son unique piste d'atterrissage était un tapis de fondrières.

C'est pourtant vers cette piste abandonnée qu'une colonne de camions juifs se glissa, tous feux éteints, au début d'une nuit d'avril. A peine débarqués, des hommes entreprirent de combler les trous tandis que d'autres installaient des positions défensives tout autour du terrain. Redevenue praticable, la piste fut bordée de balises électriques alimentées par un petit générateur diesel. Plusieurs dizaines de jerrycans d'essence pour avion furent ensuite alignés sur l'aire de stationnement. A dix heures du soir, après deux heures d'efforts acharnés, le terrain était prêt à recevoir son premier appareil. Il possédait même une tour de contrôle improvisée.

Dans le camion équipé d'un poste émetteur-récepteur, l'opérateur lança un appel qu'il allait répéter inlassablement. C'était le mot hébreu « hassida » — cigogne. Si les Arabes avaient dédaigné le terrain de Beit Darras, la Haganah, elle, s'était empressée de l'utiliser. Aaron Remez, l'ancien pilote de la R.A.F. qui avait promis à Ben Gourion que « le salut viendrait du ciel », projetait d'emprunter l'aérodrome pour une nuit. Sa piste hâtivement remise en état devait contribuer au salut de la Jérusalem juive.

Sans relâche, le radio appelait « cigogne ». Les minutes semblaient des heures et le désespoir gagnait peu à peu l'équipe de Remez. Tapis dans l'obscurité le long de la piste, tous les hommes étaient aux aguets dans l'espoir de distinguer enfin un bruit de moteur. Mais ils n'entendaient que le vent. Le DC 4 qu'ils guettaient avec tant d'impatience était prisonnier des nuages à plusieurs centaines de kilomètres au sud.

Les propriétaires-pilotes de la compagnie Ocean Trade Airways avaient parcouru un long chemin depuis leur rencontre avec Freddy Fredkens, à Paris, au bar de l'hôtel California. Du Bourget, ils avaient gagné Prague où Ehud Avriel les avait accueillis. L'envoyé de Ben Gourion avait voulu assister personnellement à l'instant où les premières armes achetées par ses soins prendraient enfin le chemin du pays qu'elles devaient défendre. Déclarées sur le manifeste de bord comme « matériel agricole à destination d'Addis-Abéba », elles furent chargées dans le fuselage de l'appareil. Le « matériel agricole » consistait en cent quarante mitrailleuses MG 34 et plusieurs dizaines de milliers de cartouches.

Par mesure de sécurité, Avriel avait adjoint un quatrième homme à l'équipage du DC 4, un ancien pilote juif de la R.A.F. qui avait à son actif de nombreuses heures de vol au Moyen-Orient. Amy Cooper avait été horrifié par l'état de l'appareil et de ses instruments de bord. La radio fonctionnait si mal qu'elle ne pouvait même pas capter la météo. Ils avaient navigué en s'orientant sur les étoiles, mais, comme ils avaient rencontré de nombreuses zones nuageuses, Cooper craignait que leurs efforts n'aient abouti à un résultat assez approximatif. Six heures après leur départ de Prague, ils cherchaient désespérément à apercevoir la côte palestinienne quand le pilote s'écria :

« Ça y est, nous y sommes ! Voilà Tel-Aviv. »

L'ancien officier de la R.A.F. scruta les lumières

qui venaient d'apparaître à tribord. Il lui sembla qu'elles étaient bien peu nombreuses pour être celles de la première ville juive. Il étudia la carte à la recherche d'un détail révélateur.

« Bon Dieu ! hurla-t-il, c'est sûrement Port-Saïd. Nous fonçons tout droit sur l'Egypte. »

Le pilote changea brutalement de cap. Trente minutes plus tard, le DC 4, était cette fois au-dessus de Tel-Aviv. « Cigogne » put alors répondre aux appels angoissés de Remez et demander les trois clignotements de balises convenus. Quelques minutes plus tard, le lourd DC 4 de l'Ocean Trade Airways s'immobilisait au bout de la courte piste de Beit Darras.

Cooper vit une horde de jeunes gens excités s'abattre sur l'avion. Les trois aviateurs américains purent se prendre pour Lindbergh atterrissant au Bourget. Venus là livrer des armes comme ils seraient allés porter des cigarettes à Naples, ils furent entourés, embrassés, soulevés de terre comme des héros et reçurent le plus bel accueil de leur vie.

Simon Avidan, le commandant en chef de l'Opération Nachshon, avait lui aussi tenu à assister à l'arrivée des armes sur lesquelles reposait une si grande partie de ses espérances. C'était pour lui un tel soulagement qu'il ne put s'empêcher de manifester sa joie à sa manière. Il grimpa à bord du DC 4. Puis il prit la première mitrailleuse qu'il y trouva et l'embrassa.

*

L'Arabe Samir Jabour, fils d'un cordonnier de Jaffa, était un beau garçon habitué des petits bars dont foisonnait le bord de mer, là où Jaffa et Tel-Aviv se rejoignent. C'est dans un de ces établissements qu'un soir son regard mélancolique s'arrêta sur une petite brune. Les charmes de la jeune fille n'avaient rien d'exceptionnel; Jabour lui fit tout de même une cour assidue. Rachel était juive, mais c'était surtout son emploi qui intéressait son séducteur arabe. Elle était secrétaire au bureau de l'Agence Juive de

Tel-Aviv. Jabour, lui, était un agent secret du Haut Comité Arabe.

Moins de vingt-quatre heures après l'atterrissage clandestin du DC 4, Samir Jabour informait le Q.G. d'Abdel Kader que les Juifs avaient tenu à Tel-Aviv une réunion de la plus haute importance au cours de laquelle ils avaient préparé une « opération décisive », destinée à ouvrir la route de Jérusalem. Ils allaient essayer de chasser les Arabes des hauteurs de Bab el Oued en engageant des effectifs considérables. Certaines informations indiquaient même qu'ils avaient reçu de nouvelles armes en vue de cette offensive. Pour un service de renseignements aussi sommaire que celui du Haut Comité Arabe, ce rapport était d'une stupéfiante précision.

En fait, Abdel Kader s'attendait depuis longtemps à une action massive des Juifs. Il savait bien qu'ils ne pouvaient accepter l'isolement de Jérusalem. L'arrivée de nouvelles armes chez ses adversaires l'alarmait bien davantage. En dehors de l'armement juif capturé à Nebi Daniel et de quelques fusils en provenance du désert libyen, sa puissance de feu ne s'était guère accrue pendant ces dernières semaines. Elle se composait pour l'essentiel du même assemblage hétéroclite de fusils de toutes origines. S'il avait pu garder jusqu'ici l'avantage et contraindre à la défensive la Haganah de Jérusalem pauvrement équipée, il savait parfaitement que c'était surtout grâce à la supériorité numérique dont il disposait. Une attaque en force des Juifs, soutenue par un armement moderne, serait une tout autre affaire.

Il prit immédiatement la route de Damas pour aller exiger la fourniture des armes modernes promises depuis si longtemps. Emile Ghory l'accompagnait. Il trouva l'atmosphère de la capitale syrienne particulièrement déprimante. Depuis le revirement de la position américaine au sujet du Partage, « chacun semblait croire que la guerre était gagnée et qu'on pouvait maintenant se croiser les bras en attendant que les Nations unies achèvent de résoudre le problème au profit des Arabes ». Les rivalités qui divisaient les différents clans arabes étaient plus accusées que jamais. Abdel Kader et Ghory sentirent tout de suite qu'une grande partie du malaise provenait d'un sentiment d'hostilité croissante envers leur chef Hadj Amin.

D'une humeur massacrante, le vainqueur de Bab el Oued se rendit dans la banlieue de Damas pour rencontrer l'état-major de la Ligue arabe au camp de l'armée syrienne d'Udsiya. Abdel Kader brossa d'abord un large tableau de la situation. Puis il annonça que de sérieux renseignements laissaient prévoir une prochaine offensive juive dont le but serait sans doute la prise du village de Castel, qui occupait une position stratégique à l'entrée de Jérusalem. Il s'appuya sur le tracé d'une carte pour convaincre ses interlocuteurs que « celui qui tient Castel contrôle la route de Jérusalem et qu'après avoir rouvert cette route la Haganah serait libre de frapper à Jaffa et à Haïfa ».

« Nous sommes prêts à nous battre jusqu'à la mort, assura Abdel Kader, mais nous ne pouvons rien sans armes modernes. Voilà des mois que vous nous en promettez, mais jusqu'à présent vous ne nous avez envoyé que de la ferraille. »

Il supplia qu'on lui donne de l'artillerie avec laquelle il transformerait l'offensive juive en déroute.

Cet appel ne suscita pas le moindre écho chez le général irakien Ismaïl Safouat Pacha, chef militaire suprême de la Ligue arabe. Quant aux officiers de son état-major, ils ne semblaient pas porter aux capacités d'Abdel Kader la même estime que ses ennemis juifs. En outre, son allégeance au Mufti n'encourageait pas leur confiance. Safouat se contenta d'expliquer au Palestinien que ses troupes n'avaient pas assez d'expérience pour qu'on leur confie de l'artillerie; les canons risqueraient de tomber entre les mains des Juifs. Quant à l'armement léger, ils en reparleraient plus tard. Il y avait bien un navire chargé de mitrailleuses et de fusils tchèques ultra-modernes qui cinglait vers Beyrouth, mais cette première cargaison était réservée à un nouveau bataillon de l'armée d'El Kaoukji. Abdel Kader devait pour l'instant se contenter des armes qu'il avait.

« De toute façon, le rassura Safouat, si la Haganah capture Haïfa ou Jaffa, nous vous rendrons ces villes en moins de deux semaines. »

Abdel Kader ne put cette fois refréner sa colère. Il accabla de toutes les foudres ces généraux infatués et claqua la porte en jetant à la tête de l'Irakien :

« Safouat, vous n'êtes qu'un traître ! »

*

« Vous devrez vous accrocher à Jérusalem avec la peau des ongles », grogna Ben Gourion à l'adresse de Dov Joseph.

Le ton était peut-être plus contenu que celui d'Abdel Kader à Damas, mais la passion n'était pas moins violente.

Joseph venait d'arriver à Tel-Aviv à bord du « primus », le petit piper-cub qui, deux fois par jour, reliait Jérusalem à l'extérieur. Ben Gourion l'avait appelé pour lui confier le sort de Jérusalem. Il savait que l'Opération Nachshon n'avait pour raison d'être que de faire entrer dans la ville assiégée un nombre suffisant de tonnes de vivres. Dov Joseph était particulièrement qualifié pour organiser la formidable opération de ravitaillement qu'exigeait Ben Gourion. Il reçut carte blanche. Le trésorier Kaplan avait ordre de lui ouvrir un crédit illimité. Aucun sacrifice ne serait trop grand pour sauver Jérusalem.

« Quand dois-je lancer l'opération ? demanda Joseph.

— Toute de suite ! »

En quittant le bureau de Ben Gourion, Dov Joseph se sentit envahi par une terrible crainte. « Seigneur ! pensa-t-il, quelle tragédie si j'échoue. » Il savait que si Jérusalem tombait un jour à cause de la famine, il en serait responsable devant l'Histoire. Jamais le peuple juif ne le lui pardonnerait.

Il convoqua immédiatement les responsables des

approvisionnements. Toute la nuit, ils firent le compte des besoins de Jérusalem. A l'aube, ils étaient arrivés à un chiffre colossal. C'étaient trois mille tonnes de vivres qu'il fallait d'urgence réunir et transporter. Joseph se fit communiquer la liste de tous les entrepôts publics et privés de Tel-Aviv. Il décida leur réquisition, et des officiers reçurent mission de mettre tous ces établissements sous scellés. Un inventaire méthodique de chacun d'eux fut établi. Plus une seule boîte de sardines, pas une seule tablette de cholocat ou de n'importe quelle denrée ne pourrait en sortir avant que l'on eût déterminé les besoins exacts de Jérusalem.

Deux anciens officiers juifs de l'armée britannique, Harry Jaffe et Bronislav Bar Shemer, furent chargés de réunir le parc automobile. Joseph estimait qu'il fallait au moins trois cents camions lourds. Les différentes sociétés de transport de Tel-Aviv en fournirent cent cinquante. Pour se procurer les autres, Bar Shemer eut recours à un expédient très simple. Il les kidnappa.

« Je suis allé chercher de jeunes soldats encore à l'instruction et les ai postés aux principaux carrefours, racontera-t-il plus tard. Ils arrêtèrent systématiquement tous les camions qui passaient. Je ne sais qui avait le plus peur, des chauffeurs ou des soldats qui leur ordonnaient à la pointe de leur mitraillette de se diriger vers l'esplanade de Kiryat Meir. »

Chaque fois qu'une rame de vingt camions était constituée, bar Shemer l'envoyait, en dépit des violentes protestations des chauffeurs, à Kfar Bilou, un ancien camp britannique où se trouvait le centre de rassemblement et de chargement des convois de l'Opération Nachshon. Bar Shemer n'avait jamais vu de gens plus mécontents que ces chauffeurs. « Ils nous haïssaient jusqu'aux tripes, se rappelle-t-il. Ils étaient bien tranquilles à Tel-Aviv, certains avaient leur épouse sur le point d'accoucher et voilà que nous les kidnappions en plein midi ou au milieu de la nuit pour les expédier dans un convoi dont ils connaissaient tous les risques. Par chance, la plupart d'entre eux étaient propriétaires de leur camion, ce qui leur enlevait toute envie de disparaître dans la nature. Ils ne pouvaient pas abandonner leur gagne-pain ».

Un millier d'hommes — chauffeurs, assistants et mécaniciens — se trouvèrent bientôt réunis à Kfar Bilou. Cela posait un problème d'intendance. Bar Shemer se rendit alors chez Chaskal, l'un des restaurants les plus populaires de Tel-Aviv.

« La nation juive a besoin de vous », déclara-t-il à Yechezkel Weinstein, son propriétaire.

En trois minutes, il lui avait expliqué ce qu'il attendait exactement de lui. Il était onze heures du matin. A cinq heures du soir, Weinstein distribuait un repas chaud aux mille hommes de Kfar Bilou.

21

QUATRE MOTS SUR UN PARE-CHOCS

Les légions romaines avaient été les premières à fortifier la butte rocheuse que les soldats juifs gravissaient sans bruit. Au pied de cette butte, la route de Jérusalem passait, étroite et vulnérable. Du village au sommet, on apercevait vers le nord, émergeant des collines dénudées, le mont de Nebi Samuel où le Prophète, selon la légende, s'était arrêté pour juger Israël. C'était là que les Maccabées étaient venus jeûner avant d'attaquer Jérusalem, et que Richard Cœur de Lion avait pleuré en découvrant la Ville sainte. Vers l'est, à quelques kilomètres à peine, apparaissaient les faubourgs de Jérusalem. Tour à tour camp romain, château croisé et forteresse turque, ce village solitaire balayé par le vent avait été pendant vingt siècles le gardien naturel des approches de Jérusalem par l'ouest. Les cent quatre-vingts soldats de la brigade Harel du Palmach qui montaient à sa conquête, sous les rafales de pluie de cette nuit d'avril, témoignaient à nouveau de sa vocation historique. Au-dessus de leurs têtes, dormait le village arabe de Castel. Abdel Kader ne s'était pas trompé quand il avait désigné cette position stratégique à l'état-major de Damas en prédisant qu'elle serait le prochain objectif de la Haganah.

Le plan de l'Opération Nachshon prévoyait deux actions préliminaires. La première était l'occupation de Castel, ce bastion qui contrôlait la route dans ses derniers kilomètres avant Jérusalem; l'autre, une manœuvre de diversion dans la région de Ramleh, destinée à attirer vers cette ville les forces arabes ordinairement implantées dans la zone de départ des convois juifs. Par ce double prélude, la Haganah espérait assurer son offensive en lui donnant deux bases solides.

Uzi Narkis, l'un des défenseurs du convoi de Kfar Etzion, mit une mitrailleuse en batterie à chaque extrémité du village. A minuit précis, il déclencha l'assaut. La petite troupe arabe qui gardait Castel n'était pas de taille à résister à une attaque aussi organisée. Elle s'enfuit avec toute la population. Pour la première fois depuis le Partage, un village arabe était aux mains des Juifs.

Le lendemain, samedi 3 avril, juste après midi, un détachement de la Haganah de Jérusalem vint relever les troupes de choc du Palmach. Son chef, Motke Gazit, était un jeune diplomate d'origine balte au visage sévère. Sa mission était simple. Après avoir établi un périmètre défensif tout autour du village, il devait le raser complètement afin qu'il ne puisse jamais plus servir de base aux Arabes dans leurs embuscades.

Dès que la nouvelle de la chute de Castel parvint à Damas, Abdel Kader appela Jérusalem pour ordonner que la position soit immédiatement reprise. Comme pour son attaque du convoi de Kfar Etzion, Kamal Irekat envoya des messagers à travers toute la Judée afin de rassembler ses troupes. Le fait que les Juifs se fussent emparés de tout un village arabe donnait à son appel une importance et une urgence évidentes.

Irekat parvint à lancer une contre-offensive le soir même. Son plan consistait en un seul assaut frontal, une fantasia furieuse semblable à celles qu'on voit sur les vieilles gravures.

« En avant ! » cria-t-il.

Et il se rua vers la carrière de Tzouba, au pied de Castel, où les Juifs avaient installé leur première ligne de défense. Au cri de « Allah Akbar — Dieu est grand », quatre cents hommes le suivirent. Les

Juifs ouvrirent le feu mais ne purent les arrêter. Ils durent se replier dans le bâtiment situé à l'intérieur de la carrière. Toute la nuit, les Arabes tentèrent de les en déloger.

L'arrivée à l'aube d'Ibrahim Abou Dayieh, le paysan arabe qui commandait la milice de Katamon, raviva l'ardeur des assaillants. Ils réussirent à faire sauter la maison et poursuivirent les Juifs jusqu'aux limites du village. Ils tenaient presque la victoire quand ils s'arrêtèrent brusquement, à bout de souffle. Certains n'avaient rien mangé ni bu depuis vingt-quatre heures. Personne, cette fois encore, n'avait pris la précaution d'emporter le moindre ravitaillement.

Irekat dépêcha des messagers dans tous les bourgs des alentours. De partout arrivèrent bientôt des groupes de femmes voilées. Etranges déesses de la guerre, elles poussaient des cris stridents et portaient sur la tête des pyramides de paniers remplis d'œufs, de fromage, d'olives, de tomates ou de galettes. Le renfort de ces cantinières improvisées eut un effet immédiat. Les Arabes repartirent à l'attaque.

Le Juif Motke Gazit se félicita de ne pas avoir eu le temps de raser Castel. Ses hommes purent se retrancher dans les maisons qu'ils transformèrent en véritables forteresses. Mais la carence de leur organisation vint encore une fois ravir aux Arabes les fruits de leur courage. Ils n'avaient plus de munitions.

Irekat dépêcha d'autres messagers dans tous les azimuts. Glubb Pacha, qui se trouvait ce jour-là à Ramallah, se souvient d'en avoir vu un parcourir les rues en criant :

« Qui peut me vendre des cartouches ? Je paie comptant. »

L'Anglais put constater que cet appel ne restait pas sans écho. Il vit quelqu'un proposer deux cents balles de fusil. Certaines étaient turques, d'autres allemandes ou anglaises. L'Arabe les paya, sauta dans une voiture et alla poursuivre sa quête ailleurs.

La récolte fut assez fructueuse pour permettre à Irekat de repartir à l'attaque. Vers minuit, ce deuxième jour, il réussit à s'infiltrer dans le village. C'est alors qu'un éclat de grenade l'atteignit au-dessus de l'œil. Le seul infirmier présent dans ses rangs, un employé de l'hôpital de Bethléem, ne disposait que de mercurochrome. Il nettoya la plaie comme il put et, malgré les protestations du blessé, le fit évacuer à dos d'âne.

Irekat connaissait suffisamment ses compatriotes pour prévoir les conséquences de son départ. Produits d'une société hautement hiérarchisée, les villageois vouaient à leurs chefs une sorte de culte. Bien commandés, ils étaient capables des plus grands actes de bravoure. Laissés à eux-mêmes, ils risquaient de sombrer dans une débandade immédiate.

C'est exactement ce qui se passa cette nuit du dimanche 4 avril. Motke Gazit et ses soixante-dix soldats juifs qui se préparaient à résister maison par maison, virent les Arabes refluer subitement puis disparaître dans la campagne. Ils rentraient dans leurs villages. A l'aube, il n'en restait plus qu'une centaine. Castel était toujours aux mains des Juifs.

*

Trois Juifs chuchotaient sur un trottoir désert de l'avenue du Roi-George-V à Jérusalem. Ils représentaient la Haganah, le groupe Stern et l'Irgoun. Yeshurun Schiff, l'envoyé de la Haganah, avait cherché à envelopper cette rencontre du plus grand secret. Il était l'adjoint de David Shaltiel qui vouait une haine implacable aux deux organisations dissidentes. C'était pourtant pour leur demander de venir au secours de Shaltiel qu'il leur avait donné ce rendez-vous nocturne.

Les forces du commandant de Jérusalem étaient si dispersées qu'il ne disposait d'aucune réserve pour relever à Castel les hommes épuisés de Motke Gazit ainsi qu'une autre unité en difficulté devant la colonie juive voisine de Motza. Schiff souhaitait que l'Irgoun et le groupe Stern acceptent d'organiser une action de dégagement autour de ces deux objectifs.

Comme l'envoyé de Shaltiel s'y attendait, cette requête n'éveilla aucune sympathie chez ses interlocuteurs. Leurs organisations étaient en effet peu désireuses d'aider celui qu'elles considéraient comme leur ennemi personnel au même titre que les Arabes. Indifférents aux difficultés de la Haganah et jaloux de leur indépendance, le groupe Stern et l'Irgoun avaient jusqu'ici persisté dans leur refus de coopérer avec la Haganah de Jérusalem.

Schiff fut informé qu'une réponse lui serait apportée la nuit suivante. Le prix d'une éventuelle collaboration serait toutefois particulièrement élevé : les deux groupes exigeraient une quantité très appréciable d'armes, de munitions et d'explosifs. Il reçut finalement leur accord et fournit aussitôt l'armement demandé. Aucune des deux organisations terroristes n'avait cependant l'intention de dégager Castel ou Motza. Yehoshua Zetler, le chef du groupe Stern et Mordechai Raanan, le chef de l'Irgoun, avaient besoin de ces armes pour frapper seuls un grand coup et arracher une victoire spectaculaire. Ils comptaient ainsi prouver leur dynamisme à la population juive de Jérusalem et contraindre la Haganah à leur reconnaître des droits sur la ville.

Zetler et Raanan avaient déjà choisi leur objectif. La réputation, l'importance et la proximité du village qu'ils allaient conquérir leur assureraient cette victoire. C'était une communauté de tailleurs de pierre située dans la banlieue ouest de Jérusalem, ce village arabe de Deir Yassin vers lequel Alia Darwish avait été conduite dix jours plus tôt pour son mariage.

*

Une pestilentielle odeur d'oignons pourris émanait du vieux cargo qui vint s'amarrer à un quai du port de Tel-Aviv. Le manifeste ne pouvait mentir car la cargaison s'authentifiait par ses effluves. L'inspecteur britannique des douanes autorisa le déchargement du *Nora*. Une nuée de dockers grimpa aussitôt sur le pont. A l'abri de tout regard indiscret, ils dégagèrent le matelas d'oignons pour atteindre les caisses qui renfermaient des milliers de fusils et plusieurs dizaines de mitrailleuses tchèques. Le cargo si difficilement affrété par Ehud Avriel arrivait à un moment providentiel. L'Opération Nachshon devait commencer dans vingt-quatre heures exactement.

Déployant toutes sortes de ruses pour tromper la vigilance de la police britannique, les dockers travaillèrent comme des forcenés. Les caisses furent chargées dans des camions, sous la protection invisible mais attentive de groupes de choc de la Haganah, et livrées en toute hâte aux unités qui devaient prendre part à l'offensive.

Iska Shadmi reçut les siennes à dix heures du soir, quelques heures seulement avant sa montée en ligne. Un nouveau problème se posait à sa compagnie de jeunes recrues; elle n'avait rien pour nettoyer la couche de graisse qui enveloppait les fusils d'Avriel. Comme tous les combattants de sa génération, Shadmi avait été marqué par la lecture des *Hommes de Pompillo*, le récit de la conquête du Kazakhstan. Il y avait appris l'art de toujours rechercher des solutions nouvelles. Il commanda aux garçons de sacrifier leur caleçon à la cause commune. Les filles s'en serviraient pour dégraisser les armes pendant qu'ils nettoieraient les canons avec du fil de fer.

Depuis qu'il s'était engagé dans le Palmach, c'était bien la première fois que Shadmi disposait d'autant de munitions. Pour les transporter, il dut improviser encore et ordonner à ses troupes de transformer leurs chaussettes en cartouchières.

Chaïm Laskov, un vétéran de la Brigade juive qui commandait une autre compagnie d'infanterie, reçut un lot de mitrailleuses MG 34. Comme aucun de ses soldats ne savait s'en servir, il courut dénicher un ancien mitrailleur de l'armée britannique pour leur faire une hâtive démonstration. Horrifié, Laskov s'aperçut que les armes ne tiraient que coup par coup : l'automatisme ne fonctionnait pas. Il dépêcha à Tel-Aviv un de ses lieutenants avec les mitrailleuses et mission de trouver un spécialiste capable de les réparer. Pendant que toute la compagnie attendait l'ordre d'attaquer, un armurier de la Haganah démonta une à une les armes défectueuses et remit en état leur mécanisme de tir automatique.

Les forces juives fractionnées en trois bataillons de cinq cents hommes gagnèrent finalement leurs positions de départ sans trop de flottement. L'attaque démarra le 5 avril à neuf heures du soir. Le premier bataillon occupa rapidement les villages arabes situés dans la zone de départ des convois, tandis que les forces du deuxième bataillon s'enfonçaient dans les collines pour aller conquérir les villages qui surplombaient la route à partir de Bab el Oued. Elles y rencontrèrent une très vive et meurtrière résistance. Ne pouvant prendre Beit Mahsir et Saris, les hommes du Palmach durent se contenter d'occuper quelques hauteurs entre les deux agglomérations et la route afin d'empêcher leurs habitants de venir tendre leurs embuscades.

Ailleurs, au même moment, surgissaient d'autres difficultés. Après s'être emparés de la colonie de Motza, les Arabes menaçaient de couper la route à l'entrée de Jérusalem. Dans la soirée, Shaltiel avait expédié toutes ses réserves pour les repousser. C'était cette nuit-là qu'il s'était résigné à solliciter le concours du groupe Stern et de l'Irgoun.

En dépit de ces échecs partiels, le début de l'opération était un succès. Avant minuit, le funeste défilé de Bab el Oued et ses abords étaient aux mains des Juifs. L'ordre de mettre en route dès cette nuit le premier convoi fut envoyé à Kfar Bilou par radio. L'ancien camp britannique grouillait de chauffeurs réquisitionnés, de mécaniciens, de soldats juifs qui s'activaient tous autour des stocks de marchandises prélevées dans les dépôts de Tel-Aviv par Dov Joseph.

Pour les charger sur les camions, la Haganah avait rassemblé une équipe de dockers du port de Tel-Aviv. Ils étaient tous originaires de Salonique. Ces petits hommes solides et trapus avaient droit à une ration spéciale de sardines, de riz et de fromage. A la lueur vacillante des torches, ils répétaient inlassablement les mêmes gestes. « C'était comme une chaîne automatique », se souvient avec émerveillement Yechezkel Weinstein, le restaurateur de Tel-Aviv qui préparait les repas du camp. « Un camion était chargé toutes les cinq minutes. Deux jeunes joueurs de guitare rythmaient le travail des dockers et leurs mélodies flottaient dans la nuit tandis que, dans un mouvement perpétuel, les hommes chargeaient les vivres destinés à Jérusalem. »

Dès qu'un camion était plein, il partait rejoindre la colonne au bord de la route. Bar Shemer contrôlait l'ordonnancement de cet assemblage extravagant. Il y avait des camionnettes des laiteries Tnuvah, des Bedford et des Dodge de trois tonnes, d'énormes dix tonnes Mack de la société de transports Shelev, des semi-remorques White de l'entreprise de déménagements Hamenia, des camions d'usines, des tracteurs à remorque de kibboutzim, des fourgonnettes de livraison. Toutes les tailles imaginables, toutes les formes, toutes les couleurs étaient représentées. La plupart portaient des affiches publicitaires qui vantaient une marque de savon, d'aliments pour bébés, la viande kacher d'un boucher de Haïfa, les matériaux d'une briqueterie de Ramat Gan, les chaussures d'une fabrique de Tel-Aviv. Les plus légers étaient placés en tête. Tous étaient équipés d'un câble en acier afin de pouvoir prendre en remorque ceux qui tomberaient en panne en cours de route.

Pas un phare, pas une veilleuse. Pour le cas où quelque chauffeur céderait à la tentation d'allumer ses feux, Bar Shemer avait fait enlever toutes les ampoules. Dans chaque véhicule, le chauffeur, son assistant et le mécanicien attendaient le signal du départ. Les soldats de l'escorte embarquèrent à leur tour. Iska Shadmi atterrit sur un chargement de pommes de terre. Il se ménagea vite un abri avec une meurtrière.

Le convoi s'ébranla à travers les orangeraies dont l'odeur enivrante emplissait la nuit. Bar Shemer suivit du regard la longue colonne « qui s'étirait sous la lune comme une immense chenille ». La Ford bleue toute neuve de Harry Jaffe, le responsable en chef des convois, roulait en tête. L'étroite route asphaltée s'allongeait, plate et droite, pendant une dizaine de kilomètres. Quand elle arrivait au pied de l'abbaye trappiste de Latroun dont le clocher et l'imposante façade ocre émergeaient d'un bouquet d'oliviers, elle obliquait à droite et filait entre deux étendues de vignobles vers l'entrée des gorges de Bab el Oued. Bar Shemer n'avait pas encore eu le temps de remonter toute la colonne après le départ du dernier camion quand il entendit plusieurs détonations. Il comprit que les voitures de tête entraient dans la vallée.

A la grande fureur de Harry Jaffe, trois balles venaient de se loger dans la carrosserie de sa Ford toute neuve. Comme aucun blindage ne protégeait les véhicules de ce premier convoi de fortune, Jaffe pria le Ciel pour que ces tirs isolés ne présagent pas une attaque plus sérieuse. De sa cachette, Iska Shadmi scrutait attentivement les sombres futaies des pentes. Il ne découvrit pas le moindre Arabe. Harry Jaffe pouvait être rassuré. Hormis quelques tireurs qui avaient échappé aux filets du Palmach, il n'y avait plus de forces ennemies aux abords de la route.

Déchirant la nuit du ronronnement régulier des moteurs, le convoi gravissait lentement les pentes de Judée. Des coups de feu résonnèrent encore de loin en loin. Leurs pneus crevés, quelques véhicules continuèrent en claudiquant. D'autres laissaient échapper de véritables geysers de leurs radiateurs expirants. Jaffe et Bar Shemer surveillaient la colonne comme des chiens de berger, encourageant de la voix les chauffeurs des véhicules endommagés.

La nouvelle de l'arrivée d'un convoi se répandit à travers Jérusalem comme une traînée de poudre. Malgré l'heure matinale, des centaines de personnes coururent à sa rencontre au bas du boulevard de Jaffa. Il y avait là des femmes encore en peignoir, des écoliers, des fidèles qui sortaient des synagogues, leur châle de prière sur les épaules. Les gens se mirent aux fenêtres, sortirent sur les terrasses et les balcons. Chacun attendait avec respect et gratitude.

Des applaudissements, des acclamations et des chants accueillirent l'apparition du premier camion dans la grisaille de l'aube. C'était toute la joie d'un peuple désespéré qui éclatait, le soulagement d'un peuple qui avait faim. Cette semaine-là, le rationnement de Dov Joseph n'avait attribué que dix grammes de margarine, deux cent cinquante grammes de pommes de terre et un peu moins de viande séchée par personne. Pas un seul camion n'était arrivé depuis quinze jours. Et voici qu'un grondement sourd et rassurant annonçait le flot puissant d'un convoi. Des dizaines de camions bourrés de ravitaillement avançaient pare-chocs contre pare-chocs. Les vieillards pleuraient, les femmes sautaient sur les marchepieds pour embrasser les chauffeurs, les enfants grimpaient sur les ailes avec des bouquets de fleurs. Devant l'hospice sépharade, une vieille femme se précipita vers Yehuda Lash, le vétéran de tant d'escortes, et le serra dans ses bras.

Debout et triomphant sur son chargement de pommes de terre, Iska Shadmi pensait à toutes les fois où il avait entendu dire : « Nous serons une nation le jour où nous serons forts. » Devant ce peuple de Jérusalem reconnaissant, il se dit que ce jour était arrivé. Même les chauffeurs que Bar Shemer avait kidnappés étaient bouleversés. En traversant cette foule exultante de bonheur, ils oublièrent qu'ils étaient là contraints et forcés et comprirent qu'ils avaient sauvé une ville.

Un souvenir, surtout, resterait gravé dans les mémoires de tous ceux qui acclamaient le convoi en ce joyeux matin d'avril. Sur le pare-chocs de sa Ford bleue, entrée la première dans la ville, Harry Jaffe avait inscrit quatre mots : « Si je t'oublie, Jérusalem... »

22

« UN DES ARABES QUE NOUS AVONS TUÉS »

DE l'autre côté de Jérusalem, dans le quartier arabe de Bab el Zahiri proche de la porte d'Hérode, Abdel Kader écrivait quelques lignes rapides à sa femme. Il était rentré de Damas pour apprendre que les Juifs avaient réussi à briser l'étau dans lequel il avait si patiemment enserré la ville. Dans le coffre de sa voiture s'entassaient cinquante fusils donnés par l'armée syrienne et trois fusils mitrailleurs qu'il avait achetés de ses propres deniers dans les souks de Damas. C'étaient les seules armes modernes qu'il avait pu récolter au cours de son voyage, l'aumône de ses chefs pour compenser les milliers d'armes que le cargo *Nora* avait apportées à la Haganah.

Les derniers jours de sa visite avaient été aussi décevants que les premiers. Malgré la fin brutale de leur premier entretien, Abdel Kader et le général Safouat s'étaient revus. C'était justement pendant l'une de leurs interminables conférences que la nouvelle de la chute de Castel était arrivée.

« Si vos hommes ne peuvent reprendre ce village, s'était contenté de faire remarquer le chef militaire de la Ligue arabe, nous demanderons à El Kaoukji de s'en charger. »

Abdel Kader avait relevé le défi et supplié encore une fois qu'on lui fournisse des armes modernes. Cadeau personnel du président de la République syrienne, les cinquante fusils étaient tout ce que le Palestinien avait pu rapporter à Jérusalem.

« Le sang de la Palestine et de son peuple retombera sur votre tête », avait promis Abdel Kader au général irakien.

Puis, avant de partir, il avait pris le Prophète à témoin et cité le Coran.

« Que ceux qui acceptent d'échanger leur vie en ce monde pour combattre au service d'Allah meurent ou triomphent, ils seront richement récompensés ! »

A présent, dans le style noble qui traduisait bien les émotions et le caractère de ce chef exceptionnel aussi respecté par ses ennemis que vénéré par les siens, Abdel Kader se confiait à sa femme : « Ma Wahija chérie, lui disait-il, nous venons d'écrire une grande et glorieuse page d'histoire. Ce que nous avons fait a exigé jour et nuit de douloureux sacrifices et beaucoup d'efforts. Mais dans l'action, les hommes s'oublient eux-mêmes. Ils oublient de manger, de boire, de dormir. Ils oublient leurs parents et leurs fils. L'ennemi est fort, Wahija, mais nous remporterons la victoire finale. Inch' Allah ! »

Puis, il glissa dans l'enveloppe un poème qu'il avait composé à Damas, la nuit précédente, à l'intention de son fils.

> « Ce pays d'hommes braves,
> Est celui de nos aïeux.
> Sur cette terre,
> Les Juifs n'ont aucun droit.
> Comment pourrais-je dormir
> Quand elle est aux mains de l'ennemi ?
> Quelque chose brille dans mon cœur,
> C'est ma patrie qui m'appelle. »

Quand il eut terminé, Abdel Kader convoqua un de ses lieutenants, un fougueux instituteur nommé Baghet Abou Garbieh. Jamais Abou Garbieh n'avait vu son chef aussi nerveux.

« Nous avons été trahis », déclara-t-il.

La dernière image qu'il rapportait de Syrie, racontait-il, était celle d'un dépôt de l'aérodrome d'Al Mazah bourré d'armes destinées à son rival El Kaoukji.

« Ils nous ont laissé le choix entre trois possibilités. Nous pouvons nous enfuir en Irak et nous y cacher; nous suicider; ou nous faire tuer ici en combattant. »

Il ordonna à Abou Garbieh de lui envoyer les deux voitures blindées juives capturées à Nebi Daniel et de prévenir Ibrahim Abou Dayieh de le rejoindre avec sa milice de Katamon devant la carrière de Tzouba. Abdel Kader était décidé à reprendre Castel, dût-il conduire l'attaque en personne.

Motke Gazit et ses soldats juifs tenaient le village depuis presque quatre jours. Ils n'avaient subi aucune attaque depuis la veille, mais leur épuisement était extrême. L'offensive d'Abdel Kader commença le 7 avril à dix heures du soir. Trois cents hommes environ y participaient, répartis en trois groupes d'assaut. Celui d'Abou Dayieh attaquait au centre avec la majorité des forces tandis que les deux autres opéraient une manœuvre d'encerclement.

Un déluge de mitraille s'abattit d'abord sur le village. Les Juifs comprirent que cette fois les Arabes avaient à leur tête un véritable chef. Ce meneur d'hommes ne tarda pas à leur offrir une nouvelle surprise. Faute des canons qu'il avait réclamés au général Safouat, Abdel Kader avait réuni quatre mortiers. Servies par quatre déserteurs anglais, ces pièces bombardaient Castel.

Au bout d'une heure, les miliciens d'Abou Dayieh parvinrent à s'emparer des premières maisons du village. Ils menacèrent bientôt la position clef des défenseurs, la maison du moukhtar. Sentant l'ennemi faiblir, Abou Dayieh envoya un commando la dynamiter. Les Juifs qui y étaient retranchés appelèrent Gazit qui accourut à la rescousse avec un petit groupe. En atteignant le bâtiment, le chef juif se cogna dans un gros bidon comme les Arabes en utilisent pour transporter leur huile d'olive. Il était rempli d'une poudre d'où sortait un bout de mèche que, dans la confusion, les Arabes avaient négligé d'allumer.

Rassuré, Gazit regagna la maison qui lui servait

de P. C. En entrant, il entendit un de ses hommes crier du balcon :

« Qui va là ?

— C'est nous, mon vieux ! », répondit une voix en arabe.

Une mitraillette hoqueta dans la nuit. Vingt-cinq mètres plus bas, Gazit distingua une silhouette qui s'écroulait.

Malgré l'échec de ses dynamiteurs, l'Arabe Abou Dayieh attaqua jusqu'à l'aube. Un éclaireur vint l'informer que des renforts juifs arrivaient par l'autre versant. Comme il était privé depuis plusieurs heures de toute liaison avec Abdel Kader, il se résigna, la mort dans l'âme, à replier ses hommes. Pour la quatrième fois, la reconquête de Castel échappait aux Arabes.

Uzi Narkis, l'officier juif qui s'était le premier emparé du village, était de retour. Avec une douzaine d'hommes du Palmach, il avait réussi à franchir les lignes arabes pour rejoindre Gazit. Il trouva le jeune diplomate effondré sur le sol de son P. C. entre ses deux opérateurs radio blessés. Narkis apportait un véritable trésor, cinquante mille cartouches de la cargaison du *Nora*. Il apportait surtout la nouvelle qu'attendaient impatiemment Gazit et ses compagnons : ils seraient relevés à midi. Explorant les abords de la position dans la lumière naissante, il découvrit un corps étendu sur le talus en contrebas.

« Qui est-ce ? demanda-t-il.

— Un des Arabes que nous avons tués pendant la nuit », répondit Gazit.

Narkis s'approcha et retourna le cadavre. Dans ses poches, il trouva un permis de conduire, un billet d'une livre palestinienne et quelques feuilles de carnet couvertes de notes. Il poursuivit son inspection et découvrit, enfoui dans la poche gauche de la chemise, un exemplaire en miniature du Coran.

*

Depuis son repli à la fin de la nuit, Ibrahim Abou Dayieh cherchait partout Abdel Kader. Persuadé qu'il était rentré à Jérusalem pour y recruter de nouvelles troupes, il lui avait expédié plusieurs agents de liaison. Ils étaient tous revenus sans l'avoir trouvé. De Ramallah jusqu'à Hébron, une rumeur avait alors commencé à se répandre à travers la Judée : Abdel Kader avait disparu.

La stupeur pétrifia les visages. Artisans, paysans, commerçants, abandonnèrent leurs outils et leurs échoppes. Les souks se vidèrent. Tous les fusils de la Jérusalem arabe sortirent. Les cartouches atteignirent des prix exorbitants. Les gémissements lancinants des femmes accompagnèrent la course éperdue des hommes à la recherche de leur chef bien-aimé. La compagnie d'autobus dévia toutes ses voitures sur Castel. Des chauffeurs de taxi, des camionneurs, des propriétaires d'automobiles privées firent la navette entre Jérusalem et le champ de bataille.

Quelque deux mille Arabes se ruèrent ainsi à l'assaut du village que Motke Gazit et les survivants de son groupe tenaient toujours. Une ferveur mystique semblait les animer. Ils arrivaient de tous côtés, les armes brandies au-dessus des keffiehs à damier noir et blanc. La fusillade éclatait de partout. Les Juifs ne savaient plus quelle cible choisir. Ils ne devaient tirer qu'à coup sûr mais la plupart titubaient de sommeil et de fatigue. Certains, exténués, restaient hagards. Leurs camarades leur donnaient des coups pour les forcer à réagir.

Les munitions apportées par Narkis n'avaient pu être distribuées. Par petits paquets, les Juifs se les lançaient de maison en maison. La résistance devenait de plus en plus difficile.

« Les Arabes sont là ! » cria quelqu'un.

Cette fois, c'était vrai. La maison du moukhtar venait de tomber. Comprenant que la fuite était la seule chance de salut, Gazit ordonna la retraite.

La maison où il s'était retranché était acculée à une pente très escarpée. Il poussa jusqu'à la porte les trois blessés restés avec lui et les fit basculer dans le vide avant de sauter à son tour. Ils atterrirent tous les quatre dans les vignes d'une terrasse en contre-bas. « Ce fut une expérience atroce de rouler ces corps comme des sacs de maïs, rappellerait Gazit. J'entends toujours leurs têtes et leurs membres craquer contre les pierres. » De palier en palier, ils arrivèrent pourtant en bas de la pente sans avoir été repérés et purent se réfugier dans une baraque occupée par un commando du Palmach.

Pendant ce temps, sur la crête, les Arabes achevaient d'occuper Castel. Ils criaient et déchargeaient leurs fusils pour saluer leur victoire tandis qu'un drapeau arabe était planté sur le toit de la maison du moukhtar. Après trois jours d'assauts répétés, Castel était redevenu un village arabe.

« Allah Akbar ! »

C'est un hurlement déchirant qui invoqua cette fois Allah et fit taire brusquement les clameurs triomphantes. Nadi Dai'es, un jeune Arabe qui au lendemain du Partage avait participé à l'incendie du Centre Commercial, avait suivi ses aînés jusqu'à Castel. Sur les marches de la maison abandonnée par Gazit, il venait de découvrir le corps d'Abdel Kader.

La malédiction effaça la victoire et transforma cette glorieuse bataille en fête funèbre. A l'enthousiasme succéda la consternation terrifiée, l'hystérie douloureuse. Des hommes secoués de sanglots se jetèrent sur le corps. Ils l'embrassèrent avec frénésie. Certains se frappaient la tête avec la crosse de leur fusil. D'autres couraient comme des possédés pour annoncer la funeste nouvelle.

Le corps fut déposé sur une civière. De main en main, Abdel Kader descendit la colline de sa dernière conquête, escorté par les villageois qu'il avait si souvent conduits au combat et qui gémissaient dans une plainte inlassable.

« Allah Akbar, Allah Akbar ! »

Quand il vit arriver cette macabre procession, l'instituteur Abou Garbieh qui se trouvait à peine vingt-quatre heures plus tôt avec Abdel Kader pensa, le cœur brisé : « Nous ne pourrons jamais le remplacer. Il était notre chef, notre seul chef, et il a disparu. »

*

Le permis de conduire et le petit Coran ramassés par Uzi Narkis avaient révélé aux Juifs l'identité du corps trouvé à Castel. Isaac Levi, le chef du Deuxième Bureau, décida d'exploiter aussitôt cette découverte. Informés seulement de la reconquête de Castel, les Arabes de la Vieille Ville célébraient ce triomphe par un débordement d'allégresse. A dix-sept heures trente, l'émetteur en langue arabe de la Haganah annonça la mort d'Abdel Kader. Aussitôt les manifestations cessèrent et un silence atterré s'abattit sur la Vieille Ville.

Hadj Amin apprit la fin de son meilleur lieutenant pendant une réunion qu'il tenait à Damas avec ses partisans. Il se leva.

« Messieurs, déclara-t-il d'une voix blanche, je vous offre notre martyr Abdel Kader Husseini. Réjouissez-vous et remerciez Dieu. »

Emile Ghory comprit que cette disparition signifiait « la fin du mouvement de résistance palestinien. Il y a quelque chose chez tous ceux de notre race, songea-t-il, qui attribue une telle importance à l'homme, qui voue un tel culte au héros, que lorsqu'il meurt, tout s'écroule. »

23

LA DERNIÈRE NUIT D'UN VILLAGE BIEN TRANQUILLE

DEUX cadavres dans chacune de ses valises n'auraient pas pesé plus lourd. Tendu par l'effort, le voyageur grimaçait en les traînant l'une après l'autre. Freddy Fredkens, le faux pâtissier canadien qui avait découvert l'équipage de l'Ocean Trade Airways dans le bar d'un hôtel parisien, repartait en chasse sur ordre de la Haganah. Il y avait cinq ans que cet as de la R.A.F. n'avait pas piloté un appareil comme celui qui l'attendait dans un hangar de l'aéroclub de Toussus-le-Noble, dans la banlieue parisienne. C'était un bombardier Anson, modèle qu'il avait conduit pendant la guerre au-dessus de l'Allemagne nazie. Avec la complicité d'un de ses anciens camarades de la R.A.F. devenu marchand d'avions d'occasion, il avait pu en acheter quatre en Angleterre. Cette acquisition faisait partie de l'opération lancée par Ben Gourion pour constituer la future aviation de l'Etat juif.

Fredkens hissa à bord ses pesants fardeaux. Il s'installa dans le cockpit, alluma les moteurs, fila prendre son élan en bout de piste et mit le cap plein sud. Il avait rendez-vous à Rome. C'était là qu'il devait recevoir les dernières instructions relatives à l'étrange mission qui l'attendait. A bord d'un bimoteur ne portant aucune cocarde réglementaire, ce faux pâtissier allait exécuter un bombardement au-dessus de la mer Adriatique pour le compte d'un Etat qui n'existait pas.

Les pesants fardeaux enfermés dans ses valises

— deux bombes de deux cents livres — étaient en effet destinés au *Lino*, un caboteur qui avait quitté Fiume pour Beyrouth le 31 mars avec les dix mille fusils et les huit millions de cartouches du capitaine arabe Abdul Aziz Kerine.

Secteur après secteur, le Juif fouilla la mer, scruta chaque port, explora les plus petites criques de la côte dalmate. Le *Lino* restait introuvable. Les agents de la Haganah savaient pourtant le jour et l'heure de son appareillage, sa vitesse, son cap. Après trois jours de vaines recherches, au grand dépit de son pilote, une tempête cloua le vieux bombardier au sol.

C'est à la une de tous les journaux de la péninsule que les Juifs retrouvèrent la trace du bateau arabe. Des avaries l'avaient contraint à chercher refuge dans le petit port italien de Molfetta, au nord de Bari, où des inspecteurs de la Sûreté romaine l'avaient découvert. A quelques jours d'élections générales, l'Italie connaissait une vive effervescence politique et la cargaison du *Lino* intrigua les autorités. Les partis au pouvoir et les communistes s'accusèrent mutuellement de préparer un coup d'Etat et une guerre civile. La police décida de retenir le *Lino* et d'ouvrir une enquête. Elle arrêta l'équipage et fit remorquer le navire jusqu'au port de Bari où il fut amarré sous bonne garde à un quai militaire.

C'était pour les Juifs l'occasion inespérée de lui régler son compte. Au cours d'une conférence réunie d'urgence dans un grand hôtel de Rome, les responsables de la Haganah décidèrent de couler le bâtiment sur place. La direction de l'opération fut confiée à Mounya Mardor, l'un des agents les plus audacieux de l'organisation juive. Mardor fit venir Jossele, le spécialiste des sabotages, deux hommes-grenouilles, un chauffeur et un radio. Le petit commando prit la route de Bari le 5 avril à bord d'un G.M.C. spécialement camouflé en camion de l'armée américaine à cause des nombreux contrôles routiers. Les explosifs avaient été cachés dans le réservoir de secours sur lequel les hommes de la Haganah avaient peint la mention « D.D.T. »

Une première reconnaissance des lieux révéla qu'une tentative par voie de terre était impossible en raison de l'étroite surveillance dont le *Lino* était l'objet. Seule une embarcation pourrait, de nuit, approcher le bateau d'assez près pour permettre aux hommes-grenouilles d'aller poser leur charge explosive sur la coque. L'heure H fut fixée à minuit, la nuit du 9 au 10 avril.

A onze heures du soir, le matériel fut discrètement déchargé sur le front de mer, là où une échancrure dans le parapet du Corso della Vittoria avait permis au camion de gagner le rivage. Tandis qu'un couple faisait le guet, Jossele et les deux hommes-grenouilles s'équipèrent et embarquèrent dans le dinghy. Ils s'éloignèrent à grands coups de rames.

Jossele serrait contre lui la charge explosive. Il l'avait mise au point lui-même. C'était une chambre à air de motocyclette étanche, bourrée de T.N.T., qu'il avait truffée de détonateurs enfermés dans une matière des plus difficiles à trouver dans l'Italie catholique — des préservatifs. L'ensemble était généreusement saupoudré de potasse. Quand la chambre à air serait fixée à la coque, il introduirait délicatement le flacon d'acide sulfurique pour provoquer la mise à feu. Le temps que mettrait l'acide pour brûler le tampon de papier journal qui fermait le flacon leur permettrait de s'éloigner. La première goutte tombant sur la potasse produirait un intense dégagement de chaleur et tout sauterait.

La nuit était noire et tranquille. Les rames brassaient l'eau en cadence. Le canot franchit bientôt la passe du bassin militaire et la proue du *Lino* se découpa dans l'obscurité. Quand ils ne furent plus qu'à une quarantaine de mètres, Jossele et l'un des hommes-grenouilles se laissèrent glisser à l'eau. Ils entendirent le pas régulier d'une sentinelle sur le quai mais rien ne vint troubler leur approche. Leurs doigts caressèrent enfin la coque du bateau. Ils fixèrent leur charge avec soin. Dès que Jossele eut placé le flacon d'acide, les deux saboteurs s'éloignèrent au plus vite. Ils remontèrent dans le canot, firent le tour du bassin et vinrent accoster à l'entrée du port des pêcheurs où Mardor les attendait avec le camion.

Quelques secondes plus tard, ils s'élançaient sur la route de Rome. Aucun d'entre eux n'entendit la formidable explosion qui, le samedi 10 avril à quatre heures précises du matin, envoya par douze mètres de fond les fusils du capitaine arabe Abdul Aziz Kerine.

*

La gloire d'Abdel Kader allait le priver de sa dernière victoire. Pour participer à ses funérailles, les centaines d'Arabes qui avaient reconquis Castel le matin même retournaient en masse à Jérusalem. Afin d'accompagner sa dépouille jusqu'au bout, ils abandonnaient presque tous le village pour lequel il était mort.

Seuls une quarantaine d'hommes mal armés, commandés par l'instituteur Abou Garbieh, restèrent sur place. « Notre attaque a commencé dans la confusion et notre victoire finit dans le chaos », remarqua-t-il, découragé, devant Anouar Nusseibi, le frère du journaliste de Radio-Palestine. Nusseibi promit de lui envoyer des renforts le plus tôt possible.

Les Juifs devaient à tout prix reprendre Castel s'ils voulaient poursuivre l'Opération Nachshon. Deux compagnies du Palmach arrivèrent donc peu après minuit, conduites par un jeune et brillant officier nommé David Eleazar. Abou Garbieh les entendit approcher. Il savait qu'il n'avait pas les moyens de leur résister. Les premiers obus de mortier emportèrent sa décision. Il résolut d'épargner la vie de ses hommes. Ils se glissèrent dans la nuit et se replièrent sur Jérusalem. Les Juifs avaient repris Castel.

*

Le colonel syrien Fouad Mardam sentit la boulette de kebab se coincer dans sa gorge. Il la fit descendre d'une lampée d'eau glacée puis se leva pour augmenter le volume du poste de radio dont le bulletin d'information accompagnait toujours son dîner. Une explosion d'origine inconnue, annonçait Radio-Damas, avait coulé un navire chargé d'armes dans le port italien de Bari. Quelques heures plus tard, un télégramme confirmait les appréhensions du directeur du matériel et des approvisionnements de l'armée syrienne. Les fusils achetés à Prague sur son ordre par le capitaine Abdul Aziz Kerine gisaient maintenant dans la vase de Bari.

L'affaire était si grave que Fouad Mardam fut dépêché en personne à Rome pour essayer de renflouer la cargaison et assurer son transbordement sur un autre bateau.

Quelques jours plus tard, le cœur meurtri, le Syrien vit ses caisses d'armes émerger des eaux glauques de l'Adriatique. Des hommes-grenouilles italiens plongeaient sans relâche pour remonter tout ce qui pouvait être arraché aux cales inondées. Mardam ne tarda pas à comprendre que les huit millions de cartouches étaient irrémédiablement perdues. A mesure que le tas de fusils grossissait sur le quai de l'arsenal, il reprenait cependant espoir. La plus grande partie pourrait en être sauvée par l'application d'un traitement anticorrosif. Le vilain coup que lui avaient joué ses adversaires n'aurait pas le résultat escompté. Rassuré, Mardam rentra à Rome afin de chercher un autre bateau.

La catastrophe du *Lino* relança les efforts des acheteurs d'armes arabes que sollicitait un incroyable réseau de marchands. Persuadés de la crédulité des nouveaux Etats arabes indépendants, les fabricants d'armes du monde entier faisaient le siège des émissaires de Beyrouth et de Damas. Un Tchèque proposa six mille fusils et cinq millions de cartouches payables en huile d'olive et en coton. Un Espagnol offrit vingt mille mausers neufs et vingt millions de cartouches. D'Italie, vint une proposition pour quatre cents mortiers de 81 mm et cent quatre-vingt mille obus. Un Suisse vendait des canons antichars. Un chantier naval britannique proposait des vedettes lance-torpilles. Un ingénieux ferrailleur de Hambourg était prêt à céder l'ancien yacht de Hitler et une flotte de sous-marins d'occasion. Une société belge promettait même de fournir clefs en main toute une fabrique de mitraillettes. Certains de ces matériels existaient réellement, d'autres ne se trouvaient que dans l'imagination de ceux qui les vendaient.

L'un des marchands les plus pittoresques était un Italien nommé Giuseppe Doria. Pendant vingt ans, il avait alimenté en armes et en munitions presque tous les conflits du monde, de la guerre d'Ethiopie à celle d'Espagne, des guérillas de Grèce aux lointaines batailles de Chine. La liste des fournitures qu'il proposait était si complète qu'il se vantait de pouvoir équiper toute une armée. Pour les livrer, il disposait de trois vedettes de trois cents tonneaux ultra-rapides, « capables d'effectuer toutes livraisons en tous pays moyennant un léger supplément ». Une restriction accompagnait toutefois ses offres. Avant d'expédier une seule cartouche, Doria exigeait d'être réglé comptant en dollars à l'ordre d'un compte suisse numéroté.

Personne, cependant, ne pouvait rivaliser d'imagination avec un ancien as de l'aviation française de la seconde guerre mondiale. Devenu instructeur des forces aériennes du Négus, le commandant Duroc avait proposé au ministère de la Défense de Damas de lui vendre six chasseurs bombardiers Mosquito prêts à décoller de Tanger pour n'importe quel aérodrome du Moyen-Orient. Il assurait les Syriens qu'il possédait en outre une compagnie de transport aérien composée de six bimoteurs C-46 pilotés par des Français, capables de transporter cinquante tonnes d'armes par semaine. Cette flotte aérienne ne coûtait qu'un très gros paquet de dollars.

Les Arabes ne manquaient pas non plus d'imagination pour se procurer des armes. Un mémoire très secret adressé au président libanais Riad Solh suggérait un moyen particulièrement ingénieux pour doter le Liban d'une aviation. Recrutez un grand nombre de pilotes étrangers décorés, proposait simplement ce rapport, et envoyez-les chez les Juifs pour kidnapper leurs avions et les ramener à Beyrouth.

*

Les acheteurs d'armes juifs avaient remporté de leur côté d'incontestables succès malgré leur handicap de ne pouvoir traiter, comme les Arabes, au nom d'un Etat indépendant. Dans les hôtels situés près de la gare de Rome et sous les tôles brûlantes des hangars de l'aérodrome de Panama City, une centaine de pilotes attendaient de passer à l'action. Idéalistes, mercenaires, sionistes, aventuriers, juifs et non juifs, ils venaient des Etats-Unis, de toute l'Europe, d'Orient, d'Afrique du Sud. Ils comptaient dans leurs rangs un millionnaire hollandais, un Persan de l'Indian Air Force, un déserteur de l'Armée Rouge, un ancien pilote français d'Indochine, un commandant de bord de la T.W.A., un journaliste, des commerçants, un laitier, un pompier et même un ancien agent de police de Brooklyn. Deux points communs unissaient tous ces hommes : l'envie de se battre pour le futur Etat juif et les milliers d'heures qu'ils avaient passées dans tous les cieux de la seconde guerre mondiale.

Leurs origines étaient aussi variées que celles des avions qu'ils piloteraient. Sur une piste de Panama, se trouvaient un superbe Constellation et une dizaine de bimoteurs C-46 qui portaient le nom d'une compagnie panaméenne fantôme. Deux autres Constellation, cinq chasseurs Mustang et trois forteresses volantes semblables à celles qui avaient anéanti les villes du IIIe Reich, attendaient en Floride, en Californie et dans le New Jersey la première occasion de déjouer la surveillance des agents du F.B.I. et de s'envoler vers l'Europe. Vingt-cinq petits avions de transport Norseman, achetés en Allemagne à un ferrailleur américain, étaient cachés sur plusieurs terrains à travers l'Europe, depuis une base américaine près de Munich jusqu'à une piste désaffectée de la région de Pérouse. Un mécanicien français portant le nom prédestiné de La Volaille en entretenait plusieurs dans un hangar de l'aéroclub parisien de Toussus-le-Noble. Quatre bombardiers Beaufighter, subtilisés en Angleterre par une société de cinéma fictive qui prétendait tourner un film à la gloire de la R.A.F., étaient discrètement garés sur l'aérodrome d'Ajaccio où la Haganah bénéficiait d'exceptionnelles complicités.

Cette petite flotte aérienne allait bientôt s'enrichir des pièces maîtresses que Ben Gourion jugeait indispensables à la survie de l'Etat juif pendant les premiers jours de l'affrontement général. Ehud Avriel, le jeune Autrichien dont les fusils et les mitrailleuses tchèques avaient permis, trois semaines plus tôt, d'ouvrir la route de Jérusalem, reçut l'ordre de verser quatre cent mille dollars à ses amis tchèques pour l'achat de dix chasseurs Messerschmitt 109, fleurons de la défunte Luftwaffe, et une option sur quinze appareils supplémentaires. D'autres envoyés de Ben Gourion avaient déployé autant d'activité à acheter des canons.

Mais l'exploit le plus spectaculaire dans ce domaine fut celui de Yehuda Arazi, l'homme qui avait déjà expédié à la Haganah ses premiers fusils polonais dans des rouleaux compresseurs. En versant un pot-de-vin de deux cent mille dollars, Arazi s'était fait nommer ambassadeur extraordinaire du Nicaragua auprès des gouvernements européens, avec mission d'acheter de l'armement. Ce n'était d'ailleurs pas sa première aventure dans le monde de la diplomatie. En Italie, il avait dessiné et fait imprimer pour ses agents une série de passe-ports des Nations unies. A leur arrivée, les véritables représentants de l'organisation internationale avaient été arrêtés par la police italienne pour usage de faux papiers.

Le *Résurrection* embarquait déjà secrètement les premiers achats de « l'ambassadeur » du Nicaragua : cinq canons antiaériens Hispano Suiza de 20 mm et quinze mille obus. En ce printemps de 1948, ce n'était pas le seul navire affrété par les Juifs à voguer vers les ports de la Palestine. Venant de New York et de Californie, d'autres bateaux apportaient les fruits d'une gigantesque collecte organisée d'un bout à l'autre des Etats-Unis. Destinées à compléter les achats effectués en Belgique par Xiel Federman, les marchandises ramassées par l'association « Materials for Palestine » comportaient toutes les fournitures à l'exception d'armes et de munitions. Dirigée par l'industriel sioniste Rudolph Sonnenborn, « Materials for Palestine » rassemblait les dons envoyés par les organisations sionistes de tous les Etats américains.

Le Wisconsin fournit trois cent cinquante mille sacs de sable, l'Ohio quatre-vingt-douze mille fusées éclairantes, le New Jersey vingt-cinq mille casques. Chicago offrit cent tonnes de barbelés et dix tonnes de peinture pour le camouflage, San Francisco quatre mille mètres carrés de moustiquaire, Kansas City dix mille pelles de tranchées, Indianapolis six cents détecteurs de mines. De la Nouvelle-Orléans, arrivèrent des tablettes de sel et de la pénicilline. Un chantier naval de Norfolk fit cadeau de deux corvettes, d'un brise-glace et, pour guider les stratèges de la future marine juive, des Mémoires complets de l'amiral von Tirpitz.

Pour impressionnante qu'en soit la liste, David Ben Gourion savait que ces acquisitions n'auraient de valeur que le jour de leur arrivée en Palestine. En dépit de la fin prochaine du Mandat, la surveillance britannique sur les côtes était aussi vigilante qu'à l'accoutumée. Le vieux leader voyait de plus en plus nettement que ses forces devraient disputer une véritable course contre le temps — le temps qui s'écoulerait entre la fin du Mandat et l'arrivée massive des moyens de repousser l'invasion arabe. C'était pendant cet intervalle, se disait-il, que la bataille de Palestine serait gagnée ou perdue.

*

Le maçon arabe Ahmed Eid réveilla doucement son épouse. Puis il frappa aux portes des maisons voisines. Pour quelques femmes de Deir Yassin, c'était l'heure de descendre au fournil de la maison du moukhtar faire cuire les *bitas*, les galettes de pain sans levain. Il était quatre heures du matin, le vendredi 9 avril 1948.

Son vieux mauser à la bretelle, le maçon regagna son poste de garde au bout du village. Bien qu'aucune menace particulière ne pesât sur la sécurité du paisible bourg arabe juché sur sa butte rocheuse à la lisière ouest de Jérusalem, le conseil des anciens avait décidé d'en faire surveiller les abords pendant la nuit. Une vingtaine d'habitants se partageaient cette tâche. Leurs veilles, d'ordinaire silencieuses, étaient troublées depuis plusieurs jours par les échos de la bataille qui faisait rage autour de Castel et des autres villages bordant la route de Tel-Aviv à Jérusalem. Ces bruits étaient toutefois restés lointains. Aucun incident n'était encore venu assombrir les relations du village avec les agglomérations juives des alentours.

Cette nuit, la population au grand complet partageait ce privilège. Ceux qui travaillaient à l'extérieur étaient revenus dormir à Deir Yassin pour y profiter du repos du vendredi. D'autres, comme Ahmed Khalil, employé à la caserne Allenby, et son frère Hassan, serveur à l'hôtel du *Roi-David*, se trouvaient là parce que leur emploi venait d'être supprimé par les Anglais. Pour beaucoup de jeunes gens comme Mohamed Jaber, dix-huit ans, élève du collège Ibrahimyeh de Jérusalem, c'était la fin prématurée de l'année scolaire qui motivait leur présence. Il y avait même des étrangers au village. La veille, la jeune institutrice de l'école des filles n'avait pu rentrer à Jérusalem. L'autobus n° 38, que Hayat Halabes prenait chaque soir, était tombé dans une embuscade juive sur la route de Castel.

Les trois maçons, les trois tailleurs de pierre et le chauffeur de camion qui avaient veillé sur leur sommeil attendaient tranquillement le lever du jour. Leurs mausers et leurs vieux fusils turcs n'avaient jamais tiré que de bruyantes et joyeuses pétarades à l'occasion des fêtes. La dernière avait eu lieu douze jours plus tôt pour accueillir à Deir Yassin la jeune mariée Alia Darwish.

Une détonation claqua. Puis une voix cria :

« Ahmed, yahoud alaina ! — Ahmed, les Juifs arrivent ! »

Le maçon Ahmed Eid distingua des silhouettes qui montaient de l'obscurité du ravin. Des coups de feu résonnèrent alors un peu partout. Il était quatre heures trente. La paix de Deir Yassin était morte à jamais.

Pour remporter la victoire spectaculaire dont ils avaient politiquement besoin, les chefs de l'Irgoun et du groupe Stern avaient décidé de s'emparer de Deir Yassin. Venant de trois directions à la fois, leurs commandos étaient en train d'investir le village. Partis du faubourg voisin de Beit Hakerem, les groupes de l'Irgoun approchaient par le sud tandis que du nord débouchait un élément du groupe Stern et qu'une voiture blindée munie d'un haut-parleur avançait à l'est sur la seule route conduisant au village. Cent trente-deux hommes participaient à l'opération. Leurs chefs lui avaient donné un nom de code particulièrement approprié : « Unité », hommage à la mise en commun de leur arsenal. La plupart des mitraillettes provenaient en effet d'un atelier clandestin de l'Irgoun et les explosifs des caches du groupe Stern. Fusils et grenades avaient été en majorité fournis par la Haganah pour porter secours aux occupants de Castel.

Tandis que les gardes de Deir Yassin ripostaient ou couraient de porte en porte pour donner l'alerte, les assaillants restaient tapis en contrebas des premières maisons, attendant l'arrivée du haut-parleur et le signal de l'attaque. Après une vive discussion, les chefs terroristes avaient finalement décidé d'ordonner à la population arabe d'évacuer le village. Mais la voiture blindée ne parvenait pas à faire entendre son haut-parleur aux habitants de Deir Yassin. Elle venait de s'échouer dans un fossé coupant la route du village. Lancés de cette distance les mots se perdirent dans la nuit. Une rafale de mitrailleuse partit finalement en direction des maisons. C'était le signal. L'opération « Unité » était commencée.

« Yahoud ! »

Le cri se répandit dans les ruelles du village endormi comme l'écho du tocsin. Pieds nus, un manteau jeté sur les épaules, de nombreux habitants réussirent à s'enfuir vers l'ouest. Parmi eux, se trouvait toute la famille de Mohamed Zeidan, un marchand aisé qui louait plusieurs maisons à des Juifs de Jérusalem. Seule l'institutrice de l'école des filles resta en arrière. Hayat Halabes s'habilla et courut à son école chercher la trousse de secours. Elle fixa sur sa manche un brassard à croissant rouge et se précipita vers l'endroit d'où venaient les coups de feu. Sa course fut brève. Atteinte à quelques mètres seulement de son école, elle s'écroula, tuée sur le coup, l'une des premières victimes de ce village où elle n'aurait pas dû se trouver.

Après un démarrage rapide, l'attaque des commandos marqua le pas. Les terroristes n'avaient aucune expérience de ce genre d'opération. Comme dans tous les villages arabes, la plupart des hommes possédaient une arme quelconque et les paisibles citoyens de Deir Yassin défendaient leurs maisons avec une ténacité surprenante. Il fallut presque deux heures aux Juifs pour dépasser les premières maisons et atteindre le cœur du village. Là, les hommes des deux groupes se rejoignirent en se jetant dans les bras les uns des autres.

Leur joie fut de courte durée. Les munitions étaient presque épuisées et les mitraillettes fabriquées par l'Irgoun s'enrayaient une à une. Les pertes étaient minimes : quatre assaillants tués. Mais dans l'acharnement de la bataille, elles parurent énormes aux terroristes inexpérimentés. Deux des principaux chefs furent blessés. Il fut même envisagé de se replier. Personne ne semblait avoir imaginé qu'il pût être plus difficile de conquérir un village qui résistait que de jeter une bombe dans une foule désarmée attendant l'autobus. Giora, le chef du commando de l'Irgoun, reprit ses hommes en main et les entraîna en avant. Il fut blessé à son tour. Une sorte d'hystérie collective s'empara alors des assaillants. Tandis que la résistance à leurs assauts faiblissait, ils s'attaquèrent avec une fureur croissante aux habitants de Deir Yassin. Jetés dehors avec trente-trois de leurs voisins, les jeunes mariés de la dernière fête furent parmi les premières victimes. Ils furent alignés contre un mur et mitraillés à bout portant, leurs mains jointes comme pour sceller dans l'éternité leur amour tout neuf. Un survivant de douze ans, Fahimi Zeidan, racontera : « Les Juifs commandèrent à toute ma famille de se placer face au mur et ils commencèrent à nous tirer dessus. J'ai été touché au côté, mais nous autres, les enfants, nous avons presque tous été sauvés parce que nous avons pu nous abriter derrière nos parents. Des balles éraflèrent la tête de ma sœur Kadri — quatre ans —, la joue de ma sœur Sameh — huit ans —, la poitrine de mon frère Mohamed — sept ans. Mais tous les autres qui étaient avec nous contre le mur furent tués : mon père et ma mère, mon grand-père et ma grand-mère, mes oncles, mes tantes et plusieurs de leurs enfants[1]. »

1. Il s'agit pour cette seule famille de : Mahmoud Zeidan, Abdi Hassan, Mustapha Zeidan, Houdeh Mustapha, Khadra Zeidan, Tamman Ali, Musleh Ali Musleh, Yousreh Moussa, Mustapha Ali, Shafiq Ali, Miyasseh Musleh, Mohamed Musleh et Azizi Musleh.

Haleem Eid, une jeune femme de trente ans appartenant à l'une des principales familles de Deir Yassin, vit « un homme tirer une balle dans le cou de ma belle-sœur Salhiyed, qui était sur le point d'accoucher, et lui ouvrir le ventre avec un couteau de boucher ». Une autre femme qui assistait à cette scène, Aiesch Radwaer, fut tuée quand elle chercha à sortir l'enfant des entrailles de la mère déjà morte. Dans une autre maison, la jeune Naaneh Khalil, seize ans, vit « un homme prendre une sorte de coutelas et ouvrir de la tête aux pieds notre voisine Jamili Hish, puis faire subir le même sort sur les marches de notre maison à mon cousin Fathi ». De telles scènes se renouvelèrent de maison en maison. Les détails donnés par les rescapés établirent que les femmes qui faisaient partie des commandos rivalisaient de barbarie avec les hommes. Les hurlements, les explosions de grenades, le crépitement des fusillades, l'odeur de sang, d'entrailles, de poudre, de brûlé, de mort, submergeaient peu à peu Deir Yassin. Ses bourreaux tuaient, pillaient. Violaient.

Safiyeh Attiyeh, une femme de quarante ans, vit un homme ouvrir son pantalon et se jeter sur elle. « Je hurlais, racontera-t-elle, mais autour de moi d'autres femmes étaient violées elles aussi. Puis ils nous arrachèrent nos vêtements et s'amusèrent avec nos seins en faisant des gestes obscènes. Certains étaient si pressés de s'emparer de nos boucles d'oreilles qu'ils tranchaient les oreilles pour aller plus vite ». Une autre femme de trente-six ans, Nazra Assad, racontera avoir vu « un homme arracher son bébé à une voisine, Salhyed Eissa, le jeter par terre et le piétiner ». Puis, dira-t-elle encore, « il tomba sur elle et la viola pendant que ses camarades regardaient. Quand il fut satisfait, il la tua et jeta un matelas sur son corps et celui du bébé ».

Arrivé à Deir Yassin au milieu de la matinée, Mordechai Raanan, le chef de l'Irgoun de Jérusalem, décida d'anéantir les dernières maisons où les

Arabes résistaient encore. Il recourut à la technique utilisée par son organisation contre les postes de police britanniques et fit dynamiter tous les bâtiments d'où partaient des coups de feu. Le principal semblait être la maison du moukhtar. « Au bout de quelques minutes, racontera Raanan, la maison n'était plus qu'un tas de décombres sur des corps déchiquetés. » Mais le fournil avait, grâce à l'épaisseur des murs et à sa porte en fer, échappé à la destruction. A l'intérieur, la femme du maçon Eid et ses voisines, terrorisées, entendirent une voix les exhorter à sortir.

« Vous ne risquez plus rien », disait-elle.

Les femmes refusèrent. Shafikah Sammour, la fille du moukhtar, avait reconnu à l'accent que la voix n'était pas arabe.

Plus de quinze maisons sautèrent avant que l'Irgoun n'eût épuisé son stock d'explosifs. Quelques survivants horrifiés se terraient dans les maisons qui restaient debout. Les commandos juifs commencèrent à les nettoyer une à une à la grenade ou à la mitraillette. Les mêmes scènes sauvages se reproduisirent devant la plupart d'entre elles. Vers midi, le jeune Mohamed Jaber, que la fermeture prématurée de son école de Jérusalem avait renvoyé dans son village, vit, de sous le lit où il s'était abrité, « des Juifs faire irruption dans la maison, en expulser tout le monde, et tirer ensuite dans le tas. Une des femmes portait son bébé de trois mois ». Zeinab Attiyeh, une femme de vingt-cinq ans qui se cachait avec une dizaine de voisines, vit un groupe s'engouffrer dans sa maison.

« Comment voulez-vous mourir ? » cria un Juif en arabe.

Terrifiée, la jeune femme se jeta à terre et lui baisa les pieds en implorant sa pitié.

Peu après midi, les assaillants menacèrent de faire sauter le fournil si les femmes qui s'y étaient enfermées ne sortaient pas. La fille du moukhtar ouvrit la porte et apparut la première. Dans les décombres de sa maison, elle découvrit les cadavres de sa mère et de ses deux frères. Un silence oppressant, ponctué seulement de quelques cris, tomba lentement sur les ruines du village que réchauffait un éclatant soleil de printemps.

L'opération « Unité » était terminée. Les terroristes de l'Irgoun et du groupe Stern avaient remporté la victoire qu'ils recherchaient. Deir Yassin leur appartenait [1].

*

Par milliers, les Arabes de Palestine accoururent à Jérusalem pour les funérailles d'Abdel Kader. Recouvert de fleurs et du drapeau des Combattants de la guerre sainte, le chef vénéré était exposé dans un cercueil en bois de pin dans le salon où il avait, deux jours plus tôt, écrit sa dernière lettre. La tradition musulmane exigeant une inhumation rapide, ni sa femme ni ses enfants n'avaient eu le temps d'arriver du Caire. Pour tout héritage, il leur laissait une dette — un billet signé de sa main par lequel il reconnaissait devoir six mille livres palestiniennes pour l'achat de fusils.

1. La plupart des témoignages des habitants de Deir Yassin relatés ici, en particulier ceux concernant les atrocités et les viols, proviennent des interrogatoires de rescapés réalisés par la police britannique aussitôt après la tragédie du 9 avril 1948. Dans un pli « secret et urgent » portant le numéro 179/110/17/65, Sir R. C. Catling, directeur adjoint du Criminal Investigation Department, transmit le 15 avril 1948 au général Cunningham les procès-verbaux de ces interrogatoires ainsi que le rapport d'un des officiers de police qui avait interrogé des survivants. Celui-ci déclarait notamment : « La majorité des nombreuses femmes que j'ai interrogées se sont montrées extrêmement réticentes à relater leur expérience, spécialement au sujet des violences sexuelles. Il n'y a cependant aucun doute que de nombreuses atrocités sexuelles ont été commises par les attaquants. Plusieurs jeunes écolières furent violées, puis massacrées, ainsi que de vieilles femmes. Tous parlent d'une petite fille qui a été littéralement coupée en deux. De nombreux nouveau-nés ont été découpés avec des couteaux de boucher... » Les autorités juives contestent aujourd'hui formellement l'authenticité de ces témoignages. L'antisémitisme notoire de Sir R. C. Catling et le pouvoir d'affabulation de certains Arabes leur enlèvent, affirment-elles, toute valeur.

Toutes les rues du quartier étaient noires de monde. Il y avait des bergers en pèlerine de grosse laine et des notables en costume, coiffés d'un fez. Il y avait surtout ceux qui, pour la deuxième fois en douze ans, avaient répondu à son appel aux armes. Serrant leur fusil contre leur poitrine, arborant des tenues disparates, mais unis par une même douleur, ils pleuraient un chef qu'ils respectaient comme leur père et appelaient affectueusement Abou Moussa.

Quand le cercueil sortit de la maison, l'homme qui marchait en tête de la procession tira un coup de revolver en l'air. Ce fut le signal du plus formidable concert de détonations qui eût jamais résonné à Jérusalem. De tous les coins de la ville arabe, les fidèles d'Abdel Kader lâchèrent dans le ciel un assourdissant barrage de mitraille. Deux spectateurs furent tués à leur fenêtre par cet hommage explosif qui sectionna aussi les fils du téléphone et de l'électricité.

Les Arabes célébrèrent ce jour-là les funérailles les plus grandioses qui se soient déroulées à Jérusalem depuis plusieurs générations. Selon la coutume, le cercueil passa de main en main au-dessus des têtes, dans un tourbillon de bras levés et de lamentations déchirantes. Chacun voulait le toucher. Par la porte de Damas, la rue Salomon et la Voie Douloureuse, le cortège funèbre atteignit la majestueuse esplanade du Haram ech Cherif. Là, à l'intérieur du monument octogonal du Dôme du Rocher, Abdel Kader devait recevoir le suprême honneur. Sa valeur exceptionnelle lui offrit le très rare privilège d'être inhumé dans ce haut lieu de l'Islam d'où Mahomet avait avant lui quitté cette terre. Comme si elle ne pouvait se résigner à abandonner son chef, la foule resta toute la matinée sur l'esplanade à le pleurer et à se lamenter. Sous la coupole décorée des gracieuses arabesques célébrant Allah l'Unique et le Miséricordieux, reposait celui qui avait incarné une grande partie de ses espoirs.

Sur les marches du Haram, Anouar Nusseibi rencontra Abou Garbieh qu'il avait laissé la veille à Castel.

« Quelqu'un vous a-t-il relevé là-bas ? s'inquiéta-t-il.

— Oui, grommela l'instituteur avec fatalisme, les Juifs. »

*

Les deux cent cinquante-quatre hommes, femmes et enfants massacrés à Deir Yassin auraient une sépulture moins grandiose. Ils reposaient pêle-mêle au fond de la carrière de pierre qui avait fait le renom et la prospérité de leur village.

Le représentant de la Croix-Rouge internationale, le Suisse Jacques de Reynier, fut le premier à arriver sur les lieux. Il ne fut pas long à comprendre que Deir Yassin était aux mains de personnages comme il n'en avait encore jamais rencontrés. Seule l'intervention d'un terroriste d'origine allemande, qui depuis sa sortie des camps nazis vouait une reconnaissance inébranlable à la Croix-Rouge, lui permit de franchir l'entrée du village.

Ce qu'il vit le fit frémir d'horreur. « Des garçons et des filles très jeunes couraient dans toutes les directions armés jusqu'aux dents de pistolets, de mitraillettes, de grenades et même de grands coutelas, racontera-t-il. Une belle jeune fille aux yeux de criminelle me montra le sien, encore dégoulinant, qu'elle promenait comme un trophée. C'était l'équipe de nettoyage qui accomplissait très consciencieusement son travail. Cela me faisait penser aux S.S. que j'avais vus pendant la guerre à Athènes. » Il racontera encore dans son journal avoir aperçu un homme et une femme « poignardés froidement par une jeune fille ».

Lorsqu'il tenta d'entrer dans une maison, une dizaine de soldats l'entourèrent en braquant leurs mitraillettes sur lui. A grands coups de menaces furibondes, il pénétra à l'intérieur. « Parmi les meubles éventrés, les couvertures, les débris de toutes sortes, j'ai trouvé quelques cadavres déjà froids, écrira-t-il. On a fait ici le nettoyage à la mitraillette puis à la grenade. On l'a terminé au couteau, n'importe qui pouvait s'en rendre compte. » Au moment de sortir, Reynier entendit un léger bruit, comme un soupir. Il chercha partout, déplaça chaque cadavre et finit par trouver un petit pied encore chaud. Il souleva délicatement dans ses bras une fillette de dix ans, « bien abîmée par une grenade, mais encore vivante ».

C'était partout la même vision d'épouvante. Reynier ne retrouva que deux autres survivants, « des femmes, dont une vieille grand-mère cachée derrière des fagots, le bras broyé par une décharge ». Parmi tous les cadavres qu'il avait pu voir se trouvait « celui d'une femme qui devait être au huitième mois de sa grossesse. Elle avait une blessure au ventre, et des traces de brûlures de poudre sur sa robe indiquaient qu'elle avait été tuée de face, à bout portant ».

Les responsables de l'Irgoun et du groupe Stern finirent par expulser le représentant de la Croix-Rouge devenu gênant. Pendant ce temps, dans les rues de la Jérusalem juive, ils faisaient étalage de leur forfait en exhibant les quelques prisonniers qu'ils avaient épargnés à Deir Yassin. Le journaliste juif Harry Levin aperçut « trois camions monter et descendre lentement l'avenue du Roi-George-V, chargés d'hommes, de femmes et d'enfants, les mains en l'air ».

Il fut frappé par leur expression de terreur. Il comprit que leur humiliation serait ineffaçable.

Le haut-commissaire apprit la tragédie au cours de sa conférence quotidienne avec les responsables de la Sûreté. Sir Alan Cunningham connaissait trop les dirigeants de l'Agence Juive et de la Haganah pour les imaginer capables d'un tel crime. Il n'avait aucun doute. Cela ne pouvait être que l'œuvre de ses ennemis, les assassins de l'Irgoun et du groupe Stern. Il cria son mépris :

« Les voilà enfin, ces salauds ! Pour l'amour de

Dieu, Mac Millan, qu'attendez-vous pour leur tomber dessus ! »

Mais Deir Yassin allait lui offrir « la plus grande déception de sa mission en Palestine ». Le commandant en chef se contenta de répéter qu'aucune troupe n'était disponible. James Pollock, le préfet de Jérusalem, n'ignorait rien des raisons du général Mac Millan. Il refusait tout simplement d'engager ses forces. Toute intervention irait à l'encontre de sa doctrine; ses soldats ne devaient servir que des intérêts strictement britanniques.

Déçu, Cunningham se tourna alors vers le commandant en chef de la R.A.F. qui accepta sans hésiter l'idée d'un raid aérien. Un empêchement allait toutefois témoigner pour Sir Alan de « nos déconvenues ce matin-là et de l'enfer de nos derniers mois en Palestine ». Tous les bombardiers légers avaient été repliés la veille en Egypte et leurs roquettes à Habbaniya, en Irak. Il faudrait au moins vingt-quatre heures pour les faire revenir. Avant la fin de la conférence, cette intervention se révéla inutile. La Haganah contrôlait déjà Deir Yassin.

Elie Arieli, un ancien de la Brigade juive, y était arrivé le premier avec son groupe du Gadna, la jeunesse militaire. Le spectacle qu'il découvrit lui parut de « la plus cruelle barbarie ». Presque tous les cadavres étaient ceux de vieillards, de femmes ou d'enfants. Il ne pourrait jamais y avoir le moindre doute dans son esprit, « les morts que nous avons trouvés étaient tous d'innocentes victimes. Pas un seul d'entre eux n'était tombé les armes à la main ». Tout était d'une horreur tellement insoutenable qu'il interdit à ses jeunes gens de pénétrer dans le village avant qu'il l'eût nettoyé avec des officiers.

Yeshurun Schiff, l'adjoint de Shaltiel, était accouru lui aussi. C'était lui qui avait involontairement fourni les armes de cet effroyable carnage. Au lieu d'apporter leur concours à la prise de Castel, les terroristes avaient préféré « venir massacrer tous les êtres vivants qu'ils avaient trouvés dans ce village encore paisible ».

« Espèce de salaud ! » lança-t-il au chef du groupe Stern.

Ses hommes avaient rassemblé les terroristes sur la place du village. Les deux groupes s'observaient avec haine. Schiff reçut par radio l'ordre de désarmer les assassins.

« S'ils refusent, ouvrez le feu ! » lui commanda Shaltiel.

Schiff était consterné. En dépit de sa répugnance pour leur crime, il ne pourrait jamais tirer sur ses compatriotes. Trop de luttes fratricides jalonnaient déjà l'histoire juive.

« Non, je ne pourrai pas, supplia-t-il.

— Je ne vous demande pas ce que vous pouvez ou ne pouvez pas, répliqua Shaltiel. C'est un ordre !

— David ! implora Schiff, vous allez couvrir votre nom de sang pour la vie. Le peuple juif ne vous le pardonnera jamais. »

Les terroristes reçurent finalement l'ordre de nettoyer le village. Ils transportèrent les corps de leurs victimes jusqu'à la carrière de pierre et les entassèrent pêle-mêle. Puis ils mirent le feu à cet immonde charnier.

« C'était une radieuse journée de printemps, se souvient Schiff. Les amandiers éclataient de mille fleurs. Mais partout rôdait l'abominable odeur de mort, l'âcre fumée des cadavres qui brûlaient dans la carrière. »

*

Deir Yassin souillerait pour longtemps la conscience du futur Etat d'Israël. En perpétrant ce crime, l'Irgoun et le groupe Stern avaient fait de ce petit village de Judée et du martyre de ses habitants le symbole durable du malheur des Palestiniens. Rares seraient les prisonniers juifs qui, dans les mois à venir, ne frémiraient pas en entendant le cri vengeur de « Deir Yassin ». Beaucoup tomberaient pour expier la sauvagerie de leurs compatriotes dévoyés.

L'Agence Juive s'empressa de faire savoir qu'elle

ignorait tout des projets des deux groupes terroristes et manifesta sa consternation. David Ben Gourion adressa un télégramme personnel au roi Abdullah pour lui exprimer sa compassion et le Grand Rabbin de Jérusalem maudit tous ceux qui avaient participé à l'attaque.

Toutefois, c'était aux Arabes que revenait d'abord le droit de condamner cette tragédie. Pendant des heures, le journaliste Hazem Nusseibi, qui avait annoncé le Partage sur l'antenne de Radio-Palestine, et le docteur Hussein Khalidy, secrétaire général du Haut Comité Arabe de Jérusalem, se demandèrent comment présenter la nouvelle à la population. « Comme nous redoutions toujours qu'en dépit de leurs sempiternelles promesses, les armées arabes ne viennent pas à notre secours, racontera Nusseibi, nous avons décidé de créer un choc psychologique dans l'espoir que les masses feraient pression sur leurs gouvernements. » Le massacre de Deir Yassin fut donc jeté à la face du monde avec un luxe de détails macabres. Ce fut « une erreur fatale », reconnaîtrait un jour Nusseibi. La nouvelle ne modifia nullement l'état d'esprit des dirigeants, mais elle sema une panique irrépressible chez les Arabes de Palestine. Par cette erreur de jugement, les propagandistes arabes contribuèrent à planter le décor d'un drame qui devait hanter bientôt le Moyen-Orient : le sort de centaines de milliers de réfugiés palestiniens.

*

Fawzi el Kaoukji tenait sa promesse. C'était la deuxième fois en dix jours qu'il lançait ses Arabes à l'assaut d'une des plus importantes positions juives de la vallée de Jezréel, le kibboutz de Mishmar Haemek. Loin d'effacer la défaite de Tirat Zvi, sa première attaque de la colonie s'était terminée dix jours plus tôt par une déroute. L'Arabe qui rêvait de conduire ses batailles à la manière des généraux de la Wehrmacht n'avait pourtant pas ménagé ses efforts. Toute la journée, ses canons avaient fait trembler la vallée de Jezréel. Mais son imprudente vantardise devant l'agent de la Haganah Yehoshua Palmon l'avait privé de tout effet de surprise. Après deux heures de bombardement, ce n'était pas le drapeau blanc qu'il avait vu apparaître sur les ruines fumantes de la colonie mais les fantassins juifs qui s'élançaient à la contre-attaque. La colère providentielle du général Mac Millan lui avait épargné de plus graves déboires en imposant ce jour-là un cessez-le-feu.

El Kaoukji était bien décidé à gagner aujourd'hui la deuxième manche de la bataille de Mishmar Haemek. Yehoshua Palmon cherchait dans ses jumelles la fameuse batterie d'artillerie dont les obus avaient anéanti les bâtiments du kibboutz. Il découvrit sept canons de 75 et trois pièces de 88. Palmon pensa que c'était là une occasion inespérée d'offrir à la Haganah un peu de l'artillerie qui lui faisait si cruellement défaut. Il réunit un commando de six hommes pour contourner les positions arabes. Quand il eut localisé les différentes pièces avec précision, il appela des renforts. Ce raid inattendu sur leurs arrières provoqua l'affolement dans les rangs d'El Kaoukji.

Mais Palmon ne put rapporter le cadeau qu'il se promettait de faire à son armée. Dans leur retraite, les Arabes avaient pu sauver leurs canons. Cet exploit permettrait bientôt à leur général de les pointer sur le plus prestigieux objectif de Palestine, Jérusalem.

Cette perspective ne compensait pas l'amertume de son échec devant le kibboutz de Mishmar Haemek. El Kaoukji n'eut cependant aucun mal à fournir une explication satisfaisante à ses supérieurs de Damas. « Les Juifs possèdent cent vingt tanks dont le plus léger pèse six tonnes, annonça-t-il dans un télégramme au général Safouat. Ils disposent en outre de douze batteries de 75 et de six escadrilles de bombardiers et de chasseurs. Ils ont aussi une division complète d'infanterie dont un régiment est composé de communistes russes non juifs. »

La honte de la défaite ainsi adoucie par la puissance imaginaire de l'adversaire, El Kaoukji regagna son P.C. installé dans le village de Jabba. Il devait y découvrir la seule consolation de cette triste journée. S'il ne savait pas agir en général allemand, il allait pouvoir au moins se comporter en mari allemand. C'était le jour de son anniversaire et Anna Elisa, son épouse germanique, l'attendait avec un gâteau et une bouteille de champagne qu'elle avait apportés de Damas.

24

« ADIEU, MA CHÉRIE, C'EST LA FIN »

« ATTENDEZ-NOUS ! » criaient les deux médecins juifs en courant à perdre haleine.

Mais le convoi s'éloignait inexorablement. Epuisés, ils s'arrêtèrent enfin. Le docteur Geiger renonça. Il remonterait par le convoi de la semaine suivante. Son compagnon reprit sa course après avoir soufflé un instant. Le docteur Moshe Ben David avait joué un rôle primordial dans le développement des deux institutions du mont Scopus où il voulait se rendre ce matin, l'hôpital de la Hadassah et l'Université hébraïque dont il avait fondé la faculté de médecine. Il ne pouvait se résigner à voir le convoi partir sans lui et s'obstinait courageusement quand il avisa un des rares taxis qui roulaient encore à Jérusalem. Quelques minutes plus tard, essoufflé, le cœur battant, il montait enfin dans l'un des autobus et se laissait tomber sur une banquette.

Le ravitaillement de l'hôpital et de l'université vers lesquels se dirigeait le docteur Ben David n'avait pas cessé, depuis le Partage, d'être un problème pour l'Agence Juive. La seule route qui montait vers la colline traversait le quartier arabe de Sheikh Jerrah. Des embuscades avaient, dès le mois de décembre, contraint l'Agence Juive à organiser des convois armés hebdomadaires pour continuer à ravitailler le mont Scopus. Depuis un mois, cependant, une sorte de trêve s'était établie sur ce tronçon de route et les convois étaient passés sans incidents notables. Tout permettait de croire que le passage de celui du mardi 13 avril s'effectuerait lui aussi sans difficultés.

Au dernier poste de la Haganah, à l'extrémité de la rue du Prophète-Samuel, Moshe Hillman, l'officier de sécurité juif, arrêta la colonne le temps de demander par téléphone si la route était libre à un inspecteur de police britannique nommé Webb.

« Envoyez le convoi, répondit l'Anglais. Nous venons de patrouiller. »

Hillman fit signe à la colonne de se mettre en marche pour son voyage de quatre kilomètres. Une automitrailleuse roulait en tête. Derrière, venaient une ambulance blanche arborant l'étoile du Magen David — la Croix-Rouge juive — puis deux autobus, une autre ambulance, quatre camions et une deuxième automitrailleuse protégeant l'arrière du convoi.

Benjamin Adin, le chauffeur le plus célèbre de la Haganah, était au volant de l'un des camions. La dangereuse habitude qu'il avait de partir tout seul ravitailler les colonies isolées lui valait le surnom de « Meshuga » — le Dingue.

Les autobus et les ambulances qui précédaient son camion transportaient la marchandise la plus précieuse qu'un convoi de la Haganah pût conduire à travers les dangereux virages de Sheikh Jerrah — une étonnante assemblée de professeurs, de savants, de chercheurs et de médecins. Issus des plus fameuses facultés européennes, ils avaient fui les persécutions pour venir fonder ici tout un réseau d'hôpitaux, de laboratoires et de centres de recherche. De Berlin, de Vienne, de Cracovie, ils avaient apporté dans le berceau du jeune Etat juif le capital inestimable de leur science. Ils étaient membres de la faculté de médecine de l'Université hébraïque ou de l'organisation médicale de la Hadassah, œuvre philanthropique fondée en 1912 par une Juive américaine et dont la devise était le commandement de Jérémie « Guérir mon peuple ». Soutenue par les contributions financières des sionistes américains, la Hadassah avait édifié de nombreux établissements sanitaires dans toute la Palestine. Le plus grand était l'hôpital ultramoderne du mont Scopus, temple de la science médicale juive.

L'importance du mont Scopus ne se limitait cependant pas à ses institutions humanitaires. Il jouait aussi un rôle militaire essentiel. De son sommet, la Haganah pouvait contrôler les accès nord et est de Jérusalem et surveiller les mouvements arabes dans la Vieille Ville. La cour de l'université servait de terrain de manœuvre. De temps à autre, sa garnison sortait pour faire un raid sur les arrières arabes. Outre ses distingués voyageurs, le convoi du 13 avril transportait vers le mont Scopus des poutrelles d'acier et du ciment destinés à consolider les fortifications.

L'une des plus éminentes personnalités du convoi, le directeur général de l'hôpital de la Hadassah, Chaïm Yassky, ophtalmologiste mondialement connu, avait pris place à côté du chauffeur de la première ambulance. Derrière lui se tenaient sa femme, six autres médecins, une infirmière et un blessé étendu sur une civière.

Yassky connaissait chaque mètre du parcours. Il habitait Jérusalem depuis vingt ans et sa notoriété lui avait valu d'être reçu par l'intelligentsia des différentes communautés. Par le volet ouvert dans le blindage de l'ambulance, il apercevait, au fond de son jardin, l'élégante demeure des Nashashibi, ces notables arabes chez qui il était souvent venu dîner avec sa femme. Plus loin, se trouvait la maison où Katy Antonious avait reçu l'élite de la Palestine et dont les luxueux salons abritaient aujourd'hui le poste de garde de trente *jocks* du régiment Highland Light Infantry.

De tous les passagers de l'ambulance, le docteur était certainement le plus impatient d'être arrivé. Chaïm et Fanny Yassky étaient profondément attachés à leur colline. Ils ne se lassaient pas d'admirer, des fenêtres de leur résidence, le spectacle de la Vieille Ville et, au-delà, le panorama des monts de Moab aux teintes perpétuellement changeantes.

Esther Passman ne partageait pas la hâte des Yassky. C'était bien à contrecœur que cette jeune

Juive américaine, directrice des services sociaux de l'Institut du cancer, avait pris place dans la deuxième ambulance. Elle aurait préféré rester à Jérusalem auprès de son fils de quinze ans qui venait d'être blessé en assemblant des explosifs pour les jeunes soldats du Gadna. Mais l'adolescent l'avait poussée à partir. « Ils ont besoin de toi là-haut », lui avait-il dit et elle avait couru jusqu'à la rue du Prophète-Samuel pour attraper le convoi. Quand le chauffeur annonça qu'ils avaient presque franchi Sheikh Jerrah, elle commença à bavarder joyeusement avec ses voisins. Même les deux jeunes gens blessés à Deir Yassin semblaient tout ragaillardis sur leurs brancards. Une infirmière ouvrit une bouteille thermos et distribua un peu de thé à chacun.

Mais la gaieté des voyageurs était prématurée. Tapi dans le fossé qui longeait la route, les doigts crispés sur le contacteur d'une mine électrique, le tailleur arabe Mohamed Neggar retenait son souffle, calculant l'instant exact où il devrait déclencher son explosion. Deux jours plus tôt, dans le bar qu'il fréquentait, un officier britannique avait révélé à l'Arabe le jour et l'heure du passage du convoi juif. L'officier lui avait même laissé entendre qu'en cas d'attaque de la colonne, les Anglais n'interviendraient pas sauf si les Arabes tiraient sur leurs patrouilles.

Le tailleur n'avait pas perdu de temps. Toute la journée du lendemain, entre ses séances d'essayage, il avait préparé l'embuscade avec ses adjoints dans son arrière-boutique. Assurés de la neutralité britannique, ils décidèrent de tendre leur piège à la hauteur du bosquet de cyprès proche de l'hôtel *Orient-House*. La route devenait à cet endroit si plate et dégagée qu'on pouvait espérer que la vigilance juive s'y relâcherait.

Le bourdonnement des moteurs s'amplifia puis l'automitrailleuse de tête déboucha du virage. Le tailleur arabe ne la quitta plus des yeux. Elle lui parut « un gros cafard hideux ». Ses doigts se crispèrent davantage jusqu'au déclic final. Une explosion ébranla le sol et l'automitrailleuse disparut dans un nuage de fumée. Quand il se dissipa, l'Arabe sursauta. Il avait appuyé une seconde trop tôt. Au lieu de détruire le véhicule, il avait ouvert un énorme cratère dans l'asphalte. N'ayant pu s'arrêter à temps, le lourd engin s'était échoué dans le trou.

La colonne tout entière s'immobilisa. L'arrêt de l'ambulance d'Esther Passman fut si brutal que l'infirmière laissa tomber sa bouteille de thé. Chacun s'interrogea avec inquiétude mais la réponse ne se fit pas attendre. Sur un signal du tailleur, un déluge de mitraille s'abattit sur les véhicules.

Attirés par la fusillade et les explosions, des irréguliers déferlèrent en vagues déchaînées de tous les quartiers arabes voisins et des remparts de la Vieille Ville. Etouffant déjà dans leurs prisons de métal, les passagers distinguèrent alors un nouveau bruit qui s'élevait au-dessus du vacarme. C'était une clameur gutturale, un furieux cri de vengeance, le nom du paisible village arabe que les deux blessés de l'ambulance avaient aidé à investir trois jours plus tôt
— Deir Yassin.

*

A moins d'un kilomètre, dans la cour de l'hospice Saint-Paul, trois compagnies du régiment Highland Light Infantry, avec leurs officiers en kilt vert à liséré jaune, se tenaient au garde-à-vous. Tout un aréopage galonné passait lentement dans les rangs au son des cornemuses. Un soldat arriva tout à coup en agitant un morceau de papier.

« Que se passe-t-il ? » s'inquiéta un colonel.

L'Anglais tendit la feuille. C'était un message des hommes du régiment postés dans la maison de Katy Antonious. Transmis à 9 h 35, il rapportait au commandement britannique l'incident qui venait de se produire. Le colonel s'éclipsa aussitôt pour aller sur place se rendre compte de sa gravité.

Ancien combattant de Dunkerque, du débarquement en Sicile, et d'une mission de commando qui s'était terminée à Dachau, le colonel Jack Churchill,

Le petit souverain de Transjordanie
caressait le rêve d'être le roi de Jérusalem

Pour quitter « la cage dans un désert » où l'avaient enfermé les Anglais,
le roi Abdullah (ci-dessus à gauche) projetait secrètement de s'entendre avec
les Juifs et d'annexer à son royaume la partie arabe de la Palestine. Pour
réaliser cet audacieux dessein, il disposait d'un atout de choix : sa Légion
arabe commandée par un disciple de Lawrence, le général anglais Glubb
Pacha, véritable éminence grise du royaume (ci-dessus à la gauche du roi).
C'était en devenant maître de Jérusalem qu'il pourrait, croyait-il, redonner
à sa famille le prestige qu'elle avait perdu et honorer le mieux celui dont
il descendait, le prophète Mahomet. Le 18 mai 1948, ses soldats bédouins
entrèrent dans Jérusalem pour défendre ses quartiers arabes contre les
assauts juifs, puis conquérir toute la ville. Accompagné des dirigeants
des autres pays arabes, il vint en personne les encourager (photo page de
droite). (Photos Keystone, G. D. Kumlien.)

Le sacrifice
des habitants de Jérusalem

Jérusalem renoua, en ce triste printemps de 1948, avec l'antique malédiction de son histoire. Elle appela ses habitants à verser à nouveau leur sang pour elle. Sous les remparts construits par Soliman le Magnifique, un ouvrier arabe vient de tomber, blessé à mort par une grenade juive. Le lendemain, un Juif périra au même endroit sous la rafale d'un tireur arabe. (Photo Hanna Safieh.)

Trente ans d'échecs pour l'Angleterre en Palestine

Du 6 décembre 1917, quand le général Allenby entra à pied dans Jérusalem (photo ci-contre), au 14 mai 1948, quand le général Cunningham, dernier haut-commissaire, quitta Haïfa, la Grande-Bretagne régna toute-puissante en Palestine. Ce territoire constituait pour elle un trait d'union indispensable entre le pétrole d'Irak et le canal de Suez. Mais son règne fut un échec. Impuissante à faire régner la paix entre les Juifs et les Arabes, elle renonça à son mandat. Une guerre sanglante éclata dès son départ. (Photos Imperial War Museum, Photo press Haïfa.)

La présence de 100 000 soldats britanniques ne pouvait sauver la paix en Terre Sainte

En ce printemps 1948, Jérusalem et la Palestine restaient le dernier endroit du monde où les soldats anglais mouraient encore pour leur roi et leur pays. Venus assumer un rôle de policiers impartiaux dans un conflit qui ne les concernait pas, ils étaient devenus, selon le mot de l'un d'eux, « un ballon de football entre deux camps ». Bien que la politique du gouvernement britannique fût favorable aux Arabes, les combattants des deux communautés leur vouaient une même hostilité. Emeutes, attentats, batailles rangées se succédèrent à Jérusalem pendant les dernières semaines de leur présence. Tandis que les hommes de la Military Police fouillent des paysans arabes à la recherche d'armes et de grenades (photo page de gauche, en haut), des soldats du Suffolk Regiment verrouillent la porte de Sion pour empêcher les Juifs d'apporter des secours à leurs frères assiégés dans le quartier juif de la Vieille Ville (photo page de gauche, en bas). Mais, comme sur tous les fronts du monde, le sport ne perdait pas ses droits. Entre deux patrouilles, l'équipe de natation du régiment Highland Light Infantry reçoit du colonel le trophée de la victoire (photo ci-dessus). Quelques soldats britanniques restèrent à Jérusalem après le départ de leurs camarades. Par idéal ou par amour, ils désertèrent d'un côté ou de l'autre pour partager les nouveaux malheurs de la Terre Sainte. (Photos collection Ringart, G. D. Kumlien, collection des auteurs.)

Le politicien et le guerrier :
les chefs de la Palestine arabe

Hadj Amin Husseini, Grand Mufti de Jérusalem (photo ci-dessus), dirigeait la croisade des Arabes de Palestine contre le retour des Juifs en Terre promise. Il rêvait d'imposer son pouvoir sur tout le pays. Si ses partisans étaient nombreux, ses ennemis ne l'étaient pas moins. Il ne se déplaçait jamais sans une armée de gardes du corps et portait toujours un gilet pare-balles, cadeau personnel de Hitler. Il nomma son neveu Abdel Kader (photos page de droite, en haut) commandant en chef de ses forces militaires en Palestine. Abdel Kader était un authentique combattant aussi vénéré par ses hommes qu'estimé par ses adversaires juifs. Après son mariage en 1934 (photo en haut à gauche, page de droite), il avait été expulsé du pays par les Anglais. Il revint secrètement en Palestine au début de 1948. Persuadé, comme la Haganah, que ce serait à Jérusalem que la guerre serait gagnée ou perdue, il assiégea la ville. Il fut tué en pleine bataille, le 6 avril 1948. Tandis que ses fidèles accompagnaient son corps à la mosquée d'Omar, où il allait reposer, toute la Palestine arabe prenait le deuil. (Photos Associated Press ; collection des auteurs.)

Carrefour du monde
où les hommes trouvent la réconciliation
dans les cimetières

Jérusalem est le carrefour des peuples. Juifs pratiquants coiffés d'une petite calotte, enfants musulmans, popes grecs orthodoxes, commerçants arabes en keffieh, toutes les religions, toutes les races, toutes les nationalités se côtoient dans les ruelles de Jérusalem. Source de tant de tragédies au cours des siècles, cette prodigieuse diversité rappelle que la Ville Sainte, au-delà des dissensions politiques, n'est qu'une étape du voyage mystique dont la destination finale est un profond ravin sous ses murs. Là, entre les remparts et le mont des Oliviers, se trouve la vallée biblique de Josaphat (photo page de droite), vers laquelle les trompettes du Jugement Dernier appelleront à la fin du monde toutes les âmes de l'humanité. A cause de la perspective de cet événement, Jérusalem a toujours été une ville où l'on vient autant pour mourir que pour vivre. Des générations de chrétiens, de juifs, de musulmans s'endorment ainsi pêle-mêle sous la mer de pierres blanches de cette vallée, trouvant dans la mort ce qu'ils n'ont pu obtenir de leur vivant : la réconciliation. (Photos Camera Press-Parimage ; Roger-Viollet.)

Juifs et Arabes, ils étaient face à face

YIGAEL YADIN, 32 ans, archéologue. Il était le chef des opérations de la Haganah. Sur ses épaules pesait la tâche écrasante de repousser l'invasion des armées arabes et d'empêcher la chute de Jérusalem.

ISMAIL SAFOUAT, 52 ans, Irakien. Il était le commandant en chef de l'armée des volontaires arabes envoyée en Palestine pour faire échec au Partage et jeter les Juifs à la mer.

VIVIAN HERZOG, 29 ans, ancien officier de l'armée britannique. Grand spécialiste du renseignement, il permit aux forces juives de s'emparer sans coup férir de toute une partie de Jérusalem.

NIMRA TANNOUS, 24 ans, surnommée « la Tigresse ». Opératrice arabe au central téléphonique de Jérusalem, elle surveillait les communications juives et coupait celles où ses compatriotes se montraient trop bavards.

TEDDY KOLLEK, 37 ans, pêcheur du lac de Tibériade, devenu membre des services secrets de la Haganah. Il dirigeait ceux qui achetaient clandestinement à travers l'Amérique des armes pour les soldats de Jérusalem.

EMILE GHORY, 40 ans, ancien élève de l'université de Cincinnati (USA), était le bras droit à Jérusalem du Grand Mufti. Il fit sortir, la nuit du Partage, les fusils de leurs cachettes pour armer les Arabes de Jérusalem.

HADASSAH LIMPEL, 19 ans, était une Polonaise qui avait traversé la moitié du monde pour venir se battre en Israël. Radio d'un half-track lance-flammes, elle fut tuée dans la bataille pour ouvrir la route de Jérusalem.

SAMY ABOUSSOUAN, 29 ans, dentiste et violoniste. Le 5 janvier 1948, des dynamiteurs juifs firent sauter l'hôtel de Jérusalem où il s'était réfugié avec les siens. Il perdit presque toute sa famille dans cet attentat.

SHLOMO SHAMIR, 33 ans, chef d'une nouvelle brigade levée pour délivrer Jérusalem. Au cours de deux sanglantes batailles, il tenta de faire sauter le verrou arabe de Latroun qui fermait la route conduisant à la ville affamée.

ABOU DAYIEH, 24 ans, berger d'Hébron, recruta une petite bande et vint défendre la Ville sainte contre les Juifs. Son courage était légendaire. Bien que grièvement blessé, il continuait à combattre attaché sur une chaise.

ELIE SACHAROV, 33 ans, était un des fondateurs de l'industrie clandestine qui permettait aux Juifs de fabriquer des armes en Palestine pour les soldats de Jérusalem en prévision du conflit avec les Arabes.

ASSIYA HALABY, 35 ans, fut la première femme arabe de Palestine à passer son permis de conduire. Dès que la bataille éclata, elle alla dans la Vieille Ville soigner les blessés arabes qui défendaient les remparts de Jérusalem. (Coll. des auteurs).

Jérusalem la Ville Sainte
au tragique destin

Le 28 mai 1948 à 5 heures du soir, le quartier juif de la Vieille Ville de Jérusalem commence à flamber. Ravagée par les combats que se livrent ses habitants juifs et arabes depuis la naissance d'Israël quatorze jours plus tôt, Jérusalem connaît une nouvelle fois de son histoire la malédiction du sang versé. En six semaines d'une canonnade dévastatrice, la ville aura proportionnellement plus de morts que Londres aux pires heures des bombardements de Hitler. (Photo Hanna Safieh.)

Sur le plateau de Judé

Mont Sion
Eglise de la Dormition

Quartier Arménien

Hôtel du Roi David

Mur des
Lamentations

Mosquée El Aqsa

Quartier juif

Quartier arabe

Mosquée d'Omar
(Dôme du Rocher)

PHOTO JO THOMAS-HOLMES LEBEL

a ville la plus passionnément disputée de l'Histoire

llée de Josaphat

Esplanade du Temple

Porte Saint-Etienne

La Voie Douloureuse

Notre-Dame de France

Couvent des Sœurs Réparatrices

Basilique du
Saint-Sépulcre

Q.G. arabe

Trois sanctuaires dans ses remparts
font la gloire et le malheur de Jérusalem

Chrétiens, juifs et musulmans se partagent les pierres de la ville qui abrite les hauts lieux de leurs religions. Pour les chrétiens, c'est la **basilique du Saint-Sépulcre**, ou bout de la Voie Douloureuse (photo ci-dessus), suivie par Jésus sur le chemin du Calvaire. Des millions de pèlerins, depuis les Croisades, n'ont pas cessé de venir y prier. Pour les juifs, c'est le **mur des Lamentations** (photo du haut, p. de droite), vestige des fondations du temple bâti par Salomon. Pendant deux mille ans, les juifs du monde entier se sont tournés vers lui pour pleurer leur dispersion. Pour les musulmans, c'est le **dôme du Rocher** (photo du bas, p. de droite), qui fait de Jérusalem, avec Médine et La Mecque, une des trois villes saintes de l'Islam. Il abrite le rocher d'où Mahomet est parti sur sa jument blanche pour son ascension céleste. (Photos George Rodger-Magnum ; Holmes-Lebel ; Simonpietri-Gamma.)

L'indomptable
architecte de l'Etat juif

Son nom veut dire fils de lion. C'est bien toute l'énergie d'un lion que montra David Ben Gourion pour conduire le peuple juif à sa plus grande victoire depuis deux mille ans — cet Etat d'Israël qu'il proclama le 14 mai 1948. Grâce à l'inflexible opiniâtreté de son chef, Israël survécut aux premières heures critiques de son histoire. (Photo Willem van de Poll.)

EHUD AVRIEL, 31 ans, fut l'un des principaux artisans de la survie de l'Etat juif dans les heures cruciales qui suivirent sa naissance. Déguisé en envoyé du Négus, il réussit à acheter en Tchécoslovaquie 25 000 fusils, 3 000 mitrailleuses, plus de 100 millions de cartouches et même 30 chasseurs Messerschmitt. Il créa à travers l'Europe un réseau de bases juives clandestines et organisa un véritable pont aérien pour apporter secrètement aux soldats de la Haganah les armes de la victoire. (Photo collection des auteurs.)

FREDDY FREDKENS, 40 ans, ancien pilote de la R.A.F., découvrit à Paris, un soir de mars 1948, l'équipage d'un DC 4 américain qui transportait à travers l'Europe des bas de nylon, du whisky et des cigarettes. Immédiatement affrété par Fredkens pour 10 000 dollars, le DC 4 apporta quelques jours plus tard sur un aérodrome secret de la Palestine occupée par les Anglais les 100 mitrailleuses qui permirent d'ouvrir la route de Jérusalem assiégée. (Photo Prior.)

DAVID LEIBOVITCH, 40 ans, né en Sibérie, avait consacré sa vie à la fabrication clandestine de grenades et d'engins explosifs pour les soldats aux mains nues de la Haganah. Mais c'est l'invention d'une arme infernale qui le rendit célèbre. Appelée Davidka en souvenir de la fronde qu'utilisa David contre le géant Goliath, c'était une sorte de mortier dont le tube provenait de vieux canons de la Première Guerre mondiale récupérés. Les Davidkas devinrent les premières pièces d'artillerie aux mains de la Haganah. Si la précision et l'efficacité de leur tir laissaient beaucoup à désirer, le bruit que faisaient leurs obus en explosant était si terrifiant qu'il provoquait à lui seul la panique chez l'ennemi. (Photo Eisenstark.)

Ils parcoururent le monde pour trouver les armes qui sauvèrent l'Etat juif de l'anéantissement

GOLDA MEIR, 50 ans, fille d'un charpentier de Kiev émigré aux Etats-Unis ; elle militait depuis l'âge de seize ans dans le mouvement sioniste. Devenue l'un des principaux dirigeants de la communauté juive de Palestine, elle trouva les sommes fabuleuses nécessaires pour acheter les armes de la survie. Au cours d'une seule tournée en Amérique, en janvier 1948, elle récolta 50 millions de dollars. Cette prouesse fut si extraordinaire qu'en l'accueillant à son retour en Palestine, Ben Gourion déclara : « On dira un jour que c'est une femme qui a permis à l'Etat juif de voir le jour. » (Photo U.P.I.)

CHAIM SLAVINE, 41 ans, fut responsable d'un exploit fantastique. Se faisant passer pour sourd et muet pour ne pas attirer l'attention tant il parlait mal l'anglais, il parcourut les Etats-Unis 3 ans avant la naissance d'Israël afin d'acheter au prix de la ferraille une collection de machines qui permettraient d'installer en Palestine une industrie clandestine d'armement. Démontées, camouflées et transportées pièce par pièce, ces machines furent cachées dans des kibboutzim. Quand naquit Israël, elles produisaient déjà plusieurs centaines de mitraillettes par jour. (Photo collection des auteurs.)

YEHUDA ARAZI, 41 ans, fut l'un des pionniers de l'aventure des achats d'armes. Dès 1936, il envoya secrètement de Pologne les premiers fusils que la Haganah recevait de l'extérieur. Pour camoufler ses expéditions, il s'était fait exportateur de machines agricoles et de chaudières qu'il bourrait d'armes. Ayant réussi après la guerre à se faire nommer ambassadeur extraordinaire du Nicaragua, il put négocier l'achat des premières pièces de l'artillerie juive : 5 vieux canons de montagne français que les combattants de la Haganah surnommèrent « les Napoleontchiks ». (Photo collection des auteurs.)

L'atroce guerre des bombes dans les rues de Jérusalem

Juifs et Arabes se livrèrent pendant tout l'hiver et le printemps 1948 à la sauvage guerre du terrorisme. Tandis que des commandos juifs faisaient sauter des maisons arabes et jetaient des bombes dans la foule, les dynamiteurs arabes perpétraient plusieurs attentats spectaculaires et meurtriers dans la Jérusalem juive. Commandés par un Arabe palestinien de 30 ans nommé Fawzi el Koutoub (photo ci-contre), qui avait fait un stage de saboteur dans l'armée allemande, les terroristes arabes introduisirent des véhicules bourrés d'explosifs dans les quartiers juifs pour y semer la terreur et contraindre leurs habitants à se rendre. Le 1er février 1948 sautait la **Palestine Post** (photo ci-dessus) ; le 22 février plusieurs immeubles de la rue Ben Yehuda (page de droite, en haut), — 57 morts et 88 blessés graves ; le 11 mars le Q.G. de l'Agence Juive (page de droite, en bas) — 13 morts et 86 blessés. (Photo Hanna Safieh ; Collection des auteurs ; Eisenstark ; Associated Press.)

La fantastique épopée des convois pour ravitailler Jérusalem assiégée

Jérusalem connut un nouveau siège. Les guérilleros arabes occupèrent la seule route par laquelle se ravitaillait la partie juive de la ville, condamnant ses 100 000 habitants à la famine. Des convois tentèrent désespérément de franchir le blocus arabe (page de gauche, photo du haut), mais beaucoup tombèrent dans des embuscades. Leurs épaves témoignent aujourd'hui (ci-dessous) des furieux combats qui se livrèrent sur cette route. Pour sauver les habitants, les Juifs durent tailler à coups de bulldozer une route secrète à travers les collines de Judée (page de gauche, photo du bas). Les conduites d'eau étant coupées, la soif menaça à son tour la ville. Des citernes apportaient aux habitants leurs pitoyables rations pour tous leurs besoins : 8 litres par jour. (Photos Eisenstark, Keystone ; Bureau de presse gouvernemental, Etat d'Israël ; Eisenstark.)

Enjeu acharné des adversaires :
la maison des pèlerins de France

Avec ses 546 cellules, portant toutes le nom d'un saint de France et celui d'un généreux donateur français, Notre-Dame de France était une véritable forteresse dominant toute la ville. Construite pour « être un témoin parlant et colossal » de la présence française à Jérusalem, Notre-Dame paya cher les rêves de gloire de ses architectes. Pris et repris par les Juifs et les Arabes pendant les journées critiques de mai 1948, l'édifice reçut plus de 300 obus et ses pièces furent le théâtre de sauvages corps à corps. (Photos collection des auteurs.)

Une même passion pour Jérusalem unissait les chefs ennemis

DAVID SHALTIEL était le commandant en chef des forces juives à Jérusalem. Après avoir exercé des métiers aussi divers que ramasseur de tabac et employé d'hôtel, il était entré dans la Haganah qui l'envoya en 1937 en mission en Europe. Arrêté en Allemagne par la Gestapo, il fut un des premiers Juifs à connaître les camps de la mort. Mais c'était dans les rangs d'une des armées les plus dures du monde qu'il avait appris le métier des armes : il était sergent de la Légion étrangère française. (Photo collection des auteurs.)

ABDULLAH TELL, 30 ans, commandait les forces de la Légion arabe à Jérusalem. Fils d'une grande famille terrienne de Transjordanie, il s'était engagé à 24 ans dans la prestigieuse unité commandée par Glubb Pacha. Il rêvait d'effacer l'injustice du Partage et de rendre toute la Palestine aux Arabes. La nuit où les Juifs furent sur le point de s'emparer de toute la Ville sainte, c'est à lui que le roi ordonna : « Allez sauver Jérusalem. » (Photo Hanna Safieh.)

La naissance d'Israël exauce le rêve du peuple juif, mais déclenche une guerre sans fin

Le 14 mai 1948, à 4 heures de l'après-midi, dans une salle du musée de Tel-Aviv, David Ben Gourion, debout sous le portrait de Theodor Herzl, proclama la naissance de l'Etat d'Israël (ci-contre). La lecture du parchemin qui restaurait un Etat juif après presque deux mille ans d'interruption prit exactement trente minutes. Figée dans un silence religieux, l'assistance écouta les accents de la Hatikvah — l'Espoir — l'hymne national que jouait au balcon l'orchestre philharmonique. Des larmes coulaient sur beaucoup de visages. Mais ce jour de gloire pour le peuple juif fut aussi un jour de tristesse. Tandis que les armées de cinq Etats arabes et les forces des irréguliers palestiniens (ci-dessous) lui déclaraient la guerre, les bédouins de la Légion arabe s'emparaient du kibboutz de Kfar Etzion, avant-poste de Jérusalem. La naissance du nouvel Etat s'accompagnait de sa première défaite. Derrière le capitaine arabe Hikmet Muhair et le commandant Abdullah Tell (page de droite, photo du bas), deux des quatre survivants du kibboutz, Nahum Ben Sira et Jacob Edelstein, partent pour l'exil. (Photos Ambassade d'Israël, Paris ; AFP ; collection des auteurs.)

Juifs et Arabes montrèrent
le même courage pour défendre pierre
à pierre leur vieille cité

Pendant 34 jours et 34 nuits, les Juifs et les Arabes de Jérusalem s'affrontèrent dans une sauvage bataille. Tandis que les forces de la Haganah s'emparaient de la plupart des quartiers arabes situés hors des remparts, le quartier juif à l'intérieur de la Vieille Ville subissait un siège impitoyable. Ses 1 700 habitants se réfugièrent dans les caves des synagogues et les soldats tentèrent d'arrêter l'avance des légionnaires arabes en se défendant maison par maison et rue par rue (ci-dessus et page de droite, photo du haut). Mais le 28 mai, après 14 jours d'une résistance héroïque, le vieux quartier juif succomba et capitula (page de droite, photo du bas). Pendant 19 ans, il n'y aurait plus de Juifs dans la Vieille Ville de Jérusalem, l'endroit le plus sacré du judaïsme. (Photos Hanna Safieh ; G. D. Kumlien ; collection des auteurs.)

Les fusils se taisent, mais une nouvelle tragédie commence : les réfugiés

A l'initiative des Nations unies, un accord d'armistice mit fin aux combats. Moshe Dayan et le commandant Abdullah Tell (ci-contre face à face, entourés de leurs délégations) délimitèrent la ligne de cessez-le-feu qui allait partager la ville. Mais si la terrible bataille était finie, pour des milliers de familles arabes et juives commençait la tragédie de l'exode. Tandis qu'une famille de Juifs orthodoxes (page de gauche, photo du bas) était contrainte d'abandonner le quartier de la Vieille Ville où vivaient depuis presque 2 000 ans leurs ancêtres, une famille arabe (ci-dessous) abandonnait sa maison du quartier de Katamon. Bientôt, un million deux cent mille Arabes de Palestine connaîtront le désespoir d'un camp de réfugiés. Leurs fils deviendront les feddayin. (Photos collection des auteurs ; G. D. Kumlien ; Hanna Safieh.)

Une seule porte
entre les deux mondes hostiles

Cette porte de Jérusalem découpée sur un paysage de ruines et de barbelés sera pendant dix-neuf ans l'unique point de passage entre Israël et le monde arabe. La porte de Mandelbaum portait le nom du commerçant juif dont la maison détruite pendant la bataille se trouvait à cet endroit. Symbole douloureux de la coupure entre la Jérusalem juive et arabe, elle ne sera empruntée que par les diplomates, les observateurs des Nations unies, les touristes et les pèlerins. Aucun Juif ni aucun Arabe ne pourront la franchir. (Photo Leonard Freed.)

Le premier groupe s'élança. De la trentaine de Juifs qu'il comprenait, un seul parvint jusqu'aux lignes juives. Tandis que le deuxième groupe se rassemblait pour se jeter à son tour dans la fournaise, une extraordinaire conversation téléphonique s'engageait entre une maison située à moins de deux cents mètres de là et Le Caire, d'où le Mufti suivait heure par heure le déroulement de la bataille. Ibrahim Abou Dayieh implorait Hadj Amin de l'autoriser à rompre le combat. Alors que Ranana et ses compagnons s'apprêtaient à se suicider, leur adversaire révélait ainsi l'état désastreux de ses forces. Six seulement de ses Arabes étaient encore en mesure de combattre et il n'avait presque plus de cartouches pour leurs fusils et leurs mitrailleuses, plus d'obus pour leurs mortiers.

« Nous avons perdu la bataille », confessa-t-il, le cœur brisé.

D'autres oreilles stupéfaites captèrent cet aveu. Dans le sous-sol de l'Agence Juive où, jour et nuit, des hommes et des femmes interceptaient les communications des principales personnalités arabes et britanniques, les paroles d'Abou Dayieh firent l'effet d'une bombe. Aussitôt alerté, le Q.G. de la Haganah réussit à transmettre aux officiers retranchés dans Saint-Siméon un message les suppliant de tenir jusqu'à l'arrivée de secours. Tard dans l'après-midi, quand la relève monta du ravin, les tirs arabes avaient presque cessé.

Avant de quitter l'enfer de Katamon, Eleazar tint à entreprendre une dernière opération. Il avala une pilule dopante de Novadrine pour se donner des forces et entraîna quelques survivants à l'assaut de la maison aux volets verts. Aucun coup de feu ne s'opposa à leur progression. Ils trouvèrent la maison abandonnée, « une maison de famille comme beaucoup d'autres, se rappelle-t-il, avec ses lits défaits, ses armoires béantes, sa vaisselle dans l'évier et des restes de repas sur la table ». Eleazar monta au premier étage et découvrit un monceau de douilles au pied d'une fenêtre. En regardant au loin, il aperçut une gerbe de drapeaux rouges qui flottaient sur le kibboutz de Ramat Rachel. « Nom de Dieu, pourquoi tous ces drapeaux ? » s'étonna-t-il. L'esprit troublé par la fatigue, il comprit soudain que ces corolles écarlates célébraient le 1er mai.

*

Le ratissage définitif de Katamon fut confié à un bouillant officier de vingt-huit ans. Originaire des Etats-Unis, Joseph Nevo était arrivé tout enfant en Palestine avec ses parents, « les seuls sionistes de Chatanooga, Tennessee », aimait-il à répéter. De nombreuses étapes jalonnaient déjà sa carrière. Il avait été apprenti chimiste, membre fondateur d'un kibboutz, major d'une promotion de la Haganah, sergent dans l'artillerie de Sa Majesté britannique, élève de la London School of Economics et étudiant en diplomatie.

Nevo déploya ses hommes sur deux avenues parallèles et entreprit de passer tout le quartier au peigne fin. Deux autocanons de la Légion arabe débouchèrent de la cour du consulat d'Irak et ouvrirent le feu. Nevo commanda à ses jeunes recrues de leur répondre en se servant de leur mortier comme d'un bazooka. Les blindés disparurent, et les Juifs purent continuer leur progression, exultants de fierté.

Epuisées par les pertes de la veille, les forces arabes semblaient s'être complètement volatilisées. Au bout de quelques heures, Joseph Nevo contrôlait la totalité de Katamon. C'était la première conquête importante de la Haganah à Jérusalem.

L'entreprise avait été si rapidement menée que la plupart des derniers civils arabes du quartier s'étaient enfuis les mains vides. Profitant de cette aubaine, Dov Joseph dépêcha aussitôt des équipes pour récupérer les vivres abandonnés. D'étonnantes découvertes attendaient les acteurs de ce pillage organisé. Ils trouvèrent des tables mises, des plats à moitié consommés, des cuillères pleines sur le bord des assiettes, des fours encore allumés, des baignoires débordantes, toutes les traces d'un exode précipité. Ces foyers allaient fournir un précieux appoint en nourriture et en combustible aux Juifs affamés. Léon Angel, le principal boulanger de la ville, hérita de cinq jours de farine pour ses fours. Les maigres réserves municipales en sucre et en huile furent inopinément reconstituées. Une maison procura même tout un baril de caviar, aliment de choix dont la consommation était toutefois strictement proscrite par l'orthodoxie, car il n'était pas kacher. David Shaltiel, l'épicurien gastronome qui commandait les soldats de Jérusalem, ne put se résigner à laisser perdre une aussi délectable denrée. Bravant l'ire des rabbins, il la fit servir au petit déjeuner de son P.C.

Sur les talons des hommes de Dov Joseph accoururent d'autres pillards appâtés par le butin que recelaient les élégantes demeures de Katamon. En dépit de l'ordre donné par Nevo de leur tirer dans les jambes, ils se multiplièrent comme des champignons après la pluie, déménageant l'argenterie, le linge, les meubles, les tapis.

De son refuge dans la Vieille Ville, un propriétaire arabe put, dès le lendemain, mesurer l'étendue du désastre.

« Il ne reste plus rien, lui téléphona l'ancien collègue juif auquel il avait confié sa maison. Ils ont même pris la porte d'entrée. »

*

« Il en va en stratégie comme aux échecs, aimait à répéter le roi Abdullah de Transjordanie. Avant de pousser vos pions en territoire ennemi, vous devez attendre une ouverture favorable. » Le visage pâle et impassible sous son turban moucheté d'or noué à la manière de ses ancêtres du Hedjaz, le frêle souverain scrutait l'assemblée des chefs arabes et se demandait si le moment n'était pas venu d'avancer ses pions sur l'échiquier palestinien.

Ces hommes étaient venus à Amman pour obtenir de lui ce qu'ils venaient d'arracher au roi Farouk, la promesse de faire la guerre aux Juifs. Leur visite plaçait le monarque dans une de ces situations particulièrement complexes qu'il aimait affronter au jeu. Avec une habileté aussi orientale que les essences dont il se parfumait, Abdullah menait alors plusieurs politiques à la fois. Il entretenait des relations privilégiées avec les Anglais et maintenait des contacts avec l'Agence Juive grâce aux visites régulières à Jérusalem de son médecin personnel, le docteur Mohamed el Saty. Il était en outre le seul chef d'Etat arabe résigné au Partage. Mais s'il faisait discrètement savoir aux Juifs et aux Anglais qu'il était prêt à en tirer les conséquences, il n'osait pas exhorter ses collègues à l'accepter, conscient qu'une telle attitude ne lui vaudrait jamais que les balles d'un assassin. Il se gardait aussi de leur révéler son intention d'annexer la Palestine arabe, persuadé qu'à l'exception de son parent d'Irak, ils la condamneraient tous. Même ses appels à la paix faisaient partie de son jeu, puisqu'il avait en réalité besoin d'un simulacre de guerre pour justifier l'envoi de sa Légion en Palestine.

Quelles que fussent ses ambitions, Abdullah devait d'abord se montrer prudent. Il ne pouvait s'opposer ouvertement à une coalition arabe en Palestine sans mettre en danger son trône et sa vie, et devait au moins donner l'illusion de s'y associer. Il était toutefois résolu à profiter de la visite des représentants des autres Etats arabes pour les avertir des périls que leur politique belliqueuse faisait courir à leurs peuples.

Il promit d'abord qu'il serait « parmi les soldats du front » si les hostilités étaient inévitables.

« Avant de plonger dans la guerre, conseilla-t-il ensuite, il faut cesser de tirer sur les Juifs et leur demander des explications. Quelqu'un a-t-il jamais eu recours à ce procédé, ne fût-ce que pour explorer les possibilités qu'il offre ? »

Puis il prévint ses collègues que la Haganah était équipée d'armes modernes et parfaitement entraînée.

« Les Arabes de Palestine, continua-t-il, sont en train d'émigrer par milliers. Le prix d'une chambre à Irbid atteint maintenant six dinars [1]. Ils s'enfuient. Les Juifs, eux, avancent. Demain, ils arriveront en masse. Ils remonteront le long de la côte depuis Gaza jusqu'à Acre. Comment les Arabes les arrêteront-ils ? Je vous jure que si demain des groupes d'Arabes de Jaffa, de Haïfa ou d'ailleurs se présentent et réclament une entente avec les Juifs, toute l'affaire échappera alors aux dirigeants arabes, aux Etats arabes, à la Ligue arabe. »

Ce n'était évidemment pas pour entendre ce genre de discours que les chefs arabes étaient venus à Amman. Leurs jeux étaient faits. En ce 1er mai 1948, la situation que David Ben Gourion avait envisagée six mois plus tôt et à laquelle il s'était préparé avait atteint son point de non-retour. Les Etats arabes étaient irrévocablement engagés sur le chemin de la guerre [2].

Les leaders arabes paraissaient réellement convaincus de leur supériorité militaire. Ils pensaient même qu'il leur suffirait de masser leurs armées sur les frontières de la Palestine au départ des Anglais pour que la volonté de résistance juive s'effondre. Pour emporter l'adhésion d'Abdullah à leurs projets, chacun s'était fait accompagner à Amman des plus hautes autorités militaires de son pays. Cet aréopage galonné attendait dans une antichambre du palais. Quand le souverain eut achevé son infructueux appel à la raison, Azzam Pacha le remercia et proposa de faire entrer les soldats.

« Le moment est venu, déclara le secrétaire général de la Ligue arabe, de discuter les conditions de l'invasion de la Palestine. »

---

1. Le dinar équivaut à une livre sterling.
2. Analysant les intentions arabes, l'ambassadeur de Grande-Bretagne à Amman, Sir Alec Kirkbride, notait : « Ils étaient déterminés à attaquer les Juifs malgré tous les avertissements. Si vous leur disiez qu'ils risquaient un désastre ou que les Juifs étaient puissants, ils vous accusaient d'être un agent sioniste cherchant à saper leur moral. Toute leur attitude se résumait à ceci : plus tôt vous autres, Anglais, vous partirez et nous laisserez régler la question avec les Juifs, mieux cela sera. »

La conférence se prolongea tout l'après-midi. Pénétrés de la puissance irrésistible de leurs troupes, les généraux arabes revendiquèrent tous le privilège de jouer le premier rôle dans la marche sur Tel-Aviv. Puis, se penchant sur leurs cartes, ils discutèrent le plan de la campagne, répartirent les secteurs d'opération, précisèrent les contributions et les objectifs des différentes armées.

Politiciens et généraux abordèrent ensuite le problème le plus épineux que posait cette coalition, celui du commandement combiné et, par-dessus tout, du commandement en chef. Les rivalités et les suspicions qui infestaient leurs relations politiques empoisonnaient aussi les rapports militaires des Arabes. Le roi Abdullah n'avait aucunement l'intention de laisser passer sa Légion, pour laquelle il avait des projets personnels, sous un commandement étranger. Le roi Farouk, de son côté, refusait catégoriquement de subordonner son armée au contrôle de son rival bédouin. Quant aux généraux présents, ils ne semblaient unis que par une défiance commune : celle qu'ils manifestaient, non sans raison, envers le seul véritable chef de guerre dont disposaient les Arabes — Sir John Bagot Glubb.

Afin d'exercer au moins la direction militaire d'une entreprise qu'il n'avait pu contrôler politiquement, Abdullah suggéra finalement que la Ligue lui confiât le commandement en chef. Un silence embarrassé accueillit cette candidature. Azzam Pacha savait que les Egyptiens et les Syriens la jugeraient inacceptable. Il choisit la courtoisie.

« Puisque nous sommes les hôtes de Sa Gracieuse Majesté, qu'elle soit aussi notre commandant à tous », proposa-t-il.

Si aucun document ne consigna jamais ces mots, ils eurent en tout cas pour effet d'apaiser Abdullah. Mais des paroles complaisantes ne pouvaient suffire à résoudre d'aussi graves problèmes. Bien qu'offrant l'apparence d'avoir été réglée, la question d'un commandement unique et suprême restait en suspens. Il fut seulement convenu que chaque pays enverrait un officier de liaison à un centre opérationnel installé sur la base de la Légion arabe de Zerqa, aux environs d'Amman.

Le lieutenant-colonel Charles Coker, officier britannique de la Légion, interrogea le général irakien qu'il raccompagnait dans sa voiture après la conférence.

« Comment s'est passée la réunion ? s'enquit-il.

— Magnifiquement ! répondit l'Irakien. Nous sommes tous tombés d'accord pour nous battre séparément. »

*

Tandis que les généraux arabes préparaient l'invasion de la Palestine, l'Anglais Glubb Pacha, chef de la Légion arabe, tentait par une audacieuse démarche de couper l'herbe sous le pied des dirigeants arabes et de contraindre le souverain qu'il servait à se retirer de la coalition. Il envoya secrètement un de ses officiers rencontrer un représentant de la Haganah dans le kibboutz de Naharayim, de l'autre côté du Jourdain.

A la stupéfaction du Juif Shlomo Shamir, le colonel Desmond Goldie, l'envoyé de Glubb, suggéra un arrangement pacifique pour l'occupation militaire de la Palestine. La Légion arabe contrôlerait les territoires arabes, la Haganah les zones juives, et les deux parties s'abstiendraient d'intervenir à Jérusalem. Pour permettre à l'armée juive de prendre ses dispositions dans ce sens, Glubb Pacha s'engageait de son côté à ne pas laisser ses troupes franchir les limites du Partage pendant les deux ou trois jours qui suivraient la fin du mandat britannique. Il espérait ainsi éviter la guerre. Il souhaitait connaître en retour les intentions de la Haganah. Comptait-elle respecter les frontières attribuées à l'Etat juif par le plan de partage, ou passer outre et conquérir de nouveaux territoires ?

La réponse de l'envoyé juif resta délibérément évasive. Les frontières étaient l'œuvre des politiciens, déclara-t-il, non celle des soldats. Mais si elle le décidait, la Haganah se montrerait sans aucun doute capable de conquérir toute la Palestine. Quant à Jérusalem, il n'y aurait aucun besoin de s'y battre si la Légion arabe elle-même s'abstenait d'y entrer. Il promit de transmettre immédiatement cet important message à ses supérieurs.

Quand Goldie revint de sa mission, celui qui l'en avait chargé l'attendait à la porte de son bureau.

« Dieu merci, vous voilà ! » soupira John Bagot Glubb avec un clin d'œil.

*

Un problème infiniment plus délicat que la conquête d'un quartier de Jérusalem se posait à présent au jeune officier juif qui s'était emparé de Katamon. « Comment faire, se demandait Joseph Nevo, pour convaincre la mère de Naomi de me laisser épouser sa fille ? »

Cela faisait trois ans que Nevo aimait la ravissante Anglaise qu'il avait rencontrée à Londres alors qu'il suivait un stage dans l'armée britannique. Il ne lui avait pas fallu un mois pour demander sa main. Mais la mère de sa bien-aimée, jugeant que ce soupirant n'offrait aucune garantie d'avenir, avait repoussé cette offre et montait depuis lors une garde vigilante. Même un voyage en Palestine sous le prétexte de faire une étude sur l'organisation des kibboutzim n'avait pu permettre à la jeune fille de gagner sa liberté. Sa mère avait débarqué un beau matin à Jérusalem. A la consternation des amoureux, ni la tension grandissante, ni la pénurie de ravitaillement, ni les dangers quotidiens n'étaient parvenus à inquiéter l'encombrante visiteuse qui s'exaltait au contraire au souvenir du *blitz* londonien. En refermant son étau sur la ville, Abdel Kader avait irrémédiablement anéanti l'espoir caressé par Joseph Nevo et sa fiancée de voir enfin partir celle qui s'acharnait à les séparer.

Après sa conquête de Katamon, l'officier sentait pourtant que quelque chose avait changé. S'il n'était pas devenu le riche parti que souhaitait la mère de

Naomi, son exploit en avait du moins fait un héros. De tels lauriers lui donnaient bien le droit de convoler. Il alla fièrement trouver Naomi.

« Cette fois, nous nous marions ! » lui annonça-t-il. Et il partit à la recherche d'un rabbin.

*

Un cessez-le-feu imposé par les Anglais mit fin à l'Opération Jébussi. Isaac Sadeh rendit le commandement de la Jérusalem juive à David Shaltiel et s'en alla. Les maigres résultats obtenus par son offensive donnaient une importance nouvelle au plan prévu par Shaltiel pour la prise des principaux bâtiments du centre de la ville au départ des Anglais. Shaltiel en confia la préparation à Ariyeh Schurr, un modeste et méthodique officier de police. Schurr avait déjà accompli l'exploit de se procurer un exemplaire du plan d'évacuation de toutes les forces britanniques. L'épais document révélait l'ordre de départ des unités, les itinéraires qu'elles devaient suivre, leurs lieux de rassemblement. Des cases vitales restaient malheureusement vides. Destinées à être remplies à la main au dernier moment, elles concernaient les informations que Schurr estimait les plus importantes : l'heure exacte, à la minute près, de l'évacuation de chaque bâtiment occupé par les Anglais dans la ville.

Schurr commença par ordonner aux employés juifs de plusieurs services essentiels de la cité de rester à leur poste jusqu'à l'arrivée de ses troupes. Dépanneurs, dactylos, standardistes, souvent sans aucune expérience militaire, fournirent ainsi les forces d'une nouvelle unité baptisée « la brigade Players » à cause de l'arme dont ils devraient se servir pour tenir jusqu'à leur relève par des soldats de la Haganah. C'était une boîte de cigarettes Players bourrée de T.N.T. Six cents de ces grenades primitives avaient été introduites clandestinement dans la Grande Poste, le central téléphonique, la banque Barclay's, le palais de justice, sans que cette subite abondance de tabac dans une ville privée de tout parût intriguer les sentinelles britanniques.

Les forces de la brigade Players risquaient cependant de courir au suicide si Schurr ne parvenait pas à connaître les horaires exacts d'évacuation laissés en blanc dans le document qu'il avait obtenu. Deux objectifs le préoccupaient plus particulièrement : l'ensemble des bâtiments de Bevingrad situé au cœur de la ville, et l'hôpital italien dont la haute tour dominait tout le centre de Jérusalem. La tâche de circonvenir le major qui commandait l'hôpital fut confiée à l'architecte juif Dan Ben Dor. Celui-ci avait servi pendant quatre ans dans les Royal Engineers et son nom était vénéré de Bagdad à Benghazi, partout au Moyen-Orient où un soldat britannique avait pris une douche dans les cinq dernières années. En perforant le fond d'une boîte de bière, il avait en effet inventé un système immortalisé sous le nom de « bombe Ben Dor » qui remplaçait dans l'armée anglaise les pommes de douche toujours volées.

Ben Dor découvrit rapidement que le major nourrissait une affection toute britannique pour les animaux. Il l'invita un soir à prendre le thé à son domicile. Il convoqua pour l'occasion son frère et son chien, un danois nommé Assad V. L'Anglais bondit de son siège à la vue de l'animal.

« Quelle superbe bête ! s'écria-t-il.

— Oui, répliqua Ben Dor. Quelle pitié que nous soyons bientôt obligés de la tuer. La nourriture, la viande en particulier, est devenue trop rare dans la Jérusalem juive. Mon frère et moi, nous pensons qu'il vaut mieux abattre ce chien que de le voir mourir lentement de faim.

— Vous ne ferez pas ça ! » s'indigna l'Anglais.

Il sortit alors une carte de visite de sa poche, écrivit quelques mots et la tendit à l'architecte.

« Montrez ce papier au sergent des cuisines de l'hôpital, dit-il. Il veillera à ce que votre chien ne manque de rien. »

Ainsi commença pour Dan Ben Dor un rite quotidien. Chaque soir à six heures, il prenait le chemin de l'hôpital en compagnie du danois affamé. Tandis que l'animal lampait sa pâtée, le Juif bavardait avec le sergent tout en regardant disparaître dans la gueule d'Assad V les beaux morceaux de viande qui faisaient hurler d'envie son estomac vide.

*

A Washington, le secrétaire du département d'Etat George C. Marshall conduisit son visiteur devant une carte de Palestine accrochée au mur de son bureau.

« Ici, vous êtes encerclés par les Arabes, dit-il en montrant du doigt le Néguev. Là, vous êtes encerclés par d'autres Arabes. »

Il désignait cette fois la Galilée.

« Vous avez des Etats arabes tout autour de vous, continua-t-il, et vous avez le dos à la mer. Comment leur résister ? »

Il y eut un silence pendant lequel l'éminent homme de guerre observa son interlocuteur, le ministre des Affaires étrangères de l'Agence Juive Moshe Sharett.

« Je parle de choses que je connais, reprit-il. Vous occupez la plaine côtière de la Palestine alors que les Arabes tiennent les hauteurs. Je sais que vous possédez votre Haganah équipée d'un certain armement, mais les Arabes, eux, disposent d'armées régulières bien entraînées et bénéficient d'artillerie lourde. Comment pourrez-vous tenir ? »

La sincérité évidente et l'indéniable compétence militaire de Marshall impressionnèrent le diplomate juif. En fait, cet exposé révélait le brûlant souci des Américains : convaincre l'Agence Juive de différer la proclamation de l'Etat juif. Si elle acceptait, la diplomatie américaine était persuadée qu'une trêve pourrait être signée avec les Etats arabes. L'invasion arabe serait alors évitée. Le délégué égyptien aux Nations unies avait discrètement informé le département d'Etat que son premier ministre était disposé à rencontrer des représentants de l'Agence Juive afin de discuter des possibilités d'éviter un conflit si les Juifs renonçaient à créer leur Etat.

Tous les ambassadeurs américains en poste au Proche-Orient avaient fait savoir qu'ils jugeaient une invasion arabe inévitable si l'Etat juif était proclamé à l'expiration du mandat britannique. Et dans ce cas, il semblait que seule une intervention militaire américaine pourrait sauver les Juifs de Palestine de l'extermination. A Washington, où ces avertissements étaient accueillis avec le plus grand sérieux, on se fit à l'idée qu'il faudrait peut-être débarquer des troupes en Palestine dans les quinze jours. Le président Truman avait même secrètement consulté son conseiller juridique, Ernest Gross, pour étudier les possibilités qu'offrait la Constitution d'envoyer un corps expéditionnaire sans consulter le Congrès.

Ces alarmantes perspectives avaient incité le département d'Etat à déployer des efforts exceptionnels pour obtenir de l'Agence Juive qu'elle différât son projet. Les représentants de l'organisation sioniste furent soumis à une campagne de pressions aussi vive que celle dont les adversaires du Partage avaient été l'objet six mois auparavant. Robert Lovett, adjoint de Marshall, homme ordinairement fort placide, menaça les représentants juifs de rendre publiques « les preuves des violentes et brutales manœuvres de coercition exercées sur le gouvernement des Etats-Unis par des Juifs américains au service du sionisme ». Les envoyés de Tel-Aviv aux Etats-Unis eurent bientôt la conviction que le département d'Etat se préparait même à couper toutes les ressources financières en imposant un embargo sur tous les fonds destinés à la Palestine.

Persuadé que seule la conclusion immédiate d'une trêve pourrait éviter l'irréparable et dénouer la crise, Marshall proposa à Moshe Sharett de mettre à sa disposition « la Vache sacrée », l'avion personnel du président des Etats-Unis pour rentrer d'urgence à Tel-Aviv en emmenant des émissaires des Etats-Unis, de France, de Belgique avec une délégation arabe, et engager sur place des négociations [1].

Sharett déclina aimablement cette offre spectaculaire. Les efforts du secrétaire d'Etat américain portèrent cependant leurs fruits. Sharett le quitta décidé à appuyer ses recommandations. Il savait combien ses collègues de l'Agence Juive étaient déjà divisés. La proclamation officielle de l'Etat devait faire l'objet d'un vote dont l'issue dépendrait de deux ou trois voix seulement, celles dont on ignorait encore si elles écouteraient l'appel du vieux rêve ou s'effraieraient des tambours de guerre résonnant aux frontières.

Conscient du poids qu'aurait le message de Marshall dans ce vote, Moshe Sharett décida de rentrer au plus vite à Tel-Aviv. Quelques instants avant qu'il ne monte dans son avion, un haut-parleur de l'aérodrome de New York le réclama au téléphone. Chaïm Weizmann l'appelait de son lit de l'hôtel *Waldorf Astoria*. Le vieux savant détenait un secret capital et ne voulait pas laisser partir Sharett sans lui adresser une pressante recommandation.

Ce secret ne serait révélé que dix ans après la mort de Weizmann. Au juge Samuel Rosenman qui lui apportait la dernière lettre du leader juif, le président Truman avait confié : « J'ai le docteur Weizmann sur la conscience. » Puis il avait ajouté que si un Etat juif était proclamé, il ferait tout ce qui serait en son pouvoir pour que les Etats-Unis le reconnaissent aussitôt. Il avait demandé au magistrat de s'engager à ne le faire savoir qu'à Chaïm Weizmann.

D'une voix haletante de fièvre et de passion, celui que nombre des siens avaient souvent accusé de tiédeur lança un ultime appel à Sharett.

« Empêchez-les de faiblir, supplia-t-il, empêchez-les de gâcher la victoire. Proclamez l'Etat juif, maintenant ou jamais ! »

1. Ces trois pays avaient été désignés par le Conseil de sécurité pour faire partie d'un comité de trêve pour la Palestine.

*

Pour la première fois dans l'histoire de Jérusalem, le fracas d'un bombardement d'artillerie ébranlait ses murs. Incapable de conquérir les kibboutzim de Galilée, Fawzi el Kaoukji avait amené son armée sur les hauteurs de Judée. De la colline de Nebi Samuel dont les troupes d'élite juives n'avaient pu s'emparer, il allait prendre sa revanche. Sous la gueule de ses canons s'étalait le plus bel objectif dont puissent rêver des artilleurs arabes — toute la ville juive de Jérusalem.

C'est au milieu de cet effrayant concert qu'allait se dérouler en secret une cérémonie vieille comme le monde. Joseph Nevo avait déniché un rabbin, et Naomi l'appartement complice d'une amie. Ils allaient célébrer leur mariage.

La jeune fille avait réussi à se procurer sans éveiller les soupçons de sa mère une blouse et une jupe plissée blanches qu'elle n'avait cependant pu repasser faute d'électricité. Quant à son voile, il provenait de la garniture d'un chapeau.

Les fiancés commençaient à s'impatienter quand le rabbin leur rappela qu'il ne pouvait officier sans la réunion du miniane, cette assemblée de dix hommes requise pour toute célébration du culte. Fiancés, garçon d'honneur, rabbin, tous dévalèrent l'escalier pour aller chercher des volontaires. Dans les rues vidées par la canonnade arabe, ils découvrirent quatre soldats du Palmach qui se retrouvèrent porteurs de la houppa, le dais nuptial. Une amie courut recruter les cinq hommes qui manquaient encore en criant dans les bureaux de l'Agence Juive voisine :

« Vite, il faut dix hommes pour un miniane ! »

La cérémonie allait enfin se dérouler quand quelqu'un frappa à la porte. C'était un employé britannique de l'Agence, un ami intime de la mère de la fiancée.

« Ma pauvre enfant, susurra-t-il, il paraît que vous cherchez dix hommes pour un miniane. »

Dans son inexorable logique, l'Anglais était persuadé que seul un enterrement pouvait être célébré en pareil moment à Jérusalem.

A la fin de la cérémonie, Nevo écrasa un verre sous son talon en souvenir de la destruction du Temple dont les ruines se trouvaient à quelques centaines de mètres de là. Puis il embrassa longuement sa jeune épouse.

Elle allait rentrer directement chez sa mère et lui regagner son unité. Aussi longtemps que le fier conquérant de Katamon n'aurait pas trouvé le moyen de faire partir de Jérusalem celle qui ignorait encore l'avoir pour gendre, sa part de félicité conjugale resterait limitée à ce baiser.

*

Le président des Etats-Unis considérait ses interlocuteurs avec l'attention d'un juge. Et il s'agissait bien d'un procès. Deux jours après le retour du chef de la diplomatie juive à Tel-Aviv, Harry S. Truman avait convoqué ses conseillers pour discuter la question de politique étrangère la plus urgente qui se posait à son gouvernement : la reconnaissance de l'Etat juif, s'il était proclamé en dépit de toutes les mises en garde américaines.

Dans l'esprit du président, la réponse ne faisait aucun doute. Il se devait d'honorer sa promesse à Chaïm Weizmann. Mais il souhaitait que sa décision fût approuvée par ses principaux conseillers. Persuadé que les arguments en faveur d'une reconnaissance immédiate étaient irréfutables, il avait réuni pour « une discussion ouverte et décisive » le secrétaire d'Etat Marshall, le sous-secrétaire Lovett, son conseiller naval Clark Clifford et son conseiller politique David Niles.

Marshall annonça d'emblée qu'il était opposé à la reconnaissance du nouvel Etat. La plupart des diplomates de son ministère avaient fait connaître leur hostilité à ce projet et il devait tenir compte de la majorité qu'ils représentaient. L'un de ses ambassadeurs au Moyen-Orient, George Wadsworth, venait encore de télégraphier : « Si les Etats-Unis reconnaissent un Etat juif et continuent d'apporter leur soutien sans réserve à la politique sioniste, l'Union soviétique deviendra avant vingt ans la puissance dominante au Proche-Orient. »

Malgré sa sympathie pour les sionistes, Marshall ne croyait pas, en outre, comme il l'avait dit à Moshe Sharett, que l'Etat juif pourrait résister aux Arabes. L'opinion de son collègue le secrétaire à la Défense avait encore renforcé sa conviction. « Je vais vous expliquer où vont se retrouver les Juifs, lui avait dit James Forrestal. A la mer, où les Arabes les jetteront. » Marshall conseilla donc au président Truman de surseoir à toute reconnaissance officielle jusqu'à ce que le nouvel Etat eût prouvé au monde qu'il était viable.

Clark Clifford plaida avec véhémence la thèse opposée. Non seulement il pressa Truman de reconnaître le nouvel Etat, mais encore de faire en sorte que les Etats-Unis fussent les premiers à manifester leur approbation diplomatique, seule attitude conforme à leur politique passée sur la question sioniste.

Marshall s'insurgea violemment contre cette prise de position qui reposait sur de pures considérations de politique intérieure. Toute cette discussion lui paraissait d'ailleurs déplacée et constituait une violation inacceptable de ses prérogatives de responsable de la politique étrangère américaine. Il réitéra fermement son opposition.

Quel que fût son désir de reconnaître le nouvel Etat pour satisfaire enfin « le vieux docteur » qui lui inspirait tant d'admiration, le président Truman ne pouvait prendre le risque d'une rupture avec Marshall. C'était l'homme de son gouvernement dont il avait le plus grand besoin.

« Je vous remercie tous pour vos conseils, conclut-t-il. J'accepte votre recommandation, général Marshall. Les Etats-Unis ne reconnaîtront pas, dans la conjoncture actuelle, la création d'un Etat juif en Palestine. »

28

« NOUS SERONS DE RETOUR POUR
LA RENTRÉE DES CLASSES »

LA longue perruque bouclée et la robe noire rehaussée d'hermine de Sir William Fitzgerald incarnaient depuis douze ans les nobles idéaux de la justice britannique en Palestine. Des centaines d'Arabes et de Juifs avaient défilé devant la barre du Chief Justice. Alors que leurs dirigeants et le gouvernement de la Grande-Bretagne s'étaient montrés incapables de résoudre leurs différends politiques, ils avaient du moins trouvé dans ses décisions une solution juridique à leurs litiges particuliers.

En ce doux matin de mai, le juge allait trancher la dernière affaire qu'aurait à connaître ici le pouvoir judiciaire britannique. Seul l'écho intermittent des fusillades troublait la sérénité de son prétoire. Tristement symbolique était la dernière affaire inscrite à son rôle : deux propriétaires, un Arabe et un Juif, revendiquaient la même parcelle de terre.

Après avoir rendu son jugement, Sir William quitta le prétoire. Dès qu'il fut vide, il y revint pour décrocher lui-même les armoiries royales. Avec précaution, il déposa sur son siège l'emblème du lion et de la licorne encadrant la devise « Dieu et mon Droit » et se dit qu' « ainsi prenait fin la justice britannique en Palestine ». Revenu dans son cabinet, il ôta sa robe et sa perruque puis sortit après un regard plein de nostalgie vers sa bibliothèque et son bureau, où trônait encore un superbe encrier doré. Au lieu de fermer la porte, il laissa cette fois la clef bien en évidence dans la serrure « pour quiconque viendrait prendre possession des lieux ».

Dans des dizaines d'autres bureaux et institutions commençaient de même les rites du départ de l'administration britannique, après trente années de présence en Terre sainte. A la fin de la première quinzaine de mai, on avait enlevé quelque deux cent vingt-sept mille tonnes de matériel parmi lesquelles cinq tonnes de cartes et vingt-cinq d'archives officielles. Puisque la Grande-Bretagne partait, elle emportait avec elle les accessoires de son existence. Serait du voyage tout ce qui restait dans les magasins militaires en fait de cigarettes, de whisky, de confiture d'oranges ou de thé des Indes.

Le lendemain du dernier jugement rendu par Sir William Fitzgerald, une escouade de policiers en uniforme bleu déménagea d'un bâtiment de l'enceinte de Bevingrad une série d'armoires métalliques. Elles abritaient dans leurs tiroirs verrouillés les rapports de la Criminal Investigation Division, l'histoire des trente années de rébellion des tueurs du Mufti comme des terroristes de l'Irgoun et du groupe Stern contre le mandat britannique. Leurs camions chargés à ras bords, les policiers partirent pour Haïfa, emportant avec eux toutes les traces d'une histoire douloureuse.

Ce convoi laissait derrière lui une cinquantaine de policiers. Ceux-là ne partiraient pas. Ils étaient peut-être les seuls Juifs à avoir conservé jusqu'au dernier moment la confiance de leurs collègues britanniques. En bon ordre, ils se dirigèrent vers la ville juive pour continuer d'y exercer leur fonction avec le même uniforme, les mêmes insignes et les mêmes instruments. C'étaient les musiciens de la fanfare de la police de Jérusalem.

Ces dernières semaines avaient été fort éprouvantes pour le personnage morose et solitaire qui représentait encore la couronne britannique depuis sa résidence de la colline du Mauvais Conseil. « Je n'avais reçu aucune instruction sur la conduite à tenir », se rappelle Sir Alan Cunningham. Il avait espéré que le statut international de Jérusalem serait mis en place. « Mais personne ne s'y attacha vraiment, devait-il remarquer avec tristesse. Le monde chrétien ne s'intéressait pas assez à ce problème pour fournir la coopération et l'assistance nécessaires. »

Le haut-commissaire avait consacré la fin de son séjour à rechercher une trêve dans la Ville sainte. Les Arabes avaient naguère rejeté ses appels quand ils sentaient la victoire à leur portée; de même à présent les Juifs, que Ben Gourion poussait à la conquête de la ville entière, restaient sourds à ses exhortations. Cunningham s'était même rendu jusqu'à Jéricho pour y rencontrer Azzam Pacha, qui l'avait supplié d'obtenir de son gouvernement le maintien des troupes britanniques à Jérusalem.

Il circulait en fait presque autant de plans de paix que Jérusalem comptait de diplomates. Le Suisse Jacques de Reynier, représentant de la Croix-Rouge internationale, proposa d'assurer la sécurité de la ville en la plaçant sous la protection de l'emblème de Genève. Les consuls de France, des Etats-Unis et de Belgique, qui agissaient au nom du Conseil de sécurité, déployaient des efforts inlassables pour faire accepter un cessez-le-feu. Le délégué des Nations unies, l'Espagnol Pablo de Azcarate, jetait dans la balance le poids de son organisation. Mais à l'indifférence des parties en conflit s'ajoutait l'incompréhension de ses supérieurs new-yorkais. Alors qu'il tentait d'empêcher des hommes de s'entre-tuer, Azcarate constatait que le comité des Nations unies pour la Palestine passait son temps à discutailler des transports en commun de Jérusalem. « Faut-il vraiment hurler, écrivit-il, pour qu'ils comprennent qu'une guerre fait rage ici et que, s'ils ne prennent pas d'urgence des mesures pour l'arrêter, la Palestine tout entière, Jérusalem comprise, va devenir un champ de bataille ? »

En dépit des bonnes volontés qui les inspiraient, aucune de ces tentatives ne devait avoir pourtant de résultat durable. La vanité de tout effort se confirmant,

Sir Alan s'adonna à la seule tâche qui lui restait — dire adieu à ses amis. Parmi eux se trouvaient les Arabes Sami et Ambara Khalidy. Après un déjeuner intime, ils se promenèrent longuement dans le jardin de la résidence en parlant, se rappelle Ambara, « des roses et de l'*Iliade* ».

Un après-midi, il donna une dernière réception pour les hauts fonctionnaires arabes et juifs du Mandat.

« Gentlemen, déclara Cunningham d'un ton plein de sous-entendus, il ne vous reste plus grand-chose à faire. Au revoir et bonne chance. »

Puis il les salua tous d'une chaleureuse poignée de main, geste qui, pour beaucoup d'entre eux, mettait fin à plusieurs dizaines d'années au service du gouvernement de Sa Majesté.

Sir Alan reçut ce jour-là une autre visite. En dépit de tout ce qui les avait opposés, Golda Meïr et le haut-commissaire britannique s'étaient toujours mutuellement estimés. Aussi, quand ils eurent débattu les questions qui les préoccupaient, Sir Alan se permit-il un conseil personnel.

« Je crois savoir que votre fille se trouve dans un des kibboutzim du Néguev, dit-il. Il va y avoir la guerre et ces colonies n'ont aucune chance d'en réchapper. Les Egyptiens les écraseront, quelle que soit leur vaillance. Ne serait-il pas prudent de la faire revenir près de vous ? »

Golda Meïr se montra touchée de son attention.

« Je vous remercie, répondit-elle, mais tous les garçons et toutes les filles de ces colonies ont une mère. Si toutes font rentrer leur enfant à la maison, qui arrêtera les Egyptiens ? »

*

« Jérusalem ressemble à un gigantesque kibboutz. » C'est ainsi qu'un habitant décrivait la vie dans la partie juive de la ville à la veille du départ des Anglais. Mais c'était un kibboutz cruellement éprouvé, désespérément affamé. L'enthousiasme qui avait salué l'ar-

434

rivée du premier convoi de l'Opération Nachshon était retombé. Ses mille huit cents tonnes de ravitaillement — moins de la moitié du tonnage que Dov Joseph jugeait indispensable pour soutenir deux mois de siège — étaient enfermées dans des entrepôts sévèrement gardés. Chaque semaine, les portes s'ouvraient pour laisser sortir la misérable portion qui était distribuée à la population. Les rations de la dernière semaine du Mandat traduisaient bien la situation critique de Jérusalem. Elles n'offraient que cent grammes de poisson séché, autant de haricots secs, de lentilles, de pâtes et cinquante grammes de margarine.

Le pittoresque marché à ciel ouvert de Mahaneh Yehuda était vide. Les aliments frais avaient tout simplement disparu. Des envoyés de Dov Joseph allaient discrètement la nuit dans une demi-douzaine de villages arabes amis dans l'espoir de s'y procurer quelques cageots de légumes et un mouton ou deux. Les vingt-neuf boulangeries de la ville furent regroupées en cinq établissements afin d'économiser le combustible. Elles étaient autorisées à cuire chaque jour vingt-cinq mille boules de pain, soit un quart de boule par habitant. Pour soutenir les forces des travailleurs manuels, Dov Joseph créa une cantine populaire qui distribuait cinq mille repas chaque jour, leur assurant ainsi deux rations substantielles par semaine. Les cafés de la rue Ben Yehuda, si renommés pour leurs gâteaux au chocolat et leurs tartes à la crème, n'offraient plus à leurs clients qu'une tranche de pain noir nappée d'un peu de pâte douce.

Il n'était question que de troc et de marché noir. Un œuf valait vingt olives et la moindre boîte de conserve coûtait cent fois son prix. Quelques familles juives britanniques qui s'en allaient liquidèrent leurs provisions, parfois à des prix exorbitants.

- Les défaitistes, cependant, étaient rares. Une ferme détermination et la conviction que cette situation, pour pénible qu'elle fût, restait préférable à toute autre prévalaient dans la plupart des foyers. Les officiers de la Haganah exploitaient cette absence d'alternative. « Si vous êtes incapables de regarder la mort en face, expliquaient-ils à leurs jeunes recrues, vous pouvez toujours vous enfuir. Mais souvenez-vous que ce n'est pas sur un kilomètre que vous devrez courir mais sur mille. »

Tout aussi préoccupante était la pénurie de combustible. Les autobus cessaient de fonctionner tôt dans la soirée. Les taxis avaient disparu et la Haganah avait réquisitionné la plupart des voitures particulières. Peu de foyers possédaient encore du pétrole pour les usages domestiques. Les derniers bidons circulaient au marché noir au prix astronomique de douze livres sterling chacun. Les gens cuisaient leurs repas sur des feux de bois dans les jardins et les cours. Quelques profiteurs se lancèrent dans un fructueux commerce de bois et de brindilles. La municipalité enseigna à la population à confectionner des marmites calorifuges qui permettaient de cuire les aliments dans une eau portée au préalable à ébullition.

Des semaines durant, Alexandre Singer, le directeur de la centrale électrique, avait eu sous les yeux le spectacle de la ville arabe tout illuminée alors qu'il était contraint de condamner les quartiers juifs à l'obscurité. Ce black-out lui servait à économiser ses réserves de mazout. Il n'en restait plus que quatre cents tonnes pour le seul générateur encore en fonction. Il alimentait les installations vitales, les hôpitaux, les boulangeries et certaines industries.

Mais les habitants de Jérusalem n'étaient pas au bout de leurs alarmes. Le 7 mai dans l'après-midi, juste une semaine avant l'expiration du Mandat, plus une seule goutte d'eau ne coula de leurs robinets. Les Arabes venaient de faire sauter la canalisation de Ras el Ain qui approvisionnait la ville, accomplissant ainsi la promesse du Haut Comité Arabe qui avait « condamné les Juifs à mourir de soif ».

Seule la prévoyance de Dov Joseph et de Zvi Leibowitz, le chef du service des eaux, protégeait dorénavant la ville du désastre. Depuis janvier, Leibowitz avait patiemment rempli toutes les citernes. Ses réserves se montaient à cent quinze mille mètres cube, de quoi tenir cent quinze jours avec le rationnement draconien qu'il avait prévu. Pour déterminer celui-ci, il s'était livré à une expérience personnelle. Il s'était enfermé dans son appartement avec sa femme pendant plusieurs jours, et avait progressivement réduit leur consommation d'eau jusqu'au niveau qu'il considérait comme le plus strict minimum, huit litres par personne et par jour. Avec ces huit litres, les habitants devraient étancher leur soif et subvenir à tous leurs besoins par des températures qui allaient atteindre 40° à l'ombre. Pour les y aider, Leibowitz leur proposa un cycle d'utilisation qu'il avait élaboré lui-même. Avant de finir dans la chasse des W.-C., cette eau servait à la cuisson des aliments, puis à la toilette et enfin à la lessive.

Persuadé que le meilleur moyen de prévenir toute panique était d'apporter l'eau aux habitants plutôt que de les obliger à venir la chercher, Leibowitz mobilisa les citernes roulantes et les arroseuses municipales. Leur passage dans les rues attira bientôt toutes les ménagères. Les rations étaient distribuées pour trois jours. Pendant des semaines, sous un soleil de plomb et les obus arabes, les femmes de Jérusalem firent la queue devant les réservoirs roulants avec des brocs, des bouteilles, des boîtes à lait ou des théières.

Mais Jérusalem n'aurait pas vraiment été la Ville sainte si elle n'avait reçu quelque manifestation de la Providence au milieu des rigueurs du siège. En avril, avant l'arrivée des convois de l'Opération Nachshon, une herbe sauvage avait miraculeusement sauvé la population de la famine. La *khoubeiza* ressemblait à de l'épinard. Avec les pluies de printemps, elle avait poussé n'importe où et les élégantes du quartier de Réhavia étaient allées en remplir leurs paniers comme les ouvrières yéménites. Avant que la sécheresse ne la fît disparaître, elle avait même figuré au menu de l'hôtel *Eden* sous la mention « croquettes d'épinard ».

Quelques jours avant le départ des Anglais, une

pluie diluvienne, inhabituelle pour la saison, tomba pendant trois jours sur Jérusalem, faisant surgir partout de nouveaux bouquets de khoubeiza.

« Le Seigneur est avec nous, purent affirmer les sages de la cité. Quand nous avons quitté l'Egypte, il nous a envoyé la manne. Cette fois, c'est la pluie qu'il nous envoie, pour remplir nos citernes et faire pousser la khoubeiza. »

*

Il n'y avait pas de khoubeiza dans les venelles et les cours obscures du quartier juif de la Vieille Ville. Prisonniers de ses pierres, mille sept cents habitants et deux cents soldats cohabitaient dans un monde de contrastes où se mêlaient le crépitement des fusillades et la récitation monocorde des psaumes. Tandis que les jeunes combattants de la Haganah pourchassaient les tireurs arabes de terrasse en coupole, l'antique flambeau du peuple juif à Jérusalem perpétuait dans le secret de ses synagogues sa vocation immémoriale. Juste derrière la maison où les chefs militaires préparaient les plans dont la survie du quartier allait dépendre, des rabbins sans âge accroupis sur des nattes calligraphiaient les textes sacrés de l'Israël éternel.

On contestait vivement la nécessité même de défendre cet îlot que seuls les postes de garde britanniques avaient, jusqu'ici, protégé d'un raz de marée arabe. Shaltiel considérait ce quartier comme indéfendable et avait maintes fois réclamé son évacuation. Persuadés de pouvoir arriver à un arrangement satisfaisant avec leurs voisins arabes, de nombreuses notabilités locales réclamaient de leur côté le départ de la Haganah. Sir Alan Cunningham s'était en vain efforcé de convaincre le Grand Rabbin de Palestine, Isaac Herzog, de la nécessité d'abandonner ces lieux. Le refus du vénérable vieillard traduisait l'émotion profonde que suscitaient ces quelques arpents sacrés.

« Ses défenseurs sont les gardiens de l'héritage des

générations successives du peuple juif », avait-il expliqué.

Moshe Russnak, l'officier responsable de cette défense, était un jeune Tchèque privé des qualifications militaires et religieuses nécessaires pour exercer un commandement aussi particulier. Son P.C. était installé dans la vieille bâtisse qui abritait l'agence locale de Tipat Chalav, l'organisation sociale de « la goutte de lait ». Bien des jeunes gens que Russnak avait à présent sous ses ordres y étaient entrés dans les bras de leur mère.

Ses adjoints venaient de tous les horizons. L'un des plus capables, Abraham Ornstein, était le fils du premier rabbin askhenaze du quartier. Outre ses occupations militaires, il servait d'intermédiaire entre la Haganah et les chefs religieux pour que ceux-ci autorisent des tâches réprouvées par l'orthodoxie, telles que la construction de fortifications et de tunnels le jour du sabbat ou le commandement par une femme de points d'appui situés dans une synagogue.

L'officier qui exerçait le plus d'ascendant sur ses camarades était un athlétique étudiant de l'Université hébraïque. Emmanuel Medav était, lui aussi, né dans la Vieille Ville. Aussi généreux que courageux, il était adoré par les enfants, et sa voix tonitruante chantant les psaumes du sabbat apportait un réconfort symbolique aux pieux habitants du quartier. Mais avant tout c'était un vrai chef, expert dans l'art de manipuler les armes et les explosifs. Ses camarades affirmaient qu'il possédait « des mains de magicien ».

Dans une telle atmosphère, la présence d'une jeune Anglaise de vingt-deux ans n'était pas sans surprendre. Fille d'une famille juive pratiquante, Esther Cailingold avait subi le blitz de Londres aux côtés de son père, volontaire dans une brigade de pompiers. Bouleversée par la découverte des atrocités commises dans les camps nazis, elle était venue en Palestine en 1946 pour y enseigner. Elle était vite devenue membre de la Haganah. Pendant tout l'hiver 1948, elle avait été obsédée par le désir de se battre pour le cœur même de la nation dispersée qu'elle voulait aider à revivre. Juste après la Pâque, elle réalisa ce vœu. Déguisée en infirmière, Esther Cailingold réussit à pénétrer dans la Vieille Ville.

Avec son labyrinthe de ruelles étroites, coupées de voûtes, d'escaliers, de méandres, avec ses façades bossuées, irrégulières, fantasques, avec ses toits en calotte comme celles des rabbins, le quartier était un cadre idéal pour la guérilla et l'héroïsme individuel. Des portes s'ouvraient sur des corridors étranglés ou sur des escaliers descendant au fond de petites cours intérieures. Les maisons paraissaient enfouies, mais le terrain présentait de telles dénivellations que certaines cours débouchaient souvent de plain-pied sur une ruelle en contrebas. Ce fouillis cachait de nombreuses synagogues, murées ou enterrées parce qu'il est écrit : « Je crie vers Toi des profondeurs, ô Seigneur. » Celle de Nissan Bek dominait tout le quartier de sa haute coupole. Sa situation en faisait l'une des deux principales positions défensives. Soutenue par trois arches, une galerie intérieure courait au pied de la coupole. Naguère réservé aux femmes, ce déambulatoire offrait un poste de choix aux tireurs de la Haganah. Au-dessus d'eux, sombres et irréelles, des fresques admirables représentaient la destruction du Temple dont l'esplanade s'étalait à quelques centaines de mètres.

L'autre position était située à l'extrémité d'une ruelle en escaliers. Elle était constituée par un groupe de bâtiments à trois étages appelé « Immeuble de Varsovie », parce qu'il avait été édifié avec des fonds envoyés par les Juifs polonais. Formant un carré autour d'une cour, cet ensemble comprenait une synagogue, des salles d'étude et des logements pour les érudits qui venaient y travailler. Il avait été complètement évacué et transformé en point d'appui par la Haganah. Au-delà de sa façade nord commençait le quartier arabe.

Pour tenir ces positions et défendre le périmètre de ce minuscule ghetto, les cent cinquante soldats de la Haganah et les cinquante membres de l'Irgoun et du groupe Stern disposaient d'un armement dérisoire : trois mitrailleuses légères, un mortier de deux pouces, quarante-trois mitraillettes, trois lance-grenades et une collection dépareillée et peu sûre de fusils et de pistolets. Pour pallier cette pénurie, une institutrice nommée Leah Wultz avait créé un petit atelier où elle réussissait à fabriquer une centaine de grenades par jour. Ses écoliers parcouraient les rues à la recherche des boîtes de cigarettes jetées par les soldats britanniques et qu'elle bourrait ensuite d'explosifs, pendant que son mari confectionnait des détonateurs à l'aide d'une scie à métaux. Leah Wultz savait que seules des mains expérimentées pouvaient accomplir ce dangereux travail. Celles de son mari lui avaient semblé toutes désignées. Depuis vingt ans, ces mains avaient tenu un archet.

Pendant les dernières semaines du Mandat, les défenseurs du vieux quartier se préparèrent à être, comme Dan, le chef de la Genèse, « un serpent sur le chemin qui mord le cheval et fait tomber le cavalier à la renverse ». Leur opération « Serpent » prévoyait l'occupation instantanée de tous les points d'appui britanniques entourant le quartier dès qu'ils auraient été abandonnés. Les hommes de Russnak s'empareraient ensuite d'un certain nombre de positions dans le quartier arménien voisin, afin de protéger la partie ouest de leur périmètre. Ils espéraient ainsi pouvoir s'accrocher solidement à leur vieil îlot dans l'attente de secours extérieurs massifs.

Un petit convoi circulant sous la protection de soldats anglais avait jusqu'alors apporté, deux fois par semaine, le ravitaillement indispensable à la survie des assiégés. Ce dernier lien était d'une telle importance que les hommes de Shaltiel avaient utilisé toutes les cachettes imaginables — tels les fûts de pétrole truqués — pour tromper la surveillance britannique et faire passer quelques armes et des munitions.

Au début de mai, les assiégés apprirent avec consternation que la Nouvelle Ville n'avait plus une goutte de pétrole à leur envoyer. Ils ne pouvaient pourtant se priver des armes qu'apportaient ces fûts alors que le départ des Anglais allait irrémédiablement les couper de l'extérieur. « Remplissez-les d'eau s'il le faut, supplièrent-ils, mais continuez à envoyer les fûts. » Le convoi suivant apporta de nouveau les précieux barils.

Gershon Finger, un officier de la Haganah, se rendit au poste de contrôle britannique de la porte de Sion pour surveiller leur déchargement. Il vit un major anglais enfoncer son stick dans trois fûts choisis au hasard. Cette vérification faite, l'Anglais fit ouvrir la porte et les barils juifs furent roulés vers le vieux quartier entre un double cordon de soldats britanniques. Finger s'aperçut alors avec angoisse qu'un filet d'eau s'écoulait de l'un des fûts. Au lieu de laisser la traînée grasse du pétrole, l'eau s'évaporait instantanément sur l'asphalte. Finger était sûr que cet accident ferait découvrir la supercherie et que le vieux quartier serait à jamais privé de ses convois. Mais aucun Britannique ne parut remarquer l'étrangeté du phénomène. Quand le fût disparut derrière la première maison du quartier, le jeune officier entendit un vénérable rabbin tirer la philosophie de cet incident.

« Regardez ces Anglais, se moqua le vieil homme. Combien de guerres ont-ils livrées, combien d'hommes ont-ils tués, combien de soldats ont-ils perdus pour construire un empire du pétrole ? Et ils ne sont même pas capables de faire la différence entre le pétrole et l'eau ! »

*

L'Arabe qui allait soumettre le quartier juif à la terreur des explosions parcourait les souks de Damas avec la satisfaction d'une ménagère qui fait son marché. Les étalages regorgeaient de détonateurs, de pétards, de capsules, de mèches, de tout l'attirail nécessaire à ses projets. Après ses attentats contre le *Palestine Post*, la rue Ben Yehuda et l'Agence Juive,

Fawzi el Koutoub, l'ancien élève des cours de sabotage des S.S., se lançait dans une croisade personnelle. Il s'était juré de ne pas laisser pierre sur pierre du quartier juif de Jérusalem. Tâche à sa mesure, puisqu'il connaissait le lacis de ses ruelles et le désordre de ses maisons mieux que la plupart de ses défenseurs. Elles avaient abrité les jeux de son enfance et c'était là qu'il avait jeté sa première grenade.

D'énormes liasses de billets gonflaient les poches d'El Koutoub. Hadj Amin lui avait donné quinze mille livres syriennes pour mettre sur pied son opération. Le Mufti l'avait également muni d'une lettre l'autorisant à former un commando de destruction de vingt-cinq volontaires, le « Tadmir », dont le P.C. serait installé dans un bain turc près de la mosquée d'Omar. Ces dynamiteurs devraient placer les charges explosives sur les objectifs qu'il aurait choisis.

Quand il eut dépensé sa dernière livre, Fawzi el Koutoub avait réuni assez de matériel pour en remplir un camion. Il contempla ses achats avec une satisfaction diabolique et prit la route de Jérusalem où l'attendait un nouvel épisode de son violent destin.

*

Des Juifs défilaient enfin sur un sol que des semelles étrangères avaient foulé pendant des siècles. Pour la première fois, l'armée des ombres sortait au grand jour. Raides et martiaux, balançant les bras à la manière des occupants anglais, les hommes et les femmes passaient sous les ovations de leurs compatriotes devant la tribune de fortune érigée dans la cour de l'Institution Evelyne de Rothschild. Défiant ouvertement l'autorité britannique, la Haganah avait organisé en plein cœur de Jérusalem le premier défilé de son histoire.

C'était une colonne disparate où se mêlaient toutes sortes d'uniformes — hommes en salopette et en chandail kaki, filles en short, en pantalon ou en jupe. Les coiffures allaient du calot vert olive des surplus américains au casque anglais en forme d'assiette, en passant par le chapeau de brousse australien et la calotte noire ou brodée des Juifs orthodoxes. Plus hétéroclite encore était leur armement.

Au centre de la tribune, David Shaltiel saluait. Il avait voulu offrir aux Juifs affamés cette nourriture spirituelle, message d'espérance qui apaiserait la crainte qu'ils éprouvaient pour leur avenir et celui de leur cité. Cette démonstration était révélatrice du caractère de l'ancien sous-officier de la Légion étrangère. Shaltiel avait même pris soin de se faire couper un uniforme neuf pour la circonstance. Il réunit ses officiers après la parade et, avec la courtoisie cérémonieuse d'un général français un soir de 14 Juillet, il leva son verre et les invita à boire au succès de leurs armes.

Les hommes et les femmes auxquels il venait de porter un toast représentaient la quasi-totalité des forces sur lesquelles il pourrait compter dans les jours à venir. Toute l'armée placée sous son commandement ne comprenait que trois bataillons réguliers, quelques unités de gardes territoriaux et une demi-douzaine de compagnies de jeunes recrues du Gadna. Indépendants de son autorité, un bataillon de la brigade Harel du Palmach, des commandos de l'Irgoun et du groupe Stern opéraient également à Jérusalem; mais leurs effectifs avaient subi de lourdes pertes pendant les combats de l'hiver.

L'état de son armement n'était guère plus satisfaisant. D'après les critères auxquels les conflits récents avaient habitué le monde, l'arsenal de ses troupes était insignifiant. Trois ans après Hiroshima, la bataille de Jérusalem allait dépendre de quelques mitrailleuses. A la veille du 14 mai, l'armement collectif des Juifs ne comprenait que trois mitrailleuses lourdes autrichiennes, soixante-dix mitrailleuses légères, six mortiers de trois pouces, trois Davidka et une douzaine de voitures blindées. Les barricades solidement défendues par les Arabes d'Emile Ghory dans le défilé de Bab el Oued interdisaient pour l'instant tout espoir de renforts.

Pour dérisoire qu'elle parût, cette force juive sur-classait cependant celle de l'adversaire. Pendant qua-tre jours, l'Histoire allait offrir à David Shaltiel la même chance qu'à Godefroi de Bouillon et Saladin. Pourvu qu'il sache manœuvrer, il pourrait conquérir Jérusalem. Bien que Ben Gourion lui eût enjoint d'« attaquer, attaquer encore, attaquer toujours », il avait choisi d'avancer à pas comptés plutôt que de risquer un assaut général, sachant qu'une fois ses forces brisées en cas d'attaque manquée, la ville serait ouverte aux Arabes. Il avait dans cet esprit conçu une opération de style classique, l'opération « Four-che » qui devait démarrer sur les talons du dernier soldat britannique et assurer aux Juifs un front continu du nord au sud de la ville. Reprenant les objectifs de la récente Opération Jébussi, elle consis-tait en une triple offensive vers Sheikh Jerrah et le mont Scopus au nord, puis vers toute la zone des bâti-ments publics de Bevingrad au centre, et enfin vers les quartiers arabes au-delà de Katamon, au sud. Une fois ces quartiers conquis, Shaltiel pourrait se jeter à l'assaut des remparts de la Vieille Ville.

Cette bataille décisive comportait une grande in-connue — le temps qui s'écoulerait entre le départ des Anglais et l'arrivée, sur les crêtes de Jérusalem, des autocanons couleur de sable de la Légion arabe.

Les adversaires arabes de David Shaltiel avaient installé leur quartier général dans une école de la Vieille Ville qui s'élevait à l'un des endroits les plus légendaires de la cité, celui de l'énorme forteresse Antonia édifiée par Hérode pour assurer son pouvoir au cœur de Jérusalem conquise par ses légions. L'homme que des milliards de chrétiens ont appelé le Fils de Dieu en était parti pour sa dernière épreuve. Vingt siècles après le passage de Jésus, les dalles de la Voie Douloureuse portaient encore le tracé des jeux de marelle qui avaient amusé les légionnaires de Rome.

L'école de la Raoudah était l'une des institutions

arabes les plus renommées de Jérusalem. C'était sur ses bancs que les premières étincelles du nationalisme arabe avaient touché la plupart des chefs de bandes qui l'occupaient aujourd'hui. Mais si le Q.G. de David Shaltiel ressemblait d'assez près à un véritable poste de commandement, celui de la Raoudah évoquait plutôt un bazar. Un bric-à-brac de pièces de mortier, de chargeurs et de cartouchières encombrait les cours et les couloirs. Des fusils s'entassaient pêle-mêle dans les coins. Des pistolets traînaient sur les pupitres et les bancs des salles de classe décorées de versets du Coran. Soigneusement cadenassés, tous les placards recelaient des caisses de grenades ou de cartouches. Des hommes entraient, sortaient, se bousculaient. Un perpétuel tintamarre d'avertisseurs et de « balek ! balek ! » ouvrait un passage dans la ruelle en contrebas aux taxis et aux ânes qui déversaient un flot continu de volontaires.

Car ce n'était pas tant les hommes, ni même les armes, qui faisaient le plus défaut au commandement arabe de Jérusalem, mais l'absence tragique de vrais chefs. Le seul qui avait eu le pouvoir de faire taire les rivalités et rassembler les bandes éparses reposait à moins de deux cents mètres des fenêtres de la Raoudah, au-delà d'un bouquet de grands mimosas, sous la majestueuse coupole de la mosquée d'Omar.

Khaled Husseini, le successeur d'Abdel Kader, ne suscitait qu'indifférence chez ses partisans. Quant aux autres chefs, une méfiance réciproque oblitérait leurs rapports. Le plus puissant d'entre eux, l'Irakien Fadel Rachid, soulevait même une vive suspicion en raison de son goût excessif pour les tapis persans et les objets de luxe. Convaincu que leur quartier général n'abritait qu'un « ramassis de profiteurs, de couards et d'agents britanniques », Fawzi el Koutoub, l'un des seuls guerriers authentiques, ne s'y montrait jamais. Il préférait préparer sa campagne solitaire de terreur contre le quartier juif de la Vieille Ville. Des salles de classe tumultueuses de la Raoudah, chacun menait sa petite guerre personnelle, et Jérusalem n'était plus qu'une mosaïque de fiefs.

À la veille de l'affrontement général, personne ne consentait à se ranger sous un commandement unique capable de conduire l'ensemble des opérations.

Cet éparpillement de l'autorité n'était même pas compensé par l'importance des effectifs. Moins de trois mille Arabes combattaient à Jérusalem. Les deux tiers étaient des partisans du Mufti; le reste se composait de six cents Irakiens et d'anciens policiers sous les ordres de l'inspecteur de police d'origine libanaise Mounir Abou Fadel.

Dans un cri d'alarme lancé de Damas cinq jours avant la fin du Mandat, le général Ismaïl Safouat, qui commandait toutes les troupes levées par la Ligue arabe pour combattre en Palestine, évaluait avec un réalisme inhabituel la capacité offensive des forces opérant à Jérusalem. « Elles sont dans une situation désespérée, annonçait-il. Elles ont subi des pertes énormes en hommes et en armement. La ville doit être protégée à tout prix, même s'il faut abandonner du terrain ailleurs. »

La plupart des responsables arabes étaient pourtant aussi conscients que les Juifs de la nécessité d'occuper les zones vitales du centre de l'agglomération. L'inspecteur de police Mounir Abou Fadel avait indiqué sur une grande carte de Jérusalem les cent trente-huit objectifs à investir au départ des Anglais. Mais les Arabes n'avaient établi aucun plan concerté pour réaliser ce projet. Alors que l'état-major de David Shaltiel avait préparé la même opération dans ses moindres détails, les responsabilités étaient ici laissées à l'anarchie des initiatives individuelles.

Dans la cohue en keffieh, en battle-dress, en jodhpurs et en bottes de cheval qui se pressait sous le préau de l'école de la Raoudah, passait fréquemment une soutane noire, ombre insolite et mystérieuse. Cette présence, pourtant, n'avait rien à voir avec la défense des lieux saints de l'Islam. Le père Ibrahim Ayad, fils d'un modeste Arabe chrétien de Bethléem qui avait passé sa vie à sculpter des grains de chapelet dans du bois d'olivier, s'était donné à la cause arabe avec la même passion qu'il mettait à servir l'Eglise chrétienne. C'était dans les cabinets de la Custodie de Terre sainte, la grande bâtisse Casa Nova d'où les générations d'ecclésiastiques avaient monté une garde vigilante autour des sanctuaires du christianisme, qu'il avait perfectionné son don de négociateur. Grâce à la complicité d'un confrère italien, il apportait ce jour-là dans les plis de sa soutane une lettre du consul d'Italie et une clef, deux sésames qui ouvriraient aux Arabes la porte de l'un des bâtiments vitaux de Jérusalem, l'énorme hôpital italien.

Plus étrange encore était la position considérable occupée à la Raoudah par Nimra Tannous, une jeune femme, arabe chrétienne elle aussi. Sa voix rauque était aussi familière aux opératrices des tables d'écoute de la Haganah qu'aux membres du quartier général arabe. Au grand désespoir de ses collègues juives du central téléphonique de la ville, la jeune standardiste arabe n'avait cessé pendant les six derniers mois de rappeler à ses compatriotes trop bavards que des oreilles ennemies pouvaient les entendre. Bien que sa mère eût déjà perdu vingt-deux enfants en couches, un astrologue avait promis que Nimra vivrait si on lui donnait le nom d'un animal féroce. Nimra — la Tigresse — avait vécu. Elle avait été l'une des premières femmes arabes à manipuler les fiches d'un standard téléphonique, apportant ainsi à la cause arabe la même contribution que ses collègues juives donnaient à la Haganah. Pièce par pièce, elle avait patiemment dérobé à la Poste centrale tout le matériel nécessaire à l'installation d'un standard téléphonique chez les combattants de la Vieille Ville. Depuis quinze jours, un petit chat blotti sur ses genoux et un pistolet sur sa tablette, c'était elle qui répondait au 25 290, le numéro de téléphone du Q.G. arabe de Jérusalem.

Comme à l'Agence Juive, les appels les plus urgents concernaient des demandes d'armes et les réponses qu'elles suscitaient n'étaient guère plus encourageantes que chez les Juifs. L'arrivage le plus important de ces derniers jours était un cadeau personnel du roi Farouk. Avec deux canons de 37 mm, sept mortiers de deux pouces et quinze mitrailleuses, il doublait toutefois l'armement lourd des défenseurs arabes de Jérusalem.

La plupart des notables considéraient avec une certaine inquiétude le désarroi qui régnait au Q.G. de la Raoudah. Mais les promesses belliqueuses des radios de Damas, du Caire et de Beyrouth dissipaient leurs appréhensions. Cette intoxication verbale portait ses fruits et les Arabes de Palestine finissaient par croire que les armées de leurs frères étaient vraiment prêtes et que l'heure approchait « de laisser parler le sabre. »

*

Son poste de radio dans une main, la cage de ses canaris dans l'autre, le fonctionnaire arabe Sami Hadawi abandonnait sa maison. Il avait refusé, la nuit du Partage, de croire au départ des Anglais. Il s'était trompé. Les Anglais s'en allaient. Et lui aussi. Il jeta un dernier regard sur les plates-bandes fleuries de son jardin et sur le tas de sable où traînaient encore les jouets de ses enfants. Puis, sans se retourner, il se dirigea d'un pas hâtif vers la Vieille Ville où les siens l'attendaient.

En ces derniers jours d'occupation britannique, tous les quartiers arabes à l'extérieur des remparts furent le théâtre de scènes analogues. Ce n'était pas le spectre de la famine ni celui de la soif qui les provoquaient, puisque les approvisionnements de la population arabe n'étaient pas en danger, mais une menace plus terrifiante encore : la certitude, acquise depuis la conquête de Katamon par la Haganah, que seule la crainte d'une contre-attaque britannique retenait les Juifs dans leur avance.

Cette vague de départs n'était qu'un nouvel épisode de l'exode ininterrompu qui, depuis Noël, vidait lentement les quartiers arabes et dirigeait leurs habitants vers Damas, Beyrouth et Amman. Certaines familles étaient parties à la suite d'un coup de téléphone anonyme ou d'une explosion terroriste dans le voisinage. D'autres avaient fui pour attendre à l'abri la fin de la tempête qui se préparait. A de rares exceptions près, seuls les plus aisés avaient pu s'en aller. Enfreignant les ordres du Mufti, presque tous les cadres politiques de son organisation s'étaient réfugiés dans les capitales arabes voisines. Par la voix des radios, ils continuaient toutefois à proclamer leur intention de rejeter les Juifs à la mer. Le Haut Comité Arabe ne comptait plus à Jérusalem que deux délégués, deux septuagénaires courageux mais impuissants.

A l'intérieur des murs de la Vieille Ville, un petit groupe de notables, sous la direction du représentant d'une des plus vieilles familles, l'avocat Anouar Nusseibi, tentait d'adapter les structures municipales aux exigences de la situation. Mais leurs efforts se noyaient dans l'immensité de la tâche et la pénurie de personnel qualifié. Le climat de doute, de confusion et de peur grandissante qui s'installait partout donna une nouvelle impulsion à l'exode. Peu de gens avaient, comme Sami Hadawi, la chance de trouver un havre à proximité de chez eux. La grande majorité devait chercher refuge à l'étranger.

Un surprenant va-et-vient de camions et de charrois précéda cette migration. La plupart des marchandises qu'ils transportaient partaient pour les institutions qui foisonnaient naturellement à Jérusalem : les couvents et les hostelleries des innombrables ordres religieux. Aux musulmans comme aux chrétiens, nul abri ne paraissait plus sûr que ces communautés. Les cellules austères et les salles communes de ceux qui avaient renoncé au monde furent envahies d'objets précieux, de tapis, de vaisselle et d'argenterie. Emile Kashram, marchand de frivolités de l'avenue Mamillah, choisit le couvent des Petites Sœurs de la Charité. En moins d'une heure, les humbles religieuses virent s'entasser dans leur maison des boîtes de bas de nylon, de lingerie fine, de parfum et de cosmétiques.

Après une terrifiante nuit de fusillade, l'employé

du Collège arabe Brahim Abou Hawa décida de quitter Jérusalem. Il courut jusqu'à la caserne Allenby pour soudoyer un soldat anglais afin d'obtenir un bidon d'essence, supplément indispensable au prix du voyage en taxi. Il installa ses six enfants dans la voiture et appela sa femme. Avant de descendre, celle-ci enveloppa ses bibelots et recouvrit tous ses meubles de housses. Puis elle tira ses économies de leur cachette et glissa les quelques billets dans son soutien-gorge. Avant de refermer la porte, elle prit les deux objets auxquels elle tenait le plus, son poste de radio et sa machine à coudre. Mais son mari refusa de les lui laisser emporter. Comme tant d'autres, il était convaincu que leur exil n'allait durer que le temps nécessaire aux armées arabes pour restaurer l'ordre et la paix dans leur cité. Dans huit jours, promit-il à sa femme et à ses six enfants incrédules, ils seraient tous de retour à Jérusalem.

Jamal Tukan, un ancien fonctionnaire du cadastre, ne devait pas tarder à perdre cette illusion. Du refuge de la Vieille Ville qu'il avait rejoint avec une seule valise, il composa deux jours plus tard le numéro de téléphone de son appartement.

« Shalom », lui répondit une voix inconnue.

Les yeux pleins de larmes, Ambara Khalidy ferma un à un les volets de la bibliothèque où elle avait traduit l'*Iliade* en arabe. Les inestimables parchemins qui en remplissaient autrefois les vitrines avaient disparu. Ils reposaient dans des caisses au fond d'un couvent de la Vieille Ville. Après un dernier regard sur la pièce, Ambara se rendit à la cuisine pour embrasser Arisa, la servante.

« Nous serons de retour pour la rentrée des classes », assura-t-elle.

Puis elle gagna la porte. C'était un jour gris. Des planches obstruaient les fenêtres du collège de son mari, et des gardes armés arpentaient la pelouse où ses étudiants aimaient naguère à se réunir. Sur la gauche, s'étendait la nouvelle aile, avec ses laboratoires et des dortoirs neufs prêts à recevoir les élèves à la prochaine rentrée scolaire. Car Sami Khalidy ambitionnait de faire de son Collège arabe un vrai rival de l'Université hébraïque.

Les six membres de sa famille gagnèrent le taxi qui les attendait. Ambara se retourna pour voir s'éloigner sa maison. « Comme j'y ai été heureuse », pensa-t-elle. Son mari ne regardait que la route, refusant de jeter un ultime regard sur l'institution à laquelle il avait consacré sa vie. Sa fille serrait une poupée sur ses genoux et son plus jeune fils, Tarif, jouait avec un ours en peluche.

Au moment où le taxi dépassa le dernier cyprès de la longue allée, Ambara n'eut plus la force de retenir ses sanglots. Ses enfants la consolèrent :

« La tibki mama, ha nerjaa baden — Ne pleure pas, maman, nous reviendrons. »

*

Ils ne reviendraient pas. Victimes d'un nouvel exode, ils étaient les premiers acteurs de la tragédie qui allait peser sur la conscience d'Israël et du monde — celle des réfugiés palestiniens. Grâce à leurs capacités et à leur énergie, les Khalidy échapperaient aux calamités de cet exode, en retrouvant au Liban l'occasion de contribuer à la formation des fils d'une autre société arabe. Mais pour des centaines de milliers de leurs compatriotes, la route qui s'éloignait de Palestine n'allait mener qu'à l'incertitude sans fin d'un camp de réfugiés.

C'est la décision juive de s'emparer d'un certain nombre d'objectifs avant les armées arabes régulières qui jeta tant de populations arabes sur les routes pendant les dernières semaines du mandat britannique. Ces objectifs étaient pour la plupart situés dans les zones attribuées à l'Etat juif par le plan du Partage, mais d'importantes communautés arabes y vivaient encore, qui attendaient dans l'angoisse l'intervention militaire promise par les pays arabes.

Tibériade tomba la première, le 18 avril. A peine la Haganah contrôlait-elle cette ancienne capitale des empereurs romains, qu'elle remportait une victoire d'une portée infiniment plus considérable. Après vingt-quatre heures de violents combats, l'armée juive s'empara du port de Haïfa. Safed, l'ancienne ville de la Cabale, fut elle-même conquise le 10 mai, et des dizaines de petites villes et de villages de Galilée tombèrent aux mains des Juifs.

L'armée britannique n'intervint qu'une seule fois pour arrêter cette offensive, à Jaffa, sœur jumelle de Tel-Aviv. Irrité par les protestations arabes au sujet de la passivité britannique, Ernest Bevin adressa au commandant en chef, le général Mac Millan, « un ordre direct et sans équivoque d'envoyer des troupes et de rendre au plus vite Jaffa aux Arabes. » Mac Millan s'exécuta à contrecœur. Mais ses soldats ne trouvèrent presque plus d'Arabes à qui rendre la ville. Au début de mai, soixante-cinq mille habitants sur soixante-dix mille s'étaient enfuis.

Dans toute la Palestine se répétait cette situation dramatique, souvent provoquée par une volonté délibérée de l'armée juive. Yigal Alon, un des chefs du Palmach, résolut d'utiliser la guerre psychologique pour nettoyer la Haute-Galilée de toute sa population arabe avant l'invasion de l'armée syrienne, sans toutefois engager ses forces épuisées. « J'ai réuni tous les maires juifs qui avaient des contacts avec les villages arabes, racontera-t-il plus tard dans *Histoire du Palmach*, et je leur ai demandé de répandre de bouche à oreille que d'importantes forces juives venaient d'arriver en Galilée et qu'elles allaient incendier tous les villages de la région du lac Houleh. Ils devaient suggérer aux Arabes de fuir tant qu'il en était encore temps. » Le stratagème, nota-t-il, « atteignit complètement son objectif. Ils s'enfuirent par milliers ».

L'exode de nombreux cadres des classes moyennes et dirigeantes contribuait à accélérer partout les abandons. Comme leurs frères de Jérusalem, les Arabes du reste de la Palestine étaient convaincus que leur absence serait provisoire, et qu'ils allaient bientôt revenir dans le sillage des armées arabes victorieuses.

Parfois les autorités juives cherchèrent à persuader la population de rester. Pour l'y encourager, le représentant de la Haganah à Haïfa, Touvia Arazi, demanda au Grand Rabbin l'autorisation exceptionnelle pour les boulangers juifs de violer la trêve de la Pâque afin de cuire du pain pour les Arabes. En dépit de ce geste, ceux-ci se précipitèrent par milliers vers le port pour embarquer dans la première coque capable de flotter et fuir vers le Liban.

La peur et la panique étaient irrépressibles. De même qu'elles avaient saisi les populations civiles de Belgique et de France huit ans plus tôt, elles s'emparaient à plus forte raison des masses arabes de Palestine, infiniment moins évoluées, et les jetaient sur les routes. Et comme les Français et les Belges avaient répandu sur les chemins de leur exode les récits de viols et de massacres, les Arabes accrurent leur débâcle par le rappel des atrocités de Deir Yassin.

Des villes, des villages, des quartiers entiers se vidèrent ainsi. Misérables et affolés, emportant leurs pauvres biens à bord d'autocars croulant sous le poids des ballots et des paquets, en taxi, à pied, à bicyclette ou à dos d'âne, les Arabes palestiniens passèrent les frontières, croyant qu'ils trouveraient, contrairement à leurs voisins juifs, un lieu d'accueil. Ils se trompaient. Comme s'étaient trompés les enfants d'Ambara Khalidy en promettant à leur mère qu'ils reviendraient.

29

« ALLEZ DONC JETER VOS PIERRES ! »

En dépit du secret qui entourait le mardi 11 mai 1948 cette session extraordinaire, des grappes de policiers encerclaient l'imposante bâtisse du parlement égyptien. Ce déploiement de force témoignait du succès remporté par la campagne de presse déclenchée le mois précédent pour réveiller l'ardeur guerrière de la population. Les résultats avaient dépassé toutes les espérances, et les autorités craignaient que la secte extrémiste des Frères Musulmans ne jetât les masses excitées dans les rues du Caire.

Le roi Farouk lui-même contribuait à donner au Caire un climat de guerre en se pavanant dans les boîtes de nuit en uniforme de maréchal. Afin que tout son entourage se mît à l'unisson, il avait décrété le port de l'uniforme obligatoire à la cour et attribué des grades militaires à ses sœurs ainsi qu'à ses courtisans.

Dans les travées du parlement royal, l'atmosphère était lugubre. Le visage grave, serrant nerveusement les feuillets du discours qu'il avait passé la matinée à rédiger, Mahmoud Noukrachy Pacha se leva. Du haut de la tribune, il scruta longuement l'hémicycle écrasé de silence. Il était six heures du soir. L'instant que le premier ministre égyptien aurait tant voulu éviter était arrivé. Avec calme et fermeté, il pria l'assemblée de voter la déclaration de guerre au futur Etat juif de Palestine.

Une seule voix s'éleva pour protester.

« L'armée est-elle prête ? s'inquiéta son prédécesseur, Ahmed Sidki Pacha.

— Elle le sera. J'en prends l'engagement », répondit sans plus d'explications Noukrachy, imperturbable au milieu des huées et des vociférations qui avaient accueilli la question.

En deux heures, tout était terminé. Les représentants du peuple égyptien avaient comblé le premier ministre. Ils avaient voté la guerre, l'état de siège, et pour leur armée un crédit supplémentaire équivalant à trois milliards de francs.

Sur les quarante mille hommes que comptait cette armée, quinze mille formaient déjà une sorte de corps expéditionnaire rassemblé autour du port d'El-Arish, dans le Sinaï. Mais s'ils disposaient désormais de cartes routières de la Palestine, ils n'avaient pas encore reçu une seule cuisine roulante. Quatre bataillons seulement étaient prêts au combat. Le commandant adjoint des forces, un colonel soudanais nommé Mohamed Neguib, en informa ses supérieurs en précisant qu'ils couraient au désastre.

« Absurde ! avait rétorqué le général en chef Ahmed Ali el Mouawi. Nos troupes ne rencontreront pas de véritable opposition et, de toute façon, le devoir de l'armée est d'exécuter les ordres, non de les mettre en question. »

Cinq cents kilomètres au nord, huit cents hommes qui venaient grossir les rangs des armées arabes débarquèrent dans le port libanais de Sidon. Des burnous de laine beige flottant sur les épaules, un petit exemplaire du Coran enfermé dans une pochette de cuir pendue à leur cou, ces volontaires marocains apportaient la contribution de l'Afrique du Nord à la future djihad. D'un geste solennel, le président du Liban Riad Solh les mit sur la route de Jérusalem. Puis, satisfait, l'homme qui avait convaincu Farouk d'entrer en guerre regagna sa capitale pour accomplir un autre geste, qui révélerait de façon poignante la nature fratricide du conflit. Il chargea un détachement de sa minuscule armée d'assurer la protection du vieux quartier juif de Beyrouth.

Fidèle à sa vocation historique, la cité des califes omeyyades était, de toutes les capitales arabes, celle qui étalait le plus son ardeur belliqueuse. Les blindés de la brigade syrienne défilaient chaque jour dans les rues de Damas sous les ovations bruyantes de milliers d'habitants. Répondant à l'appel du président du conseil Jamil Mardam, le parlement syrien vota à son tour la déclaration de guerre au futur Etat juif et décréta la fermeture des frontières à toute circulation deux heures avant l'expiration du mandat britannique en Palestine. Afin de lever cinq mille nouvelles recrues, le parlement vota un crédit de six millions de livres syriennes. Paradoxe significatif, cette somme provenait de la taxe acquittée par les jeunes Syriens désireux d'échapper au service militaire.

A l'hôtel *Orient-Palace*, temple à Damas de l'intrigue, Hadj Amin circulait de salon en salon, protégé par son inséparable gilet pare-balles. Le Mufti avait espéré un autre dénouement. Mais ses Combattants de la guerre sainte n'avaient pas été capables de jeter les Juifs à la mer. Ils pouvaient à peine défendre les territoires qu'ils occupaient. Le destin de la Palestine reposait désormais dans d'autres mains — celles qui guidaient les armées arabes régulières; celles, surtout, de son rival le monarque d'Amman.

Au cours d'une session secrète du Conseil de guerre arabe, Abdullah avait, en deux jours d'âpres discussions, réussi à contrecarrer le projet le plus cher de Hadj Amin : proclamer au départ des Anglais un Etat arabe en Palestine placé sous l'égide de son Haut Comité. Le Conseil avait décidé que l'administration de tous les territoires de Palestine qui allaient passer sous contrôle arabe serait confiée à la Ligue.

Mais Hadj Amin ne s'avouait pas vaincu. Après avoir félicité son protecteur Farouk pour son entrée en guerre, il envoya un message secret au quartier général de l'armée égyptienne à El-Arish pour recommander que les troupes ne soient pas dirigées sur

Tel-Aviv mais sur Jérusalem. Après douze ans d'exil, Hadj Amin restait le Grand Mufti de la Ville sainte. C'était de ses murs seulement qu'il pourrait reprendre le contrôle de la Palestine, et son plus sûr espoir reposait sur l'armée égyptienne. Car il savait trop bien que ses chances de revenir à Jérusalem seraient aussi minces dans le cas d'une victoire d'Abdullah que dans celui d'une victoire juive.

*

La vieille jetée s'avançait dans l'eau éblouissante de soleil. Ses piliers usés avaient été plantés dans la vase du golfe d'Aqaba trente et un ans plus tôt pour recevoir les armes qui avaient permis à T.E. Lawrence de conquérir Damas. On y déchargeait à présent les munitions d'une nouvelle campagne. Elles constituaient une part importante du matériel de guerre acheté par John Bagot Glubb grâce aux millions de livres sterling que ses compatriotes avaient offerts à la Légion arabe, lors de sa visite à Londres, en février.

Cet argent avait également permis de recruter le jeune lieutenant épris d'aventure qui assurait l'acheminement des armes. Nigel Brommage avait réquisitionné vingt-sept camions, tous ceux qu'il avait pu trouver dans le sud de la Transjordanie, pour transporter ces millions de cartouches à travers le désert jusqu'à Ma'an, tête de ligne du chemin de fer. Quarante-huit heures plus tard devait arriver une autre cargaison, plus importante encore : six mille obus pour l'artillerie de la Légion arabe.

Ces deux chargements constituaient la première étape des préparatifs de l'armée du roi Abdullah. Cédant à ses instances, le gouvernement britannique avait accepté de livrer officiellement aux Transjordaniens les munitions nécessaires à une guerre totale de trente jours. En fait, la Légion arabe en avait obtenu beaucoup plus. Avant leur départ de Palestine, les Britanniques avaient, chaque nuit, jeté leurs stocks de munitions dans la mer Morte. Grâce à ses relations, Glubb en avait détourné une grande partie dans les camions de ses troupes. Les subsides de la Grande-Bretagne avaient en outre permis à la Légion arabe d'accroître ses effectifs. Elle comptait à présent sept mille hommes, dont quatre mille cinq cents répartis en quatre régiments motorisés. Aucune coiffure n'était plus prestigieuse aux yeux des Transjordaniens que le keffieh à damier blanc et rouge des légionnaires, aucun honneur plus recherché par les bédouins des tribus Beni Sakr et Howeitat que celui de le porter. Tous volontaires, parfaitement disciplinés, bien entraînés, les légionnaires de Glubb formaient la seule force militaire que craignissent les soldats de la Haganah.

Leur armement lourd britannique avait, en d'autres temps, prouvé sa valeur contre l'Afrikakorps. C'étaient les canons antichars de 55, les gros 88 de campagne, les mortiers de trois pouces et la meute des cinquante autocanons Marmon Harrington couleur de sable, fleuron de leur force blindée. Avec un moteur de huit cylindres à quatre vitesses, un canon de 37 jumelé avec une mitrailleuse lourde, soixante obus et mille cinq cents cartouches dans chaque tourelle, ces autocanons étaient le fer de lance de la Légion arabe. Enfin, Glubb avait, pour l'encadrer, sélectionné avec soin un petit groupe d'officiers de carrière anglais qui s'étaient battus en Birmanie, en Crête, à El-Alamein et sur le Rhin.

En dépit du puissant équipement dont il avait doté sa Légion arabe, Glubb Pacha n'avait pas l'intention de lui commander de foncer sur Tel-Aviv. Les limites qu'il avait assignées à ses fougueux blindés suivaient les frontières votées par les Nations unies le 29 novembre 1947. Comme l'avait révélé la mission secrète du colonel Goldie auprès de la Haganah, Glubb avait pour principal souci de veiller au respect de l'accord territorial conclu entre Ernest Bevin et le premier ministre transjordanien Abou Houda. Il avait formellement ordonné à ses officiers britanniques de maintenir leurs unités à l'intérieur des zones octroyées à l'Etat arabe.

La conférence militaire d'Amman avait attribué à la Légion le front allant de Jérusalem à Naplouse, et aux Egyptiens celui du sud jusqu'à Bethléem. Quant aux Syriens et aux Irakiens, ils devaient, ironisait Glubb, « entrer en Galilée comme des loups dans une bergerie ».

Glubb avait maintes fois analysé l'aspect stratégique de la situation. Il savait que de l'est de Haïfa jusqu'à Beersheba, au sud, une longue chaîne de collines barrait l'accès du cœur de la Palestine à toute armée venant de la côte. Puisqu'il n'envisageait que de « livrer un simulacre de guerre », il se proposa de disposer son armée en sentinelle le long de cet écran montagneux, prête à contrer toute tentative d'infiltration juive.

Ce plan ne comportait qu'un seul impondérable — Jérusalem. Le général anglais n'éprouvait aucun sentiment particulier pour la ville. Ses Arabes à lui vivaient dans le désert. Pour des raisons militaires autant que politiques, il était décidé à garder la Légion en dehors de la Ville sainte. La puissance de feu supérieure de ses bédouins serait gaspillée dans un combat de rues auquel ils étaient moins entraînés que leurs adversaires. Il avait calculé que la conquête de Jérusalem nécessiterait plus de deux mille hommes, soit presque la moitié de ses forces. Le statut privilégié de la cité lui commandait de surcroît la plus extrême circonspection, étant donné l'espoir d'internationalisation qu'affichait encore la Grande-Bretagne, à laquelle il devait d'abord allégeance. Aucun des ordres de Glubb à ses officiers ne fut donc plus péremptoire que celui qui concernait Jérusalem. Le cauchemar qui hantait David Shaltiel semblait injustifié. Si John Glubb pouvait accomplir ses volontés, jamais les autocanons de la Légion arabe n'apparaîtraient sur les collines de Jérusalem.

*

Mais d'autres voix allaient bientôt contester la

décision du général anglais de n'offrir à ses légionnaires arabes qu'un « simulacre de guerre ». Subjuguées par la même débauche de propagande et de glorieuses promesses que celles de Damas, de Bagdad et du Caire, les masses populaires d'Amman réclamaient une vraie guerre. Toute la journée, les foules défilaient à travers les rues poussiéreuses de la ville, acclamant à l'avance les exploits de leur armée sur les champs de bataille de la guerre sainte. Les récits des Arabes qui avaient fui la Palestine et le flot ininterrompu de ceux qui venaient chercher des armes maintenaient la population jordanienne dans une excitation permanente. Une délégation de notables arabes de Jérusalem participait à cet incessant va-et-vient. Des partisans du Mufti n'avaient pas hésité à piétiner leur orgueil pour venir quémander des armes à leur ennemi Abdullah, soulignant par d'intarissables arguments le coup que porterait à la cause arabe la perte de Jérusalem.

Le monarque appréciait leurs démonstrations avec une satisfaction toute particulière. Il n'était pas nécessaire qu'on lui rappelât l'importance de Jérusalem. La ville figurait au premier plan de ses ambitions. Il ne pouvait, toutefois, dissimuler le mépris que lui inspiraient ses interlocuteurs.

« Après avoir, toute votre vie, ramassé des fonds afin de payer les assassins travaillant pour le Mufti, vous osez maintenant venir me demander de l'argent ! » lança-t-il au trésorier du Haut Comité Arabe.

Ses visiteurs ne furent pas pour autant décontenancés.

« Nos munitions sont presque épuisées, gémirent-ils, et ce sera bientôt à coups de pierres que nous devrons défendre Jérusalem.

— Eh bien, leur répliqua froidement le roi, allez donc jeter vos pierres et vous faire tuer ! »

*

Ce même soir, une voiture se glissa discrètement devant l'entrée de service de la résidence de Sir Alec

Kirkbride. Elle venait chercher l'ambassadeur britannique à Amman pour le conduire à l'autre bout de la ville, où l'attendait le secrétaire général de la Ligue arabe. Quelques jours plus tôt, Azzam Pacha avait déjà rencontré le haut-commissaire britannique en Palestine pour solliciter une prolongation de l'occupation anglaise à Jérusalem. Kirkbride trouva l'Arabe « soucieux, comme inquiet de s'embarquer dans la guerre ».

Ignorant les apaisements que l'ambassadeur de Grande-Bretagne au Caire avait donnés au premier ministre égyptien Noukrachy Pacha, à son tour Azzam Pacha réclama l'assurance que l'armée anglaise ne perturberait pas les communications arabes dans la zone du canal de Suez en cas de conflit. Kirkbride répondit que cette éventualité lui semblait improbable, compte tenu de la politique suivie dans la région par le gouvernement de Sa Majesté. Il offrit cependant d'interroger Londres à ce sujet, tout en faisant observer que, si une intervention britannique était projetée, cette intention ne serait pas dévoilée. De toute façon, la réponse serait donc négative.

Ces propos ne parurent pas calmer les craintes du dirigeant arabe. Pourtant, ils reflétaient exactement l'attitude de la Grande-Bretagne : le Foreign Office envisageait l'entrée en guerre des Arabes sans réel déplaisir. En dehors du comportement plutôt décevant des troupes de Hadj Amin, les événements s'étaient à peu de chose près déroulés comme la diplomatie britannique l'avait prévu. Les experts de Whitehall estimaient que le conflit serait « d'une durée relativement courte et qu'une décision des Nations unies pourrait éventuellement y mettre fin ». Ernest Bevin n'avait-il pas lui-même conseillé officieusement à un ami arabe palestinien : « Quelle que soit l'action que vous entreprendrez, soyez sûrs de pouvoir la réussir en quinze jours. Nous pourrons peut-être vous aider pendant deux semaines. Après, nous ne pourrons plus agir que sur le plan diplomatique. »

Bevin et ses collaborateurs prévoyaient « de foudroyants succès arabes dans cette bataille ». Son adjoint, Sir Harold Beeley, rappellerait plus tard : « Nous ressentions en particulier de grands doutes quant au sort de la Jérusalem juive. La situation des Juifs y paraissait si précaire que nous pensions qu'ils ne tiendraient pas. Nous ne cherchions pas à dissuader les Arabes de s'engager dans la guerre, mais nous étions prudents. Il serait plus correct de dire que si nous n'encouragions pas les Etats arabes à entrer en Palestine, nous ne les en décourageions pas non plus. »

L'analyse du représentant de la Grande-Bretagne à Amman devait être infiniment plus sincère. Vingt ans plus tard, Sir Alec Kirkbride devait remarquer avec ironie : « Nous donnions tout simplement le feu vert aux Arabes[1]. »

*

A quelque cent vingt kilomètres au nord-ouest d'Amman, une voiture stoppa devant un poste de contrôle de la Légion arabe. La sentinelle dévisagea la solide matrone voilée de noir, assise sur la banquette arrière. A côté d'elle se tenait un homme trapu coiffé d'une toque d'astrakan. Le chauffeur se pencha vers le soldat et murmura seulement :

« Zurbati. »

1. Il peut être intéressant de souligner combien erronées étaient certaines des considérations qui inspiraient la politique de la Grande-Bretagne à cette époque. « Des siècles de clairvoyante diplomatie britannique ont réussi à contenir les Russes en dehors du Proche-Orient », notait à la fin de mars 1948 le bulletin mensuel du service de renseignements de l'armée britannique. « La démagogie américaine — aveugle à tout, sauf aux considérations de politique électorale — est en train de leur en ouvrir la porte. Les Grecs et les Turcs ont en vain averti les Etats-Unis de la futilité qu'il y a de vouloir utiliser leurs territoires pour contenir une agression russe, alors qu'ils leur laissent grande ouverte la porte de la Palestine. *Une fois que les troupes britanniques seront parties, il n'y aura personne pour contrôler ou empêcher l'immigration illimitée des Juifs communistes de Russie.* »

Ce n'était pas un mot de passe, mais son nom à lui, un Irakien kurde analphabète devenu l'homme de confiance du roi Abdullah. Le soldat se raidit en un garde-à-vous respectueux, salua et fit signe à la voiture de passer.

Dix fois de suite pendant les trois heures que dura le trajet, le nom de Zurbati fut un infaillible sésame. Sur la banquette, ses deux passagers gardaient le silence. Derrière son voile, la femme observait avec appréhension les blindés de la Légion arabe qui les croisaient en descendant vers le Jourdain. Arrivé à Amman, le mystérieux chauffeur les déposa devant le perron d'une demeure de pierre située de l'autre côté d'un ruisseau qui la séparait du palais royal. Là, ils furent introduits dans un salon circulaire, de couleur verte, orné d'une monumentale cheminée de tuiles noires. Ils buvaient la rituelle tasse de thé à la menthe lorsque la frêle silhouette de leur hôte apparut sur le seuil. La femme en costume arabe se leva et salua le roi de Transjordanie d'un aimable « Shalom ».

Golda Meïr avait risqué sa vie, ce lundi soir 10 mai 1948, pour rechercher par une ultime démarche auprès du souverain bédouin le bienfait qu'honorent à la fois le « shalom » hébreu et le « salam » arabe — la paix. David Ben Gourion l'avait envoyée pour récolter un bien plus précieux que tous les fonds sionistes du monde, l'assurance que la Légion arabe se tiendrait en dehors de l'affrontement imminent.

Compte tenu des premières intentions d'Abdullah et de la récente démarche de Glubb auprès des Juifs, cette entreprise pouvait sembler aisée. Toutefois, la situation s'était considérablement dégradée depuis la rencontre du colonel Goldie avec le représentant de la Haganah. Golda Meïr trouva le roi « las et nerveux ». Les appels à la guerre montant des souks de sa capitale avaient ébranlé sa résolution. Les chefs des autres pays arabes l'avaient pris dans leurs filets et privé de sa liberté de manœuvre. S'il espérait encore accomplir ses ambitieux desseins — annexer la Palestine arabe — les circonstances l'avaient contraint à changer de tactique. Il avait d'abord cherché à dissuader ses partenaires de leurs projets d'invasion. Dans ce but, il avait chargé son médecin, le docteur El Saty, de demander aux dirigeants juifs certaines concessions territoriales afin qu'il pût convaincre ses alliés des avantages qu'il y avait à rechercher la paix plutôt qu'à engager un conflit armé.

C'est ce message qui avait suscité le voyage de Golda Meïr. Enveloppée dans une couverture, elle s'était envolée de Jérusalem dans un petit avion ouvert à tous les vents. A Haïfa, une couturière avait confectionné en toute hâte le costume arabe dans lequel elle s'était déguisée pour son insolite visite.

Face à face pour la deuxième fois, les représentants des deux branches de la race sémite — un roi bédouin dont les aïeux peuplaient la péninsule d'Arabie depuis des siècles, et la fille d'un charpentier de Kiev qu'un lien historique et religieux encore plus ancien rattachait à cette terre — entreprirent un dernier effort pour éviter l'affrontement de leurs deux peuples.

Le roi énuméra les transactions que son médecin-ambassadeur avait déjà suggérées aux représentants de l'Agence Juive : repousser la proclamation de l'Etat juif et conserver l'unité de la Palestine tout en respectant l'autonomie des Juifs dans leurs secteurs, puis déterminer son destin par l'élection d'un parlement constitué à parts égales de membres des deux communautés. Il souhaitait la paix, assura-t-il, mais si les Juifs rejetaient ses propositions, il craignait que la guerre ne devînt inévitable.

Golda Meïr répondit au monarque que ses conditions n'étaient pas acceptables. Les Juifs de Palestine désiraient sincèrement la paix avec leurs voisins arabes, mais pas au prix du renoncement à leur aspiration essentielle — une terre à eux. Cependant, s'il était toujours disposé, comme il en avait été question lors de leur entretien de novembre, à se contenter d'annexer la partie arabe de la Palestine, ils pourraient alors arriver à une entente. L'Agence Juive était prête à respecter les frontières établies par les Nations unies aussi longtemps que régnerait la paix. Si la guerre éclatait, annonça-t-elle posément, son peuple se battrait partout où il le pourrait et aussi longtemps qu'il en aurait la force. Elle précisa que cette force s'était d'ailleurs immensément accrue au cours des derniers mois.

Abdullah reconnut que les Juifs « devraient repousser toute agression ». Mais la situation avait radicalement changé depuis leur première rencontre. Deir Yassin avait enflammé les masses arabes.

« J'étais seul alors, expliqua-t-il. Je représente à présent un pays parmi cinq autres, et j'ai découvert que je ne pouvais prendre aucune décision seul. »

Golda Meïr et Ezra Danin, le brillant orientaliste qui l'accompagnait, rappelèrent au roi Abdullah que les Juifs étaient ses uniques véritables amis.

« Je le sais bien, soupira-t-il. Je ne me fais aucune illusion. Je crois de tout mon cœur que c'est la Divine Providence qui vous a ramenés ici; qu'elle vous a rendus — vous, peuple sémite exilé en Europe au progrès de laquelle il a tant contribué — à l'Orient sémite qui a besoin de vos connaissances et de votre esprit d'initiative. Mais, les conditions sont difficiles. Soyez patients. »

Golda Meïr fit observer que le peuple juif avait été patient pendant deux mille ans. L'heure de sa souveraineté avait maintenant sonné et ne pouvait plus être différée. Si les termes d'un accord ne pouvaient être discutés sur d'autres bases, et si Sa Majesté préférait la guerre, déclara-t-elle, « alors je crains qu'il n'y ait vraiment la guerre ». Son pays la gagnerait et peut-être se rencontreraient-ils à nouveau après le conflit en qualité de représentants de deux Etats souverains.

La conversation avait atteint son moment critique. Un accord eût peut-être été encore possible si le roi avait confirmé ses intentions réelles. Mais il s'en abstint, et il devait emporter dans la tombe les raisons de son silence. Les historiens formulèrent plus tard une hypothèse : peut-être l'annexion de la Palestine arabe lui paraissait-elle un dessein si périlleux que seuls pouvaient en avoir connaissance ceux qui auraient la responsabilité de l'accomplir — Sir John Glubb et ses officiers britanniques de la Légion arabe.

« Je suis navré, dit-il à ses visiteurs. Je déplore par avance les effusions de sang et les destructions à venir. Oui, espérons que nous nous rencontrerons à nouveau et que nos relations ne seront pas rompues. »

L'entrevue qui aurait pu empêcher le conflit entre les Arabes et les Juifs était terminée. Avant d'entreprendre ce voyage, Golda Meïr avait confié à Ezra Danin qu'elle « marcherait jusqu'en enfer » pour épargner la vie d'un seul combattant juif. Elle se leva, tristement consciente de n'avoir, cette nuit-là, pas sauvé la moindre vie.

Sur le pas de la porte, Ezra Danin se tourna vers le souverain. Ils se connaissaient depuis des années.

« Sire, conseilla-t-il, prenez garde quand vous allez prier à la mosquée et quand vous laissez vos sujets vous approcher pour baiser votre robe. Un jour, quelqu'un essaiera de vous tuer.

— Mon ami, répondit le roi, je suis un homme libre et un bédouin. Je ne peux manquer aux usages de mes pères et devenir le prisonnier de mes gardes. Notre destin est entre les mains d'Allah. »

Ils se serrèrent la main. La dernière vision que Golda Meïr emporta du monarque arabe fut celle d'un petit homme en robe blanche qui lui adressait du haut des marches « doucement, tristement, un signe d'adieu ».

30

PAR UNE SEULE VOIX

LES notes mélancoliques d'un accordéon flottaient dans la nuit de Kfar Etzion. Tour à tour nostalgique et provocant, le poète viennois Zvi Ben Joseph chantait sa dernière œuvre devant le groupe de jeunes Juifs réunis autour de lui. « Si je tombe, ami, prends mon fusil et me venge », reprenaient en chœur les garçons et les filles de la Haganah. Mieux que tout, ce refrain traduisait l'état d'esprit des cinq cent quarante-cinq colons qui guettaient, en cette nuit du 11 mai, le raz de marée final sur leurs collines infortunées.

Les événements s'étaient précipités depuis l'embuscade du convoi à Nebi Daniel, six semaines auparavant. Le 12 avril, la colonie avait reçu la mission qui justifiait en partie son existence : harceler la circulation arabe entre Hébron et Jérusalem. Puis, le 30 avril, pour soulager les combattants de Katamon, les colons avaient reçu l'ordre qui allait sceller leur destin. Les gardiens du bastion qui protégeait Jérusalem au sud devaient couper la route pour empêcher l'arrivée de renforts arabes depuis Hébron.

Le visage creusé par les années passées dans les camps de concentration nazis, le commandant de Kfar Etzion, Moshe Silberschmidt, avait harangué ses hommes en leur rappelant leur devise : « *Netsah Yerushalayim* — pour l'éternité de Jérusalem. » Construisant des barricades, coupant les communications téléphoniques, tendant des embuscades, détruisant les ponts, ils s'étaient si parfaitement acquittés de leur mission que les Arabes ne pouvaient ignorer le défi qui leur était jeté. A l'aube du 4 mai, l'inévitable se produisit. Ce jour-là, pour la première fois en Palestine, les combattants juifs découvrirent la guerre telle que David Ben Gourion l'avait depuis longtemps prophétisée : une guerre de troupes régulières en uniforme, montant à l'assaut derrière un écran de blindés.

Décidée à anéantir avant le départ des Anglais cette position stratégique, la Légion arabe attaquait. Deux pelotons d'autocanons ouvrirent le feu à bout portant sur l'avant-poste des colons, un petit monastère russe orthodoxe abandonné au bord de la route de Jérusalem. Puis, renforcée par des centaines de villageois, l'infanterie bédouine entra en action. Ne pouvant arrêter les blindés, les défenseurs du monastère avaient été contraints de se replier vers le centre de la colonie dont les assaillants n'étaient plus qu'à cinq cents mètres. Un message griffonné en hâte devait sauver la colonie ce jour-là. Soucieux de rouvrir la route d'Hébron, mais non de s'engager dans une bataille d'importance, Glubb Pacha ordonnait à l'officier qui dirigeait l'attaque de rompre le combat et de ramener ses forces sur leurs positions de départ. Privé d'une victoire qu'il croyait acquise, le commandant Abdullah Tell jura aux villageois :

« Nous reviendrons ! »

Le lendemain, devant la fosse commune creusée sous les arbres fruitiers en fleurs de la colonie, Moshe Silberschmidt prononça l'éloge funèbre de douze nouvelles victimes de Kfar Etzion.

« Que valent nos vies ? demanda-t-il à ses soldats. Rien en comparaison de notre mission. Rappelez-vous : ce sont les remparts de Jérusalem que nous défendons ici. »

Ce soir-là, un colon nota dans son journal : « Nous avons le sentiment d'être engagés dans une course contre le temps. » En effet, ces derniers jours, ces dernières nuits, comme des taupes, les habitants de Kfar Etzion avaient creusé de nouvelles tranchées et renforcé leurs positions contre ce nouveau péril dévastateur — l'artillerie.

Ces hommes et ces femmes, qui avaient juré de ne connaître aucun repos avant d'avoir couvert de fruits ces ingrates collines, allaient à présent affronter la perspective de vivre, comme l'avait promis leur chef, « une nouvelle épopée de Masada », ce repaire historique où les derniers Zélotes juifs avaient résisté aux Romains avant de périr dans un suicide collectif. « Au moins, écrivit l'un d'eux dans une dernière lettre, pouvons-nous nous réjouir d'être en mesure d'accomplir ce que la jeunesse des ghettos d'Europe n'avait pu faire : nous soulever contre l'ennemi les armes à la main. »

Pourtant, quand le soir du 11 mai l'accordéon de Zvi Ben Joseph se tut dans la Neveh Ovadia, des éclats de rire résonnèrent à nouveau à travers la colonie. Quelques heures durant, entre un tour de garde et un court sommeil, les jeunes défenseurs de Kfar Etzion avaient trouvé le moyen d'oublier.

Ce répit serait bref. En quittant la jeune infirmière qu'il avait raccompagnée à l'hôpital, Jacob Edelstein eut un pressentiment. Dans les forêts de sa Pologne natale, il s'était battu avec les partisans contre les soldats de la Werhmacht et il reconnaissait d'instinct la menace qui pesait sur Kfar Etzion.

« Ecoute, dit Edelstein à son amie, je suis sûr qu'ils sont sur le point de revenir. J'ai peur que nous ne nous revoyions pas. »

Il avait raison. La Légion arabe revenait. A l'insu de leur général britannique, des dizaines de soldats montaient dans leurs autocanons et leurs half-tracks. A Hébron et dans les villages environnants, les irréguliers prenaient eux aussi la route. Tous se dirigeaient vers Kfar Etzion.

*

L'attaque débuta à quatre heures du matin, le mercredi 12 mai. Tiré de son lit par les premières explosions d'obus, Jacob Edelstein enfila un treillis sur son pyjama et courut rejoindre son poste. En sautant dans la tranchée, il aperçut les premières lueurs grises de l'aurore à travers le halo de brume qui couronnait les collines. Il ne s'était pas trompé. La dernière bataille de Kfar Etzion commençait.

Abdullah Tell, le commandant de la Légion arabe, était fidèle à son serment. Persuadé que la colonie était « un poignard planté dans notre dos qu'il fallait à tout prix extirper avant que les Juifs n'aient pu consolider leur position », il avait eu recours à une ruse pour justifier son attaque devant Glubb Pacha : il avait chargé un de ses subordonnés, le capitaine Hikmet Muhair, d'annoncer par radio au chef de la Légion que l'un de ses convois était tombé dans une embuscade juive. Pour être certain que son assaut aboutirait à l'extermination complète de la colonie, il avait en outre ordonné à Muhair de réclamer toute la journée des renforts en prétextant que de violentes contre-attaques juives mettaient ses forces en difficulté.

Muhair s'élança avec une compagnie d'infanterie, un peloton d'autocanons, et des centaines d'irréguliers. Son assaut suivait deux axes. Un peloton devait s'emparer d'une hauteur appelée « la Selle du moukhtar » et se frayer un chemin jusqu'au bouquet de pins parasols et de cyprès qui se trouvait au sud des bâtiments du kibboutz principal. Le gros de ses forces se conformerait à la tactique déjà utilisée pour l'attaque du 4 mai. Après un pilonnage intensif, les légionnaires s'empareraient du monastère russe d'où ils pourraient foncer vers le cœur de Kfar Etzion. Puis, ses autocanons et une partie des irréguliers pousseraient vers le nord jusqu'à une butte appelée « l'Arbre solitaire » à cause de l'énorme chêne qui s'y trouvait planté. Quand ses forces d'assaut auraient atteint cette position, le kibboutz central de Kfar Etzion serait coupé de ses trois satellites, Massuot, Revadim et Eïn Tsurim, situés à quelques centaines de mètres au nord et à l'ouest. Muhair lancerait alors ses autocanons vers le kibboutz principal avant de liquider les autres colonies une à une.

L'attaque du monastère fut brève et meurtrière. Leurs positions pulvérisées au canon, leurs tranchées labourées, leurs abris éventrés, les défenseurs du bâtiment durent décrocher en abandonnant derrière eux de nombreux blessés. Harcelés par les obus et les rafales d'une mitrailleuse lourde, les survivants se frayèrent un chemin vers le kibboutz en sautant de trou d'obus en trou d'obus. Zvi Ben Joseph, le poète dont les chansons avaient animé la dernière soirée à la Neveh Ovadia, fut mortellement blessé. Il vécut juste assez pour voir que le refrain de sa chanson devenait réalité : un camarade s'empara de sa mitraillette et continua de tirer sur les Arabes qui avançaient. Quelques minutes plus tard, une autre balle mit fin à la farouche volonté de Moshe Silberschmidt de renouveler l'épopée de Masada. Le survivant de quatre année passées dans les camps de concentration hitlériens tomba à quelques mètres de son ami poète.

Le monastère conquis, Muhair et ses Arabes s'élancèrent vers un autre point d'appui qui leur barrait la route de « l'Arbre solitaire ». Placée sur un tertre, cette position était occupée par dix-huit Juifs armés d'une mitrailleuse Spandau et du seul mortier de la colonie. Au bout d'une heure, leur chef tué, leur mitrailleuse enrayée, et le percuteur de leur mortier brisé, les défenseurs durent se replier à leur tour sur Kfar Etzion.

S'ouvrant un passage par une canonnade dévastatrice, les Arabes se ruèrent alors vers « l'Arbre solitaire » où les attendait le seul fusil antichar de Kfar Etzion — un vieux bazooka anglais. Les quelque dix projectiles qu'il tira n'eurent aucun effet sur l'avance des autocanons et ses servants décrochèrent en emportant leur précieuse arme. Les Arabes escaladèrent alors une petite colline jonchée de pierres blanches, où se trouvait le central téléphonique. Quand ils eurent épuisé toutes leurs munitions, les standardistes démolirent leurs appareils à coups de hache et se replièrent. Les relations téléphoniques étaient désormais coupées entre les quatre kibboutzim comme le seraient, quelques instants plus tard, les communications terrestres.

Malgré des pertes graves, le capitaine Muhair avait atteint le premier objectif de son plan. A dix heures trente, il avait coupé Kfar Etzion en quatre îlots. Il ne lui restait plus qu'à les anéantir un par un.

*

Dans le petit bureau de sa maison de Tel-Aviv, où il avait pris la plupart des grandes décisions de sa vie, David Ben Gourion se préparait à se rendre à la réunion la plus importante à laquelle il eût jamais participé. Dans quelques heures, les membres du Conseil national des Treize, l'organisme qu'il avait créé pour remplacer l'Agence Juive et constituer un gouvernement provisoire, allaient proclamer ou ajourner la naissance de l'Etat juif. La sérieuse mise en garde du secrétaire d'Etat Marshall et la présence menaçante des armées arabes sur les frontières de la Palestine avaient rencontré un tel écho chez ses membres que l'issue du scrutin paraissait incertaine. Ben Gourion n'avait pas hésité à envoyé un petit avion à Jérusalem pour en ramener un vieux rabbin ultra-orthodoxe dont il savait que la voix lui était acquise.

Le choix de Ben Gourion était fait depuis longtemps. Il était parfaitement d'accord avec le vieux savant auquel il avait si souvent disputé la direction du mouvement sioniste. Il fallait proclamer l'Etat juif — maintenant ou jamais. Si le peuple juif reculait en ce jour décisif, son hésitation pouvait lui être fatale et le priver à jamais d'une souveraineté pour laquelle il s'était tant battu. Car en invitant les Juifs à surseoir à la proclamation de leur Etat et à accepter une trêve, les Etats-Unis laissaient entendre que ce délai servirait à un nouvel examen de la question palestinienne. Tout nouveau projet obligerait fatalement les Juifs à faire certaines concessions aux Arabes, diminuant ainsi les bénéfices politiques acquis depuis trois ans par le mouvement sioniste. S'ils renonçaient à proclamer immédiatement leur Etat et à créer une situation irréversible en Palestine, les Juifs se verraient bientôt contraints par le concert des nations d'abandonner leur rêve au profit de quelque autre solution du drame palestinien.

De surcroît, malgré l'estime qu'il portait à Marshall, Ben Gourion ne pensait pas qu'on empêcherait l'invasion arabe en différant la création de l'Etat. Seuls les attributs de la souveraineté nationale permettraient aux Juifs d'organiser leur défense et d'assurer leur survie collective. Ils pourraient, comme les Arabes, acheter ouvertement des armes que leur propre flotte apporterait en Palestine. Et seul un Etat donnerait à son peuple l'identité nationale qui soutiendrait sa foi dans les épreuves à venir.

Ses adversaires au sein du Conseil national voyaient avant tout dans la trêve une occasion de gagner du temps. Ils craignaient qu'une précipitation excessive ne lançât les Arabes dans un assaut général et ne compromît définitivement la création de l'Etat pour lequel le peuple juif s'était battu pendant tant d'années. Six millions des leurs avaient disparu dans l'holocauste nazi; avaient-ils le droit, eux, chefs du peuple juif, de courir les risques d'un autre massacre et de voir détruire le seul creuset dans lequel pourrait se forger la résurrection nationale juive ? En outre, ils ne se dissimulaient pas que certaines divisions intestines, semblables à celles qui minaient les armées arabes, rongeaient aussi leur armée.

Ce problème tenait à la nature même de la Haganah. Dans l'hypothèse de la proclamation de l'Etat et du conflit qui s'ensuivrait, la Haganah devrait devenir une véritable armée. Et l'armée que Ben Gourion proposait en modèle à ses soldats était celle qui se préparait à quitter la Palestine, l'armée britannique. Il estimait que la plupart des chefs de la Haganah, formés dans la clandestinité, n'avaient pas toujours saisi « ce qu'étaient vraiment un Etat et une guerre ». Ils étaient habitués à défendre des colonies agricoles alors que c'était une vraie guerre qu'ils devraient livrer.

« En cas de guerre, si vous prenez un habitant de Tel-Aviv et le mettez devant Beersheba, c'est pour l'Etat et non pour Beersheba qu'il doit être prêt à donner sa vie », aimait-il à répéter.

Pour préparer la Haganah à cette adaptation, Ben Gourion était porté par instinct à faire confiance aux officiers qui avaient pris part à la guerre mondiale dans l'armée britannique, plutôt qu'à ceux qui étaient demeurés en Palestine.

Cette attitude avait provoqué le ressentiment des cinq mille deux cents combattants qui formaient l'élite des forces juives, le Palmach. Une camaraderie spéciale liait entre eux tous ces hommes, les officiers comme les soldats. Méprisant les marques extérieures de la discipline militaire, ils puisaient leur force dans une solidarité et une confiance mutuelles qui s'exprimaient au combat par une sorte de flamme jointe à une extrême souplesse d'action. Ils en éprouvaient un vif sentiment de supériorité qui les conduisait à mépriser les autres unités et à contester, voire à ne pas exécuter, les ordres donnés par les officiers de la Haganah. Ils n'hésitaient pas à compléter leur armement en se livrant à d'audacieuses razzias dans les dépôts d'approvisionnement de la Haganah. Sur le terrain, leur tactique s'était révélée extrêmement efficace pendant toute la période du Mandat. Mais, dans la situation nouvelle, Ben Gourion craignait qu'elle ne conduisît au désastre. En outre, la plupart des dirigeants du Palmach sortaient des kibboutzim de ses rivaux politiques du parti Mapam, une formation socialiste encore plus à gauche que son propre parti Mapaï et il redoutait que le Palmach ne devînt un jour l'instrument d'un coup d'Etat de la gauche. Le Palmach avait toujours joui d'un commandement distinct, techniquement subordonné à l'état-major de la Haganah, certes, mais indépendant de lui. Une force armée autonome et politisée à ce point constituait aux yeux de Ben Gourion un danger que le nouvel Etat ne pouvait se permettre de tolérer. Aussi avait-il déjà pris des dispositions pour soumettre le Palmach à un contrôle plus étroit. Il avait commencé par supprimer le poste d'Israël Galili, son représentant au sein du haut commandement de la Haganah. Le tollé suscité par cette mesure contraignit Ben Gourion à revenir sur sa décision et à réinstaller Galili à son poste, mais l'incident indiquait que les jours du Palmach en tant que force distincte étaient comptés.

Sur le papier, la situation des Juifs n'était pas aussi désespérée qu'elle le paraissait. La Haganah pouvait s'appuyer sur un effectif de soixante mille hommes militairement instruits. Un tiers de ces soldats-citoyens avaient acquis leur expérience dans la Brigade juive ou quelque autre force armée pendant la seconde guerre mondiale. Vingt-huit mille immigrants, la plupart d'âge militaire, attendaient dans les camps de détention anglais de Chypre que des bateaux les transportent en Palestine dès la fin du Mandat. D'autres étaient déjà en route sur des navires bondés venant d'Europe.

Mais en ce 12 mai, les unités opérationnelles de l'armée juive ne comptaient même pas vingt mille hommes en tout. Elles se composaient de six brigades de la Haganah et de deux brigades du Palmach. Deux d'entre elles étaient en position au nord pour défendre la Galilée et la bande côtière au nord de Haïfa; deux protégeaient les voies d'accès au sud de Tel-Aviv; deux autres stationnaient dans le Néguev; une défendait Jérusalem; la dernière combattait dans le défilé de Bab .el Oued. Ces forces étaient éparpillées sur un espace très vaste et, dans la plupart des cas, les arabes avaient l'avantage du terrain. A Tulkarem, où ils se trouvaient à moins de quinze kilomètres de la mer, ils pouvaient d'une simple poussée couper le pays en deux. A Lydda et Ramleh, ils étaient aux portes de

Tel-Aviv. Le Néguev semblait grand ouvert aux blindés égyptiens. Jérusalem, surtout, restait complètement isolée. Un nouvel effort pour oùvrir la route venait d'échouer.

Toutefois, ces problèmes étaient ·mineurs à côté du véritable drame de la Haganah, celui des armes. Si vingt mille seulement des soixante mille Juifs militairement instruits étaient mobilisés, la raison en était simplement le manque d'armes. Aux dix mille fusils qui constituaient l'armement de base étaient venus s'ajouter récemment les quatre mille cinq cents fusils achetés par Ehud Avriel en Tchécoslovaquie et sept mille mitraillettes fabriquées dans les ateliers secrets de Chaïm Slavine. En dépit de sa faiblesse, cet armement léger représentait cependant un trésor à côté de la pénurie d'armes lourdes. L'artillerie se composait presque exclusivement de Davidka de fabrication locale et de quelques mortiers de trois pouces achetés ou volés. Il n'existait pas un seul avion de combat dans tout le pays. Les ateliers de Joseph Avidar avaient recouvert de plaques de blindage quelque six cents véhicules de toute nature, mais, s'ils avaient offert une réelle protection sous les balles des embuscades, ils ne seraient que des cercueils roulants devant les autocanons de Glubb ou les blindés égyptiens.

Sur la table de travail de Ben Gourion, deux dossiers contenaient les seuls motifs de croire obstinément en la victoire, et les principaux arguments qui convaincraient peut-être ses compagnons de proclamer l'Etat. Dans ces dossiers figurait la liste des armements achetés à l'étranger par Ehud Avriel et Yehuda Arazi. Entreposées en Europe en attendant que la souveraineté de l'Etat juif leur permît de prendre légalement le chemin de la Palestine, ces armes pouvaient changer le cours du conflit. Quelque part devant les fenêtres de Ben Gourion, la première cargaison attendait aux limites des eaux territoriales de la Palestine. Les cales du *Boréa* contenaient les premières pièces d'une artillerie de campagne, cinq canons de montagne de 65 mm et quarante-huit mille obus. Ben Gourion allait donc essayer de balayer les hésitations de ses compagnons en leur proposant de parier sur la résistance de leurs forces jusqu'au jour où arriverait la flotte chargée d'armes dont le *Boréa* était l'avant-garde. Il prit les documents dont allait dépendre la naissance ou l'avortement de l'Etat juif, et se mit en route pour sa réunion au siège du Fonds national juif à Tel-Aviv.

*

« L'étau se resserre. Réclamons d'urgence l'intervention de l'aviation. »

Dans le poste de commandement du kibboutz central de Kfar Etzion, Elisa Feuchtwanger, la jeune opératrice polonaise, envoyait un nouvel appel au secours. Les hommes qui l'entouraient attendaient l'assaut définitif. Le bombardement des autocanons de la Légion arabe avait déjà ravagé la plupart des constructions du kibboutz. Le toit de la Neveh Ovadia s'était à moitié effondré. La salle à manger, la cuisine, la bibliothèque, l'infirmerie et les dortoirs étaient en ruine.

Seul le P.C. installé dans la solide bâtisse en pierre des bénédictins allemands, auxquels avait été achetée une partie de Kfar Etzion, était intact. La salle principale était remplie de blessés, d'hommes et de femmes abrutis de fatigue. Le fracas des explosions, la fumée âcre qui venait des baraques en feu, les visages hagards, les appels incessants réclamant des munitions ou du secours créaient dans la pièce une atmosphère d'hystérie et de détresse. Blessé, Abras Tamir, le jeune sabra aux cheveux noirs qui avait remplacé Moshe Silberschmidt, donnait ses ordres couché sur une civière.

Peu après midi, Elisa lança par radio un nouveau S.O.S.

« Notre situation est tragique. Toujours aucun avion. Alertez la Croix-Rouge et envoyez des secours ! »

De l'autre côté de la ligne de feu, le capitaine Muhair envoya lui aussi un message. Comme il en était convenu avec Tell, il fit par radio un compte rendu dramatique de sa situation et réclama des renforts. Deux pelotons supplémentaires lui furent aussitôt envoyés.

Vers la fin de l'après-midi, le bombardement reprit avec une fureur accrue. Puis ce fut une nouvelle ruée. De la « Butte pierreuse », le dernier bastion avant le kibboutz, un mortier de deux pouces converti en bazooka et deux mitrailleuses légères dirigèrent un tir de barrage sur la meute blindée.

« Etat des hommes, des armes et des munitions désespéré. Venez cette nuit à notre secours. Nous ne pouvons plus nous occuper des blessés », lançait en début de soirée un nouveau S.O.S.

Au crépuscule, quelques spectres hébétés arrivèrent au poste de commandement. C'étaient les survivants des dernières positions défendant la principale ligne de résistance du kibboutz. En plus de sa mitraillette, Jacob Edelstein, toujours en pyjama sous son treillis, serrait dans ses mains le fusil à la crosse éclatée d'un camarade disparu. Il était décidé à s'en servir pour tirer une dernière rafale en mémoire de son ami. En observant les défenseurs, un colon blessé murmura à son voisin :

« Regarde leurs yeux, tu verras le courage qu'il leur faut pour cacher leur désespoir. »

En dépit de toutes les positions capturées et détruites par les Arabes, le kibboutz de Kfar Etzion allait pourtant être épargné ce soir du 12 mai. Comme les premières ombres de la nuit noyaient les collines dans une bienfaisante torpeur, la bataille cessa brusquement. L'héroïsme des combattants de la « Butte pierreuse » avait réussi à stopper la ruée des autocanons de la Légion arabe. Leurs pneus crevés, la plupart avaient dû faire demi-tour. En dispersant ses blindés sur un front trop vaste, le capitaine Muhair avait, sans le vouloir, donné à ses adversaires une chance de reprendre leur souffle.

David Ben Gourion pénétra dans la salle du Fonds national juif et dévisagea attentivement les neufs hommes qui s'y trouvaient déjà. En l'absence de trois compagnons que les circonstances empêchaient de participer à cette réunion, dix membres de l'instance suprême du mouvement sioniste — le Conseil national — allaient décider dans quelques instants par leur vote si le peuple juif devait ou non constituer un Etat souverain. Trois d'entre eux étaient de vénérables rabbins; ils représentaient la conscience religieuse d'un peuple qui avait manifesté son attachement à cette terre en maintenant avec elle, d'âge en âge ses liens mystiques. D'autres, comme Golda Meïr, Eliezer Kaplan et Moshe Sharett, avaient joué pendant de nombreuses années un rôle considérable dans l'exécutif de l'Agence Juive auquel avait succédé le nouveau Conseil. Les autres représentaient les principaux courants politiques et sociaux du pays.

L'expression d'incertitude, d'angoisse même, que Ben Gourion pouvait lire sur la plupart des visages laissait mal augurer du vote qui se préparait. En révélant les détails de sa dernière rencontre avec le secrétaire d'Etat américain Marshall, Moshe Sharett avait ébranlé près d'un tiers des représentants du Mapai, son propre parti. Le rapport de Golda Meïr sur sa visite au roi Abdullah avait encore accru les craintes.

A la demande générale, Yigael Yadin présentait en prologue au débat le point de vue militaire. Si les Juifs pouvaient mettre à profit la trêve proposée par le général Marshall pour faire entrer des armes dans le pays et compléter leurs préparatifs militaires, déclara-t-il, alors il fallait accepter cette trêve. Si au contraire la trêve était refusée, et si la guerre éclatait immédiatement, la Haganah subirait un coup très dur. Grâce à ses espions, l'Etat-Major connaissait à peu près les plans des Syriens, mais ceux des Irakiens, des Egyptiens et de la Légion arabe demeuraient un mystère. Au mieux, annonça-t-il à ses auditeurs, il estimait à cinquante pour cent les chances de victoire.

Ben Gourion fit une grimace lorsqu'il entendit le soupir de découragement qui suivit les mots de Yadin. Il décida d'intervenir aussitôt et de conduire lui-même le débat. Il ne chercha nullement à minimiser les dangers et souligna d'abord les craintes qu'il éprouvait « pour le moral du pays ». Jusqu'à présent, expliqua-t-il, le pays avait eu de la chance. L'ennemi avait échoué dans toutes ses tentatives pour s'emparer des villes. Certes il ne fallait pas le regretter, mais si de lourdes pertes en vies humaines ou des abandons de territoire devaient à présent survenir, il craignait qu'un coup fatal ne fût asséné au courage de la population. Et tout portait à croire que le futur conflit causerait à la fois des pertes en hommes et en territoires. Il s'interrompit pour ouvrir les deux dossiers qu'il avait apportés et révéla ce que Marshall ignorait quand il avait prononcé sa mise en garde devant Sharett. Le pays avait acheté les armes qui pourraient retourner la situation.

Lentement, il se mit à lire les rapports que contenaient ses dossiers, s'arrêtant sur chaque chiffre pour en accentuer l'effet. Avriel, dit-il, avait acheté vingt-cinq mille fusils, cinq mille mitrailleuses, cinquante-huit millions de cartouches, cent soixante-quinze obusiers et trente avions de combat. Arazi avait de son côté réussi à se procurer dix tanks, trente-cinq canons anti-aériens, douze mortiers de 120 mm, cinquante-cinq canons de 65 mm, cinq mille fusils, deux cents mitrailleuses lourdes, quatre-vingt-dix-sept mille obus de différents calibres et neuf millions de cartouches.

Ainsi que l'avait espéré Ben Gourion, ces chiffres détendirent l'assemblée. Il vit même renaître un air de confiance sur certains visages. Si ces armes avaient pu se trouver en Palestine, continua-t-il, la situation eût été bien moins angoissante. Mais elles n'étaient pas là et le temps qu'il faudrait pour les faire venir serait déterminant, non seulement pour l'issue de la guerre, mais pour sa durée et pour le nombre de victimes qu'elle entraînerait. L'attaque des armées arabes commencerait probablement avant l'arrivée de stocks importants; il fallait donc s'attendre à des pertes sévères. Mais l'annonce de ce prochain renforcement lui permettait de jeter un défi à ses propres experts militaires.

« J'ose croire en la victoire, s'écria-t-il. Nous triompherons ! »

Transfigurés par le magnétisme de leur chef, les leaders de la nation juive gardaient le silence. Ben Gourion réclama un vote. La question était de savoir s'il convenait d'accepter ou de rejeter l'appel de Marshall en faveur d'une trêve et de l'ajournement de l'Etat. Un vote contre la trêve signifierait la proclamation de l'Etat.

Cet Etat, en dépit de toute la puissance du plaidoyer final de Ben Gourion, le peuple juif faillit bien ne jamais l'avoir. Lorsqu'il demanda aux partisans de la trêve de se prononcer, David Ben Gourion vit quatre bras se lever. La décision de créer un Etat juif fut emportée avec une seule voix de majorité.

L'assemblée considéra alors les modalités de la proclamation. Quelqu'un émit l'idée que la déclaration d'indépendance devrait indiquer le tracé des frontières du nouvel Etat et que ce tracé devrait être celui fixé par le plan de partage des Nations unies.

Ben Gourion repoussa cette proposition. Les Américains, déclara-t-il, n'avaient pas indiqué les frontières de leur Etat dans leur Déclaration d'indépendance. Il rappela qu'en dépit de réserves considérables, en particulier sur Jérusalem, les Juifs avaient décidé d'accepter la résolution de Partage. Les Arabes n'en avaient pas fait autant et leur attitude les avait déchus de tout droit sur le plan du partage. Les frontières seraient celles qui sortiraient du prochain conflit.

« Nous tenons une chance de donner à notre Etat des frontières viables, s'écria-t-il. L'Etat que nous proclamons ne résulte pas d'une décision des Nations unies mais d'une situation de fait. »

Puis l'assemblée décida de donner un nom au nouveau pays. Les noms de « Sion » et d' « Israël » furent prononcés. Un vote en décida. L'Etat juif s'appellerait « Israël » et sa dénomination officielle serait « l'Etat d'Israël ».

Il leur restait une dernière décision à prendre. A quelle heure exacte allaient-ils annoncer au monde la nouvelle que le peuple juif avait attendue pendant presque deux millénaires ? Normalement le nouvel Etat devait naître le vendredi 14 mai à minuit. Mais cette date et cette heure coïncidaient avec le milieu du sabbat et aucun des membres orthodoxes du Conseil ne pourrait circuler en voiture ni apposer une signature sur un document. Même sur celui qui proclamerait la renaissance d'Israël. Quelqu'un sortit de sa poche le petit calendrier que tout Juif soucieux d'observer scrupuleusement la pratique de sa religion transporte avec lui.

Après l'avoir consulté, il annonça qu'afin d'être terminée avant le coucher du soleil, la cérémonie de naissance d'une nouvelle nation juive devrait commencer à seize heures précises le vendredi 14 mai 1948, cinquième jour du mois d'Iyar, en l'an 5708 du calendrier hébraïque [1].

*

Sur les collines silencieuses de Kfar Etzion, les défenseurs scrutaient le ciel plein d'étoiles dans le fol espoir que l'aviation pourrait venir à leur secours. Mais les quelques petits appareils que la Haganah put mettre en l'air ce soir-là n'avaient aucune chance de sauver toute une colonie. La plupart des parachutages de munitions et de médica-

1. Les Juifs font commencer leur calendrier au jour de la Création, fixé, selon la tradition, en 3760 avant l'ère chrétienne.

ments qu'ils essayèrent d'envoyer aux colons tombèrent au-delà de leurs lignes.

Profitant des ténèbres, une équipe de sapeurs rampa jusqu'aux positions arabes pour poser sur les chemins d'accès au kibboutz toutes les mines qui leur restaient. Abras Tamir, qui de sa civière commandait toujours la résistance, décida d'évacuer les trente-cinq blessés vers un autre kibboutz. Des volontaires portèrent ceux qui ne pouvaient pas marcher. Conduite par le docteur Aaron Windsberg, un ancien chirurgien de l'Armée Rouge, une pitoyable procession d'éclopés s'enfonça dans les cailloux et les broussailles d'un sentier de chèvres. Elle gagna à tâtons, sans autres bruits que les plaintes des mourants, un nouveau refuge.

Vers minuit, un obus mit le feu à la grange de l'étable. Il n'y avait plus d'eau pour l'éteindre. Le ballet des flammes dans la nuit évoqua pour certains colons l'incendie du Sanctuaire. Le Polonais Eliezer Sternberg revécut pendant quelques sinistres instants une tragédie plus récente, la fin du ghetto de Varsovie.

De sporadiques gerbes de balles traçantes zébraient la nuit. « C'était une merveilleuse nuit de printemps », se rappelle Jacob Edelstein. Les seuls sons qui montaient de l'obscurité étaient les crissements des cigales et les voix gutturales des Arabes massés alentour. Epuisés, des hommes s'endormirent. D'autres priaient. Ils priaient pour que cette nuit qui les enveloppait ne finisse jamais.

*

Dans un campement proche de Jéricho, la faible sonnerie d'un téléphone de campagne éveilla un soldat arabe. Entendant son ordonnance s'écrier « Ah yah Pacha ! », le commandant Abdullah Tell sauta de son lit et arracha l'appareil des mains du soldat. Il n'y avait qu'un seul Pacha à la Légion et dans la vie d'Abdullah Tell.

Il attendait l'appel de Glubb. De sa voix traînante, dans son arabe de bédouin, l'Anglais commanda au chef du 6e régiment de rassembler ses forces et de se précipiter à Kfar Etzion. Le capitaine Muhair, annonça Glubb, rencontre de graves difficultés.

Tell sourit. Le stratagème avait réussi. Il ordonna à ses hommes, déjà en état d'alerte, de se préparer au départ. Puis il attrapa son talisman, un mince stick à pommeau d'argent ciselé, et prit place dans sa jeep de commandement à la tête de sa colonne. Brûlant du désir d'être lui-même présent pour la première conquête de la Légion arabe en Palestine, il fit signe à la colonne de le suivre. En traversant Jérusalem, il contempla dans le halo de ses phares les fiers remparts qu'il avait découverts quatre ans plus tôt, à l'occasion de son voyage de noces, et songea avec amertume que la Légion n'avait préparé aucun plan pour protéger les trésors sacrés et les habitants de la ville qu'ils ceinturaient.

Aucune ambition n'était excessive pour cet officier de trente ans qui se ruait à la tête de ses hommes vers les kibboutzim assiégés de Kfar Etzion. Tell incarnait à merveille la vieille civilisation arabe de ce pays. Avec la parfaite régularité de ses traits, sa moustache noire, ses yeux sombres, son large sourire éclatant de blancheur et son keffieh à damier rouge et blanc élégamment ajusté par la double cordelette noire, il évoquait un conquérant de quelque drame oriental vu par Hollywood. Il avait presque l'âge du royaume qu'il servait. Sa mère racontait souvent que dès sa naissance elle l'avait porté à la fenêtre pour qu'il vît de ses yeux un événement qui marquait un tournant dans l'histoire de son peuple : la retraite des soldats turcs à travers les rues d'Irbid. Comme beaucoup de jeunes gens de sa génération, Tell avait connu la prison dès l'âge de dix-huit ans pour avoir manifesté contre la Grande-Bretagne, la puissance étrangère qui avait succédé aux Turcs en Palestine. Sept ans plus tard il avait pourtant décidé de revêtir le prestigieux uniforme britannique et le keffieh rouge et blanc de l'armée fondée par les héritiers de Lawrence. Mais ni la guerre contre les rebelles irakiens, alliés de l'Allemagne, ni les lointaines opérations de police au fond des sables n'avaient accaparé son énergie comme l'obsession de « ressembler d'aussi près que possible à un officier britannique » et d'être aimé de ses hommes « comme Glubb l'était de ses bédouins ». Le 30 novembre 1947, en entendant la radio annoncer le vote du partage de la Palestine dans un mess d'officiers britanniques, Tell mesura cependant les limites de cette ressemblance. Cette nouvelle ne parut émouvoir aucun des Anglais présents. Des années plus tard, il n'avait pas oublié le choc brutal qu'il ressentit en découvrant que dans ce mess, un tel événement n'avait d'importance que pour lui.

Rien ne pouvait orienter plus sûrement le futur comportement du jeune officier que ce réveil douloureux. Il avait compris que les Arabes devaient prendre leur destin en main. Et pour lui, cette noble ambition ne pouvait s'accomplir qu'avec l'unité d'élite dont il était l'un des officiers les plus prometteurs. Son acharnement à forcer la main de Glubb Pacha pour s'emparer de Kfar Etzion n'était qu'une manifestation de sa résolution. Il voulait passionnément « effacer l'injustice du Partage ».

31

LE DERNIER POKER

CHAQUE matin pendant vingt-huit ans, la journée de travail de l'Arabe Fouad Tannous avait commencé selon le même rituel : une tasse de café turc, un coup d'œil au journal et quelques plaisanteries sur les nouvelles du jour avec ses collègues du laboratoire d'analyses de Jérusalem. Ceux-ci n'étaient plus que deux, ce matin du jeudi 13 mai, à partager une dernière fois ces habitudes. Les trois hommes s'assirent et se regardèrent. Ils n'avaient plus rien à faire, plus rien à dire. Mais, fidèle fonctionnaire d'une administration britannique à laquelle il avait consacré sa vie, Tannous resterait à son poste jusqu'à la dernière heure. Quelques minutes avant la fin, il se rendit au bureau du directeur de l'hôpital gouvernemental pour retirer son certificat de bons et loyaux services.

« Voilà », dit simplement l'Anglais en lui tendant la feuille de papier.

Aucun merci, aucun adieu, pas même une poignée de main. Ainsi prenaient fin vingt-huit années de dévouement à l'Empire britannique.

Fouad Tannous retourna à son laboratoire pour procéder à la fermeture. D'ordinaire, il verrouillait soigneusement le placard contenant la réserve des produits chimiques et pharmaceutiques. Cette fois, il glissa la clef dans la serrure et l'y laissa. « Quelle importance, pensa-t-il. De toute façon, les Juifs s'en empareront. Ils prendront les médicaments. Ils prendront le bâtiment. Ils prendront le pays tout entier. »

A quelques centaines de mètres de là, dans la mairie située au bout du boulevard de Jaffa, une brève cérémonie mit fin à l'entité administrative de Jérusalem. Le trésorier britannique de la ville partagea le solde du compte bancaire de la municipalité entre les représentants des communautés arabe et juive. Il remit un chèque à chacun d'eux. L'Arabe Antoine Safieh crut suffoquer en découvrant la somme inscrite sur le sien. Vingt-sept mille cinq cents livres, c'était plus qu'il n'en gagnerait en toute une vie. Effrayé par l'écrasante responsabilité qui s'abattait tout à coup sur lui, il courut déposer ce trésor dans le lieu le plus sûr qu'il connût, le coffre-fort de la mairie. Puis il s'adonna à une tâche plus prosaïque. Aidé par deux amis, il déménagea treize véhicules municipaux, pour la plupart des bennes à ordures, qu'il entreposa juste derrière la porte de Jaffa, à l'intérieur des remparts.

Mais le fonctionnaire municipal qui montra, ce matin-là, le plus de sang-froid fut Emile, le frère de Safieh. Animé de ce sens méticuleux de l'intérêt public hérité de la tradition britannique, il avait décidé de mettre en lieu sûr les dossiers sur lesquels il avait travaillé toute sa vie. Safieh savait bien qu'aucun Etat, aucune province, aucune cité, si petits soient-ils, ne pouvait exister sans des documents tels que ceux-là. En un sens, ils constituaient le plus beau cadeau de baptême qu'il pouvait offrir à la nouvelle municipalité arabe de Jérusalem. C'étaient les dossiers complets de tous ses contribuables.

*

Comme chaque jour, l'Anglais Richard Stubbs, le porte-parole du haut-commissaire, reçut ce jeudi matin les journalistes de Jérusalem dans son bureau. Il leur déclara que l'administration civile britannique cesserait ses fonctions à Jérusalem le

15 mai, mais qu'une grande partie de l'armée anglaise resterait encore une semaine au moins dans la ville.

C'était une pure mystification. Désireux de quitter rapidement la ville afin que son arrière-garde ne tombât pas dans les combats qui suivraient inévitablement son départ, le général Jones avait décidé de commencer son évacuation dès minuit. Si tout se déroulait comme prévu, il n'y aurait plus un seul soldat ni un seul officiel britannique dans Jérusalem quand les journalistes entreraient le lendemain matin dans le bureau vide de Stubbs pour leur conférence de presse quotidienne.

Il s'agissait de rassurer les habitants de Jérusalem en les persuadant que les forces britanniques continueraient d'occuper la ville pendant quelque temps encore. On ne se bornait pas à apaiser la population. Sir Henry Gurney, le secrétaire du gouvernement, affirma le même jour au délégué des Nations unies, Pablo de Azcarate, qu'il ne se passerait « absolument rien avant quelques jours ». Ainsi tranquillisé, le diplomate partit pour un bref voyage à Amman, certain d'être de retour à Jérusalem avant le départ des Anglais.

*

Du toit de la Maison-Rouge, le quartier général de la Haganah, deux hommes suivaient anxieusement, à la jumelle, la progression d'un petit cargo ventru qui labourait la mer en direction du port de Tel-Aviv. Il s'agissait du *Boréa*, première unité de la flotte qui devait, comme l'avait promis David Ben Gourion à ses collègues, apporter bientôt les armes destinées à sauvegarder l'Etat juif.

Les cinq canons et les quarante-huit mille obus que contenaient ses cales étaient tellement attendus que l'Etat-Major avait pris un risque : il faisait entrer le bateau dans le port quarante-huit heures avant la fin du Mandat.

Tout à coup, l'un des deux guetteurs poussa un

gémissement. Joseph Avidar venait de repérer la silhouette d'un destroyer britannique dans le sillage du *Boréa*. Avidar put suivre à la radio le drame qui éclata alors. Des inspecteurs des douanes britanniques montèrent à bord du navire et demandèrent à voir le manifeste de la cargaison. Mais les dizaines de tonnes de jus de tomate, de pommes de terre et l'inévitable chargement d'oignons qu'il déclarait ne satisfirent par leur curiosité. Ils enjoignirent au commandant du *Boréa* de conduire son navire à Haïfa pour une inspection approfondie de ses cales.

Par radio, Avidar ordonna au commandant de saboter une pièce vitale de ses machines pour immobiliser le bateau sur place. Mais rien ne pouvait entraver la détermination des autorités britanniques. Bien que le Mandat n'eût plus que quelques heures à vivre, ses douaniers entendaient veiller jusqu'au dernier moment à l'application des règlements adoptés pour empêcher les Juifs de recevoir des armes. Un deuxième destroyer apparut dans les jumelles d'Avidar pour prendre le *Boréa* en remorque. Les chefs de la Haganah virent alors avec désespoir le petit cargo et ses cinq canons s'éloigner lentement le long de la côte palestinienne, en direction de Haïfa.

*

Les yeux alourdis par le guet, les membres engourdis de fatigue, un autre groupe de soldats de la Haganah vit arriver les armes qui allaient bientôt se ruer à l'assaut de leurs défenses. La lente approche des blindés d'Abdullah Tell anéantissait le dernier espoir des cent cinquante survivants du kibboutz central de Kfar Etzion.

Le commandant du 6e régiment de la Légion arabe avait pourtant trouvé une situation bien moins favorable qu'il ne le supposait. Le capitaine Muhair avait éparpillé ses autocanons sur un espace si vaste qu'ils avaient perdu beaucoup de leur efficacité.

Mélangés aux irréguliers, ses légionnaires avaient été gagnés par leur passion du pillage. Muhair avait si complètement encerclé le kibboutz central que certains de ses hommes se tiraient parfois les uns sur les autres.

Tell reprit immédiatement l'opération en main. Il sépara son infanterie des irréguliers et regroupa ses autocanons autour de « l'Arbre solitaire » pour concentrer leur puissance de feu. De cette hauteur, ils pourraient pulvériser la poignée d'hommes qui avaient la veille stoppé la charge des blindés sur la « Butte pierreuse ». A onze heures trente, il lança son assaut. Comme il devait le reconnaître plus tard, « les Juifs se battirent avec une incroyable bravoure ». Ils laissèrent les vagues successives monter jusqu'au pied de leurs positions pour ne tirer qu'à bout portant. Déplaçant de poste en poste leur unique mitrailleuse lourde, ils menèrent une course infernale pour repousser ici et là les hordes en keffieh. C'était une lutte à mort à l'image du combat biblique qui, deux mille cinq cents ans plus tôt, avait opposé sur ces mêmes collines les guerriers asmonéens aux envahisseurs syriens. Coupés du kibboutz central, les survivants des avant-postes résistaient vaillamment au milieu des corps de leurs camarades. Des blessés se suicidaient avec leur dernière balle.

Ecrasés par les obus, les défenseurs de la « Butte pierreuse » se battirent jusqu'à l'épuisement de leurs munitions. Puis ils détruisirent leurs armes et décrochèrent. L'ultime verrou qui gardait l'accès du kibboutz venait de sauter.

De la porte principale, Nahum Ben Sira vit les autocanons descendre de « l'Arbre solitaire ». Dans les mains du jeune rescapé de Mauthausen venu à Kfar Etzion avec les survivants de sa famille se trouvait le seul bazooka du kibboutz, une sorte de tuyau de poêle surmonté d'un bouclier primitif. Ni Ben Sira ni son camarade Abraham Gessner ne s'en étaient encore servis. Le doigt crispé sur la poignée, le cœur battant, Ben Sira suivit l'avance du premier autocanon. Quand celui-ci fut à cinquante mètres, il appuya. Rien ne se produisit. Les deux hommes eurent beau secouer leur engin, le bazooka de Kfar Etzion resta obstinément muet. Ben Sira rampa alors vers le contacteur d'une mine placée juste devant la barricade qui obstruait l'entrée. Dès que l'autocanon atteignit l'obstacle, il abaissa la poignée. Mais pas plus que le bazooka, la mine ne voulut fonctionner. Tant d'obus avaient labouré le sol tout autour que le fil de mise à feu avait été sectionné.

Le blindé pulvérisa la barricade et fit irruption à l'intérieur du kibboutz. Là, deux cocktails Molotov bien ajustés arrêtèrent enfin sa course. La malchance de Ben Sira et de Gessner avait pris fin. Mais leur victoire allait être de courte durée. Derrière l'épais nuage de fumée qui enveloppait la voiture en flammes arrivait la meute vrombissante des autres autocanons avec, dans leur sillage, les hordes hurlantes des irréguliers.

Au poste de commandement, Elisa contacta Jérusalem par radio.

« Les Arabes sont dans le kibboutz. Adieu ! »

En lisant ces mots, David Shaltiel, le Juif qui avait tant réclamé l'évacuation de Kfar Etzion, sentit ses yeux se voiler de larmes. La jeune Polonaise ajouta encore quelques mots.

« Les Arabes sont tout autour, disait-elle. Il y en a des milliers. Ils noircissent les collines. »

Elle apparut quelques minutes plus tard sur le toit du poste de commandement agitant un drap taché de sang qu'elle attacha à l'antenne de radio. Comme les tireurs des postes situés en contrebas du kibboutz ne pouvaient apercevoir ce triste emblème, des messagers rampèrent jusqu'à eux pour leur annoncer la reddition. Les postes se turent alors un à un et leurs défenseurs hébétés de fatigue remontèrent vers le P.C. Certains paraissaient soulagés par cette décision. D'autres, comme Zipora Rosenfeld, une jolie Polonaise rescapée d'Auschwitz, pleuraient. D'autres encore, comme Jacob Edelstein, étreignaient leurs armes avec un désespoir muet.

Cinquante survivants se rassemblèrent sur la petite esplanade devant le P.C. Parmi eux se trouvait Elisa Feutchwanger, celle dont les messages allaient bientôt devenir légendaires en Palestine. Jacob Edelstein chercha du regard l'infirmière qu'il avait raccompagnée deux jours plus tôt. Il avait craint de ne plus la revoir. Et elle était morte. Isaac Ben Sira scruta les visages pour retrouver les cinq frères et sœurs qu'il avait amenés des camps de la mort européens jusqu'à Kfar Etzion. Un seul, Nahum, était encore vivant. Zipora Rosenfeld se blottit contre son mari qu'elle avait refusé d'abandonner quand les femmes de la colonie avaient été évacuées. Elle songeait à Yosi, son fils, né il y avait seulement quelques semaines et qui l'attendait à Jérusalem.

Aux cris vengeurs de « Deir Yassin », les irréguliers débouchèrent par centaines. Les Juifs levèrent les bras en l'air. Edelstein vit un Arabe s'approcher et, dans un déclic de son appareil photographique, immortaliser le plus triste spectacle de l'histoire du peuplement sioniste dans les collines de Kfar Etzion.

Brusquement, une mitrailleuse aboya. Edelstein vit des corps basculer autour de lui. « C'est la fin, pensa-t-il en un éclair, mais ma mort fait partie du destin du peuple juif. » L'horreur d'une baïonnette plongée dans la poitrine d'un camarade l'arracha à sa stupeur. Il bondit au-dessus du charnier et se jeta dans une fuite éperdue. Mus par la même impulsion, une demi-douzaine de ses camarades l'imitèrent. C'était une course sauvage et instinctive. « On ne pouvait aller nulle part, dira Edelstein, parce que les Arabes étaient partout. » Epuisé, Nahum Ben Sira s'écroula dans une petite vigne au bout du kibboutz, à quelques pas d'un chemin par lequel arrivaient les Arabes en quête de pillage, et y resta caché jusqu'à la nuit, guettant le cri fatidique de « Yahoud ! » qui précéderait la rafale. Edelstein réussit à franchir le parapet du kibboutz et à gagner le petit bois que les colons avaient appelé « le Cantique des Cantiques » parce que c'était le sanctuaire favori des amoureux. C'est là qu'Isaac Ben Sira le rejoignit. Les deux fugitifs se terrèrent sous les feuilles avec l'espoir que l'ombre des charmilles qui avait abrité tant de rendez-vous sauverait maintenant leurs vies. Mais un bruissement de feuilles apprit à Edelstein qu'ils avaient été découverts et il eut soudain devant lui le visage édenté et ridé d'un vieil Arabe. Portant la main à la poitrine en signe d'amitié, celui-ci les rassura.

« N'ayez aucune crainte », murmura-t-il.

Au même instant, un groupe d'irréguliers débouchèrent de la feuillée et se ruèrent sur Edelstein et Isaac Ben Sira. Mais le vieil Arabe s'interposa et leur fit un rempart de son pauvre corps.

« Vous avez assez tué ! cria-t-il.

— Silence ! hurla un des irréguliers, ou on va te tuer aussi.

— N'approchez pas ! répliqua le vieil homme en entourant les deux Juifs de ses bras. Ils sont sous ma protection. »

Deux légionnaires surgirent alors et mirent fin à la discussion. Tandis qu'on les emmenait, les deux Juifs entendirent des coups de feu retentir dans le bois des amoureux. Les irréguliers avaient trouvé deux autres fugitifs et les avaient abattus.

Elisa s'était jetée dans le fossé creusé derrière l'école avec une demi-douzaine d'autres survivants. Les Arabes se précipitèrent et commencèrent à vider leurs mitraillettes sur les corps enchevêtrés. Le cri déchirant que poussa la jeune fille arrêta le massacre juste le temps de permettre à un des Arabes de la tirer hors du fossé. Aussitôt d'autres hommes accoururent pour disputer à son sauveur involontaire le privilège de la violer. Deux Arabes finirent par l'emmener jusqu'à un bosquet à travers les ruines fumantes du kibboutz. Ils la jetèrent à terre et commencèrent à lui arracher ses vêtements.

Deux rafales claquèrent. Stupéfaite, Elisa vit les

deux Arabes tomber morts à ses pieds. Elle se releva et se trouva devant un officier de la Légion dont la mitraillette fumait encore. Le lieutenant Naouaf el Hamoud prit un morceau de pain dans sa poche et le lui tendit.

« Mangez cela », dit-il.

Il attendit qu'elle eût avalé la dernière miette.

« Maintenant, vous êtes sous ma protection », déclara-t-il.

Et il l'escorta jusqu'à son autocanon.

Quand ils s'éloignèrent, ne montaient plus du kibboutz que les cris des pilleurs qui se battaient dans les ruines. Elisa était la seule survivante du groupe du Palmach affecté à la défense du kibboutz central. Des quatre-vingt-huit colons présents quand avait commencé l'attaque de Tell, il n'y avait que trois rescapés : Nahum et Isaac Ben Sira et Jacob Edelstein.

La sombre prophétie de Moshe Silberschmidt s'était réalisée. Cent quarante-huit personnes avaient irrigué de leur sang la terre qu'elles avaient juré de couvrir de fruits, offrant par ce sacrifice à une nouvelle génération la légende d'un Masada moderne — le kibboutz de Kfar Etzion [1].

*

Un tourbillon de poussière couvrait d'une fine pellicule grise les véhicules de la colonne en marche. Dans les faubourgs d'Amman, dans les villages, à tous les carrefours, depuis les toits, les fenêtres, les tentes en peau de chèvre des bédouins, la foule en délire acclamait les soldats. La Légion arabe partait en guerre. Les hommes et les blindés de

1. Parmi les victimes se trouvaient la jolie Polonaise Zipora Rosenfeld et son mari qu'elle n'avait pas voulu quitter. Dix-neuf ans plus tard, au lendemain de la guerre des Six Jours, un Rosenfeld reviendrait dans les lugubres collines de Kfar Etzion accomplir la tâche pour laquelle étaient morts ses parents qu'il n'avait pas connus. Yosi Rosenfeld est aujourd'hui électricien dans le kibboutz ressuscité de Kfar Etzion.

l'armée qui venait d'anéantir Kfar Etzion avaient quitté leurs bases de Mafraq et de Zerqa, au cœur de la Transjordanie, pour descendre des monts de Moab et se rassembler au bord du Jourdain en vue de leur entrée en Palestine.

Sur cinq kilomètres, leur cavalcade couvrait d'une colonne ininterrompue les routes de Jordanie. Il y avait plus de cinq cents véhicules — camions, jeeps, voitures radio, cuisines roulantes, half-tracks, auto-canons, tracteurs d'artillerie, transports de munitions, remorques-ateliers. Partout, ce déploiement de forces soulevait sur son passage l'enthousiasme des populations. Sous leurs voiles noirs, les femmes lançaient leurs « you you » stridents, ce cri de guerre qui avait accompagné le départ de tous les guerriers musulmans depuis la ruée, douze cents ans auparavant, des soldats du Prophète hors des déserts de l'Arabie. Les hommes applaudissaient et encourageaient les soldats. Les enfants leur jetaient des fleurs et se lançaient en de joyeuses poursuites derrière les véhicules. Dans les campagnes, des cavaliers à cheval ou à dos de chameau accompagnaient la colonne et leurs galops frénétiques étaient ponctués de coups de feu tirés en l'air.

Brûlant d'un même enthousiasme et d'une même fièvre, les troupes répondaient à la foule par de vibrants saluts. Les camions étaient décorés de rameaux de laurier-rose et de branches de palmier. L'exaltation populaire avait gagné les soldats. Contemplant tous ces gens ivres de fierté et de joie, le lieutenant Ali Abou Nouwar, chef d'état-major du 2e régiment, pensa : « Ils ont mis tous leurs espoirs en nous. » Grisé à l'idée d'aller « délivrer ses frères de Palestine », le chef de peloton Youssef Jeries avait l'impression que « toute l'armée se rendait à une noce ».

Pour Sir John Glubb, qui roulait au milieu de ses troupes, cette marche « ressemblait plus à un défilé de carnaval qu'au mouvement d'une armée sur le chemin de la guerre ». De la part d'un homme qui connaissait aussi bien les Arabes, c'était là une façon étonnamment inexacte d'interpréter l'état d'esprit de ses soldats. Les bédouins de la Légion étaient persuadés qu'ils allaient se battre, marcher sur Tel-Aviv, conduire leurs blindés jusqu'aux rivages de la Méditerranée. Cette humeur belliqueuse s'accorderait difficilement avec « le simulacre de guerre » que les plans du général anglais se proposaient de leur offrir.

*

Une atmosphère infiniment moins euphorique régnait au centre de liaison des armées arabes installé au camp de Zerqa qu'une partie des forces de Glubb venait à peine de quitter. « L'endroit, constata Azzam Pacha, était en proie à une totale pagaille. » Le général que les Egyptiens avaient envoyé comme officier de liaison semblait être dans l'ignorance complète des mouvements de son armée. Quant aux Irakiens, ils ne s'étaient pas encore montrés.

Pour couronner cette situation déjà pitoyable, un télégramme du général Safouat Pacha arriva de Damas le 13 mai à midi. « Fermement convaincu que l'absence d'un accord sur un plan d'opérations précis ne peut nous conduire qu'au désastre, annonçait-il, je présente ma démission. » Azzam Pacha le remplaça par un autre Irakien, un Kurde qui avait au moins pour lui l'honneur de porter le nom d'un général de Saladin, Nurreidin Mahmoud. Dans la confusion, le secrétaire général de la Ligue arabe ne trouvait qu'une voix pour le rassurer. Avec patience et conviction, l'officier de liaison britannique appartenant à la Légion arabe répétait sans cesse qu'il fallait bannir toute crainte.

« Nous allons les battre à plate couture », affirmait-il.

*

Pour d'autres Britanniques, qui faisaient leurs

bagages avant leur départ fixé au lendemain, la guerre se terminait enfin. Beaucoup d'entre eux n'avaient pratiquement jamais cessé de se battre depuis 1939, dans un coin ou l'autre du monde. A Jérusalem, les souks de la Vieille Ville grouillaient de soldats anglais à la recherche d'un dernier souvenir de leur séjour en Palestine. Le colonel Jack Churchill, l'officier qui avait tenté de sauver les victimes du convoi de la Hadassah, était depuis longtemps désireux d'acquérir deux tapis. Ce vétéran du Moyen-Orient connaissait bien l'art du marchandage. Mais ce jour-là il était inutile d'y recourir. Dans la main du marchand qui réclamait cent livres, il déposa quatre billets de dix livres.

« Contentez-vous de ça, lui conseilla-t-il, car demain les Juifs seront là, et ils vous prendront tous vos tapis pour rien. »

Ce départ plaça un petit groupe de militaires devant une alternative aussi ancienne que les hommes et la guerre, abandonner la femme aimée ou déserter pour elle et tenter de recommencer une nouvelle vie en exil. Mike Scott n'eut aucune hésitation. Pendant des mois, il s'était rendu chaque semaine au cinéma pour glisser dans les mains de sa fiancée juive, à la faveur de l'obscurité, les documents qu'il avait subtilisés dans son service du Deuxième Bureau. Dès qu'il reçut sa feuille de route, il alla trouver l'ancien officier des Guards, Vivian Herzog, pour lui annoncer qu'il se mettait au service de la Haganah. Il demanda seulement s'il pouvait accompagner cet engagement de quelque cadeau. Avec un humour que ses années d'armée britannique lui avaient permis de cultiver, Herzog suggéra qu'un canon conviendrait parfaitement.

C'est ainsi que, l'après-midi du 13 mai, le major Mike Scott pénétra dans le plus important dépôt d'artillerie de Haïfa avec une grue, un camion et trois soldats. Il annonça au général responsable que le commandement de Jérusalem venait de perdre un canon de 88 mm dans un accident de la route aux environs de Ramallah et qu'il désirait le remplacer immédiatement pour le cas où des troubles se produiraient lors de l'évacuation.

« Servez-vous », répondit le général en montrant son parc d'artillerie.

Quelques minutes plus tard, dans un garage du mont Carmel, l'armée que le zèle d'un officier de marine britannique avait dépossédée de ses précieux canons se vengeait de l'arraisonnement du *Boréa*. La Haganah s'emparait de sa première pièce d'artillerie lourde.

Mais pour la plupart des Anglais qui restèrent en Palestine ce n'est pas l'amour d'une femme qui les y détermina. Venus en policiers impartiaux, ils avaient finalement trouvé une cause, embrassé des passions, pris parti dans des divisions. Déserteurs par idéal, ils passèrent ce jour-là d'un côté ou de l'autre. Ainsi, chargés de leurs armes et de trois caisses de munitions, trois soldats en civil frappèrent à la porte de la maison d'Antoine Sabella, un chef arabe qui habitait près de la gare, et lui offrirent leurs services.

Dans le quartier juif de la Vieille Ville, un caporal anglais s'empara brusquement d'un fusil-mitrailleur et courut le jeter dans les mains du premier agent de la Haganah qu'il rencontra. Il offrit aussi un renseignement plus précieux que toutes les armes : l'heure à laquelle les forces britanniques évacueraient le quartier. Ainsi, à l'instant où un officier anglais remettait au vieux rabbin Mordechai Weingarten la clef de la porte de Sion tandis que s'en allait le dernier détachement d'occupants derrière les cornemuses, la Haganah était prête. Balayant à coups de pied les bouteilles de bière et de whisky vides et les vieilles boîtes de cigarettes, les Juifs investirent les points d'appui au fur et à mesure que les Britanniques les abandonnaient. A la tombée de la nuit, l'Opération Serpent avait atteint ses objectifs. La Haganah contrôlait tous les postes militaires du vieux quartier, ainsi que la porte de Sion et une position clef située à la lisière du quartier arménien — la haute coupole de l'église Saint-Jacques qui dominait sa ligne de défense à l'ouest. Le premier épisode du combat pour Jérusalem était une incontestable victoire juive.

*

Caché derrière une pile de caisses dans la cour de l'orphelinat Schneller, le juif Joseph Nevo, l'un des jeunes conquérants de Katamon, surveillait avec un bonheur indicible le départ de la seule personnalité britannique qu'il voulait réellement voir s'en aller — sa belle-mère. Il avait déployé pour obtenir ce résultat toutes les ressources de son énergie. Vêtue d'un pimpant tailleur gris et d'un large chapeau à fleurs, l'auguste dame était l'unique passager civil d'un convoi du Palmach qui allait tenter de forcer le blocus arabe pour gagner Tel-Aviv. Dès que le convoi eut disparu, Nevo et sa femme Naomi tombèrent dans les bras l'un de l'autre.

« Je m'installe chez toi dès ce soir, annonça le jeune marié.

— Non ! dit-elle. Attendons encore une nuit. Je te retrouverai demain matin à dix heures au café Atara. »

*

Un silence de mort enveloppait les collines de Kfar Etzion. La chute du kibboutz central privait les colonies satellites de Massuot, Ein Tsurim et Revadim de leur principal point d'appui. Isolées, moins protégées, moins bien armées, elles n'étaient plus que des épaves, avant d'être englouties à leur tour.

Mais ce ne serait pas les hommes d'Abdullah Tell qui leur porteraient le coup final. Convaincu d'avoir anéanti toute possibilité de résistance, Abdullah Tell, pressé de rentrer en Transjordanie avant l'expiration du Mandat, avait renvoyé ses forces à Jéricho et laissé aux irréguliers le soin de réduire les kibboutzim satellites. Avant d'entreprendre cette tâche, les milliers de villageois qui s'étaient abattus sur les décombres de Kfar Etzion avaient une besogne moins périlleuse à accomplir. Vers la fin de l'après-midi, les habitants du kibboutz de Massuot virent une colonne de camions et de charrettes pénétrer dans la colonie vaincue. Quand elle ressortit, ils fouillèrent des yeux les véhicules pour y découvrir leurs camarades prisonniers. Ils ne virent que les restes du kibboutz. Débordante de butin, la colonne s'étirait sur des kilomètres. Il sembla à un Juif que les Arabes « emportaient Kfar Etzion jusqu'au dernier clou ». Il y avait là des lits, des matelas, des ustensiles de cuisine, des meubles, des charrues, des vaches, des mulets, des bottes de paille et jusqu'aux tuiles des toits. Même les torahs de la Neveh Ovadia en ruine s'en allaient pour décorer quelque village des environs.

Quand ce formidable déménagement fut terminé, Abdul Halim Shalaf, le principal représentant de Hadj Amin dans la région d'Hébron, rassembla ses partisans pour l'extermination finale des trois satellites. Décidé à ne pas tomber dans leurs mains, le kibboutz d'Ein Tsurim informa le Q.G. de Shaltiel que ses habitants envisageaient de tenter une sortie générale à la faveur de la nuit pour gagner Jérusalem à pied. Persuadé que cette action ne pourrait aboutir qu'à un nouveau massacre, Shaltiel supplia les colons de rester sur place. De son côté, il entama une véritable course contre la mort pour essayer de les sauver par l'intervention de la Croix-Rouge et des consuls de France, de Belgique et des Etats-Unis.

*

Les carillons du clocher roman du Saint-Sépulcre égrenaient les notes de l'angélus annonçant le crépuscule. La voix plaintive des muezzins s'insinuait au plus profond des ruelles pour appeler les fidèles de l'Islam à la prière du soir. Dans leurs casernes et leurs résidences, les soldats et les fonctionnaires britanniques entendaient ces bruits pour la dernière fois. Trente ans, cinq mois et quatre jours après l'arrivée du général Edmund Allemby à la porte de

Jaffa, ils accompagnaient la fin de la présence britannique à Jérusalem.

Chaque Anglais allait vivre ces heures à sa manière. Dans une pension du quartier de Réhavia, un groupe d'officiers dînaient chez le Juif qui avait autrefois servi dans leurs rangs. Pour Vivian Herzog, cette réunion était l'occasion de témoigner sa gratitude aux responsables de quelques-uns des principaux bâtiments du centre de Jérusalem. Chacun avait en effet, d'une façon ou d'une autre, aidé la Haganah à en préparer l'occupation dans quelques heures. Cette soirée resterait pour Herzog celle du « dernier repas ». C'était un dîner bien frugal, pourtant. Si le whisky coulait en abondance, le contenu des assiettes reflétait la dramatique situation alimentaire de la ville. Tout ce que l'officier juif avait pu offrir était une omelette à la poudre d'œufs.

Dans le mess du Highland Light Infantry installé dans l'énorme bâtisse de l'hostellerie *Notre-Dame de France*, les officiers du régiment revêtirent leur kilt et leur veste de gala pour un dernier dîner de cérémonie arrosé de leur traditionnelle boisson, l'Athol Brose — un mélange de whisky, de miel, de flocons d'avoine et de crème.

Les hurlements d'une gigantesque partie de poker marquèrent, à l'entrée du quartier de Yemin Moshe, la dernière soirée du Press Club. Son triste petit bar était devenu le tout dernier endroit où quelques Arabes, Juifs et Anglais se côtoyaient encore. Il avait été le théâtre de monumentales beuveries pendant ces dernières semaines et, du haut de ses tabourets, Gaby Sifroni, le doyen des journalistes juifs, et son homologue arabe Abou Saïd Abou Reech avaient conclu de nombreux accords pour venir en aide à quelque parent ou ami de collègues menacés par les tireurs du Mufti ou ceux de l'Irgoun et du groupe Stern.

La voix de la radio couvrait maintenant le vacarme de leurs adieux et de leur dernière partie de poker. Entre deux marches militaires, la station de Radio-Palestine aux mains des Arabes demanda à ses auditeurs de ne pas quitter l'écoute en prévision d'une importante communication britannique prévue pour vingt et une heures. Les Anglais, ironisèrent cyniquement quelques journalistes, vont annoncer qu'ils ont finalement décidé de rester.

Un autre dîner, intime et raffiné, réunissait à l'hôtel du *Roi-David* quelques hauts fonctionnaires, le secrétaire général du gouvernement, le procureur général et le Chief Justice Sir William Fitzgerald. Offert par le directeur suisse de l'établissement, ce fut, se rappelle Fitzgerald, « un repas triste et silencieux ». Quand il prit fin, le petit groupe s'avança vers les baies vitrées. Là, déployé à leurs pieds, avec ses dômes et ses clochers scintillant sous la lune, se trouvait l'un des plus fascinants panoramas du monde — les toits de Jérusalem. Instinctivement, chacun leva son verre pour un toast silencieux à la Vieille Ville.

Pour Assad V, le magnifique chien danois blanc et noir de l'architecte Dan Ben Dor, c'était aussi le soir du dernier repas. Son maître allait être récompensé de l'avoir conduit chaque jour à l'hôpital italien pour lui faire avaler une substantielle pâtée dont son estomac vide se serait bien contenté.

Après avoir ouvert une nouvelle boîte de viande, le sergent de la cuisine alla chercher une caisse qu'il offrit à l'architecte.

« Voilà, dit-il, emportez cela. C'est la dernière fois que je peux nourrir votre chien. Nous partons ce soir.

— Oh ! vraiment ? répliqua Ben Dor en essayant de cacher son intérêt. A quelle heure ?

— Minuit trente. »

Une demi-heure plus tard, une unité de la Haganah prenait position dans les rues entourant l'hôpital.

Dans la somptueuse salle de banquets de Government House, les chandeliers illuminaient le dîner d'adieux de Sir Alan Cunningham. Vêtus de leurs tenues de gala ornées de toutes leurs décorations, les officiers supérieurs de l'état-major devisaient sereinement aux sons joyeux de l'orchestre du régiment Highland Light Infantry.

*

Un peu avant neuf heures, une Rolls-Royce noire escortée de deux automitrailleuses s'arrêta devant le studio de Radio-Palestine. Jetant un coup d'œil de la fenêtre de son bureau, l'Arabe Raji Sayhoun, rédacteur en chef de la station, sut que le personnage qui devait faire la « communication importante » qu'il avait annoncée à ses auditeurs était arrivé.

L'air sombre, Sir Alan Cunningham descendit de la voiture. Raji Sayhoun l'escorta jusqu'au studio A, une minuscule cabine d'enregistrement équipée d'un micro, d'une chaise et d'un guéridon. A neuf heures précises, l'Arabe interrompit la marche militaire que diffusait la radio et annonça « une déclaration de Son Excellence le haut-commissaire ». Le technicien appuya sur un bouton et d'un geste de la main Sayhoun fit signe à Sir Alan qu'il était sur les ondes.

Tandis que lui parvenaient les premiers mots, le journaliste sentit sa gorge se nouer d'émotion. Le haut-commissaire disait adieu à la Palestine. Son allocution fut brève et poignante. Quand il eut terminé, Sayhoun demanda respectueusement à Sir Alan s'il désirait qu'il ajoutât quelques mots en arabe avant de reprendre le cours normal des émissions.

« Non, répondit tranquillement l'Anglais. Jouez seulement le *God Save the King*, s'il vous plaît. C'est peut-être la dernière fois que vous en aurez l'occasion. »

Dans son petit bureau de Tel-Aviv, David Ben-Gourion veillait. Devant lui, se trouvait le texte qui allait dans quelques heures annoncer au monde que le siège du pouvoir laissé vacant par Sir Alan Cunningham et la nation qu'il représentait, était occupé par une nouvelle autorité. C'était le brouillon de la proclamation officielle de l'Etat juif.

QUATRIÈME PARTIE

BATAILLE POUR LA VILLE SAINTE
14 MAI — 16 JUILLET 1948

32

LE 5 IYAR 5708

Deux ombres chuchotantes arpentaient la rue bordée de rouleaux de barbelés. Les premières lueurs de l'aube dessinaient déjà les contours du groupe d'édifices situés au centre de Jérusalem que les Juifs surnommaient « Bevingrad ». Le major britannique responsable de ces bâtiments donnait d'ultimes indications à Ariyeh Schurr, l'officier de la Haganah chargé de s'en emparer dès le départ du dernier Anglais.

« Maintenant, bonne chance ! » conclut le major en prenant congé.

Mais Schurr le retint.

« Attendez, dit-il, je voudrais vous offrir un témoignage de notre gratitude. Vous nous avez peut-être aidés à sauver d'un massacre les Juifs de Jérusalem. »

Schurr plongea la main dans sa poche et en retira le cadeau le plus luxueux qu'il avait pu trouver dans la ville assiégée : une montre en or sur le boîtier de laquelle étaient gravés le nom de l'Anglais, la date et une courte mention destinée à lui rappeler le souvenir de l'armée qui la lui avait offerte : « Avec la reconnaissance de la H. »

Grâce au matériel téléphonique volé dans les bureaux de l'administration britannique, Schurr avait mis en place un réseau autonome de communications. Ce dispositif le reliait aux vingt-quatre postes d'observation qu'il avait placés sur les toits entourant le centre de la ville, ainsi qu'aux unités qui attendaient cachées dans des maisons en bordure de Bevingrad. Armés de téléphones volants, des opérateurs des P.T.T. se tenaient prêts à suivre les troupes pour avertir Schurr de leur progression, presque mètre par mètre. Schurr avait même découvert un stock de plusieurs centaines de cisailles provenant des surplus de l'armée anglaise. Achetés deux shillings pièce, ces outils allaient permettre à ses soldats juifs de s'ouvrir rapidement un chemin à travers la forêt de fils de fer barbelés qui défendait Bevingrad du côté ouest.

Une lumière s'alluma sur le standard. Un observateur appelait pour prévenir que les premiers militaires anglais commençaient à quitter la Grande Poste. Schurr jeta un coup d'œil à sa montre.

L'officier britannique n'avait pas menti.

Il était exactement quatre heures.

*

Dans l'hostellerie *Notre-Dame de France*, dans toute la zone de Bevingrad, dans les casernes Allenby et El-Alamein, sur la colline du Mauvais Conseil et dans le hall de l'hôtel du *Roi-David*, dans tous les bâtiments de Jérusalem qui les abritaient encore, les Anglais étaient debout depuis l'aube. Les soldats jetaient leur barda dans les camions, les civils bouclaient leurs valises. Un peu partout, des moteurs commençaient à ronronner. Les véhicules se formaient en colonnes, les hommes se dirigeaient vers les points de rassemblement.

Pour le général Jones, la dernière manœuvre de l'armée britannique à Jérusalem n'était qu'une « simple opération de transport ». Pour la désigner par un nom de code, l'officier des transmissions n'avait su trouver aucun souvenir biblique, aucun rappel historique à la mesure du prestige et de la gloire de la Ville sainte. Il s'était contenté d'un nom de poisson. Ce 14 mai 1948, Jérusalem était « la Morue ».

A sept heures, les premières colonnes étaient prêtes à partir. Derrière leur fanion de soie jaune qui avait, au siècle dernier, flotté face aux Maoris de Nouvelle-

Zélande, les hommes du Suffolk Regiment descendirent les pentes du mont Sion pour gagner leurs camions. Derrière leurs cornemuses, ceux du Highland Light Infantry sortaient solennellement de *Notre-Dame de France*. Le capitaine Michael Naylor Leyland, cet officier des Lifeguards qui avait recueilli les derniers survivants du convoi de la Hadassah, fit franchir à ses blindés les rouleaux de barbelés qui avaient séparé la zone britannique des habitants de Jérusalem. A mesure qu'ils parcouraient les rues, il constatait, non sans amertume, que personne ou presque n'assistait à leur départ.

Les dernières images que bien des soldats anglais emportaient de Jérusalem se teintaient du soulagement de quitter un endroit où ils n'avaient été, comme le dirait l'un d'eux, « qu'un ballon de football entre deux camps ».

Pour certains, la dernière impression de la Ville sainte serait religieuse. Pour d'autres, comme le lieutenant Robert Ross, ce serait le souvenir de l'endroit insolite où il avait entendu siffler sa première balle — le jardin de Gethsémani. Pour le caporal-chef Gerard O'Neill, de Glasgow, ce serait l'honneur d'être le tout dernier soldat britannique à quitter Jérusalem; pour le commandant Naylor Leyland, le sang de l'un de ses hommes qui maculait encore la tourelle où il avait été tué quelques jours auparavant; pour le lieutenant-colonel Alec Brodie, vétéran d'une douzaine de campagnes, la recherche frénétique d'un bout de ficelle pour arrimer ses valises.

Pour le commandant Dan Bonar, ce départ représentait le dernier acte d'une carrière militaire qui avait débuté trente ans plus tôt par un autre matin de mai. C'est lui qui avait hissé l'Union Jack à Adinfen après la bataille de la Somme. Ses années de service l'avaient conduit d'Arkhangelsk en Irlande, de l'Egypte à Dunkerque, de la Normandie à la Ruhr et, finalement, en Palestine. La boucle était bouclée. Il descendit le dernier drapeau britannique à flotter encore dans le ciel de Jérusalem.

Pour le capitaine James Crawford, la dernière image serait le salut militaire d'un vieux cheikh au garde-à-vous, « témoignage de respect, dira-t-il, envers les camarades que je laissais derrière moi et qui avaient donné leur vie pour une cause qui n'était pas véritablement la leur ».

Pour le général Jones, ce serait une dernière inspection à travers les couloirs déserts de Government House. Toutes les pièces étaient propres et rangées. Avec son bureau nu et son fauteuil vide, le cabinet de Sir Alan donnait même l'impression « de n'avoir jamais été occupé ».

Le Chief Justice Sir William Fitzgerald devait emporter avec lui une vision aussi vieille que la Palestine — celle d'un fellah sur un âne qui cheminait tranquillement vers Bethléem et ne leva même pas la tête pour regarder passer le convoi. En l'observant par la fenêtre de son autocar, Sir William se demanda soudain : « Avons-nous vraiment changé quelque chose au cours de nos trente années en Palestine ? »

*

« Une ère nouvelle commence aujourd'hui pour la Palestine. Longue vie à une Palestine libre et indépendante ! » s'écria l'Arabe Raji Sayhoun au micro devant lequel Sir Alan Cunningham avait, quelques heures plus tôt, prononcé son message d'adieu.

Puis, le journaliste quitta le studio situé en zone juive et monta dans une voiture pour gagner Ramallah où le poste arabe s'était replié. En sortant de la ville, il se retourna pour embrasser du regard le panorama de la cité qu'il abandonnait. L'objet sur lequel ses yeux s'arrêtèrent ne constituait pas un présage favorable pour l'ère nouvelle qu'il venait d'annoncer. L'emblème bleu et blanc du sionisme flottait sur l'immeuble de Radio-Palestine.

Délimité par l'étroite avenue de la Reine-Mélisande, le boulevard de Jaffa et la rue Saint-Paul, le triangle dont les soldats de la Haganah venaient ainsi d'amorcer la conquête occupait le cœur de la nouvelle Jérusalem. Sa pointe arrivait jusqu'à l'angle nord-ouest des remparts. La plupart des objectifs dont ils devaient s'emparer se trouvaient à l'intérieur de cet espace qui correspondait approximativement à la zone britannique de Bevingrad. Ils comprenaient l'hôtel de police, la mairie, la prison, les tribunaux, l'hôpital gouvernemental, la Grande Poste et le central téléphonique.

Un seul objectif se trouvait en dehors de ce triangle stratégique, l'énorme hostellerie en forme de E de *Notre-Dame de France*. Construite face aux remparts, cette forteresse dominait toute la ville.

*

Pour accomplir sa mission, le Juif Ariyeh Schurr disposait de quatre cents soldats et de six cents volontaires de la milice territoriale. Dès huit heures, précédés par des équipes qui cisaillaient les barbelés, les premiers groupes juifs s'infiltrèrent à l'intérieur de la zone de Bevingrad. Une surprise désagréable les y attendait : les Anglais avaient placé à l'intérieur un second réseau de barbelés. Grâce aux échelles qu'ils avaient apportées, ils purent cependant escalader les murs et les fenêtres et s'emparer des premiers bâtiments avant même que toutes les troupes britanniques n'eussent quitté la zone par l'autre extrémité du triangle. Boulevard de Jaffa, les quarante hommes de la brigade Players occupèrent la Grande Poste et le central téléphonique à l'instant même où les Britanniques les évacuaient. Le central devint aussitôt une arme psychologique considérable. Les Juifs téléphonèrent aux Arabes habitant les immeubles qui constituaient leurs prochaines cibles pour tenter de provoquer leur fuite en les terrorisant.

En moins d'une heure, Schurr avait occupé la moitié des objectifs qui lui avaient été assignés. Deux secteurs seulement lui donnaient quelque souci, l'un près de la prison centrale où des Arabes avaient réussi à prendre pied, l'autre à *Notre-Dame de France* où ses adversaires avaient pu expulser les soldats de la Haganah qui y étaient entrés les premiers.

Les autres phases de l'Opération Fourche, lancée par David Shaltiel pour conquérir un front continu du nord au sud de la ville, se présentaient sous des auspices favorables.

Responsable du secteur nord de l'agglomération, Isaac Levi avait du toit de l'immeuble des syndicats guetté le départ des Anglais. Dès qu'ils eurent disparu derrière la crête du mont Scopus, il ordonna à ses hommes postés rue du Prophète-Samuel, à la lisière du quartier de Mea Shearim, de passer à l'action. Leur avance fut si rapide qu'ils s'emparèrent presque sans coup férir des bâtiments de l'école de police et de tout le quartier de Sheikh Jerrah d'où les forces juives avaient été chassées dix-sept jours plus tôt par un ultimatum anglais. Au milieu de la matinée, Levi avait réussi à rétablir les communications avec l'université assiégée et l'hôpital du mont Scopus.

Au sud, Abraham Uzieli devait s'emparer de la caserne Allenby dont la capture isolerait le quartier de Bekaa et les colonies allemande et grecque du reste de l'agglomération arabe. La Haganah pourrait ainsi tenir au sud une ligne continue, allant de la gare aux quartiers juifs de Mekor Hayim et de Talpiot et même jusqu'au kibboutz de Ramat Rachel situé à l'extrémité sud de la ville. Pour accomplir sa mission, Uzieli disposait de deux sections, d'une Davidka, de trois obus et de très peu de temps. Une bande d'Irakiens entrés avant lui dans la caserne firent échouer son attaque.

Cette réaction arabe constituait toutefois une exception. Presque partout, les Arabes avaient été pris de court à la fois par la rapidité du départ des Anglais et par celle des soldats juifs. Quand le père Ibrahim Ayad se présenta dans une voiture arborant le pavillon pontifical pour prendre possession de l'hôpital italien au nom du Mufti, il se heurta aux Juifs envoyés par l'architecte Dan Ben Dor qui l'occupaient déjà.

L'ancien inspecteur de police Mounir Abou Fadel, l'un des chefs arabes de la Vieille Ville, promenant son bouledogue Wolf le long des remparts de la Vieille Ville, vit passer des convois : c'est alors seulement qu'il comprit que les Anglais s'en allaient. Son adjoint Anouar Khatib aperçut la limousine de Sir Alan Cunningham du cimetière de Mamillah où il s'était réfugié pour échapper aux tireurs juifs. Il songea alors à l'impatience avec laquelle il avait attendu l'instant où cette voiture s'en irait, et s'étonna de l'incertitude qu'il éprouvait pour l'avenir en la voyant partir.

A son retour au Q.G. de l'école de la Raoudah, Khatib n'y trouva « aucune coordination, aucune autorité responsable : rien qu'un tas de gens qui se querellaient ». Les groupes d'irréguliers avaient bien reçu l'ordre d'occuper les positions indiquées sur le plan d'Abou Fadel, mais aucune action concertée n'en était résultée. La plupart d'entre eux n'avaient rien entrepris et ceux qui s'étaient hasardés à tenter une opération, comme à *Notre-Dame de France*, étaient impuissants à exploiter leur avantage.

Khatib se rendit compte avec tristesse que « la Raoudah n'était décidément qu'un ramassis de personnages à demi hystériques, incapables de s'entendre pour exécuter la moindre action d'ensemble ». Tandis que Fadel Rachid, le chef des volontaires irakiens, et Khaled Husseini, celui des partisans du Mufti, refusaient obstinément de quitter leur Q.G., les efforts de Mounir Abou Fadel pour organiser au moins la défense de la Vieille Ville étaient sans cesse contrecarrés par un chef de bande de vingt-cinq ans, un fils de cordonnier nommé Hafez Barakat que ses partisans appelaient « le Général ».

Emile Ghory, quant à lui, avait prévu de prendre la tête de six cents Arabes et de les conduire dans le secteur de Sheikh Jerrah que les forces juives venaient d'occuper. Son plan ne comportait qu'une erreur. Croyant que les Anglais ne partaient que le 15 mai, ses hommes n'étaient pas encore arrivés à Jérusalem.

Le seul quartier où les Arabes offrirent une réelle résistance fut la Colonie américaine, un petit faubourg de jardins et de villas cossues qui s'étendait de la porte de Damas jusqu'à Sheikh Jerrah. Là, l'instituteur Baghet Abou Garbieh à la tête d'un groupe composé de Frères Musulmans syriens, d'Irakiens et de Libanais tenait en échec les groupes d'assaut de David Shaltiel.

*

Si la matinée s'était révélée désastreuse pour les Arabes de Jérusalem, à quinze kilomètres de là, d'autres Arabes remportaient une victoire dont les répercussions allaient assombrir ce jour de gloire du peuple juif. Les trois derniers kibboutzim de Kfar Etzion étaient sur le point de se rendre.

Juste après minuit, un message radio à peine audible avait informé leurs habitants que les négociations entreprises pour leur épargner la fin tragique de leurs camarades du kibboutz central avaient abouti. Mais le prix qu'ils allaient payer pour avoir voulu racheter la stérilité de leurs collines avec les fruits de leurs vergers serait lourd. Ils allaient renouer avec l'une des plus tristes traditions du peuple juif. Prisonniers, ils partiraient pour Amman, en exil.

Du toit de l'infirmerie du kibboutz de Massuot, Uriel Ofek, poète membre du Palmach, surveillait depuis des heures les Arabes qui se pressaient tout autour. Ils étaient si nombreux qu'il lui semblait que tous les villages de Jérusalem à Hébron s'étaient vidés de leurs habitants. « Ils affluaient par milliers, dirait-il, et rien ne pouvait les ralentir, pas même l'explosion des mines encore éparpillées sur les voies menant à Kfar Etzion. »

Un fragile cessez-le-feu imposé par la Croix-Rouge était en vigueur depuis quatre heures du matin. Mais sentant la victoire à leur portée, les Arabes étaient impatients de submerger les trois colonies. La délégation de la Croix-Rouge chargée d'organiser la reddition fut engloutie par une mer hurlante avant de

514

pouvoir atteindre le premier kibboutz. Quand elle y parvint enfin, les responsables juifs lui firent savoir qu'en raison du massacre de leurs camarades du kibboutz central par les irréguliers, ils ne se rendraient qu'à la Légion arabe. Un émissaire fut dépêché à Hébron où, contrairement aux ordres de Glubb Pacha, se trouvait encore un détachement de légionnaires. Dans quelques heures, les colons béniraient cet acte d'indiscipline.

Les soldats bédouins et leurs camions arrivèrent enfin vers midi et les opérations de reddition commencèrent. Dans chaque kibboutz, les officiers de la Haganah refusèrent de rendre leurs armes avant que les femmes et les blessés n'eussent été chargés dans les ambulances et que leurs hommes ne fussent en sécurité dans les camions de la Légion arabe. A Ein Tsurim, un colon retourna jusqu'au réfectoire déjà envahi par les Arabes pour décrocher du mur la Sefer Torah, le rouleau sacré de la Loi. A Massuot, un rabbin commença à réciter les prières du Sabbat.

« Le Seigneur est Toute Justice. Il est notre Roc et notre Bien », répondaient les hommes tandis que des larmes coulaient sur leurs visages.

Puis l'opérateur radio envoya un dernier message :
« Ce soir nous ne serons plus là », annonça-t-il.
Ainsi finit le dernier chapitre de Kfar Etzion.

Entassés dans les camions qui descendaient des collines, les prisonniers jetèrent un dernier regard sur les baraquements où ils avaient si durement vécu. Ils les virent disparaître dans les flammes. Puis, la foule des arabes s'abattit en un ouragan sur les vignobles et les vergers. Comme s'ils voulaient effacer à jamais les dernières traces de l'intrusion étrangère sur leurs vieilles collines, ils arrachèrent un à un les jeunes arbres qui portaient les fruits de la première récolte.

*

A deux cents kilomètres de là, deux solides amarres consommaient dans le port de Haïfa une autre défaite juive. Dès que le *Boréa*, dont les cales contenaient des canons et des obus pour la Haganah, fut immobilisé à quai, un détachement de soldats anglais prit position autour du navire. Une mise en quarantaine pour cause de choléra n'aurait pas été plus stricte. L'officier britannique informa simplement le commandant qu'aucun membre de son équipage ne pourrait descendre du bateau jusqu'à nouvel ordre.

*

Une grande tristesse mêlée de soulagement s'empara de David Shaltiel quand il apprit que tout était fini à Kfar Etzion.

Ni le commandant de Jérusalem ni ses hommes n'eurent toutefois le temps de s'attendrir sur cette défaite. Leur progression à travers Jérusalem continuait. Les soldats d'Ariyeh Schurr chassaient du triangle de Bevingrad les quelques Arabes qui avaient réussi à s'y infiltrer. Derrière eux, des équipes spéciales exploraient méthodiquement tous les bâtiments capturés. Chacun d'eux était pour les soldats de Jérusalem, si mal équipés, une véritable île au trésor. En dépit de leur méticuleuse organisation, les Anglais avaient en effet laissé derrière eux une quantité étonnante de richesses. Ils découvrirent quarante mille paires de brodequins dans un seul immeuble, soit deux paires pour chaque combattant de l'armée juive. Un bâtiment voisin recélait un tel stock de torches lumineuses qu'un soldat juif se dit que « toute la ville pourrait être illuminée ce soir ». A l'hôtel de police, Natanael Lorch trouva un superbe sabre ciselé à la main qui serait bientôt utilisé pour la cérémonie de l'entrée en fonction du premier président de l'Etat juif. Lorch découvrit aussi plusieurs boîtes de papier à l'en-tête de Sir Henry Gurney, le dernier secrétaire général du gouvernement de la Palestine. Cet élégant papier ferait la joie de ses correspondants dans les mois à venir. Le soldat Murray Hellner, qui avait été chargé de monter sur le toit du bâtiment de Radio-Palestine pour en descendre l'antenne, reçut une bizarre récompense pour son escalade. Dans l'armoire d'un studio, il trouva les deux grands drapeaux anglais qui servaient à recouvrir les cercueils des soldats tués à Jérusalem. Il décida aussitôt de les utiliser comme draps pour son lit de camp.

Devant l'hôpital gouvernemental, un membre de l'Irgoun tomba sur une véritable aubaine, un troupeau de moutons. Hassib Boulos, le chirurgien arabe de l'hôpital, leur courait désespérément après pour les empêcher de s'enfuir. Il espérait déjà, grâce à eux, assurer la survie de son personnel pendant les dures journées à venir. Désignant au soldat de l'Irgoun son brassard de la Croix-Rouge, il lui demanda de l'aider à les rattraper.

« Les moutons ont-ils aussi leur brassard ? » demanda ironiquement le Juif.

Devant le silence interloqué du médecin arabe, le Juif reprit :

« Alors, pas de chance. Ils sont à moi. »

Le journaliste britannique Eric Downtown, qui accompagnait un autre soldat de l'Irgoun, assista à une scène extraordinaire. Le Juif enfonça une porte dans le commissariat de police, et les deux hommes se trouvèrent tout à coup devant une vision d'horreur. Devant eux s'élevait une potence. Au bout de la corde pendait un nœud coulant; au-dessous, la trappe était prête à s'ouvrir. La stupeur paralysa un instant l'homme de l'Irgoun. Puis il se tourna vers l'Anglais.

« C'est ici que vos compatriotes ont pendu mes amis », dit-il seulement.

*

De tous les Arabes que l'avance rapide des forces de la Haganah continuait à surprendre en cette fin de matinée, le plus accablé était peut-être Antoine Safieh. Comme il se frayait un chemin sous la fusillade, il apprit une nouvelle consternante. « L'endroit le plus sûr de Jérusalem », la mairie, dans le coffre de laquelle il avait déposé son chèque de vint-sept mille cinq cents livres, venait de tomber aux mains des Juifs. Désespéré, Safieh partit à la recherche de ses collègues de la Vieille Ville pour les informer d'une triste nouvelle. Leur municipalité était ruinée.

Du sud de la ville, d'autres Arabes lancèrent une nouvelle bien plus terrifiante encore. Ayant occupé le central téléphonique, les Juifs purent intercepter un appel provenant des Irakiens qui défendaient la caserne Allenby.

« Au secours ! criait une voix, les Juifs nous bombardent avec une sorte de bombe atomique. »

Si le premier obus de la Davidka d'Uzieli n'avait pas explosé, le second semblait, par son seul bruit, avoir terrorisé les défenseurs. Uzieli s'empressa d'expédier son troisième et dernier projectile. A midi, ses hommes pénétraient enfin dans la caserne. Elle était vide. Laissant derrière eux des caisses de cigarettes et de conserves britanniques, tous les Irakiens s'étaient enfuis.

Pendant ce temps, au nord, Isaac Levi consolidait ses conquêtes de la matinée et achevait d'occuper le quartier de Sheikh Jerrah. Cependant, décidé à empêcher le renouvellement de la tragédie de Kfar Etzion dans son secteur, il n'hésita pas à enfreindre l'ordre formel de Ben Gourion de n'abandonner aucune colonie juive. Il autorisa les colons de Neveh Yaacov, un kibboutz encerclé par les Arabes entre Jérusalem et Ramallah, à se replier sur ses lignes.

A la mi-journée, les seuls endroits où ses forces étaient encore tenues en échec étaient les quartiers de la Colonie américaine et de Musrara, où Baghet Abou Garbieh continuait d'opposer une furieuse résistance. L'instituteur arabe avait réparti ses soixante-dix hommes en trois groupes. Les Syriens étaient embusqués dans une école, les Irakiens dans l'hôtel Ragadan et les Libanais le long de la rue Saint-Paul, derrière *Notre-Dame de France*. Il avait braqué son unique mitrailleuse en direction d'un point d'appui juif installé dans une maison qui deviendrait bientôt le symbole de Jérusalem divisée. Elle appartenait à un Juif, un riche marchand de draps et de tissus nommé Mandelbaum.

En fin d'après-midi, tandis que la bataille s'apaisait, Shaltiel envoya un message radio à Tel-Aviv pour annoncer que la plupart de ses objectifs avaient été atteints et que « la défense de l'ennemi s'était révélée très faible ». Presque au même moment, un autre message partait de Jérusalem et confirmait le rapport du chef de la Haganah. Envoyé par le commandement arabe de Jérusalem à Hadj Amin, il déclarait : « La situation est critique. Les Juifs ont presque atteint les portes de la Vieille Ville. »

*

Le Juif le plus heureux de Jérusalem remontait en sifflotant la rue Ben Yehuda en direction du café *Atara*. Joseph Nevo allait profiter des deux heures de permission qu'il avait obtenues pour fêter deux heureux débuts, celui de sa vie d'homme marié et celui de l'ère nouvelle qui commençait pour la Jérusalem juive. Mais dès qu'il aperçut le visage livide de son épouse, Nevo comprit qu'il avait surestimé les occasions de joies que lui réservait cette matinée. Les premiers mots de Naomi confirmèrent ses craintes.

« Maman est revenue, soupira-t-elle. Le convoi n'a pas pu passer. »

Une découverte presque aussi désagréable attendait ce matin-là Pablo de Azcarate à son retour d'Amman. Après avoir montré tant de dédain pour sa mission au service des Nations unies, l'administration britannique avait pris congé de lui sur un mensonge. Malgré les assurances de Sir Henry Gurney, les Anglais étaient bel et bien partis. « Le moment du plongeon dans l'inconnu est arrivé », nota-t-il avec amertume dans son journal.

A New York, l'organisaiton qui avait envoyé Azcarate en Palestine résolut d'apporter la seule réponse qu'elle eût trouvée pour faire face au chaos qui ébranlait le pays. Si les Nations unies ne pouvaient donner un Messie à la Palestine, elles allaient du moins lui proposer un médiateur. Mais ce geste d'espoir ne ferait qu'ajouter un nom de plus à la longue liste des martyrs tombés pour Jérusalem, celui du comte Folke Bernadotte.

*

La longue et douloureuse route qu'avait suivie le peuple hébreu depuis la Chaldée en passant par l'Egypte des pharaons, Babylone et tous les ghettos de la terre, s'achevait au cœur de Tel-Aviv devant un simple immeuble en pierre du boulevard Rothschild. Là, en cet après-midi de mai, les dirigeants du mouvement sioniste s'apprêtaient à accomplir le geste le plus important peut-être de leur histoire depuis qu'un obscur roi guerrier nommé David avait « au milieu des clameurs et des trompettes » rapporté l'Arche d'Alliance à Jérusalem.

Cet immeuble, qui avait appartenu au premier maire de Tel-Aviv, était désormais un musée. Ses murs n'offraient cependant aucun fragment de poterie, aucun vase religieux, ni aucun autre souvenir de la défunte civilisation juive. Ils exposaient au contraire les fruits les plus audacieux de l'art moderne de la civilisation qui allait précisément naître dans son enceinte. Dehors, un détachement de policiers militaires vérifiaient soigneusement les identités des deux cents personnes qui auraient le privilège d'être témoins de la cérémonie qui allait s'y dérouler. Le passé de ces hommes et de ces femmes était aussi divers que leurs origines. Quelques-uns étaient presque morts de malaria en asséchant les marécages de Galilée. D'autres avaient survécu aux pogroms de la Russie tsariste ou aux camps d'extermination nazis. Ils venaient de Minsk, de Cracovie, de Cologne, d'Angleterre, du Canada, d'Afrique du Sud, d'Irak, d'Egypte. Ils étaient liés par une foi commune — le sionisme —, par un héritage commun — l'histoire juive — et par la commune expérience des persécutions.

Le grand portrait du journaliste viennois à barbe

noire qui avait fondé leur mouvement semblait les contempler. Cinquante-trois ans à peine s'étaient écoulés depuis ce jour d'hiver où Theodor Herzl avait été témoin de l'humiliation publique d'Alfred Dreyfus. Ces années avaient été particulièrement noires pour son peuple, qui venait en outre de subir une tragédie apocalyptique, véritable défi à toute imagination. Années triomphales aussi, car l'extraordinaire vitalité du mouvement sioniste en avait fait l'un des grands phénomènes politiques de la première moitié du XXe siècle. Et comme Herzl l'avait prédit, c'était seulement parce que le peuple juif l'avait obstinément voulu qu'il était à présent sur le point de créer un Etat.

A quatre heures précises, David Ben Gourion se leva. Toute l'assistance, debout, entonna spontanément la Hatikvah. Pris de court, l'orchestre philharmonique entassé au balcon ne rattrapa le chant qu'au bout de plusieurs mesures. Vêtu d'un costume noir, d'une chemise blanche et, vu la solennité de l'occasion, portant une cravate, le leader juif saisit un rouleau de parchemin. La cérémonie avait été préparée avec une telle hâte que l'artiste chargé de le décorer n'avait eu le temps d'exécuter que les enluminures. Le texte que David Ben Gourion allait lire était tapé à la machine sur une feuille de papier agrafée au parchemin.

« Le pays d'Israël, commença-t-il, est le lieu où naquit le peuple juif. C'est là que se forma son caractère spirituel, religieux et national. C'est là qu'il acquit son indépendance et créa une civilisation d'importance à la fois nationale et universelle. C'est là qu'il écrivit le Livre des Livres pour en faire cadeau au monde. »

Il s'interrompit un instant pour souligner l'importance de ses paroles. Insensible à l'exaltation du moment, il ne se départait pas de son réalisme habituel. « Comme le 29 novembre, j'avais, moi, le cœur serré parmi les heureux », notera-t-il quelques heures plus tard dans son journal. Alors même qu'il lisait les mots de cette proclamation, dira-t-il, « il n'y avait aucune joie dans mon cœur. Je ne pensais qu'à une chose, à la guerre qu'il nous faudrait livrer ».

Il reprit sa lecture.

« Exilé de Terre sainte, le peuple juif lui demeura fidèle dans tous les pays de la dispersion, priant sans cesse pour y revenir et espérant toujours y restaurer sa liberté nationale. Aussi, les Juifs s'efforcèrent-ils à travers les siècles de retourner dans le pays de leurs ancêtres et d'y reconstituer un Etat. Au cours des dernières décennies, ils s'y rendirent en masse. Ils défrichèrent le désert, firent renaître leur langue, y bâtirent cités et villages et fondèrent une communauté vigoureuse en expansion continuelle, possédant sa propre vie économique et culturelle. Ils recherchaient la paix, mais ils étaient prêts à se défendre. Ils apportèrent les bienfaits du progrès à tous les habitants. »

Après avoir rappelé que la déclaration Balfour avait accordé « une reconnaissance internationale formelle aux liens du peuple juif avec la Palestine et à son droit d'y constituer un Foyer national », il poursuivit :

« L'hécatombe nazie, qui anéantit des millions de Juifs en Europe, démontra à nouveau l'urgence du rétablissement de l'Etat juif, seul capable de résoudre le problème du judaïsme apatride en ouvrant ses portes à tous les Juifs et en conférant à leur peuple l'égalité au sein de la famille des nations. Les survivants de la catastrophe européenne, ainsi que des Juifs d'autres pays, revendiquèrent leur droit à une vie de dignité, de liberté et de travail et, sans se laisser effrayer par les risques ni les obstacles, cherchèrent sans relâche à pénétrer en Palestine. Au cours de la seconde guerre mondiale, le peuple juif de Palestine contribua pleinement à la lutte des nations éprises de liberté contre le fléau nazi. Les sacrifices de ses soldats et les efforts de ses travailleurs le qualifiaient pour prendre place parmi les peuples qui fondèrent les Nations unies. »

Invoquant alors la décision prise par les Nations

unies le 29 novembre 1947, Ben Gourion s'écria enfin :

« En vertu du droit naturel et historique du peuple juif, nous proclamons la fondation de l'Etat juif en Terre sainte. Cet Etat portera le nom d'Israël. »

Puis il énonça les principes qui guideraient la nouvelle nation.

« L'Etat d'Israël, déclara-t-il, sera ouvert à l'immigration des Juifs de tous les pays où ils sont dispersés. Il développera le pays au bénéfice de tous ses habitants. Il sera fondé sur les principes de liberté, de justice et de paix tels qu'ils furent conçus par les prophètes d'Israël. Il respectera la complète égalité sociale et politique de tous ses citoyens, sans distinction de religion, de race ou de secte. Il garantira la liberté de religion, de conscience, d'éducation et de culture. Il protégera les Lieux saints de toutes les croyances. Il appliquera loyalement les principes de la Charte des Nations unies. »

Les techniciens de la radiodiffusion qui s'entassaient dans les W.-C. du musée, unique studio qu'ils aient pu trouver pour transmettre au monde cette proclamation historique, sentaient leur gorge nouée par l'émotion. Seule la respiration laborieuse de quelques vénérables vieillards troublait le silence qui accompagnait cet instant. Quelques-uns verraient plus tard dans l'intensité de ce silence une sorte d'hommage collectif aux six millions de martyrs qu'on avait empêchés de célébrer ce jour.

« Nous adjurons les Nations unies, continua Ben Gourion, d'aider le peuple juif à édifier son Etat, et d'admettre Israël au sein de la famille des nations. »

Puis, s'adressant aux millions d'Arabes avec lesquels les Juifs d'Israël allaient devoir partager leur fragile existence, il ajouta :

« Nous invitons les habitants arabes de l'Etat d'Israël à préserver les voies de la paix et à jouer leur rôle dans le développement de l'Etat, sur la base d'une citoyenneté égale et complète, et d'une juste représentation dans les institutions, qu'elles soient provisoires ou permanentes. Nous tendons la main, dans un désir de paix et de bon voisinage, à tous les Etats qui nous entourent, nous les invitons à coopérer avec la nation juive indépendante, pour le bien commun de tous. L'Etat d'Israël est prêt à contribuer au progrès de l'ensemble du Moyen-Orient. »

Enfin, lançant un appel aux Juifs du monde entier, il demanda leur assistance « dans nos tâches d'immigration et d'équipement », et d'être « à nos côtés dans la grande lutte que nous livrons afin de réaliser le rêve des générations, la rédemption d'Israël ».

« Confiants en l'Eternel Tout-Puissant, conclut-il alors, nous signons cette déclaration, sur le sol de la Patrie, dans cette ville de Tel-Aviv, en cette séance de l'Assemblée provisoire tenue la veille du sabbat, le 5 Iyar 5708, soit le 14 mai 1948. »

Puis, redressant la tête, il ajouta :

« Levons-nous pour adopter la charte créant l'Etat juif. »

L'assistance se dressa. C'était l'instant de gloire. D'une voix tremblante d'émotion, un rabbin récita une prière implorant la bénédiction de « Celui qui nous a soutenus jusqu'à présent ». Un « Amen » plein de ferveur lui répondit.

Reprenant la parole, Ben Gourion annonça que toutes les restrictions sur l'immigration et l'achat des terres imposées par le Livre Blanc britannique de 1939 étaient abrogées, mais que toutes les autres lois du Mandat restaient temporairement en vigueur.

Un à un, les membres du Conseil national vinrent alors apposer leur signature sur le rouleau de parchemin. Puis, figée dans un silence religieux, l'assistance écouta les accents de la Hatikvah. Des larmes coulaient sur beaucoup de visages.

Il était 4 h 37. La cérémonie n'avait duré qu'une demi-heure. David Ben Gourion frappa une nouvelle fois sur la table et déclara :

« L'Etat d'Israël est né. La séance est levée. »

*

Une autre cérémonie se déroulait ce jour-là sur les rives du Nil. Elle se terminait aussi par la lecture d'un parchemin, le diplôme que l'école d'état-major de l'armée royale égyptienne attribuait à chaque lauréat de sa nouvelle promotion d'officiers. Peu d'hommes seraient autant affectés par la proclamation qui venait d'être faite à Tel-Aviv qu'un de ces officiers âgé de trente ans. Un jour viendrait où les forces ainsi déchaînées le pousseraient au premier plan de la politique mondiale, où les peuples arabes l'acclameraient comme un nouveau Saladin. Pour l'instant, c'était une joie toute simple qui emplissait le cœur du jeune capitaine. Il venait de recevoir une importante mission. Il devait se présenter au 6e bataillon dans les quarante-huit heures pour y exercer les fonctions de chef d'état-major. Le bataillon de Gamal Abdel Nasser allait marcher sur Tel-Aviv pour détruire l'Etat que Ben Gourion venait de proclamer.

*

Le crépuscule tombait. Loin vers le sud, prisonnières entre les monts de Moab et ceux de Judée, les eaux immobiles de la mer Morte réfléchissaient les derniers rayons du soleil. C'était auprès des joncs et des rhododendrons de la verte vallée du ruisseau Shueib que Glubb avait choisi de rassembler sa Légion arabe. A l'est, à moins de huit kilomètres, se trouvaient le Jourdain et le pont Allenby. Sur l'autre rive, Glubb apercevait les toits des maisons de Jéricho et, au-delà, la haute muraille des monts de Palestine.

Juste derrière Jéricho, entre le mont de la Tentation et le ruisseau de Keritk où les corbeaux avaient nourri le prophète Elie, une piste grimpait le long des pentes. Aucune carte ne révélait l'existence de ce passage qui remplissait d'orgueil le général anglais. Il avait distribué quatre mille livres aux habitants des villages entourant Jéricho afin qu'ils la transforment secrètement en chemin carrossable pour ses autocanons. A minuit, ses quatre mille cinq cents légionnaires entreprendraient leur marche vers la Palestine. Par ce sentier, vingt-cinq siècles plus tôt, Josué avait conduit les enfants d'Israël vers la Terre promise.

Glubb contemplait avec fierté l'imposante masse de l'armée rassemblée devant lui. Mais il avait le cœur brisé. Il connaissait certains de ses soldats depuis que leurs pères les lui avaient confiés, alors qu'ils n'étaient encore que des enfants. Il aimait passionnément sa Légion, et c'était la mort dans l'âme qu'il la voyait partir pour un conflit où elle allait courir de graves périls. Il avait compté que son intervention se limiterait à un simulacre de guerre. Il en doutait désormais, et de plus en plus. Les capitales arabes étaient saisies d'une ardeur belliqueuse. La situation — il le sentait cette nuit-là — devenait « confuse et sans espoir ». Il n'avait pas la moindre idée de ce qu'allaient faire les Syriens et les Égyptiens. Même le précieux chargement d'obus qu'il attendait pour ses nouveaux canons n'était pas encore arrivé à Aqaba.

Une limousine noire à l'aile ornée d'un fanion s'immobilisa devant lui. L'homme en l'honneur duquel il avait rassemblé ses troupes était arrivé. Vêtu d'un uniforme de l'armée britannique, le roi Abdullah se dirigea vers une petite estrade de bois. Loin vers le sud, une colonne tourbillonnante s'élevait dans le ciel, signe avant-coureur d'une tempête de sable. La musique entama l'hymne transjordanien, et le roi salua les troupes qui allaient peut-être l'arracher à la prison de sable où les Anglais l'avaient enfermé, à ce désert qu'exaltait l'hymne national. Autant peut-être que le plus fruste de ses bédouins, il était bouleversé par ce grandiose déploiement de forces et l'occasion solennelle qui l'avait motivé.

Soudain, surgie de nulle part, la tempête de sable était là. La visibilité fut réduite en quelques secondes à moins de vingt-cinq mètres. Cinglés par les tourbillons, les hommes s'enveloppèrent le visage dans leur keffieh. Le commandant Abdullah Tell n'entendit que les trois premiers mots de la harangue du roi : « Mes chers fils... » Le reste se perdit dans le vent. Des mois plus tard, Tell se dirait que cette tempête avait été « une protestation de Dieu contre la conspiration qui nous envoyait en Palestine non pour nous battre, mais pour ajouter des terres au royaume d'Abdullah ».

Renonçant finalement à se faire entendre, le roi sortit un pistolet et tira en l'air. Puis, emporté sans doute par l'exaltation du moment, il poussa le cri de guerre magique par lequel tant de conquérants avaient enflammé l'ardeur de leurs troupes. Les ordres les plus stricts interdisaient à ses soldats l'entrée de la Ville sainte. Abdullah leur cria pourtant :
« En avant vers Jérusalem ! »

*

Grâce à l'émetteur installé dans les W.-C. du musée de Tel-Aviv, toute la population juive connaissait à présent les mots qui avaient proclamé la résurrection de l'Etat juif. Les hommes qui guettaient l'invasion des armées arabes les entendirent dans leurs kibboutzim du Néguev ou de Galilée. A Tel-Aviv, des milliers de personnes accoururent vers le musée, rompirent les cordons de protection et entraînèrent les policiers en de joyeux tourbillons. C'est à la radio de leur P.C. de Jérusalem que David Shaltiel et ses officiers écoutèrent la voix lointaine et presque inaudible de Ben Gourion. « Nous savions ce que signifiait un Etat, dirait plus tard l'un d'eux — encore du sang versé. Et nous n'en avions déjà que trop versé à Kfar Etzion. »

Au consulat de France, où il représentait l'Agence Juive aux négociations sur le cessez-le-feu, Vivian Herzog annonça solennellement à quatre heures qu'il était désormais « l'envoyé d'un Etat juif indépendant ». Tandis que ses collègues s'avançaient pour le féliciter, une scène extraordinaire attira son regard. Rampant sur les genoux par crainte des balles perdues qui pourraient traverser les fenêtres de son salon, Mme Neuville apportait un plateau de coupes de champagne pour célébrer l'événement.

Dans la Vieille Ville, le fils du Rabbin Ornstein abandonna un instant son poste de garde pour courir annoncer la nouvelle à son père. Le saint homme récita aussitôt un *Sheheiyanu,* une prière d'action de grâces pour remercier Dieu de « nous avoir permis de voir ce jour ». Mais le rabbin ne devait pas survivre longtemps à l'avènement de l'Etat qu'il célébrait.

Ailleurs, comme le rappellerait un jeune officier de la Haganah, « on n'avait pas de temps pour les célébrations; il y avait des morts et des blessés ». Cette réaction était caractéristique de l'effet qu'avait produit la proclamation de l'Etat sur la majorité de la population. Consciente que cet Etat allait être attaqué dans les heures qui suivraient, elle s'abandonna rarement aux délirantes explosions de joie qui avaient accueilli le vote du Partage.

Presque au cœur de Jérusalem, au carrefour qui porterait bientôt le nom de porte Mandelbaum, un groupe de jeunes gens se réunit dans une maison abandonnée. Membres d'une compagnie religieuse du Gadna qui défendait le secteur, ils observaient le rite traditionnel de l'arrivée du sabbat. Faute des bougies rituelles, ils se prosternèrent dans la demi-obscurité. Ils ne possédaient que deux châles de prière et deux ou trois livres de psaumes qu'ils se passaient de main en main. Ce serait, par son dénuement même, la cérémonie la plus mémorable de la vie de leur chef, Jacob Ben Ur. Leurs fusils posés contre la porte, leur imagination toute résonnante encore des mots de Ben Gourion, Ben Ur et ses jeunes compagnons couvrirent de leurs voix l'écho des fusillades pour chanter l'antique prière : « Soyez béni, Seigneur, pour la protection de Votre paix que Vous avez répandue sur nous, sur notre peuple, sur Israël et sur Jérusalem. »

*

Pour les trois cent cinquante-neuf survivants de Kfar Etzion, le début du sabbat qui marquait la renaissance de leur pays resterait un souvenir affreux. Assaillis d'insultes, de crachats, parfois même de coups, ils traversaient les rues d'Hébron au milieu de la foule déchaînée qui réclamait leur tête. Seule la vigilance de leurs gardiens de la Légion arabe empêcha qu'un massacre n'endeuillât ce soir de sabbat. Et pour ces hommes et ces femmes, dont beaucoup portaient encore les numéros d'Auschwitz, de Dachau ou de Buchenwald, l'interminable couloir de haine ne menait pas à la liberté qu'ils étaient venus chercher ici, mais aux barbelés d'un nouveau camp.

Roulant dans la direction opposée, un autocar ramenait les grands blessés juifs vers Jérusalem. Abras Tamir, qui de sa civière avait commandé la colonie, vit un sergent de la Légion arabe sauter à bord du véhicule. C'était à l'entrée de Bethléem. A demi inconscient, Tamir entendit le militaire crier en arabe :

« Votre Ben Gourion vient de proclamer un Etat juif, mais dans huit jours nous l'aurons liquidé. »

Tamir ne savait encore rien de la création de l'Etat. Il essaya de se relever pour crier sa joie, mais, trop faible, il retomba épuisé. Il sentit alors des larmes de fierté et de bonheur emplir ses yeux.

*

Solennel dans son uniforme immaculé, un officier de marine britannique grimpa sur le pont du *Boréa* amarré dans le port de Haïfa et salua courtoisement son commandant.

« Il est vingt-deux heures, annonça-t-il en jetant un regard à sa montre. Dans deux heures exactement, le mandat du gouvernement de Sa Majesté sur la Palestine prendra fin. Je suis chargé de vous informer qu'à cette heure-là cessera toute surveillance. Votre navire et sa cargaison vous seront rendus. »

Tandis que le capitaine du *Boréa* essayait de surmonter sa stupéfaction et de saisir le sens de ce dernier geste d'une administration moribonde, l'officier salua de nouveau.

« Bonne chance », dit-il avant de quitter le pont.

*

Sur le promontoire rocheux qui s'avançait dans la baie de Haïfa à l'ombre du mont Carmel, une silhouette solitaire contemplait les flots. Une nuit de l'hiver 1917, du haut d'une des collines de Jérusalem, l'Anglais James Pollock avait assisté au lever de rideau du drame de la Grande-Bretagne en Palestine. En cette nuit du printemps 1948, c'était pour être témoin de l'acte final du régime auquel il s'était toute sa vie dévoué que le dernier préfet de Jérusalem était venu sur ce rocher.

Les marins de l'*Euryalus* larguèrent les amarres et le croiseur s'écarta lentement du quai. Du haut de la passerelle, Sir Alan Cunningham vit la proue du navire qui l'emportait glisser vers la rade où s'étaient alignés, comme pour une revue navale, un porte-avions et une demi-douzaine de destroyers. Sur leurs ponts, vêtus de blanc, les équipages étaient au garde-à-vous. Soudain, tous les projecteurs dirigèrent leurs faisceaux vers l'homme solitaire sur la passerelle de l'*Euryalus*. Prenant de la vitesse, le croiseur glissa devant la majestueuse rangée de bateaux. Quand il passa le long du porte-avions, une fanfare joua le *God Save the King*.

« Le spectacle est terminé », pensa Cunningham en écoutant les accents de l'hymne monter dans la nuit et le bruissement de l'eau sur l'étrave du navire. Bouleversé, il ne parvenait pas à quitter des yeux la magnifique masse noyée d'ombres du mont Carmel qui s'éloignait doucement. Pour rendre hommage aux origines écossaises de Cunningham, la fanfare joua alors la *Highland Lament*. Le dernier haut-commissaire en Palestine sentit sa gorge se nouer. « Ah ! comme il convient, se dit-il, que je m'en aille aux sons de cette musique ! »

« Tout avait si bien commencé et tout finissait si

mal », songeait-il. Quel monde d'espoirs gaspillés entre le superbe geste de Lord Allenby descendant de cheval à la porte de Jaffa pour ne fouler qu'à pied les pierres sur lesquelles le Sauveur avait porté sa croix, et son propre départ de Jérusalem ce matin à la sauvette. Que d'efforts s'étaient engloutis dans cette terre, combien d'Anglais étaient morts pour la conquérir et la gouverner au nom d'une incroyable succession de promesses contradictoires ! Et maintenant, « après toutes ces déceptions, toutes ces années, l'échec était là, total. Nous partons, et ce qui suivra ne sera que guerre et misère ».

Quand il atteignit la limite des eaux territoriales, le croiseur de Sir Alan Cunningham s'immobilisa. Une dernière cérémonie devait marquer officiellement la fin du mandat britannique en Palestine. D'un bout à l'autre du navire, un gigantesque feu d'artifice embrasa le ciel méditerranéen, éclaboussant la nuit de gerbes orange, rouges et jaunes. Lorsque la dernière étincelle fut retombée dans la mer, Sir Alan pensa ; « Cette fois, tout est bien fini. »

Il regarda sa montre. Il n'était que vingt-trois heures. Le mandat britannique sur la Palestine n'avait même pas pu s'achever sans une erreur finale. Il s'était achevé une heure trop tôt. Le commandant du navire avait oublié de tenir compte de la différence entre l'heure d'été de Greenwich et celle de Palestine.

33

« ILS TIENDRONT »

Un sifflement rageur traversa la gare du Caire et la longue chaîne de wagons s'ébranla en haletant. Tout le long du quai, les femmes, les parents, les amis, les enfants acclamaient les soldats. Penchés aux fenêtres, les hommes du 6e bataillon d'infanterie riaient et faisaient de grands gestes. Ils partaient pour la guerre mais leur humeur était aussi joyeuse que celle de la foule qui avait envahi la gare Abassya du Caire. Le lieutenant Mohamed Rafat, vingt-six ans, officier de renseignement du bataillon, était convaincu qu'ils allaient « en promenade ». Il avait assuré à ses camarades qu'ils seraient tous de retour dans un mois et que la réception qui les attendrait alors serait plus délirante encore que celle de leur départ.

D'autres préparatifs de guerre se déroulaient dans toute la capitale égyptienne. A minuit, après avoir joué la Marche d'*Aïda* — l'hymne national égyptien — Radio-Le Caire annonça la promulgation de la loi martiale tandis que le cheikh de la grande mosquée d'Al Azhar proclamait :

« L'heure de la guerre sainte a sonné ! »

Il déclara que tous les combattants arabes devaient considérer la lutte pour la Palestine comme un devoir religieux. Le Premier ministre Noukrachy Pacha s'écria que le pays envahissait la Palestine « pour la sauver du sionisme et ramener la paix à l'intérieur de ses frontières ». Quelques minutes plus tard, un télégramme officiel du ministre égyptien des Affaires étrangères informa le Conseil de sécurité des Nations unies qu'en raison de la fin du mandat britannique « les forces armées égyptiennes avaient commencé à pénétrer en Palestine ». A l'aéroport d'Al Mazah, des équipes remplissaient les soutes de l'unique escadre de bombardiers égyptiens en prévision des premiers raids aériens.

Une image de guerre — assez insolite — vint troubler jusqu'à la quiète atmosphère de musique douce de l'hôtel *Sémiramis*, au bord du Nil. Dans un coin de la terrasse, quelques personnages en uniforme étaient réunis autour d'une table. Une jolie fille à ses côtés, une carte dépliée devant lui, le roi Farouk, habillé en maréchal, étudiait avec son état-major les premiers mouvements de la marche triomphale de son armée sur Tel-Aviv.

Quand Radio-Le Caire eut fini de diffuser ses proclamations guerrières, une vibrante voix de femme s'empara des ondes. Aucun discours, aucun hymne militaire, aucun poème héroïque ne pouvaient, autant que cette voix, émouvoir les masses du monde arabe. C'était celle d'une corpulente chanteuse nommée Om Kahltsoum. Tous les postes de radio de l'Orient s'allumèrent à l'aube de ce 15 mai pour l'entendre chanter. La longue complainte qu'elle avait choisie exaltait un lieu d'une attraction aussi universelle pour son auditoire que la voix qui l'exprimait — Jérusalem.

A Beyrouth, le premier ministre libanais, Riad Solh, pénétra dans la chambre de ses filles et les réveilla pour leur faire écouter les accents frémissants que transmettait la radio. Quand Om Kahltsoum acheva de chanter le Rocher sacré d'où le Prophète était monté vers le ciel, la jeune Alia vit des larmes couler des yeux de son père. Patriote fervent, Riad Solh était bouleversé.

« Mon Dieu, mon Dieu, murmura-t-il, faites que ce Rocher demeure toujours entre nos mains. »

A Damas, le gouvernement syrien annonça la fermeture des frontières, proclama l'état d'urgence et fit diffuser par sa radio un torrent de marches militaires. A Bagdad, Nouri Saïd, dont les généraux avaient juré de s'emparer de Haïfa en deux semaines, n'avait envoyé jusqu'à présent que deux mille hommes en Palestine. Leur chef était, selon Sir Alec Kirkbride, « un idiot incapable de commander une section d'infanterie ». Nouri Saïd affirmait cependant que deux à trois millions de bédouins irakiens étaient prêts à fondre sur la Palestine. Même Azzam Pacha, qui confessait ses craintes en privé, paraissait emporté par l'enthousiasme de l'heure.

« Ce sera une guerre d'extermination et un massacre aussi mémorable que ceux de Mongolie et des Croisades », prédit-il dans une formule qui le hanterait pendant des années.

Ahmed Shoukairy, porte-parole de Hadj Amin, déclara plus prosaïquement que l'objectif des Arabes était « l'élimination de l'Etat juif ». La presse internationale elle-même fut envoûtée. Du Caire, l'agence Reuter fit état d'une armée égyptienne de deux cent mille hommes. De Damas, l'envoyé spécial du *New York Times* décrivait « la ruée d'une brigade syrienne vers la Galilée après une feinte fulgurante en direction de la Méditerranée ».

A minuit et cinq minutes très exactement, l'avantgarde de la Légion arabe quitta l'aire de rassemblement où une tempête de sable avait, quelques heures plut tôt, étouffé la harangue du roi Abdullah. Dans une jeep en tête de la colonne, se trouvait le capitaine Mahmoud Roussan, officier en second du 4e régiment. Il n'y avait presque pas de lune, et la colonne avançait tous feux éteints. Le seul bruit que percevait Roussan était le ronronnement sourd des moteurs. A l'entrée du pont Allenby, des policiers militaires firent un signe au jeune capitaine. La voie était libre vers l'autre rive du Jourdain. « Ce fut, se souviendra-t-il, le moment le plus exaltant de ma vie. » Il était sûr de « retraverser ce pont dans quinze jours avec une armée victorieuse qui aurait réparé l'erreur du Partage ».

*

Le 14 mai, David Ben Gourion alla se coucher de bonne heure afin d'économiser ses forces en vue des épreuves qui l'attendaient. Mais il fut réveillé peu après une heure du matin par un coup de téléphone l'informant que les Etats-Unis venaient de reconnaître officiellement le nouvel Etat. Il en ressentit « une énorme satisfaction ». En dépit des conséquences pratiques restreintes que ce geste pouvait avoir, Ben Gourion savait quel « immense encouragement moral » il représentait pour son peuple.

Cette nouvelle était le fruit de cinq jours d'intense activité à Washington pour modifier la décision américaine prise le 9 mai de ne pas reconnaître le nouvel Etat juif. Le général Marshall avait finalement accepté de reconsidérer sa position et conseillé au président d'en faire autant. Soulagé, Truman avait immédiatement ordonné à son conseiller Clark Clifford de prendre les dispositions nécessaires en vue d'une reconnaissance immédiate. A l'heure où débutait, au musée de Tel-Aviv, la cérémonie de la proclamation, Clifford appelait Elie Elath, le représentant de l'Agence Juive à Washington.

« Vous feriez bien de nous écrire une lettre pour nous demander de vous reconnaître », lui conseilla-t-il.

Elath songea que près de deux mille ans s'étaient écoulés depuis qu'un diplomate avait écrit une lettre officielle au nom de la nation juive. Ce travail ne présentait qu'une seule difficulté : il ignorait encore le nom de l'Etat dont il sollicitait la reconnaissance. Après avoir esquivé le problème en l'appelant tout simplement « l'Etat juif », Elath expédia sa lettre à la Maison-Blanche. A peine le messager qui l'emportait était-il monté dans un taxi que la radio révéla le nom du nouvel Etat. Le diplomate dépêcha de toute urgence un second messager à la poursuite du premier. La lettre fut rattrapée à la porte même de la Maison-Blanche. Douze minutes exactement après l'expiration du Mandat, le président Truman avait annoncé que les Etats-Unis reconnaissaient l'Etat d'Israël.

Cette nouvelle ne devait pas être la seule à troubler cette nuit-là le sommeil de David Ben Gourion. Trois heures plus tard, Jacob Yani, le chef des transmissions de la Haganah, passait outre aux furieuses protestations de Paula Ben Gourion et pénétrait dans la chambre du vieux leader pour lui demander de faire une déclaration radiodiffusée à l'intention des Etats-Unis. Les yeux lourds de sommeil, David Ben Gourion sortit de son lit et jeta un manteau sur son pyjama pendant que Paula lui passait chaussettes et chaussures.

A peine avait-il commencé à parler dans le micro d'un émetteur de la Haganah, que les bombardiers chargés quelques heures plus tôt au Caire arrivaient au-dessus de Tel-Aviv. Les explosions de leurs premières bombes ébranlèrent les murs du studio et leur écho résonna jusque dans le micro. Le vacarme qu'ils entendaient, annonça Ben Gourion à ses auditeurs d'une voix dramatique, était celui des premières bombes de la guerre pour l'indépendance du nouvel Etat.

L'émission terminée, il se rendit sur les lieux du bombardement pour se rendre compte des dégâts. Au passage, il scruta attentivement les visages de ses compatriotes comme il avait scruté naguère ceux des Londoniens sous les bombes allemandes. Ont-ils peur ? se demanda-t-il. Mais ce qu'il vit le rassura. Il y avait bien de l'anxiété sur les visages, mais aucune trace de panique. De retour chez lui, Ben Gourion inscrivit dans son journal les deux mots qui résumaient cette nuit-là son impression : « *Eleh Yaamdou* — Ils tiendront. »

*

Une armée arabe prenait une direction opposée à toutes les autres. Elle quittait la Palestine. Aucun rôle n'était prévu dans la prochaine offensive pour

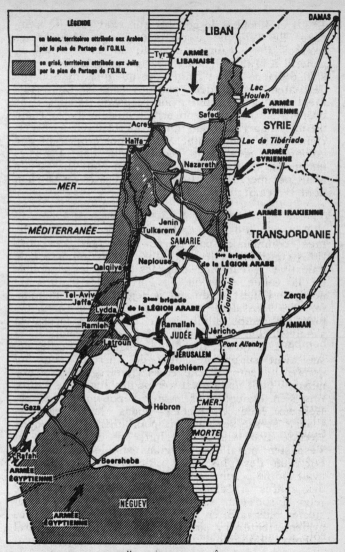

ISRAËL VIENT DE NAÎTRE
LES ARMÉES DE CINQ ÉTATS ARABES ATTAQUENT
(14 mai 1948)

Fawzi el Kaoukji, le général qui avait juré de s'emparer de Tel-Aviv ou de mourir à la tête de ses troupes. Cette campagne aurait dû faire de lui un général à la prussienne; il partait sans lauriers, laissant derrière lui les ruines des quelques maisons de Jérusalem bombardées par ses canons. Conformément aux ordres qu'il avait reçus de Damas, il se préparait à ramener son armée au-delà du Jourdain où une dispersion sans gloire mettrait fin à sa carrière. Juste avant l'aube, ses troupes croisèrent une colonne blindée de la Légion arabe dans les rues endormies de Ramallah. El Kaoukji était sûr qu'elle allait occuper les positions sur les crêtes de Latroun dont il venait de se retirer.

Tenues à présent par deux cents irréguliers seulement commandés par Haroun Ben Jazzi, ces positions contrôlaient le carrefour le plus important de Palestine. A leur pied, dans les blés et les vignobles de la vallée d'Ayalon, les principales routes du nord, de l'ouest, et du sud se rejoignaient pour monter vers Jérusalem par le défilé de Bab el Oued. Depuis les temps bibliques, le destin de Jérusalem s'était décidé autour des crêtes de Latroun.

C'était là qu'au soir d'une sanglante bataille, Josué avait supplié le soleil de s'arrêter pour lui donner le temps d'achever sa victoire sur les Cananéens; c'était de là qu'au temps des Juges, les Philistins s'en étaient allés porter l'épouvante chez les Hébreux. Judas Maccabée — Judas « le Marteau » — y avait écrasé ses ennemis pour libérer son peuple, Hérode avait vaincu les Juifs sur ces collines et Vespasien installé ses légions sur leurs sommets. Sur l'un des plus hauts, Richard Cœur de Lion avait édifié « une citadelle vigilante sur la route des califes. ». Saladin l'avait détruite avant de se jeter à son tour sur la route de Jérusalem. Neuf siècles plus tard, en 1917, les Prussiens et les Turcs avaient tenté d'y arrêter les soldats du général Allenby. Un mois auparavant, c'était seulement parce que cette ligne de hauteurs était occupée par l'armée britannique et non par les Arabes que les Juifs de l'Opération Nachshon, partant ouvrir la route de Jérusalem, n'avaient pas eu à la conquérir.

A présent, tandis que le soleil de Josué se levait sur la vallée d'Ayalon en ce premier matin de l'existence d'un nouvel Etat juif, le retrait des forces de Fawzi el Kaoukji offrait aux soldats d'Israël une occasion inespérée de s'emparer de ces positions qui verrouillaient la route de Jérusalem.

*

Accroupi sur son tapis de prière, dans la demi-lumière de l'aube, le roi Abdullah caressait avec ferveur son chat borgne.

« C'est entendu, déclarait-il d'un ton sévère au journaliste qu'il recevait dans son palais d'Amman, les pays arabes ont décidé d'entrer en guerre et nous devons naturellement être à leurs côtés. Mais nous commettons une erreur que nous paierons cher. Un jour, nous regretterons de ne pas avoir spontanément accordé aux Juifs un Etat qui satisfasse leurs demandes. Nous avons pris une mauvaise direction, et nous continuons de la suivre. »

Le roi s'interrompit. Puis, esquissant un sourire, il ajouta :

« Si vous rapportez ces paroles, je les démentirai publiquement et vous traiterai de menteur. »

*

Le principal souci de la Haganah de Jérusalem, en ce premier jour de souveraineté nationale, lui venait de la résistance acharnée qu'offrait encore l'instituteur arabe Baghet Abou Garbieh dans le quartier de Musrara. A sept heures du matin, un commando juif réussit pourtant à déloger les Arabes de *Notre-Dame de France* et à occuper l'énorme édifice qui dominait tout le quartier. De ses fenêtres, les haut-parleurs interpellèrent les hommes d'Abou Garbieh :

« Retournez dans la Vieille Ville, ou bien vous allez tous être tués ! »

Cet ultimatum fut entendu jusqu'à l'école de la Raoudah et l'instituteur reçut l'ordre de se replier à l'intérieur des remparts. Mais il refusa courageusement et poursuivit le combat, décidé à mourir, s'il le fallait, pour défendre ce quartier où il était né.

Au sud, dans les quartiers arabes des colonies grecque et allemande et de Bekaa, désormais isolés du reste de la ville arabe par la conquête de la caserne Allenby, la journée fut essentiellement marquée par l'antique calamité qui avait toujours accompagné les armées victorieuses de la Ville sainte — le pillage. Pour Naïm Halaby, comme pour les quelques Arabes qui habitaient encore ces faubourgs bourgeois, le souvenir de ce 15 mai se confondrait avec le spectacle auquel il assista de sa fenêtre. Il vit d'abord arriver quelques Juifs que la faim avait poussés à venir seulement mendier un peu de nourriture. Puis « une véritable orgie de pillage » commença. Halaby vit des Juifs s'arrêter avec un cheval et une charrette devant la maison abandonnée de son voisin et emporter tout ce qu'elle contenait. Au bout de la rue, d'autres pilleurs repartaient avec des pneus, des meubles, des bidons de pétrole et des montagnes de vêtements. Mais c'est en voyant passer devant sa fenêtre une voiture Willys verte qu'il ressentit le plus grand choc. C'était la sienne. Il l'avait laissée dans le garage d'un ami, persuadé que personne n'y toucherait puisqu'il avait pris la précaution d'en démonter le carburateur. Les Juifs l'avaient retrouvé et remonté.

Le père de Hassib Boulos, le chirurgien arabe à qui un soldat de l'Irgoun avait pris ses moutons, assista en spectateur impuissant au déferlement d'une autre vague de pillards qui déménagèrent toute sa maison, y compris sa penderie à vêtements. « Si j'avais su, se lamenterait-il, j'aurais au moins ce matin-là mis mon plus beau costume. » L'épicier

Daoud Dajani entendit un bruit et se précipita à sa fenêtre. Il aperçut alors un Juif qui essayait de forcer sa porte. Il l'interpella. Effrayé, le Juif se jeta à ses pieds. C'était un chauffeur yéménite qui avait été pendant des années client de son épicerie. Tard dans l'après-midi, Emile Hourani entendit deux vieilles femmes qui étaient en train de dévaliser la maison voisine se plaindre amèrement.

« Les riches, disaient-elles, ont emporté ce qu'il y avait de meilleur et ne nous ont rien laissé. »

La Haganah était tellement occupée ce jour-là par ses tâches militaires que ses efforts pour endiguer ces vols devaient rester symboliques. Le pillage systématique auquel se livrèrent les organisations dissidentes compliquait par ailleurs la situation. Un garagiste arabe apporta à un officier de la Haganah un bout de papier sur lequel les hommes qui venaient de réquisitionner chez lui cent quatre-vingts pneus neufs avaient écrit quelques mots en hébreu.

« C'est l'Irgoun, répliqua l'officier, nous ne pouvons rien pour vous. »

Les hurlements des sirènes d'ambulances qui couvraient à tout moment le crépitement des fusillades témoignaient que Jérusalem avait renoué avec une autre tradition de son histoire. De tous côtés, ses habitants — les Arabes aussi bien que les Juifs — payaient leur attachement à leur cité en versant leur sang pour elle. Les postes de secours et les centres opératoires juifs installés dans la Nouvelle Ville par le « Bouclier de David » étaient déjà encombrés. Privés des commodités de l'hôpital du mont Scopus, les services médicaux juifs avaient converti les établissements des différents quartiers en hôpitaux militaires d'urgence. Ils avaient même loué les salles de classe du couvent Saint-Joseph pour y installer des blocs opératoires supplémentaires.

Des stocks de pansements, de plasma, d'antibiotiques et deux mille flacons de sang avaient été répartis entre ces centres de secours. Mais l'eau était partout si rare que celle qui avait servi à laver les blessures servait ensuite à nettoyer les planchers. Faute de pouvoir laver les draps, on donnait ceux des morts aux blessés qui arrivaient. La pénurie d'électricité contraignait souvent les chirurgiens à opérer à la lumière de lampes à pétrole. Il n'y avait pratiquement pas de sérum antitétanique ni de morphine.

Pour les infirmières du couvent Saint-Joseph, le malheur qui frappait un jeune soldat de la Haganah représentait à lui seul les souffrances qui accablaient leur cité. Son frère blessé était allongé sur un lit voisin. Son père avait été tué quelques heures plus tôt pendant le repli du kibboutz de Neveh Yaacov. Et lui, il allait perdre les deux jambes. Il n'y aurait pour l'anesthésier qu'une seule piqûre de morphine et les blocs de glace que sa mère avait placés autour de ses membres mutilés.

Les Juifs de Jérusalem possédaient cependant une ressource inestimable, la science des chirurgiens qui avaient survécu à l'embuscade de la Hadassah. Parmi eux se trouvait le professeur Edward Joseph, directeur de l'hôpital de la rue des Prophètes. Deux fois, en 1929 et en 1936, cet agrégé de la faculté d'Edimbourg avait soigné ses concitoyens blessés dans la défense de leur ville. Ecrasé de fatigue, silencieux, il réparait à présent les corps déchiquetés des soldats de la Haganah, avec le doigté qui avait fait de lui l'un des grands spécialistes mondiaux de la chirurgie abdominable.

A quelques centaines de mètres, un chirurgien arabe cherchait désespérément à accomplir les mêmes gestes. Le docteur Ibrahim Tleel, vingt-neuf ans, n'avait jamais opéré un abdomen. Il n'avait aucun assistant autour de lui et son unique infirmière était occupée ailleurs. Comme dans tant d'autres domaines, la confusion et le désordre qui régnaient dans son hôpital de fortune étaient la rançon que les Arabes devaient payer pour leur incapacité à s'organiser. De nombreux avertissements du service de santé britannique et de la Croix-Rouge internationale avaient été nécessaires pour qu'ils installent un centre de secours dans l'Hospice autrichien, sur la Voie Douloureuse, à l'endroit même de la première chute de Jésus sur le chemin de la Croix. Il y manquait presque tout. Il n'y avait ni eau, ni électricité, ni pansements, ni sang, ni anesthésiques, ni plâtre, ni nourriture. Des volontaires devaient aller de porte en porte dans la Vieille Ville pour mendier un peu de pétrole, quelques morceaux de sucre, un drap. Trois jours plus tôt, le jeune chirurgien y avait apporté en hâte tout ce qu'il avait pu se procurer : un antique stérilisateur, une vieille table d'opération, un peu de plasma, de pénicilline et de morphine. Coupés à présent de l'hôpital gouvernemental et des autres établissements hospitaliers de la Nouvelle Ville, les Arabes ne pouvaient guère offrir à leurs blessés qu'une antichambre vers le cimetière.

Les hommes sur lesquels ils comptaient étaient absents. Le docteur Hassib Boulos aurait pu réaliser l'opération qui hantait le docteur Tleel, mais il était bloqué dans son hôpital de Bevingrad occupé par les Juifs, de même que le médecin-chef de l'hôpital Français, le docteur René Bauer, dont l'établissement était pris entre les tirs croisés des adversaires.

Le jeune Palestinien choisit la seule issue qui lui restait. Il grimpa quatre à quatre les escaliers qui menaient à sa chambre et attrapa un des six énormes volumes empilés sur sa table de nuit. Tleel les avait fait venir de Londres pour six guinées. Avec frénésie, il se plongea dans les pages de *La Chirurgie d'Urgence*, de Love et Bailly, pour chercher les conseils qui lui permettraient de sauver l'homme qui agonisait sur sa table d'opération [1].

Parmi les volontaires qui vinrent aider le doc-

---

1. Le blessé, qui souffrait d'une perforation du colon, fut sauvé. Dans les jours qui suivirent, le jeune chirurgien rencontra souvent des cas qui dépassaient son expérience. Il se félicita à plusieurs reprises de son acquisition. Grâce aux indications de cet ouvrage, il put notamment sauver plusieurs blessés au poumon et un autre à la tête.

teur Tleel se trouvait Assiya Halaby, la jeune Arabe qui était allée saluer ses collègues britanniques à l'hôtel du *Roi-David* et qui avait quitté sa maison en emportant un exemplaire du *Réveil arabe*. Son premier blessé fut un Syrien. Quelqu'un avait enfoncé un chiffon dans la plaie béante qu'il portait à la tête. Elle réclama une paire de ciseaux pour dégager la toile et nettoyer la blessure. Il n'y en avait nulle part. Elle se précipita dans les souks, courant de boutique en boutique, et finit par en trouver une paire. Attaché autour de son cou avec un ruban noir, cet instrument devint une sorte d'arme, le symbole de sa participation au combat qui déchirait sa ville.

*

Sir John Glubb s'était impatienté toute la journée dans l'attente du navire qui devait débarquer à Aqaba des milliers d'obus pour son artillerie. A la fin de l'après-midi, un de ses vieux amis lui téléphona de Suez pour lui expliquer ce retard.

« Dis donc, vieux, annonça le commandant en chef des Forces britanniques au Moyen-Orient, il semble que tes alliés soient en train de te piquer tes munitions. »

Le général révéla alors que les Egyptiens avaient ordonné au bateau de revenir à quai et qu'ils étaient en train de décharger sa cargaison. Les obus que contenaient ses cales allaient servir aux canons du roi d'Egypte et non à ceux du petit roi bédouin que Farouk méprisait tant.

*

En cette première journée de l'Etat d'Israël, l'événement le plus considérable devait être une simple découverte. Après avoir tiré quelques coups de mortier sur les hauteurs de Latroun, une unité de la Brigade juive Givati constata avec surprise qu'elle ne s'attirait aucune riposte. Les soldats juifs s'avancèrent prudemment dans les collines abandonnées la nuit précédente par Fawzi et Kaoukji : ils ne rencontrèrent pas la moindre opposition. En quelques minutes, ils se retrouvèrent dans l'enceinte fortifiée de l'ancien poste de police anglais qui commandait cette route de Jérusalem pour laquelle ils avaient accompli tant de sacrifices six semaines auparavant.

Du poste de police, ils se dirigèrent vers le bois d'oliviers et de cyprès qui tissait une couronne de verdure autour de l'abbaye trappiste de Latroun afin d'explorer la crête située derrière le monastère. Quand ils l'atteignirent, ils furent subitement l'objet d'une féroce attaque, non de leurs ennemis arabes, mais de milliers d'abeilles rendues furieuses par cette intrusion au pays du lait et du miel.

Le visage tuméfié, les conquérants de Latroun se replièrent sur le poste de police. Savourant cependant leur exploit, ils annoncèrent à Tel-Aviv que la route de Jérusalem était libre et que les hauteurs de Latroun avaient été abandonnées par les Arabes. El Kaoukji s'était trompé. L'occupation de Latroun n'entrait pas pour l'instant dans la stratégie du commandant de la Légion arabe.

Par une coïncidence extraordinaire, elle n'entrait pas non plus dans la stratégie de la Haganah. Au lieu de l'interminable colonne de camions juifs qu'ils avaient espéré voir se ruer sur la voie qu'ils contrôlaient enfin, les soldats juifs ne virent passer qu'un petit camion que la légende israélienne appellerait un jour « le convoi orphelin ». Plus inexplicable encore leur apparut l'ordre qui les contraignit quelques heures plus tard à évacuer ces positions inespérées.

Pour le chef des opérations de l'armée d'Israël, le nouvel Etat ressemblait, en ce 15 mai 1948, à « une femme nue qui n'a qu'un mouchoir pour se couvrir ». De même que la jeune femme doit choisir ce qu'elle veut cacher, Yigael Yadin devait décider quelle partie de son pays menacé de tous côtés par les armées arabes il voulait défendre en priorité. Le jeune archéologue était convaincu que le danger le plus sérieux n'était pas, ce 15 mai, la situation à Jérusalem mais l'avance fulgurante des blindés égyptiens au sud.

Rejetant la supplique d'Isaac Rabin qui voulait occuper Latroun en force, il ordonna à la brigade Givati de se porter à la rencontre des forces de Farouk. Ainsi, abandonnées à la fois par les Arabes et par les Juifs, les hauteurs vitales de Latroun allaient rester vides pendant quelques heures. Cela ne durerait pas. Le destin obligerait bientôt les deux armées qui avaient évité Latroun à s'y rencontrer dans la plus sanglante série de combats qu'une armée israélienne aurait jamais à livrer à ses ennemis arabes.

*

A des milliers de kilomètres des rivages du nouvel Etat d'Israël, dans un appartement de l'hôtel *Waldorf Astoria* de New York, un petit groupe d'amis entourait le lit de Chaïm Weizmann. Le long combat du plus prestigieux porte-parole du sionisme se terminait par un honneur que nul ne méritait plus que lui. Levant sa coupe de champagne vers le vieux savant malade, son secrétaire Joseph Linton proposa un toast :

« Pour la première fois en deux mille ans, au président de l'Etat juif ! »

34

« C'EST LE MOIS DE MARIE,
C'EST LE MOIS LE PLUS BEAU »

DANS l'immeuble où il s'était réfugié, près de l'hospice autrichien, un fonctionnaire arabe en chômage tournait patiemment les boutons de son poste de radio à piles. Le 14 mai, Aladin Namari s'était nommé lui-même « ministre arabe de l'Information à Jérusalem ». Depuis deux jours qu'il exerçait cette fonction, ses concitoyens n'avaient connu que des revers sur le plan militaire. Mais dans leur infortune, ils bénéficiaient d'une consolation de poids : les voix encourageantes des capitales arabes. Namari les captait et transcrivait scrupuleusement toutes les informations que donnait chaque station en les ponctuant de commentaires enthousiastes. Puis il se précipitait sur sa machine à écrire pour taper le bulletin qui serait ensuite ronéotypé à l'intention des Arabes de Jérusalem. En ce dimanche 16 mai, ils allaient apprendre par ce journal improvisé que Radio-Palestine avait annoncé, de Ramallah, que « les armées arabes avançaient sur tous les fronts remportant victoire sur victoire ». Bagdad déclarait que « les forces irakiennes avaient pris la centrale électrique de Rutenberg, qui alimente la plus grande partie de la Palestine ». Le Caire rapportait que « l'armée égyptienne avait atteint Gaza par Khan Younis et continuait son avance victorieuse ». Beyrouth proclamait que l'armée libanaise « poursuivait sa progression triomphale, après avoir anéanti les fortifications de toutes les colonies juives le long de sa route ». Namari n'ajouta qu'une seule information locale à cette énumération de triomphes. L'hôpital de fortune installé dans l'Hospice autrichien se trouvait dans un dénuement tragique et réclamait du ravitaillement et du linge.

C'était la seule nouvelle exacte du bulletin de ce matin-là. La centrale de Rutenberg « prise » par les Irakiens était une installation située à l'intérieur même de la Transjordanie, et seules des populations arabes avaient, de tout temps, peuplé Khan Younis et Gaza.

La lecture du bulletin et l'annonce de « victoires » égyptiennes à Beersheba, Hébron et Bethléem soulevèrent l'indignation du Palestinien Georges Deeb. « Ne sont-ils pas capables de lire les cartes que je leur ai envoyées ? se demanda-t-il. Toutes leurs fameuses conquêtes sont situées en territoire arabe. »

Si ces tonitruants succès n'étaient qu'imaginaires, la situation de l'Etat juif n'en restait pas moins extrêmement précaire. Dans son journal, David Ben Gourion devait confirmer au moins l'esprit des nouvelles données par Namari ce jour-là. « Un de nos bataillons a perdu cent cinquante hommes sur cinq cents, écrivit-il. La situation en Haute-Galilée est terrible. Dans de nombreuses unités le moral est très bas. Des attaques égyptiennes sont signalées à Nirin et Kfar Darim, et les forces juives craignent de ne pouvoir tenir. A en croire certaines nouvelles, des colonnes égyptiennes remontent le long de la côte et tout le Sud est ouvert. »

Dans l'une de ces colonnes se trouvait le lieutenant Mohamed Rafat, le jeune officier du 6e bataillon qui avait quelques jours plus tôt manifesté tant de joie sur le quai de la gare du Caire. Il sombrait à présent dans la plus extrême perplexité. Il venait de recevoir l'ordre de prendre Dangor, une colonie juive qui ne figurait même pas sur sa carte. Privés de tout renseignement, conduits par un colonel qui n'avait jamais commandé sur un champ de bataille, Rafat et ses hommes partirent à la recherche de ce mystérieux objectif. Après avoir erré pendant des heures dans le désert, ils tombèrent dessus par hasard. Dangor n'avait rien de commun avec ces villages juifs sans défense qu'ils étaient censés trouver sur la route de Tel-Aviv. La colonie était protégée par un triple réseau de barbelés et des points d'appui fortifiés. Un déluge de mitraille fit bientôt s'envoler les dernières illusions de Rafat et de ses soldats. Cloués dans le sable brûlant, ils durent attendre la nuit pour battre en retraite. De retour à leur camp, une dernière et cruelle surprise les attendait. Il n'y avait plus une seule goutte d'eau. Exténué, mourant de soif, le jeune Egyptien comprit que là s'arrêtait sa « promenade » jusqu'à Tel-Aviv.

*

La bataille de Jérusalem bouleversait tout particulièrement l'existence d'une certaine catégorie de ses habitants, ceux — hommes et femmes — qui avaient embrassé la vocation divine de la cité. Après les marchandises de toutes sortes dont débordaient déjà leurs caves, les religieux de la Vieille Ville virent affluer des familles entières de réfugiés arabes. D'autres, qui avaient choisi de se détacher des choses de ce temps, se trouvèrent brutalement confrontés avec les aspects les plus féroces de la crise qui frappait la ville en ce dimanche de Pentecôte.

Etouffant dans son col dur, le pasteur anglican de la Christ Church courait d'une porte à l'autre pour empêcher les combattants de pénétrer dans sa cathédrale. De temps à autre, un obus de Davidka manquait son objectif et venait atterrir dans sa cour. Exaspéré par le vacarme assourdissant et par la fumée qui transformait « l'obligation de respirer en une corvée particulièrement désagréable », le saint homme dut finalement se réfugier dans une école voisine pour y célébrer l'office dominical. Non loin de là, une génuflexion providentielle écarta le révérend Eugène Hoade, un franciscain irlandais, de la trajectoire d'une balle qui s'écrasa sur la porte du tabernacle au pied duquel il commençait à dire la messe devant une assemblée de religieuses cloîtrées. Comme une mère poule rassemble sa couvée, le patriarche arménien avait recueilli cinq mille membres de sa communauté derrière l'imposante clôture de son patriarcat. Il avait accumulé d'énormes stocks de ravitaillement à leur intention, dont quelque deux mille sacs de blé fournis par le plus gros marchand de grains de Jérusalem — un Arménien. Le prévoyant ecclésiastique avait même fait venir une équipe médicale du Liban. A *Notre-Dame de France,* deux assomptionnistes français, le père Pascal et le père Mammert, essayaient désespérément d'empêcher les adversaires d'envahir leur monumentale hostellerie. Véritable cerbère, coiffé d'un éternel casque colonial déjà percé par une balle, le père Pascal savait se faire craindre par les Arabes autant que par les Juifs. Ancien de la Grande Guerre, il identifiait l'origine et la direction des tirs comme un vrai poilu de Verdun. Il ne put cependant empêcher une balle perdue de tuer son vieux compagnon qu'il enterra lui-même dans le jardin de Notre-Dame.

Mais c'est une communauté de vingt-neuf religieuses qui fut la plus éprouvée par tous ces bouleversements. Elles avaient l'immense infortune d'être cloîtrées dans le bâtiment le plus exposé de Jérusalem. Construit à cheval sur la portion de rempart située entre la Porte Neuve et l'angle nord de la Vieille Ville, leur couvent constituait une sorte de moderne hélépole.

La communauté française des sœurs réparatrices de Marie vivait si totalement retirée du monde que leur aumônier était probablement le seul homme que la plupart d'entre elles eussent vu depuis un demi-siècle. Elles ne s'étaient jamais aventurées dans les rues de Jérusalem après leur arrivée au couvent, qu'elles ne devaient quitter que mortes pour aller reposer au cimetière de Gethsémani. Leur Ville sainte tenait toute dans la chapelle où elles se prosternaient en adoration perpétuelle du

Sauveur qui avait été crucifié à quelques centaines de mètres de leur autel. Mais leur oasis de paix devint brusquement un enjeu dans la bataille qui se déchaînait. Des dizaines de combattants — Arabes d'un côté, Juifs de l'autre — tentaient de percer les lignes adverses en passant par leur couvent. Pendant les combats des premières quarante-huit heures, la position stratégique que constituait le toit du bâtiment fut d'abord occupée par les Arabes, puis par la Haganah, et reprise par les Arabes. A chaque nouvelle intrusion, la mère supérieure et son assistante protestaient de leur neutralité — énergiquement mais inutilement — et s'efforçaient de chasser les envahisseurs en les menaçant des foudres de l'enfer.

Ce dimanche de Pentecôte, informée que la Haganah montait une opération d'envergure pour récupérer ce bastion, la mère supérieure décida finalement de suspendre les règles de sa petite communauté. La guerre allait rendre au monde les sœurs réparatrices de Marie — juste le temps de gagner le refuge du patriarcat latin voisin. Installées dans la salle de réception des évêques, les religieuses alignèrent les gros fauteuils de velours rouge contre les murs, cherchant ainsi à reconstituer les humbles cellules de leur couvent ravagé. A la prière du soir, leurs voix joyeuses firent résonner les strophes d'un vieux cantique français qui se chante en mai, mois dédié à la Sainte Vierge :

> « C'est le mois de mai,
> C'est le mois de Marie,
> C'est le mois le plus beau... »

*

Fawzi el Koutoub était prêt à déclencher sa croisade personnelle contre le quartier juif de la Vieille Ville. Il disposait pour cela des armes qu'il avait spécialement confectionnées dans le bain turc qui lui servait de P.C. Les détonateurs et les rouleaux de cordon Bickford achetés à Damas pouvaient déclencher ses vingt-cinq machines infernales. El Koutoub allait ouvrir sa route dans le vieux quartier en faisant sauter ses bâtiments un à un.

Son premier objectif fut le point d'appui de la Haganah installé dans le pâté des Immeubles de Varsovie, situé à moins de cent mètres de l'endroit où il était né. Pour donner l'exemple aux vingt-cinq volontaires de son groupe de dynamiteurs, le « Tadmir », il alluma une cigarette et s'élança avec sa première charge explosive. En courant, il fit sauter un engin piégé dont les éclats lui tailladèrent le visage. Il déposa le bidon devant son objectif, alluma la mèche et fila se mettre à l'abri. Le visage dégoulinant de sang, saisi par une frénésie destructrice, El Koutoub attrapa un second bidon et entraîna avec lui le Tunisien amateur de whisky qui avait naguère conduit son camion bourré d'explosifs sous les fenêtres du consulat de France. Terrorisé, le malheureux posa la machine infernale sur sa tête avec les précautions d'un porteur d'eau revenant du puits et courut la jeter. Insatiable, El Koutoub l'obligea à aller en chercher une autre. Trois fois de suite, la menace d'un revolver eut raison du manque d'enthousiasme du Tunisien. Il finit par tomber à genoux aux pieds d'El Koutoub.

« Tue-moi si tu veux, gémit-il, ça m'est égal, mais je n'y retournerai pas. »

El Koutoub fit alors appel à un autre volontaire, un Syrien de quatorze ans nommé Sabah Ghani. Exalté par le spectacle d'un défilé de volontaires à travers les rues de Damas, le jeune Arabe s'était enfui de chez lui pour venir rejoindre son père et son frère qui combattaient déjà à Jérusalem. Les genoux tremblants, il commença à courir vers les positions juives, un bidon d'explosifs dans les bras. Mais un vieillard surgit brusquement devant lui, le lui arracha et s'élança à sa place aux cris de « Allah Akbar ! » Deux soldats de la Haganah qui débouchaient d'un tunnel, coupèrent son élan d'une rafale de mitraillette et obligèrent les autres dynamiteurs à se replier.

Le répit allait être de courte durée. Les irréguliers arabes assiégeaient de tous côtés les habitants du vieux quartier. À la lisière ouest, là où les quartiers juif et arménien se rejoignaient, la situation devenait de plus en plus précaire. Les Arabes avaient occupé le clocher en forme de croix de l'église Saint-Jacques. Pris sous un feu croisé entre ce clocher et le mont Sion, les combattants juifs durent abandonner leur position de la porte de Sion. Les Arabes purent alors descendre la rue des Juifs, où habitait le rabbin Weingarten, et s'enfoncer vers le cœur du vieux quartier. Un violent combat éclata de rue en rue, de maison en maison. Emmanuel Medav, le jeune Juif aux « mains de magicien » et Isaac, un Kurde analphabète surnommé « le Mitrailleur », déplaçaient de toit en toit les deux seules armes lourdes du quartier, un fusil-mitrailleur et une mitrailleuse Lewis.

Allant d'une position à l'autre avec le même calme que si elle parcourait les rues de son Londres natal, Esther Cailingold distribuait munitions, nourriture et paroles d'encouragement. Découvrant un plateau de sandwiches couvert de poussière, elle sermonna tranquillement les soldats pour cette négligence : en Angleterre, pendant les bombardements, les gens avaient appris à ne rien gaspiller. Au cours d'une de ses missions, une balle ricocha sur un mur et la blessa à la hanche. La présence de ses camarades étant trop précieuse aux postes de combat, elle refusa de se laisser porter jusqu'à l'hôpital. Le visage crispé par la souffrance, elle s'y rendit toute seule.

Des pertes subies ce jour-là, aucune n'affecta le moral des défenseurs juifs comme celle qui survint, peu après midi, dans un immeuble abandonné sur le chemin de l'offensive arabe. Pour enrayer l'assaut, Emmanuel Medav s'était glissé dans le bâtiment afin d'y poser un piège explosif fabriqué par un camarade de l'Irgoun. Mais un défaut dans le mécanisme de l'engin provoqua une explosion prématurée. Le corps déchiqueté du garçon fut transporté à l'hôpital.

C'est là que la jeune Rika Menache le retrouva une heure plus tard. Le docteur Abraham Laufer, le chirurgien de la Vieille Ville, la conduisit auprès de la civière où gisait son fiancé, le visage enveloppé de pansements.

« Est-ce qu'il vivra ? » murmura-t-elle.

Le chirurgien ne put que lever les bras au ciel. La jeune fille s'agenouilla et caressa le corps brisé du jeune homme qu'elle avait connu énergique et plein de vie et qui à présent ne respirait presque plus. Une de ses « mains de magicien » avait été amputée, l'autre n'était plus qu'un moignon. Emmanuel Medav ne verrait plus jamais. L'explosion lui avait arraché les deux yeux.

Malgré la résistance acharnée de la Haganah, les Arabes, poursuivant leur avance, menacèrent bientôt toutes les positions juives de la rue des Juifs. Le coup était dur. En une seule journée, ils avaient réussi à contrôler près d'un quart de la superficie du quartier. Terrorisés, ses habitants coururent se réfugier dans la synagogue d'Istanbul. Leurs relations avec la Haganah s'étaient considérablement détériorées depuis le départ des Anglais. Le samedi 15 mai, certains avaient même refusé de creuser des fortifications en criant : « Shabbos ! — Sabbat ! » La panique s'emparait à présent de la plupart. Ils se groupèrent pour réciter des psaumes, tandis que des femmes affolées cherchaient partout les enfants qu'elles avaient perdus.

« Rendez-vous ! Brandissez un drapeau blanc. Sauvez nos âmes ! » crièrent-ils bientôt.

Ils en arrivèrent même à prendre les soldats à partie :

« Nous vivions en paix avec les Arabes, s'insurgeaient-ils. Si nous nous rendons, nous pourrons à nouveau vivre en paix avec eux. »

Sur ordre de David Shaltiel, ces Juifs furent évacués à l'autre bout du quartier et installés à Batei

Machse, un groupe de maisons situées près des remparts qu'habitaient des étudiants des yeshivas et quelques familles pauvres. En les regardant s'éloigner, un soldat de la Haganah surmonta son aversion pour eux et se dit que c'était bien l'un des spectacles les plus pitoyables qu'il ait jamais vus. Chacun portait sur le dos un gros balluchon d'affaires hâtivement empaquetées. Les femmes serraient leurs bébés dans leurs bras. Abasourdis et trébuchants, les vieillards semblaient se raccrocher à la seule réalité de leur existence — les psaumes qu'ils marmonnaient en un chœur désespéré.

Ces appels à la reddition et l'ampleur des conquêtes arabes en cette seule journée éprouvèrent le moral des chefs de la Haganah du vieux quartier. Ni Moshe Russnak, le jeune commandant tchèque, ni ses adjoints n'avaient l'expérience ou l'entraînement nécessaire pour affronter de tels événements. Leurs messages au quartier général de la Nouvelle Ville se firent de plus en plus pressants. « La situation est tragique, les Arabes font irruption de tous les côtés », affirmaient-ils. « Envoyez immédiatement des secours, nous allons être submergés », supplia un autre appel dans la soirée.

C'est dans cette atmosphère de panique croissante que les rabbins Weingarten, Mintzberg et Hazan vinrent exhorter le chef militaire du quartier à engager des négociations avec les Arabes. Il est inutile de résister davantage, plaida Weingarten au nom de ses collègues, seule une reddition peut éviter à présent un massacre de civils innocents. Découragé par ce qu'il jugeait un manque de compréhension et de soutien de la part de ses supérieurs de la Nouvelle Ville, Russnak ne supporta pas l'idée d'être responsable d'un tel carnage et finit par accepter.

« D'accord, répondit-il aux rabbins. Allez-y. »

Quelques instants plus tard, à la Custodie de Terre Sainte, le père Alberto Gori recevait un appel téléphonique des rabbins et se rendait à l'école de la Raoudah pour s'enquérir des conditions arabes. L'ecclésiastique eut l'impression que sa requête tombait « comme un souffle sur un tas de braises mourantes ». En dépit de leurs succès, les Arabes ne dominaient pas vraiment la situation. Faute de discipline, les irréguliers avaient gaspillé leurs munitions à un rythme inconsidéré. Aucun de leurs appels n'avait ébranlé la détermination de Glubb Pacha, qui gardait obstinément ses bédouins en dehors de Jérusalem. A l'exception des raids contre le quartier juif de la Vieille Ville et de l'attaque du couvent des réparatrices de Marie, la seule action arabe de ce dimanche de Pentecôte était due aux quelques artilleurs que Fawzi el Kaoukji n'avait pas encore ramenés de l'autre côté du Jourdain. Du haut de la colline de Nebi Samuel, ils avaient bombardé au hasard la Jérusalem juive pour soutenir le moral de leurs frères.

Enthousiasmés à présent à l'idée de remporter leur première vraie victoire depuis le départ des Anglais, les chefs de la Raoudah déclarèrent qu'ils étaient disposés à autoriser l'évacuation de la population civile sous le contrôle de la Croix-Rouge, mais que tous les combattants seraient faits prisonniers. En découvrant qui dictait ces conditions, Weingarten s'effondra. Dans son esprit, c'était à la Légion arabe qu'il offrait la reddition du quartier juif, non aux irréguliers. Comme la plupart de ses concitoyens, il était hanté par le massacre des prisonniers de Kfar Etzion.

« Où se trouve donc la Légion arabe ? » demanda-t-il avec angoisse.

*

Quelqu'un, à Jérusalem, se réjouissait pourtant de cette absence. Chaque heure qui s'écoulait sans qu'apparaissent les autocanons couleur de sable permettait à David Shaltiel de faire un pas de plus dans la conquête de la ville. Il avait presque achevé l'Opération Fourche qui devait lui en livrer les clefs après le départ des Anglais et il était prêt à lancer les forces juives à l'assaut de la Vieille Ville.

Le premier objectif qu'il avait choisi semblait cependant le plus imprenable de tous. C'était la porte de Jaffa que flanquaient les trois tours fortifiées de la citadelle de Soliman. Mais Shaltiel disposait d'une tactique secrète pour enlever cette citadelle. Elle lui avait été suggérée par une archéologue, épouse d'un officier de son état-major, qui lui avait appris l'existence, au pied des remparts de la citadelle, d'une grille qui fermait un passage secret menant à l'intérieur de l'édifice. Le plan de Shaltiel était simple. Il lancerait toute sa force blindée — deux automitrailleuses et une voiture de reconnaissance commandées par Joseph Nev — pour attirer le feu des Arabes pendant qu'une équipe de sapeurs ferait sauter la grille. Son infanterie pourrait alors se précipiter dans le tunnel et tomber par surprise sur les Arabes de la citadelle.

Toute la journée, il avait reçu de la Vieille Ville des messages presque hystériques qui l'avaient décidé à recourir à ce stratagème plutôt que de tenter un encerclement général. Dans un de ces messages, les assiégés annonçaient qu'ils ne pourraient pas tenir « un quart d'heure de plus ». Ignorant les négociations de reddition entreprises par les rabbins, le commandant de la Haganah était persuadé de livrer une course contre la montre « pour sauver le quartier de l'anéantissement ». Une fois dans la citadelle, ses hommes pourraient s'infiltrer dans le quartier arménien et courir au secours des assiégés. Pour empêcher les Arabes de concentrer leurs forces autour de la porte de Jaffa, il avait prévu deux diversions — l'une sur sa gauche, effectuée par des commandos de l'Irgoun et du groupe Stern à la Porte Neuve; la seconde, sur sa droite, au mont Sion, confiée à une unité du Palmach.

Dès le début, ce plan avait rencontré des obstacles. Tant les organisations dissidentes que les officiers du Palmach soupçonnaient Shaltiel de leur attribuer un rôle subalterne pour réserver à ses propres troupes la gloire de conquérir la Vieille Ville. De toute façon, Isaac Rabin et Joseph Tabenkin, les deux responsables du Palmach, ne croyaient pas au succès de ce plan. Attaquer la porte de Jaffa, pensait Rabin, c'était « se taper la tête contre un mur de pierres ». Ils supplièrent Shaltiel de regrouper plutôt toutes leurs forces dans un assaut commun contre l'angle nord-est des remparts, opération qui permettrait de couper les principales voies d'accès arabes vers la Vieille Ville.

« Je ne vous demande pas votre avis sur la manière de conduire cette guerre, leur répondit sèchement Shaltiel. Tout ce que je veux savoir, c'est si vous êtes prêts — oui ou non — à réaliser une action de diversion. »

Même les membres de son état-major doutaient du plan de David Shaltiel. Isaac Levi fit observer qu'une seule mitrailleuse embusquée sur la tour de David, qui flanquait la citadelle, suffirait à faire échouer l'attaque. Zelman Mart, le premier officier désigné par Shaltiel pour diriger l'opération, refusa toute responsabilité en protestant que celle-ci n'avait aucune chance de succès.

Aucune critique ne parvint toutefois à ébranler la résolution de David Shaltiel. Il avait tellement confiance dans la réussite de son projet qu'il avait déjà pensé à célébrer convenablement sa victoire. Il avait préparé le drapeau du nouvel Etat juif qu'il avait l'intention de planter au sommet de la tour de David. Il avait même prévu de renouer avec une des traditions de l'ancienne civilisation juive de Jérusalem. Dans une pièce de son quartier général de l'Agence Juive était enfermé un agneau. La destinée qui attendait l'animal était beaucoup plus exaltante que celle que son berger arabe avait envisagée pour lui. Le commandant juif allait le sacrifier au pied de la tour de David dès qu'il aurait rendu aux Juifs les remparts de Jérusalem.

35

« A QUELLE MONTRE REGARDEZ-VOUS L'HEURE ? »

LA nuit était noire et tranquille. Quelque part dans le silence d'une bâtisse perchée sur l'une des sept collines d'Amman, un homme se leva du matelas sur lequel il couchait à même le sol et déroula son tapis de prière. Il était quatre heures du matin, le 17 mai. Le roi de Transjordanie commençait une nouvelle journée en renouant son dialogue solitaire avec le Dieu dont l'un de ses lointains ancêtres avait été le prophète.

Mais il fut brutalement interrompu par l'irruption de son aide de camp, Hazza el Majali, bouleversé par l'appel téléphonique qu'il venait de recevoir de Jérusalem. Au bout du fil, la voix étranglée de sanglots d'Ahmed Hilmi Pacha, un membre du Haut Comité Arabe demeuré dans la ville, avait encore supplié : « Au nom de Dieu, qu'Abdullah vienne à notre secours pour sauver Jérusalem et ses habitants d'un anéantissement certain. »

C'était le deuxième appel que l'aide de camp recevait de Hilmi cette nuit-là. Il couronnait le torrent de suppliques qui s'était déversé sur Amman pendant les dernières vingt-quatre heures.

« Si vous n'envoyez pas de troupes, le drapeau juif va flotter sur la tombe de votre père », avait même lancé au roi un habitant de Jérusalem.

Abdullah ne restait pas insensible à de tels avertissements. S'il s'était résigné au partage de la Palestine, l'internationalisation de Jérusalem lui avait causé une peine aussi vive qu'à Ben Gourion. Seules les pressions constantes de la Grande-Bretagne, dont les subsides et le soutien étaient indispensables au maintien de son trône, l'avaient jusqu'à présent retenu d'envoyer ses bédouins au secours d'El Kuds, la Ville sainte. Mais la perte de la cité porterait un coup terrible à sa personne et à son prestige. « A quoi bon posséder la meilleure armée du Moyen-Orient, se demandait-il, si mes soldats ne peuvent défendre l'un des lieux les plus sacrés de l'Islam ? »

Le palais d'Abdullah n'était pas le seul endroit où l'on débattait cette nuit-là du sort de Jérusalem. Aux environs d'Amman, dans le camp militaire de Zerqa où ils passaient la nuit, les principaux dirigeants des pays arabes avaient été tirés de leur sommeil par un autre appel au secours. Un messager venait d'arriver de Jérusalem pour annoncer que la ville allait tomber si la Légion arabe n'intervenait pas. On manquait tragiquement de munitions et la perte de presque tous les quartiers arabes de la Nouvelle Ville avait terriblement ébranlé le moral. Si les Juifs lançaient une seule grande attaque, « tout Jérusalem était à eux ».

Dans le salon de sa villa, Azzam Pacha tentait de déterminer un plan d'action avec ses collègues accourus en pyjamas et en pantoufles. Une extrême tension, ponctuée de nombreux éclats de voix, animait leur réunion. Azzam se tourna finalement vers Abdul Illah, prince régent d'Irak et neveu d'Abdullah.

« Si vous n'allez pas immédiatement convaincre votre oncle d'envoyer ses forces à Jérusalem, menaça-t-il, et si Jérusalem tombe faute de leur intervention, je ferai savoir au monde entier que les Hachémites sont des traîtres, même si je dois pour cela finir au bout d'une corde. »

Tous alors s'habillèrent et montèrent en voiture pour courir à Amman presser le roi d'intervenir.

Au même instant, une ampoule s'allumait dans une petite maison de la capitale de la Transjordanie. Le premier ministre Tewfic Abou Houda se leva, jeta une robe de chambre sur ses épaules et se crut victime d'une hallucination. Il était habitué aux gestes imprévisibles de son souverain, mais rien ne l'avait préparé à le voir surgir en pleine nuit dans sa chambre. Rassemblant ses esprits, l'homme d'Etat répondit à son maître, venu l'entretenir de ses craintes, que toute intervention à Jérusalem ne pourrait que violer l'accord conclu avec les Anglais. L'entrée de la Légion arabe à Jérusalem provoquerait en outre un véritable tollé aux Nations unies.

Ces mots laissèrent le roi perplexe. Il avait beau être le descendant du Prophète, son armée était commandée par un Anglais et, pour impatient qu'il fût de courir au secours de Jérusalem, Abdullah n'était pas encore prêt à braver ouvertement la seule nation qu'il avait pour alliée.

Sur le chemin de son palais qu'il regagnait, morose, il rencontra ses collègues de la Ligue arabe. Azzam Pacha n'hésita pas à répéter la menace qu'il venait de lancer au régent d'Irak. Mais, comme c'était à Abdullah que s'adressait l'Egyptien, il ajouta :

« Si la Légion arabe sauve Jérusalem, je ne ferai aucune objection à ce que vous soyez fait roi de Jérusalem et je poserai moi-même la couronne sur votre tête, fût-ce contre la volonté de mon souverain. »

Le petit roi bondit de son fauteuil et l'embrassa.

« Vous ne serez pas déçu », promit-il.

*

A Jérusalem, l'officier juif Natanael Lorch considérait d'un œil soupçonneux les cinq cigarettes Four Square posées devant lui. La ration quotidienne n'en comportant que trois, le jeune homme se dit qu'il allait devoir payer le prix de cette faveur. Il n'avait pas encore tiré une seule bouffée quand il fut appelé au quartier général de Shaltiel. Là, en compagnie d'autres officiers, il découvrit le rôle qui l'attendait dans l'assaut contre la porte de Jaffa qui devait permettre aux forces juives de conquérir la Vieille Ville.

Ce fut une conférence « très solennelle et très cérémonieuse », devait raconter Lorch. Frais et dispos dans son uniforme soigneusement repassé, Shaltiel écoutait Ephraïm Levi, l'homme qu'il avait finalement choisi pour diriger son attaque, expliquer l'opération sur une carte de la vieille cité. Levi s'était d'abord dit que « vouloir entrer en force dans la Vieille Ville par un petit orifice conduisant à un tunnel dont personne ne savait au juste s'il existait vraiment, était une folie ». Puis, en y réfléchissant, il s'était finalement convaincu qu'en dépit des lourdes pertes qu'ils ne manqueraient pas de subir, ils finiraient par passer d'une manière ou d'une autre.

Tandis que l'Irgoun et le groupe Stern attaqueraient la Porte Neuve, et le Palmach le mont Sion, deux sections de la Haganah attendraient cachées dans l'immeuble Tannous, en face de la porte de Jaffa. Dès que les sapeurs auraient fait sauter avec une torpille bengalore la grille au pied de la citadelle, elles s'élanceraient vers le tunnel sous la protection des trois blindés de Joseph Nevo. Une fois à l'intérieur, la première section s'emparerait de la tour nord-ouest qui contrôlait la porte de Jaffa, pendant que la seconde — celle de Lorch — occuperait la tour sud-est, puis le commissariat de police situé juste derrière.

Quand le jeune officier eut achevé, David Amiran, le mari de l'archéologue qui avait révélé à Shaltiel l'existence du tunnel, fit un exposé sur l'architecture de la citadelle. En l'écoutant, Lorch songea qu'il n'avait jamais éprouvé autant d'intérêt pour l'étude des monuments anciens. Puis Shaltiel présenta aux jeunes officiers un drapeau de leur nouvel Etat :

« Demain matin, leur promit-il, les couleurs de Sion flotteront au sommet de la tour de David. »

＊

Sir John Glubb lut attentivement le message qui figurait sur une des feuilles de papier rouge utilisées par la Légion arabe pour ses communications urgentes. « Sa Majesté le roi ordonne à ses troupes de se porter en direction de Jérusalem, y était-il dit. Elle entend ainsi intimider les Juifs afin de les inciter à accepter une trêve à Jérusalem. »

Une demi-heure plus tard, à midi, Glubb recevait un second câble. Plus clairement encore, le roi exprimait ses intentions et montrait qu'il osait aller très loin : « Extrêmement inquiet », il désirait faire une démonstration de force « pour soulager la pression sur les Arabes et contraindre absolument les Juifs à accepter une trêve à Jérusalem. Sa Majesté attend une action rapide, concluait le message. Faites savoir sans retard que l'opération a commencé ».

Depuis quarante-huit heures, Glubb s'opposait au roi comme à la plupart de ses ministres. L'idée de marcher sur la ville lui inspirait une répugnance « à la fois militaire et politique ». Outre que cet homme du désert éprouvait un mépris instinctif pour les Arabes des villes, il tenait les chefs militaires arabes de Jérusalem pour un ramassis d'incapables à demi hystériques, plus aptes à grossir les forces de l'adversaire qu'à bien utiliser les leurs. Partout sur le reste du front, son désir se faisait réalité : il ne menait qu'un « simulacre de guerre ». Sa Légion se trouvait en Palestine depuis deux jours, et elle n'avait pas eu à s'engager dans une seule action d'importance. La plupart de ses régiments n'avaient pas tiré une seule cartouche.

Il fallait cependant payer le prix de cette heureuse inaction, un prix qui montait d'heure en heure.

« Et nos victoires à nous, où sont-elles ? » commençaient à hurler le peuple d'Amman, surexcité par les bulletins de victoire de toutes les radios arabes.

Les légionnaires à qui le roi lui-même avait crié « En route vers Jérusalem ! » unissaient leurs voix à celle de la foule. Les orgueilleux bédouins, qui avaient traversé la Transjordanie portés par les acclamations populaires, voyaient à présent leurs campements envahis de femmes qui les traitaient de lâches et d'hommes qui se moquaient d'eux. Certains officiers faisaient la grève de la faim. Le nombre des désertions au profit des rangs des irréguliers s'accroissait de manière inquiétante. Une unité menaçait de se mutiner et dans toutes les autres les relations entre officiers arabes et anglais se tendaient à l'extrême. Quand le colonel Ashton commit la maladresse d'invoquer l'exemple de l'Inde dans une discussion avec ses subordonnés, il s'attira une réponse qui résumait bien les sentiments que commençaient à éprouver la plupart des officiers arabes.

« L'Inde n'était pas votre pays et celui-ci est le nôtre », lui répliqua vertement son adjoint, le lieutenant Ali Abou Nouwar.

En dépit de ces pressions, Glubb restait fermement décidé à garder ses forces en dehors de Jérusalem. Il se cramponnait à l'espoir que la commission consulaire pourrait encore imposer un cessez-le-feu et sauver de la faillite le plan d'internationalisation. Plus que jamais, il était hanté par la crainte d'engager ses précieuses troupes dans une bataille de rues. Mais il ne pouvait pas négliger complètement les instructions du roi. Aussi décida-t-il de rappeler aux Juifs de Jérusalem la puissance de l'armée qui campait sur les collines de Judée, à proximité de leurs murs. Il ordonna la mise en batterie immédiate de l'un des canons de 88 achetés avec les subsides supplémentaires qu'il avait obtenus à Londres. Peut-être, comme l'espérait Abdullah, quelques obus de cette grosse pièce réussiraient-ils à calmer l'agressivité des dirigeants juifs de la ville et à lui éviter de faire entrer son armée dans Jérusalem.

*

Natanael Lorch était ulcéré. Les bonnes mères juives de Jérusalem, à commencer par la sienne, avaient sacrifié leurs maigres rations pour préparer des centaines de sandwiches à l'intention de leurs concitoyens affamés du quartier juif de la Vieille Ville. En plus du poids des munitions, de l'eau, et des médicaments qui les écrasaient déjà, Lorch reçut l'ordre de faire transporter une musette pleine de sandwiches par chacun de ses hommes.

L'attaque qui allait permettre de les porter à leurs destinataires ne se présentait pas sous les meilleurs auspices. Tandis qu'elle rejoignait ses positions de départ, la section de Lorch fut prise sous le feu d'une mitrailleuse arabe.

« Le Q.G. a affirmé que les Arabes n'avaient pas d'armes automatiques ! cria un soldat.

— Le Q.G. ne peut pas se tromper, répliqua ironiquement un de ses camarades, ce n'est pas une mitrailleuse mais dix Arabes qui tirent les uns après les autres ! »

Les hommes sautèrent des autobus et traversèrent les ruelles dévastées du Centre Commercial pour gagner l'immeuble Tannous en face de la porte de Jaffa. Une balle atteignit un soldat en pleine tête. Inquiet de l'effet que cette mort pourrait produire sur le moral de ses jeunes recrues, Lorch s'empressa d'asseoir le corps dans un coin de la maison en assurant qu'il était seulement évanoui.

*

En contemplant la ville du haut de la colline de Nebi Samuel, l'Arabe Mohamed Ma'ayteh sentit une extraordinaire émotion l'envahir. L'officier d'artillerie de la Légion arabe n'était venu qu'une seule fois à Jérusalem quand, sur son cheval blanc Sabha, il avait défilé dans les rues où le peuple acclamait la victoire britannique d'El-Alamein. A présent, sur l'ordre de Glubb, il allait ouvrir le feu sur la ville, engageant ainsi la Légion arabe dans la guerre pour Jérusalem. Depuis trois jours, piaffant auprès de leurs canons, ses hommes attendaient l'ordre de se battre. En criant « Feu ! » Ma'ayteh éprouva une fabuleuse sensation. « Je suis le premier légionnaire à combattre pour Jérusalem », songea-t-il. Enivré par cette pensée, il expédia huit coups sur la ville — deux fois le nombre d'obus autorisés — avant que ne surgisse un capitaine britannique qui lui enjoignit de cesser son tir.

Pendant que les premiers obus rugissaient dans

le ciel de Jérusalem, un autre officier de la Légion arabe se présentait à la station de Radio-Palestine à Ramallah. Il tendit une feuille de papier à Raji Sayhoun, son rédacteur en chef. C'était le premier communiqué de guerre de la Légion. « L'artillerie de la Légion arabe vient de bombarder les positions juives de Jérusalem, disait-il. Ce bombardement ne cessera pas avant que le drapeau aux quatre couleurs de la Palestine arabe flotte sur la ville tout entière. »

*

Contrairement aux espérances de Glubb et d'Abdullah, il faudrait plus de huit obus pour ébranler la résolution de la Haganah. De toute façon, David Shaltiel avait ce jour-là des préoccupations beaucoup plus importantes qu'un simple bombardement d'artillerie. Il espérait délivrer la nuit prochaine le quartier juif assiégé. Informés que les Juifs du vieux quartier ne se rendraient qu'aux forces régulières de la Légion arabe, les irréguliers reprirent leurs attaques avec une énergie renouvelée. Les différents consulats intervinrent auprès de l'Agence Juive dans l'espoir qu'elle pourrait fléchir l'obstination des assiégés. Cette démarche causa une vive surprise à l'état-major de Shaltiel où l'on ignorait tout des négociations de reddition engagées par les responsables du quartier que l'on se préparait justement à délivrer en attaquant la porte de Jaffa.

Le quartier ne connut pendant cette nouvelle journée, selon le mot d'un de ses défenseurs, qu'une « succession de désastres ». Les dynamiteurs de Fawzi el Koutoub s'emparèrent d'une première synagogue à la lisière nord-est. L'un d'eux, grimpé sur la coupole, appela ses compatriotes à venir contempler leur conquête. Une balle l'abattit comme une quille. Pour le venger, El Koutoub bourra la synagogue d'explosifs et la réduisit en poussière. Incapables de mener une attaque concertée, les Arabes pillaient et incendiaient un à un les bâtiments qu'ils prenaient, ce qui les empêchait de pénétrer en force au cœur du quartier. Malgré leur épuisement, les Juifs continuaient à offrir une résistance farouche, ne cédant le terrain que mètre par mètre. Leur chef, Moshe Russnak, s'était ressaisi devant la ferme attitude de ses subordonnés. Pourtant les promesses reçues de la Nouvelle Ville en réponse aux appels de détresse ne rehaussaient guère le moral des combattants. Certes, elles annonçaient d'heure en heure l'arrivée de secours et l'un des messages assurait même que dans une heure et demie les assiégés seraient délivrés. Mais aucune de ces paroles d'espoir n'avait encore eu de suite. En fin d'après-midi, les défenseurs informèrent sèchement Shaltiel que tout secours serait bientôt inutile. « C'est maintenant que nous en avons besoin, disait le message. Il y a trente-six heures que vous nous promettez de nous délivrer dans une heure et demie. A quelle montre regardez-vous l'heure ? »

*

Dans la cour de l'orphelinat Schneller, Bobby Reisman, l'ancien parachutiste américain que l'amour d'une juive de Jérusalem avait jeté dans une nouvelle guerre, bavardait tranquillement avec son ami Moshe Salamon devant la porte d'un autobus blindé. Dans quelques minutes, l'un des deux allait monter dans cet autobus pour conduire ses hommes vers le point qui promettait d'être le plus exposé de l'attaque de la porte de Jaffa — l'entrée du tunnel au pied de la citadelle. Ni Reisman ni Salamon ne croyaient beaucoup aux chances de l'opération.

« Suppose même que nous arrivions à entrer, dit Salamon, que ferons-nous alors ? Nous ne tiendrons pas dix minutes. »

Salamon sortit un shilling de sa poche et annonça :

« Face, c'est moi qui y vais. Pile, c'est toi. »

Il lança la pièce. Le parachutiste que la guerre en Europe avait à jamais rassasié d'héroïsme poussa un soupir de soulagement. Il n'aurait pas à se battre cette fois-là. Salamon ordonna aux soldats de monter dans l'autobus et grimpa à son tour.

« Mazel Tov ! » cria l'Américain comme l'autobus emportait son ami.

Dans la synagogue de Yemin Moshe, les soldats du Palmach qui devaient effectuer l'opération de diversion sur le mont Sion attendaient l'ordre de gagner leur position de départ. A leur tête se trouvait Uzi Narkis, l'officier qui avait pris Castel six semaines auparavant. Ses quatre sections n'étaient même pas complètes. Elles représentaient tout ce qui restait du 4e bataillon de la brigade Harel après un mois et demi de combats incessants.

Juste avant le départ, Narkis reçut un appel de Shaltiel :

« Est-ce que vous avez un drapeau ? demanda le commandant de la Haganah.

— Un drapeau ? s'étonna Narkis. Et pour quoi faire ?

— Pour le planter au sommet du mont Sion quand vous y arriverez. »

Ephraïm Levi avait noué le sien autour de sa ceinture. Il savait qu'avant la fin de la nuit il le ferait flotter sur la tour de David dont les contours crénelés se profilaient dans l'obscurité. D'une fenêtre de l'immeuble Tannous, il contemplait en compagnie de Joseph Nevo la masse sombre des remparts vers lesquels il allait lancer la première attaque d'une armée juive depuis près de deux mille ans. C'était une nuit sans lune. Rien ne bougeait. Ils auraient pour eux les ténèbres et l'effet de surprise. Les trois blindés de Nevo et l'autocar de Moshe Salamon étaient dissimulés dans la rue en contrebas. Levi jeta un coup d'œil à sa montre. Il allait être minuit. Il donna une petite tape sur l'épaule de son ami et Nevo se leva pour rejoindre ses blindés.

*

Un cri aussi vieux que Jérusalem se répandit dans les ruelles tortueuses de la Ville sainte :

« Aux remparts ! »

Seulement vêtu d'un pantalon, l'Arabe Kamal Irekat se précipita, suivi de ses deux adjoints qui couraient pieds nus. Au moment même où il atteignait la porte de Jaffa, quelqu'un hurla :

« Les Juifs arrivent ! »

Irekat frissonna d'angoisse en apercevant les rares sacs de sable posés en travers du passage. Puis il découvrit, le long du mur de la citadelle, treize bennes à ordures de l'ancienne municipalité conduites là par Antoine Safieh. Irekat vit immédiatement le parti qu'il pouvait tirer de ce cadeau providentiel. Il appela ses hommes et s'empressa de leur faire pousser les camions devant la brèche, improvisant ainsi une solide barricade.

Au-dessus, les remparts s'animèrent d'une extraordinaire agitation. Des hommes à moitié nus arrivaient de partout, escaladaient les banquettes, couraient vers les poivrières et les créneaux. Comme leurs aïeux avaient jeté leur huile bouillante sur les croisés de Godefroi de Bouillon, les soldats d'Irekat lancèrent, de leurs machicoulis, des boules de papier enflammées pour éclairer la nuit et repérer les assaillants. Leur arme principale était un stock de grenades fabriquées par El Koutoub dans le P.C. de son bain turc. Faite de bâton de dynamite, chacune d'elles était attachée à une corde qui, tournoyant comme un moulinet, permettait de les expédier à une grande distance. Du bain turc aux remparts, une chaîne de femmes et d'enfants se forma bientôt pour acheminer de nouvelles grenades à mesure qu'El Koutoub les préparait.

Tapi derrière une fenêtre de l'immeuble Tannous, Ephraïm Levi distinguait la silhouette de la voiture blindée de Nevo qui avançait vers la porte de Jaffa. Quand elle entra dans le cercle lumineux des boules de feu lancées des remparts, une fusillade infernale s'abattit sur elle. Nevo tenta de manœuvrer pour rester hors de portée des grenades, mais ignorant leur mode spécial de lancement, il tomba au beau milieu de leurs explosions. Tandis que ses deux automitrailleuses tiraient vers les remparts leurs vingt et un obus, il entendit siffler une roquette de bazooka juste au-dessus de lui. Puis, s'apercevant que son propre fusil-mitrailleur avait cessé de crépiter, il se retourna et vit son servant qui gisait au fond de la voiture. A son tour, le radio fut secoué d'un brusque sursaut et s'écroula. Le chauffeur verrouilla alors le volet de son pare-brise et se recroquevilla sous son volant, terrorisé. Nevo découvrit à cet instant que l'automitrailleuse de tête s'était arrêtée bien avant d'avoir atteint son objectif. Elle bloquait toute la colonne. Si elle ne pouvait repartir, Moshe Salamon et ses sapeurs seraient obligés de sortir de leurs autobus blindés et de gagner la grille du tunnel à découvert, sous un déluge de mitraille. Aucun d'eux n'y arriverait vivant.

Juste au-dessus, accroupi derrière un créneau, l'étudiant arabe Pierre Saleh contemplait la colonne immobilisée dans les confuses lueurs de la bataille. Autour de lui, le désordre était complet. Les explosions et les cris faisaient un incroyable vacarme. L'antique chemin de ronde était jonché de morts et de blessés. Les tireurs arabes déchargeaient leurs armes avec frénésie jusqu'à l'épuisement de leurs cartouches. Bientôt, certains durent reposer leur fusil au canon brûlant en attendant de nouvelles munitions. Une rampe fut aménagée d'urgence pour permettre à une jeep d'en apporter de pleins cageots jusqu'au pied même des remparts. Plus loin, les pans de son abbayah relevés à la manière d'une femme qui transporte des pommes dans son tablier, un vieillard trottinait de tireur en tireur pour distribuer des cartouches. Certains défenseurs étaient armés de vieux fusils italiens qui lançaient une flamme à chaque coup, ce qui permettait aux Juifs de répliquer par une volée de balles bien ajustée. Tout à coup, l'explosion d'un cocktail Molotov jeta une grande lueur. Les Arabes des remparts poussèrent des clameurs de joie quand ses flammes commencèrent à lécher l'autobus immobilisé de Moshe Salamon.

La plus vive pagaille régnait à l'intérieur de l'école

de la Raoudah. On criait, courait, lançait des ordres dans une agitation et une confusion encore jamais atteintes. Des soldats dépenaillés arrivaient en courant pour réclamer des balles et du secours. Persuadés que les Juifs étaient sur le point de franchir les remparts, la standardiste Nimra Tannous n'hésita pas à appeler le palais royal à Amman. A son grand étonnement, elle réussit à obtenir le roi en personne.

« Sire, s'écria-t-elle, les Juifs sont à nos portes. Dans quelques minutes, Jérusalem leur appartiendra. »

Les Juifs étaient bien aux portes des remparts, mais en péril. Ayant réussi à dégager sa voiture, Nevo vint se placer contre l'automitrailleuse de tête et découvrit pourquoi elle n'avançait plus. Sa tourelle était tordue, trois de ses pneus crevés et plus aucun signe de vie ne parvenait de l'intérieur. Il appela, s'efforçant de couvrir de sa voix le fracas de la fusillade, mais n'obtint aucune réponse.

Derrière lui, les balles arabes traversaient le mince blindage de l'autobus des sapeurs et y causaient de lourdes pertes. Soudain, Moshe Salamon hoqueta.

« Je suis touché », gémit-il avant de rouler sur le plancher.

Sur les remparts, la situation était tout aussi dramatique. Par dizaines, les morts et les blessés arabes jonchaient les abords de la citadelle et la porte de Jaffa. Le volontaire qui occupait la position de tir à côté de Pierre Saleh avait été tué. En regardant la petite mare de sang qui rougissait le sol autour de cet homme, l'étudiant pensa avec étonnement qu'il n'avait même pas échangé deux mots avec lui. Il était mort près de lui, là sur les remparts de la Ville sainte, sans qu'il sût d'où il venait ni qui il était.

Une sorte de désespoir commençait à flotter sur les murs. « Cette fois, songea Pierre Saleh, les Juifs vont entrer. » Irekat courait de créneau en créneau pour supplier les tireurs d'économiser leurs cartouches mais ses appels restaient sans effet. Peu habitués aux batailles rangées, ses hommes vidaient leur chargeur avec frénésie « comme si leurs propres balles devaient arrêter celles de l'adversaire. »

En voyant les sapeurs sauter de leur autobus et s'enfuir vers l'immeuble Tannous, Joseph Nevo comprit que l'attaque juive avait échoué. Ephraïm Levi était arrivé à la même conclusion. Un même souci animait désormais les deux officiers juifs — ramener à tout prix les blessés et les automitrailleuses dans leurs lignes.

Dans tout ce chaos, seule l'opération de diversion du Palmach semblait se dérouler conformément aux prévisions. Les hommes d'Uzi Narkis avaient rapidement gravi les pentes de cette colline de Sion qui avait pendant deux mille ans symbolisé Jérusalem pour le peuple juif dispersé. Là, dans le cimetière arménien, au pied de la tour conique de l'église de la Dormition qui s'élevait sur le site où Marie s'était endormie de son dernier sommeil, à quelques mètres de l'endroit où le roi David reposait dans son tombeau orné de vingt-deux couronnes de sa lignée, les soldats du Palmach échangeaient des tirs de grenade avec les Arabes retranchés derrière les remparts. En explosant sur les pierres tombales, les engins d'El Koutoub jetaient dans la nuit des lueurs pareilles à des feux follets.

*

« Jérusalem est en train de tomber. Où est le fils du Prophète ? » hurlèrent un groupe d'Arabes affolés en faisant irruption dans la petite chambre du commissariat de police de Jéricho où dormait le commandant Abdullah Tell.

L'Arabe qui avait anéanti Kfar Etzion sauta de son lit. Un de ses visiteurs était en larmes; un autre, secoué de tremblements. Ils décrivirent l'affreuse situation qui régnait dans la ville, l'épuisement des irréguliers, la pénurie de munitions, la panique qui gagnait peu à peu la population. Tell fit préparer du café, puis recommanda à ses visiteurs de porter immédiatement ces nouvelles au souverain. Décrochant son téléphone, il prévint le palais de leur arrivée.

Angoissé de ne recevoir aucun secours malgré ses appels suppliants, l'Irakien Fadel Rachid finit par lancer un S.O.S. à Fawzi el Kaoukji, le général qui avait juré de jeter les Juifs à la mer ou de mourir à la tête de ses troupes. « La situation est désespérée, disait-il, venez à notre secours, ou ce sera notre fin. Je dis bien : notre fin. » Bien qu'il eût reçu l'ordre de retirer son armée de Palestine, El Kaoukji n'hésita pas à répondre : « Tenez bon, j'arrive ! J'arrive à tes ordres, mosquée divine. »

Devant la porte de Jaffa, un bruit terrifiant emplissait à présent l'obscurité. Touchée par un cocktail Molotov qui avait tué son équipage, une des automitrailleuses de Joseph Nevo gisait contre les remparts. De son capot disloqué ne s'élevait plus que le hurlement sinistre de son klaxon bloqué, lugubre corne de détresse qui ébranlait les nerfs des habitants juifs et arabes.

Natanael Lorch et trois hommes s'avancèrent à tâtons vers l'épave de l'autobus où gisait Moshe Salamon. Les faibles gémissements de l'officier guidaient seuls les sauveteurs à travers l'obscurité, la fumée et la confusion. Quand ils eurent ramené le moribond jusqu'à l'immeuble Tannous, Lorch alla porter secours au radio de la voiture blindée de Joseph Nevo. Evitant d'allumer sa torche pour ne pas attirer le feu des Arabes, il tâta le corps jusqu'à ce qu'il trouve la tête. Sentant du sang couler sur ses doigts, il se mit à la bander du mieux qu'il put. Puis il parla au blessé. N'obtenant pas de réponse, il le secoua. Il prit enfin son pouls. Lorch comprit alors qu'il venait de panser un mort. Il braqua une seconde le pinceau de sa lampe sur son visage. Il sursauta. C'était son cousin.

*

Il était juste deux heures du matin quand le téléphone retentit dans le P.C. d'Abdullah Tell. Son ordonnance lui tendit en tremblant l'appareil.

« C'est notre maître », dit-il.

Le roi Abdullah avait pris sa décision. L'émotion que suscitait en lui le sort de Jérusalem l'avait emporté sur la raison d'Etat et le respect de son accord avec les Anglais. Il était à présent vraiment persuadé que la ville allait tomber et que le drapeau du nouvel Etat d'Israël était sur le point de flotter sur la mosquée où reposait son père. Son armée ne devait plus se contenter de menacer la cité; elle devait la conquérir. Négligeant délibérément la voie hiérarchique, il résolut d'en donner l'ordre non au général anglais dont il redoutait encore quelque prudente objection, mais à l'Arabe qu'une passion identique à la sienne conduirait à agir dans l'heure.

« Mon fils, déclara-t-il à Abdullah Tell, j'ai vu les chefs palestiniens que vous m'avez envoyés. Nous ne pouvons pas attendre plus longtemps. Allez sauver Jérusalem. »

*

La soudaine accalmie intervenue sur les remparts n'avait pas ranimé le moral des Arabes. Derrière son créneau, Pierre Saleh attendait l'assaut final qui allait submerger la Vieille Ville. A l'autre bout de la cité, des centaines de civils terrorisés s'étaient rassemblés à la porte de Saint-Etienne, et n'attendaient pour s'enfuir que le cri annonçant que les Juifs avaient percé. Du haut du mont Scopus, des guetteurs de la Haganah apercevaient d'autres habitants gravir déjà les pentes du mont des Oliviers.

Au même moment, une vive discussion opposait David Shaltiel aux responsables de son attaque manquée. Bien qu'aucun des sapeurs n'ait pu atteindre la grille au pied de la citadelle, Shaltiel pressait Ephraïm Levi de tenter un nouvel assaut. Mais Levi n'était guère enthousiaste. Malgré le gaspillage de leurs munitions, les irréguliers arabes allaient peut-être gagner cette bataille et priver leurs adversaires de la possession de la Vieille Ville de Jérusalem. Les Juifs avaient reçu une telle pluie de mitraille qu'ils ne pouvaient pas soupçonner à quel point les Arabes étaient à bout de souffle. Une nouvelle attaque, déclara Levi, causerait des pertes irréparables. Shaltiel se rangea finalement à cet avis. Vingt ans s'écouleraient avant qu'un drapeau israélien flotte sur la tour de David.

Un appel d'Amman arriva quelques instants plus tard à l'école de la Raoudah pour annoncer que la Légion arabe s'était mise en route. A cette nouvelle, une extraordinaire agitation succéda à l'abattement qui régnait dans l'enceinte de l'école. Des estafettes partirent en courant vers les remparts, porteuses de messages pour les défenseurs.

« Tenez à tout prix. Il nous arrive de l'aide. Nos frères arabes sont en chemin », annonçaient-ils.

En face de la porte de Jaffa, le juif Natanael Lorch et ses compagnons reçurent l'ordre d'obstruer les fenêtres de l'immeuble Tannous avec des sacs de sable. Lorch ne trouva pas un grain de terre dans le bâtiment et il était trop dangereux d'aller en chercher à l'extérieur. Découragé, il se décida à bourrer les sacs avec le matériau le plus rare qui se pût trouver dans une ville aussi affamée que Jérusalem. Il ordonna à ses hommes de les remplir avec les sandwiches que leurs mères avaient préparés au prix de tant de sacrifices. Dans quelques jours, ils seraient assez durs pour arrêter une balle de fusil.

36

UN REMORDS POUR UNE GÉNÉRATION

Du haut du mont des Oliviers, le commandant arabe Abdullah Tell scrutait les ténèbres. De temps à autre, la lueur d'une explosion révélait la ville — « la première ville du monde », murmurait-il, bouleversé. On venait de remettre le sort de Jérusalem entre ses mains.

Amateur passionné d'histoire, Abdullah Tell savait que c'était sur cette colline que le calife Omar — fils d'un esclave noir devenu le successeur de Mahomet — avait en l'an 636 reçu les clefs de la ville avant de la soumettre à la domination de l'Islam. « Que de sang les siècles ont répandu sur ces pierres », se dit-il, sachant bien qu'il allait à présent en faire couler encore.

De ce haut lieu qu'elle avait atteint la veille au coucher du soleil, l'avant-garde du jeune commandant avait suivi avec angoisse les furieux combats de la porte de Jaffa. Si impatient qu'il fût de courir au secours de la cité en danger, Tell avait décidé d'attendre le gros de ses troupes pour intervenir. Mais le défilé des habitants venus crier leur détresse au fil des heures, et l'exaspération de ses soldats pressés de se battre l'avaient contraint à changer ses plans.

Il ordonna au capitaine Mahmoud Moussa de choisir cinquante hommes de sa compagnie et de les envoyer dans la Vieille Ville. Il espérait que leur apparition redonnerait du cœur aux défenseurs jusqu'à l'arrivée du régiment tout entier. Les deux officiers regardèrent les ombres indistinctes des soldats descendre la pente du mont des Oliviers en direction du jardin de Gethsémani et de la porte de Saint-Etienne. Quarante minutes plus tard, à trois heures quarante du matin le mardi 18 mai, une fusée verte dessina une gracieuse arabesque dans le ciel sombre de la Ville sainte. Bien que Sir John Glubb n'en sût rien encore, les premières forces de l'armée qu'il avait tant voulu garder à l'écart de Jérusalem, avaient pris position sur ses remparts.

Presque au même moment, un message laconique arrivait au Q.G. de David Shaltiel.

« Nous tenons le sommet du mont Sion », annonçait le Juif Uzi Narkis.

Si l'assaut de la Haganah contre la porte de Jaffa avait échoué, l'opération de diversion du Palmach avait en revanche réussi, donnant aux Juifs un tremplin idéal pour porter secours au vieux quartier. Uzi Narkis et ses hommes se trouvaient à une dizaine de mètres des remparts.

Ecoutant les appels suppliants de ses camarades désormais à portée de voix, Narkis résolut de constituer un commando pour tenter une percée vers le quartier juif. Mais l'épuisement de ses forces et la destruction par un obus arabe de la Davidka qu'il avait réclamée le contraignirent à reporter cette tentative à la nuit suivante. Son commando essaierait d'ouvrir en force un passage vers la rue des Juifs, le long du quartier arménien. Shaltiel n'aurait plus alors qu'à envoyer des renforts pour occuper les abords de la porte de Sion et tenir la voie d'accès au vieux quartier. Au milieu de la matinée, Narkis put confirmer à ses soldats que tout était prêt : ce soir Shaltiel enverrait bien les troupes nécessaires pour exploiter leur percée. Cette fois c'était sûr : ils allaient délivrer le quartier juif.

De l'autre côté des remparts, au même instant, le capitaine arabe Mahmoud Moussa faisait une découverte stupéfiante : la tour crénelée surmontant la porte que le commando du Palmach devait franchir le soir même était abandonnée. Les irréguliers qui la défendaient l'avaient désertée après la prise du mont Sion par les Juifs. Moussa se hâta de la faire occuper par ses bédouins, ainsi que les principaux bâtiments du quartier arménien voisin.

Un instant entrebâillée, la porte de la Vieille Ville s'était refermée.

*

L'instituteur juif Joseph Atiyeh se préparait à rentrer chez lui pour se mettre à table quand il reçut, comme ses camarades de la garde territoriale, l'ordre de se présenter à l'orphelinat Schneller. Il s'écoulerait près d'une année avant qu'Atiyeh pût revenir déjeuner chez lui. Dans la cour se trouvaient les quatre-vingts nouvelles recrues avec lesquelles il lui faudrait « sauver la Vieille Ville ».

Aucun de ces Juifs ne savait réellement se servir d'un fusil ou lancer une grenade, mais ils constituaient la seule force que Shaltiel avait pu rassembler pour exploiter la percée qu'Uzi Narkis projetait de réaliser vers le quartier juif de la Vieille Ville. Le conquérant de Castel qui les commandait, Motke Gazit, fut horrifié à la vue de ce pitoyable troupeau de civils réunis dans une unité sans encadrement ni discipline. Il nomma au grade de sergent major celui d'entre eux qui lui semblait le plus martial. Choix particulièrement malheureux : l'homme allait déserter quelques heures plus tard.

Shaltiel essaya de compenser le manque d'expérience de ces combattants en les dotant du meilleur armement possible. Chaque homme reçut un fusil tchèque neuf, quatre-vingts cartouches et quatre grenades. Gazit s'aperçut au cours de la distribution que nombre d'entre eux voyaient une balle de fusil pour la première fois de leur vie. En guise d'uniformes, on leur remit les effets abandonnés par les Anglais à Bevingrad et, pour couvre-chefs, des casques d'artilleurs de la marine américaine. Conçus pour recevoir des écouteurs, ces casques dansaient sur leurs têtes comme des soupières, leur donnant un air grotesque d'arquebusiers du Moyen Age. Dès le départ, la mission exacte de ces soldats fut l'objet d'un malentendu total. Alors que leur chef croyait qu'ils devraient simplement aller prêter main-forte aux forces déjà sur le mont Sion, Uzi Narkis comptait sur eux pour occuper dès sa percée la porte de Sion et, de là, protéger le passage jusqu'au quartier juif. Quant aux intéressés eux-mêmes, ils étaient persuadés qu'ils allaient servir de simples porteurs pour ravitailler le quartier juif et qu'ils retourneraient chez eux à l'aube.

Pendant que cette étrange troupe se rassemblait dans la cour de l'orphelinat Schneller, deux autres Juifs se penchaient avec perplexité sur le puzzle de morceaux de métal qui jonchaient le plancher d'une salle de classe voisine. Il s'agissait de pièces de deux mitrailleuses tchèques qui venaient d'arriver à Jérusalem à bord d'un piper-cub.

Reisman, l'ancien parachutiste américain rejeté dans la guerre par l'amour d'une Juive de Jérusalem, avait recruté son compatriote Carmi Charny, le fils du rabbin new-yorkais, pour servir l'une de ces mitrailleuses. Mais aucun d'eux ne savait comment remonter ces armes. Ravalant leur amour-propre, ils s'adressèrent au seul expert capable de venir à bout de leur casse-tête, un ancien sergent de l'Armée Rouge.

*

Les plus fins gourmets de Jérusalem s'étaient naguère pressés dans les jardins luxuriants du grand hôtel arabe de Ramallah. Si l'animation y renaissait en cette soirée du mardi 18 mai, son couscous marocain n'y était pour rien, ni son poulet Musaghan aux petits oignons. Les visiteurs étaient en uniforme : ces murs ocre abritaient le quartier général des opérations de la Légion arabe en Palestine.

Le roi de Transjordanie avait mis Glubb Pacha devant le fait accompli : un de ses régiments intervenait à Jérusalem. Glubb avait longuement médité sur les conséquences de ce geste. Ne pouvant aller à l'encontre des ordres du souverain, il devait au moins faire en sorte que ses bédouins, inférieurs par le nombre, ne courent pas à la défaite. Il avait donc envoyé dans la soirée un message urgent à son principal adjoint, le général Norman Lash : « J'ai décidé d'intervenir en force à Jérusalem. »

Les dés étaient jetés.

Un whisky et soda à la main, Lash annonça à ses officiers qu'une puissante colonne de blindés et trois compagnies d'infanterie devaient foncer sur Jérusalem pour épauler le régiment d'Abdullah Tell. Avançant à l'aube derrière un barrage d'artillerie, ce groupement devrait chasser les Juifs des positions qu'ils occupaient dans le quartier arabe de Sheikh Jerrah, au nord de la ville, et progresser ensuite jusqu'à la porte de Damas pour y faire sa jonction avec les troupes arabes qui s'y trouvaient déjà.

Quelques instants plus tard, le colonel Bill Newman, l'Australien qui commandait le 3e régiment de la Légion arabe, et le major Bob Slade, l'Ecossais qui devait conduire ces troupes à Jérusalem, rassemblèrent leurs officiers arabes dans un verger proche du village de Kalandia. Là, sous les fleurs odorantes d'un abricotier, Newman déplia ses cartes dans le faisceau d'une lampe tempête.

« Voilà quelle est notre destination, déclara-t-il en pointant son doigt sur la grosse tache irrégulière qui représentait Jérusalem. L'ennemi est sur le point de submerger la ville. »

Une explosion de cris de triomphe et de bonheur noya ses paroles. Newman, lui, semblait consterné. Le lieutenant bédouin Fendi Omeish découvrit même du désespoir dans les yeux de l'Australien.

« C'est pourtant merveilleux ! s'exclama-t-il.

— Hélas ! non, lui répondit tristement Newman, c'est un combat pour lequel mes légionnaires n'ont pas été préparés. »

La nouvelle de la mission du régiment ne tarda pas à se répandre à travers le bivouac. Les soldats arabes se mirent alors à chanter, à danser la *dabké*, à prier autour de leurs blindés ou de leurs tentes. Les villageois qui s'étaient moqués de leur inaction quelques heures auparavant accouraient, apportant des fruits, des fleurs, des sucreries à ces hommes choisis par Allah pour défendre la Ville sainte d'où son Prophète était monté au ciel.

Dans moins de vingt-quatre heures, plus d'un millier d'entre eux seraient dans la ville avec leurs autocanons et leur artillerie. L'assaut qu'un groupe de Palmachniks épuisés se préparaient à lancer avant leur arrivée contre la porte de Sion serait la dernière chance offerte à David Shaltiel de conquérir Jérusalem. Demain à la tombée de la nuit, s'évanouirait l'ultime espoir de s'emparer des vieux remparts. Le cours de la bataille se renverserait. Avec ses réserves de munitions qui fondaient et une population menacée de famine, ce serait au tour de David Shaltiel de s'accrocher désespérément aux pierres de Jérusalem jusqu'à l'arrivée des secours.

*

Grave, une carte de la Palestine roulée sous le bras à la manière d'un stick, Sir John Glubb pénétra dans la demeure de Sir Alec Kirkbride, l'ambassadeur de Grande-Bretagne à Amman. Une amitié intime unissait les deux hommes. Bravant ses détracteurs, qui assuraient qu'il allait chercher les ordres du gouvernement britannique, Glubb rendait fréquemment visite au diplomate dont il appréciait la sagesse et l'expérience.

Cette nuit-là, c'était surtout d'encouragements et de réconfort qu'il avait besoin. Avec précaution, il déroula sur la table de la salle à manger la carte méticuleusement dressée par l'armée britannique.

Passant au large de Jérusalem, un gros trait en arc de cercle reliait les villes de Bethléem, Ramallah et Naplouse. C'était le front que Glubb avait assigné à ses forces en Palestine. Tous ses objectifs étaient situés profondément à l'intérieur de la zone que le plan de partage avait attribuée à l'Etat arabe. Comme il l'avait secrètement fait savoir à la Haganah seize jours plus tôt, c'était sur ces positions qu'il avait espéré attendre la conclusion d'un accord diplomatique entre les deux adversaires. Mais le déclenchement de la bataille de Jérusalem, précipitant les événements, l'avait placé devant une situation nouvelle. Maintenant qu'il y avait envoyé ses soldats, Glubb serait contraint de se battre pour Jérusalem. Mais ce serait vraisemblablement en dehors de la ville que se produirait la confrontation décisive. Comme l'avait montré la campagne de guérilla arabe, la clef de Jérusalem se trouvait sur la route qu'avait coupée Abdel Kader. Kirkbride se pencha sur la carte.

« Eh bien, dit-il après une brève réflexion, puisque vous êtes à Jérusalem, il me semble que c'est à Latroun que vous devez maintenant vous rendre. C'est là que se décidera le sort de la bataille. »

Glubb était perplexe. Envoyer la Légion arabe sur ces collines qu'il avait, comme Yigael Yadin, laissées vides trois jours plus tôt, c'était un défi que l'armée juive serait contrainte de relever. Elle devrait le chasser de ces hauteurs sous peine de perdre Jérusalem.

« Vous avez raison, acquiesça-t-il, mais comprenez bien que si je vais à Latroun c'est une vraie guerre que nous aurons sur les bras. »

*

L'étrange et paisible tintement d'un carillon résonnait dans les collines enténébrées. Comme chaque nuit, la cloche de l'abbaye des Sept-Douleurs de Latroun appelait les quarante moines de la communauté à célébrer la naissance d'un jour nouveau. C'était de leurs mains que ces moines et ceux qui les avaient précédés avaient construit l'imposant groupe de bâtiments dont les fenêtres en ogive dominaient le carrefour stratégique de Latroun. Cinq kilomètres à peine après leur domaine, la route de Jérusalem entrait dans le dangereux défilé de Bab el Oued. Les Arabes d'El Kaoukji avaient occupé la crête qui surplombait leurs toits, et c'était à travers leurs champs de blé et leurs vignobles que les soldats juifs de la brigade Givati du Palmach étaient passés quelques jours plus tôt pour leur brève conquête du poste de police britannique abandonné.

Depuis le 31 octobre 1890, quand dix-sept moines français avaient atteint cette colline au-dessus de la vallée d'Ayalon pour y fonder une abbaye, le sommeil de la trappe de Latroun était régulièrement interrompu par cet appel nocturne à la prière. Il marquait le début rituel de chaque journée d'une vie tout entière consacrée au silence, à la méditation et au travail de la terre. Après un demi-siècle d'un labeur acharné, les moines de Latroun avaient fait de leur domaine une entreprise agricole aussi florissante que les plus prospères kibboutzim de Palestine. Leurs vingt vaches hollandaises, et leurs abeilles, celles dont la colère s'était abattue sur les hommes du Palmach, les avaient aidés à rendre cette vallée à sa vocation biblique de terre où coulent le lait et le miel. Les moines de Latroun fabriquaient dans le secret de leurs barattes un « Port-Salut » si savoureux que l'exposition agricole de Tel-Aviv lui avait décerné en 1935 sa médaille d'or.

Mais c'était surtout à un autre produit que l'abbaye devait sa renommée — un produit recherché par tous les connaisseurs du Proche-Orient. Gonflés par le soleil qu'avait arrêté Josué dans cette plaine, les raisins de Latroun devenaient du pommard, du chablis, et même du cognac. L'alchimiste qui procédait à cette transformation était un théologien belge habité par deux passions : le dogme de l'Incarnation et les mystères de l'œnologie. Les caves du père Martin Godart s'étendaient sur des dizaines de mètres carrés, juste sous l'intersection routière qui faisait de Latroun la position la plus vitale de Palestine. En ces jours troublés de mai 1948, où la vallée d'Ayalon allait retourner à son antique vocation de champ de bataille, les caves du père Godart abritaient le seul trésor capable de réconcilier tous ceux qui revendiquaient ce carrefour : soixante-dix-huit mille litres de pommard et de chablis, vingt-six mille litres de cognac, et douze mille litres de vermouth, de curaçao et de crème de menthe.

*

Sur la colline de Sion à quelques mètres des remparts de Jérusalem, le Juif Uzi Narkis s'apprêtait à lancer son commando à l'assaut de la Vieille Ville pour ouvrir un passage vers le quartier juif. Il n'attendait plus que les renforts promis par David Shaltiel pour tenir les positions qu'il aurait conquises. En voyant arriver, haletant sous leur charge de munitions et de ravitaillement, les quatre-vingts civils de tous âges, Narkis sentit la colère le gagner. Ce lamentable troupeau représentait-il vraiment les renforts promis par le commandant de Jérusalem pour exploiter sa percée ? Écumant de rage, il téléphona à Shaltiel. Mais celui-ci ne put que lui expliquer que ces hommes étaient les seuls combattants qui lui restaient.

Ces « combattants » étaient bien incapables d'assumer leur mission. Narkis se résigna à leur confier un autre rôle.

« Vos types iront grossir les rangs des défenseurs du vieux quartier. Ce sera toujours ça », dit-il à leur chef Motke Gazit.

Mais ce dernier s'insurgea. Ses civils ne savaient pas se battre et ne seraient qu'une charge supplémentaire aux assiégés. De plus, on leur avait promis qu'ils ne seraient pas absents de chez eux plus de vingt-quatre heures.

Narkis leva les bras au ciel : tant pis pour eux, ils iraient quand même.

Narkis prépara son assaut. Il ne lui restait que quarante hommes, seuls survivants des quatre cents Palmachniks qui s'étaient mis en route vers Jérusalem au début de l'Opération Nachshon, six semaines auparavant. Chargé de conduire l'attaque, David Eleazar, le jeune officier qui s'était si durement battu pour la conquête du monastère de Katamon, fut obligé de désigner d'office les vingt-deux membres de son commando — vingt garçons et deux jeunes filles. Pour la première fois, il n'y avait pas eu de volontaires. Comme presque tous les défenseurs de Jérusalem, ils ne se soutenaient qu'à coups de pilules dopantes, mais leur épuisement était tel que la Novadrine ne leur faisait guère plus d'effet que de l'aspirine.

A deux heures vingt du matin, une Davidka et trois mortiers de deux pouces ouvrirent le feu sur la porte de Sion. Un des obus tomba trop court et tua deux hommes du commando. Deux sapeurs bondirent jusqu'à la porte et déposèrent contre son battant de fer une charge explosive de quatre-vingts kilos. La porte se désintégra dans un rugissement de pierres et de métal pulvérisés.

« Suivez-moi ! » cria alors Eleazar en s'élançant tête baissée.

Comprenant vite que personne ne le suivait, il s'arrêta. Ses hommes étaient toujours allongés contre le mur du cimetière arménien. Revenant en arrière, l'officier juif entendit alors un bruit étrange : le ronflement de ses combattants. Terrassés par la fatigue, ils s'étaient endormis. Il les réveilla à coups de pied. Suivi enfin de sa cohorte titubante de sommeil, il repartit à l'assaut de la porte de Sion.

D'une fenêtre du couvent arménien occupé par une cinquantaine de légionnaires arabes, le lieutenant Naouaf el Hamoud eut un sursaut de désespoir quand il vit ses bédouins reculer en désordre de la tour de la porte de Sion.

« La tour ! hurla-t-il. N'abandonnez pas la tour ! »

Il était trop tard. Eleazar et sa troupe de somnambules y étaient déjà. Dix-huit garçons et deux jeunes filles venaient de réussir ce qu'aucun soldat juif n'avait pu accomplir depuis Judas Maccabée — forcer les remparts de Jérusalem. La porte de Sion était à nouveau dans des mains juives. Ce n'était pas la vieille clef rouillée remise par un officier britannique au rabbin Weingarten qui l'avait ouverte; c'était une machine infernale fabriquée dans les caves de la nouvelle Jérusalem. Par groupes de trois, les hommes d'Eleazar progressèrent de maison en maison le long des boutiques du quartier arménien jusqu'à la rue des Juifs. Trois heures du matin venaient de sonner quand Elie Ranana, l'un des chefs du groupe d'assaut, contacta Narkis par radio.

« Ça y est. Nous sommes à l'intérieur ! »

Du côté arabe, le lieutenant Naouaf el Hamoud

se demandait s'il devait lancer une contre-attaque. Légèrement blessé, son chef, le capitaine Moussa, venait d'être évacué et ce départ laissait le jeune officier bédouin perplexe devant ses nouvelles responsabilités. Il décida finalement de ne rien entreprendre et d'attendre le retour de son supérieur. Le passage vers le quartier juif était ouvert.

Les habitants du quartier se jetèrent dans les ruelles pour acclamer leurs libérateurs. Les centaines de réfugiés entassés dans les synagogues sortirent de leurs abris pour les embrasser en pleurant. Persuadés qu'on venait les relever, de nombreux défenseurs commencèrent à empaqueter leurs affaires.

L'arrivée de ces secours provoqua une émotion encore plus intense à l'hôpital. Emmanuel Medav, le jeune combattant aux « mains de magicien », à présent mutilé et aveugle y luttait toujours contre la mort. Exténuée, sa fiancée Rika Menache s'était endormie au pied de son brancard. Elle ne l'avait pas quitté un seul instant, humectant ses lèvres, épongeant sans cesse la sueur de son corps fiévreux. Une infirmière la réveilla. En ouvrant les yeux, la jeune fille découvrit un jeune Palmachnik sale et barbu.

« Je vous l'ai amené pour que vous sachiez qu'ils ont percé, lui dit l'infirmière. Nous sommes sauvés. »

Débordante d'espoir, la jeune fille étreignit le corps déchiqueté de son fiancé pour lui faire partager son bonheur.

Mais pour Emmanuel Medav, les secours arrivaient trop tard. Il venait de mourir.

La voie étant ouverte, Motke Gazit reçut l'ordre de faire entrer dans le vieux quartier ses quatre-vingts civils. Il eut le plus grand mal à les regrouper. Eux aussi s'étaient endormis, et Gazit dut les chercher un à un parmi les pierres tombales du cimetière arménien. Pliant sous leurs fardeaux, grotesquement coiffés de leurs casques de marine, ils se mirent en route vers la parcelle de terre la plus sacrée et la plus menacée d'Israël. En arrivant à la porte de Sion, certains refusèrent d'aller plus loin, prétextant qu'ils étaient fils uniques, donc exemptés de service au front. Une rafale de mitraillette au-dessus de leur tête les persuada de continuer.

Quand Moshe Russnak, le chef des défenseurs du vieux quartier, vit entrer Motke Gazit dans son P.C., il annonça :

« Enfin, vous voilà ! Maintenant, je peux aller dormir. »

C'était un luxe qu'il n'avait pas connu depuis cinq jours. Son adjoint en fit autant. Les deux hommes s'endormirent si profondément que Gazit fut abso-lument incapable de les réveiller lorsque arriva la pire nouvelle de cette aube mouvementée. Le com-mando du Palmach abandonnait déjà le vieux quar-tier pour se replier dans la Nouvelle Ville.

Uzi Narkis s'était résolu à prendre cette décision après un dramatique débat de conscience. Il crai-gnait que ses hommes, épuisés par cette nuit d'efforts, ne fussent plus capables de soutenir la moindre contre-attaque des légionnaires. Tenir seu-lement la porte de Sion risquait même de n'entraî-ner que « beaucoup de reproches et beaucoup de morts ». Il en voulait à Shaltiel de n'avoir pas su — ou pas voulu — lui envoyer de vrais soldats pour garder cette ouverture vers le vieux quartier.

C'est Jérusalem qui allait payer le manque de coordination et les rivalités entre ses défenseurs — le Palmach et la Haganah.

Titubants, hagards, les Palmachniks se retirèrent aux premières lueurs de l'aube. Le quartier juif se trouvait une fois encore en état de siège. Près de vingt ans s'écouleraient avant qu'un soldat juif pût à nouveau franchir ces remparts, « remords pour toute une génération », dirait David Eleazar, un des hommes qui les avaient traversés cette nuit-là [1].

1. Uzi Narkis rendit Shaltiel responsable de l'échec de cette tentative. Il l'incrimina de ne pas avoir cru au succès de la percée du Palmach et de ne lui avoir envoyé aucune force vala-ble pour l'exploiter. De son côté, Shaltiel accusa Narkis de s'être replié sans l'avertir et d'avoir cherché à sauver ses hommes sans se préoccuper des conséquences de cet abandon.

37

« NAOMI, TON MARI A SAUVÉ JÉRUSALEM ! »

« EFTA EL NAR ! — Feu ! »

Le fracas de l'artillerie arabe déchira le silence des collines de Judée. Les canons du capitaine Ma'ayteh se déchaînaient à nouveau sur Jérusalem, cette fois pour ouvrir à la Légion arabe la route vers la ville. Moteurs en marche, une colonne d'autocanons attendait dans l'obscurité. Derrière, dans leurs camions et leurs half-tracks, les fantassins du lieutenant Whalid Salam guettaient avec impatience l'ordre de départ. Salam, un bédouin au teint foncé originaire d'Irak, avait sollicité l'honneur de faire attaquer sa compagnie en tête. C'était le moment le plus mémorable de la vie du jeune officier. Il allait entrer pour la première fois dans la Ville sainte de Jérusalem.

Appliquant à la lettre les leçons de ses instructeurs britanniques, Ma'ayteh allongea progressivement son tir. Les obus de ses canons tombèrent bientôt sur Mea Shearim, le quartier des Juifs pieux et strictement pratiquants. Les mortiers de 75 mm ajoutèrent ensuite leurs aboiements, et les rues s'emplirent de gens terrifiés. Tirés de leur lit par la canonnade, ils couraient désespérément à la recherche d'un abri ou s'enfuyaient vers le centre de la ville. Une terrible rumeur courait déjà de rue en rue : « La Légion arabe arrive. » Les habitants du quartier n'étaient pas les seuls à être pris de panique. Effrayés par le bombardement, des soldats de l'Irgoun qui défendaient les bâtiments de l'école de la police à l'entrée de Sheikh Jerrah, prenaient eux aussi la fuite.

Le matraquage du capitaine Ma'ayteh s'arrêta à quatre heures trente du matin. C'était l'instant où le dernier Palmachnik quittait le quartier juif de la Vieille Ville. Le major Bob Slade lança alors ses bédouins vers Jérusalem. Du toit de Radio-Palestine d'où il avait tiré toute la nuit sur les remparts avec sa mitrailleuse tchèque, le fils du rabbin new-yorkais Carmi Charny les vit apparaître dans la grisaille de l'aube. Il eut un frisson. Les autocanons roulaient majestueusement vers le cœur de Jérusalem « comme s'ils défilaient ».

Du toit de Tipat Chalav, la laiterie de Mea Shearim où il avait installé son P.C., Isaac Levi — le Juif qui avait, cinq jours auparavant, chassé les Arabes de Sheikh Jerrah — suivait lui aussi la progression des blindés arabes. Mais une scène infiniment plus angoissante attira son attention : deux autocanons bombardaient l'école de la police, provoquant la déroute des derniers hommes de l'Irgoun qui la défendaient.

Comprenant que cette désertion laissait brusquement sans défense tout le Nord de la ville, Levi dégaina son revolver et se précipita vers les fuyards. Sous sa menace, quelques-uns retournèrent à leur poste. Puis il demanda à Shaltiel de lui envoyer d'urgence Joseph Nevo et sa force blindée.

Encore meurtris par la bataille de la porte de Jaffa, les engins sillonnèrent les rues de Mea Shearim en une fracassante cavalcade. Le jeune marié le plus malheureux de Jérusalem venait de faire peindre à la hâte l'étoile à six branches de la nouvelle armée d'Israël sur ses blindés. Il espérait que leur apparition rassurerait les habitants. A son tour, il grimpa sur le toit de Tipat Chalav pour découvrir la progression des autocanons de la Légion arabe. Observant leur ruée dans ses jumelles, il sentit les battements de son cœur s'accélérer. « S'ils continuent d'avancer comme ça, pensa-t-il, ils seront place de Sion dans moins d'une heure. » Aux limites du quartier, il n'y avait plus rien pour les arrêter si ce n'est une ligne fragile de postes mineurs. Les autocanons s'enfonceraient dans la Jérusalem juive « comme un couteau dans une motte de beurre ». La Légion arabe jouissait d'une telle réputation auprès des Juifs qu'une pénétration aussi rapide ne pourrait que confirmer les pires craintes de la population et provoquer une véritable psychose de défaite. Un détail attira toutefois l'attention de Joseph Nevo. Il lui sembla que la force ennemie violait une des règles essentielles de la tactique militaire britannique. Contrairement à ce qu'il avait lui-même appris dans l'armée anglaise, l'infanterie suivait les blindés au lieu de les précéder. Cela ne pouvait signifier que deux choses, pensa-t-il : ou les officiers britanniques de la Légion arabe redoutaient d'exposer les fantassins bédouins, ou ils croyaient que la Haganah ne possédait pas d'armes antichars.

Mais Joseph Nevo était convaincu que le sort de Jérusalem allait en réalité dépendre de l'observance d'un autre principe de la tactique britannique — celui qui voulait que les troupes consolident leurs premières conquêtes avant de poursuivre leur avance. Si les légionnaires le respectaient, et assuraient leurs positions à Sheikh Jerrah avant d'aller plus loin, la Haganah disposerait de quelques heures pour organiser une défense hâtive et sauver peut-être Jérusalem. Dans le cas contraire, Nevo ne pourrait les arrêter et toute la nouvelle Jérusalem leur serait ouverte. Le jeune officier téléphona à Shaltiel pour lui faire part de ses conclusions. La réponse du commandant en chef fut immédiate. Il le nomma à la tête du secteur.

« Arrêtez la Légion », lui ordonna-t-il.

Nevo prit pour adjoint parmi les officiers désemparés du P. C., celui qui lui parut le plus énergique et renvoya tous les autres à leurs postes de combat. Puis il partit faire le tour du quartier pour recenser les maigres forces avec lesquelles il devait empêcher un désastre.

*

A trois cents mètres de Mea Shearim, dans le jardin d'un séminaire américain où il s'était embusqué, l'instituteur Baghet Abou Garbieh, le chef arabe dont la résistance avait réellement inquiété la Haganah dans ce secteur, se demandait de quel camp provenaient les obus qui tombaient autour de lui. Il découvrit alors l'imposante colonne de blindés arabes qui se dirigeait vers la ville. Il poussa un grognement de satisfaction. Puis ses yeux lourds de fatigue tombèrent sur une rose. Le farouche guerrier arabe la cueillit et la plaça avec précaution dans le canon de sa mitraillette. Le destin de Jérusalem, pensa-t-il avec soulagement, reposait maintenant en des mains mieux armées que les siennes.

En découvrant les toits de Jérusalem, le lieutenant bédouin Whalid Salam se prosterna et baisa trois fois la terre en remerciant avec ferveur son Dieu unique et miséricordieux. Un même courant mystique traversa ses hommes. La Ville sainte les attirait comme un aimant. Conduite par le major Slade, toute la colonne accéléra. Elle ne s'arrêta que deux fois, le temps nécessaire à l'artillerie pour faire sauter deux barricades antichars.

Rassuré par la débandade des défenseurs de l'école de la police, Slade était confiant. « Nous sommes en train de nous payer une belle petite attaque », songea-t-il avec plaisir. Au premier virage dans Sheikh Jerrah, il rencontra cependant un puissant barrage de pierres, de madriers et de barbelés. L'Anglais sauta à terre pour aider ses bédouins à le démanteler. Une explosion parut alors ouvrir le sol sous ses pieds. Un obus d'un de ses mortiers était tombé trop court. Le dos labouré par les éclats, Slade s'évanouit. Derrière lui, le corps tourné vers Jérusalem, un autre officier gisait mort. Le lieutenant Whalid Salam ne connaîtrait pas la ville qui avait enflammé ses rêves d'enfant dans les déserts d'Irak.

D'un toit de Mea Shearim, Joseph Nevo vit avec stupéfaction la colonne arabe s'immobiliser puis refluer vers les hauteurs d'où elle était venue, comme subitement désorganisée. La brutale disparition de deux de ses principaux officiers arrêtait d'un coup l'impétueuse attaque de la Légion arabe. Ce retrait inespéré donnait à Joseph Nevo la chance à laquelle il ne croyait plus — du temps.

*

Rue des Juifs, dans la Vieille Ville, un soldat de la Haganah leva prudemment la tête hors de sa tranchée pour observer la porte de Sion. Il crut distinguer des keffiehs rouge et blanc sur les créneaux de la tour.

« Hé, les gars ! s'étonna-t-il en montrant la tour à ses camarades, ce sont des Arabes, là-haut ? »

Comme la plupart des défenseurs du vieux quartier, le soldat Pinchas « le Fort » ignorait que le commando du Palmach venu de l'extérieur était déjà reparti après sa percée. Le miaulement d'une balle au-dessus de sa tête lui apporta la réponse. C'étaient bien des Arabes. Sa blessure pansée, le capitaine Mahmoud Moussa était revenu dès l'aube dans la Vieille Ville avec le reste de sa compagnie. Il avait aussitôt ordonné à ses légionnaires de réoccuper la porte de Sion et d'accentuer leur pression sur tout le quartier. Pinchas « le Fort » et ses camarades durent bientôt se replier derrière une barricade de sacs de sable qui barrait la rue des Juifs. Des renforts appelés à la hâte s'embusquèrent sous les porches, dans les boutiques, sur les toits, pour tenter d'arrêter l'avance des légionnaires. Se faufilant comme des chats au milieu de la fusillade, des enfants juifs accouraient avec des cageots de grenades fabriquées par Leah Wultz, l'épouse du violoniste qui confectionnait les détonateurs. Depuis les toits et les terrasses, d'autres enfants indiquaient aux tireurs les cibles ennemies. Leurs voix aiguës striaient le crépitement des fusillades comme des cris de mouettes le fracas des brisants.

Motke Gazit, que le retrait précipité du Palmach avait laissé dans le quartier avec sa troupe de civils, courut lui aussi jusqu'à la rue des Juifs. Surpris par cette farouche résistance, les légionnaires furent contraints de relâcher leur étreinte et reculèrent. Voulant observer leur repli, Gazit grimpa sur le toit de tuile d'une Talmud Torah — l'une des innombrables écoles religieuses du quartier. Comme il débouchait sur le toit, il entendit une femme crier :

« Attention ! »

Trop tard. Une balle l'avait frappé en pleine poitrine. Il vit jaillir un jet de sang et s'écroula. Avant de perdre connaissance, une pensée toute simple lui traversa l'esprit : était-ce le dernier instant de sa vie, ou allait-il se réveiller sur un lit d'hôpital ?

*

De l'autre côté des remparts, dans une chambre de la Nouvelle Ville, les mille morceaux d'une mitrailleuse tchèque étaient éparpillés sur un lit. En soldat discipliné, le fils du rabbin new-yorkais Carmi Charny l'avait démontée après une nuit de fusillade. Il s'apprêtait à la nettoyer quand une voix l'appela.

« Apporte vite ta mitrailleuse à Mea Shearim, la Légion arabe va attaquer », lui cria-t-on.

Charny tenta vainement de retrouver les gestes du spécialiste qui l'avait aidé à remonter l'engin le soir précédent. A chaque instant, des coups à sa porte lui enjoignaient de se hâter. Avouant son échec, il finit par ouvrir sa porte et réclama une nouvelle fois l'aide de l'ancien armurier de l'Armée Rouge.

Joseph Nevo savait qu'il ne disposait pas des effectifs nécessaires pour tenir un front continu tout autour de Mea Shearim et cette mitrailleuse lui était indispensable. Le jeune officier avait tout risqué sur une hypothèse. Il avait parié que la Légion arabe attaquerait encore dans le même ordre : les blindés d'abord, l'infanterie ensuite. C'était donc à l'assaut des autocanons qu'il allait préparer ses forces. Les engins ne disposaient que de deux axes de pénétration possibles. L'un passait devant l'école de la police tout à fait au nord de Mea Shearim. C'était la route la plus courte pour descendre ensuite vers le cœur de la Jérusalem juive. L'autre, après la traversée de Sheikh Jerrah, obliquait en direction de Mea Shearim par une large avenue qui franchissait le carrefour de la maison Mandelbaum. C'était par là, croyait Nevo, que la Légion arabe ferait porter l'effort principal de ses blindés. En conséquence, il répartit ses forces sur ces deux axes, groupant toutes ses armes antichars autour de la maison Mandelbaum. Il laissait le centre virtuellement sans protection.

Le carrefour Mandelbaum était tenu par les jeunes soldats du Gadna, qui avaient célébré le dernier sabbat au milieu des fusillades dans leur point d'appui transformé en synagogue improvisée. Leur chef, Jacob Ben Ur, les posta devant toutes les ouvertures du second étage avec leur stock de cocktails Molotov. Dès la nuit tombée, Nevo embusquerait tout autour le meilleur de ses pitoyables forces — ses deux automitrailleuses, ses deux bazookas et son unique Davidka. Il fit miner deux immeubles afin de barrer l'avenue de leurs décombres et couper toute retraite aux premiers autocanons.

Il ne lui restait que deux mitrailleuses pour garder l'autre voie d'accès. Au cas où les blindés arabes la choisiraient, leurs servants devraient « se débrouiller pour tenir tout seuls ». Il gardait en réserve Carmi Charny et sa mitrailleuse tchèque — enfin remontée — et ne l'engagerait qu'une fois dévoilés les objectifs de la Légion arabe.

Vers minuit, ses préparatifs terminés, Joseph Nevo réunit ses hommes à la lueur des chandelles dans le sous-sol de son P.C. et leur exposa ses

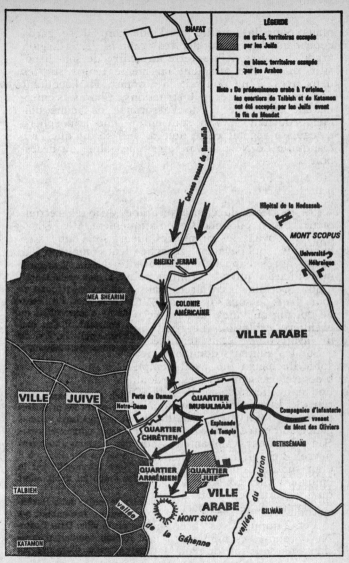

ENTRÉE DE LA LÉGION ARABE
DANS JÉRUSALEM
(18-20 mai 1948)

plans pour la bataille du lendemain. Il se garda cependant de leur confier ses craintes : si la Légion arabe lançait son infanterie au centre de son dispositif, ou si elle attaquait en même temps sur les deux axes, il ne pourrait la stopper. En l'écoutant donner ses dernières instructions, Charny s'émerveillait du calme et de l'assurance du jeune officier. Pourtant, il s'en souvient, « une atmosphère d'angoisse régnait cette nuit-là ». Il se dit que l'air tranquille de Nevo devait être « le calme du désespoir ».

*

Les mortiers du capitaine arabe Ma'ayteh recommencèrent à pilonner systématiquement Mea Shearim bien avant les premières lueurs de l'aube. Les habitants, qui avaient regagné leurs maisons la veille, après l'apparition rassurante des deux automitrailleuses juives, furent à nouveau saisis de panique. Certains s'enfuirent sans même attendre le jour. Dans le sous-sol de son P. C. où il avait essayé de dormir quelques heures, Nevo fut réveillé par la première explosion. Le répit que la Légion arabe lui avait offert était terminé.

Sur les hauteurs dominant Mea Shearim, le major John Buchanan qui avait remplacé Slade après sa blessure, rassemblait ses bédouins pour les lancer une nouvelle fois sur la ville. Dans l'autocanon de tête, le lieutenant Mohamed Neguib bouillait d'impatience. Observateur d'artillerie, il était attendu d'urgence au centre de la ville pour régler les tirs arabes. Son chauffeur, Mohamed Abdullah, partageait sa fièvre. Bien qu'il ne fût jamais venu à Jérusalem, il était sûr de trouver son chemin. Après le virage en épingle à cheveux au bas de Sheikh Jerrah, il savait qu'il devait filer droit devant lui jusqu'à la porte de Damas et les remparts.

Joseph Nevo contemplait les autocanons qui descendaient tranquillement vers Sheikh Jerrah, « comme s'ils voulaient prendre tout leur temps ». Ils essaient de nous faire peur, pensa-t-il. Ils se croient invincibles.

C'est bien de la terreur que les trente soldats laissés en réserve à son P.C. ressentirent à l'approche des blindés arabes. Certains tremblaient tellement qu'ils ne pouvaient même pas se lever. Tous refusaient d'abandonner leur abri.

Nevo dégaina son revolver.

« Sors d'ici avant que j'aie compté jusqu'à trois, ou je tire ! » dit-il en braquant son arme sur le premier d'entre eux.

Quand tous ses hommes furent dehors, Nevo les fit mettre au garde-à-vous et les harangua. Comme pour se donner du cœur au ventre, ils entonnèrent la Hatikvah. D'abord chevrotantes, les voix montèrent bientôt confiantes, et Nevo put entraîner sa petite troupe vers les positions de combat.

Quelques instants plus tard, il était de retour.

« A ton tour maintenant ! » annonça-t-il à Charny.

Le jeune Américain sentit tous ses muscles se raidir. Sa lourde mitrailleuse sur le dos, le fils du rabbin new-yorkais suivit son chef. Derrière lui, deux camarades portaient les bandes de balles. Nevo savait maintenant que la Légion arabe n'attaquerait pas sur l'axe où il n'avait posté que deux mitrailleuses. Il voulut cependant tenter d'intercepter les blindés avant qu'ils ne s'engagent sur l'autre axe. Il conduisit Carmi Charny et ses deux servants dans un terrain vague en bordure de la route sur laquelle devaient déboucher les autocanons couleur de sable.

« Rampez aussi loin que possible et planquez-vous, leur dit-il. Quand ils arriveront, tirez comme des dingues. Il faut qu'ils s'imaginent que vous avez toutes les munitions du monde. »

Charny essayait de ne pas penser. Il avait peur, et chacun de ses mouvements lui demandait un immense effort de volonté. Il s'arrêta pour reprendre son souffle à la clôture de barbelés qui marquait l'entrée de la partie la plus exposée du terrain.

« Avance encore ! » cria Nevo.

Charny continua de ramper. Il posa enfin le canon de son arme sur une pierre. De grosses gouttes de sueur lui glaçaient le dos et inondaient ses paumes. Sa respiration était saccadée. Tous ses rêves d'enfant juif se confondaient dans l'énorme cauchemar qu'était la sensation de se trouver brusquement dans une sorte de no man's land entre la vie et le néant. Des balles miaulèrent au-dessus de sa tête et il entendit un gémissement derrière lui. Il se retourna. Un de ses servants était étendu sur le dos, la bouche ouverte, la tête fendue comme par le couperet d'un boucher.

Cette mort eut un effet inattendu sur la peur irrépressible du jeune Juif américain. « Voilà, pensa-t-il, ça c'est le pire qui puisse arriver. » Il se sentit soudain calme et détaché. Il n'avait plus peur.

Deux autocanons arabes débouchèrent alors. Ils étaient si proches et leur marche si lente que Charny distinguait la marque de fabrique inscrite sur les pneus. Comme l'avait ordonné Nevo, il déclencha une longue rafale. « Avec une lucidité totale et fanatique », il regardait ses balles frapper le blindage et les pneus.

D'autres Juifs voyaient au même instant se profiler les autocanons. Au second étage de la maison Mandelbaum, un des garçons du Gadna s'écria :

« Les voilà ! »

Les jeunes combattants qui avaient prié six jours plus tôt pour que la paix descendît sur Jérusalem, empoignèrent leurs cocktails Molotov. Leur chef Jacob Ben Ur comptait un à un les blindés. Avec une terreur croissante, les garçons répétaient chaque chiffre.

« Combien de roquettes y a-t-il pour le bazooka

du rez-de-chaussée ? s'inquiéta l'un d'eux quand le compte eut dépassé dix.

— Trois, répondit quelqu'un.

— Non, sept ! » rectifia un autre.

Il n'y eut qu'un bref soupir de soulagement : Ben Ur révéla qu'il y avait au moins dix-sept autocanons sur la route de Sheikh Jerrah.

Juste au coin de la maison Mandelbaum, Mishka Rabinovitch, un Juif russe qui avait servi dans l'armée britannique, était accroupi avec un bazooka derrière un tas de pierres face à l'avenue Saint-Georges. Il disposait bien de sept roquettes, mais la Haganah manquait ce matin-là de l'un de ses principaux atouts — la précision de tir de son meilleur artilleur. Quelques jours plus tôt, l'explosion prématurée d'un obus de Davidka avait arraché une partie de la main droite de Rabinovitch. Il avait dû s'enfuir de l'hôpital pour répondre à l'appel de Nevo.

Faute de pouvoir manœuvrer lui-même le bazooka, il essaierait au moins d'en régler le tir. Il ordonna au jeune Polonais qui allait tirer à sa place de le pointer sur un panneau qui indiquait : « Jérusalem 1 kilomètre ». Puis il précisa :

« Quand le premier autocanon te cachera le panneau, tire. »

Du toit de son P. C., Nevo observait la « lente et majestueuse colonne, si sûre de sa puissance ». Un autocanon apparut à la bifurcation au bout de l'avenue Saint-Georges. Il parut hésiter. Au lieu de continuer en face vers la porte de Damas, il obliqua finalement à droite dans l'avenue. Nevo sentit sa gorge se nouer. Le blindé fonçait vers son piège. Dans sa hâte de pénétrer dans la Ville sainte, le chauffeur de Mohamed Neguib, l'observateur d'artillerie arabe, venait de se tromper de chemin. Son erreur aurait de lourdes conséquences.

La puissante colonne de blindés arabes ne devait pas en effet conquérir, ce matin-là, la moindre parcelle de la Jérusalem juive. Le major Buchanan avait ordonné à ses soldats bédouins de gagner seulement la porte de Damas pour établir leur jonction avec les forces d'Abdullah Tell qui occupaient les remparts de la Vieille Ville.

En voyant l'autocanon approcher, Rabinovitch eut une sensation d'euphorie. « Je suis un goal de football le jour d'un championnat du monde », se dit-il. Il retint sa respiration. A côté de lui, le jeune Polonais appuya sur la détente. La roquette jaillit. Atteint de plein fouet, l'autocanon fut projeté sur le bas-côté de l'avenue. « Ce fut alors l'enfer », se rappelle Nevo. L'erreur d'itinéraire du chauffeur avait déclenché l'action qu'attendait l'officier juif, mais qui n'entrait pas dans les plans arabes. Une demi-douzaine de blindés surgirent au secours de l'autocanon touché. Le lieutenant Neguib y gisait, mort, au fond de la tourelle. Son chauffeur allait lui aussi payer son erreur. De la fenêtre d'un hôtel voisin, le journaliste anglais Eric Downtown le vit se hisser hors de son écoutille, grotesque nain aux jambes réduites en lambeaux sanguinolents, pour expirer quelques instants plus tard sur les pavés de l'avenue.

De son automitrailleuse Daimler qu'il avait volée aux occupants britanniques, le Juif Reuven Tamir vit lui aussi arriver la meute. Mais ce n'est qu'après avoir tiré son troisième obus qu'il put pousser un rugissement de joie. Des flammes jaillissaient enfin de la tourelle du deuxième blindé arabe.

Une bataille acharnée éclata autour de la maison Mandelbaum. Les fantassins arabes se ruèrent en avant. Quand les keffiehs rouge et blanc arrivèrent au pied de leur immeuble, les jeunes du Gadna jetèrent les cocktails Molotov qui leur restaient. D'une des fenêtres, leur chef Jacob Ben Ur déchargeait leur unique fusil-mitrailleur. Postée derrière une autre embrasure, sa fiancée, Sarah Milstein, fille d'une des familles les plus religieuses du quartier, vit apparaître un légionnaire dans la ligne de mire de son fusil. Elle ne s'était encore jamais servie d'une arme — elle était infirmière.

« Je ne peux pas le tuer », se dit-elle. Elle visa le trottoir aux pieds du légionnaire. Soulagée, elle reposa son fusil. L'Arabe avait fait demi-tour.

Surpris par l'âpreté de la résistance, les bédouins relâchèrent bientôt leur pression. Ils se retirèrent pour se regrouper et reprendre leur avance vers leur réel objectif — la porte de Damas. Quand les autocanons rescapés commencèrent aussi à faire demi-tour, des cris de joie fusèrent de toutes les fenêtres de la maison Mandelbaum.

Bien que les mines qui devaient faire sauter les maisons et refermer son piège sur les assaillants n'eussent pas fonctionné, Joseph Nevo vit lui aussi partir l'ennemi avec soulagement. La puissante force blindée de Glubb Pacha laissait trois épaves derrière elle.

L'annonce de cette victoire se répandit en quelques minutes dans toute la Jérusalem juive. Son importance psychologique était incalculable. Une poignée de jeunes garçons avait fait rebrousser chemin à l'ennemi le plus redouté des Juifs — les blindés de la Légion arabe. Cet exploit ranimait les courages défaillants et rendait aux Juifs une confiance qui allait être précieuse au cours des journées suivantes. Rien ne pouvait mieux décrire son impact que la façon dont l'apprit la jeune épouse de Joseph Nevo. Une de ses amies se précipita chez elle en pleurant de joie :

« Naomi, Naomi, cria-t-elle en se jetant dans ses bras, ton mari a sauvé Jérusalem ! »

38

« UN TÉMOIN PARLANT ET COLOSSAL »

LES explosions se multipliaient. Négligeant l'échec de ses blindés, la Légion arabe pilonnait le centre de la Jérusalem juive. Ses obus se rapprochaient à présent de l'imposant bâtiment de l'Agence Juive, où Dov Joseph avait réuni ses collaborateurs.

Indifférent au fracas qui ébranlait les vitres et les murs, le responsable du ravitaillement de Jérusalem poursuivait tranquillement son exposé.

« L'oisiveté engendre fatalement le découragement, déclara-t-il. Nous devons absolument inciter la population à mener une vie aussi normale que possible. »

Il fallait que les gens continuent à se rendre à leur bureau, à faire leurs courses, à vaquer à leurs occupations habituelles. Bien que Jérusalem fût désormais soumise à un bombardement quotidien et que personne n'y eût plus rien à vendre, Dov Joseph décréta que les magasins d'alimentation devaient rester ouverts tous les jours de huit heures à seize heures. Il décida aussi la publication d'un bulletin quotidien qui informerait la population des événements essentiels. Il s'appelait *La Voix du Défenseur*.

Dov Joseph était lui-même l'exemple le plus convaincant de la possibilité de mener une existence apparemment normale. D'élégants boutons ornaient toujours ses manchettes, et ses chaussures étaient aussi reluisantes et son nœud de cravate aussi soigneusement ajusté qu'auparavant. Seule la triste mine de sa chemise trahissait le terrible manque d'eau qui affligeait les Juifs de Jérusalem.

Exigeant, tenace, dur à l'occasion, passionnément dévoué à sa tâche, Dov Joseph savait, en ces heures dramatiques, inspirer confiance et respect. « C'était un homme qui mettait Jérusalem au-dessus de tout », dira un de ses collaborateurs.

Rien ne lui échappait. Si un chauffeur de camion réclamait quinze litres d'essence, il voulait savoir pourquoi. Si dix boules de pain manquaient à la fournée d'une boulangerie, il ordonnait une enquête. Chaque matin à quatre heures, il téléphonait à Jacob Picker, son commissaire aux approvisionnements, pour savoir quels dégâts avait causés l'artillerie arabe et se faire communiquer la liste des vivres à distribuer dans la journée. Il arrivait à son bureau avant toute son équipe, d'ailleurs des plus restreintes — un assistant et deux secrétaires. Il était « terriblement difficile de le suivre », rappellera l'une d'elles. Il ne montrait jamais le moindre signe de fatigue et n'en tolérait aucun chez ses collaborateurs. Epuisée, une de ses secrétaires s'effondra un jour alors qu'il lui dictait un rapport.

« Monsieur Joseph, supplia-t-elle, je sens que je vais m'évanouir si vous ne me laissez pas me reposer un peu.

— Si cela vous arrive, je vous aspergerai d'eau froide et nous continuerons », répondit-il seulement.

Une demi-heure après la distribution quotidienne du ravitaillement, il recevait une série de chiffres qu'il transcrivait lui-même sur ses graphiques. Il gardait l'état des stocks de ravitaillement de Jérusalem dans un dossier à couverture orange enfermé dans un tiroir de son bureau. Pour décourager les indiscrétions, aucune mention apparente n'y était portée et Dov Joseph avait monté toute son organisation de façon à être le seul à connaître l'état réel de la situation dans son ensemble. Il s'imposait un régime aussi strict que celui de ses collaborateurs : deux tranches de pain avec un soupçon de confiture ou de *halvah*, et une seule tasse de la boisson que la cantine de l'Agence Juive s'obstinait à appeler du thé. Sa journée de travail se poursuivait jusqu'à minuit à la lumière d'une lampe à pile.

La multiplicité de ses tâches ne l'empêchait pas de se livrer à une occupation qu'il jugeait essentielle pour le moral de la population. Régulièrement, il allait arpenter les rues de la ville pour répéter aux habitants angoissés : « Yihyé Tov — Tout ira bien. » C'était cependant sur le rite quotidien des repas que Dov Joseph comptait le plus pour entretenir les apparences d'une vie normale. Mais dans les assiettes qu'il leur demandait de placer devant eux trois fois par jour, les habitants de Jérusalem ne trouvaient en cette fin de mai 1948 qu'une ration de famine : neuf cents calories par jour, soit à peine deux cents calories de plus que n'en recevaient les morts-vivants du camp de déportation nazi de Bergen-Belsen pendant la seconde guerre mondiale.

Les bombardements de l'artillerie arabe et la chasse au ravitaillement constituaient des préoccupations obsédantes. Avec ses rues presque désertes, la ville prenait dans la journée des aspects de cité fantôme. L'absence de courant électrique rendait les soirées sinistres. Pour réduire à la fois l'évaporation et les risques des bombardements, les distributions d'eau s'effectuaient en pleine nuit. Malgré ces précautions, six conducteurs de citernes seront quand même tués par des obus pendant le siège.

Le marché noir et le troc étaient florissants. On y trouvait de tout, même de l'eau minérale à un prix astronomique équivalant à douze francs le litre. Le café *Vienna* abritait la principale bourse d'échange en plein cœur de la ville. Les cigarettes y étaient particulièrement recherchées. Pour une seule, il fallait, certains jours, donner une demi-boule de pain ou une boîte entière de harengs.

Dans ce monde de famine, les enfants purent toutefois satisfaire leur gourmandise. Ayant mis la main sur un stock de glucose, Dov Joseph avait essayé de leur faire oublier la guerre en leur faisant distribuer des bonbons.

*

Carmi Charny, le fils du rabbin new-yorkais qui avait tiré à la mitrailleuse sur les autocanons de la Légion arabe, considérait avec satisfaction l'épaisseur des murs du bâtiment où il avait reçu l'ordre de s'embusquer avec ses deux servants. Ici au moins, ils seraient à l'abri des obus.

Epuisés par deux jours de combats pratiquement ininterrompus, ils s'allongèrent par terre pour dormir un peu. Comme il s'assoupissait, Charny sentit une odeur étrange et délicieuse s'insinuer dans ses narines, lui donnant une envie furieuse d'une douceur dont il avait presque oublié l'existence. Il bondit dans la pièce voisine avec ses camarades. Eberlués, ils découvrirent qu'ils se trouvaient dans une fabrique de chocolat abandonnée. Les trois garçons se mirent à fouiller les moindres recoins mais ne trouvèrent qu'une dizaine de morceaux, si durs et si rances que les rats eux-mêmes n'avaient pas daigné les toucher.

A quelques centaines de mètres de là, trois autres membres de la Haganah rampaient dans la nuit à la poursuite d'un autre trésor, bien réel celui-là. Coudes et genoux en sang, Joseph Nevo, Mishka Rabinovitch et Jacob Ben Ur, se rapprochaient des trois masses sombres immobilisées au milieu de l'avenue Saint-Georges. Avec leurs tourelles bourrées de munitions, leurs canons et leurs postes de radio, les trois autocanons abandonnés par la Légion arabe représentaient pour la Haganah une aubaine inestimable. Nevo était décidé à les remorquer jusque dans ses lignes. Réparés, ils doubleraient d'un coup toute sa force blindée.

D'une fenêtre de la maison Mandelbaum, Sarah Milstein couvrait le trio avec le fusil mitrailleur de son fiancé. Dans la hantise des tireurs arabes,

Rabinovitch avait déjà l'impression d'entendre éclater son crâne. Il rampa se mettre à l'abri d'un tas de détritus. Sa terreur y devint plus vive encore : il découvrit devant lui, pointant vers le ciel tel un tronc d'arbre dans une forêt ravagée par le feu, la jambe d'un cadavre. C'étaient les restes d'un des légionnaires tombés sous les cocktails Molotov des jeunes du Gadna. Remis de sa stupeur, mais persuadé que le plâtre qui maintenait son bras blessé le trahirait sous les reflets de la lune, Rabinovitch le noircit de cendres avant de repartir. Il aida alors Jacob Ben Ur à fixer une corde à l'essieu du premier véhicule, puis se faufila dans l'écoutille du pilote pour mettre le levier du changement de vitesse au point mort. Nevo fit avancer une de ses deux automitrailleuses pour remorquer l'autocanon arabe. L'engin s'ébranla doucement vers la maison Mandelbaum.

Quelques minutes plus tard, les trois hommes renouvelèrent l'opération avec le deuxième autocanon. A l'instant même où ils le tiraient vers leurs lignes, le dernier engin convoité se mettait en route dans la direction opposée. Tandis que Joseph Nevo et ses camarades récupéraient dans la nuit les épaves de l'adversaire, à quelques dizaines de mètres d'eux, le lieutenant Zaal Errhavel de la Légion arabe tentait lui aussi de sauver ses engins.

*

A trois mille kilomètres de Jérusalem, c'était la destinée du premier chasseur bombardier de l'aviation de l'Etat d'Israël qui préoccupait cette nuit-là le Juif Ehud Avriel. Les environs de la petite ville tchèque de Zatec, dans la région des Sudètes récemment libérée de l'occupation allemande, abritaient son dernier exploit. Il avait pu convaincre ses amis tchèques de mettre à sa disposition un aérodrome complet pour que les hommes, les avions et le matériel de la force aérienne qui devait sauver Israël puissent partir en temps voulu. Tandis que les Etats-Unis et l'U.R.S.S. s'enfonçaient dans la guerre froide, toute une base aérienne largement contrôlée par des pilotes juifs américains naissait derrière le rideau de fer.

Le jeudi 20 mai marquait d'une certaine manière la transformation officielle de la base tchèque de Zatec en aérodrome israélien. Depuis trois jours, Ben Gourion pressait Avriel d'expédier en Israël des chasseurs Messerschmitt. Les cieux du nouvel Etat juif appartenaient encore exclusivement à l'aviation égyptienne qui bombardait Tel-Aviv toutes les nuits sans rencontrer la moindre opposition. Deux jours plus tôt, une bombe avait atteint le dépôt des autobus, tuant quarante et une personnes.

Rappelés en hâte de Paris, les propriétaires-pilotes de l'unique appareil de la compagnie de transport Ocean Trade Airways observaient avec inquiétude les efforts des hommes d'Avriel. Toute une équipe essayait de faire passer par la porte de leur DC 4 le fret le plus insolite de sa carrière — un fuselage entier de Messerschmitt 109. Six semaines après avoir livré à la Haganah son premier chargement d'armes tchèques, l'équipage de l'Ocean Trade Airways allait transporter le premier chasseur de l'aviation israélienne. Cette mission était cependant bien près d'échouer sur cette piste tchèque. De quelque côté qu'on le tournât, le Messerschmitt finissait toujours par se coincer dans la porte du DC 4.

Torturé à l'idée que le précieux avion risquât d'être cloué sur place, Avriel suivait avec angoisse les opérations de chargement. Manœuvrant des crics et des grues avec une habileté d'orfèvre, ses hommes poussèrent, tirèrent, montèrent et baissèrent le fuselage, jusqu'à ce qu'il pénètre enfin dans le ventre du DC 4 — sans que personne sache exactement comment. Israéliens, Tchèques, Américains, tous hurlèrent un même cri de victoire. Puis, ils bourrèrent le DC 4 de bombes et de balles de mitrailleuse afin que le chasseur pût entrer en action dès son arrivée. Ezer Weizmann et Mordechai Hod grimpèrent à bord. Ils étaient les premiers pilotes de chasse de l'aviation israélienne. Deux mécaniciens tchèques les accompagnaient pour remonter l'avion une fois en Palestine. Avriel les vit avec émotion disparaître vers le sud.

Pétillants au milieu d'un visage énergique, les yeux du commandant Jacques Lafont scrutaient le ciel à la recherche du DC 4. Depuis quatre mois, l'aérodrome d'Ajaccio, dont il était le directeur, servait de relais clandestin au trafic aérien juif. Après y avoir fait son plein d'essence, le DC 4 repartit aussi discrètement qu'il était venu pour l'étape finale, trois mille kilomètres sans autres arrêts possibles que les prisons grecques ou les gibets arabes.

Huit heures plus tard, un accueil imprévu l'attendait au-dessus de la côte israélienne. Tirée par les canons Hispano-Suiza de « don José » Arazi, une salve d'obus traçants encadra l'appareil. L'Egypte maîtrisait si complètement le ciel de Tel-Aviv qu'aucun artilleur juif ne pouvait imaginer que le gros quadrimoteur qui arrivait pût être autre chose qu'arabe.

Zigzaguant entre les éclatements, le pilote piqua vers Akir, un ancien terrain de la R.A.F. proche de la piste où il s'était posé la nuit du 31 mars. Son soupir de soulagement à la vue du clignotement des balises n'avait cependant rien à voir avec la joie d'avoir échappé aux obus juifs. Personne n'était plus impatient d'atterrir que le pilote américain. Indifférent pour l'instant au rôle qu'il venait de jouer en apportant à Israël les armes nécessaires à sa survie, son esprit était entièrement accaparé par le souvenir douloureux que lui avait laissé une jolie Parisienne. Aux Israéliens délirants de joie qui se précipitaient pour le féliciter, il grommela une supplique qu'aucun manuel d'histoire ne consignerait :

« Vite, allez me chercher un médecin. Il me faut une injection de pénicilline ! »

*

Les dockers du port de Haïfa regardaient avec étonnement le tas qui grossissait sur le quai et se demandaient à quoi pourraient bien servir toutes les hottes qu'ils venaient de décharger. L'*Isgo*, affrété par Xiel Federman, venait d'accoster. Les deux douzaines de half-tracks et les centaines de hottes qu'il avait apportés constituaient, avec deux autres cargaisons d'équipements et le Messerschmitt d'Avriel, tout ce que la Haganah avait reçu de l'extérieur pendant la première semaine de souveraineté d'Israël. C'était moins que ce que David Ben Gourion avait prévu dans ses moments les plus pessimistes. Faire traverser la Méditerranée à d'importantes quantités d'armes se révélait beaucoup plus difficile qu'il ne l'avait pensé. Le conflit qui faisait rage dans cette partie du monde décourageait armateurs, assureurs et commandants. Certains pays, comme les Etats-Unis, appliquaient en outre un embargo très strict sur toutes les livraisons d'armes aux belligérants, ce qui contraignait les représentants de la Haganah à de longs et hasardeux transbordements. En dépit des dépêches de plus en plus exigeantes de Ben Gourion, toutes ces difficultés se traduisaient par des retards de livraison inquiétants.

Les Juifs avaient pourtant le plus urgent besoin de ces armes. En dépit de la ténacité de leur résistance, la balance penchait inexorablement en faveur des Arabes, supérieurs par la puissance de feu. Si l'offensive des armées arabes ne ressemblait pas à la « promenade » escomptée jusqu'à Tel-Aviv, celles-ci avançaient sur tous les fronts et chaque jour de combat consommait tout un bataillon des précieuses forces juives.

C'est au sud, où leurs effectifs étaient trop peu nombreux par rapport au territoire à défendre, que les Israéliens faisaient face à la situation la plus alarmante. Des vingt-sept colonies juives de cette zone, cinq seulement possédaient plus de trente défenseurs. La brigade du Néguev, déployée au-dessus de Beersheba, ne comptait que huit cents hommes avec pour seule artillerie deux canons de 20 mm et deux Davidka avec dix obus.

Les forces égyptiennes d'invasion alignaient de leur côté dix mille hommes soutenus par une escadrille de chasseurs bombardiers, un régiment de chars lourds, et un autre d'artillerie équipé de canons de 88 mm.

Les colonnes égyptiennes progressaient sur deux axes. La première, essentiellement composée de volontaires de la secte des Frères Musulmans, et commandée par le colonel Abdel Aziz, fonçait directement sur Jérusalem. Son avant-garde avait dépassé Hébron dès le 21 mai. Les kibboutzim de Kfar Etzion étant à présent aux mains des Arabes, il ne restait plus un seul combattant juif avant la colonie de Ramat Rachel située à trois kilomètres seulement du cœur de la nouvelle Jérusalem.

Le général Mouawi, commandant en chef égyptien, entraînait une deuxième colonne le long de la côte. Après l'échec du lieutenant Mohamed Rafat devant le kibboutz qui ne figurait pas sur sa carte, il avait décidé de changer de tactique. Au lieu d'anéantir une à une les colonies juives qu'il rencontrerait, il en contournerait la plupart. Pour arrêter l'offensive égyptienne dans ce secteur, les Juifs n'alignaient que les deux mille sept cents hommes de la brigade Givati du Palmach, démunis de toute arme antichar.

Au nord, la situation des Juifs était aussi préoccupante. L'armée syrienne s'était emparée de trois kibboutzim et se préparait à donner l'assaut à deux autres colonies d'une importance stratégique extrême, Degania « A » et Degania « B ». Cette menace fit traverser à David Ben Gourion l'un des moments les plus angoissants de son existence. Le chef de Degania « B », un de ses plus vieux amis, vint jusqu'à Tel-Aviv le supplier de lui donner au moins un canon pour repousser les blindés syriens.

« Nous n'avons pas de canons, lui répondit Ben Gourion accablé de tristesse. Si j'en avais un, je te le donnerais. Peut-être en aurai-je un demain. Mais pour l'instant, il faut que vous vous battiez avec ce que vous avez. »

Ben Gourion savait que, sans canon, les colons de Degania « B » étaient condamnés à mourir dans un combat sans espoir. En regardant partir son ami, il fut terrassé par un terrible sentiment d'impuissance. Pour la première fois de sa vie d'homme, il sentit monter des larmes de désespoir.

*

A Jérusalem, si l'exploit des soldats juifs devant Mea Shearim avait provisoirement sauvé la ville juive, de nouvelles menaces assaillaient déjà ses défenseurs. Au sud, les blindés égyptiens atteignaient à présent Bethléem. Signe avant-coureur de l'orage qui se préparait, l'artillerie égyptienne commença à pilonner, dans l'après-midi du vendredi 21 mai, le kibboutz de Ramat Rachel, aux portes mêmes de la ville.

Le deuxième point critique restait le quartier juif de la Vieille Ville. Les troupes bédouines du commandant Abdullah Tell étaient solidement implantées à l'intérieur des remparts. Une bande d'irréguliers recrutés et financés par un commerçant transjordanien était venue se joindre à elles, ainsi qu'un groupe de cinquante guérilleros encadrés par une dizaine de mercenaires allemands, anglais et yougoslaves, commandés par un ancien lieutenant S.S. nommé Robert Brandenbourg. En outre, Abdullah Tell pouvait compter sur les dynamiteurs de Fawzi el Koutoub et sur plusieurs dizaines de partisans de Hadj Amin.

Dès son arrivée dans la Vieille Ville, le jeune commandant de la Légion arabe s'était installé dans le P.C. de l'école de la Raoudah dont il avait, poliment mais fermement, chassé les irréguliers. Au mur de la salle de classe qui lui servait de bureau,

Tell avait fait suspendre un gigantesque plan de la Vieille Ville sur lequel figuraient tous les bâtiments. Une chaîne d'épingles à tête rouge, indiquant les positions de ses hommes, ceinturait le quartier juif. Il décida de substituer aux assauts désordonnés des irréguliers une pression méthodique et continue de ses forces sur tout le périmètre jusqu'à ce que le quartier ne fût plus qu' « une amande dans les branches d'un casse-noix ». A mesure que tombaient les points d'appui juifs, il en ordonnait la destruction, empêchant ainsi l'adversaire d'y revenir et réduisant progressivement son territoire. Il n'avait aucunement l'intention de se hâter. Sa stratégie relevait d'une considération primordiale — économiser la vie de ses bédouins.

Moshe Russnak, le jeune commandant juif du quartier, comprit vite la nouvelle tactique arabe. Lentement mais inexorablement, il se vit repoussé de plus en plus profondément au cœur de la zone qu'il occupait encore. Les renforts que lui avait envoyés Shaltiel après la percée du commando du Palmach s'étaient confirmés de bien piètres combattants. Certains s'étaient réfugiés dans les synagogues avec la population civile, d'autres avaient tout simplement refusé de se battre. Russnak avait dû se rendre à l'évidence. Ce n'était pas quatre-vingts soldats qu'il avait reçus, mais quatre-vingts bouches de plus à nourrir.

Le troisième objectif des forces arabes était l'édifice le plus imposant de Jérusalem — les trois étages de l'énorme hostellerie de *Notre-Dame de France*. Avec ses cinq cent quarante-six cellules, dont chacune portait le nom d'un saint de France et celui d'un généreux donateur français, *Notre-Dame* était une véritable ruche, une sorte de *Hilton* pour pèlerins en plein cœur de Jérusalem. Plus encore, ses grandes ailes granitiques rappelaient superbement que si l'Europe du XIXe siècle était attachée à la Ville sainte, la politique et l'intérêt n'y étaient pas tout à fait étrangers.

La réalisation de l'édifice avait commencé par une

quête organisée sur le vapeur qui ramenait les membres d'un « Pèlerinage de la Pénitence », entrepris par des catholiques français au lendemain de la guerre de 1870. « Il ne s'agit pas seulement de construire un pied-à-terre pour nos pèlerins de France, soulignait le premier appel, mais d'opposer à nos rivaux un monument national, très vaste de proportions et grandiose par son architecture, témoin parlant et colossal de notre sollicitude pour Jérusalem et de tous les droits séculaires que nous y possédons. » Dans chaque paroisse de France, les catholiques furent exhortés à « donner un franc, à sacrifier un napoléon » pour que la France à Jérusalem « ne soit plus une nomade campée sous la tente... mais qu'elle soit, à l'égal de ses rivaux, dans un palais à elle et qu'elle possède des intérêts non plus seulement moraux, mais matériels aussi ».

La Vierge offrant son enfant au ciel de Jérusalem, statue de vingt-six tonnes, couronnait le bâtiment, masse de pierre une et majestueuse qui dominait les trois bulbes de l'église russe voisine. Afin que personne ne se trompât sur la signification réelle de cet édifice, le consul de France s'était écrié soixante ans plus tôt dans son discours d'inauguration : « Voilà un grandiose monument à la gloire de la France catholique, édifié là où la Russie nous a écrasés sous ses millions et ses constructions. » *Notre-Dame* allait payer toute cette gloire dans chacune de ses pierres.

Après un furieux combat, la Haganah avait repris l'édifice dans la nuit du 19 mai. Depuis lors, il était défendu par un petit groupe des jeunes du Gadna, soutenu par une équipe de la garde territoriale composée de médecins, d'avocats et de commerçants, dont beaucoup devaient s'initier au maniement d'un fusil auprès de leurs jeunes camarades de dix-sept ans.

Pour Sir John Glubb, *Notre-Dame de France* était le pivot autour duquel gravitait Jérusalem. Il était convaincu que ses Arabes ne pourraient pénétrer dans la Nouvelle Ville aussi longtemps que l'édifice resterait aux mains des Juifs. Les blindés qui étaient tombés par erreur dans le piège de la maison Mandelbaum auraient dû justement se ruer à l'assaut de ses murs.

La prise de *Notre-Dame de France* permettrait au général anglais d'évaluer réellement ses chances de conquérir la Jérusalem juive. Si ses bédouins parvenaient à s'en emparer sans trop de pertes, il pourrait les lancer alors dans un combat de rues qui lui livrerait la ville nouvelle. S'ils n'y parvenaient pas, il devrait trouver d'autres moyens de soumettre la Jérusalem juive.

*

De l'autre côté de la rue Soliman, presque en face de *Notre-Dame de France*, une autre institution française subissait déjà l'épreuve que John Glubb destinait à la grande hostellerie. Apprenant que les combattants des deux camps avaient abandonné leur couvent, cinq religieuses de la communauté des Sœurs Réparatrices de Marie, qui s'étaient enfuies en pleine bataille le dimanche de Pentecôte, revinrent en hâte dans l'espoir de préserver leur couvent de nouvelles destructions. Pieuse illusion : apercevant des silhouettes dans les pièces qu'ils croyaient vides, les tireurs juifs et arabes crurent chacun à la réoccupation du bâtiment par l'adversaire. Ils ouvrirent le feu.

Prises sous les tirs croisés, les religieuses se réfugièrent sous les voûtes de leur chapelle pour y prier le Seigneur, qui avait tant prêché la paix dans ces lieux, de protéger leur sainte maison menacée par la folie des hommes. La supérieure, mère Emerance, eut alors une inspiration : elle courut chercher un grand drapeau pontifical jaune et blanc et le déploya sur la façade. Mais au lieu d'épargner son couvent, cette initiative ne fit qu'ajouter à la confusion. Ignorant la pacifique réalité que recouvrait cet emblème, Juifs et Arabes furent persuadés qu'il était destiné à rallier des troupes ennemies. Les tirs s'intensifièrent des deux côtés. Une rafale de balles incendiaires mit bientôt le feu à une aile du bâtiment. Menacées d'être prisonnières du brasier, les religieuses essayèrent alors d'attirer l'attention du personnel de l'hôpital français situé juste de l'autre côté de la rue. Le directeur de cet établissement finit par percevoir leurs appels au secours. Depuis quatorze ans, le docteur René Bauer, un Alsacien, soulageait les souffrances des habitants de Jérusalem avec un dévouement et une compétence qui suscitaient la reconnaissance des deux communautés. Il courut ouvrir la porte de son établissement et les religieuses purent s'engouffrer dans leur nouveau refuge. Mais leurs épreuves n'étaient pas finies. D'une fenêtre de l'hôpital, mère Emerance vit, le lendemain, que des soldats juifs s'affairaient à tendre un fil à l'intérieur de son couvent.

« Que fabriquent-ils encore ? » demanda la religieuse, perplexe.

Le docteur Bauer leva les bras au ciel :

« Ils établissent peut-être une liaison téléphonique avec leur avant-poste. »

Démunie d'armes antichars et d'artillerie, la Haganah essayait en fait de barrer l'entrée de la Jérusalem juive aux blindés arabes. Sous les yeux horrifiés de mère Emerance, une terrifiante explosion fit sauter toute une partie du couvent de sa pieuse communauté, obstruant la rue Soliman d'une formidable avalanche de poutres et de pierres.

*

David Ben Gourion considérait avec détresse la pile de télégrammes qui s'entassaient sur la plaque de verre de son bureau. Tout au long de la journée, il avait reçu de pressants appels du front qui primait tous les autres à ses yeux. Le ravitaillement et les munitions de Jérusalem s'épuisaient et la ville était menacée par la Légion arabe au nord et par les Egyptiens au sud. David Shaltiel et Dov Joseph annonçaient qu'un désastre était inévitable si l'on ne trouvait pas un moyen de venir au secours de la cité.

Ben Gourion était bien décidé à en trouver un. « Je savais, dira-t-il plus tard, que si le peuple de notre pays voyait Jérusalem tomber, il perdrait confiance. » Jamais encore il n'était intervenu dans un problème de stratégie militaire. Ce soir-là pourtant, il s'y résolut. En dépit de l'heure tardive, il convoqua Yigael Yadin et les principaux responsables de la Haganah.

Trois semaines auparavant, en tête du convoi spécial de la Pâque, le vieux leader avait eu l'occasion d'étudier la nature exacte du problème. Comme Glubb Pacha et Sir Alec Kirkbride, David Ben Gourion savait que la clef de Jérusalem se trouvait au carrefour de Latroun. Depuis que la plus redoutable des armées arabes y était apparue, le danger s'était considérablement aggravé. Il ignorait que les hommes du Palmach avaient conquis ces hauteurs pendant quelques heures. Sur un ton qui ne laissait aucun doute sur la fermeté de sa décision, il déclara à Yigael Yadin :

« Je veux que vous occupiez Latroun et que vous ouvriez la route de Jérusalem. »

Le jeune archéologue se raidit. D'autres fronts avaient priorité sur Jérusalem cette nuit-là pour le responsable de toutes les opérations de l'armée juive. Si le kibboutz de Yad Mordechai tombait aux mains de l'ennemi, l'avance égyptienne menacerait Tel-Aviv. Toute la Galilée semblait, d'autre part, ouverte aux Syriens. « Si nous exécutons cet ordre, pensa Yadin, nous sauverons notre capitale mais nous perdrons notre Etat. » Il était persuadé que Jérusalem pouvait tenir. Avant de lui envoyer des renforts, il fallait d'abord enrayer la progression des Egyptiens et des Syriens.

« De toute façon, précisa-t-il pour gagner du temps, il est impossible de s'emparer de Latroun par une attaque frontale. Nous avons besoin d'une période de préparation pour frapper en tenaille, par les flancs. »

L'Etat-Major, expliqua-t-il, avait dans ses cartons un plan de ce genre. Il consistait à attaquer vers Ramallah au nord, et vers Ramleh au sud. Latroun tomberait alors, comme un fruit mûr.

Ben Gourion insista. Les délais réclamés par Yadin ne correspondaient pas au calendrier de ses préoccupations. Un violent affrontement opposa les deux hommes.

« Jérusalem ne peut pas tenir, répéta Ben Gourion. Quand nous aurons pris Latroun selon votre plan, il n'y aura plus de Jérusalem à sauver. »

Ben Gourion vit le visage de son jeune collaborateur blêmir de colère. Yadin abattit son poing sur le bureau avec une telle force qu'il en pulvérisa la plaque de verre. Il essuya les coupures de sa main et regarda fixement le vieux leader. C'était la première fois qu'un officier osait tenir tête à l'homme qui avait pendant tant d'années été l'architecte de tant de leurs victoires.

« Ecoutez-moi bien, dit Yadin d'une voix glaciale qui contenait mal sa passion. Je suis né à Jérusalem. Ma femme est à Jérusalem. Mon père et ma mère sont là-bas. Tout ce qui vous attache à Jérusalem m'y attache encore plus que vous. Je devrais être d'accord avec vous pour y envoyer toutes mes forces. Mais ce soir je ne le ferai pas, parce que je suis convaincu qu'ils peuvent tenir là-haut avec ce qu'on leur a donné, et parce que nous avons besoin de toutes nos ressources pour faire face à des périls plus grands encore. »

Surpris par cette explosion inattendue, Ben Gourion rentra le cou dans les épaules, signe infaillible de son inébranlable détermination. Il balaya les éclats de verre sur sa table, se cala solidement dans son fauteuil et considéra calmement Yadin. Puis il répéta son ordre, clair et sans appel.

« Vous prendrez Latroun ! »

39

« NOUS AVONS BESOIN DE CHACUN D'EUX »

L'EXÉCUTION de l'ordre de Ben Gourion fut confiée au flegmatique vétéran de la Haganah à qui, seize jours plus tôt, un envoyé secret de Glubb Pacha avait laissé entendre que le chef de la Légion arabe souhaitait un partage pacifique de la Palestine. Shlomo Shamir allait, à présent, prendre la tête de la première grande unité constituée par le nouvel Etat d'Israël et la conduire au combat contre l'armée arabe du général anglais.

Agé de trente-trois ans, d'origine russe, Shamir avait été magasinier, imprimeur, dessinateur, électricien et globe-trotter, avant de se consacrer entièrement à la Haganah. Ce n'était pourtant pas son expérience dans les rangs de l'armée clandestine juive, mais ses années de service dans l'armée britannique, qui avaient poussé Ben Gourion à le nommer commandant d'une nouvelle brigade, la 7e brigade d'Israël.

Avant de prouver ses capacités contre les armées arabes, Shamir devait accomplir une prouesse qui mobiliserait toutes ses ressources en ruse et en énergie. Il devait recruter les mille hommes de sa brigade. Pour moitié, ses effectifs viendraient d'unités déjà existantes. Mais le reste devrait être trouvé dans les dépôts, les services administratifs, ou tout simplement, comme il le dirait, « sur les trottoirs de Tel-Aviv ». Cette tâche lui parut si ardue et les quarante-huit heures dont il disposait si insuffisantes, qu'il se demanda si la mise sur pied de cette 7e brigade n'était pas une entreprise presque aussi hasardeuse que celle de « Moïse faisant traverser la mer Rouge aux Hébreux. »

Shamir commença par louer trois chambres à l'hôtel *Bristol*, au centre de Tel-Aviv, pour y monter un semblant de quartier général avec les subsides dérisoires que lui avait alloués le trésorier de la Haganah. Puis il envoya des rabatteurs à travers le pays et téléphona lui-même dans tous les coins pour essayer de rassembler quelques officiers. La plupart étaient déjà occupés et il devait fouiller au plus profond de sa mémoire pour retrouver les noms de camarades qu'il avait appréciés pendant la guerre.

Le premier qui lui vint à l'esprit était celui d'un ancien officier des Guards dont la tâche était désormais terminée à Jérusalem. Appelé d'urgence à Tel-Aviv, Vivian Herzog accourut en piper-cub et devint son chef des opérations. L'atmosphère que découvrit Herzog dans les chambres de l'hôtel *Bristol* ressemblait bien peu à celle des Q.G. britanniques qu'il avait connus. « Il y régnait un air de vacances et de chaos à la fois, racontera-t-il, où des gars sans grade se retrouvaient en se tapant sur l'épaule pour réussir en deux jours ce que les Anglais mettaient neuf mois à réaliser. »

Shamir parvint aussi à mettre la main sur deux Russes pour diriger deux de ses bataillons. Disciple passionné de Clausewitz dont il rêvait de mettre les théories en pratique, Chaïm Laskov, vingt-neuf ans, était un ancien capitaine de la Brigade juive. C'est en collectionnant — enfant — les boutons d'uniformes des soldats de Napoléon trouvés sur les bords de la Bérésina qu'il avait ressenti sa vocation militaire. Spécialiste des blindés, c'est lui qui avait, sept semaines plus tôt, protégé la progression des soldats engagés dans l'Opération Nachshon en déployant ses automitrailleuses de fortune devant les hauteurs de Latroun.

Il prenait aujourd'hui le commandement d'un ancien bataillon du Palmach dont tous les cadres avaient disparu pour aller soutenir leurs camarades qui opéraient dans le Sud. Ses blindés n'étaient qu'un ramassis hétéroclite d'une vingtaine de véhicules hâtivement recouverts de plaques de tôle et d'une douzaine de half-tracks provenant des surplus de guerre américains qui venaient d'être débarqués de l'*Isgo*. De l'aveu de Laskov, ce « 79ᵉ bataillon motorisé » n'était qu'une caricature d'unité blindée. Les véhicules étaient dépourvus de mitrailleuses, de munitions, de radios. Quant aux chauffeurs, ils ne savaient pas conduire sans phares et encore moins volets fermés. Certains ignoraient même la pression de gonflage à respecter pour leurs pneumatiques.

Plus difficile encore semblait la tâche de Zvi Hourewitz, vingt-neuf ans, ancien membre des escouades spéciales créées pour la guérilla nocturne. Le jeune officier découvrit que son bataillon à lui n'existait pratiquement que dans l'imagination de ses inventeurs. Shamir lui avait promis, pour former le noyau de son unité, une centaine d'élèves des différents pelotons dont la Haganah se hâtait de terminer l'instruction. Accompagné d'un sergent, Hourewitz se précipita à Tal Hashomer, un hôpital de la banlieue de Tel-Aviv transformé en dépôt d'incorporation, pour essayer d'y recueillir les meilleurs éléments. L'endroit évoquait, se rappelle-t-il, « un véritable bazar oriental. Les chefs de brigade s'arrachaient les soldats comme des morceaux de pain et il fallait se battre pour qu'il vous reste autre chose que des miettes ».

Quand il eut rassemblé un premier contingent, Hourewitz demanda au commandant de la 7ᵉ brigade d'où viendraient les autres.

« Je n'en ai pas la moindre idée, lui répondit Shamir. Peut-être le saurons-nous demain. »

*

A Jérusalem, l'offensive de la Légion arabe contre le quartier juif de la Vieille Ville s'intensifiait. Pour la soutenir, le commandant Abdullah Tell avait disposé ses blindés et ses canons antichars sur le mont des Oliviers. Plus de deux cents obus tombaient chaque jour sur les toits et dans les ruelles du quartier assiégé. Une bataille féroce se déroulait d'une maison à l'autre.

La synagogue Nissan Bek fut le premier point d'appui important à être attaqué par les légionnaires. Elle jouait un rôle essentiel dans le dispositif juif et sa petite garnison se défendit avec l'acharnement du désespoir. Seule la vision d'une scène déconcertante en ce chaos relâcha un instant l'ardeur des combattants : tarbouche sur la tête, l'encaisseur arabe des loyers parcourait imperturbablement les ruelles juives pour recueillir le terme des maisons appartenant à ses compatriotes.

Pour endiguer l'assaut, Moshe Russnak, le chef juif du quartier, dépêcha d'urgence vers la synagogue des renforts prélevés sur ses autres positions déjà si faiblement tenues. La jeune Anglaise Esther Cailingold se glissait de poste en poste à travers les balles pour porter des munitions, encourager les combattants et soigner les blessés. Une jeune fille de seize ans, Judith Jaharan, avait échangé sa boîte de pansements contre un fusil pour défendre le coin de rue où elle était née près de la synagogue.

Avec son équipe de dynamiteurs, Fawzi el Koutoub accourut à la rescousse des soldats arabes, mais chaque fois qu'un de ses hommes s'approchait de la synagogue, il était abattu et des cris de triomphe jaillissaient de toutes les maisons juives avoisinantes. Les murs de l'édifice étaient si épais que le bidon de vingt-cinq kilos de T.N.T. qu'El Koutoub réussit à poser lui-même contre une des parois ne laissa que des égratignures. Après plusieurs autres tentatives infructueuses, il parvint enfin à ouvrir un passage dans la façade nord-ouest de l'édifice. Un groupe de légionnaires put, à la faveur du nuage de poussière et de fumée de l'explosion, s'engouffrer sous le dôme crevé par les obus. Une horde d'irréguliers se précipita derrière eux et tout Nissan Bek fut bientôt aux mains des Arabes. El Koutoub savait que les Juifs ne pourraient se résoudre à perdre leur synagogue. Avant qu'ils ne puissent contre-attaquer en force, il résolut de la détruire. Il courut chercher un baril bourré de cent kilos de T.N.T., le plaça au milieu de la nef, alluma la mèche et entraîna légionnaires et irréguliers à l'abri. Cinq minutes plus tard, une déflagration terrifiante ébranlait toute la Vieille Ville et le noble édifice se désintégrait dans un fracas d'avalanche. Quand la fumée se dissipa, El Koutoub entendit monter des postes juifs voisins un murmure douloureux. Mais bientôt des cris de victoires saluant l'étonnant courage des soldats juifs succédèrent aux lamentations. Derrière la jeune infirmière Judith Jaharan, ils contre-attaquèrent et réussirent à arracher aux Arabes les pierres fumantes de Nissan Bek. Ils trouvèrent dans les ruines les cadavres de plusieurs irréguliers, les épaules déjà couvertes de châles de prière, des parchemins de la Torah glissés sous leur chemise, des objets du culte plein les poches.

La reconquête de la synagogue ne fut cependant qu'un acte d'héroïsme gratuit. Le soir même, les légionnaires s'emparaient définitivement du tas de décombres où se dressait autrefois la grande construction.

Il eût fallu aux Juifs bien autre chose que du courage pour sauver leur quartier. Par deux fois, les défenseurs tentèrent une percée vers la porte de Sion. L'échec les rejeta dans une sorte de fatalisme. Cette nuit-là, deux des plus vénérables rabbins du quartier envoyèrent un appel désespéré à leurs confrères de la Nouvelle Ville.

« Notre communauté est en train de périr dans un massacre. Au secours ! Alertez les plus hautes institutions, et le monde entier ! Qu'on vienne nous sauver. »

*

Un autre cri de détresse se répandit cette même nuit à travers les rues d'Ein Karem, le village natal de saint Jean-Baptiste au sud-ouest de la Nouvelle Ville. Les guetteurs qui surveillaient les approches de ce faubourg juif se précipitaient de maison en maison pour annoncer que le kibboutz de Ramat Rachel venait de tomber. Les Egyptiens étaient à six kilomètres de Jérusalem.

Sur sa route, le colonel égyptien Abdel Aziz avait occupé bien des localités, mais il s'agissait de villages arabes depuis toujours. Ramat Rachel était le premier objectif réellement juif qu'il eût emporté. Après d'vingt heures d'un pilonnage presque ininterrompu, ses troupes s'étaient abattues sur les ruines de la colonie à la tombée de la nuit. Le bruit courait qu'elles se dirigeaient à présent vers Ein Karem et le cœur de Jérusalem.

De jeunes Juifs appelèrent tous ceux qui avaient « deux bras et deux jambes » à venir d'urgence construire des barricades. Femmes en peignoir et bigoudis, hommes en pyjama ou vêtus d'un pantalon enfilé à la hâte, enfants en maillot de corps et en sandales — tout Ein Karem fut bientôt dans la rue. Des vieillards empilaient des blocs de pierre. Des enfants de douze ans s'acharnaient à pousser jusqu'aux barricades des brouettes pleines de matériaux. Des femmes partirent fouiller la terre des champs pour rapporter de nouvelles pierres dans leurs sacs à provisions. Toute la nuit, le quartier fut une vraie fourmilière au travail. Si Ein Karem devait affronter une armée arabe, ses habitants étaient décidés à donner l'exemple au reste de Jérusalem. Les Arabes d'Abdel Aziz allaient y payer cher la conquête de chaque maison juive.

*

Lentement, comme un vieillard à bout de souffle, le vieux rafiot rescapé d'un cimetière d'épaves de Brooklyn, entrait dans la baie majestueuse. Construits il y avait des lustres pour transporter huit cents passagers de première classe, les ponts et les coursives du *Kalanit* grouillaient aujourd'hui de deux mille hommes contemplant dans une stupeur silencieuse le port de Haïfa surplombé par les pentes verdoyantes du mont Carmel. C'était le couronnement de nombreuses années de rêve et la fin d'un voyage commencé quelque part en Europe centrale sept, huit ou neuf ans plus tôt, dans le sillage de l'invasion hitlérienne. Certains avaient réussi à s'enfuir dans les forêts où, jusqu'à l'heure de la victoire, ils s'étaient battus comme des bêtes traquées aux côtés des partisans. D'autres, déportés dans les camps de la mort de l'Allemagne nazie, avaient attendu leur libération aux portes des chambres à gaz où avaient péri six millions de leurs frères.

La victoire alliée, qu'ils avaient tant souhaitée, les avait fait passer des barbelés d'un camp aux barbelés d'un autre, et c'était dans les centres de rassemblement de personnes déplacées que la Haganah les avait, pour la plupart, retrouvés. Sionistes ou non, athées ou croyants, prolétaires ou bourgeois, ils étaient animés d'un même désir de rejoindre leurs frères émigrés, loin de cette Europe qui les avait livrés à leurs bourreaux nazis et qui aujourd'hui les rejetait comme des parias.

La Haganah leur avait offert cette possibilité mais ne leur avait promis de les conduire en Palestine que pour se battre. Pris en charge par les réseaux d'immigration clandestine, ils avaient été secrètement dirigés vers des centres de rassemblement où quelques-uns avaient reçu une vague instruction militaire. Puis ils avaient été conduits aux ports d'embarquement. Le plus important des points de départ était le port français de Sète. Plusieurs des hommes qui se trouvaient ce matin-là à bord du *Kalanit* en étaient déjà partis quelques mois plus tôt sur un autre vaisseau tout aussi surpeuplé. Mais la proue de l'*Exodus* n'avait jamais fendu les eaux baignant le mont Carmel. Sa malheureuse cargaison humaine avait été refoulée vers l'Europe pour être de nouveau dispersée dans des camps.

Le 14 mai, encore en haute mer, les immigrants du *Kalanit* avaient poussé des cris de triomphe en apprenant que le pays vers lequel les transportait leur vieux paquebot avait conquis le droit de les recevoir ouvertement. Pourtant aucune fanfare, aucun discours, aucune jolie fille un bouquet de fleurs dans les bras, ne les accueillirent sur le quai de Haïfa. Du haut de leur navire, ils n'aperçurent que la file jaune des autobus qui les attendaient.

Matti Meged, le jeune officier de la Haganah qui les avait accompagnés depuis l'Allemagne ou la Roumanie, vit une voiture remonter le quai et entendit quelqu'un l'appeler. Deux heures plus tard, il était introduit dans un bureau d'une bâtisse rose du front de mer de Tel-Aviv. Au bout de la pièce emplie de monde, il reconnut, derrière une table, les touffes de cheveux blancs penchées sur une feuille contenant la liste des passagers du *Kalanit*. Sans même lever la tête, Ben Gourion demanda :

« Combien sont-ils ? »

Une rafale de questions courtes et précises sur les immigrants qu'il avait convoyés depuis l'Europe s'abattit sur Meged stupéfait. Ben Gourion voulait tout savoir : qui ils étaient, d'où ils venaient, leur âge et l'entraînement militaire qu'ils avaient subi. Puis le vieux chef releva tout à coup la tête et regarda Meged droit dans les yeux.

« Savez-vous pourquoi ils sont là ? demanda-t-il. Parce que nous avons besoin d'eux.

— Mais, pas tout de suite ? » s'enquit avec inquiétude le jeune officier.

Quelque peu étonné par la question, le dirigeant juif fixa Meged.

« Ce n'est pas votre affaire ! » répondit-il.

Comprenant brusquement que les hommes qu'il avait conduits en Israël allaient devoir payer leur entrée dans leur nouvelle patrie en participant à une guerre à laquelle ils n'avaient pas été préparés, Meged supplia Ben Gourion de leur accorder un répit.

« Vous ne pouvez pas en juger, l'interrompit Ben Gourion. Vous ignorez la gravité de la situation. »

Puis, tristement, il ajouta :

« Nous avons besoin de chacun d'eux. »

*

Comme l'avait prédit Shlomo Shamir, le lendemain apporta au chef de bataillon Zvi Hourewitz les effectifs qui lui manquaient. A mesure qu'ils descendaient des autobus jaunes, l'officier juif examinait les quatre cent cinquante immigrants du *Kalanit* qui avaient été conduits directement des docks de Haïfa au dépôt de Tal Hashomer. Ils étaient tous très jeunes. Les plus bronzés étaient ceux qui avaient passé quelque temps dans les camps de détention britanniques de Chypre. Les autres étaient pâles, ou gris. Ils serraient dans leurs bras tout ce qu'ils possédaient, un sac de toile, une misérable valise. Il y avait là des Polonais aux yeux bleus, des Hongrois, des Roumains, des Tchèques, des Yougoslaves, de sombres Bulgares, des Russes aux cheveux blonds comme la paille. Ils étaient tous d'une extrême maigreur et une lueur furtive dans leur regard trahissait un passé de souffrances.

Hourewitz les aligna dans la cour de l'hôpital et décida de marquer leur arrivée dans ce nouveau camp par une attention à laquelle ils avaient rarement eu droit dans les précédents. Il leur souhaita la bienvenue. Mais dès qu'il eut commencé son discours, il lut sur les visages que son bataillon était une tour de Babel, où l'hébreu semblait la seule langue inconnue.

Il envoya chercher le sergent polonais qui lui servait de secrétaire, et fit traduire ses paroles en yiddish et en polonais.

« Soyez les bienvenus dans les rangs de l'armée d'Israël, recommença Hourewitz. Nous attendions votre arrivée avec impatience. Le temps presse et Jérusalem est en danger. Nous allons à son secours. »

Comme étaient traduits ces derniers mots, Hourewitz sentit un frisson d'émotion l'envahir. Les tristes visages de ces rescapés d'un peuple condamné revenaient brusquement à la vie. De chaque poitrine jaillit un cri de joie.

626

Il répartit les hommes en quatre compagnies et leur fit distribuer un semblant d'uniforme et un fusil. Bien qu'un tiers d'entre eux eussent déjà quelques rudiments d'instruction militaire, aucun n'avait jamais utilisé le fusil Lee Enfield britannique. On partagea les compagnies en sections et en escouades, en regroupant si possible ceux qui parlaient la même langue. Comme personne ne se connaissait, et comme il n'y avait aucun moyen de distinguer les sous-officiers des officiers ou des soldats, Hourewitz ordonna aux sergents et aux caporaux de coudre un ruban rouge sur l'épaulette de leur chemise.

Restait le problème de la langue. Les chefs de sections et d'escouades étaient tous des sabras qui ne parlaient que l'hébreu et Hourewitz se demandait comment ils pourraient conduire au combat des hommes incapables de comprendre leurs ordres. Il rassembla ses subordonnés pour en discuter.

« Le temps presse tellement, finit-il par leur dire, que nous devons procéder comme nous le ferions avec des enfants. Apprenez-leur juste quelques mots simples, les mots qu'ils doivent connaître pour se battre. »

Bientôt un étrange murmure monta de l'esplanade de Tal Hashomer, le bruissement de centaines de voix qui articulaient une succession de syllabes. Dans la langue des Juges et des Prophètes, les recrues de la 7e brigade essayaient d'apprendre les quelques mots nécessaires au salut de Jérusalem.

*

Hissés à grand-peine sur les remparts de la Vieille Ville, deux canons de 55 mm de l'artillerie de Sir John Glubb pointaient leurs gueules entre les créneaux construits quatre siècles plus tôt par les architectes de Soliman le Magnifique pour les tireurs de flèches. Plus bas, près de la porte de Damas, étaient embusquées deux mitrailleuses Vickers. Et sur le terre-plein situé juste en dessous, une batterie de huit mortiers de deux pouces attendait. Devant la porte d'Hérode, protégée par un repli du terrain, se trouvait la plus importante de toutes les pièces, un canon de 88. Il était midi, le dimanche 23 mai. Toutes les bouches de ce déploiement d'artillerie étaient pointées vers une même cible. Construite par les Pèlerins de la Pénitence, *Notre-Dame de France* allait être victime des grandioses ambitions de ses architectes.

Le lieutenant bédouin Fendi Omeish jeta un dernier regard dans la lunette de tir du canon de 88. La hausse était réglée en plein centre de la façade de *Notre-Dame*, juste sur la statue de la Vierge à l'Enfant. Il déplaça sa mire légèrement vers la gauche.

« Tâchez de ne pas taper sur Miriam », dit-il aux servants musulmans qui éprouvaient, eux aussi, une certaine vénération pour la Vierge.

L'énorme édifice disparut dans un nuage de poussière et de fumée. Mais l'œil exercé de John Glubb ne fut pas long à discerner que ce bombardement « ne faisait guère plus d'effet qu'une fronde » sur la solide maçonnerie de *Notre-Dame*. « Apparemment, observa-t-il maussade, la sainte église catholique a été construite pour l'éternité. »

Les salves de l'artillerie arabe étaient pourtant loin de faire l'effet d'une simple fronde sur ceux qui se trouvaient à l'intérieur du bâtiment. Une grêle de pierres, de bois, de plâtre s'abattit sur les défenseurs juifs. La poussière et la fumée asphyxiaient les jeunes gens du Gadna et leurs aînés de la garde territoriale. Certains d'entre eux étaient complètement étourdis par le rugissement des explosions. La canonnade dura deux heures, à raison d'une demi-douzaine d'obus par minute, jusqu'à ce que la fière façade de *Notre-Dame* ressemblât plus à un bloc de gruyère qu'à un monument élevé aux gloires de la France.

Tandis que s'apaisait le fracas du bombardement, un bruit plus terrifiant encore parvint aux oreilles des défenseurs. C'était le ronronnement des moteurs des quatre autocanons du lieutenant bédouin Zaal Errhavel qui remontaient l'avenue Soliman dans la direction de *Notre-Dame*. Mishka Rabinovitch les vit avancer lentement dans le périscope qu'il s'était fabriqué avec deux morceaux de tuyau et un miroir cassé. Jusqu'à présent les murs de *Notre-Dame* avaient protégé Rabinovitch et l'unique bazooka des Juifs. Comme devant la maison Mandelbaum, Rabinovitch, son bras toujours dans le plâtre, pointa l'arme pour le jeune artilleur du Gadna qui allait tirer à sa place.

Couchés sur le sol, les Juifs percevaient le bourdonnement régulier des autocanons qui approchaient et les aboiements des mitrailleuses. Chacun dans l'édifice attendait le premier coup du bazooka, se demandant s'il pourrait y en avoir un deuxième dès lors que la position de l'engin aurait été dévoilée. Zelman Mart, un des adjoints de Shaltiel, regardait le jeune compagnon de Rabinovitch en position de tir derrière une brèche de la façade. « Le gosse ne va jamais réussir, pensa-t-il, à conserver assez de calme pour attendre et ne tirer que lorsqu'il sera sûr de son coup. » Le jeune garçon du Gadna retint pourtant patiemment son tir jusqu'à ce que les véhicules ne soient plus qu'à une centaine de mètres. Très maître de lui, il pressa alors sur la détente. L'autocanon de tête fit une embardée. Une nouvelle roquette fut enfoncée dans le bazooka. Le second coup partit, et un deuxième blindé s'immobilisa. « Mon Dieu, se dit Mart, si ce gosse peut réussir cela, tout le monde dans cette armée le peut aussi ! »

Les tireurs arabes des deux derniers autocanons s'aperçurent alors qu'ils ne pouvaient, à cette faible distance, relever leurs pièces assez haut pour les pointer sur le troisième étage et réduire le bazooka au silence. Le lieutenant Errhavel donna l'ordre aux deux blindés touchés d'essayer de se replier et il fit reculer les deux autres pour les mettre hors de portée.

Pendant ce temps, l'infanterie arabe commandée par le lieutenant Ghazi el Harbi, vétéran basané des guerres tribales de son Arabie natale, déclencha l'assaut. Ses légionnaires atteignirent le parc de l'hostellerie, le franchirent et se ruèrent vers l'édifice. Des dizaines de cellules aux noms de saints tomba uné peu charitable pluie de grenades. Malgré l'intensité de la riposte, quelques Arabes réussirent à pénétrer au rez-de-chaussée. Ce fut une suite de combats à la grenade et à la baïonnette d'une sauvagerie inouïe. Finalement, les jeunes garçons du Gadna — dont certains n'avaient pas seize ans, et dont c'était souvent le premier engagement — parvinrent à endiguer l'avance des légionnaires.

En entrant dans une pièce du deuxième étage, Mishka Rabinovitch rencontra un jeune Français de dix-sept ans, Jacques, ancien du maquis, qui s'était déjà taillé une extraordinaire réputation à Jérusalem. « Il était continuellement en train de se battre ou de piller », se rappellera un de ses chefs. Recouvert d'une pellicule de poussière rose, il faisait songer beaucoup plus à un clown qu'à un combattant.

L'objectif que visait Jacques ne prêtait pourtant pas à rire. C'était un autocanon arabe qui manœuvrait juste sous sa fenêtre. Le lieutenant Fendi Omeish venait de bondir vers la Porte Neuve, juste en face, pour porter secours à un de ses bédouins blessés, quand il vit un cocktail Molotov tracer une courbe gracieuse avant de s'écraser sur la chaussée au pied de son véhicule. La rue étant légèrement en pente, le liquide enflammé dessina sur l'asphalte une rivière de feu qui s'engouffra sous l'engin. De leur fenêtre, Rabinovitch et Jacques regardaient avec émerveillement les flammes engloutir le blindé. La tourelle bourrée de munitions explosa dans une gerbe de métal incandescent et de caoutchouc brûlé. « Voilà toutes mes affaires qui s'en vont, pensa le lieutenant Omeish en voyant se consumer son autocanon. Mes couvertures, ma brosse à dents, mon savon, la photo de ma femme. »

Le chauffeur du blindé s'en allait aussi. Juste avant l'explosion, Ali avait réussi à s'extirper de son écoutille et à se réfugier derrière la Porte Neuve. Dégoûté d'une guerre qui commençait si mal, il se mit à courir. Sa course ne s'arrêtera que lorsqu'il aura rejoint son Arabie natale.

*

Les forces de David Shaltiel avaient remporté ce jour-là un autre succès au sud de la ville. Profitant de l'éparpillement des troupes du colonel égyptien Abdel Aziz accaparées par le pillage, un commando juif avait repris le kibboutz de Ramat Rachel. Ces ruines fumantes aux portes de Jérusalem allaient encore changer de mains plusieurs fois. A l'aube, les habitants du quartier d'Ein Karem apercevraient les couleurs juives flotter de nouveau sur la cheminée de la salle à manger détruite de Ramat Rachel.

*

Ce matin-là, les bédouins de la Légion arabe reprirent leur assaut contre *Notre-Dame de France*. Mais cette fois encore, les jeunes garçons du Gadna les continrent par un furieux barrage de balles et de grenades.

De son observatoire de la Vieille Ville, Sir John Glubb suivait les efforts de ses hommes avec une appréhension croissante. Juste après midi, l'Australien Bill Newman, qui commandait son 3e régiment, lui apporta une grave nouvelle. La moitié des deux cents hommes qui avaient attaqué *Notre-Dame* la veille étaient morts ou blessés. Les craintes de l'Anglais en furent confirmées. « Notre affaire, c'est la guerre en rase campagne, songea-t-il une fois de plus, et non de grignoter une ville maison par maison. » Il donna au lieutenant El Harbi l'ordre de replier ses fantassins. L'officier bédouin supplia le général anglais de le laisser attaquer une dernière fois. Mais celui-ci se montra intraitable. Son échec devant les murs de *Notre-Dame de France* marquait pour lui un tournant décisif de la stratégie arabe dans la bataille de Jérusalem. Il était définitivement convaincu qu'il ne disposait pas d'effectifs suffisants ni assez préparés pour conquérir la Nouvelle Jérusalem rue par rue, maison par maison.

Mais il savait qu'il existait un autre moyen de provoquer la chute de la ville juive — le siège, cauchemar de Ben Gourion. Il savait aussi que la clef de ce siège se trouvait à ce carrefour vital qu'il avait examiné sur sa carte avec Sir Alec Kirkbride quelques nuits plus tôt. Là, dans la plaine qui s'étendait devant Latroun, les bédouins de sa Légion pourraient enfin rencontrer leurs ennemis sur un champ de bataille à leur mesure.

40

« LE PREMIER À SORTIR
AVEC UN DRAPEAU BLANC SERA FUSILLÉ »

LE lieutenant-colonel Habes Majelli, commandant le 4ᵉ régiment de la Légion arabe, passait le vaste panorama au crible de ses jumelles. Une fois encore, il essayait de découvrir les intentions de l'ennemi. Aucun repli de terrain, aucun bosquet, aucun hameau n'échappait à son attention. De l'endroit où il se tenait, quelques-uns des plus illustres généraux de l'Histoire avaient, avant lui, surveillé les approches des collines de Latroun qui commandaient la route de Jérusalem. Ibn Jebel, l'un des lieutenants du calife Omar, avait même choisi de reposer sur cette crête embaumée de lavandes sauvages. Le tas de pierres, sur lequel était monté le colonel arabe, n'était lui-même que les ruines d'un château fort construit par Richard Cœur de Lion, puis rasé par Saladin.

Majelli n'avait en fait aucun doute sur la nature des intentions des Juifs. Comme l'avait prédit Glubb Pacha, la présence de la Légion arabe à Latroun entraînerait une guerre véritable. Pour ouvrir un passage vers Jérusalem et porter secours à ses cent mille habitants juifs, la Haganah devrait obligatoirement faire sauter les positions arabes. En ce milieu d'après-midi, il semblait à Majelli que l'attaque juive était imminente.

Ses soldats bédouins s'y préparaient depuis plusieurs jours. Ils avaient truffé de nids de mitrailleuses les collines qu'avait si précipitamment abandonnées Fawzi el Kaoukji. Ils avaient nettoyé, approfondi et réoccupé les vieilles tranchées dans lesquelles les Turcs avaient, trente ans plus tôt, tenté de repousser les assauts de l'armée anglaise d'Allenby. Des mines et des rouleaux de barbelés couvraient leurs pentes. Des pièces antichars commandaient les principaux axes de passage. Trois mitrailleuses Vickers avaient été mises en batterie sur le toit de l'ancien poste de police britannique, à l'ouest de l'abbaye des trappistes français, et pouvaient tenir toute la plaine sous leur feu. A l'est, au-dessus de l'entrée des gorges de Bab el Oued, Majelli avait dissimulé ses mortiers de trois pouces autour du village de Yalou, l'Ayalon des Juges.

Chaque nuit, son adjoint, le capitaine Mahmoud Roussan, avait envoyé des patrouilles loin dans la plaine pour déceler les positions de la Haganah. Il avait même installé un de ses détachements dans le poste de police de Hartouv, un village situé à cinq kilomètres en avant de ses lignes. En ce soir du 24 mai, une patrouille devait faire sauter le seul pont de la route qui conduisait à ce village. Ainsi Roussan comptait-il priver les Juifs de cette voie d'accès à la route de Jérusalem.

Pour grossir ses effectifs, Majelli avait réorganisé les irréguliers et les milices des villages en unités auxiliaires. Nul n'était mieux fait pour cette tâche que ce fils d'une des plus puissantes tribus bédouines de Transjordanie, cet Arabe qui, le premier entre les siens, avait reçu un honneur jusqu'à présent réservé aux seuls officiers britanniques — commander un régiment de la Légion arabe. Donnant ses ordres dans la langue imagée du désert, il baptisa chaque unité du nom d'un animal dont la férocité était censée égaler la combativité. Equipés de nouveaux fusils, les Lions, les Tigres, les Loups et les Faucons de Majelli furent rattachés à ses compagnies régulières.

Le colonel bédouin avait camouflé le fleuron de ses forces sous des filets, dans un bois d'oliviers près du hameau de Beit Nouba. De cette hauteur, ses six canons de 88 commandaient toutes les routes qui convergeaient vers l'unique ruban d'asphalte montant vers Jérusalem. Il les avait confiés à un de ses officiers qui, comme lui, appartenait à l'une des plus fameuses tribus bédouines de Transjordanie. Mahmoud Ma'ayteh, dont le frère Mohamed avait le premier ouvert le feu sur Jérusalem, avait initié ses bédouins analphabètes aux mystères de la géométrie et de la balistique avec un vieux canon français de 75 capturé en Syrie pendant la guerre contre les forces de Vichy. Ils étaient devenus si habiles que deux obus fumigènes leur avaient suffi pour régler leurs pièces sur chacune des cibles que leur avait indiquées Ma'ayteh autour de Latroun. L'officier bédouin n'avait éprouvé aucune hésitation dans son choix, le thème de ses dernières manœuvres avant la guerre ayant été précisément la conquête de cette position stratégique.

Du haut de son observatoire, le regard du colonel Majelli suivit le moutonnement des blés mûrs dans la plaine, puis au nord-ouest, le minaret rectangulaire de Ramleh et, plus loin, les toits de Tel-Aviv et de Jaffa qui se découpaient sur l'horizon. Tandis que ses jumelles s'abaissaient vers la plaine verdoyante de Shaaron, en direction de la vallée du Soreq, patrie de Dalila, un aide de camp lui apporta un message radio. Il venait du Q.G. de la brigade et l'informait que trois compagnies du 2ᵉ régiment, munies d'artillerie, se dirigeaient vers Latroun afin de renforcer ses positions. Satisfait, Majelli se remit à scruter le panorama. Cette fois, ses jumelles s'arrêtèrent sur un bois de pins et de cyprès à une dizaine de kilomètres de distance. Derrière les arbres, il distingua une succession de toits rouges. Sa carte lui confirma qu'il s'agissait bien d'une colonie ennemie : le kibboutz de Houlda, dernier bastion juif sur la route de Jérusalem.

*

Dov Joseph observait en silence le groupe de rabbins ultra-orthodoxes réunis à Jérusalem au domicile du Grand Rabbin Isaac Herzog et attendait que l'un d'eux se décidât à parler.

« Vous vouliez voir M. Joseph, finit par s'exclamer le Grand Rabbin. Eh bien, il est là, expliquez-lui ce que vous avez à lui dire. »

Le porte-parole du groupe, un vénérable vieillard, entreprit avec gêne un discours sur les préceptes moraux et la valeur que la foi judaïque attachait à la sauvegarde de l'âme humaine. Son quartier de Mea Shearim avait été durement éprouvé par le bombardement de la Légion arabe, déclara-t-il. Beaucoup de femmes et d'enfants avaient été tués. Sans doute, on ne pouvait espérer de la Haganah qu'elle abandonne la lutte contre les Arabes. Mais peut-être les rabbins pourraient-ils, dans ce quartier, négocier quelque accord grâce auquel leur communauté serait tenue en dehors des combats.

Dov Joseph comprit aussitôt ce qu'allait demander le vieux rabbin : une sorte de capitulation locale. Il savait aussi qu'il ne pouvait l'accepter. Une vague de panique pourrait s'ensuivre qui contaminerait toute la ville.

Le vieillard s'achemina avec peine vers sa conclusion. Ce plan, souligna-t-il, épargnerait au moins d'autres souffrances aux femmes et aux enfants et sauverait bien des âmes innocentes. Que pensait M. Joseph de cette proposition ?

Le sévère juriste à moustache fixa son interlocuteur d'un air glacial.

« Faites ce que vous croyez être le mieux, déclarat-il, et je ferai, de mon côté, ce que je crois être le mieux. »

Il y eut un long silence. Puis le rabbin demanda ce que M. Joseph estimait « être le mieux ».

« Je ferai fusiller le premier homme qui sortira avec un drapeau blanc », répondit simplement Dov Joseph.

*

Les troupes qu'essayait de repérer le colonel arabe

Majelli étaient en cours de rassemblement dans le kibboutz de Houlda. L'heure H de l'attaque juive contre Latroun avait été fixée à minuit, ce lundi 24 mai, et selon leur habitude c'est dans la Bible que les officiers de la Haganah avaient cherché le nom de leur opération. Elle s'appelait « Ben Nun », en l'honneur de Josué, fils de Nun, qui avait arrêté le soleil dans cette vallée d'Ayalon pour retarder la venue de la nuit et achever au grand jour la destruction des ennemis d'Israël.

Ce soleil, les chefs de la nouvelle armée d'Israël auraient bien aimé, eux, lui interdire de se lever. Ils avaient besoin du couvert de la nuit pour réussir leur opération.

Préparée dans l'anarchie et la confusion, cette attaque juive se présentait mal. D'abord fixée pour le 23 mai à minuit, elle avait dû être repoussée de vingt-quatre heures, parce que les effectifs et l'armement de la 7e brigade n'avaient pas pu être rassemblés en temps voulu à Houlda. Le 23 mai à six heures du soir, la principale force prévue pour l'assaut, un bataillon d'infanterie prêté par la brigade Alexandroni du Palmach, n'était pas encore là. Ces agriculteurs de la plaine de Shaaron possédaient seuls une réelle expérience militaire, et Shamir leur avait réservé un rôle capital — la prise du poste de police, à l'ouest de l'abbaye de Latroun. Quant aux automitrailleuses et aux half-tracks de Laskov, ils n'avaient encore ni mitrailleuses, ni munitions, ni émetteurs radio. Les immigrants de Zvi Hourewitz étaient bien arrivés à Houlda dans les autobus réquisitionnés de la ligne n° 5 de Tel-Aviv, mais ils n'avaient encore ni casques, ni gourdes, ni équipement. Les officiers du bataillon ne connaissaient toujours pas leurs hommes, ni les hommes leurs armes. Les immigrants continuaient de psalmodier les quelques mots d'hébreu qu'ils avaient pu apprendre et dont leur survie dépendrait peut-être bientôt. Devant une situation aussi catastrophique, Shamir avait fait savoir à Yadin qu'il différait l'attaque de vingt-quatre heures.

Quand le bataillon manquant du Palmach arriva

enfin le lendemain à midi, Shamir et ses officiers l'accueillirent avec soulagement. Mais leur joie se transforma en stupéfaction à mesure que les hommes descendaient des autobus. L'armée du nouvel Etat d'Israël n'avait pu être encore réorganisée. Fondamentalement conçue pour un combat clandestin, elle restait une mosaïque de fiefs dont les chefs avaient l'habitude d'estimer eux-mêmes la situation et d'interpréter les ordres en conséquence. Avant de laisser partir leurs hommes pour Houlda, les officiers de la brigade Alexandroni les avaient systématiquement dépouillés de leurs armes et de leur équipement. A une demi-journée de leur confrontation avec la Légion arabe, ils arrivaient sans un fusil — « un bataillon de clochards », se rappelle avec amertume Vivian Herzog.

Personne n'était plus horrifié par la déplorable impréparation de la 7e brigade que celui qui s'était violemment opposé à Ben Gourion à propos de cette attaque. Venu en piper-cub pour inspecter les forces d'assaut, Yigael Yadin fut épouvanté par ce qu'il découvrit. Les bataillons n'étaient qu'un assemblage de compagnies dépourvues de réserves, d'unités de soutien, de liaisons. L'artillerie se composait en tout et pour tout de deux vieux canons de montagne français surnommés « Napoleonchiks », du canon de 88 offert à la Haganah par Mike Scott avec quinze obus perforants pour tout parc de munitions, de quatre mortiers de trois pouces sans système de pointage et d'une Davidka dont personne ne savait se servir. Yadin nota également avec effroi qu'on n'avait pu organiser aucun service de santé digne de ce nom : la brigade n'avait ni médecins, ni ambulances, ni même suffisamment de brancards.

En dépit des efforts prodigieux des acheteurs d'armes et du soutien des Juifs du monde entier, l'Etat d'Israël était submergé par l'ampleur et le nombre des tâches. Il n'avait que dix jours d'existence. La faculté d'improvisation et l'incroyable ingéniosité de ses citoyens qui avaient accompli tant de miracles dans le passé étaient à présent impuissantes.

Pressentant une tragédie, Yadin entreprit une nouvelle démarche pour modifier la décision du seul homme qui pouvait arrêter cette attaque-suicide. La réponse à son appel ne se fit pas attendre. C'était un « non » sans équivoque. Voulant tout tenter pour obtenir au moins quelques jours de répit afin d'achever la préparation des troupes, Yadin décida de confronter David Ben Gourion avec l'officier qui devait conduire l'attaque. Avant l'entrevue, il sermonna énergiquement Shamir :

« Tout va dépendre de ce que vous allez lui dire. Cette offensive le met dans une sorte de transe. Il ne m'écoute même plus. Il ne doute absolument pas que Jérusalem tombe si nous n'attaquons pas, et rien de ce que je lui dis ne peut l'ébranler. »

Avant même que Shamir ait pu achever l'énumération des difficultés qui paralysaient sa brigade, Ben Gourion s'était lancé dans une description passionnée du drame de Jérusalem. Pas un seul jour, pas une heure ne devaient être perdus pour ouvrir la route vers la ville, répéta-t-il. Quand il eut terminé, Shamir, exalté par cette éloquence, répondit simplement :

« Votre volonté sera la mienne. J'exécuterai tous vos ordres. »

Dehors, Yadin explosa.

« Qui vous a demandé de lui dire que vous exécuteriez ses ordres ? Bien sûr que vous le ferez ! Mais, nom de Dieu, c'était votre avis qu'il fallait lui donner ! »

L'heure des lamentations était passée. Les deux hommes rentrèrent à Houlda. A leur retour, ils apprirent que les half-tracks avaient enfin reçu leurs mitrailleuses mais qu'il faudrait des heures pour les débarrasser de leur couche de graisse et enfiler leurs cartouches sur des bandes. Ces tâches, et de nombreuses autres semblables, avaient tellement accaparé les efforts des officiers de la 7ᵉ brigade dans les dernières quarante-huit heures qu'ils n'avaient pas eu le temps d'envoyer des patrouilles repérer les défenses de l'ennemi. L'auraient-ils eu que les effectifs nécessaires leur manquaient de toute manière.

Angoissé, Yadin resta tout l'après-midi à Houlda pour surveiller les préparatifs. Avant de s'en aller, il adressa une ultime supplique à Ben Gourion pour un délai de vingt-quatre heures. Puis, la mort dans l'âme, convaincu que la brigade courait à une tragédie, il rentra à Tel-Aviv.

*

Il était sept heures du soir quand Shamir rassembla ses officiers devant une carte au 1/200 000 du secteur de Latroun. Il commença cérémonieusement son dernier *briefing* selon la méthode des états-majors britanniques. Il tenait à la main le premier ordre opérationnel de l'armée d'Israël, répondant aux quatre questions classiques : l'objectif de l'attaque, la façon de l'atteindre, l'état de leurs forces d'assaut, et l'état de celles de l'ennemi.

L'objectif était clair : occuper, entre Latroun et Bab el Oued, un tronçon de cinq kilomètres de la route de Jérusalem, et faire aussitôt monter vers la capitale l'énorme convoi de ravitaillement qui attendait entre Rehovot et le camp de Kfar Bilou.

Shamir communiqua ensuite le rapport de son service de renseignements sur l'état des forces ennemies. Il était désespérément mince : « L'ennemi contrôle, dans le secteur de Latroun, un nombre indéterminé de hauteurs. Il dispose *peut-être* de quelques éléments d'artillerie. La zone de Bab el Oued est *probablement* tenue par des bandes d'irréguliers. » C'était tout. Le service de renseignements juif qui s'était si brillamment acquitté de ses missions clandestines contre l'occupant anglais n'avait pas eu le temps de s'adapter aux exigences de l'espionnage militaire dans une guerre moderne.

Shamir en vint alors au plan d'attaque. Au moment où il en commençait l'analyse, une estafette l'interrompit pour lui remettre un message de Tel-Aviv. C'était une communication urgente de Yadin, datée de 19 h 30 : « Force ennemie de cent vingt véhicules, comprenant nombreux blindés et transports d'artillerie, a quité Ramallah vraisemblablement pour Latroun. Elle franchit en ce moment le point d'intersection 154-141 de la carte. » Un piper-cub d'observation avait repéré la colonne arabe. Shamir examina la carte : dans une heure, estima-t-il, elle arriverait à Latroun. Il fallait donc attaquer avant que ces nouvelles troupes n'eussent gagné leurs positions.

« Messieurs, dit-il, nous sommes obligés d'avancer l'heure H de deux heures. Nous attaquerons à vingt-deux heures. »

Shamir reprit son exposé. La ligne de départ était située sur la route Houlda-Latroun, quatre kilomètres avant le carrefour où elle rejoignait celle de Jérusalem. De là, les deux bataillons avanceraient sur deux axes. Celui emprunté à la brigade Alexandroni frapperait droit devant lui et s'emparerait du hameau de Latroun, du poste de police et du village d'Amwas afin d'interdire l'arrivée de nouveaux renforts arabes. Une fois ses objectifs atteints, il s'embusquerait solidement pour protéger le passage du convoi de ravitaillement de Jérusalem.

Shamir allait attribuer sa mission au bataillon d'immigrants de Zvi Hourewitz quand une autre estafette apporta un nouveau message de Yadin. « La situation à Jérusalem est critique, disait-il. Vous devez forcer le passage ce soir. » Pour la troisième fois en trois jours, les forces égyptiennes du colonel Abdel Aziz avaient en effet repris le kibboutz de Ramat Rachel, aux portes de la ville. C'était un drapeau égyptien qui flottait à présent sur la cheminée de la salle à manger en ruine de la colonie. Signe plus menaçant encore, des éléments de la Légion arabe avaient prêté main-forte aux troupes égyptiennes.

Shamir fit allumer des lampes à pétrole et continua de donner ses instructions. Le bataillon d'immigrants effectuerait un large mouvement vers l'est jusqu'à l'endroit où la route de Jérusalem entre dans le défilé de Bab el Oued. Il traverserait la route et gravirait les pentes opposées pour conquérir les

crêtes au-dessus du défilé ainsi que les villages de
Deir Ayoub, Beit Nouba et Yalou. Lui aussi s'embusquerait sur place pour couvrir le passage du
convoi vers Jérusalem. La force blindée du capitaine
Laskov soutiendrait son attaque. Un soutien limité,
précisa Laskov. Trois seulement de ses automitrailleuses et deux de ses half-tracks étaient prêts à
entrer en action.

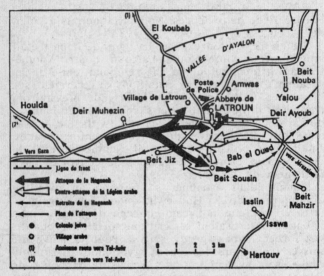

PREMIÈRE ATTAQUE JUIVE
CONTRE LE VERROU ARABE DE LATROUN
POUR OUVRIR LA ROUTE DE JÉRUSALEM
(*25 mai 1948*)

Shamir conclut en annonçant que le bataillon
des immigrants et les blindés de Laskov monteraient
vers Jérusalem derrière le convoi. Si cette attaque
se déroulait comme prévu, souligna-t-il, les chauffeurs de tête découvriraient les toits de Jérusalem
aux premières lueurs de l'aube.

Tandis qu'il achevait son exposé, un sergent entra

pour révéler le premier des impondérables auxquels se heurte toujours un plan militaire. En se repliant dix jours plus tôt, les soldats qu'avaient piqués les abeilles de Latroun avaient édifié une grosse barricade sur la route que devait emprunter cette nuit la brigade. Il faudrait la démanteler pour ouvrir un passage aux autobus. Sans bulldozer, Shamir savait que cela prendrait plusieurs heures, entraînant ainsi un retard dramatique au déclenchement de l'opération. Il n'avait pas le choix. Il fixa de nouveau l'heure H à minuit, tout en espérant que quelque incident majeur surviendrait entre-temps qui l'obligerait à annuler purement et simplement l'attaque.

Au lieu de ce miraculeux empêchement, le chef de la 7e brigade reçut à vingt heures trente un troisième message de Yadin. C'était la réponse de Ben Gourion à sa dernière supplique qu'il transmettait à celui qu'elle concernait le plus.

Shamir dira plus tard qu'en lisant ce message, il comprit tout d'un coup que la véritable bataille qu'on lui demandait de livrer dépassait largement l'enjeu des hauteurs de Latroun. C'était celle de tous les Juifs d'Israël pour la survie de leur peuple, puisque son enjeu n'était autre que Jérusalem.

« Attaquez à tout prix ! » commandait Ben Gourion.

41

« DES YEUX TREMPÉS DE ROUGE »

SEULS le concert métallique des cigales et parfois l'aboiement d'un chien troublaient la torpeur de la nuit. Depuis El Koubab à l'ouest, jusqu'aux premières pentes des monts de Judée à l'est, aucun souffle d'air ne faisait frissonner les blés ou les cyprès de Latroun. C'était une nuit lourde et suffocante mais au calme trompeur. Les trappistes de l'abbaye venaient de commencer à chanter l'office des vigiles quand les soldats de Shlomo Shamir s'élancèrent à la conquête de la route de Jérusalem.

Ils avaient déjà trois heures de retard. Et pour finir, ils n'étaient que quatre cents. Ben Gourion avait compté sur une force autrement puissante pour s'emparer du carrefour le plus important de Palestine. En outre, le chef du meilleur bataillon s'était effondré deux heures avant l'attaque et Shamir avait dû le remplacer au pied levé par Chaïm Laskov.

Sous la pleine lune, Laskov et les trois compagnies dont il ne connaissait aucun des officiers s'enfoncèrent à travers la plaine pour aller conquérir les positions maîtresses : la forteresse de l'ancien poste de police britannique et la ligne des crêtes au-dessus de l'abbaye.

A droite du dispositif, Zvi Hourewitz et ses immigrants se dirigèrent vers la petite route qui, de Bab el Oued au village d'Hartouv, passait au pied des monts de Judée. Lorsqu'ils l'atteindraient, ils obliqueraient vers le nord, dépasseraient l'entrée du défilé de Bab el Oued et monteraient à l'assaut des collines et des villages qui le dominaient.

Le lieutenant arabe Quassem el Ayed, du 4e régiment d'infanterie de la Légion arabe, se trouvait justement cette nuit-là sur cette petite route. L'officier maudissait l'étourderie de ses Arabes qui avaient oublié d'apporter les détonateurs destinés à faire sauter son unique pont. Il dut s'arrêter en attendant le retour des deux légionnaires repartis à leur base chercher les engins manquants.

Les Juifs qui avaient débarqué moins de soixante-douze heures plus tôt dans leur nouvelle patrie allaient payer cher ce contre-temps. Alors qu'il aurait déjà dû être rentré dans ses lignes, le lieutenant arabe distingua soudain une série d'ombres suspectes se déplaçant sur la plaine. Scrutant intensément l'obscurité, il discerna la longue colonne des immigrants qui avançait vers Bab el Oued. Il alerta aussitôt le Q.G. de son régiment.

Cette découverte accidentelle privait les Israéliens de leur atout le plus précieux — la surprise. Il était quatre heures du matin, le mardi 25 mai. La première grande bataille qui devait ouvrir la route de Jérusalem venait de commencer.

Réveillé en sursaut, le lieutenant arabe Mahmoud Ma'ayteh grimpa sur l'observatoire d'où le colonel Majelli avait la veille longuement étudié le paysage. Il ne put en croire ses yeux. Sous la lumière grise de l'aube, des dizaines de soldats ennemis avançaient dans les champs de blé de Latroun.

Des canons, des mortiers, de tous les fusils et de toutes les mitrailleuses dont la colline était truffée, un feu dévastateur s'abattit sur les forces juives surprises par les premiers rayons d'un soleil qui se levait inexorablement. Le tir arabe foudroya leurs rangs avant qu'un seul objectif n'ait pu être atteint, ou même approché. Au centre du secteur de Laskov, la compagnie de tête n'était même pas arrivée jusqu'à la route de Latroun à Bab el Oued. Les hommes se terrèrent sous les tomates et les haricots grimpants du potager des moines dans l'attente d'une accalmie. A leur gauche, une autre compagnie était coincée à la lisière du hameau de Latroun, en contrebas du poste de police. A l'autre extrémité du champ de bataille, près du défilé de Bab el Oued, les bédouins du lieutenant Ayed, soutenus par de nombreux villageois, tombèrent sur les flancs découverts des immigrants de Hourewitz qui durent reculer.

A son P.C., Shamir entendait les appels pathétiques qui réclamaient l'intervention de l'artillerie juive pour faire taire les batteries arabes. Quelques minutes plus tard, une série de violentes explosions contraignit le père Martin Godart, l'expert vinicole de l'abbaye de Latroun, à interrompre son cours sur le dogme de l'Incarnation. Les deux vieux canons de montagne français, le 88 de Mike Scott, les mortiers de trois pouces sans système de pointage et quelques autres mortiers légers firent de leur mieux pour réduire au silence les pièces arabes.

Leur tir fut un rapide feu d'artifice sans effet réel. A court de munitions, les artilleurs juifs durent bientôt s'arrêter, laissant leurs camarades fantassins affronter seuls les mitrailleuses et les canons de la Légion arabe. La plupart des postes de radio avaient été détruits par le tir arabe, isolant les compagnies sur le petit espace auquel elles s'accrochaient.

Un soleil pâle dans un ciel plombé annonça l'arrivée de l'ennemi le plus cruel qui terrasserait les soldats juifs ce matin-là. C'était le khamsin, le vent chaud et desséchant qui soufflait des entrailles du désert d'Arabie, enveloppant la Palestine dans un manteau de feu. Il apportait avec lui des nuées de petites mouches noires appelées *barkaches*. Elles envahissaient les narines des soldats, les bouches, les yeux, chaque parcelle de leur peau, les condamnant au supplice de leurs atroces piqûres.

Observant ses hommes à la jumelle, Shlomo Shamir comprit qu'il avait perdu sa première bataille d'officier israélien avant même qu'elle n'eût réellement débuté. Ses forces étaient bien incapables de s'emparer de Latroun par une attaque frontale en plein jour. Il ne lui restait qu'à leur épargner des pertes et des souffrances inutiles en organisant un repli rapide et ordonné. Avant même d'en avoir reçu l'ordre, le chef de la compagnie de tête décrocha avec ses hommes. En voyant leurs camarades se replier, les autres unités, dépourvues de toute liaison radio, abandonnèrent elles aussi leurs positions.

Une lente et effroyable retraite commença à animer toute la plaine. Pour éviter un désastre, Laskov ordonna à la compagnie retranchée dans le potager des moines, de se porter sur un tertre rocailleux juste en face des hauteurs de Latroun — la cote 314. Il espérait, de cette butte, couvrir le recul des immigrants. Mais dès que les soldats juifs sortirent du potager, le feu arabe les rattrapa. Les champs de blé, incendiés jadis par les queues enflammées des trois cents renards de Samson, s'embrasèrent sous les obus au phosphore du lieutenant Mahmoud Ma'ayteh.

Entourés par les gerbes d'éclats, les balles, la chaleur suffocante, l'épaisse fumée des champs en feu, torturés par la soif et par les cruelles barkaches, des hommes s'écroulèrent et se traînèrent en tirant leurs blessés, ou bondirent d'un rocher à l'autre. Les survivants qui réussirent à s'ouvrir un chemin jusqu'à la cote 314 n'y découvrirent qu'un désert de pierres. N'ayant ni pelles ni pioches, ils durent creuser l'emplacement de leurs armes avec leurs mains. Ils réussirent cependant à empêcher les Arabes d'anéantir leurs camarades en retraite. Au bout d'une heure et demie d'un tir frénétique, leur mitrailleuse s'enraya. Le soldat Ezra Ayalon vit alors son chef s'emparer de sa mitraillette et courir s'embusquer derrière un arbre pour retenir l'avance arabe pendant que ses hommes se repliaient. Toute une demi-heure, Ayalon entendit la mitraillette hoqueter. Puis ce fut le silence.

Les officiers arabes suivaient la bataille à l'œil nu de leur poste d'observation. « Mon Dieu, pensait le capitaine Roussan, faut-il que la Haganah veuille Latroun pour s'être jetée comme ça sous nos canons. » Il était particulièrement frappé par l'acharnement des Israéliens à emporter leurs blessés et leurs morts. Six fois de suite, il vit un groupe de Juifs descendre de la cote 314 pour venir ramasser les corps de leurs camarades. « Chaque tentative, se rappelle l'officier arabe, leur coûtait deux morts de plus. » La retraite semblait s'effectuer sans aucun plan, « comme la débandade d'un troupeau sans berger ».

Le colonel arabe Majelli fit concentrer le tir de ses mortiers sur la butte tandis que ses grosses pièces de campagne labouraient le sentier qui descendait par-derrière. C'était justement par ce sentier que Zvi Hourewitz essayait de ramener les immigrants vers Houlda.

Pour beaucoup de ces hommes, la route qui les avait arrachés aux ghettos et aux camps de la mort d'Europe finissait là, dans la fournaise de la plaine de Latroun. Jeunes fils de Pologne, de Russie, de Hongrie, ils ne connaîtraient de la Terre promise qu'un court et fatal affrontement avec son soleil impitoyable, les morsures féroces de ses mouches, la torture de la soif, l'ouragan meurtrier des canons arabes. Armés de poignards, les villageois arabes les pourchassaient, se ruant sur les blessés ou ceux qui s'écroulaient foudroyés par la chaleur.

Dans l'épouvante de la canonnade, beaucoup d'immigrants avaient oublié les quelques mots d'hébreu appris à la hâte en descendant de bateau. Incapables de comprendre les ordres que criaient leurs chefs exténués, ils tombaient, victimes de leur ignorance. Matti Meged, qui avait supplié Ben Gourion de leur laisser le temps d'apprendre à se battre, tenta d'en ramener quelques-uns vers Houlda. Ils étaient comme des animaux effrayés, se rappelle-t-il. « Ils ne savaient même pas ramper sous les balles. Certains ignoraient encore le fonctionnement des fusils qu'on leur avait mis entre les mains quelques heures auparavant. Leurs chefs de section devaient courir de l'un à l'autre pour leur montrer comment libérer le cran de sûreté. » D'autres, qui savaient tirer, ne savaient pas viser. Hourewitz en releva un qui gémissait en yiddish : « Je le voyais, je le voyais, mais je n'arrivais pas à le toucher. »

Meged reconnut le visage familier d'un garçon de dix-sept ans qui avait fait le voyage avec lui sur le *Kalanit*. Etendu dans un fossé, mourant, il murmura :

« Comme nous avons dû vous décevoir ! »

Les rescapés de la compagnie de tête de Laskov et les débris du bataillon de Hourewitz se retrouvèrent bientôt entassés sur les pentes de la cote 314. A onze heures, toutes leurs munitions épuisées, ils reçurent l'autorisation de décrocher vers le sud en direction du hameau arabe de Beit Jiz occupé, leur assura-t-on, par des forces amies. Là, enfin, ils trouveraient un bien aussi précieux que la vie même — de l'eau.

De tous côtés, les survivants se mirent en marche. Pour les protéger, Laskov choisit d'attirer sur lui le feu des canons arabes en lançant ses blindés dans une course folle à travers la plaine. Terrassés par le khamsin, mourant littéralement de soif, les soldats juifs s'évanouissaient les uns après les autres sur la terre desséchée. L'indomptable Laskov lui-même se sentait gagné par le vertige de la soif et de l'épuisement. Un spectacle le ranima : un commandant de compagnie poussant, revolver au poing, un groupe d'immigrants vers le salut.

Des hommes couraient, tombaient, se relevaient, butaient sur les corps des morts et des mourants, se retournaient pour tirer quelques balles, s'écroulaient. Une mortelle atmosphère de lassitude commença à se répandre. Les blessés demandèrent aux vivants de les achever. Le soldat Chaïm Inav trébucha sur le corps d'un homme qu'il crut mort. Il le secoua. Comme si ce geste l'avait ressuscité, le « mort » bondit sur ses pieds et se mit à courir à travers la plaine. D'autres refusèrent de se relever. Le sergent Asher Levi trouva deux soldats allongés côte à côte avec de la terreur plein les yeux.

« Laisse-nous tranquilles, grommela l'un d'eux. Nous voulons rester ici. »

Rien ne put les décider à bouger, ni le spectre des couteaux des villageois arabes qui approchaient, ni les obus qui tombaient, ni l'évocation de leurs familles. Levi dut les bourrer de coups de pied et de crosse dans les côtes jusqu'à ce qu'ils finissent par se mettre debout.

D'autres ne pouvaient plus se lever. Entendant une faible voix l'appeler, Hourewitz trouva dans un fossé un jeune immigrant arrivé lui aussi sur le *Kalanit*, la poitrine ouverte par un éclat d'obus.

« Je n'ai pas pu revoir ma mère qui est ici, murmura en russe le blessé, mais va la voir et dis-lui que c'est ici que je suis mort. »

Au paradis promis de Beit Jiz, il n'y avait ni eau, ni moyens de transport, ni Haganah pour accueillir le pitoyable troupeau d'hommes chancelants. Il n'y avait que d'autres fusils arabes. Les irréguliers avaient occupé le hameau et leur tir fit les dernières victimes de cette retraite de cauchemar.

Il était deux heures de l'après-midi quand les premiers survivants atteignirent enfin la route et les autobus qu'ils avaient quittés douze heures plus tôt. Toute la journée, Laskov et ses half-tracks jouèrent à cache-cache avec les obus arabes pour ratisser la plaine calcinée dans l'espoir de retrouver quelques rescapés.

Dans son P.C. de Latroun, le capitaine Mahmoud Roussan exhibait les dizaines de cartes d'identité ramassées sur les cadavres juifs par la patrouille du lieutenant Ayed. « Elles appartenaient à des Juifs de tous les coins du monde, s'était étonné Roussan, qui étaient venus se battre pour le pays du lait et du miel. »

Le souvenir des regards des vivants et des morts de cette terrible bataille devait hanter Chaïm Laskov tout le restant de sa vie. Le spectacle de leurs pupilles dilatées par l'horreur et la souffrance de cette journée s'inscrivit à jamais dans sa mémoire avec les mots d'un poème écrit pendant la guerre d'Espa-

gne par un volontaire anonyme des Brigades Internationales :

« Des yeux d'hommes qui courent, tombent, hurlent,
Des yeux d'hommes qui crient, suent, saignent,
Les yeux des blessés trempés de rouge,
Les yeux des mourants et ceux des morts [1]. »

1. Personne ne saura jamais combien d'immigrants payèrent
ce jour-là de leur vie le droit d'entrer dans leur nouveau pays.
Dans la confusion qui avait précédé l'attaque, on n'avait même
pas établi la liste exacte et complète des effectifs de leurs compagnies. La Haganah reconnaîtra officiellement soixante-quinze
tués. Ses historiens admettront cependant des années plus tard
que le chiffre des pertes a été considérablement plus élevé. La
Légion arabe déclara qu'elle avait abattu huit cents assaillants
— chiffre très largement exagéré — mais elle captura bien deux
cents fusils. Ses propres pertes furent insignifiantes. Quel que
soit le nombre exact des hommes qui périrent ce jour-là, les
immigrants de la 7e brigade de Shlomo Shamir, assaillis par la
riposte d'une armée déterminée, par le khamsin et les barkaches,
subirent la plus sanglante défaite qu'une armée israélienne
ait connue en trois guerres avec les Arabes.

42

UN BANQUET DE DAMNÉS

Le centre d'Amman était noir de monde. Chantant, criant, claquant des mains en cadence, une foule exultante acclamait le succès de son armée. Ce concert détendit agréablement les hommes qui conféraient dans le salon de l'hôtel dont les fenêtres donnaient sur le superbe amphithéâtre de l'ancienne Philadelphie romaine. La victoire de la Légion arabe à Latroun n'était pas le seul exploit militaire dont le comité politique de la Ligue arabe eût à se réjouir. Le même jour, l'armée égyptienne s'était emparée du kibboutz de Yad Mordechai, position clef sur la route de Tel-Aviv. Le seul front sur lequel une armée arabe ait subi quelque revers était celui du nord. Là, les Syriens avaient été contenus, puis chassés de Galilée.

Les dirigeants arabes réunis à Amman étaient persuadés que le triomphe n'allait pas tarder, et qu'il serait complet. Ils en doutaient si peu qu'ils ne firent pas grand cas d'un document qu'Azzam Pacha, le secrétaire général de leur organisation, soumettait à leur attention. Le Conseil de sécurité des Nations unies demandait un cessez-le-feu dans les trente-six heures. Cet appel couronnait les efforts entrepris par l'organisation internationale pour restaurer la paix sur un territoire qu'elle avait cru apaiser, six mois plus tôt, en décidant de le partager. Depuis le 14 mai, les Etats-Unis ne cessaient de réclamer au Conseil de sécurité un arrêt des hostilités assorti de sanctions pour les parties qui le refuseraient, et si nécessaire, la création d'une force de police des Nations unies au Proche-Orient.

A ces efforts, la Grande-Bretagne n'avait cessé de faire obstacle. Pariant visiblement pour le succès des armées arabes, les Anglais n'éprouvaient nul besoin de hâter la fin des combats. « Il faut laisser la situation mûrir », recommandait un conseiller du Foreign Office aux représentants de Washington. Pour la plupart, les membres du Conseil de sécurité suivaient l'exemple britannique. En cette affaire, les Etats-Unis n'avaient plus qu'un allié — bien paradoxal en ce début de guerre froide — l'U.R.S.S. Cependant, Washington exerçait sur Londres de discrètes mais vigoureuses pressions diplomatiques, demandant que la Grande-Bretagne interrompît ses livraisons d'armes aux pays arabes et rappelât ceux de ses officiers qui servaient dans la Légion arabe. Le président Truman donnait même à entendre qu'en cas de refus, l'Amérique pourrait suspendre son propre embargo, particulièrement à l'égard d'Israël.

Finalement, le 22 mai, le Conseil de sécurité acquiesçait aux volontés conjuguées des Etats-Unis et de l'U.R.S.S. Il votait une résolution pour un cessez-le-feu, sans toutefois imposer l'ultimatum, ni les menaces de sanctions auxquels Londres s'était opposée. Pour émasculée qu'elle fût, la résolution pouvait être entendue, et quelque espoir demeurait de voir les belligérants s'y conformer d'un commun accord. Le secrétaire d'Etat Marshall demanda personnellement aux ambassadeurs des pays arabes de s'employer à convaincre leurs gouvernements.

A Tel-Aviv, David Ben Gourion interrogea l'Etat-Major sur l'opportunité d'accepter un arrêt des combats. L'armement des forces israéliennes s'était considérablement amélioré. Cinq nouveaux Messerschmitt étaient arrivés et la première cargaison d'armes importante venait d'être débarquée à Haïfa. L'entourage de Ben Gourion était cependant unanime : une pause était hautement souhaitable.

Les dirigeants arabes réunis à Amman n'étaient pas enclins à la même prudence. Assurés de remporter incessamment des victoires décisives et, par-dessus tout, de conquérir toute la ville de Jérusalem, ils refusèrent catégoriquement de faire taire leurs armes. C'est même par une véritable mise en garde qu'ils répondirent aux Nations unies. Ils donnèrent à l'organisation internationale un délai de quarante-huit heures pour trouver une nouvelle solution excluant l'existence d'un Etat juif. Il leur importait assez peu, à vrai dire, que l'O.N.U. acceptât ou refusât. Ils étaient sûrs d'arracher cette nouvelle solution par leurs propres moyens.

*

Dans le quartier juif de la Vieille Ville de Jérusalem, les rabbins suppliaient à nouveau le chef de la Haganah. Il n'y avait plus qu'une chance de salut : capituler. Du reste, la volonté de Dieu ne faisait aucun doute.

« Nous n'avons pas cessé de réciter des psaumes, et pourtant la bataille continue ! » gémit tristement l'un d'eux à l'adresse de Moshe Russnak.

Les positions des défenseurs juifs tombaient les unes après les autres. Le vieux quartier, déjà si exigu, était une peau de chagrin qui rétrécissait d'heure en heure. Les réservoirs d'eau étaient presque vides. Il n'y avait plus d'électricité. Les égouts étaient crevés et les ordures s'amoncelaient. Dans l'étouffante chaleur de ce début d'été, les ruelles exhalaient de pestilentiels effluves d'excréments en décomposition. Plus affreuse encore, une odeur de chair putréfiée collait aux pierres des maisons proches de l'hôpital. Puisqu'on ne pouvait enterrer les morts, les médecins avaient ordonné qu'on les enveloppât dans de vieux draps avant de les entasser dans la cour. Le rabbin Ornstein et son épouse étaient du nombre. Tandis que leur fils et leur fille de quinze ans se battaient pour leur quartier, un obus était tombé sur la maison du rabbin qui avait célébré l'avènement d'Israël par une vibrante prière d'action de grâces. Son jeune fils ne put quitter son poste que le temps de réciter le *kaddish* — la prière pour les morts — sur la dépouille de ses parents.

Faute de glace pour les conserver, on avait dû jeter les derniers flacons de sang de l'hôpital. Il n'y avait plus d'anesthésiques, et les opérations se déroulaient à la lumière de torches électriques. Dans les vieilles salles voûtées désormais surpeuplées, s'entassaient plus de cent cinquante blessés, combattants et civils atteints par la canonnade arabe. Esther Cailingold, la jeune Anglaise qui avait tant voulu participer à la défense de la Vieille Ville, gisait sur une civière, le dos déchiré par un éclat de mortier.

Chassés de leurs maisons par l'avance des Arabes, ou parce que la vie y était devenue intenable sous les bombardements, la plupart des mille sept cents habitants du quartier s'étaient regroupés dans trois synagogues, juste derrière les premiers postes de la Haganah. Couchés pêle-mêle sur d'immondes paillasses pleines de vermine, ils priaient, pleuraient ou s'évadaient en rêve loin du monde qui s'écroulait autour d'eux.

Russnak voyait tout le tragique de la situation, mais il repoussa obstinément les suppliques des rabbins. La Nouvelle Ville venait en effet de lui adresser des assurances formelles : après tant d'espoirs déçus, les secours allaient leur parvenir la nuit prochaine.

Au lieu des renforts qui ce soir encore ne devaient pas atteindre le quartier juif, ce fut une surprise qui vint du côté arabe. Peu satisfait des résultats obtenus par son artillerie depuis le mont des Oliviers, le commandant Abdullah Tell avait résolu de transporter ses canons au cœur même de Jérusalem afin d'écraser à bout portant la résistance juive. Empruntant la Voie Douloureuse, deux puissants autocanons se faufilèrent dans le dédale des ruelles où l'on n'avait jamais vu que des charrettes à âne, pour venir s'embusquer aux lisières du quartier juif.

Cette manœuvre fit des ravages dans les rangs des défenseurs exténués. « Nous ne savions pas ce qui nous frappait », se rappelle le soldat Yehuda Choresh.

Le quartier ne possédait pas la moindre arme anti-char. Choresh et ses camarades se réfugièrent sur les toits et lancèrent sur les engins les quelques cocktails Molotov dont ils disposaient encore avec l'espoir que le labyrinthe des étroites ruelles envahies de détritus réussirait mieux qu'eux à arrêter les blindés.

*

Trente-trois jours après la Pâque, la fête juive de Lag Ba'Omer commémore à la fois l'arrêt miraculeux de la peste qui ravageait la Judée pendant les guerres contre les Romains, et le dernier combat que mena à cette époque le peuple juif pour arracher son indépendance. Tandis que naissait l'aube de ce jour de fête privé par la guerre de ses réjouissances traditionnelles, tous — les pieux habitants de la Vieille Ville comme ses défenseurs — voyaient clairement que seul un nouveau miracle pourrait les sauver.

Sur les deux cents soldats que comptaient ses forces au début de la bataille, Moshe Russnak ne disposait plus, ce jeudi 27 mai, que de trente-cinq hommes valides. Chacun d'eux ne possédait qu'une dizaine de balles et leur unique fusil mitrailleur n'avait plus de munitions. Leah Wultz avait converti en grenades les dernières boîtes de cigarettes et de conserve du quartier. Elle n'en avait gardé qu'une seule, qu'elle avait soigneusement cachée pour pouvoir se suicider quand viendrait la fin.

Le pitoyable territoire que défendaient les survivants comprenait l'hôpital, le P.C. et les trois vieilles synagogues dont les caves abritaient les réfugiés. Une seule autre synagogue importante était encore aux mains des Juifs, la Hourva — le principal temple des Askhenazes — considérée comme la plus belle de Jérusalem, sinon de toute la Palestine. Comme le dôme de Saint-Pierre domine le paysage de Rome, sa gracieuse coupole s'élevait au-dessus des toits de la vieille Jérusalem. Soucieux de conquérir intact un aussi vénérable et majestueux édifice,

Abdullah Tell avait prévenu la Croix-Rouge internationale qu'il serait obligé de l'attaquer si la Haganah n'évacuait pas les positions qu'elle y occupait.

Le chef de la défense juive ne pouvait se plier à une telle exigence. La synagogue Hourva constituait le dernier rempart du morceau de quartier qu'il contrôlait encore. Celle-ci tombée, les Arabes ne seraient plus qu'à une quinzaine de mètres des trois refuges où s'entassaient les mille sept cents civils dont il devait assurer la protection. Il se battrait donc pour la Hourva jusqu'à l'épuisement de ses forces. Cet édifice portait en son nom même le triste destin auquel le condamnait cette ténacité. Ses bâtisseurs l'avaient appelé « Hourva » — la Ruine — parce qu'il avait été construit sur les décombres de la première synagogue askhenaze de Jérusalem.

Au plus profond du désespoir et de la déchéance qui submergeaient le quartier, les événements de la vie quotidienne que le rabbin Weingarten avait si régulièrement consignés dans sa mémoire continuaient de se dérouler. Mme Agi donna ainsi naissance à une fille qu'elle prénomma « Tegboret — Renforts » en mémoire de l'obsession qui occupait les pensées. Le médecin de l'hôpital lui trouva un lit, mais pour le seul temps de l'accouchement. Son nouveau-né dans les bras, Mme Agi retourna aussitôt prendre sa place dans la synagogue où toute sa famille était réfugiée.

Comme chaque matin, l'infirmier Jacob Rangye accrocha sur les linceuls des morts de la nuit des étiquettes portant leur nom. Puis il mit la chemise propre qu'il avait soigneusement gardée pour l'occasion et courut jusqu'à la cave de la Yeshiva des Portes du Ciel afin d'assister à une cérémonie par laquelle se perpétuait la vie dans ce quartier en ruine. Il allait se marier. Sa future épouse venait d'arriver du poste qu'elle défendait en première ligne. Elle avait eu juste le temps de troquer pour une robe sa tenue de combat. A la flamme d'une bougie que le choc des explosions faisait frissonner, les deux jeunes gens échangèrent leurs vœux et prièrent, selon le rituel du mariage juif, pour que « bientôt les villes de Judée et les rues de Jérusalem retentissent de l'écho de la joie et du bonheur ».

*

Ce matin-là, au rapport quotidien du Q.G. de la Légion arabe de la Vieille Ville, les commandants de compagnie d'Abdullah Tell étaient unanimes : il suffisait d'un dernier assaut pour faire tomber le quartier juif. L'objectif contre lequel diriger cet ultime effort ne faisait aucun doute. La chute de la synagogue Hourva provoquerait l'écroulement de la résistance juive. Son appel à la Croix-Rouge internationale étant resté sans réponse, Abdullah Tell n'avait pas d'autre possibilité.

« La synagogue doit être à nous avant midi, ordonnat-il à ses officiers.

— Si nous y parvenons, demanda le capitaine Moussa, promettez-nous de venir y prendre le thé cet après-midi !

— Inch Allah ! » répondit le commandant du 6e régiment de la Légion arabe.

Fawzi el Koutoub fut chargé d'ouvrir un passage aux légionnaires. Cette mission devait être l'apothéose de la violente carrière du Palestinien. Pour faire sauter le mur d'enceinte de la synagogue, il arrima sur une échelle un baril de deux cents litres bourré d'explosif. La saisissant à chaque bout comme s'il s'agissait d'une civière, quatre hommes se glissèrent à travers une cour pour aller déposer leur machine infernale au pied du mur. Nadi Dai'es, le jeune garçon qui avait découvert le corps d'Abdel Kader à Castel, était l'un des porteurs. Revolver au poing, El Koutoub pressa ses porteurs sous les regards admiratifs des légionnaires qui attendaient de pouvoir bondir à travers la brèche.

Quand le baril fut en place contre l'épaisse maçonnerie, El Koutoub appuya calmement sur la mèche le mégot qui brûlait à ses lèvres et fit signe à ses hommes de se mettre à l'abri. Une formidable explosion ouvrit un trou aux légionnaires. Pendant trois quarts d'heure, une dizaine de tireurs juifs embusqués réussirent, des maisons voisines, à les retenir sous un déluge de grenades et de balles. Puis leur tir cessa. Les soldats bédouins trouvèrent dans les positions abandonnées un butin inhabituel — cinq fusils. Pour la première fois, le quartier juif possédait plus d'armes que de combattants.

Les légionnaires s'engouffrèrent dans la synagogue et tentèrent de grimper jusqu'en haut du dôme pour y planter les couleurs arabes. Trois d'entre eux furent abattus mais un quatrième y parvint. Visible de partout, l'étoffe se déploya dans le ciel de Jérusalem, annonçant la victoire de la Légion arabe. Ce n'était pas le drapeau bleu et blanc que David Shaltiel avait espéré hisser au-dessus des toits de la vieille cité, mais l'emblème vert, rouge et noir du royaume de Transjordanie.

Seule la présence de nombreuses boutiques autour de la synagogue empêcha cet après-midi-là que le quartier fût totalement anéanti. En effet, les troupes arabes relâchèrent brusquement leur pression pour s'adonner au pillage du territoire conquis. Profitant de ce répit, le chef de la défense juive tenta de réorganiser sa ligne de défense. Son seul espoir de retarder un raz de marée arabe reposait sur la reconquête d'un petit bâtiment qui flanquait la synagogue et d'où les quelques combattants qui lui restaient pourraient peut-être empêcher, de leurs dernières cartouches, les légionnaires de se ruer vers le cœur du quartier.

L'homme le plus capable d'y parvenir était le Kurde analphabète qui avait fait partie de toutes les attaques et qu'on appelait Isaac « le Mitrailleur ». Mais même cet indomptable combattant était démoralisé.

« C'est inutile maintenant, répondit-il avec lassitude à la jeune fille venue lui apporter l'ordre. La fin est proche et nous finirons de toute façon par nous rendre.

— Isaac, supplia la jeune fille, il faut absolument

reprendre cette position. Les Arabes ne sont plus qu'à une quinzaine de mètres des synagogues pleines de femmes et d'enfants. »

Résigné, le jeune Kurde se leva, prit sa mitraillette, appela cinq hommes et s'en alla. Un instant plus tard, il était mort. Le dernier sursaut des défenseurs avait échoué.

Alors, une gigantesque explosion secoua toute la ville. Du cœur de la vieille cité s'éleva un énorme champignon de poussière et de fumée qui assombrit le ciel et recouvrit tous les toits d'une pellicule blanchâtre. Quand le silence retomba, des centaines de voix angoissées entonnèrent dans les caves des trois synagogues la prière la plus sacrée du judaïsme, la Shema Yisrael. Le ciel de Jérusalem avait perdu un de ses plus beaux monuments. C'était Fawzi el Koutoub, et non Abdullah Tell, qui était venu prendre le thé à la Hourva.

Comme si la destruction de ce saint édifice apportait la preuve définitive du destin auquel ils étaient eux-mêmes condamnés, les habitants entassés dans leurs refuges eurent une étrange réaction. Ils exhumèrent les trésors qu'ils avaient cachés pour accompagner les derniers instants de leurs pauvres existences. Sombres et suintantes d'humidité, les caves fétides des trois synagogues devinrent le théâtre d'une étrange bacchanale. Ceux que tant de privations et de souffrances avaient réduits à l'état de spectres se mirent à échanger du chocolat, des gâteaux, des cigarettes, des lentilles, du riz et même du vin. Brusquement revenus à la vie, ces lieux abritèrent un gigantesque banquet de damnés.

Moshe Russnak lança un ultime appel au Q.G. de la Nouvelle Ville : tout serait consommé, prévenait-il, si les secours n'arrivaient pas cette nuit. Mais cette nuit-là, le seul secours qui put franchir les remparts se trouvait dans un obus de Davidka dont on avait retiré la poudre. Deux Palmachniks l'avaient remplacée par la seule chose qui pût aider les camarades assiégés qu'ils ne pouvaient rejoindre — des balles. Par-dessus, ils avaient déposé un message. « Courage, nous sommes avec vous », disait-il. Le projectile tomba dans les lignes arabes.

*

Un peu après neuf heures du matin, le vendredi 28 mai, la sonnerie du téléphone grésilla dans le P.C. arabe d'Abdullah Tell, à l'école de la Raoudah.

« Deux rabbins, annonçait le capitaine Moussa, sortent du quartier avec un drapeau blanc. »

Tell prit son stick et partit aussitôt rejoindre Moussa. En traversant en hâte la vieille cité, l'officier arabe songea au premier conquérant musulman de Jérusalem, le calife Omar, et au respect que l'Histoire attachait à son nom pour la générosité dont il avait fait preuve envers ceux qu'il avait vaincus. La légende avait fait de lui une sorte de symbole du caractère chevaleresque des Arabes. Abdullah Tell souhaitait que rien, aujourd'hui, ne pût souiller cette légende.

En entrant dans l'école arménienne des Traducteurs des Saintes Ecritures où Moussa avait installé son P.C., Abdullah Tell se trouva tout à coup en face des premiers Juifs qu'il eût personnellement rencontrés dans sa vie : les rabbins Reuven Hazan, soixante-dix ans, et Zeev Mintzberg, quatre-vingt-trois ans. Comme le maire arabe de Jérusalem l'avait fait trente et un ans plus tôt en livrant la ville aux soldats britanniques, c'était avec un drap de lit que les rabbins s'étaient présentés pour offrir à la Légion arabe la reddition de leur quartier.

Deux heures d'un sévère affrontement avaient précédé ce geste. Pour interrompre une première tentative de reddition, le chef de la Haganah du quartier n'avait pas hésité à faire tirer sur les vénérables vieillards. La balle qu'il reçut dans le bras n'ébranla toutefois ni la détermination du rabbin Hazan ni celle de son collègue.

« Il faudrait nous tuer, déclara-t-il à Moshe Russnak, pour nous empêcher d'aller remettre aux Arabes les clefs du quartier. Et peu importe que ce soit par les uns ou par les autres. La situation est sans espoir. »

Ebranlé, Russnak convoqua ses adjoints. La situation était en effet sans espoir : les légionnaires étaient à six mètres de la première des synagogues qui abritaient les habitants du quartier. L'hôpital n'avait plus aucun médicament. Même les pansements et l'alcool étaient épuisés. Ils ne restait plus que quelques cartouches aux derniers défenseurs, de quoi tenir encore une demi-heure. Après quoi, mille sept cents civils seraient à la merci des Arabes. Russnak décida d'essayer de gagner du temps. Il autorisa les rabbins à demander un simple cessez-le-feu, le temps de ramasser les morts et les blessés.

Abdullah Tell se garda de se laisser abuser par cette ruse. Poliment, mais fermement, il pria les deux rabbins d'aller chercher un représentant de la Haganah.

Russnak fit traîner sa réponse aussi longtemps qu'il le put et ordonna finalement à l'un de ses adjoints qui parlait l'arabe, Shaul Tawil, de se rendre auprès du chef arabe. Celui-ci avait convié un représentant de la Croix-Rouge internationale, le médecin suisse Otto Lehner, et l'envoyé des Nations unies, Pablo de Azcarate, à venir assister en personne à la reddition. Azcarate se rappelle que les négociations se déroulèrent avec une parfaite et émouvante correction. « L'officier arabe ne prononça pas un mot ou ne fit pas un geste qui pût humilier ou offenser de quelque façon les représentants juifs vaincus. » De son côté, l'officier juif Shaul Tawil, calme et digne, « ne montra pas le moindre ressentiment ni le plus petit signe de servilité ». Abdullah Tell n'était cependant pas disposé à engager une quelconque discussion. Ses conditions étaient simples et correctes. Tous les hommes valides seraient faits prisonniers. Les femmes, les enfants et les vieillards seraient rapatriés dans la Nouvelle Ville. Les blessés seraient faits prisonniers ou évacués selon la gravité de leur cas. Bien qu'il sût que de nombreuses femmes combattaient dans les rangs de la Haganah, Tell ne voulut faire aucune prisonnière.

Tandis qu'Arabes et Juifs parlementaient, une scène extraordinaire se déroula. Apprenant qu'une délégation était allée offrir la reddition du quartier, les habitants réfugiés dans la cave d'une des synagogues se mirent à pousser des cris de joie et à réciter des psaumes d'action de grâces. Puis, bousculant les soldats placés par la Haganah pour les protéger, ils se précipitèrent dehors. En quelques minutes, les Arabes et les Juifs, qui s'entre-tuaient encore quelques heures plus tôt, se jetaient dans les bras les uns des autres. De vieux amis se retrouvèrent avec des larmes de soulagement. Les légionnaires quittèrent leurs positions et vinrent se mêler aux soldats de la Haganah. Des boutiquiers juifs rouvrirent leur échoppe. Non sans amertume, Russnak en vit certains, qui naguère avaient accepté à contrecœur de donner tout juste un verre d'eau à ses hommes, exhumer du café et des friandises et les donner aux Arabes. En voyant les deux communautés déjà si totalement mêlées l'une à l'autre, Russnak comprit que tout était vraiment consommé. La reddition officielle ne serait plus qu'une simple formalité.

Il fuma tristement une dernière cigarette et convoqua ses officiers. A l'exception du représentant de l'Irgoun, tous donnèrent leur accord à la capitulation. Russnak revêtit alors un battle-dress australien, se coiffa d'un béret, fixa un parabellum à sa ceinture et se mit en route pour aller livrer aux Arabes la plus vieille parcelle de terre juive du monde.

*

Leurs souliers astiqués, leurs uniformes soigneusement boutonnés, les quelque trente soldats de la Haganah qui avaient survécu à la bataille s'alignèrent en une formation parfaite dans un coin de la cour choisie pour la reddition. De l'autre côté, les habitants du quartier avaient commencé à rassembler

leurs enfants, leurs baluchons et les quelques bibelots qu'ils avaient pu arracher à leurs maisons.

Considérant la misérable troupe rassemblée par
Russnak, Abdullah Tell hocha la tête.

« Si j'avais su que vous étiez si peu nombreux, dit-
il au commandant de la défense juive, c'est avec
des bâtons que nous vous aurions attaqués, et non
avec des canons. »

L'officier arabe s'approcha ensuite du troupeau de
civils. A la vue de l'angoisse qui crispait la plupart
des visages, il comprit ce qui terrorisait cette foule
pitoyable — la perspective d'un massacre. Passant
lentement dans les rangs, il chercha d'un mot ou
d'un geste à apaiser les uns et les autres. Dans les
couloirs et les salles surpeuplés de l'hôpital, un de
ses officiers lut dans le regard des blessés « la certitude terrible qu'ils allaient tous être achevés ». Le
journaliste arabe Sam Souki, correspondant de
l'agence *United Press*, se frayait un passage au
milieu de cet univers de misère sur lequel planait
une odeur de mort, quand il entendit une voix l'appeler. Il se retourna et reconnut le chauffeur de taxi
juif dont il utilisait habituellement les services.
Persuadé que les soldats arabes allaient l'égorger à
la sortie, le pauvre homme tremblait de tous ses
membres. Souki lui offrit une cigarette en l'assurant qu'il n'avait rien à craindre.

Le commandant Abdullah Tell allait se montrer
aussi chevaleresque que le calife Omar. Les seules
victimes des légionnaires cet après-midi-là ne seraient
pas juives mais arabes — quelques pillards venus
trop tôt à la curée.

*

Le plus court et le plus triste exil de toute l'histoire juive moderne commença peu avant le coucher
du soleil. Deux par deux, les mille sept cents habitants du quartier juif s'ébranlèrent pour parcourir
les cinq cents mètres qui séparaient la porte de Sion
de la Nouvelle Ville. Ce départ marquait la fin de

deux mille ans de présence juive presque ininterrompue à l'intérieur des vieux remparts de Jérusalem. Les derniers habitants laissaient derrière eux les énormes blocs du mur dont ils avaient été, après tant d'autres générations, les pieuses sentinelles. Comme avaient été arrachés les jeunes arbres des vergers de Kfar Etzion pour que disparaisse à jamais toute trace de présence juive, ils craignaient que ce mur lissé par les fronts de leurs ancêtres soit aussi démantelé, ainsi que tous les autres vestiges qui peuplaient ce lieu sacré du judaïsme. Déjà, tandis que les premiers exilés franchissaient la porte de Sion, des foyers allumés par les pillards et les irréguliers commençaient à consumer leurs maisons.

Les légionnaires leur firent un rempart de leur corps tout au long de la traversée des étroites ruelles qui avaient été le sombre et fervent décor de leur existence. Ils aidaient les vieillards, soutenaient les invalides, portaient dans leurs bras les bébés des femmes accablées par le poids de leurs hardes. Ils refoulaient à coups de crosse la foule excitée, arrêtaient ceux qui jetaient des pierres, et n'hésitaient pas à tirer au-dessus des têtes quand quelque danger menaçait la misérable procession.

Bien des familles qui abandonnaient ce jour-là leur maison n'étaient jamais sorties des remparts de la Vieille Ville. Un vieillard âgé de cent ans ne les avait franchis qu'une seule fois, quatre-vingt-dix ans plus tôt, pour aller regarder construire les premières maisons de la Nouvelle Ville.

C'étaient les vieillards qui offraient le spectacle le plus affligeant. Dos courbé, barbe sale, calotte luisante, ils laissaient derrière eux toute une vie d'étude. Ceux qui par chance passaient devant leur maison s'écartaient de la colonne pour aller baiser sur le seuil la *mezouza*, le petit étui qui contient le fragment de parchemin appelant la bénédiction divine sur tout foyer juif.

En arrivant à la porte de Sion, un vieux rabbin sortit brusquement des rangs et vint déposer un énorme paquet dans les bras de l'Arabe Antoine Albina.

« C'est un objet sacré de la synagogue, déclarat-il. Je vous le confie. Il sera sous votre protection. »

C'était une Torah vieille de sept cents ans, calligraphiée sur un rouleau de parchemin en peau de gazelle long de trente-trois mètres [1].

Pendant ce temps, la Nouvelle Ville préparait fiévreusement l'accueil des réfugiés. Dov Joseph décida de les héberger dans les maisons de Katamon abandonnées par les Arabes. Il chargea son adjoint Chaïm Haller de réquisitionner draps et couvertures. Dans la maison d'une famille catholique, Haller trouva une grande quantité de cierges. Sachant combien la sainte communauté du vieux quartier juif tiendrait à posséder des bougies pour célébrer son premier sabbat d'exil, Haller emporta tout le stock, bien décidé à ne pas révéler à ses destinataires la nature impie de ses origines.

Le triste cortège défila tout l'après-midi par la porte de Sion tandis que les brasiers se multipliaient dans le quartier abandonné. En voyant disparaître dans les flammes ses maisons et ses rues, Masha Weingarten, la fille du rabbin, songea : « C'est la fin de ma vie. Tant de générations de ma famille ont vécu là, et maintenant tout est fini. » Malgré son grand âge, son père sollicita l'autorisation d'accompagner les prisonniers à Amman, emportant avec lui la clef de la porte de Sion qu'un officier britannique lui avait remise quatorze jours auparavant.

Le jeune Abraham Ornstein et sa sœur Sarah purent rendre une dernière visite à la maison où leurs parents avaient péri. « Elle était pleine de livres et de souvenirs de notre enfance », se rappelle Abraham. Il voulut emporter quelque chose, mais ne

1. Albina la garda onze ans, jusqu'au jour où il lui fut possible de la remettre au premier rabbin qui put visiter la Jérusalem arabe. Celui-ci, le docteur Elmer Berger, un savant distingué, célèbre pour ses convictions antisionistes, la remit à son tour à une synagogue de New York.

parvint pas à faire son choix. Sarah attrapa le premier objet qui lui tomba sous la main et le fourra dans sa poche. Puis ils se séparèrent. Elle prit le chemin de la Nouvelle Ville, et son frère celui d'un camp de prisonniers en compagnie des deux cent quatre-vingt-treize hommes valides.

D'un coin de rue près de la porte de Sion, l'Arabe qui avait mené sa croisade destructrice contre ce quartier regardait partir les derniers réfugiés. Toute sa vie, Fawzi el Koutoub avait côtoyé des Juifs dans cette Vieille Ville de Jérusalem où il était né. Il comprit soudain qu'il les voyait pour la dernière fois. Leur pathétique procession consacrait la victoire de l'impitoyable carrière qu'il avait inaugurée, douze ans plus tôt, en jetant une grenade sur un autobus juif.

Parmi les derniers à franchir la porte se trouvait Leah Wultz. L'irruption brutale de légionnaires dans son petit laboratoire ne lui avait pas laissé le temps d'utiliser la grenade qu'elle avait mise de côté pour se suicider. En regardant l'incendie dévorer le quartier, elle pensa « aux Juifs d'Espagne quittant leurs ghettos en flammes ». Pleine d'amertume, elle cria à la face des premiers hommes qu'elle aperçut dans la Nouvelle Ville :

« Juifs ! Vous êtes restés ici, et nous avons dû nous rendre ! »

La nuit tombait et il ne restait plus dans le vieux quartier que les cent cinquante-trois blessés qui s'entassaient dans un concert de gémissements sous les voûtes de l'hôpital. Une commission médicale devait venir pour organiser leur transport. Mais l'incendie qui ravageait le quartier menaça bientôt le bâtiment. En voyant arriver des légionnaires, les blessés crurent qu'ils allaient être massacrés. Mais les Arabes venaient au contraire chercher leurs adversaires pour les mettre à l'abri de l'incendie. Ils les transportèrent dans l'enceinte du patriarcat arménien.

Au même instant, Abdullah Tell recevait un coup de téléphone qui couronnait pour lui cette exaltante journée. D'une voix triomphante, le roi de Transjordanie félicita chaudement le jeune officier qu'il avait, dix jours plus tôt, envoyé au secours de Jérusalem.

Dans chaque maison de la Nouvelle Ville où ils étaient conduits, les réfugiés trouvèrent des Juifs pour les aider à s'habituer au changement brutal de leur existence. Chaïm Haller courait de pièce en pièce pour réconforter ceux que le sort avait envoyés vers lui. « Ils semblaient complètement désemparés », se rappelle-t-il. Mais à son grand étonnement, il comprit ce qui accablait les malheureux. Ce n'était pas d'avoir frôlé la mort, ce n'était pas d'avoir perdu tout ce qu'ils possédaient. C'était, en se rendant de la porte de Sion au quartier de Katamon, d'avoir, ce vendredi soir, profané pour la première fois de leur vie le sabbat.

Haller fit alors le seul geste qui pût atténuer leur désespoir. Il plaça dans les mains de chaque homme et de chaque femme une des bougies bénites par les prêtres d'une autre religion dont Jérusalem était aussi la Ville sainte. Tandis qu'une à une chacune s'allumait, Haller vit les visages autour de lui éclater de joie, submergés par le bonheur d'avoir respecté l'un au moins des commandements du sabbat, après en avoir violé tant d'autres.

Dans le monastère arménien, étendue sur une civière, la jeune Anglaise Esther Cailingold agonisait. Il n'y avait plus de morphine pour apaiser ses atroces souffrances. Le blessé qui gisait à son côté vit un vieillard se pencher sur elle et lui offrir le seul calmant qu'il possédât — une cigarette. Elle leva doucement la main pour la prendre, puis laissa retomber son bras.

« Non, murmura-t-elle, c'est le sabbat. »

Ce furent ses dernières paroles. Quelques minutes plus tard, elle sombrait dans le coma. Sous son oreiller, se trouvait une lettre qu'elle avait écrite cinq jours plus tôt à ses parents pour le cas où il lui arriverait malheur pendant la bataille du vieux quartier. C'était le testament que laissait la jeune Anglaise.

Chers papa et maman,
Je vous écris pour vous supplier d'accepter tout ce qui peut advenir de moi avec la sérénité que je désire. Nous menons un combat difficile. J'ai goûté à l'enfer, mais cela en valait la peine parce que je suis convaincue que la fin de cette bataille verra la réalisation de nos espoirs. J'ai vécu pleinement ma vie, et il m'a été bien doux de pouvoir vivre ici, sur notre terre.

J'espère qu'un jour, bientôt, vous viendrez tous et que vous jouirez des fruits de notre lutte. Soyez heureux et souvenez-vous de moi dans la joie seulement.

Shalom.
Esther.

Le géant à barbe rousse étendu à côté de la jeune fille se mit à sangloter tandis que s'espaçait petit à petit le souffle de sa respiration. Dehors, les flammes qui dévoraient le quartier pour lequel elle était morte rougissaient la nuit, éclaboussant les ténèbres de gerbes d'étincelles. Allongé dans l'obscurité, Yeshuv Cohen pensait à un verset de la Bible qu'il avait souvent récité quand il était enfant. Il se mit à le chanter, tout doucement d'abord, puis de plus en plus fort, jusqu'à ce que monte de sa civière toute la puissance de sa voix basse et profonde. Les autres blessés allongés dans l'ombre tout autour de lui reprirent en chœur les paroles. Un chant de fierté, un chant de défi gronda bientôt sous les hautes voûtes :

« La Judée sera détruite dans le sang et dans les flammes, et elle renaîtra dans le sang et dans les flammes. »

43

« BONSOIR ET BONNE NUIT DE JÉRUSALEM »

Sur une hauteur, à cinq kilomètres de Jérusalem, un lieutenant étudiait attentivement la carte au 1/25 000 dépliée devant lui. L'Arabe Emile Jumean, vingt-quatre ans, du 1er régiment d'Artillerie de la Légion arabe, avait donné un nom de code à chacun de ses objectifs. *Notre-Dame de France* était « Whisky », en souvenir de la boisson favorite de ses anciens occupants écossais; l'Agence Juive, « Fleur »; et l'orphelinat Schneller, transformé en base de la Haganah, « Diamant ». Le jeune officier arabe commandait la force qui constituait à présent la menace militaire la plus immédiate pesant sur la Nouvelle Ville de Jérusalem — douze canons de 88.

Une fois la Vieille Ville entre ses mains, le commandant Abdullah Tell avait espéré que ses bédouins se lanceraient à l'assaut de la ville juive. Mais Glubb, échaudé par son échec devant les murs de *Notre-Dame de France*, avait catégoriquement repoussé cette suggestion. Plein d'amertume, Abdullah Tell s'était donc adressé à ses camarades de l'artillerie pour tenter de leur faire arracher la décision qu'il eût aimé obtenir lui-même. Un pilonnage méthodique de la ville finirait bien, pensait-il, par rendre toute vie impossible dans les quartiers juifs et forcerait leurs habitants à capituler.

Le lieutenant Jumean avait placé ses pièces sur trois hauteurs stratégiques. En outre, sur un toit de Sheikh Jerrah, sur le minaret de la mosquée de Nebi Samuel et sur une maison du mont des Oliviers, trois officiers d'observation étaient postés, prêts à régler leur tir sur n'importe quelle cible. Même avec le contingent restreint fixé par Glubb — dix obus par pièce et par jour, plus quelques projectiles obtenus secrètement — le lieutenant Jumean pouvait plonger la ville juive dans un véritable enfer.

Contre cette menace, les Juifs étaient sans défense. Les pièces arabes tiraient de trop loin pour que la Haganah pût monter un raid contre elles. Et c'était finalement une ordonnance britannique datant de 1920 qui allait — ironie de l'Histoire — sauver la ville d'une destruction complète. Afin de préserver le caractère traditionnel de Jérusalem, elle obligeait les architectes à construire toutes les maisons en grosses pierres apparentes. En revanche, il n'y avait pas d'ordonnance pour sauver la vie des habitants. Jour après jour, tandis que les obus arabes rugissaient par-dessus les toits, la liste des victimes s'allongeait. A la fin de la bataille, Jérusalem aurait proportionnellement perdu cinq fois plus d'habitants que Londres au pire moment des bombardements nazis.

A cette offensive terrifiante, la Haganah ne pouvait faire qu'une réponse bien dérisoire. Dans une brasserie abandonnée du faubourg de Givat Shaul, Elie Sochaczewer — le Juif qui avait, une nuit de l'hiver précédent, subtilisé les deux vieux canons du club Menorah pour les convertir en Davidka — fabriquait en toute hâte des explosifs pour les grenades, les mines et les obus dont les soldats de Jérusalem avaient un besoin désespéré. Il possédait un véritable trésor : un stock d'insecticide à base de chlorate de potassium. Grâce à une chimie compliquée, il réussissait à confectionner une espèce de *cheddite*, ce puissant explosif auquel la petite ville française de Chedde, qui le fabriquait, avait donné son nom [1]. Un tel respect entourait ses travaux qu'un rabbin

1. Au cours d'un voyage en France en 1949, Sochaczewer se rendit à Chedde avec un échantillon du produit qu'il avait réalisé pendant la bataille de Jérusalem. Les ingénieurs français furent stupéfaits : il était plus pur que le leur.

fit irruption, un matin, dans son laboratoire pour embrasser et bénir chaque obus de Davidka qui s'y trouvait.

Les projectiles étaient si précieux que David Shaltiel les économisait avec une intraitable parcimonie. Personne n'avait le droit de tirer un seul obus de mortier ou de Davidka sans son autorisation personnelle. Lorsqu'une unité réclamait un soutien d'artillerie, il lui arrivait même d'attendre la chute d'un obus arabe dans le voisinage et de revendiquer auprès de ses hommes la paternité de ce tir pour soutenir leur moral. Mais en dépit de toutes ces précautions, les réserves avaient baissé jusqu'au niveau critique, et l'approvisionnement en munitions individuelles n'était pas meilleur. Il était strictement interdit, sauf permission spéciale de l'état-major, de tirer à la mitrailleuse ou au fusil mitrailleur autrement que coup par coup. Les défenseurs de *Notre-Dame de France* ne devaient ouvrir le feu sur aucune cible à moins de cent mètres. Il arriva même qu'une nuit, les fusils de *Notre-Dame* n'eurent plus que cinq ou six cartouches chacun. Afin de ne pas révéler à l'ennemi cette situation tragique, des instructions formelles interdisaient toute conversation par téléphone ou par radio concernant les armes et les munitions. Les rares caisses de cartouches qui arrivaient par piper-cub étaient immédiatement saisies par le responsable de l'armement, un gros fabricant de fromage d'origine yéménite nommé Yaffe. Celui-ci les dispersait dans des cachettes connues seulement de lui-même et du commandant de Jérusalem. Ces « rations de ferraille », comme les Juifs avaient surnommé la poignée de cartouches et les quelques obus que distribuait le Yéménite, étaient tout aussi dérisoires que celles de Dov Joseph pour leurs estomacs. L'ultime ration, celle qui ne serait répartie qu'au dernier moment, était enfermée dans une cave de l'Agence Juive. Dans la soirée du 29 mai, le lendemain de la reddition du vieux quartier, Isaac Levi découvrit que cet instant avait bien failli survenir quelques heures plus tôt. Ce matin-là, il ne restait dans les unités défendant la ville que huit obus de mortier de trois pouces et quarante cartouches par fusil.

Mais la famine et la soif supplantaient toutes les autres préoccupations. En donnant à Jérusalem le nom de code de « Morue » le jour de leur départ, les militaires britanniques avaient rendu un involontaire hommage à la seule denrée que contenaient encore les entrepôts de Dov Joseph. Grâce à un vieux stock malodorant de poisson séché, les habitants ne mouraient pas tout à fait de faim. Beaucoup de soldats tombaient d'inanition. Certains se battaient pour un bout de saucisse ou un quignon de pain. Pour galvaniser les énergies des défenseurs au ventre vide, Shaltiel avait dû lancer une proclamation : « Soldats ! disait-il, souvenez-vous que les vieillards, les femmes et les enfants de Jérusalem ont aussi faim que vous. »

Les habitants déployaient pour survivre toutes les ressources de leur imagination. Quand la sécheresse eut grillé les dernières touffes de khoubeiza, les femmes de Jérusalem cueillirent la vigne vierge des jardins dont les feuilles, une fois bouillies, offraient une vague ressemblance avec des épinards. Des fragments de pain azyme écrasés dans quelques gouttes d'huile constituaient la nourriture principale. Ironiquement baptisée « graisse de singe », la pâte obtenue était étendue sur une autre galette. L'infirmière Ruth Erlik fit pousser des radis sur le rebord de sa fenêtre. Elle les arrosait avec les dernières gouttes de sa ration d'eau, quand celle-ci avait achevé son cycle complet d'utilisations variées. Pour toute boisson, Mme David Rivlin, une des premières hôtesses de Jérusalem, n'offrait à ses invités qu'une tasse d'eau bouillie dans son vieux samovar avec l'espoir secret que l'auguste récipient communiquerait à son breuvage un peu de la saveur des centaines de litres de thé qui y avaient infusé. Bientôt les conséquences de ces privations devinrent alarmantes. Sous-alimentés, les enfants étaient exposés à toutes les maladies. Déjà surpeuplés par les blessés, les hôpitaux ne pouvaient pas les accueillir.

Dov Joseph implora Ben Gourion d'organiser au plus tôt des parachutages massifs de ravitaillement. Après consultation des experts de l'aviation, Ben Gourion lui annonça que l'impossible allait être tenté pour parachuter environ trois tonnes par semaine. Ce chiffre fit bondir Dov Joseph. « Les besoins vitaux minimaux pour une seule semaine s'élèvent à cent quarante tonnes de farine, trois de poudre d'œufs, dix de lait en poudre, dix de poisson séché et dix de fromage, câbla-t-il à Ben Gourion. Vos trois tonnes ne résoudront rien du tout. »

N'ayant pas le moindre moyen d'acheminer de telles quantités, Ben Gourion ne put qu'adresser un message de réconfort à la population. « Courage, disait-il. Bientôt l'armée libérera et sauvera notre capitale. »

La pénurie générale frappait tous les secteurs. Faute de carburant, les camions n'emportaient plus les ordures qui s'entassaient, exhalant des odeurs pestilentielles. L'afflux des blessés rendait les conditions dans les hôpitaux chaque jour plus dramatiques. Par manque d'antibiotiques et d'appareils de stérilisation, la gangrène se mit à faire de terribles ravages. Luttant perpétuellement contre le vertige de la faim, le professeur Edward Joseph accomplissait avec son équipe une moyenne de vingt et une opérations par jour. Il lui arrivait de travailler vingt-quatres heures d'affilée.

Les cigarettes avaient complètement disparu. Même l'insatiable fumeur qu'était David Shaltiel n'en avait plus. Une nuit, son adjoint Yeshurun Schiff découvrit trois mégots écrasés dans la rue. Il courut les porter à son chef et comme des écoliers, les deux hommes s'empressèrent de savourer toutes les joies de cette aubaine.

En dépit du sombre tableau qu'offrait la ville, il y subsistait cependant quelques signes de vie normale. L'un des plus appréciés était « Kol Yerushalayim — La Voix de Jérusalem », une station de radio de fortune. Les membres les plus populaires de son équipe étaient les trente musiciens de son orchestre. Comme il n'y avait pas de courant électrique pour permettre aux postes de radio de capter leurs concerts, ils se produisaient chaque mardi en pleine rue, jouant leur répertoire devant ceux qui étaient assez courageux pour braver le bombardement arabe. Quand celui-ci devenait vraiment trop violent, les musiciens se réfugiaient dans leur studio improvisé où ils continuaient, imperturbables, l'exécution de leurs morceaux.

Chaque soir, cependant, le courant électrique était rétabli pendant quelques minutes afin de permettre à la population d'entendre le bulletin d'informations diffusé en hébreu, en arabe, en anglais et en français. La salle de rédaction de ce journal parlé était installée dans un endroit où se pressaient naguère les noctambules de la ville, le café *Réhavia*, fermé pour cause de disette. Jouant à cache-cache avec les éclats d'obus, les reporters de « La Voix de Jérusalem » passaient leur journée dans une course perpétuelle entre le champ de bataille, le café et leur micro. C'est un éminent archéologue nommé Robert Pireau qui écrivait et lisait, d'une plume et d'une voix également chaleureuses, les bulletins en langue française.

Ces nouvelles redonnaient constamment aux habitants de Jérusalem la conviction qu'ils pourraient tenir. Nombre d'entre eux n'oublieraient jamais ces nuits passées au fond d'une cave obscure à guetter sous les bombardements la voix calme du speaker qui répétait les mots du réconfort : « Bonsoir et bonne nuit de Jérusalem. »

*

Les rigueurs de la bataille n'épargnaient pas la population arabe, même si elle n'endurait pas les mêmes maux. Prélude à une tragédie qui devait se prolonger indéfiniment, le problème principal était celui des réfugiés. Trente mille personnes environ avaient fui les quartiers de la Nouvelle Ville, conquis les 14 et 15 mai par la Haganah, et s'entassaient dans la Vieille Ville, ou campaient dans Sheikh Jerrah. Cet afflux de population y accroissait la densité humaine dans de telles proportions que seule la pénurie de munitions dont souffrait l'artillerie juive devait éviter ces jours-là un effroyable massacre.

Les conditions sanitaires, dans cet enchevêtrement de maisons, étaient pitoyables. Des nuées de mouches et des hordes de rats peuplaient les ruelles pleines d'ordures et de détritus. L'hôpital de fortune installé dans l'hospice autrichien manquait de tout. Les cimetières étant pris sous les tirs de la Haganah, il fallait enterrer les morts dans les jardins ou les arrière-cours. Le père Eugène Hoade, un franciscain irlandais, dut incinérer dans le jardin de Gethsémani les corps de deux de ses compatriotes qui avaient déserté l'armée britannique pour se battre aux côtés des Arabes.

La centrale électrique municipale ayant été occupée par les Juifs, la Vieille Ville vivait dans une obscurité presque complète. L'eau elle-même vint à manquer, la ville arabe étant, elle aussi, alimentée en partie par les conduites que les saboteurs du Mufti avaient fait sauter pour assoiffer la population juive. Mais à quatorze kilomètres de la cité, on put remettre en activité l'ancienne source d'Ein Fara, et les robinets de la Vieille Ville se remirent à couler.

Georges Deeb, l'homme qui avait envoyé à l'armée égyptienne les cartes routières de sa « promenade » jusqu'à Tel-Aviv, accomplit un autre exploit. Il fit venir par camions dix mille tonnes de ravitaillement des entrepôts du plus gros épicier de Beyrouth, ce qui éloignait des Arabes de Jérusalem le spectre de la famine. Deeb fit mieux encore. Il imposa sur la vente de toutes ces marchandises une taxe de dix pour cent au profit de la municipalité, réussissant ainsi à remplir les caisses que la perte du chèque d'Antoine Safieh avait subitement vidées.

*

D'un geste brusque, le premier ministre de Transjordanie Tewfic Abou Houda prit une feuille de papier sur son bureau et la tendit à Sir John Glubb. C'était une dépêche du War Office de Londres qui venait d'arriver à Amman. Le gouvernement britannique, disait-elle, ayant pris connaissance des combats qui se déroulaient en Palestine, éprouverait le plus vif embarras au cas où un sujet britannique viendrait à être fait prisonnier. En conséquence, tous les officiers britanniques servant dans les unités de la Légion arabe devaient être immédiatement rappelés du champ de bataille.

« Est-ce là le genre d'alliée qu'est la Grande-Bretagne ? » demanda Abou Houda avec dérision.

Cet ordre constituait une véritable bombe diplomatique. Il signifiait un retournement presque complet de la position britannique. « Après avoir pendant des semaines laissé le feu vert aux Arabes, nous leur coupions subitement la route », dirait plus tard avec amertume l'ambassadeur de Grande-Bretagne à Amman, Sir Alec Kirkbride. D'un seul coup, Londres privait Glubb des officiers qui faisaient de la Légion arabe une force exceptionnelle. Pour le général anglais, cette brève rencontre avec le premier ministre transjordanien resterait à jamais l'un « des plus pénibles et des plus humiliants » moments de sa vie.

La décision britannique était en fait un alignement sur les positions de Washington à propos du Proche-Orient. Pour y parvenir, les Etats-Unis étaient allés jusqu'à menacer Londres de priver l'économie britannique de l'aide vitale qu'ils lui apportaient pour se relever de la guerre.

Le morceau de papier que Tewfic Abou Houda venait de présenter à John Glubb n'était d'ailleurs pas le seul message que Londres enverrait ce jour-là à Amman. Quelques heures plus tard arrivait une nouvelle plus importante encore. La Grande-Bretagne imposait un embargo sur toutes ses livraisons d'armes au Moyen-Orient. Même le montant des subventions attribuées à la Légion arabe pourrait être révisé, faisait savoir le Foreign Office, si la

Transjordanie défiait les Nations unies. Pour John Glubb, ces décisions étaient « absolument catastrophiques ».

Le soir même, il convoqua un des officiers qu'affectait directement ce brutal changement d'attitude, le colonel Hugh Blackenden. Il le chargea d'aller immédiatement à Londres plaider pour que le War Office n'appliquât pas un embargo absolu; en outre, il ouvrirait un bureau de recrutement pour remplacer les officiers rappelés.

« Nous devons tenter de sauvegarder tout ce qui n'est pas encore perdu dans cette débâcle », expliqua-t-il, afin de poser ici, en Palestine, les fondements d'un Etat arabe viable, gouverné par Abdullah, et dont l'intérêt soit de conserver des liens avec l'Angleterre.

Si l'on privait la Légion arabe de ses officiers et de ses munitions, songeait-il, il lui restait à choisir entre deux risques : courir à une défaite militaire, ou abandonner à son sort le territoire qu'elle avait pour mission de défendre.

Trente-six heures plus tard, le colonel Blackenden ouvrait à Londres, au 6, Upper Fillimore Gardens, un bureau de recrutement pour la Légion arabe.

Le premier candidat à en franchir la porte présentait avec son visage écarlate et son « haleine à faire cailler le lait » tous les signes « d'une monumentale gueule de bois ». Mais le poids de toutes les décorations que portait le capitaine Geoffrey Lockett était de nature à rendre n'importe quel homme bossu.

Trois heures plus tard, un avion emportait vers Amman la première recrue de Glubb Pacha.

*

Les infidélités de son alliée n'empêchaient pas le roi Abdullah de se montrer, envers les ressortissants britanniques, le plus courtois des souverains. Le jour même où Londres rappelait les officiers qui servaient dans la Légion arabe, le monarque se fit un point d'honneur d'aller rendre visite aux deux Britanniques qui avaient été blessés à son service. Après avoir cérémonieusement serré la main du major John Buchanan, le roi déposa dans ses bras une énorme gerbe de fleurs.

44

« NOUS AVONS BIEN TRAVERSÉ
LA MER ROUGE, NON ? »

Le petit homme chauve et buriné qui fit irruption dans la crèche du kibboutz de Houlda, où Shlomo Shamir avait installé le P.C. de sa 7ᵉ brigade, n'était pas israélien. Ancien élève de West Point, vétéran du débarquement de Normandie et de la campagne d'Europe, titulaire d'une panoplie de décorations américaines et britanniques, le Juif américain David Marcus avait abandonné ses fonctions de colonel au Pentagone pour se battre dans une armée fantôme. Son arrivée à Houlda était le fruit d'une des entreprises les plus secrètes de David Ben Gourion. La guerre nouvelle n'exigeait pas seulement un armement moderne; elle réclamait aussi des stratèges. Il avait donc chargé ses agents aux Etats-Unis de recruter un certain nombre de chefs militaires, avec lesquels il constituerait un haut état-major de la Haganah.

Le général Walter Bedell Smith, ancien chef d'état-major d'Eisenhower, se trouvait parmi ceux qui avaient accepté de mettre leur expérience au service du nouvel Etat. Mais un veto formel du département américain de la Défense avait fait échouer cette entreprise. Seul le colonel Marcus avait bravé cette interdiction qui avait réduit à néant le projet de Ben Gourion.

Toujours hanté par la situation à Jérusalem, le vieux leader avait donné à Marcus la même mission qu'à Yadin : prendre Latroun et ouvrir la route de Jérusalem.

Le colonel américain portait dans la poche de son battle-dress un ordre qui faisait de lui, ce 28 mai, le commandant en chef de tout le front de Jérusalem, depuis Latroun jusqu'à la ville. Ben Gourion avait donné au chef de ces forces le nouveau grade d'*Alouf*, faisant ainsi de David Marcus le premier général de l'armée juive depuis Judas Maccabée.

Marcus venait à Houlda pour organiser une nouvelle attaque avec Shlomo Shamir. Les deux hommes convinrent de s'en tenir, en gros, à la même tactique — un assaut frontal contre les deux ailes du dispositif ennemi. Mais il leur faudrait tenir compte des raisons de l'échec précédent, et c'est avec une précision d'horlogers qu'ils décidèrent de mener cette fois leur assaut.

Ils commencèrent par nettoyer la zone d'où s'élanceraient leurs forces en occupant les deux hameaux arabes de Beit Jiz et Beit Sousin. Puis ils obligèrent leurs officiers à reconnaître minutieusement le terrain et à envoyer de nombreuses patrouilles afin d'obtenir ce qui avait fait si cruellement défaut la première fois : des renseignements sur les défenses arabes. Ils remplacèrent les débris du bataillon prêté par la brigade Alexandroni par un autre de la brigade Givati. C'est à cette unité commandée par Jacob Proulov, un vétéran du Palmach, qu'échut la tâche essentielle de l'attaque : conquérir les hauteurs de Bab el Oued, occuper les villages arabes de Deir Ayoub, Yalou et Beit Nouba, et tourner les positions de la Légion arabe en se rabattant ensuite sur Latroun. Contre les hauteurs mêmes de Latroun, Marcus et Shamir lanceraient la première attaque blindée de l'armée d'Israël.

Comparés aux armadas de chars qui s'étaient affrontées dans le désert de Libye pendant la seconde guerre mondiale, les treize half-tracks achetés par Xiel Federman à Anvers le jour de Noël, et les vingt-deux automitrailleuses de fabrication locale semblaient ridicules. Mais pour le Juif qui avait ramassé les souvenirs des armées de Napoléon sur les bords de la Bérésina, c'était la fierté d'Israël. En trois jours d'efforts frénétiques, Chaïm Laskov avait réussi à constituer trois groupes d'assaut dont l'action concertée devait attirer toutes les forces arabes devant eux et permettre à Proulov de tourner le dispositif ennemi sans rencontrer d'opposition. Le groupe de gauche devait conquérir le hameau de Latroun; celui de droite, le carrefour des routes de Ramallah, Tel-Aviv et Jérusalem. Au groupe le plus puissant, placé au centre, revenait la mission la plus dure — s'emparer de la principale position adverse, l'ancien poste de police britannique. La conquête de ce dernier objectif s'annonçait si difficile que Laskov l'avait répétée avec une minutie de metteur en scène. Dans un champ proche du kibboutz, il avait reconstitué avec des caisses, du sable et des pierres, tout le décor des hauteurs, les ruines du château croisé sur la colline, l'abbaye trappiste dans son bouquet d'arbres, la petite route de Ramallah, et juste en face, le vaste quadrilatère percé de meurtrières du poste de police. Une providentielle coïncidence voulait que Laskov connût même la disposition intérieure de l'édifice. Un an plus tôt, employé à la Palestine Electric Co., il avait installé une ligne à haute tension dans ce secteur et rencontré ses occupants britanniques, qui l'avaient invité à visiter leurs installations. Une imposante porte blindée commandait l'entrée du poste et une tour fortifiée en protégeait les flancs. Laskov avait prévu de faire sauter cette porte avec une charge de deux cent cinquante kilos de T.N.T. Quant à la tour, c'était avec des armes bien plus terrifiantes qu'il comptait la neutraliser, des armes dont il s'était jadis servi contre les soldats de la Wehrmacht, près de Rome — des lance-flammes. Fabriqués dans les ateliers de la Haganah selon ses instructions, ces lance-flammes seraient montés sur les half-tracks. Ils pouvaient projeter à vingt-cinq mètres un jet de napalm qu'une balle de revolver enflammait juste devant le véhicule. Laskov était persuadé que les légionnaires de la tour, terrorisés à l'idée de griller comme des torches, s'enfuiraient dès qu'ils approcheraient. C'était cepen-

dant une arme délicate dont l'usage présentait aussi
des inconvénients. Pour ne l'avoir pas prévu, un
désastre allait s'abattre sur les blindés d'Israël.

*

Contrairement à l'attaque précédente, l'Opération
Ben Nun II commença à l'heure dite. A dix heures du
soir exactement, le dimanche 30 mai, les mortiers et les
« Napoleonchiks » de Shlomo Shamir commencèrent
à pilonner les positions arabes de Latroun, tandis
que Proulov s'élançait vers Bab el Oued.

Jeté à bas de sa paillasse par les premières explosions ébranlant l'abbaye, le père Martin Godart enfila
sa robe de bure et ses sandales, et se précipita hors
de sa cellule. Si l'éminent théologien du dogme de
l'Incarnation courait à toutes jambes, ce n'était pas
qu'il craignît pour sa vie ou pour les objets consa-
crés de la chapelle. Filant comme un ange à travers
les couloirs déjà semés de verre brisé, il se dirigeait vers l'endroit où reposait le trésor le plus précieux de l'abbaye, les instruments qui lui avaient
permis d'en porter le renom sur les meilleures tables
du Proche-Orient. Avec les gestes délicats d'un conser-
vateur de musée déplaçant les reliques d'une civilisation disparue, le trappiste distillateur alla cacher
ses cornues et ses alambics dans la cave la plus profonde de l'abbaye.

Le cloître que les moines venaient de décorer de
fleurs et de rameaux d'olivier afin, comme l'écrivit
l'un d'eux, « que Jésus ne s'aperçût pas que la Palestine était en guerre », se couvrait d'un matelas de
tuiles cassées, de statues décapitées, de vitraux éclatés.
Les obus tombaient de plus en plus près. Une odeur
suffocante de poussière et de poudre saisissait à la
gorge les membres de la communauté qui s'y étaient
abrités. Finalement, une bougie dans une main, leur
paillasse dans l'autre, les moines descendirent dans
la cave du père Godart pour y chercher refuge auprès
des fûts de pommard et de chablis.

Juché sur la crête dominant l'abbaye, le colonel

Habes Majelli, commandant la défense arabe, scrutait avec ses officiers la nuit zébrée par les éclairs des explosions. Tandis que le barrage d'artillerie s'apaisait, un cliquetis de chenilles monta de la plaine en contrebas. Les Juifs attaquaient. Majelli se tourna vers un petit homme vêtu d'une longue robe.

« Priez Allah qu'Il nous donne une nouvelle victoire », ordonna-t-il à l'iman du régiment.

Laskov écoutait, lui aussi, le bruit rassurant de ses half-tracks qui avançaient à travers la nuit en direction de Latroun. Il regarda sa montre. Il était minuit.

Dans le troisième blindé, un casque radio sur la tête, une Polonaise blonde de dix-neuf ans regardait s'approcher la ligne sombre des collines. Hadassah Limpel avait traversé la moitié du monde pour obtenir le privilège de foncer dans un half-track vers les positions qui barraient le chemin de Jérusalem. Neuf ans plus tôt, les panzers de l'Allemagne nazie avaient mis fin à son enfance en la jetant sur les routes de Pologne et de Russie. De Sibérie, au milieu d'un misérable troupeau de mille cinq cents enfants polonais dont personne ne voulait, elle avait été envoyée en Iran, puis à Karachi. De là, un voyage sur d'immondes rafiots l'avait conduite à Bombay, Aden et Port-Saïd et, finalement, sur un quai de la Terre promise.

Elle ne connaissait personne sur ce quai, parmi les centaines de familles accourues dans l'espoir de retrouver un enfant ou un parent perdu dans le chaos de la guerre. Envoyée dans un kibboutz, Hadassah Limpel s'était acharnée à ressembler à toutes les jeunes sabras vigoureuses dont elle allait désormais partager la vie. Pour y parvenir, elle s'était engagée dans les rangs du mouvement de jeunesse du Palmach. Pendant tout le cruel printemps 1948, armée d'une mitraillette et de deux grenades, la petite Polonaise avait avec ses camarades escorté les convois que les guérilleros d'Abdel Kader tentaient d'arrêter. Bloquée à Tel-Aviv par la coupure de la route, elle s'était portée volontaire pour apprendre à manipuler les postes de radio achetés par Xiel Federman. Elle espérait, par cet engagement, consacrer son appartenance à l'armée du nouvel Etat. « Je suis sûre que tu n'auras pas honte de ce que j'ai fait ici, écrivit-elle à sa mère en Pologne, et que lorsque tu viendras, c'est un pays libre que tu trouveras. »

Tous ses sens aux aguets, le capitaine arabe Izzat

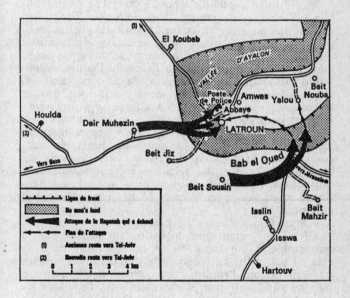

DEUXIÈME ATTAQUE ET DEUXIÈME DÉFAITE
JUIVES DEVANT LE VERROU ARABE DE LATROUN
(*30 mai 1948*)

Hassan s'efforçait de suivre le bruit des chenilles qui avançaient à travers la plaine de Latroun. Chef de la compagnie de soutien du régiment de la Légion arabe, il était responsable des canons antichars et des mortiers qui devaient arrêter l'attaque. Les yeux rivés aux lunettes de pointage, ses artilleurs fouillaient l'obscurité pour y discerner quelque cible mouvante. Toute l'attention de l'officier arabe se portait à présent sur une bosse que faisait la route au pied du poste de police et sur laquelle était réglée la hausse de ses canons. S'il pouvait repérer le passage des half-tracks juifs à cet endroit, il était sûr de les détruire tous.

Sur le toit du poste de police, derrière sa mitrailleuse Vickers, le sergent druze Youssef Saab surveillait lui aussi cette bosse. Autour de lui, accroupis derrière des sacs de sable, d'autres légionnaires attendaient, grenades à la main. Juste au-dessous, dans le fortin qui gardait la porte de l'édifice, Mahmoud Ali Roussan, un cousin du commandant en second du régiment, tenait serré contre son épaule le tube de son bazooka. Tous allaient éprouver une brutale surprise.

Protégés par les nuages de leurs grenades fumigènes et l'obscurité de la nuit sans lune, les half-tracks juifs franchirent la bosse sans recevoir un seul obus. Venant du véhicule de commandement qui portait le nom de code « Yona », Laskov entendit la voix douce et calme de la jeune Hadassah annoncer :

« Franchissons leurs barbelés. »

Au même instant, son attention fut attirée par la trajectoire d'une fusée verte qui montait dans le ciel. Il accueillit cette gerbe lumineuse d'un sourire de satisfaction. Proulov faisait ainsi savoir qu'il venait de conquérir son premier objectif, le village de Deir Ayoub, au-dessus de Bab el Oued. Laskov était rassuré : Proulov déboucherait bientôt sur les arrières des positions arabes qu'attaquaient ses blindés. Quelques minutes plus tard, Laskov entendit une série de violentes fusillades provenant de la même direction que la fusée. « Proulov vient de tomber sur un nid de résistance », pensa-t-il.

A Latroun, l'attaque se déroulait exactement comme il l'avait prévu.

« Le half-track numéro un est à cinquante mètres de la porte », annonça Hadassah Limpel.

Par un hasard extraordinaire, la rafale de mitrailleuse que tira le blindé rencontra la roquette que venait de lancer le bazooka arabe placé devant l'entrée principale et fit dévier sa trajectoire. Le servant arabe fut tué. Sous la grêle de grenades des légionnaires embusqués sur le toit, les Juifs du half-track de tête coururent déposer leur charge explosive devant la porte. C'était inutile. Les Arabes avaient oublié de la verrouiller. A trois cents mètres de là, le capitaine Hassan suivait la bataille avec inquiétude. Il ne parvenait pas à distinguer dans ces ténèbres l'emplacement exact des half-tracks juifs et redoutait que ses obus ne frappent aussi les défenseurs arabes.

« Lance-flammes en position », annonça la voix de Hadassah Limpel depuis le blindé de commandement « Yona ».

Une fantastique gerbe de lumière éclaboussa tout à coup la nuit, illuminant comme en plein jour la façade du poste de police. Devant cet hallucinant spectacle, le capitaine Roussan pensa « que les Juifs allaient découper la porte avec une batterie de chalumeaux ». Dès que la charge explosive eut désintégré la porte dans une poussière de métal incandescent, un commando juif sauta du deuxième half-track et se rua à l'intérieur du poste. Un sauvage corps à corps à la grenade, à la mitraillette et pour finir au couteau couvrit bientôt le rez-de-chaussé de l'édifice d'un horrible enchevêtrement de mourants. Légionnaires et irréguliers se jetaient côte à côte dans la mêlée en hurlant le nom d'Allah. Mais c'est dehors que le sort de la bataille allait se jouer. Les gerbes de feu des lance-flammes sur lesquelles Laskov avait compté pour faire fuir les défenseurs de la tour et du toit, avaient incendié la façade. Les flammes illuminaient à présent toute la zone d'attaque comme les projecteurs d'une scène de théâtre. Cibles parfaites, le capitaine Hassan vit soudain se profiler les half-tracks israéliens. La lumière était si vive que le capitaine Roussan distingua même « une chevelure blonde coiffée d'un casque de radio ».

De sa voix tranquille, Hadassah Limpel continuait de décrire l'attaque à Laskov : Yaaki, le chef du groupe d'assaut, venait de quitter son half-track pour aller voir ce qui se passait à l'intérieur du poste. A peine avait-il fait quelques bonds qu'une gerbe de balles traçantes partie du toit l'attrapa dans sa lumineuse traînée. Son adjoint, un jeune immigrant qui avait combattu dans l'Armée Rouge, voulut prendre le commandement mais personne, dans cet enfer, ne comprenait ses ordres. Il ne parlait que le russe. Alors, les canons antichars de la Légion arabe se déchaînèrent sur les blindés juifs. L'un après l'autre, les half-tracks furent transformés en épaves brûlantes. Laskov entendit encore dans ses écouteurs un gargouillis étouffé ; puis ce fut le silence.

« Yona, Yona ! » appela-t-il.

Aucune réponse ne vint du half-track de commandement. Tous ses occupants étaient morts. Le long voyage de Hadassah Limpel avait pris fin.

Deux ombres vacillantes, hagardes, sortirent alors de l'obscurité, apportant à Laskov la nouvelle d'un autre désastre. Les sapeurs qui avaient déminé la route que devaient emprunter les autobus transportant son infanterie avaient entassé les mines sur le bas-côté sans les désamorcer. En descendant de l'autobus, le premier soldat avait déclenché une effroyable explosion. Une vingtaine de ses camarades étaient morts et tous les autres s'étaient enfuis.

Quelques minutes plus tard, Laskov reçut un message radio de Shamir annonçant un troisième désastre.

« Ton pote a disparu », annonçait-il seulement.

Laskov comprit que Proulov et les hommes sur lesquels il avait compté pour prendre à revers les canons arabes s'étaient évanouis dans la nuit. Juste après avoir lancé sa fusée, Proulov était tombé sur une mitrailleuse arabe qui avait fauché trois de ses soldats. Jugeant ces pertes suffisantes, il avait rompu le combat de sa propre initiative. Le deuxième assaut de la 7ᵉ brigade contre Latroun avait définitivement échoué.

Devant le poste de police, les lance-flammes qui avaient transformé la victoire espérée en catastrophe étaient éteints, les half-tracks disloqués, les membres de leurs équipages presque tous morts. Aucun des hommes du groupe d'assaut qui avait pénétré à l'intérieur du poste n'en ressortit vivant. Profitant de l'obscurité revenue, les survivants des véhicules essayaient de se replier sous la pluie de feu qui tombait du toit de l'édifice. Rares furent ceux qui parvinrent à s'échapper de cet enfer et à regagner leurs lignes.

Cette fois encore, la Haganah n'avait pas réussi à faire sauter le verrou de la Légion arabe sur la route de Jérusalem. Cinq jours s'étaient écoulés entre les deux attaques, cinq jours pendant lesquels, à Jérusalem, les entrepôts de Dov Joseph s'étaient vidés avec la régularité d'un sablier laissant couler ses grains. Et l'armée juive n'était pas plus près de délivrer la ville que la nuit où David Ben Gourion avait ordonné à Yigael Yadin de prendre Latroun.

Il était impossible à David Marcus et à Shlomo Shamir de jeter une troisième fois leurs bataillons massacrés contre les canons de la Légion arabe. Leurs deux défaites établissaient clairement que ce n'était plus en conquérant Latroun que Jérusalem pourrait être sauvée.

*

La jeep grinçait, cognait, tanguait, se cabrait, dérapait dans une absurde protestation mécanique. Deux des Juifs qu'elle transportait en descendirent pour l'alléger et la guider de pierre en pierre. En trois mille kilomètres de guerre en Europe, ni David Marcus ni Vivian Herzog n'avaient jamais vu un véhicule soumis à pareille torture. Cramponné à son volant, Amos Chorev, un jeune officier du Palmach, la manœuvrait comme un kayak sur un rapide. Du fond d'un ravin, ils commencèrent à grignoter l'autre versant de la colline mètre par mètre, remplissant la fraîcheur de la nuit d'un parfum de caoutchouc et d'huile brûlés. Ils achevèrent leur terrifiante escalade en hissant littéralement leur engin jusqu'à la crête.

A moins de quatre kilomètres, ils distinguèrent alors dans la clarté lunaire les hauteurs verdoyantes contre lesquelles ils avaient en vain jeté leurs forces la nuit précédente. Ils discernaient au pied des constructions de l'abbaye de Latroun le ruban argenté de la route de Jérusalem, qui traversait le domaine des trappistes en direction de Bab el Oued.

Le passage infernal le long duquel ils venaient de pousser leur jeep était parallèle à cette route. Après avoir dépassé le hameau arabe abandonné de Beit Sousin, il s'enfonçait dans les ravins et les pentes abruptes des collines de Judée. Voie biblique des moutons et des chèvres, ce sentier louvoyait au milieu de thym, des cyclamens et des moutardes sauvages en épousant les fantaisies du relief. Reprenant son souffle, Amos Chorev observa la ligne sombre des collines.

« Si on pouvait passer par là, soupira-t-il, nous aurions une route de remplacement pour Jérusalem.

— Tu crois que ce serait possible ? » demanda Vivian Herzog.

Marcus poussa un grognement.

« Pourquoi pas ? Nous avons bien traversé la mer Rouge, non ? »

Quelques heures plus tard, un bruit de moteur réveilla brusquement les trois hommes qui prenaient un peu de repos en attendant de continuer leur exploration au lever du jour. Ils saisirent leurs mitraillettes et s'aplatirent derrière un bouquet d'oliviers sauvages. Ils distinguèrent alors, montant de la direction opposée, une silhouette qui guidait l'ascension d'une jeep vers le sommet de leur colline. Chorev s'avança prudemment. Soudain, poussant un cri de joie, il se releva et dévala la pente. Il avait reconnu le chauffeur de la jeep et son guide. C'étaient deux camarades de la brigade Harel du Palmach. Ils arrivaient de Jérusalem.

Cette rencontre accidentelle de deux jeeps juives dans le décor désolé des collines de Judée allait avoir des conséquences incalculables. Les deux véhicules avaient tous deux fait la moitié du chemin qui séparait la Jérusalem juive de sa délivrance. Si la voie qu'ils avaient suivie pouvait être transformée en un passage utilisable par des camions et des hommes, Jérusalem pourrait peut-être être sauvée.

*

David Ben Gourion semblait frappé d'une série de décharges électriques en écoutant les trois personnages sales et hirsutes qui venaient d'entrer dans son bureau. David Marcus, Vivian Herzog et Amos Chorev s'étaient présentés devant lui dès leur retour à Tel-Aviv pour lui donner la primeur du récit de leur équipée. Quand ils eurent terminé, Ben Gourion bondit de son siège. Il avait compris tout de suite. Peut-être avaient-ils enfin conjuré le spectre qui les hantait tous depuis décembre — l'isolement de Jérusalem. Mais Ben Gourion savait qu'une piste sur laquelle ils réussiraient à faire passer quelques jeeps chaque nuit ne pourrait pas sauver une ville de cent mille habitants affamés. Ils avaient besoin d'une route, une vraie route de remplacement jusqu'à Jérusalem. Se tournant vers l'ancien officier d'une armée qui avait, en une seule guerre, tracé à travers le monde plus de kilomètres de voies carrossables que toutes les autres armées depuis Alexandre, Ben Gourion déclara :

« Marcus, il faut construire une route, une vraie. »

Puis, sachant le réconfort moral qu'une seule jeep venue de Tel-Aviv pourrait apporter à la population de Jérusalem assiégée, il commanda à Amos Chorev de renouveler son exploit la nuit prochaine. Cette fois, précisa-t-il, sa jeep devrait aller jusqu'au bout — jusqu'à Jérusalem.

*

Le rapport qu'écoutait ce matin de juin Isaac Levi était « la plus sombre suite de nouvelles » qu'il devait jamais entendre.

Il s'agissait, presque balle par balle, de l'état des réserves de munitions que possédaient encore les défenseurs juifs de Jérusalem. Un calcul rapide permit à Isaac Levi d'estimer qu'elles permettraient, au mieux, de soutenir une seule journée de combats intenses. Mais ce n'était pas le seul tableau sinistre de la matinée. Quelques minutes plus tard, dans le bureau de Dov Joseph, il apprenait que les entrepôts de la ville ne contenaient plus que sept jours de farine pour fabriquer les maigres rations de pain de la population. « Il faut à tout prix que nous soyons approvisionnés, se dit-il, sinon tout va s'écrouler. »

Tandis que Levi examinait ces lugubres statistiques, la première jeep à emprunter le sentier de chèvres découvert la nuit précédente atteignait Jérusalem. Amos Chorev avait accompli l'exploit symbolique demandé par Ben Gourion : partie de Tel-Aviv, sa jeep avait réussi à gagner la capitale. Apprenant qu'une équipe du Palmach allait tenter, la nuit suivante, cette prouesse dans l'autre sens, Levi décida de se joindre à elle pour alerter Ben Gourion sur l'état réellement catastrophique des réserves de Jérusalem.

Il quitta la ville à dix heures du soir à bord du seul véhicule, parmi ceux dont disposait la Haganah de Jérusalem, qui fût capable d'affronter les tortures des collines de Judée. Il était de couleur crème et son propriétaire précédent était mort lors d'une tentative désespérée pour couper cette même voie que l'officier juif voulait essayer d'ouvrir. C'était la jeep d'Abdel Kader, capturée lors des combats du 14 mai.

A cinq heures du matin, après sept heures de supplice, Levi atteignait la banlieue de Tel-Aviv. Epuisé, il s'arrêta dans un bistrot de Rehovot pour prendre une tasse de café.

« D'où venez-vous ? lui demanda le patron.

— De Jérusalem.

— De Jérusalem ? »

A ces mots, tous les clients se précipitèrent vers Levi ahuri pour l'embrasser, le serrer dans leurs bras, le féliciter comme s'il venait de conquérir l'Everest.

Le voyageur affamé vit alors le patron du café s'approcher avec un extraordinaire cadeau de bienvenue — une énorme assiette de fraises à la crème.

Dès qu'il y eut fait honneur, Levi se précipita chez Ben Gourion. Celui-ci l'accueillit par une question brutale.

« Pourrons-nous tenir à Jérusalem ? »

La réponse fut tout aussi brutale.

« La ville a faim. Les gens ne meurent pas encore mais le jour n'est pas loin où ils mourront. Pourtant, aujourd'hui, le sort de Jérusalem ne dépend pas du ravitaillement de sa population, mais des munitions. »

Il rendit compte de l'état des réserves tel qu'il lui avait été communiqué la veille.

« Si les Arabes déclenchent une seule attaque sérieuse, affirma-t-il, nous n'aurons plus rien à mettre dans nos fusils. »

Il regarda un instant l'homme accablé par tant de responsabilités qui lui faisait face et ajouta gravement :

« Nous serons écrasés. »

Ben Gourion convoqua aussitôt Joseph Avidar, le fils du meunier ukrainien responsable des approvisionnements de la Haganah. Si une jeep pouvait franchir ces collines, vingt autres le pouvaient aussi. Leurs chargements ne seraient certes qu'une goutte d'eau dans l'océan des besoins de Jérusalem, mais ils donneraient du moins aux défenseurs la certitude que tout ce qui était humainement possible pour les aider était tenté. Ben Gourion ordonna à Avidar de réquisitionner toutes les jeeps qu'il pourrait trouver à Tel-Aviv, de les remplir d'armes et de munitions et de les confier à Levi pour qu'il les ramène dès cette nuit à travers les collines.

Des policiers militaires se précipitèrent aux principaux carrefours de Tel-Aviv pour intercepter les précieux véhicules. Mais la nouvelle de cette réquisition ne mit pas longtemps à se répandre à travers la ville et les jeeps disparurent comme par enchantement. Toute une journée de recherches ne permit de récolter qu'un butin dérisoire : une seule jeep dans un état pitoyable. Ecœuré, Ben Gourion regarda tristement Levi et soupira :

« Prenez au moins la mienne. »

Puis il ajouta :

« Dites à Shaltiel de tenir à tout prix. Nous allons ouvrir une nouvelle route pour sauver Jérusalem. »

Une heure plus tard, l'officier dont les soldats n'avaient plus qu'une poignée de cartouches, découvrit sous les hangars du kibboutz de Houlda un trésor qui le laissa rêveur. « Mon Dieu, pensa Levi en contemplant une montagne de caisses de munitions, quelle différence cela aurait fait si nous avions eu tout cela à Jérusalem ! »

Comme un enfant dans une pâtisserie, il ne savait que choisir. Finalement, il chargea trente mitrailleuses tchèques dans sa jeep, une centaine d'obus de mortier dans celle de Ben Gourion, et rentra à Jérusalem.

*

D'abord faible et lointain, le ronronnement commençait à emplir tout le ciel d'Amman. Aucun avion de ligne ne survolait pourtant la capitale bédouine à cette heure tardive. Les deux petits appareils qui débouchèrent dans la nuit constellée d'étoiles ne desservaient aucune ligne commerciale : c'étaient deux chasseurs bombardiers Messerschmitt 109 de la force aérienne d'Israël.

Leur présence au-dessus d'Amman était la conséquence d'un autre ordre donné ce jour-là par David Ben Gourion. Une demi-douzaine de Messerschmitt achetés par Ehud Avriel en Tchécoslovaquie étaient à présent arrivés. Le premier de ces appareils s'était écrasé en décollant; le deuxième avait été descendu; mais un troisième avait réussi à abattre deux bombardiers égyptiens, prouvant ainsi qu'Israël entendait désormais disputer aux Arabes le contrôle de son ciel.

Après avoir bloqué l'attaque d'une colonne blindée égyptienne, ces appareils allaient cette nuit offrir aux habitants d'Amman une réplique des nuits que ceux de Tel-Aviv avaient vécues depuis le 14 mai. Au-dessous des ailes des Messerschmitt juifs, les lumières du palais Ragdan brillaient comme si le roi y donnait une fête. Abdullah y offrait un grand banquet en l'honneur des dirigeants arabes. Il avait toujours refusé de se plier à toute consigne de blackout, affirmant que « jamais il ne sera dit, que moi, un Hachémite, j'ai dû éteindre mes lumières à cause d'une menace sioniste ». Cette nuit, le petit souverain voulut même offrir sa riposte personnelle au raid aérien de Ben Gourion. Sous les regards ahuris de ses invités, il s'empara du revolver de son garde du corps, se précipita dehors, et commença à tirer joyeusement vers le ciel.

*

Sur le front de mer de Tel-Aviv, dans une pièce de la « Maison-Rouge », deux hommes présidaient une conférence unique dans les annales de la Haganah. Un Russe, Joseph Avidar, et un Américain, David Marcus, allaient contraindre le peuple qui avait traversé à pied la mer Rouge et franchi les déserts de l'exode, à s'embarquer dans une nouvelle aventure. Ils allaient essayer d'accomplir à force de sueur, d'ingéniosité technique et d'audace, ce qu'ils n'avaient pu réussir par les armes — ouvrir une route vers Jérusalem.

Etant donné la pauvreté des moyens matériels dont ils disposaient, c'était une entreprise colossale. Il s'agissait de tailler dans le relief chaotique des monts de Judée une voie carrossable, contournant tout le tronçon de la route principale de Jérusalem contrôlé par la Légion arabe. Et ce ne devrait pas être une vague piste pour jeeps de rodéo mais une vraie route capable de supporter des convois de lourds camions. Il fallait en outre la percer rapidement et sous la menace constante des canons arabes de Latroun et des attaques des légionnaires.

Pour une fois, les chefs de la Haganah n'iraient pas chercher dans la Bible le nom de cette entreprise. Cette opération porterait le nom du fantastique exploit qui — sur une échelle infiniment plus vaste — avait porté secours à des millions de Chinois. En souvenir des mille cent soixante-huit kilomètres de route construits par les ingénieurs américains et les coolies chinois pendant la seconde guerre mondiale à travers les jungles et les montagnes de Birmanie, ils décidèrent de baptiser la route avec laquelle ils espéraient sauver Jérusalem la « Route de Birmanie ».

45

« LE PEUPLE ARABE
NE VOUS PARDONNERA JAMAIS »

Tel le flux inéluctable de la marée, le fléau de la famine commençait à recouvrir la Jérusalem juive. Tenaillés par la faim, les jeunes gens du Gadna embusqués dans *Notre-Dame de France* braquaient leurs jumelles sur les cours des maisons arabes abandonnées dans l'espoir d'y découvrir quelque poulet égaré. Dès la tombée de la nuit, ces adolescents au ventre vide risquaient leur vie à la recherche des trésors aperçus. C'étaient là de périlleuses expéditions. En revenant de l'une d'elles, un sac de riz et un tapis persan sur le dos, un des jeunes combattants fut tué par un éclat de mortier arabe. C'était Jacques, le jeune maquisard français qui avait détruit quelques jours plus tôt un autocanon de la Légion arabe.

Ces raids avaient parfois d'étranges conséquences. Après avoir vidé toutes les bouteilles d'une boisson gazeuse raflées chez un épicier arménien, quelques membres du Gadna furent pris de violents malaises. « Envoyez vite un médecin, les Arabes nous ont empoisonnés », supplièrent-ils quelques instants plus tard dans un message au Q.G. de Shaltiel. En l'absence d'un médecin, l'officier Shalom Dror accourut au secours des jeunes garçons qu'il trouva dans un état pitoyable. Il découvrit qu'ils étaient ivres. Pour la première fois de leur vie, ils avaient bu du champagne.

Au sein des cent mille affamés de Jérusalem, ils étaient quarante et un que le ciel épargnait. Cette petite communauté tenait bon, sous les feux croisés des Arabes et des Juifs, grâce à une source privilégiée de ravitaillement. Par des voies tortueuses qui traversaient le champ de bataille, un frère assomptionniste réussissait à leur faire parvenir les produits de la petite ferme qu'il exploitait autour de l'église Saint-Pierre en Gallicante, sur la pente du mont Sion, là même où saint Pierre s'était repenti d'avoir renié Jésus. Ces bénédictions de bouche allaient aux Français du consulat de France.

Le frère François voulut un jour offrir à ses compatriotes les victuailles les plus raffinées qu'il possédât. Il enferma trois cochons de lait dans un sac et prit le chemin de la colline du Mauvais Conseil où devait l'attendre un envoyé du consulat. Mais l'évasion d'un des cochons déchaîna contre le malheureux ecclésiastique la colère de la population arabe outragée par l'apparition de cet animal impie. Plus mouvementée encore fut l'arrivée du religieux sur la colline du Mauvais Conseil. N'ayant pas trouvé l'envoyé du consulat, il s'adressa au kibboutz voisin. Deux sentinelles de la Haganah se jetèrent sur lui mitraillette au poing. Dans sa précipitation, le saint homme avait simplement oublié de retirer le keffieh dont il s'était coiffé pour traverser le secteur arabe. Bien plus que ses protestations en français, les cochonnets convainquirent cependant les soldats israéliens de sa neutralité. Ces animaux étaient en effet plus impurs encore pour les Juifs que pour les Arabes. Les membres du consulat de France leur firent pourtant quelques instants plus tard un accueil triomphal.

Ce vendredi 4 juin, les stocks de farine avaient atteint un niveau si bas que Dov Joseph dut se résoudre à réduire à cent cinquante grammes la maigre ration de pain des habitants. Puis il adressa à Ben Gourion le plus sombre avertissement qu'il eût jamais envoyé. « Ne pouvons compter sur miracle. Vous demandons faire parvenir farine par n'importe quel moyen. Au moins dix-sept tonnes par jour. Essayez jeeps ou chameaux. »

C'est pourtant bien sur un miracle que devrait compter Jérusalem. Et l'instrument qu'attendait le Juif David Marcus pour l'accomplir venait d'arriver. C'était un petit bulldozer de l'entreprise de construction Solel Boneh. La Haganah n'était pas l'armée américaine et cet unique engin constituait toute l'armada de niveleuses, de scrapers et de pelles hydrauliques que Marcus avait espéré voir converger vers le hameau de Beit Jiz, tête de ligne de sa « Route de Birmanie ». Le colonel américain désigna au chauffeur le panorama tourmenté des collines de Judée.

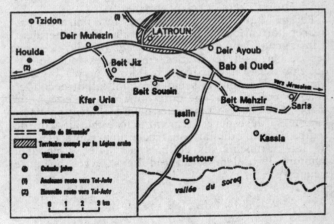

LA « ROUTE DE BIRMANIE »
POUR RAVITAILLER JÉRUSALEM À TRAVERS
LES COLLINES DE JUDÉE

« C'est par là qu'il faut que vous passiez », lui dit-il.

Le hameau arabe abandonné devint en quelques heures un fébrile chantier de construction. Mètre par mètre, le bulldozer commença à dévorer la première colline. Lentement, inexorablement, il défonça, déblaya, arasa, déracina.

Faute de machines, on fit appel à des hommes. Suant et suffoquant dans les nuages de poussière rouge soulevés par le bulldozer, toute une armée de terrassiers et de tailleurs de pierre le suivaient pour combler les trous, niveler la terre, élargir à la pioche la voie découpée par la lame d'acier. Venus de Tel-Aviv et des kibboutzim de tout le pays, ils apportaient sueur et peine en une sorte d'offrande collective à la survie de Jérusalem.

Ils travaillaient jour et nuit. Une colonne de poussière indiquait le jour leur progression dans les collines; la nuit, c'était le martèlement des pics et les ronflements du bulldozer, dont l'écho se répercutait de crête en crête jusqu'à Latroun.

Persuadé que le bruit et la poussière finiraient par attirer l'attention de la Légion arabe et l'inciteraient à intervenir dans le secteur, Marcus installa des postes de garde et tendit des embuscades tout autour du chantier. Un deuxième bulldozer arriva bientôt. Mais le relief était si accidenté qu'il fallait découper chaque colline en une interminable succession de lacets. Ces efforts titanesques n'empêchaient pas Marcus de se désespérer. Son miracle exigerait trop de temps. Avant qu'il ait pu tracer une route capable de faire franchir les collines de Judée à un seul camion, Jérusalem serait réduite à merci, anéantie peut-être.

*

L'ouragan des canons du bédouin Emile Jumean et des pièces de l'Egyptien Abdel Aziz dévastait la ville juive, faisant sans cesse plus de morts et de blessés. Les artilleurs arabes semblaient connaître l'horaire des distributions de pain et d'eau car elles étaient régulièrement suivies d'une entrée massive de victimes dans les hôpitaux. Tous les centres de secours étaient submergés. On entassait les nouveaux arrivants dans les couloirs, les cours, les escaliers.

Attirées par la chaleur et la pourriture, les mouches apparurent par milliers, augmentant les dangers d'épidémie. Patients et infirmiers recevaient trois tranches de pain par jour avec un peu de confiture ou de margarine.

L'intensité des bombardements avait brisé le rêve de Dov Joseph de maintenir les apparences d'une vie normale. La plupart des boutiques étaient fermées et les rues de Jérusalem presque aussi vides le jour que la nuit. Plus que jamais la mort était une loterie. Que les artilleurs arabes tirent le plus souvent au hasard était loin de rassurer la population. Chacun pouvait être atteint à tout moment. Les gens passaient leurs nuits dans les cours ou les rez-de-chaussée des maisons. Très vite, ils furent capables de prévoir à leur seul rugissement le point de chute des obus. Le correspondant du *New York Times*, Dana Adams Schmidt, trouvait ce pilonnage incessant plus terrifiant que tout ce qu'il avait vécu en quatre ans de reportage sur les champs de bataille de la seconde guerre mondiale.

Comme il est de règle dans ce genre de situation, le meilleur côtoyait le pire. Si certains profitaient des circonstances pour s'enrichir grâce au marché noir, d'autres faisaient preuve du plus grand héroïsme. Les jeunes gens du Gadna étaient de ceux-là. Indifférents aux obus qui éclataient de toutes parts, ils portaient les messages de poste en poste, ravitaillaient les combattants en munitions, défendaient eux-mêmes de nombreuses positions. C'était en courant de toute la force de ses jambes qu'une grande fille brune nommée Tova Goldberg espérait le plus sûrement échapper aux artilleurs arabes. Un matin pourtant, sa course ne fut pas assez rapide : un obus la rattrapa. Elle découvrit sur la chaussée sa main droite tranchée net qui tenait encore le message qu'elle devait transmettre. Elle la ramassa en se demandant « qui pourrait jamais aimer une fille avec une seule main », puis, titubante, entra dans le poste de la Haganah.

« Voici un message, dit-elle en tendant sa main

coupée. Et maintenant, trouvez-moi un docteur, s'il vous plaît. »

L'indifférence presque totale que manifestèrent les communautés chrétiennes du monde occidental fut une bien cruelle révélation pour la population juive de la cité. Ni le Vatican, ni l'Eglise d'Angleterre, ni les Conseils de l'Orthodoxie, ni aucun des gouvernements des nations qui avaient soutenu le projet d'internationalisation ne jugèrent bon d'émettre la moindre protestation contre le martyre qu'endurait la nouvelle Jérusalem. Il semblait à sa population que le monde était plus attaché à sauver les pierres de la Jérusalem chrétienne que les vies juives. Et pourtant, les murs et les poteaux télégraphiques se couvraient de plus en plus d'affichettes bordées de noir annonçant la disparition d'hommes et de femmes qui avaient trouvé la mort en défendant la capitale de leur nouvel Etat.

Sur l'une d'elles parut le portrait d'une jeune fille tombée dans un kibboutz du Sud. Le lendemain, son père était à son bureau comme d'habitude. Pour Dov Joseph comme pour ses concitoyens, il fallait que la vie continue.

*

Ce lundi 7 juin, la famine était là. Il ne restait plus que trois jours de réserves pour les insignifiantes rations encore distribuées. Dov Joseph se sentait accablé d'impuissance. « Responsable de la survie de cent mille personnes, dirait-il plus tard, je devais me préparer mentalement au jour terrible où je trouverais devant ma porte les femmes de Jérusalem implorant à manger pour leurs enfants et où je ne pourrais que leur montrer mes entrepôts vides. »

Devant l'imminence de la catastrophe, il adressa un nouveau télégramme à David Ben Gourion. « Si nous ne recevons pas de farine avant vendredi, ce sera la famine à Jérusalem. »

Le délai qu'imposait cet ultimatum était si court que la ville aurait vraisemblablement succombé avant que le premier camion de ravitaillement ait pu l'atteindre par la « Route de Birmanie ». Cinq kilomètres de pentes infranchissables restaient encore à tailler dans les collines. La survie de cent mille Juifs allait donc dépendre du moyen de transport le plus ancien du monde.

Ben Gourion et son équipe estimèrent que s'ils réunissaient six cents hommes capables de parcourir chaque nuit ces cinq kilomètres avec vingt kilos de nourriture sur le dos, ils pourraient acheminer suffisamment de vivres pour permettre à la ville de tenir jusqu'à l'arrivée massive des secours.

Moins de deux heures plus tard, Pinhas Bracker, un inspecteur des compteurs de la Palestine Electric Co., reçut comme plusieurs centaines d'habitants de Tel-Aviv l'ordre de se présenter de toute urgence au siège de la Confédération des syndicats. Membre depuis 1940 de la garde territoriale, il avait l'habitude de ce genre de convocations, et promit à sa femme de rentrer pour le dîner.

Une file d'autobus attendait Bracker et ses compagnons. On les invita à monter dans les véhicules pour une mission « très brève mais très spéciale ». Il y avait là toutes sortes de gens : employés de banque, fonctionnaires, ouvriers, commerçants. Même Mordechai Zeira, le célèbre interprète de chansons folkloriques, était des leurs. La plupart de ces hommes présentaient deux traits communs : ils approchaient tous de l'âge de la retraite, et, citadins, n'avaient pas l'habitude de marcher.

Les autobus les conduisirent à Kfar Bilou, l'ancien camp de l'armée britannique d'où étaient partis les convois de l'Opération Nachshon. Il y régnait une activité prodigieuse. Des femmes accourues des kibboutzim voisins bourraient avec frénésie des sacs de farine, de riz, de sucre, de légumes secs, de lait en poudre. Le poids des sacs avait été calculé de manière à ce que chacun pût porter une charge compatible avec ses forces.

Joseph Avidar rassembla les porteurs pour leur donner quelques rapides explications. A mesure qu'il avançait dans son discours, il voyait la peur crisper la plupart des visages. D'une voix étranglée d'émotion, le fils du meunier ukrainien qui avait perdu une main en fabriquant des grenades pour la Haganah, révéla alors aux hommes de Tel-Aviv que leurs frères de Jérusalem n'avaient reçu ce jour-là que quatre tranches de pain pour toute nourriture. Désignant la pile de sacs qui les attendaient, il s'écria :

« Chacun de vous va porter sur son dos de quoi maintenir en vie cent Juifs un jour de plus. »

Comme si cette perspective leur insufflait subitement des forces nouvelles, ils se disputèrent l'honneur de porter les sacs les plus lourds. Avidar leur réservait encore une surprise. Les trois cents hottes que Xiel Federman avait achetées un franc pièce à Anvers le jour de Noël, avaient enfin trouvé leur utilité.

Avidar les distribua aux porteurs et leur fit regagner les autobus. Il leur fallait à présent escalader les hautes collines de Judée pour sauver leur capitale de la famine.

*

Il existait peut-être un autre moyen de sauver Jérusalem et Ben Gourion était bien résolu à le saisir s'il en avait la possibilité. C'était un cessez-le-feu. Après le rejet par les Arabes du premier appel des Nations unies pour un arrêt des hostilités, la Grande-Bretagne avait soumis le 27 mai au Conseil de sécurité une résolution qui prévoyait une trêve de quatre semaines. Tel-Aviv avait toutefois fort mal accueilli deux des conditions qu'elle posait : l'embargo total sur les expéditions d'armes et sur l'immigration en Israël des Juifs en âge de se battre. C'était pour accélérer la réalisation de ces deux objectifs que David Ben Gourion souhaitait par-dessus tout un arrêt provisoire des combats.

Les Arabes n'ayant de leur côté montré aucun empressement à accepter cette proposition, c'est au médiateur désigné par les Nations unies qu'était revenue la tâche de concilier les points de vue. Le comte Bernadotte s'était rendu en hâte au Caire, à Beyrouth, à Amman et à Tel-Aviv. Bernadotte soumettait ce lundi matin 7 juin un nouveau plan qui faisait une importante concession au gouvernement israélien. Les Juifs d'âge militaire pourraient pénétrer dans le pays à condition de n'avoir pas été enrôlés avant l'entrée en vigueur de la trêve dans des unités constituées.

Bien décidé à violer par tous les moyens les interdits qu'imposait ce cessez-le-feu, Ben Gourion résolut d'accepter la proposition de Bernadotte. « Nous étions au bout de notre rouleau, expliquerait-il plus tard. Presque toutes nos réserves étaient épuisées. » La Haganah avait échoué deux fois devant Latroun, perdu la Vieille Ville, et subi à Jenin une défaite qui aurait pu avoir de graves conséquences si l'ennemi avait poussé son avantage. Les Egyptiens ne se trouvaient plus qu'à trente-cinq kilomètres de Tel-Aviv. Ses seuls succès, l'armée juive les avait remportés dans le Nord, où elle s'était emparée d'Acre, avait atteint la frontière libanaise et chassé les Syriens de Galilée. Mais toutes ses unités avaient besoin de se regrouper, de se réorganiser, de se rééquiper.

Le problème majeur restait cependant Jérusalem. En dépit des efforts héroïques des bâtisseurs de la « Route de Birmanie », Ben Gourion redoutait de plus en plus que les Arabes « ne finissent par s'emparer de la ville ». Il se hâta de télégraphier son accord, espérant que ses ennemis en feraient autant.

*

Les dirigeants arabes étaient précisément réunis à Amman pour débattre cette question. Ils n'avaient à première vue aucune raison de mettre fin à la guerre. Si leurs victoires s'étaient révélées moins éclatantes que ne l'avaient promis leurs discours enflammés, leurs armées contraignaient partout les Israéliens à la défensive. Mais la situation n'était pas en réalité aussi rassurante que les apparences pouvaient le laisser croire. L'armée égyptienne avait certes dévoré d'énormes étendues de territoire, mais elle n'avait conquis qu'un tout petit nombre de colonies juives. De nombreux kibboutzim menaçaient partout ses arrières et ses lignes de communication. La résistance acharnée qu'avaient partout offerte les défenseurs juifs malgré leur insuffisance numérique indiquait le prix élevé qu'il faudrait payer pour les conquérir. Une vigoureuse contre-attaque juive venait d'ailleurs d'interrompre l'avance égyptienne au sud de Tel-Aviv. En outre la campagne avait mis en lumière la mauvaise organisation de l'armée et les malversations de ses fournisseurs. Médicaments, vivres, eau, essence, munitions manquaient presque partout. Des fusils s'enrayaient et bien des grenades explosaient dans les mains des soldats. La plupart des officiers supérieurs préféraient rester à l'abri de leur tente plutôt que d'affronter les affres du combat et la chaleur du désert aux côtés de leurs hommes. Le moral laissait à désirer. Les jeunes officiers sentaient avec amertume qu'on les avait jetés dans une guerre pour laquelle ils n'étaient ni préparés ni équipés, tandis que les gouvernants du Caire continuaient à mener leur existence de luxe et de facilité. L'armée irakienne avait cruellement déçu, l'armée libanaise ne s'était pratiquement pas manifestée, l'armée syrienne n'avait pu conserver aucune de ses conquêtes initiales. La Légion arabe elle-même, en dépit de ses victoires considérables à Latroun, n'avait pas exploité ses succès dans la Vieille Ville pour s'emparer de toute la cité.

Mais c'était surtout la volte-face diplomatique de leur principal soutien international qui modifiait tout à coup la situation des Arabes. Irakiens, Transjordaniens, Egyptiens, tous dépendaient de la Grande-Bretagne pour leurs approvisionnements militaires.

Or, après n'avoir rien fait pour empêcher la guerre de se déclencher, Londres conseillait aujourd'hui à ses amis du Proche-Orient d'accepter le cessez-le-feu.

Les dirigeants arabes étaient partagés sur l'opportunité d'entendre cet appel à la raison. Ironiquement, les deux pays qui participaient le moins à la guerre — le Liban et la Syrie — étaient ceux qui souhaitaient le plus la poursuivre. L'envoyé de Hadj Amin s'opposait lui aussi avec acharnement à toute trêve. Le Mufti craignait en effet qu'elle ne brise l'élan arabe et réduise à néant la fragile coalition des pays arabes sur le champ de bataille. Azzam Pacha, secrétaire général de la Ligue arabe, partageait cette conviction. Lui qui n'avait pas approuvé l'entrée en guerre des Arabes, il jugeait qu'un arrêt provisoire des combats serait tout à l'avantage de l'ennemi. Vu la conjoncture internationale, expliquat-il, les Arabes auraient bien du mal à profiter de la trêve pour mieux s'armer, tandis que les Israéliens y parviendraient sans aucun doute.

Mais, cette fois, la balance penchait résolument en faveur d'un cessez-le-feu. Abdullah lui était « personnellement favorable », car Glubb lui avait recommandé de s'y ranger. L'interruption des combats ne pouvaient que réjouir le chef de la Légion arabe. Sauf à Jérusalem, ses forces n'avaient pas subi les pertes graves qu'il appréhendait et, dirait-il, « nous avions accompli plus que je ne l'avais espéré en entrant en guerre dans des circonstances aussi défavorables. »

Il revenait à Noukrachy Pacha, Premier ministre égyptien, de faire entendre la voix décisive de la principale puissance engagée dans ce conflit. Contraint par Farouk, le 11 mai, d'obtenir du parlement égyptien une déclaration de guerre au futur Etat d'Israël, ce professeur d'histoire souhaitait ardemment retirer l'Egypte de la coalition.

« Nous n'aurions jamais dû entreprendre cette guerre, déclara-t-il. Il faut absolument accepter ce cessez-le-feu et employer ces quatre semaines à réorganiser nos forces. Ainsi, peut-être, arriverons-nous à gagner la guerre.

— Sottises ! explosa Azzam Pacha. Votre armée est à trente-cinq kilomètres de Tel-Aviv. Vous n'avez pas subi une seule défaite et vous voulez reprendre votre souffle ! Que croyez-vous que feront les Juifs pendant le cessez-le-feu ? Rien ? Ils s'en serviront aussi et vous les retrouverez ensuite deux fois plus forts qu'avant.

— Mon cher Azzam, répondit Noukrachy imperturbable, mon attitude se fonde sur les recommandations de mon chef d'état-major. L'avis d'un soldat a plus de valeur que le vôtre.

— Pas quand il s'agit de l'homme le plus incompétent d'Egypte en matière militaire », coupa Azzam.

Le secrétaire général de la Ligue arabe n'ignorait pas qu'il livrait un combat inutile. Il savait qu'après avoir décidé de déclarer la guerre à l'Etat d'Israël, Farouk s'était désintéressé du conflit et que les milieux politiques égyptiens souhaitaient comme Noukrachy arrêter les frais. Seule la crainte de la réaction du peuple à qui ils avaient chaque jour promis la victoire pour le lendemain avait jusqu'ici empêché les dirigeants égyptiens de retirer définitivement leur pays du conflit.

Quand la victoire des partisans de la trêve parut assurée, Azzam Pacha s'empara d'un morceau de papier, y griffonna quelques mots, et le jeta au milieu de la table. Puis il se leva et sortit, laissant sa démission en pâture à ses collègues.

Bouleversé, Noukrachy le rattrapa dans le couloir :

« Azzam, gémit-il en le tirant par la manche, vous ne savez pas ce que vous êtes en train de faire ! Vous me condamnez à mort. Si je rapporte au Caire votre démission et un cessez-le-feu, le peuple me tuera. Revenez ! »

Le secrétaire général de la Ligue arabe parut ébranlé. Il savait que Noukrachy disait vrai. En dépit de leurs différends politiques, ils étaient amis et avaient traversé ensemble de nombreuses crises.

« Bon, répondit-il, d'accord. Mais vous devez vous rendre compte que les peuples arabes ne vous pardonneront jamais ce que vous vous apprêtez à faire. »

*

Le Juif Pinhas Bracker savait maintenant qu'il ne serait pas de retour pour le dîner. Après avoir traversé Houlda, l'autobus avait pris la direction de Latroun. Trois kilomètres avant le carrefour que la 7ᵉ brigade avait tenté par deux fois d'arracher à la Légion arabe, l'autobus avait bifurqué vers l'est sur la piste qui menait au hameau de Beit Jiz.

Il était minuit quand les premiers autobus arrivèrent au pied des collines de Judée. Une bise glacée descendaient des hauteurs, faisant grelotter ces hommes venus pour la plupart en manches de chemise et en short des rues chaudes et moites de Tel-Aviv. Devant eux, les éclairs de fusées vertes et rouges striaient par instants le ciel sombre, et ils se demandaient si ces signaux ne prévenaient pas les forces arabes de leur arrivée. Des obus sifflèrent et les porteurs se recroquevillèrent sur leurs banquettes. Le convoi dépassa Beit Jiz et s'enfonça à travers les cyclamens et les lavandes sauvages jusqu'au hameau voisin de Beit Sousin, le point le plus avancé de la « Route de Birmanie ».

Bronislav Bar Shemer, l'officier qui avait kidnappé les camions de Tel-Aviv pour l'Opération Nachshon, fit aligner les hommes sur une seule file. Chaque porteur reçut l'ordre de tenir le pan de la chemise de celui qui le précédait afin de ne pas s'égarer dans l'obscurité. Puis, Bar Shemer en tête, ils s'ébranlèrent dans la nuit.

En les voyant disparaître, Vivian Herzog fut frappé par un étrange détail, « le silence total de ces hommes qui appartenaient au peuple le plus bavard du monde ». Pour David Marcus, cette colonne qui s'évanouissait dans les ténèbres évoqua « les caravanes de l'Antiquité sur les routes du roi Salomon ».

La longue file dépassa les bulldozers et les terrassiers qui s'acharnaient, cette nuit-là comme les autres à tailler la route. Des ouvriers étaient déjà en train de poser les tubes d'une conduite qui amènerait bientôt par-dessus la colline de l'eau destinée à remplir les camions-citernes envoyés de Jérusalem. Le pipe-line qui devait étancher la soif de cent mille Juifs avait eu pour destination première d'apporter de l'eau à la population d'une autre capitale. Il devait remplacer pendant la seconde guerre mondiale la conduite d'eau de Londres détruite par les bombes nazies.

Après une courte descente, la piste attaquait la pente abrupte qui montait vers la première crête. Ce fut là que commença le martyre des porteurs. Dans une obscurité totale, les hommes trébuchaient, glissaient, tombaient, repartaient. Terrassé par une crise cardiaque, l'un d'eux bascula dans le vide. Ceux qui marchaient derrière durent accélérer pour reformer la chaîne. Bientôt monta de toute la colline le bruit saccadé des halètements et des pieds raclant les pierres. Les hommes les plus vigoureux se hissaient jusqu'au sommet, posaient leur charge et redescendaient aider les autres. Pour oublier la torture de sa lente escalade, Pinhas Bracker s'obligea à se remémorer un joyeux pique-nique qu'il avait fait dans ces mêmes collines quand il était jeune marié. Ces hommes qui n'avaient plus l'âge de la guerre priaient aussi pour qu'aucun obus ne vînt les massacrer. D'autres encore songeaient aux paroles d'Avidar et à toutes les femmes, à tous les enfants à qui ils apportaient la survie sur leurs dos douloureux. Tous pensaient à l'endroit où ils allaient poser le pied. La pente devint si raide qu'ils durent se cramponner aux touffes d'une sorte de fraisier sauvage à fleurs rouges que les soldats de la Haganah appelaient d'un nom spécial. S'agrippant aux « sang des Maccabées », les Juifs épuisés se traînaient vers Jérusalem.

Sans un mot, sans un cri, la colonne gravit son calvaire pendant trois heures. Bar Shemer aperçut enfin, dans l'ombre grise, des silhouettes de camions. C'étaient ceux de Jérusalem.

En voyant émerger de la nuit la longue caravane ployant sous les charges, le journaliste Harry Levin se dit qu'il était le témoin d' « une scène du purgatoire ». L'appel désespéré de Dov Joseph avait été entendu. Les efforts de trois cents habitants de Tel-Aviv allaient permettre à trente mille Juifs de Jérusalem de se nourrir un jour de plus.

Dès l'aube, le responsable des stocks de ravitaillement de Jérusalem, Ariel Belkind, s'était dirigé vers son principal entrepôt installé dans l'école Rothschild. Il n'y restait plus, ce lundi 7 juin, que quelques caisses de biscuits. En s'y rendant, Belking ne pouvait penser qu'à la « tragédie imminente ». Dans la cour, il découvrit soudain une pyramide de sacs. Il plongea la main dans le premier. Incrédule, il regarda la fine poussière blanche qui glissait entre ses doigts. C'était de la farine. Submergé par l'émotion, il se mit à sangloter.

*

« Yah Habes ! s'exclama le visiteur, les Juifs construisent un passage secret vers Jérusalem. »

La présence insolite des porteurs de Tel-Aviv dans les collines inhabitées de la Judée n'était pas passée complètement inaperçue. Le villageois qui venait de pénétrer sous la tente du colonel Habes Majelli, commandant la défense arabe de Latroun, était le quatrième à apporter la même nouvelle ce matin-là.

L'officier bédouin éprouvait déjà certains soupçons sur la nature des activités auxquelles se livraient les Juifs derrière les hauteurs devant ses lignes. Le bruit des engins mécaniques, les nuages de poussière montant des crêtes, la multiplication des patrouilles juives — tout concourait à nourrir ces soupçons que confirmaient à présent les renseignements des villageois.

Le colonel n'était pas inquiet. Où qu'ils fussent derrière les collines, les Juifs se trouvaient à portée de ses canons de 88 et de ses batteries de mortiers. Il n'avait qu'un mot à dire pour obtenir ce qu'appréhendait David Marcus depuis quatre jours — un épouvantable massacre. Cet ordre, il allait à présent le donner. Avant de déchaîner ses pièces et d'anéantir les derniers espoirs qu'avait Ben Gourion de sauver Jérusalem, Majelli devait cependant avertir l'échelon supérieur, et obtenir une importante allocation de munitions supplémentaires. Il dépêcha son adjoint, le capitaine Mahmoud Roussan, auprès du colonel anglais T.L. Ahston qui commandait la brigade. Roussan révéla au Britannique que les Juifs, selon des renseignements certains, construisaient une route vers Jérusalem qui contournait Latroun. Ashton haussa les épaules.

« Le terrain est bien trop dur, dit-il, bien trop accidenté. Ils ne pourront jamais y faire passer une route. »

Il remit au jeune officier un ordre écrit à l'intention du colonel Majelli. « Vous ne devez sous aucun prétexte, gaspiller vos munitions dans le secteur de Beit Jiz-Beit Sousin. »

46

UN TOAST AUX VIVANTS

« Ici Mahmoud Roussan. Les Juifs viennent de s'emparer du poste de police. Concentrez le feu de tous vos canons sur le bâtiment. Détruisez-le ! »

En entendant cette voix qui venait d'usurper son nom sur la longueur d'onde de la défense arabe de Latroun, le capitaine Mahmoud Roussan sursauta. Saisissant son micro, il cria :

« Ici, le vrai Mahmoud Roussan. Les Juifs essaient de vous tromper. J'interdis à quiconque de tirer sur le poste de police. Nos hommes sont encore dedans. »

L'échec de cette ruse allait ravir aux forces juives la victoire qu'elles avaient presque remportée dans la nuit de ce 9 juin. Pour la troisième fois, l'armée d'Israël avait tenté d'arracher à la Légion arabe les hauteurs de Latroun pour rouvrir la route de Jérusalem et éloigner la menace qui pesait sur la « Route de Birmanie » avant qu'un cessez-le-feu ne consacre en ces lieux la présence arabe. Une brigade entière avait été ramenée de Galilée pour remplacer les compagnies décimées de la 7ᵉ brigade. Elle devait essayer de prendre les positions arabes à revers pendant qu'un simple commando fixerait une fois encore l'attention des légionnaires devant le poste de police. Alors que le gros des forces s'était égaré dans les collines, c'était, contre toute attente, cette attaque de diversion qui avait failli réussir.

Les membres du commando arrivèrent jusqu'au P.C. du colonel Habes Majelli sur la crête derrière l'abbaye. Mais comme ils manquaient de soutien, ils ne purent assurer cette extraordinaire conquête.

A l'aube, ralliées par les cris d'« Allah Akbar » lancés par l'iman du régiment, les troupes arabes contre-attaquèrent victorieusement. Les crêtes de Latroun allaient rester aux mains de la Légion arabe pendant dix-neuf ans.

*

Quand la nouvelle de la troisième défaite de la Haganah à Latroun arriva à Jérusalem, une sorte d'atmosphère funèbre recouvrit la ville. Il sembla à Léon Angel, l'un des deux boulangers encore autorisés à travailler, qu'en ce matin du jeudi 10 juin « la mort traquait la ville ». Les volets étaient fermés, tout était silencieux. Épuisés par les privations, les habitants s'étaient cloîtrés chez eux pour ne pas gaspiller leurs dernières forces. Cette fois, le boulanger n'avait plus un seul gramme de farine dans son fournil et, pour terminer sa fournée, il avait dû balayer le sol. Tout l'héroïsme des porteurs dans les collines de Judée ne pouvait suffire à sauver Jérusalem. Leurs sacs de farine n'avaient été qu'un réconfort. Ils ne pouvaient remplir ni les estomacs ni les entrepôts où il ne restait plus qu'une pitoyable ration de farine : de quoi donner encore à chaque habitant le tiers d'une boule de pain.

Soucieux de prolonger la résistance des soldats juifs jusqu'à l'extrême limite, Dov Joseph et David Shaltiel décidèrent de leur attribuer ces dernières rations en priorité. Ce jeudi matin, les hommes cantonnés dans l'orphelinat Schneller reçurent chacun une tranche de pain et six olives. Dans la plupart des familles, les réserves précieusement gardées pour les jours les plus sombres étaient épuisées. Faute de marchandise, le marché noir lui-même avait cessé. La famine frappait désormais tous les habitants avec une égale rigueur. Mais tous les Juifs de Jérusalem n'acceptaient pas cette épreuve avec le même stoïcisme. Ceux des communautés orientales, par exemple, commencèrent à montrer certains signes de panique qui inquiétèrent les autorités. Une révolte de la faim pouvait avoir des conséquences catastrophiques. Elle pourrait gagner toute la ville et surtout, craignaient les responsables, dévoiler aux Arabes la situation tragique du camp juif.

Pour les apaiser, l'architecte Dan Ben Dor suggéra de favoriser les Juifs orientaux. Les Juifs d'Europe, expliqua-t-il, avaient déjà tant souffert qu'ils supportaient mieux des nouveaux malheurs que leurs frères d'Orient.

« Quoi ? s'indigna Dov Joseph. Les récompenser de leur faiblesse ? Jamais ! »

Pour le vingt-sixième jour consécutif, le ciel de Jérusalem retentit dès l'aube du tonnerre de la canonnade, épreuve quotidienne plus éprouvante encore que la faim. Dans les seules dernières quarante-huit heures, les pièces du lieutenant arabe Emile Jumean avaient déversé six cent soixante-dix obus sur les toits et dans les rues de la Jérusalem juive.

Les mortiers et les Davidka de David Shaltiel n'avaient, eux, plus de munitions à envoyer sur la Vieille Ville arabe. Grâce à ses propres canons, le lieutenant arabe Emile Jumean allait remédier avec machiavélisme à cette insuffisance. Pour provoquer l'indignation du monde contre les Israéliens, il envoya deux obus de 88 sur les deux hauts lieux de la chrétienté et de l'islam situés dans la Vieille Ville. Le premier creva la coupole de la basilique du Saint-Sépulcre, l'autre le dôme de la mosquée d'Omar.

C'est au milieu de ce chaos de mort, de faim et de désespoir qu'éclata dans les rues de Jérusalem une nouvelle qui circulait à l'état de rumeur depuis plusieurs jours. Les appels du comte Bernadotte, médiateur des Nations unies, avaient été entendus. Le diplomate venait d'annoncer officiellement la conclusion d'un cessez-le-feu pour une période de trente jours. A Jérusalem, le combat devait s'arrêter le lendemain, vendredi 11 juin, à dix heures du matin. Chose étrange, cette nouvelle ne déclencha dans la ville juive aucune manifestation particulière d'enthousiasme, comme si la population épuisée n'avait plus la force de se réjouir. De nombreux habitants l'accueillirent même avec scepticisme, se rappelant que deux fois déjà les Nations unies avaient fixé une date pour des cessez-le-feu qui n'avaient jamais été conclus. Pour Dov Joseph, cette nouvelle signifiait que les cent mille Juifs de Jérusalem allaient être sauvés. Avec le même calme qu'il avait montré au cours des précédentes semaines, l'austère juriste canadien s'enferma ce soir-là dans son bureau avec ses collaborateurs.

Il allait consacrer cette dernière nuit de combats à une tâche capitale : déterminer denrée par denrée l'énorme tonnage de ravitaillement qu'il lui faudrait faire affluer vers ses entrepôts à la minute même du cessez-le-feu.

*

A trente kilomètres du bureau de Dov Joseph, deux hommes soumettaient une jeep à la torture du chemin par lequel devraient arriver ces tonnes de vivres. La présence, à quelques heures de la trêve, de deux journalistes américains sur la piste tracée par les bulldozers et les terrassiers de David Marcus consacrait officiellement l'ouverture de la « Route de Birmanie ». C'était une manifestation sans rapport avec l'état réel de la route, mais les Israéliens voulaient atteindre, avant l'entrée en vigueur du cessez-le-feu, un objectif d'une importance incalculable pour l'avenir : faire savoir au monde qu'une nouvelle voie unissait la Jérusalem juive au reste du pays. En établissant que cette route fonctionnait avant la trêve, ils déniaient aux envoyés des Nations unies le droit d'en contrôler le trafic.

*

Quelques kilomètres devant la jeep des deux Américains, près de l'église du village arabe chrétien d'Abou Gosh, une mitraillette hoqueta dans la nuit.

La sentinelle juive du P.C. des forces de la Haganah en opérations dans le secteur se précipita vers la silhouette drapée de blanc qu'elle venait d'abattre. David Marcus n'assisterait pas à l'inauguration de la route pour laquelle il avait donné tant de ses forces. Pris dans l'obscurité pour un Arabe, le premier général juif depuis Judas Maccabée était mort, victime d'une tragique méprise.

∗

Il était un peu plus de huit heures du matin, le vendredi 11 juin, quand un journaliste arabe entra dans le P.C. d'Abdullah Tell. Avant même que Saïd Abou Reech eût posé une seule question au commandant de la Légion arabe à Jérusalem, la sonnerie du téléphone retentit.

« Oui, Sire », répondit Tell en blêmissant.

Sachant que le chef du régiment qu'il avait envoyé au secours de Jérusalem éprouverait les plus grandes difficultés à imposer le respect du cessez-le-feu à ses troupes et aux partisans de Hadj Amin, le roi Abdullah avait pris la précaution de l'appeler personnellement.

« Mais, Sire, protesta Tell avec indignation, comment voulez-vous que j'arrête mes hommes ! Ils sentent tellement la victoire à leur portée. »

Le journaliste Abou Reech entendait la voix du souverain résonner dans l'écouteur.

« Vous êtes un soldat, et c'est un ordre que je vous donne. Vous devez arrêter le tir à dix heures. »

Puis, comme pour donner plus de poids à ses paroles, le roi annonça qu'il avait décidé de venir à Jérusalem pour la prière de midi à la mosquée.

Le cœur brisé, Abdullah Tell raccrocha. Il essuya ses yeux avec le pan de son keffieh, passa sans un mot devant le journaliste et sortit.

Pendant les deux heures qui suivirent, une recrudescence de fusillades et d'explosions ébranla Jérusalem, comme si les adversaires voulaient à tout prix brûler leurs dernières cartouches avant l'arrêt des combats. Au moment même où les horloges de Jérusalem marquaient dix heures, la canonnade et les rafales redoublèrent encore. Puis, comme les dernières gouttes d'un orage, la fusillade s'espaça. Derrière les créneaux des remparts de la Vieille Ville, un mot courait de bouche à oreille parmi les bédouins de la Légion arabe : « Hudna — Trêve. » Au carrefour Mandelbaum, derrière les fenêtres de *Notre-Dame de France*, sur le mont Sion, les soldats de David Shaltiel posèrent leurs armes quand les plaintes des sirènes annoncèrent la fin des combats. A dix heures et quatre minutes, un silence irréel, oppressant, tomba sur la ville.

Dans les quartiers arabes, ce fut d'abord une sorte d'incrédulité puis très vite l'indignation et la colère. Des gens s'attroupèrent pour crier leur désaveu à l'adresse des politiciens qui les privaient de leur victoire. Des partisans du Mufti ouvrirent même le feu dans l'espoir de ranimer la bataille. Les légionnaires d'Abdullah Tell les réduisirent au silence mais ils étaient eux-mêmes en proie à un sombre mécontentement qu'ils exprimèrent en exécutant dans les rues la danse funèbre des bédouins.

Leur chef monta au sommet de la tour sur laquelle David Shaltiel avait espéré planter le drapeau israélien afin d'observer les réactions que provoquait du côté juif l'arrêt du combat. La première silhouette qu'il aperçut dans cette ville où s'étaient tue la canonnade fut celle « d'une femme juive qui courait tête baissée, un panier à la main ». En la regardant s'éloigner, il pensa soudain qu'avec cette silhouette s'évanouissait sa victoire, et que jamais plus il ne pourrait être aussi près de conquérir Jérusalem qu'il ne l'avait été ce matin-là.

Etourdis, comme assommés par le silence, les habitants de la Jérusalem juive sortaient lentement de leurs caves et de leurs abris, ayant du mal à croire, après tant d'espoirs déçus, que la fusillade et le bombardement avaient réellement cessé. Les rues étaient pleines de verre brisé, de décombres, d'ordures. Les pierres des maisons de Jérusalem

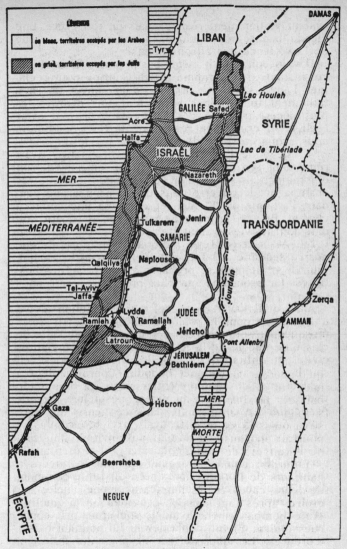

L'ÉTAT D'ISRAËL ET LA PALESTINE ARABE
APRÈS 29 JOURS DE COMBATS
(*Première trêve du 11 juin 1948*)

avaient vaillamment résisté, mais un toit crevé, une façade béante témoignaient à chaque coin de rue de la violence des affrontements.

Dov Joseph ne prit même pas le temps de savourer cet instant. Il télégraphia à Ben Gourion pour réclamer l'envoi de toute urgence d'un convoi de ravitaillement limité, dans l'immédiat, aux denrées les plus nécessaires. En ces dernières heures, il avait réellement cru à une révolte de la faim. « Comme nous avons été près de succomber ! » se dit-il.

Au siège de l'Agence Juive, David Shaltiel avait réuni dans son bureau les principaux officiers de son état-major. Il sortit d'un tiroir une bouteille de champagne découverte dans une maison arabe pendant l'attaque du 14 mai, et en versa une coupe à chacun. Puis, il proposa de porter un toast aux soldats dont les vies avaient été préservées par le cessez-le-feu. Mais cette trêve, indiqua-t-il, ne durerait que quatre semaines. Il faudrait mettre à profit chaque jour de répit pour se préparer à la reprise des hostilités. La prochaine manche, promit-il, serait pour eux.

Ainsi qu'il l'avait annoncé, le roi Abdullah arriva à Jérusalem pour la prière de midi. Au sortir de la mosquée, le souverain fut conduit dans une salle de classe de l'école de la Raoudah où les personnalités civiles et militaires de la ville avaient organisé en son honneur un banquet bédouin. Conformément à la coutume, un mouton entier posé sur une montagne de riz fut servi au monarque qu'une légende particulière accompagnait dans ce genre de festivités. Au convive qu'il trouvait trop bavard, le roi offrait la langue de l'animal; aux invités ennuyeux, ou dont les idées lui déplaisaient, il présentait la cervelle. Ce jour-là, il n'avait que des honneurs à distribuer et le premier à en recevoir fut le commandant Abdullah Tell. Il annonça au jeune officier qui avait sauvé en son nom Jérusalem sa promotion au grade de colonel. Quand le souverain prit congé de ses hôtes, chacun défila devant lui pour lui baiser la main qu'il avait l'habitude de présenter différemment pour exprimer son humeur. Il confirma de la façon la plus chaleureuse sa souveraine gratitude au jeune colonel. Il lui donna sa paume à baiser.

En ce 11 juin, triomphait un autre jeune officier qui avait lui aussi sauvé Jérusalem. Coiffée d'un chapeau à fleurs, une dame d'un certain âge avait pris place sur la banquette arrière d'une jeep qui faisait partie du premier convoi à quitter la ville assiégée. Le Juif Joseph Nevo avait dû faire jouer toutes ses relations pour imposer cette encombrante passagère au chauffeur de la jeep. Le départ de sa belle-mère lui permettrait de célébrer enfin ce soir-là un événement qu'il attendait depuis cinq semaines — sa nuit de noces.

Au pied des collines de Judée, sur une hauteur dominant le carrefour où tant d'hommes étaient morts, les trappistes de l'abbaye de Latroun chantèrent la messe de saint Bernard avec une ferveur toute particulière. Puis, dans le réfectoire jonché de débris, ils célébrèrent la paix revenue en arrosant leur repas habituellement frugal d'un délectable pommard des caves du père Godart.

Pour David Ben Gourion, les trente jours de répit que le cessez-le-feu offrait à son pays assiégé ressemblaient à un « rêve doré ». Mais ce soir-là comme celui du vote du Partage, comme le jour de la proclamation de l'État d'Israël, il n'avait ni le cœur ni le temps de se réjouir. Un rapport envoyé de Tchécoslovaquie par Ehud Avriel l'attendait sur son bureau. Il annonçait qu'une troisième cargaison d'armes était sur le point d'être expédiée d'un port yougoslave. Avriel avait acheté des mortiers de 100 mm en France, et les Tchèques avaient accepté d'entraîner des pilotes, des parachutistes, des équipages de chars. Des avions pouvant effectuer sans escale le trajet Prague-Tel-Aviv venaient même d'arriver sur l'aérodrome tchèque de Zatec.

Ben Gourion sut alors que son pays entrait dans une nouvelle phase de son histoire et que ses adversaires avaient, en acceptant le cessez-le-feu, commis « une erreur, une erreur fatale. »

47

« COMME LA ROSÉE DU CIEL »

C'ÉTAIT sans doute un hasard. Mais l'endroit choisi pour la première entrevue des deux hommes qui s'étaient affrontés pendant un mois pour la conquête de Jérusalem semblait leur adresser un singulier encouragement. L'Arabe et l'Israélien se rencontrèrent au milieu d'une rue portant le nom du guerrier Godefroi de Bouillon qui, bien des siècles auparavant, avait réalisé leur rêve — prendre Jérusalem.

David Shaltiel — le Juif de Hambourg, et Abdullah Tell — l'Arabe du désert, s'arrêtèrent l'un en face de l'autre et se toisèrent en silence. Puis ils se saluèrent et se serrèrent la main. Les deux adversaires devaient déterminer la ligne de cessez-le-feu sur une partie du territoire de la Ville sainte, le quartier arabe de Musrara. La veille, une dernière attaque juive y avait fait reculer de deux cents mètres les défenseurs arabes et c'était devant ces nouvelles positions que Shaltiel exigeait que passât la ligne de démarcation.

« Si ces positions sont à vous, fit remarquer Tell, où sont donc vos fortifications ?

— Nos fortifications sont nos chemises tachées de sang », répliqua Shaltiel.

Ces mots parurent impressionner l'Arabe.

« Parfait, répondit-il, je fais confiance à votre parole d'officier et de gentleman. »

*

Lentement, la Jérusalem juive revint à la vie. Les magasins rouvrirent leurs portes, les rues furent nettoyées. Le *Palestine Post* reparut et l'on vit même quelques autobus circuler à nouveau. Mais surtout, l'arrêt des combats chassait l'angoisse de la famine qui hantait toute la population. A mesure qu'arrivaient les premiers convois, Jérusalem recommençait à se nourrir. La visite d'un ami de Tel-Aviv marqua pour l'infirmière Ruth Erlik le début de ce renouveau. « Si le prophète Elie en personne s'était tout à coup trouvé devant moi, dirait-elle, je ne lui aurais pas réservé un meilleur accueil. Il arrivait avec du chocolat et des conserves plein les bras. » Une surprise semblable attendait David Shaltiel un soir qu'il regagnait sa chambre à la pension Greta Asher. Sa femme, qu'il avait quittée quatre mois plus tôt sur le quai de la gare routière de Tel-Aviv, était là. Judith Shaltiel avait apporté à son mari une friandise dont il raffolait — un camembert. Mais le fromage avait fondu au soleil de la « Route de Birmanie » et il n'en restait plus qu'une triste crème jaunâtre.

Le premier souci de Dov Joseph fut d'établir une liaison permanente avec le médiateur des Nations unies. L'idée que le comte Folke Bernadotte se faisait de sa mission n'était pas de nature à faciliter leurs rapports. Pour le diplomate suédois, le cessez-le-feu ne devait en aucun cas modifier les situations respectives des adversaires. Comme pour les armes et les munitions, il entendait veiller avec la plus grande rigueur à ce que les entrepôts de ravitaillement se retrouvent au dernier jour de la trêve au même niveau que le premier, autant dire vides.

Dov Joseph ne pouvait naturellement pas se plier à une telle exigence. Il allait au contraire tout mettre en œuvre pour empêcher que ne se renouvelle le cauchemar des dernières semaines. Pendant ces trente jours de répit, il comptait introduire clandestinement par la « Route de Birmanie » tous les vivres qu'il pourrait trouver.

« De toute façon, déclara-t-il au médiateur qui prétendait aussi contrôler cette route, vous n'allez tout de même pas vous mettre à nous rationner à votre tour ! »

David Shaltiel avait l'intention d'utiliser la même voie pour déjouer la surveillance des envoyés de l'O.N.U. et acheminer secrètement les armes et les munitions qui lui permettraient de passer à l'offensive dès la reprise des combats. Car il comptait bien cette fois conquérir Jérusalem tout entière.

*

Le vieil homme qui avait guidé son peuple à travers les périls de cette première tempête faisait le point. Ce dimanche 12 juin, David Ben Gourion avait réuni tous les chefs militaires de l'armée juive. La terrible bataille qu'ils venaient de livrer avait durement éprouvé leur résistance physique et morale mais aucun de leurs sacrifices n'avait été vain. Malgré leur épuisement, ils avaient de quoi se réjouir en cette chaude matinée de printemps. Ils avaient survécu et c'était en soi un exploit. Les populations des colonies isolées, même celles qui étaient tombées, avaient opposé une résistance farouche. Elles avaient toutes fait preuve d'une volonté que leurs adversaires n'avaient pas toujours montrée — tenir ou mourir sur la terre qu'elles défendaient.

Toutefois, le prix de ce succès était lourd, et Moshe Carmel, le commandant du front nord, savait qu'il résumait les sentiments de tous ses camarades en constatant ce matin-là :

« La trêve est arrivée comme la rosée du ciel. »

Les pertes juives avaient dépassé les prévisions les plus sombres. Des unités entières avaient été décimées et la bataille avait mis en lumière toutes sortes de déficiences dans l'organisation de l'armée d'Israël. Il allait falloir les corriger. Partout, les armes et les munitions avaient manqué, alors que des caisses entières étaient restées sur les quais de Haïfa ou avaient été égarées faute d'un système de distribution satisfaisant. L'absence totale d'armes antichars avait eu dans certains secteurs des conséquences catastrophiques. Ailleurs, des hommes avaient dû se battre pieds nus, ou nu-tête sous le soleil meurtrier du désert.

Ben Gourion écouta toutes les récriminations sans manifester la moindre impatience. Puis, il prit la parole.

« Nous avons trente jours devant nous, déclara-t-il. Nous devons en utiliser chaque seconde à nous préparer. Trente jours suffisent pour entraîner un soldat juif. »

En dépit des restrictions qu'imposait le cessez-le-feu, il utiliserait ce répit pour faire venir d'Europe autant d'armes qu'il le pourrait, ainsi que tous les hommes qui attendaient à Chypre. Mais le problème crucial, croyait-il, n'était pas le manque de casques ou de chaussures. C'était un problème de commandement et de discipline. Les officiers qui pendant tant d'années avaient mené une guerre clandestine devaient d'adapter aux conditions d'un conflit moderne. Plus précisément, l'armée juive devait cesser d'être une mosaïque de féodalités. Combien de positions, demanda-t-il, n'avaient-elles pas été perdues parce que chacun pouvait à sa guise discuter les ordres supérieurs ? Visant enfin l'esprit constant d'indépendance qui animait le corps du Palmach, il déclara :

« Si nous avions une seule armée au lieu d'en avoir plusieurs, et si nous parvenions à exécuter un plan d'ensemble, nos efforts porteraient davantage de fruits. »

Il était temps, annonça-t-il, de mettre fin à une telle situation.

Après un silence, il conclut gravement :

« Si la bataille reprend — et nous devons prévoir qu'elle reprendra — ce sera la dernière. »

Dans son Q.G. d'Amman, Sir John Glubb affichait ce matin-là la plus parfaite sérénité. Il n'envisageait pas, lui, que cette bataille pût recommencer. Il estimait même « hautement improbable » l'éventualité de nouveaux combats. Et il avait de bonnes raisons pour cela. A l'instant même où Ben Gourion réunissait à Tel-Aviv les chefs de son armée, le premier ministre Tewfic Abou Houda affirmait au commandant de la Légion arabe que les hostilités ne reprendraient pas : le premier ministre égyptien Noukrachy et lui-même étaient décidés à empêcher que la guerre n'éclatât de nouveau.

Rien ne pouvait mieux convenir au général anglais. La bataille qui venait de se terminer lui avait fait comprendre dans quelle mésaventure s'engageaient les Arabes en se jetant dans un conflit avec l'Etat juif. Leur comportement face aux Juifs lui rappelait « celui des Juifs pendant leurs révoltes contre les Romains. Comme eux, les Arabes n'arrêtaient pas de diviser leurs forces, personne n'acceptait les ordres de personne, et quand quelque chose allait mal, il fallait toujours trouver le traître sans lequel il n'existait pas d'explication possible ».

Il était en outre difficile, remarquait Glubb Pacha avec amertume, « qu'un pays soutînt une guerre sous la pression constante des émeutes de son propre peuple ». Il lui paraissait clair en tout cas que c'était là un conflit inégal entre deux sociétés qui se trouvaient à des stades complètement différents de leur développement. Aussi longtemps que les Arabes n'auraient pas enfanté des systèmes, des économies et des peuples plus mûrs, ils ne sauraient, pensait-il, rivaliser efficacement avec leurs voisins juifs et feraient mieux d'éviter toute confrontation.

Sur la « Route de Birmanie », le travail reprit

avec une énergie décuplée. On recruta des dizaines de terrassiers supplémentaires et deux puissants tracteurs agricoles furent réquisitionnés pour haler les camions sur les pentes les plus raides. La route fut terminée le 19 juin, moins de trois semaines après le début des travaux. Ce jour-là, cent quarante camions transportant chacun trois tonnes de marchandises atteignirent Jérusalem par la voie dont un colonel britannique de la Légion arabe avait nié la possibilité.

Ils apportaient cinquante tonnes de dynamite, des centaines de fusils, de mitraillettes, de mitrailleuses tchèques, de caisses de grenades et de munitions. Plus tard, arrivèrent des mortiers de deux, trois et six pouces. Les combattants juifs pourraient cette fois répondre aux canons de la Légion arabe avec d'autres armes que quelques Davidka au tir fantaisiste. En voyant arriver les premières pièces d'artillerie, David Shaltiel s'extasiait comme un enfant un jour de Noël : « Mon Dieu ! Oh ! mon Dieu ! » l'entendait inlassablement répéter son adjoint Yeshurun Schiff.

D'autres convois vinrent aussi remplir les entrepôts de Dov Joseph. Durant la première semaine, deux mille deux cents tonnes de vivres arrivèrent dans la ville, assez pour tenir pendant quatre mois. Cet effort gigantesque pour chasser à jamais de Jérusalem le spectre de la famine fut prolongé jusqu'en Amérique. David Ben Gourion câbla à Teddy Kollek, l'un de ses agents aux Etats-Unis, d'affréter un avion entier de lait condensé et de poudre d'œufs. Luxe symbolique, le 22 juin arriva une colonne de camions chargés d'oranges.

Tout le long de la « Route de Birmanie », cent cinquante ouvriers répartis en quatre équipes achevèrent de poser les tuyaux d'une conduite de seize kilomètres qui apporterait aux habitants de Jérusalem un autre élément indispensable à leur survie — de l'eau. Dirigés par Moshe Rachel, un jeune ingénieur d'origine polonaise qui avait construit des pipe-lines pour l'Iraq Petroleum Co., ils travaillaient quatorze heures par jour, posant les tubes à ciel ouvert et les soudant avec des chalumeaux de fortune. Au bout de dix-huit jours seulement, le dernier tronçon fut raccordé aux canalisations de la ville. Rachel se précipita alors à Jérusalem pour contempler le spectacle le plus bouleversant de sa vie : celui des premières gouttes d'eau qui coulaient des robinets de Jérusalem. L'exploit était si spectaculaire qu'on lui demanda de l'annoncer officiellement par une conférence de presse. Il s'y refusa.

« Il n'y a rien à dire, déclara-t-il. C'est fait, voilà tout. »

*

Les armes et les munitions qui entraient clandestinement dans la capitale juive ne constituaient que le haut d'un iceberg. Celles qu'avait promises David Ben Gourion à ses collègues à la veille de la fondation d'Israël commençaient enfin à affluer en masse dans les ports du pays, en violation flagrante des clauses du cessez-le-feu. Le 15 juin, un des bateaux affrétés par Yehuda Arazi apporta dix canons de 75 mm, dix tanks Hotchkiss, dix-neuf canons de 65 mm, quatre pièces de D.C.A. et quarante-cinq mille obus. Un second bateau livra cent dix tonnes de T.N.T. et deux cent mille détonateurs. Le *Kefalos*, un cargo grec acheté avec son équipage par les Israéliens, apporta du Mexique trente-six canons de 75 mm, cinq cents mitrailleuses, dix-sept mille obus, sept millions de cartouches et de l'essence pour avions. En prime, mille quatre cents tonnes de sucre dissimulaient la véritable cargaison pour le cas où la Royal Navy essaierait d'intercepter le navire dans le détroit de Gibraltar. L'organisaiton américaine « Material for Palestine » envoya deux cargos pleins de jeeps, de camions, de half-tracks, d'appareils de visée pour les bombardiers, de produits chimiques pour la préparation d'explosifs, d'un radar et même de machines à fabriquer des bazookas. D'Italie, l'infatigable Yehuda Arazi réussit à expédier trente chars Sherman de trente tonnes. Comme aucun port d'Israël ne possédait de grue capable de décharger des engins d'un tel poids, il s'empressa d'acheter le plus puissant appareil de levage qu'il trouva en Italie : une grue de cinquante tonnes.

Ehud Avriel était toujours le meilleur client des usines d'armement tchécoslovaques. Pendant le seul mois de juin, il acheta huit millions de cartouches, vingt-deux chars légers et quatre cents mitrailleuses. Constituée au départ de quelques avions d'aéroclub, l'aviation juive était devenue en moins de six mois la force aérienne la plus puissante du Moyen-Orient. Elle comptait à présent quinze C 46, trois forteresses volantes B 17, trois Constellation, cinq chasseurs Mustang P 51, quatre bombardiers Boston A 20, deux DC 4, dix DC 3, vingt Messerschmitt, sept bombardiers Anson et quatre Beaufighter. Volontaires ou mercenaires, les pilotes continuaient d'affluer du monde entier à Zatec, la base aérienne israélienne de Tchécoslovaquie.

Les soixante-quinze mille pièces de la chaîne de fabrication d'armement achetée clandestinement aux Etats-Unis trois ans plus tôt par Chaïm Slavine avaient été sorties de leurs cachettes et remontées une par une. Les machines fabriquaient près de neuf cents obus de mortiers légers et six mille cartouches par jour. De tous les centres de recrutement pour les Juifs disséminés à travers l'Europe, arrivaient à leur tour les hommes qui se serviraient de ces armes. Comme l'avait prédit Ben Gourion quelques semaines plus tôt, le vent avait commencé à tourner.

*

Le vent tournait pour les Arabes. Mais dans le sens contraire. Privés par l'embargo britannique de leur principale source d'approvisionnements, ils ne purent, au cours de ces quatre semaines, accroître leur armement que dans des proportions négligeables. Glubb se rendit à Suez pour supplier son vieil ami, le commandant des Forces britanniques au Moyen-Orient, de lui fournir secrètement quelques munitions pour remplacer celles qu'il avait utilisées. « Il était de cœur avec moi, dirait-il plus tard, mais il avait reçu des ordres stricts et sans équivoque. Plus une seule cartouche ne devait parvenir aux armées arabes. »

L'armée égyptienne était la première à en pâtir. Les raids nocturnes dans les dépôts britanniques de la zone du canal organisés avec la complicité de leurs gardiens avaient dû cesser. « Le Caire nous envoyait du chocolat, des biscuits et du thé, se plaignait un officier égyptien combattant dans le Néguev, mais pas une seule cartouche. »

Comme naguère les Juifs, les Arabes s'efforcèrent de pallier cette pénurie en improvisant une industrie d'armement. Un colonel britannique de la Légion arabe qui avait perdu un œil en Birmanie, transforma un laboratoire de l'Université américaine de Beyrouth en centre clandestin de fabrication d'explosifs. Son principal chimiste était un Allemand farouchement antisémite. A Zerqa, en Transjordanie, l'ingénieux colonel disposait aussi d'une équipe d'étameurs arabes qui confectionnaient des mines antipersonnel avec des pompes de bicyclette bourrées de T.N.T. et de ferraille.

Cependant, les Arabes pouvaient se féliciter d'un exploit. Dans le port de Bari, où les Israéliens avaient coulé le *Lino* et sa cargaison d'armes tchèques, le gouvernement syrien avait précipitamment dépêché le colonel Fouad Mardam. Sous sa surveillance, des hommes-grenouilles italiens avaient retiré des cales une partie des fusils noyés. On les avait patiemment nettoyés, graissés, remis en caisses et placés sous bonne garde dans un dépôt de Bari. Mardam cherchait un nouveau bateau. L'obligeant propriétaire de l'hôtel où il était descendu lui procura le nom d'une agence maritime de Rome qui pourrait peut-être l'aider.

Deux jours plus tard, après s'être assuré qu'il n'avait pas été suivi, le colonel syrien se glissait discrètement dans les bureaux de l'agence maritime Menara, sur la Via del Corso à Rome. Pour un million de lires, il put affréter un caboteur de deux cent cinquante tonneaux, l'*Argiro*. Soulagé d'avoir enfin expédié ses fusils, Fouad Mardam télégraphia la bonne nouvelle à son gouvernement et rentra à Damas.

La nouvelle n'était pas en réalité aussi bonne que cela. Les armes arabes étaient bien en route, mais par pour Alexandrie. Elles se dirigeaient tout droit vers Tel-Aviv. Le complaisant hôtelier avait simplement négligé d'informer le colonel syrien d'un détail important — l'*Argiro* appartenait à la marine israélienne.

*

David Ben Gourion avait confiance : il était en train de gagner sa « bataille quotidienne ». Chaque jour du cessez-le-feu renforçait la puissance militaire d'Israël et augmentait ses chances de survie. Mais l'optimisme du vieux leader était prématuré. Plus douloureuse que l'invasion de cinq armées arabes, une vieille malédiction s'abattit tout à coup sur l'Etat d'Israël et faillit le détruire comme elle avait détruit l'antique nation juive. Le spectre de la guerre civile éclata comme un coup de tonnerre dans le ciel d'Israël.

Le monde — et singulièrement le monde arabe — allait découvrir avec stupéfaction que le peuple israélien qui apparaissait comme une communauté organique, indivisible dans sa volonté de résistance, était lui aussi rongé par des luttes intestines. L'organisation terroriste de l'Irgoun qui avait déjà tenté, par la prise du village de Deir Yassin, de se faire reconnaître à Jérusalem comme force militaire et politique, allait tout à coup mettre en péril l'existence du nouvel Etat.

Le détonateur de cet incroyable conflit qui verrait des Juifs rompre le cessez-le-feu pour se battre non pas contre des Arabes, mais contre d'autres Juifs, fut l'arrivée d'un cargo affrété par l'Irgoun, l'*Altalena*, qui transportait cinq mille fusils, trois cents fusils mitrailleurs, cinq half-tracks et deux cents hommes. Le débarquement de cette cargaison et de cette troupe destinées à l'organisation terroriste était un défi évident. Le gouvernement venait en effet de fondre toutes les forces armées du pays en un seul corps — l'armée nationale d'Israël. Il avait invité les membres de l'Irgoun et du groupe Stern à rejoindre les rangs. Mais l'Irgoun, dont le dirigeant Menachem Begin avait dénoncé le cessez-le-feu comme « une capitulation honteuse », avait continué d'agir pour son propre compte. C'était là une atteinte à l'autorité du nouvel Etat que Ben Gourion ne pouvait tolérer. Il ordonna donc que le chargement de l'*Altalena* fût placé dans des entrepôts gouvernementaux et utilisé pour l'effort commun.

Menachem Begin refusa de se soumettre. Le 20 juin, les commandos de l'Irgoun envahirent la plage de Kfar Vitkin et entreprirent de décharger l'*Altalena*. Six cents hommes de la brigade Alexandroni les encerclèrent. La fusillade éclata aussitôt et l'*Altalena* dut prendre la mer. Echappant aux vedettes envoyées pour l'intercepter, il mit le cap vers le sud et quelques heures plus tard, son capitaine tenta de l'échouer sur la plage de Tel-Aviv. Mais, accroché par une épave, le navire demeura bloqué à cent mètres du rivage. La présence de ce bâtiment rebelle sous les murs de la première ville d'Israël allait déclencher l'épreuve de force. L'Irgoun mobilisa toutes ses troupes pour « renverser le gouvernement ». Angoissé, Ben Gourion convoqua ses ministres d'urgence.

« L'Etat est en danger », leur déclara-t-il.

Puis il chargea Yigal Alon, le chef du Palmach, d'écraser le soulèvement dans la ville.

« Cette tâche est peut-être la plus pénible que vous aurez jamais à accomplir, lui dit-il. Cette fois, vous devrez sans doute tuer des Juifs. »

C'est bien ce que dut faire Alon. En une seule journée, il y eut quatre-vingt-trois morts et blessés.

Pendant quelques heures, Tel-Aviv fut pratiquement aux mains de l'Irgoun. Alon fit bombarder l'*Altalena* et le navire brûla. Puis il reprit méthodiquement le contrôle de la ville. L'organisation terroriste ne se relèverait pas de cet échec. En frappant fort, Ben Gourion avait sauvegardé l'intégrité de la nation. « Le canon qui coula l'*Altalena*, déclara-t-il plus tard, mérite une place dans le musée de la guerre d'Israël. »

*

Un sourire radieux aux lèvres, le roi Abdullah monta à bord d'un Vickers Viking. Il partait pour Riyad, la capitale de l'Arabie Saoudite, où il allait faire la paix avec le souverain qui avait autrefois chassé sa famille des villes saintes de La Mecque et de Médine. Dans la carlingue s'entassaient les cadeaux qui accompagneraient son geste : un poignard en or, un service à thé en porcelaine et un plateau d'argent spécialement ciselé à Londres par un orfèvre juif.

Si les divisions internes des Arabes semblaient pour l'heure moins évidentes que celles qui accablaient Israël, elles n'en demeuraient pas moins vives. Ce voyage en témoignait. Abdullah était persuadé que toute reprise des hostilités avec les Israéliens serait une folie, et des raisons personnelles venaient encore de renforcer cette conviction. Le comte Bernadotte était en train de mettre au point un plan de paix qui exauçait les ambitions du roi. Il lui attribuait Jérusalem et le Néguev, ainsi qu'un port franc à Haïfa et un aérodrome à Lydda. En échange, les Juifs recevraient toute la Galilée. C'était pour obtenir le soutien d'Ibn Séoud à ces propositions qu'Abdullah se rendait chez son vieil ennemi. Il était prêt pour cela à faire un extraordinaire geste de conciliation. Il allait renoncer aux prétentions de sa famille sur la terre dont l'avaient chassée les guerriers d'Ibn Séoud.

Or, pendant que les deux monarques réconciliés s'embrassaient avec force pleurs, les premiers ministres des pays de la Ligue arabe se retrouvaient le 27 juin au Caire pour rejeter purement et simplement le plan de paix proposé par le comte Bernadotte. Ce projet, déclaraient-ils dans un mémorandum de trois pages, n'était en réalité qu'une refonte du plan de partage et comportait toujours cette clause inacceptable — l'existence d'un Etat juif.

L'attitude intransigeante de leurs dirigeants et l'échauffement croissant des masses sollicitées par la propagande, rejetaient les Arabes dans leurs erreurs passées. Un nouveau slogan circulait déjà dans les rues de Jérusalem. « Attendez le 9 juillet, et vous verrez », promettait-il, assurant par ces mots que la reprise des combats verrait la victoire des Arabes. Dans toute la Palestine, les populations commençaient à conspuer les soldats de la Légion arabe parce qu'ils observaient la trêve. A Bethléem, les Frères Musulmans manifestèrent dans les rues pour réclamer la reprise immédiate de la guerre sainte.

Nulle part, pourtant, la pression des foules ne se faisait plus sentir qu'au Caire. Si les masses n'avaient pu empêcher Noukrachy de signer l'arrêt des combats, elles pouvaient du moins en exiger la reprise. Sensible à leur pression et aux menaces des Frères Musulmans, le premier ministre égyptien renversa complètement sa position. Alors qu'il voulait trois semaines plus tôt retirer l'Egypte du conflit, il annonça qu'il était prêt à reprendre les hostilités.

Cette fois pourtant, le pays qui avait laissé les Arabes s'embarquer dans la guerre tentait de les retenir. Les envoyés de la Grande-Bretagne au Proche-Orient conseillèrent fermement aux dirigeants arabes de ne pas reprendre le combat et leur rappelèrent qu'ils ne recevraient plus ni armes ni munitions.

Avant qu'il ne parte pour la réunion du Caire, Glubb lui-même pressa Tewfic Abou Houda, le premier ministre de Transjordanie, de s'en tenir à sa position initiale.

« Pour l'amour de Dieu, supplia-t-il, ne vous laissez en aucun cas entraîner à dénoncer le cessez-le-feu. Nous n'avons plus assez de munitions. »

Mais la crainte de se trouver isolé conduisit finalement Abou Houda à faire lui aussi volte-face. Il se prononça, comme ses collègues, pour une reprise des hostilités le 9 juillet, si le médiateur de l'O.N.U. ne parvenait pas entre-temps à soumettre un plan de paix satisfaisant.

Au retour d'Abou Houda à Amman, Glubb explosa.

« Good Lord ! s'écria-t-il, pourquoi avez-vous accepté ? Avec quoi allons-nous nous battre ? »

Après un moment de réflexion, le premier ministre répondit :

« Ne tirez pas avant que les Juifs ne vous tirent dessus. »

*

Les arsenaux remplis, l'Irgoun écrasé, le Palmach muselé, le plan de la future campagne élaboré, il ne restait plus à David Ben Gourion qu'un seul sujet de préoccupation majeure — Jérusalem. Personne cette fois ne pourrait affamer la ville. Malgré les interdictions de l'O.N.U., sept mille cinq cents tonnes de nourriture et deux mille huit cents tonnes de combustible avaient été accumulées dans ses entrepôts à la faveur de la trêve. C'était assez pour tenir presque un an. Pourtant Ben Gourion savait qu'à long terme les habitants de Jérusalem devaient être capables non plus de survivre, même indéfiniment, mais de vivre.

« Pour installer sa capitale, le roi David a choisi l'un des endroits les plus inaccessibles du pays » ironisa-t-il devant ses ministres.

Puis il déplora qu'eux-mêmes n'aient pas su résoudre le problème des communications entre Jérusalem et l'extérieur. A la reprise des combats, leur objectif devrait donc être de s'emparer de toute la ville, d'occuper un large couloir entre la côte et Jérusalem, et de conquérir autour de la cité un territoire assez vaste pour lui permettre de se suffire à elle-même sur le plan agricole.

« Nous devons réparer par cette guerre, dit-il avec insistance, ce que nous avons négligé en temps de paix. »

*

Le rejet arabe des propositions de paix soumises par Bernadotte avait permis aux Israéliens de ne pas être les premiers à récuser un plan des Nations unies qui était cette fois inacceptable pour les deux adversaires. Le 6 juillet, Moshe Sharett, le ministre israélien des Affaires étrangères, communiqua au diplomate suédois le refus officiel de son gouvernement, envoyant ainsi ce plan rejoindre au magasin des accessoires toutes les précédentes tentatives de solution à l'imbroglio de Palestine.

Le lendemain, dans une dernière démarche pour sauver la paix, Bernadotte demanda une simple prolongation du cessez-le-feu. Israël n'avait pour lors aucune raison d'accepter. Les deux adversaires avaient tourné d'innombrables manières les clauses de la trêve, mais les efforts des Israéliens avaient été infiniment plus fructueux que ceux des Arabes. A l'exception des quelques dix mille hommes dont l'Irak et l'Egypte avaient pu grossir leurs corps expéditionnaires, la situation militaire des Arabes ne s'était pas fondamentalement modifiée. Les Israéliens, en revanche, pouvaient désormais aligner soixante mille soldats sur le champ de bataille. Pour la première fois, ils surpassaient les Arabes en nombre et en armement.

« Je savais que nous avions gagné, dirait Ben Gourion. Ils ne pourraient plus nous vaincre. » Et pourtant, il sentait que la vocation humanitaire et les idéaux de son peuple lui imposaient une décision contre laquelle tout son être se révoltait. Il accepta la proposition de Bernadotte. Provisoirement, Israël ne reprendrait par les armes. « Je n'avais qu'une peur, avouerait-il vingt ans plus tard; c'était que les

Arabes acceptent eux aussi de prolonger le cessez-le-feu. »

*

David Ben Gourion n'avait aucune raison de s'inquiéter. Cette fois-là comme si souvent dans le passé, les dirigeants arabes allaient faire le jeu des Juifs et répondre aux vœux du vieux leader. Dans une dernière tentative pour sauver la paix, le roi Abdullah invita ses collègues dans son palais d'Amman. Comme en mai, le monarque ne voulait pas être seul à désirer la paix. Il lui fallait convaincre ses partenaires.

Patiemment, il entreprit de leur rappeler qu'ils avaient unanimement accepté la trêve — fût-ce à contrecœur — parce que leurs armées étaient sur le point de manquer de munitions. Or, si des renseignements indiquaient que leurs adversaires avaient reçu d'énormes quantités d'armes au cours des quatre dernières semaines, la Légion arabe n'avait pu, elle, reconstituer les stocks de ses dépôts. Il suggéra insidieusement à ses collègues de faire connaître quelles nouvelles munitions leurs armées avaient pu se procurer dont le nombre justifierait qu'on repartît en guerre contre un ennemi devenu beaucoup plus puissant, alors qu'ils n'avaient pas été capables de le vaincre quand ils lui étaient largement supérieurs.

Riad Solh explosa. Ils devaient reprendre le combat, gronda-t-il. Ils s'étaient tous mis d'accord sur ce point. Leurs peuples le voulaient. La fierté, l'honneur et la dignité des Arabes le commandaient.

« Et si nous manquons de grenades, déclara l'homme d'Etat libanais, nous cueillerons les oranges et nous les jetterons sur les Juifs pour nous battre et sauver notre honneur. »

Un silence embarrassé suivit ce discours. Abdullah soupira.

« Je vous remercie, Riad bey, dit-il enfin, pour la noblesse de vos sentiments et la haute expression de votre patriotisme. Je dois cependant vous rappeler une chose que vous semblez avoir oubliée. Nous sommes maintenant au mois de juillet. Il n'y aura pas d'oranges sur les arbres de Palestine avant le mois de septembre. »

48

UNE FRONTIÈRE DANS LA VILLE

LES morceaux de métal déchiqueté étaient encore chauds. Abdullah Tell soupesa le plus gros et l'examina avec l'œil d'un prêteur sur gages évaluant un bijou. Il comprit que ces éclats de mortiers de six pouces marquaient un tournant décisif dans l'histoire de Jérusalem. « Pour les Arabes, tout espoir de s'emparer de la ville juive venait de s'évanouir », dirait-il plus tard. L'artillerie arabe n'était plus seule à tonner dans le ciel de Jérusalem.

Dès la reprise des combats, la population arabe connut à son tour l'enfer. Les blessés s'entassaient à présent dans l'Hospice autrichien. L'Arabe Aladin Namari, qui s'était improvisé ministre de l'Information en transcrivant pour ses concitoyens les bulletins de victoire des radios arabes, eut sous les yeux un effroyable spectacle. Le ventre déchiqueté par un éclat, une femme gémissait et réclamait ses enfants. Sur un brancard voisin se trouvait un magma de chairs sanglantes — ce qui restait de sa famille.

La canonnade juive ne cessa pas de la nuit. Hébétée, terrifiée, la population arabe comprit à l'aube ce qu'Abdullah Tell avait saisi dès le premier instant. Cette journée du 9 juillet, qu'elle avait attendue avec tant d'impatience, marquait le début d'une ère de malheurs et non de victoires.

*

L'armée d'Israël attaquait sur tous les fronts, au

sud contre les Egyptiens, au nord contre les Syriens. Elle occupa Nazareth en Galilée, mais sa principale victoire fut la prise de Lydda et de Ramleh, deux villes arabes importantes situées entre Tel-Aviv et Latroun.

Déclenchée la nuit de l'expiration du cessez-le-feu, l'attaque fut menée par les groupes de choc d'un jeune officier borgne dont le visage allait incarner l'audace militaire de son pays — Moshe Dayan. Cette fulgurante victoire juive jeta sur les routes de l'exode un nouveau flot d'Arabes saisis de panique. Ils étaient des dizaines de milliers. Sachant les avantages qu'offrait la conquête d'un territoire déserté par sa population, les Israéliens orchestrèrent soigneusement cette formidable débâcle. Des camions équipés de haut-parleurs sillonnèrent les rues des deux villes pour inciter les habitants à la fuite. Les notabilités arabes furent convoquées et mises en demeure de s'en aller. A Lydda, des familles entières furent expulsées et conduites par la force sur la route de Ramallah.

La chute de Lydda et de Ramleh provoqua des émeutes dans tout le monde arabe. A Amman, des milliers de jeunes gens marchèrent sur le palais du roi au cri de « trahison ». Ecartant ses gardes du corps, le fragile souverain affronta seul la foule et se dirigea vers un des meneurs auquel il assena une gifle retentissante.

Dans le silence étonné qui suivit, le roi Abdullah regarda fixement l'adolescent.

« Si tu veux te battre contre les Juifs, s'écria-t-il, va t'enrôler dans la Légion arabe. Sinon, reste chez toi et tais-toi ! »

*

La forteresse volante B 17 qui survolait la Méditerranée en ce matin de juillet, arborait la cocarde des Forces aériennes de Panama. Acheté aux Etats-Unis, cet appareil avait trompé la surveillance du F.B.I., déjoué l'embargo américain, traversé se-

740

crètement l'Atlantique et finalement gagné la base israélienne de Zatec en Tchécoslovaquie. C'était le premier bombardier lourd à rejoindre la force aérienne à laquelle il appartenait — l'aviation israélienne. Le pilote Roy Kurz, un ancien agent de police de Brooklyn, connaissait particulièrement bien la région pour l'avoir sillonnée pendant deux ans comme mécanicien de la T.W.A. La forteresse volante juive se dirigeait vers Tel-Aviv mais son équipage avait décidé de faire un court détour par Le Caire pour montrer aux sujets du roi Farouk que le nouvel esprit offensif de la nation juive n'était pas l'apanage exclusif de ses forces terrestres.

A 21 h 35, Roy Kurz régla sa radio sur la fréquence d'Almaza, l'aéroport international du Caire.

« Tour de contrôle du Caire, appela-t-il. Ici le vol 924 de la T.W.A. Pouvez-vous allumer la piste s'il vous plaît ? »

Une double traînée lumineuse apparut aussitôt dans la nuit.

« T.W.A. 924, répondit Le Caire, vous pouvez atterrir sur la piste numéro quatre. »

Johnny Adin, le bombardier de l'équipage, scrutait l'aéroport dans son viseur. Tandis que le pilote piquait droit sur la piste qu'il avait si souvent utilisée, Adin lâcha son chapelet de bombes.

Virant en direction d'Israël, Kurz ne put s'empêcher de contacter à nouveau Le Caire pour un message d'adieux.

« Tour de contrôle du Caire, demanda-t-il, désirez-vous toujours que j'atterrisse sur la piste numéro quatre ? »

*

En cette nuit du 14 juillet, une activité insolite arrachait la petite station estivale libanaise d'Aley à sa torpeur habituelle. Le président du Conseil Riad Solh recevait les dirigeants arabes accourus pour convenir de la réponse à donner à l'ultimatum des Nations unies. Alarmé par l'aggravation de la situation au Proche-Orient, le Conseil de sécurité venait d'ordonner un arrêt immédiat et définitif des combats. Cette fois, les dirigeants arabes avaient toutes les raisons d'accepter. Comme l'avait prédit le roi Abdullah, les trente jours de trêve avaient bouleversé l'équilibre des forces sur le champ de bataille. Depuis la reprise des opérations, les armées arabes reculaient sur tous les fronts et subissaient de lourdes pertes.

Les discussions se poursuivirent toute la journée, « dans une atmosphère aussi funèbre que s'ils enterraient un vieil ami », se rappelle Whalid el Dali, le secrétaire personnel d'Azzam Pacha. Il fut finalement décidé d'accepter l'arrêt des combats. Les belliqueux Syriens eux-mêmes s'étaient associés à cette résolution pacifique. Pour des raisons particulières, il est vrai. Choukri el Kouwatly, le président de la République syrienne, révéla à ses collègues que son pays serait très prochainement en mesure de prendre la tête d'une nouvelle guerre sainte. Il possédait une bombe atomique de fabrication locale construite par un forgeron arménien de Damas.

Un peu avant minuit, le jeune secrétaire d'Azzam Pacha entra en trombe dans le bureau du télégraphe de la Poste Centrale de Beyrouth, resté ouvert sur ordre spécial de Riad Solh. Whalid el Dali secoua l'employé qui somnolait et lui passa une courte dépêche. Destinée au secrétaire général des Nations unies, elle faisait savoir que les Arabes renonçaient provisoirement à la conquête de la Palestine et acceptaient le cessez-le-feu.

*

La rapidité de la réponse arabe privait l'officier juif qui se préparait à conquérir Jérusalem d'un atout majeur — le temps. Le 15 juillet au matin, David Shaltiel apprit qu'il n'aurait même pas quarante-huit heures pour accomplir son projet, alors qu'il avait pensé disposer d'un mois. Le début de la nouvelle trêve avait été fixé au surlendemain, samedi 17 juillet, à cinq heures.

Shaltiel convoqua ses officiers. Cette trêve, leur dit-il, signifiait la fin de la guerre, et donc le renoncement — pour des années, pour des siècles peut-être — à ce qui n'aurait pas été conquis avant son entrée en vigueur. Le commandant de Jérusalem rappela l'importance que la conquête de la Vieille Ville représentait pour l'État d'Israël et pour le peuple juif.

« Quelle gloire ce sera pour nous, déclara-t-il, d'offrir Jérusalem à notre génération et aux générations futures ! »

Son plan initial prévoyait l'encerclement de la Vieille Ville par un large mouvement en tenaille, puis un bombardement d'artillerie, bref mais massif, qui devait provoquer la fuite des habitants arabes. La cité tomberait alors « comme un fruit mûr » aux mains des soldats juifs. Ce plan comportait néanmoins un énorme défaut : son exécution demanderait beaucoup plus longtemps que les quelques heures restant avant le cessez-le-feu. Shaltiel imposa alors une autre opération que ses officiers jugèrent particulièrement risquée : l'attaque frontale des remparts. Pour Yeshurun Schiff, son adjoint, c'était du vrai poker : tout serait gagné ou perdu sur un seul coup.

Comme tout bon joueur, le commandant juif possédait un atout. Lui aussi avait sa « bombe atomique ». Son inventeur était l'un des plus éminents savants du monde, le physicien Joël Racah. Baptisé « conus » parce qu'il avait la forme d'un cône, cet engin était un obus de trois cent cinquante kilos dont l'explosion libérait une charge creuse animée d'un prodigieux pouvoir perforant. Le physicien affirmait que s'il était possible de le transporter jusqu'aux remparts, cet obus pourrait d'un seul coup y ouvrir une brèche suffisante pour permettre aux bataillons de David Shaltiel de s'engouffrer dans la Vieille Ville.

L'attaque devait avoir lieu le vendredi 16 juillet juste avant minuit. Comme cette date coïncidait avec le deux mille cinq centième anniversaire de l'assaut des murs de Jérusalem par Nabuchodonosor, les Juifs lui donnèrent le nom de « Kedem — Antiquité ». Grâce à l'invention d'un physicien du XXe siècle, Kedem devait ce soir-là percer les remparts de Jérusalem et les remettre aux mains des Juifs pour la première fois depuis deux mille ans.

*

Pendant que ses troupes hâtaient leurs préparatifs, David Shaltiel mettait la dernière main au plan qui devait donner un gouvernement juif à la Vieille Ville. Certain du succès de son offensive, il avait prévu l'occupation du territoire conquis jusque dans ses moindres détails. Il avait même fait imprimer une monnaie provisoire d'occupation. Rédigées en hébreu, en arabe et en anglais, des affiches annonçant ses ordres attendaient d'être placardées sur les murs.

Il avait désigné au poste de gouverneur militaire David Amiran, un professeur de chimie amateur d'archéologie. Ce dernier avait en quelques heures rassemblé une équipe pour appliquer ses premières décisions. Il commencerait par imposer un couvre-feu. Puis, conformément aux instructions formelles de Ben Gourion — « que les soldats juifs se conduisent comme des saints » — il ferait protéger les lieux saints par des policiers. Les troupes de la Légion arabe et les irréguliers seraient ensuite invités à déposer les armes. Les conditions d'une vie normale pourraient alors être rétablies. Chaque membre de son équipe reçut un brassard bleu et blanc que certains s'empressèrent d'arborer. Amiran choisit le bureau de poste pour emplacement de son futur Q.G. Puis, en prévision des responsabilités qu'il aurait bientôt à assumer, il alla se coucher pour être sur pied dès l'aube.

A la tombée de la nuit, David Shaltiel exhuma de leurs cachettes les deux instruments qui devaient consacrer officiellement sa victoire : le drapeau juif qu'il hisserait sur la tour de David, et le mouton qu'il immolerait sur l'esplanade du Temple. Puis il lut à ses collaborateurs le discours qu'il prononcerait du haut de la tour de David pour faire savoir au monde sa conquête de la Vieille Ville. Il commençait par ces mots :

« J'ai le suprême honneur d'annoncer que les troupes de Jérusalem ont libéré la cité tout entière et que nous la remettons avec fierté au peuple juif. »

*

L'Arabe qui devait empêcher David Shaltiel de tenir sa promesse arpentait nerveusement la cour de son P.C. de l'école de la Raoudah. Pour Abdullah Tell aussi, cette nuit serait décisive. Il savait que ses adversaires allaient déclencher avant le cessez-le-feu l'attaque qu'il attendait depuis plusieurs jours. Peu après dix heures du soir, un premier obus de mortier rugit au-dessus des toits de la Vieille Ville. En quelques minutes, un terrifiant concert d'explosions ébranlait les vieux quartiers.

Un lien aussi charnel que celui du commandant juif unissait cet Arabe à Jérusalem. En prévision de cette ultime bataille, il avait lui aussi préparé un ordre du jour. Il le fit transmettre par radio à toutes ses unités. « Que chaque vrai croyant se batte ou meure ! ordonnait-il. Nous défendrons la Ville sainte jusqu'au dernier homme et la dernière cartouche. Cette nuit, personne ne reculera ! »

Pendant les trois heures suivantes, un déluge de quelque cinq cents obus s'abattit sur la ville arabe. L'Hospice autrichien connut une nuit d'enfer. Les blessés valides se réfugièrent dans les caves tandis que les civières des autres s'entassaient dans les couloirs. Un des premiers obus pulvérisa l'unique ambulance de l'hôpital, un autre mit le feu aux arbres de la cour. Les brancardiers ne pouvaient plus sortir. « Des femmes hurlaient de terreur, se rappelle le docteur Hassib Boulos. Vivants, morts, mourants étaient mélangés partout dans la ville et il n'y avait aucun moyen d'aller à leur secours. »

Dans un immeuble de la nouvelle Jérusalem situé en face du cinéma Sion, l'officier juif Zvi Sinaï qui devait conduire les forces d'assaut était prêt. Le plan juif prévoyait de percer les remparts en trois endroits différents qui avaient chacun reçu un nom de code. Cent cinquante hommes de l'Irgoun s'élanceraient de *Notre-Dame de France* vers « Paris » — la Porte Neuve; une unité du groupe Stern foncerait vers « Moscou » — la porte de Jaffa [1]. Le gros des forces, cinq cents hommes d'un bataillon nouvellement levé, dévalerait du mont Sion vers « Berlin » — la brèche ouverte dans le mur par le « conus ».

Mishka Rabinovitch, l'artilleur au bras blessé qui avait, deux mois plus tôt, arrêté les blindés de la Légion arabe avec son bazooka, commandait une des compagnies d'assaut. Il donnait ses instructions quand un de ses hommes, un Juif orthodoxe, demanda :

« Que faudra-t-il faire quand nous arriverons devant la mosquée d'Omar ?

— Enlever vos chaussures et continuer à vous battre ! »

Les hommes du groupe Stern rassemblés devant la banque Barclay's réservaient toutefois un sort différent aux monuments de l'esplanade du Temple. Rejetant les ordres de Ben Gourion, ils avaient l'intention de faire sauter les mosquées d'Omar et d'El Aqsa, afin de raser l'esplanade pour la reconstruction du troisième Temple.

*

Tandis que les troupes juives rejoignaient leurs positions, un problème dramatique se posa tout à coup aux organisateurs de l'attaque. Dans leur hâte à fabriquer l'engin qui devait leur permettre d'atteindre le cœur de Jérusalem, les Juifs avaient

---

1. Ecrasé en tant que force politique après l'affaire du cargo *Altalena*, l'Irgoun demeurait militairement actif à Jérusalem.

tout prévu sauf le moyen de le transporter. Ses trois cent cinquante kilos furent finalement placés sur des barres de fer et portés à dos d'hommes. En arrivant au pied du mont Sion, les porteurs s'aperçurent avec terreur que la tranchée qui montait vers la crête était trop étroite pour qu'ils puissent passer. C'est donc à découvert qu'ils durent entreprendre leur pénible ascension. Rabinovitch et ses hommes les couvraient. Ecrasés sous le poids de leur charge mortelle, les pieds et les mains en sang, les porteurs grignotèrent la pente mètre par mètre. A mesure que passaient les minutes et bientôt les heures, et qu'approchait celle du cessez-le-feu, l'angoisse s'empara de Shaltiel et de ses officiers. Il fallut quatre heures pour monter le « conus » jusqu'au sommet du mont Sion.

Il était plus de deux heures du matin quand l'attaque démarra par l'assaut de l'Irgoun à la Porte Neuve. Un message triomphal arriva quelques minutes plus tard au P.C. de Zvi Sinaï. « Paris » était aux mains des Juifs. Sinaï ordonna aux forces du mont Sion de s'élancer dès que le « conus » aurait percé les remparts. Puis il sortit sur le balcon et guetta l'explosion. D'une tranchée du quartier de Yemin Moshe, David Shaltiel avait lui aussi les yeux rivés sur l'endroit où devait se produire le choc dont dépendaient tous ses espoirs.

Du haut des remparts, le capitaine arabe Mahmoud Moussa aperçut dans l'obscurité un spectacle étonnant. Dans le cimetière arménien, sur la pente du mont Sion, un groupe de silhouettes « poussaient à travers les tombes une espèce de voiture des quatre saisons ». Ses légionnaires lancèrent des grenades. L'une d'elles incendia un buisson de chardons « et les Juifs apparurent comme en plein jour ». Le porteur Menachem Adlers était terrifié à l'idée qu'une grenade pût faire exploser le « conus ». « Nous étions environnés de flammes, se rappelle-t-il, et cent soixante-quinze kilos de dynamite risquaient à tout moment de nous réduire en poussière. » Le commando réussit pourtant à atteindre la base des remparts et à placer correctement l'engin face aux pierres. Après avoir branché les trois systèmes de mise à feu, les Juifs s'enfuirent.

« Attention ! « conus » amorcé ! hurla Rabinovitch en s'abritant derrière le mur du cimetière. Tenez-vous prêts ! »

Une déflagration formidable secoua toute la ville tandis qu'une lueur embrasait la nuit. Du balcon de son P.C., Zvi Sinaï poussa un cri de joie :

« Les remparts sont percés ! Ils entrent dans la Vieille Ville. »

Bouleversé, David Shaltiel bondit de sa tranchée et se mit à courir vers le mont Sion pour suivre les forces d'assaut. Embusqué sur la crête avec les soldats d'une des compagnies d'attaque, l'officier Abraham Uzieli se dit que « c'était exactement comme à Jéricho : les murs tombent devant nos trompettes ».

« Ça a marché ! » rugit un guetteur d'une position proche des remparts.

A ce cri, Abraham Zorea, le commandant du bataillon, se tourna vers les hommes de sa compagnie de tête.

« Foncez ! Je vous suis avec les autres. »

Quelques instants plus tard, Zorea vit revenir livide un de ses soldats.

« Tout ce bruit et pas le moindre trou, gémissait-il. A peine quelques égratignures. »

Il n'y aurait pas de miracle pour les soldats de la nouvelle armée d'Israël en cette aube de juillet. Leurs trompettes n'avaient pas fait tomber les murailles. La machine infernale dans laquelle ils avaient mis tous leurs espoirs s'était révélée un pitoyable pétard.

Quand un messager lui apporta la nouvelle, David Shaltiel sembla « vieillir de dix ans », se rappelle son adjoint Yeshurun Schiff. Il était presque cinq heures du matin et le cessez-le-feu allait commencer dans quelques instants. Ils avaient tous tellement fait confiance à leur fameux engin qu'ils n'avaient aucun plan d'attaque de rechange.

« Nous n'avons plus le choix, déclara Shaltiel

brisé. Il faut maintenant accepter l'arrêt des combats. »

Zvi Sinaï le supplia de le laisser tenter une ultime opération. Il pouvait retirer le bataillon du mont Sion et le jeter dans la brèche ouverte par l'Irgoun à la Porte Neuve. Cela signifiait, bien sûr, une violation du cessez-le-feu pendant quelques heures, mais l'enjeu n'en valait-il pas la peine ? Shaltiel posa sa main sur l'épaule du jeune officier. Sa déception était aussi profonde que la sienne, dit-il, mais les ordres étaient clairs. Ils devaient obéir. Anéanti « par un effroyable sentiment d'échec », Sinaï prit son téléphone et ordonna à ses unités de cesser de tirer à l'heure prévue.

On alla réveiller l'homme qui aurait dû, à cette heure, devenir gouverneur militaire de la vieille Jérusalem. Cruellement déçu, David Amiran entra dans le bureau où était empilé l'attirail qui lui aurait été nécessaire : billets de la monnaie d'occupation, affiches, tracts, brassards de la première occupation juive de toute la Vieille Jérusalem depuis deux mille ans. Il mit de côté deux exemplaires de chaque document pour les archives de l'armée israélienne. Puis, avec un ricanement amer, il jeta le reste dans la corbeille à papiers.

Dehors, le ciel se teintait de gris. La canonnade se calmait. Une paix incertaine s'installait à nouveau sur Jérusalem. Ecoutant s'évanouir le bruit des tirs, David Shaltiel murmura :

« Personne ne mourra aujourd'hui. Mais nous n'avons pas pris la Vieille Ville. »

Derrière les remparts, Abdullah Tell parcourait les couloirs de l'Hospice autrichien où souffraient tant de ses légionnaires. La joie d'avoir pu garder les murs de la vieille cité se mêlait chez l'officier arabe à une étrange compassion pour ses adversaires. « Mon Dieu, se disait-il, toutes ces vies perdues pour rien. »

Les derniers coups de feu furent tirés par les soldats de l'Irgoun qui avaient réussi à franchir la Porte Neuve devant *Notre-Dame de France*. Contenus par les légionnaires et sans espoir de renforts, ils finirent par décrocher, abandonnant les remparts de la Vieille Ville à la Légion arabe. De Sheikh Jerrah au nord, jusqu'au kibboutz de Ramat Rachel au sud, ce repli laissait Jérusalem coupée en deux. L'antique prophétie d'Isaïe s'était accomplie. Les enfants de Jérusalem « gisaient au carrefour de ses rues, étourdis par la colère de l'Eternel ». Une frontière divisait Jérusalem.

ÉPILOGUE

La paix descendue sur Jérusalem ce matin de juillet 1948 devait se révéler précaire. La cité demeurerait divisée. Deux autres batailles allaient encore se dérouler — l'une dans le Néguev, l'autre en Galilée. Ce n'est qu'au début de 1949 que les Nations unies obtiendraient que l'Egypte, le Liban, la Jordanie et la Syrie signent un armistice avec Israël. Si ces accords consacraient l'arrêt des hostilités, ils ne mirent pas fin à l'état de guerre. Les Etats arabes proclamèrent avec persistance et résolution leur volonté de supprimer un Etat qu'ils se refusaient à accepter et à reconnaître.

Ainsi se termina cependant le conflit que les Israéliens appelèrent leur guerre d'Indépendance. La jeune nation avait payé cher sa survie. Environ six mille de ses membres étaient tombés au cours des combats. Proportionnellement, cela représentait plus de pertes que n'en avait subi la France durant toute la seconde guerre mondiale. Les Israéliens se retrouvaient maîtres d'un territoire de mille trois cents kilomètres carrés et de cent douze villages initialement attribués à l'Etat arabe par le plan de partage de la Palestine.

Les Arabes ne conservaient que trois cent trente kilomètres carrés et quatorze localités appartenant à l'Etat juif.

De tous les malheurs engendrés par cette guerre, aucun ne laissa un ferment de mésentente plus durable que la tragédie des réfugiés arabes, commencée par l'exode des premières familles de Jérusalem. Le nombre des Arabes chassés de Palestine ne fut jamais établi avec précision. Si les Etats arabes assurèrent qu'il y en eut plus d'un million, les Nations unies estimèrent leur nombre entre cinq et sept cent mille.

David Ben Gourion détermina la position de son pays à l'égard de ce problème dès le mois de juin 1948. Il ordonna que « les villages abandonnés soient immédiatement occupés par des familles juives ». Il fit savoir qu'Israël accepterait, dans le cadre d'éventuelles négociations de paix, le retour de cent mille réfugiés. Une plus forte proportion de citoyens arabes risquant d'altérer la nature fondamentale de l'Etat juif et de le mettre en péril, les différents gouvernements israéliens refusèrent par la suite d'aller au-delà de cette proposition.

Les Etats arabes ne montrèrent de leur côté aucune hâte à venir en aide à leurs frères exilés. Bien que riches et peu peuplés, la Syrie et l'Irak leur fermèrent leurs portes. Pour ne pas modifier son délicat équilibre confessionnel, le Liban n'en accepta qu'un nombre limité. L'Egypte les parqua dans l'étroite bande de Gaza. Seule la Jordanie, le plus pauvre de tous les Etats arabes, fit un réel effort pour les accueillir.

A la fois pâture de la propagande arabe et mauvaise conscience d'Israël, les réfugiés palestiniens furent entassés dans des camps sordides où ils survécurent grâce à la charité des Nations unies. Mais si le monde entier les y avait voués à l'oubli, eux n'avaient pas oublié, et c'est le monde entier qu'ils rendirent responsable de leur malheur. Dans la misère de ces camps, naquit et grandit toute une génération, nourrie des rêves d'une vengeance et d'un retour dans la terre perdue qu'elle n'avait jamais connue. Au lendemain de la guerre des Six Jours, ces Palestiniens firent leur entrée sur la scène du Proche-Orient sous le nom de *feddayin*, rappelant à l'opinion internationale qu'ils avaient eux aussi leur mot à dire dans le drame de cette région.

Le conflit né le soir où trente-trois nations avaient décidé de partager la Palestine allait faire d'autres victimes et susciter bien des bouleversements. Le comte Bernadotte, médiateur des Nations unies, qui avait espéré ramener la paix sur la Terre sainte déchirée, tomba à Jérusalem le 16 septembre 1948 sous les balles des terroristes du groupe Stern. Deux mois plus tard, Mahmoud Noukrachy Pacha, l'Egyptien qui avait voulu maintenir son pays en dehors de la guerre mais n'avait pas osé juguler ses ambitions, n'évita pas le rendez-vous qu'il redoutait avec un tueur. Il fut assassiné au Caire par un membre de la secte des Frères Musulmans. Le Libanais Riad Solh fut abattu à son tour pendant l'été 1951.

Un soir de ce même été, le roi Abdullah assistait à une réception à Jérusalem. Contemplant les toits de la Vieille Ville sur laquelle il régnait à présent, le souverain bédouin était mélancolique.

« S'il m'arrive malheur, c'est lui qui doit être placé à la tête de la maison des Hachémites », dit-il à son premier ministre en désignant son petit-fils, Hussein.

Le lendemain 20 juillet 1951 à midi, s'accomplissait la prédiction du Juif Ezra Danin qui était allé voir le roi avec Golda Meïr. Abdullah fut assassiné alors qu'il pénétrait dans la mosquée d'Omar pour la prière du vendredi.

L'Irakien Nouri Saïd tomba à son tour, victime des forces déchaînées par le conflit de Palestine. Plus sourd que jamais à toutes les mises en garde, celui qu'une nouvelle génération de révolutionnaires considérait comme l'agent du colonialisme britannique au Proche-Orient fut renversé par un coup d'Etat en juillet 1958. Il fut tué alors qu'il tentait de fuir, déguisé en femme, et une jeep traîna son corps à travers les rues de Bagdad.

Toujours alerte, Hadj Amin Husseini vit, lui, sur une des collines de Beyrouth, entre ses gardes du corps et la dernière marque de ses perpétuels efforts

pour assurer sa sécurité — un abri antiatomique.
S'il ne joue plus de rôle actif dans la résistance
palestinienne, il voue toujours la même haine aux
Anglais et aux Juifs et reste persuadé qu'il pourra
un jour, avec la grâce d'Allah, retrouver son fief
de Jérusalem.

Comme il avait guidé le combat de son peuple
pour l'indépendance, David Ben Gourion présida
à la transformation de son Etat en une entité économique viable. Premier ministre de 1948 à 1963,
avec une interruption de deux ans, il a vu doubler
la faible population de son pays; ses immigrants
conquérir de nouvelles terres sur les sables du
Néguev qu'il avait réuni à l'Etat au prix de tant
de luttes; ses ingénieurs doter Israël d'une solide
infrastructure industrielle. Il mène aujourd'hui dans
le kibboutz de Sde Boker, à l'orée du Néguev, une
vie simple et paisible. Retiré du monde mais atten-
tif à tous ses bruits, il travaille à ses Mémoires,
tond la laine des moutons et va chaque jour se recueillir sur la tombe de sa femme Paula.

Premier ambassadeur d'Israël auprès de la Russie
des Soviets, la fille du menuisier de la Russie des
Tsars retrouva sa terre natale en 1949. Golda Meïr
fut ensuite pendant des années — à Jérusalem,
puis aux Nations unies — l'architecte de la diplomatie israélienne. Alors qu'elle s'était retirée pour
raison de santé, elle fut appelée en 1969 à devenir
premier ministre.

*

A Jérusalem, la maison Mandelbaum, d'où Jacob
Ben Ur et ses jeunes compagnons du Gadna avaient
arrêté les autocanons de la Légion arabe, devint le
symbole international de la division qui partageait
la ville la plus désirée du monde. Se découpant
sur un paysage de ruines et de barbelés, une porte
devint à cet endroit l'unique point de rencontre
entre les mondes juif et arabe.

Les accessoires de la guerre formèrent petit à petit le décor permanent de la Ville de la Paix. Des fortifications et des clôtures de barbelés s'élevèrent en plein cœur de l'agglomération tandis qu'un large no man's land semé de ruines et de mines traçait en son milieu une hideuse cicatrice. Pendant près de vingt ans, l'épave rouillée de l'automitrailleuse juive détruite pendant les combats de la porte de Jaffa resta au pied des remparts. Les Juifs orthodoxes vinrent chaque soir de sabbat sur ces fortifications contempler en rêve par-dessus les toits les pierres cachées de leur mur perdu. D'autres, à l'occasion de l'anniversaire de la mort d'une épouse ou d'un enfant, grimpaient sur les terrasses de Mea Shearim pour tourner interminablement leurs regards vers les pierres blanches du cimetière du mont des Oliviers où ils ne pouvaient plus se rendre. Mordechai Weingarten, le rabbin à qui un officier britannique avait remis le 14 mai 1948 la clef de la porte de Sion, était l'un de ces fidèles. De la chute du quartier juif de la Vieille Ville jusqu'à sa mort, le vieux rabbin conduisit sa vie selon les principes rigides du deuil juif. Ce fut sa façon à lui d'exprimer son affliction pour la perte de l'antique quartier qu'il avait gouverné pendant tant d'années.

De l'autre côté de la ville, les Arabes grimpaient eux aussi sur les murs pour apercevoir les toits de leurs maisons perdues, désormais occupées par des immigrants juifs. Les musulmans ne manquaient pas non plus de tourner un regard ému vers leur cimetière aujourd'hui enchâssé en plein cœur d'une cité juive où ils ne pouvaient plus se rendre.

En 1949, le gouvernement d'Israël fit de Jérusalem sa capitale contre la volonté des Nations unies et celle de l'Amérique qui gardaient encore l'espoir de donner à la ville son statut international.

Interdites à leurs fidèles, les antiques pierres du mur des Lamentations ne virent plus passer que de rares touristes ou les enfants arabes jouant dans l'étroite ruelle qui le bordait. Dépouillées de tout objet de valeur, les ruines du quartier juif s'étalaient au soleil comme les pierres disloquées d'un cimetière profané, preuve évidente pour les Arabes du départ définitif des Juifs dont ils avaient été les voisins pendant tant de siècles.

En juin 1967, après avoir à deux reprises demandé au roi Hussein d'arrêter le tir de ses canons sur la nouvelle Jérusalem, Israël entra en guerre avec la Jordanie. Les parachutistes d'Uzi Narkis, l'officier qui, une nuit de mai 1948, avait ordonné à ses forces épuisées d'abandonner les remparts, s'emparèrent de la Vieille Ville après quarante-huit heures de combats. Dans le sillage de cette victoire, une foule bouleversée se précipita vers le Mur. Des parachutistes, de vieux rabbins en extase, des ministres, des femmes et des enfants de tous les quartiers de la Nouvelle Ville, se mêlèrent dans une commune prière d'action de grâces. Ce fut un instant d'émotion où un peuple très ancien redécouvrait le lieu le plus sacré de son histoire. Parmi les premiers à contempler ces pierres se trouvaient les deux hommes qui avaient espéré s'en emparer en 1948, Dov Joseph et David Shaltiel.

Les premiers jours qui suivirent la guerre de juin 1967 donnèrent lieu dans les rues de Jérusalem à d'extraordinaires scènes de fraternisation. Arabes et Juifs renouaient de vieilles amitiés, retrouvaient les lieux, les bruits, les odeurs, les paysages de leur ancienne vie commune. Pendant ces brèves heures, les fortifications et les emplacements de tirs furent démantelés, les barbelés arrachés, le no man's land effacé et la cité réunifiée.

Mais la grâce de cette unité retrouvée devait être bientôt troublée et l'euphorie des premières heures balayée. Tout en respectant scrupuleusement les Lieux saints et la liberté des cultes, l'Etat d'Israël, soucieux de consolider ses nouvelles conquêtes, annexa officiellement la Vieille Ville. Les autorités encouragèrent les nouveaux immigrants à venir s'installer à Jérusalem puis élaborèrent un plan destiné à unir plus intimement la cité au reste du pays par la construction de nouveaux faubourgs. Le gouvernement fit enfin savoir que la question de Jérusalem ne pourrait faire l'objet d'aucune transaction lors d'une négociation de paix, sauf en ce qui concernait les Lieux saints auxquels un statut spécial pourrait être accordé.

Jugeant que la politique israélienne ne visait qu'à réduire leur présence et leur rôle, les Arabes de Jérusalem s'enfermèrent dans une soudaine hostilité. L'apparition des feddayin aux frontières de la Palestine occupée résonna bientôt à travers les rues de la ville. Comme en 1948, des bombes terroristes la défigurèrent faisant couler le sang sur la place d'un marché, dans un réfectoire d'université, dans un magasin bondé une veille du sabbat.

Les fortifications et les barbelés qui divisaient la cité ont disparu, mais une frontière demeure dans le cœur de ses habitants. Pour que l'antique prière du peuple juif « Si je t'oublie, ô Jérusalem... » ne devienne pas le cri de ralliement d'un autre peuple sémite, Juifs et Arabes devront d'abord éliminer cette frontière. Il n'est pas déraisonnable d'espérer que les pierres qui furent déjà le décor de tant de miracles témoigneront un jour de celui-là. Ecrite pour le grand roi hébreu qui avait fait de Jérusalem sa capitale, l'invocation du psaume de David reste aussi nécessaire pour les enfants de la Jérusalem d'aujourd'hui que pour ceux de la Jérusalem d'hier.

> « Appelez la paix sur Jérusalem.
> Que la paix règne dans ses remparts
> Et la prospérité dans ses palais. »

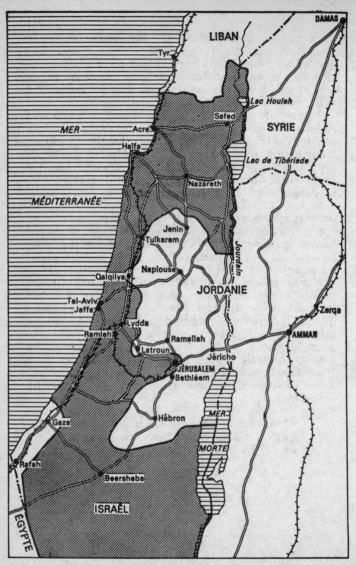

L'ETAT D'ISRAËL ET LA PALESTINE ARABE
A LA FIN DU CONFLIT.
(*Armistice de Rhodes, 1949*)

ANNEXES

REPÈRES CHRONOLOGIQUES

70 Conquête de Jérusalem par Titus et destruction du Temple juif.

636 Conquête de Jérusalem par le calife Omar et début de l'occupation musulmane.

1099 Conquête de Jérusalem par les Croisés et début de l'occupation chrétienne.

1187 Reconquête de Jérusalem par les Arabes.

1517 Conquête de Jérusalem par les Turcs.

1895 Theodor Herzl publie « l'Etat juif ».

1916 Promesse du Britannique Sir Henry McMahon aux Arabes.

1917 Promesse du Britannique Lord Arthur James Balfour aux Juifs. Conquête de Jérusalem par les Anglais.

29 novembre Les Nations unies votent le partage de la Palestine en un Etat arabe et un Etat juif.

1948

4 janvier Destruction par la Haganah de l'hôtel Sémiramis à Jérusalem.

22 février Attentat terroriste arabe rue Ben Yehuda à Jérusalem.

24 mars Premier jour du siège de la Jérusalem juive : un convoi juif ne peut atteindre la ville.

27 mars Embuscade arabe contre le convoi de ravitaillement juif du kibboutz de Kfar Etzion.

9 avril Massacre du village arabe de Deir Yassin.

13 avril Massacre du convoi juif de l'hôpital de la Hadassah.

14 mai Fin du mandat britannique sur la Palestine. Naissance de l'Etat d'Israël.

Invasion de la Palestine par les armées arabes.

Chute du kibboutz de Kfar Etzion.

16-17 mai La Haganah tente, sans succès, de s'emparer de la Vieille Ville de Jérusalem.

18 mai La Légion arabe entre dans Jérusalem.

25 mai Première attaque de l'armée israélienne contre les positions arabes de Latroun pour rouvrir la route de Jérusalem.

28 mai Capitulation du quartier juif de la Vieille Ville.

1er juin Une première jeep juive atteint Jérusalem à travers les collines de Judée.

Début des travaux sur la « Route de Birmanie ».

11 juin Premier cessez-le-feu.

9 juillet Fin du premier cessez-le-feu et reprise des combats.

17 juillet Second cessez-le-feu qui divise Jérusalem pour dix-neuf ans.

CE QU'ILS SONT DEVENUS EN 1971

ARABES

Abou Garbieh, Baghet : Le défenseur du quartier de Musrara joue un rôle actif dans le mouvement de la résistance palestinienne.

Aboussouan, Dr Samy : Le survivant de l'explosion de l'hôtel Sémiramis est dentiste à Beyrouth.

Antonious, Katy : Elle revint dans la ville dont elle avait été l'une des premières hôtesses et y vécut jusqu'à la guerre des Six Jours. Elle est réfugiée à Beyrouth.

Azzam, Pacha Abdul Rahman : Le secrétaire général de la Ligue arabe a pris sa retraite en 1956.

Deeb, Georges : L'homme qui fournit les cartes routières de la Palestine à l'armée égyptienne est commerçant à Amman.

Genno, Abou Khalil : L'homme qui a allumé la mèche de la bombe qui fit sauter le *Palestine Post* est un homme d'affaires prospère de Jérusalem dont les entreprises travaillent à la fois pour les Arabes et les Israéliens.

Ghory, Emile : Membre du parlement jordanien, il est resté en étroites relations avec Hadj Amin et sert d'intermédiaire entre le gouvernement jordanien et les feddayin.

Halaby, Assiya : La jeune fonctionnaire qui alla saluer ses collègues britanniques le matin de leur départ vit à Jérusalem. Elle a été emprisonnée deux fois au cours des dernières années pour avoir protesté contre le rattachement de la ville à Israël.

Irekat, Kamal : L'organisateur de l'embuscade du

convoi de Nebi Daniel est le porte-parole du parlement jordanien.

JUMEAN, Emile : L'artilleur qui bombarda Jérusalem est le secrétaire privé du frère du roi Hussein, le prince Mohamed.

KAOUKJI, Fawzi el : Agé de quatre-vingts ans, le commandant de l'Armée de Libération vit retiré dans la banlieue de Beyrouth.

KHALIDY, Ambara : La famille Khalidy est réfugiée à Beyrouth. Incapable de se remettre du choc de son départ de Jérusalem, Sami Khalidy mourut au début de son exil.

KOUTOUB, Fawzi el : Le spécialiste des explosifs est un petit employé à Damas. A ses moments perdus, il met ses talents au service des feddayin palestiniens.

MAJAJ, Hameh : L'employé des postes qui perdit sa femme dans l'attentat de la porte de Jaffa ne s'est jamais remarié et mène une vie tranquille à Amman auprès de ses deux enfants.

MAJELLI, Pacha Habes : Le commandant de la Légion arabe à Latroun est devenu commandant en chef de l'armée jordanienne.

MARDAM, Fouad : Le colonel syrien qui avait trouvé un bateau pour expédier les armes coulées à Bari vit à Beyrouth. Le bateau qu'il avait affrété pour un million de lires fut arraisonné en haute mer par les Israéliens et sa cargaison capturée. Mardam fut accusé par ses compatriotes d'avoir vendu les armes syriennes aux Juifs et condamné à mort. Il échappa à son exécution quand les Israéliens, révélant les secrets de l'affaire, innocentèrent leur malheureux adversaire.

PULLI, Antonio : Epargné par le coup d'Etat de Nasser, l'infatigable organisateur des plaisirs nocturnes de Farouk dirige une pâtisserie dans la banlieue du Caire.

ROUSSAN, Mahmoud : Le commandant adjoint de la défense de Latroun est membre du parlement jordanien.

TANNOUS, Nimra : La « Tigresse » qui dirigea le

standard téléphonique du Q. G. arabe de l'école de la Raoudah, habite Amman et joue un rôle actif au ministère des Réfugiés.

TELL, Abdullah : Le commandant de la Légion arabe à Jérusalem s'exila volontairement au Caire en 1950 après avoir donné sa démission de gouverneur militaire de Jérusalem. Condamné à mort par contumace pour le rôle qu'il a toujours nié avoir joué dans l'assassinat du roi Abdullah, il resta au Caire jusqu'en 1967, date à laquelle le roi Hussein lui permit de rentrer en Jordanie.

TELL, Wasfi : L'officier dont les mises en garde en 1948 ne furent jamais prises en considération est premier ministre de Jordanie.

BRITANNIQUES

BEELEY, Sir Harold : L'adjoint d'Ernest Bevin en 1948 a pris sa retraite en 1969 après une longue et brillante carrière dans la diplomatie, notamment comme ambassadeur à Moscou et au Caire.

CHURCHILL, Colonel Jack : L'officier qui essaya de secourir le convoi de la Hadassah est à la retraite et habite dans la banlieue de Londres.

CUNNINGHAM, Général Sir Alan : Le dernier haut-commissaire en Palestine a pris sa retraite et vit dans la banlieue de Londres.

GLUBB, Général Sir John Bagot : Le général commandant la Légion arabe en 1948 fut brutalement congédié en 1956 par le roi Hussein. Rentré en Grande-Bretagne, il continue de mener une vie active, écrivant et donnant des conférences sur un sujet que peu d'hommes connaissent mieux que lui, le monde arabe.

JONES, Général C. P. : Le dernier commandant militaire britannique de Jérusalem est directeur du Pensioners Hospital de Londres.

KIRKBRIDE, Sir Alec : L'ambassadeur de Grande-

Bretagne à Amman est directeur de la Banque britannique du Moyen-Orient.

Mac Millan, Général Sir Gordon : Retiré du service actif, le dernier commandant en chef de l'armée britannique en Palestine vit en Ecosse.

ISRAÉLIENS

Alon Yigal : Le chef du Palmach en 1948 a fait une importante carrière politique et est devenu adjoint du premier ministre. Avec Moshe Dayan, il est considéré comme l'un des héritiers présumés de Golda Meïr.

Avidar, Joseph : Le responsable des approvisionnements de la Haganah en 1948 est l'un des dirigeants de la Histadrouth, la confédération des syndicats juifs.

Avriel, Ehud : L'homme qui acheta en Tchécoslovaquie les armes qui permirent à Israël de survivre a retrouvé son kibboutz de Galilée. Il continue à jouer un rôle important. Il est l'un des grands dirigeants du sionisme mondial.

Charny, Carmi : Le fils du rabbin new-yorkais qui contribua à arrêter les blindés de la Légion arabe est resté à Jérusalem où il est devenu l'un des plus célèbres poètes hébraïques.

Chorev, Amos : Le jeune officier du Palmach qui participa à la découverte de la « Route de Birmanie » est général de l'armée israélienne.

Cohen, Uri : Le terroriste qui jetait des bombes pour l'Irgoun est pilote d'El Al.

Eleazar, David : L'officier qui conquit si durement le monastère de Katamon est l'un des plus brillants généraux de l'armée israélienne.

Federman, Xiel : Le père Noël de la Haganah est propriétaire d'une chaîne d'hôtels de luxe en Israël.

Gazit, Motke : L'officier qui entra dans la Vieille

Ville avec son troupeau de civils s'occupe de l'installation des nouveaux immigrants en Israël.

HERZOG, Vivian : L'ancien officier des Guards est un brillant homme d'affaires. Ses chroniques à la radio au moment de la guerre des Six Jours le rendirent si célèbre qu'il est devenu une sorte d'oracle de l'Etat d'Israël.

HOD, Mordechai : L'un des deux premiers pilotes des Messerschmitt est commandant en chef de l'aviation israélienne.

JOSEPH, Dov : Le responsable du ravitaillement de Jérusalem, après une brillante carrière, est revenu à son premier métier, juriste. Il habite toujours Jérusalem.

LASKOV, Chaïm : Le commandant de la première force blindée israélienne dirige une affaire d'électronique.

LEVI, Isaac : L'officier qui traversa les collines de Judée pour supplier Ben Gourion d'envoyer des munitions à Jérusalem, dirige sa propre maison d'édition à Jérusalem.

LORCH, Natanael : Le jeune officier qui bourra de sandwiches des sacs de sable est aujourd'hui membre du ministère des Affaires étrangères.

NARKIS, Uzi : L'officier qui replia ses hommes épuisés des remparts conquit Jérusalem en 1967 et s'occupe à présent des nouveaux immigrants.

NEVO, Joseph : L'officier qui voulait tant voir s'en aller sa belle-mère, est conseiller militaire.

RABIN, Isaac : Le commandant de la brigade qui participa à l'Opération Nachshon, s'est brillamment illustré pendant la guerre des Six Jours. Il est ambassadeur d'Israël aux Etats-Unis.

RUSSNAK, Moshe : Le commandant des défenseurs du quartier juif de la Vieille Ville vit paisiblement à Jérusalem.

SHALTIEL, David : Le commandant de la Haganah de Jérusalem est mort en 1969 après une importante carrière diplomatique en Europe et en Amérique du Sud.

SHAMIR, Shlomo : Après une longue et brillante

carrière militaire, le chef de la 7e brigade habite Tel-Aviv.

SINAÏ, Zvi : Le commandant de l'Opération Kedem est resté dans l'armée. Il est devenu un spécialiste d'histoire militaire.

SLAVINE, Chaïm : L'ingénieur qui acheta aux Etats-Unis toute une industrie d'armement en pièces détachées, dirige une usine de maisons préfabriquées.

WEIZMANN, Ezer : L'un des deux premiers pilotes des Messerschmitt a été l'un des principaux artisans de la victoire israélienne pendant la guerre des Six Jours. Après avoir été ministre, il dirige à présent un parti politique.

YADIN, Yigael : Le chef des opérations de la Haganah a fait une brillante carrière militaire avant de revenir à ses premières occupations : l'archéologie.

LES AUTRES

AZCARATE, Pablo de : Le premier envoyé des Nations unies à Jérusalem a pris sa retraite à Genève.

REYNIER, Jacques de : L'envoyé de la Croix-Rouge internationale à Jérusalem vit aujourd'hui près de Lausanne.

REMERCIEMENTS

Nous désirons remercier en tout premier lieu Dominique Conchon, notre inappréciable collaboratrice et amie des trois années de travail qu'exigea la préparation de notre livre. Avec un soin, une intelligence et une foi de chaque instant dans notre entreprise, elle organisa le classement des innombrables documents accumulés au cours de notre enquête. Durant les longs et difficiles mois de la rédaction de ce livre, elle a été une assistante infatigable : elle a préparé notre documentation avec une minutie qui nous épargna bien des efforts, ordonné nos notes, corrigé avec une patience infaillible les mille cinq cents pages du manuscrit français et dirigé notre secrétariat.

Nous remercions également notre équipe d'enquêteurs : Lilly Rivlin, pour ses patientes enquêtes à travers Israël et l'enthousiasme qu'elle montra à recueillir les récits des combats d'une guerre qu'elle n'avait pas connue; Suleiman Moussa, historien lui-même, pour les témoignages qu'il recueillit auprès des anciens de la Légion arabe; notre amie palestinienne Diane qui nous offrit toute son aide et les témoignages émouvants de tant de ses compatriotes.

Pour notre ami René Clair qui accepta de consacrer tant d'heures de son précieux temps à relire la version française de notre manuscrit et à nous encourager de ses conseils, nous avons une dette très spéciale de gratitude. Nous remercions aussi notre ami Pierre Nora, dont la connaissance historique de notre sujet nous rendit les encouragements et les conseils particulièrement précieux; le professeur Louis Evrard dont l'inépuisable culture nous a permis d'éviter bien des erreurs historiques; notre ami Pierre Peuchmaurd et sa charmante épouse Fanny pour tout le temps qu'ils ont consacré à la correction de notre texte; M. le rabbin Charles Touati pour l'aimable surveillance qu'il voulut bien exercer sur tous les passages concernant la religion juive; Colette Modiano, auteur elle-même d'un remarquable ouvrage à paraître sur le Moyen-Orient pour son concours si appréciable.

Parmi ceux qui ont été nos fidèles compagnons de travail, nous remercions aussi Hélène Fillion, Nicole Littée, Christine Soler, Marianne Morange, Catherine Guyon, Marielle Carré, Jacqueline de la Cruz et nos amies Jeanne Conchon et Josette Wallet, venues nous aider à franchir les dernières heures de la rédaction de ce livre.

Enfin, nous adressons une pensée reconnaissante à Catherine et Marius Rocchia, Alexandre et Paulette Isart, René et Ginette Dabrowski, dont les soins attentifs ont soutenu notre moral pendant nos longs mois de travail.

La préparation de Ô Jérusalem a demandé deux ans d'efforts patients et difficiles à travers le Moyen-Orient, l'Europe et les Etats-Unis. Plus de deux mille personnes ont collaboré directement ou indirectement à cette enquête. S'il nous est impossible de les citer toutes, qu'elles nous pardonnent mais qu'elles sachent combien nous leur sommes reconnaissants.

Parmi les personnalités israéliennes qui nous ont si généreusement accordé leur précieux temps, nous voulons remercier tout spécialement M. David Ben Gourion qui, au cours de deux longues rencontres, a reconstitué pour nous les heures cruciales de 1948 et nous a offert le privilège spécial de consulter de nombreux passages inédits de son journal personnel; Mme Golda Meir qui a bien voulu distraire de son écrasant emploi du temps les heures qui nous ont permis de revivre avec elle chaque minute de son voyage de janvier 1948 aux Etats-Unis et son entrevue secrète avec le roi Abdullah quatre jours avant le déclenchement de la guerre; Ehud Avriel qui nous montra tant de patience à nous raconter les péripéties de ses missions en Tchécoslovaquie quand, déguisé en représentant du Négus, il achetait des armes pour Israël; Mme David Shaltiel et l'ambassadeur M. Levavi, qui mirent à notre disposition les archives et les papiers personnels du commandant de la Haganah de Jérusalem; Joseph Avidar, qui exhuma pour nous ses rapports de l'époque et nous aida à reconstituer, presque fusil par fusil, l'aventure clandestine de l'armement juif; l'ambassadeur Jacob Tsur dont l'exceptionnelle connaissance de Jérusalem nous fut si précieuse pour saisir les mille visages de la cité et de ses habitants; Vivian Herzog et sa femme Aura qui nous aidèrent avec tant de patience à vivre par la pensée les misères et les joies de Jérusalem. Vivian Herzog et Shlomo Shamir nous furent en outre d'une aide inappréciable pour la reconstitution des batailles de Latroun. Qu'ils en soient remerciés. A Miles et Guita Sherover, dont l'appui et les encouragements nous furent une aide si précieuse, nous adressons notre très vive reconnaissance.

Nous remercions également le lieutenant-colonel Elie Bar Lev, du département d'information du ministère de la Défense d'Israël, et Gershon Rivlin, rédacteur en chef de la revue militaire Ma'arachot, pour avoir bien voulu orienter nos recherches et mettre à notre disposition de nombreux documents.

Du côté arabe, l'aide exceptionnelle que nous avons reçue nous a permis de conduire une enquête qui n'avait jamais pu être réalisée auparavant. Parmi les innombrables personnes auxquelles nous sommes particulièrement redevables, nous remercions Sa Majesté le roi Hussein de Jordanie qui nous a permis d'avoir accès aux archives de la Légion arabe; le colonel Abdullah Tell qui, pendant presque trois semaines d'interviews, a reconstitué pour nous chaque minute de la bataille de Jérusalem du côté arabe; Mahmoud Roussan, dont le journal personnel nous a été si utile pour nos chapitres sur les batailles de Latroun; Ali Abou Nouwar, aujourd'hui ambassadeur de Jordanie à Paris, qui nous aida à retrouver l'atmosphère exaltante de la marche de la Légion arabe vers la Palestine; Emile Ghory et Baghet Abou Garbieh qui peignirent pour nous à travers leurs expériences personnelles le rôle des défenseurs arabes de Jérusalem en 1948; le président Camille Chamoun et le Dr Charles Malik, qui jouèrent un rôle si important lors du débat de l'O.N.U. de novembre 1947 où ils représentaient le Liban; Mohamed Hassan el Heikal, qui nous confia ses expériences de jeune journaliste dans la Palestine en guerre de cette époque; Mme Abdel Kader Husseini, veuve du chef arabe mort à la bataille de Castel, qui nous confia la correspondance de son mari; et enfin Antonio Pulli qui nous permit de pénétrer grâce à ses souvenirs dans l'intimité du roi Farouk.

Parmi les dizaines de personnes que nous avons interviewées en Grande-Bretagne, qu'il nous soit permis de remercier tout spécialement Sir John Bagot Glubb, Sir Alec Kirkbride, Sir Alan Cunningham, Sir Gordon Mac Millan et Sir Harold Beeley pour les conseils et l'aide chaleureuse qu'ils nous apportèrent.

Aux Etats-Unis où tant de personnes nous offrirent leur concours, nous tenons à remercier particulièrement Clark Clifford de nous avoir permis de consulter ses papiers personnels, ainsi que la direction de la bibliothèque Truman d'Independence, Missouri.

En France, nous tenons à remercier spécialement Mme René Neuville, la veuve du consul général de France à Jérusalem, dont les souvenirs nous aidèrent à reconstituer la vie à Jérusalem en 1948; ainsi que le docteur René Bauer, médecin-chef de l'hôpital Français de Jérusalem, dont le journal personnel nous fut très précieux pour raconter les combats autour de Notre-Dame de France. Nous exprimons aussi notre gratitude aux moines de l'abbaye trappiste des Sept-Douleurs de Latroun, ainsi qu'à Jacques de Reynier, représentant de la Croix-Rouge Internationale, qui nous aida à reconstituer le drame de Deir Yassin.

Enfin, sans les encouragements et le soutien de nos éditeurs et de nos amis du Reader's Digest, nous n'aurions jamais pu écrire « Ô Jérusalem ». Que nos amis Robert Laffont, Jacques Peuchmaurd et Claude Anceau à Paris, Peter Schwed, Mike Korda et Dan Green à New York, Fulton Oursler à Pleasantville, ainsi que Irving Lazar à Los Angeles et Nicholas Thompson à Londres, soient chaleureusement remerciés pour leur foi inébranlable en notre projet.

Les Bignoles
La Biche Niche
Ramatuelle
23 mai 1971

BIBLIOGRAPHIE

I. — OUVRAGES PUBLIÉS

ABD ALLAH IBN HUSSEIN (Roi Abdullah) : *My Memoirs Completed (al-Takmilah)*, American Council of Learned Societies, Washington, D. C. 1954.

ADIN (Edelman), Benjamin : *Adventure at the Wheel*, Alfa Jerusalem Press, Jérusalem 1965.

AGAR, Herbert : *The Saving Remnant*, Viking, New York 1960.

ALEM, Jean-Pierre : *Juifs et Arabes, 3 000 ans d'Histoire*, Grasset, Paris 1968.

ALON, Yigal : *Battles of the Palmach*, Hakibbutz Hameuchad, Tel-Aviv 1965 (hébreu).

AMRAMI, Yaakov : *History of the War of Independence*, Shelach, Tel-Aviv 1951 (hébreu).

ANTONIUS, George : *The Arab Awakening*, Lippincott, Philadelphie 1939.

AREF, Aref el : *The Tragedy of Palestine*, 7 vol. Beyrouth (arabe).

ATTLEE, Earl : *As It Happened* (autobiographie), Heinemann, Londres 1954.

AVNERY, Uri : *Fields of Palestine (Bisdot Pleshet)*, Tversky, Tel-Aviv, 1950 (hébreu).

AZCARATE Y FLORES, Pablo de : *Mission in Palestine*, Middle East Institute, Washington, D. C. 1966.

BAER, Israel : *Battles of Latrun (Carvot Latrun)*, Ma'arachot, Tel-Aviv 1953 (hébreu).

BARODI, Fakhri : *The Catastrophe of Palestine*, Ibn Zaidon, Damas 1950 (arabe).

BAR-ZOHAR, Michael : *The Armed Prophet*, A. Barker, Londres 1967.

Begin, Menachem : *La Révolte d'Israël*, La Table Ronde, Paris 1971.

Bemis, Samuel Flagg : *The American Secretaries of State and Their Diplomacy*, Pageant Book Co., New York 1958.

Ben Elissar, Eliahu : *La Diplomatie du IIIe Reich et les Juifs, 1933-1939*, Julliard, Paris 1969.

Ben Gourion, David : *Israel : Years of Challenge*, Holt, New York 1963.

Ben Gourion, David : *Ben Gourion parle*, Stock, Paris, 1971.

Ben Jacob, Jeremiah : *The Rise of Israel*, Grosby House, New York 1949.

Ben Shaul, Moshe (éd.) : *Generals of Israel*, Hadar, Tel-Aviv 1968.

Bentwich, Norman : *Israel*, Benn, Londres 1952.

Berkman, Ted : *Cast a Giant Shadow*, Doubleday, Garden City, New York 1962.

Berlin, Isaiah : *Chaim Weizmann*, Farrar, Straus & Cudahy, New York 1958.

Bernadotte, Folke : *The Curtain Falls*, Knopf, New York 1945.

Bernadotte, Folke : *To Jerusalem*, Hodder, Londres 1951.

Betchy, Mohammed Al : *Our Martyrs in Palestine*, Le Caire 1949 (arabe).

Bilby, Kenneth W. : *New Star in the Near East*, Doubleday, Garden City, New York 1950.

Birdwood, Christopher B. : *Nuri as-Said A Study in Arab Leadership*, Cassell, Londres 1959.

Bullock, Alan : *The Life and Times of Ernest Bevin*, Heinemann, Londres 1960.

Burrows, Millar : *Palestine Is Our Business*, The Westminster Press, Philadelphie 1949.

Carlson, John Roy (Arthur Derounian) : *Cairo to Damascus*, Knopf, New York 1951.

Catarivas, David : *Israël*, Seuil, Paris 1967.

Cattan, Henry : *Palestine, The Arabs & Israël, The Search for Justice*, Longmans, Londres 1969.

Cohen, Geula : *Woman of Violence : Memoirs of a*

young Terrorist 1943-1948, Holt, Rinehart & Winston, New York 1966.

CROSSMAN, R. H. S. : *A Nation Reborn*, H. Hamilton, Londres 1960.

CROSSMAN R. H. S. : *Palestine Mission*, Harper & Brothers, New York et Londres 1947.

CRUM, Bartley : *Behind the Silken Curtain*, Simon and Schuster, New York 1947.

DANIELS, Jonathan : *Man of Independence : A Biography of Harry S. Truman*, Lippincott, Philadelphie 1950.

DAYAN, Shmuel : *Pioneers in Israel*, World Publishing, New York et Cleveland 1961.

DEROGY, Jacques et SAAB, Édouard : *Les Deux Exodes*, Denoël, Paris 1968.

DEROGY, Jacques : *La Loi du Retour, La Secrète et Véritable Histoire de l'Exodus*, Fayard, Paris 1970.

DIMONT, Max : *Les Juifs, Dieu et l'Histoire*, Laffont, Paris, 1964.

EDDY, William Alfred : *F. D. R. Meets Ibn Saud*, American Friends of the Middle East, New York 1954.

EDELMAN, Maurice : *David : The Story of Ben Gurion*, Putnam, New York 1965.

ELATH, Eliahu : *Israel and her Neighbors*, The World Publishing Company New York et Cleveland 1957.

ELATH, Eliahu : *Israel and Elath*, Weidenfeld, Londres 1966.

ELSTON, Roy : *No Alternatives*, Hutchinson, Londres 1960.

EYTAN, Walter : *The First Ten Years*, Simon and Schuster, New York 1958.

FARAG, Sayed : *Our Army in Palestine*, Fawakol, Le Caire 1949 (arabe).

FEIS, Herbert : *The Birth of Israel, The tousled diplomatic Bed*, H. Feis, New York 1969.

FLAUBERT, Gustave : *Voyage en Orient*, Seuil, Paris 1964 (« Œuvres complètes »).

FRANCOS, Ania : *Les Palestiniens*, Julliard, Paris 1968.

FRANK, Gerold : *The Deed*, Simon and Schuster New York 1963.

FURLONGE, Geoffrey : *Palestine is my Country, The Story of Musa Alami*. John Murray, Londres 1969.

GABBAY, Rony E. : *A Political Study of the Arab-Jewish Conflict*, Librairie Droz, Genève 1959.

GARCIA GRANADOS, Jorge : *The Birth of Israel*, Knopf, New York 1948.

GERVASI, Frank H. : *To Whom Palestine?* Appleton-Century, New York 1946.

GLASS, Zrubavel (éd.) : *Book of the Palmach (Sefer Ha-Palmach)*, 2 vol., Hakibbutz Hameuchad, Tel-Aviv 1953 (hébreu).

GLUBB, Sir John Bagot (Pacha) : *Britain and the Arabs*, Hodder, Londres 1959.

GLUBB, Sir John Bagot (Pacha) : *A Soldier with the Arabs*, Harper & Brothers, New York 1957.

GLUBB, Sir John Bagot (Pacha) : *Story of the Arab Legion*, Hodder, Londres 1948.

GRAVES, Philip P. (éd.) : *Memoirs of King Abdullah of Transjordan*, Cape, Londres 1950.

GUGENHEIM, E. : *Le Judaïsme dans la Vie quotidienne*, Albin Michel, Paris 1961.

HADAWI, Sami : *The Arab Israeli Conflict (Cause and Effect)*, Beyrouth 1967.

HADAWI, Sami : *Bitter Harvest, Palestine Between 1914-1967*. The New World Press, New York 1967.

HAEZRAHI, Yehuda : *The Living Rampart*, Zionist Youth Council, Londres 1948.

HALPERN, Ben : *The Idea of the Jewish State*, Harvard University Press, Cambridge, Mass. 1961.

HARIRI, Saleh al : *The Saudi Army in Palestine*, Dar al Ketab, Le Caire 1950 (arabe).

HASHEMI, Taha : *Diary of the War*, Beyrouth (arabe).

HECHT, Ben : *Perfidy*, Messner, New York, 1961.

HECHT, Ben : *A Child of the Century*, Simon and Schuster, New York 1954.

HIRSZOWICZ, Lukasz : *The Third Reich and the Arab East*, Routledge & Kegan Paul, Londres 1966.

HOROWITZ, David : *State in the Making*, Knopf, New York 1953.

HUREWITZ, J. C. : *The Struggle for Palestine*, Norton, New York 1950.

HYAMSON, H. M. : *Palestine Under the Mandate*, Methuen, Londres 1950.

HYRKANOS-GINZBURG, Devora : *Jerusalem War Diary*, Wizo Zionist Education Dept., Jérusalem 1950.

JACOBOVITZ, Mordechai : *Heroes Tell Their Stories : Chapters on the War of Independence*, Niv, Tel-Aviv (hébreu).

JARVIS, Claude : *Three Deserts*, J. Murray, Londres 1936.

JOIN-LAMBERT : *Jérusalem*, Albert Guillot, Paris 1957.

JOSEPH, Bernard (Dov) : *The Faithful City*, Hogarth, Londres 1962.

JOSEPHUS : *The Jewish War*, Penguin, Baltimore 1959.

KAGAN, Benjamin : *The Secret Battle for Israel*, World Publishing, New York et Cleveland 1966.

KATZ, Samuel : *Days of Fire*, Doubleday, Garden City, N. Y., 1968.

KELLER, Werner : *The Bible as History, Archaeology confirms the Book of Book*, Hodder & Stoughton, Londres 1956.

KHATIB, Mohammed Nemr al : *The Result of the Catastrophe*, Matba Umomeya, Damas 1951 (arabe).

KHOURI, Fred J. : *The Arab Israeli Dilemma*, Syracuse University Press, New York 1968.

KIMCHE, Jon : *Seven Fallen Pillars*, Praeger, New York 1953.

KIMCHE, Jon et David : *A Clash of Destinies*, Praeger, New York 1960.

KIMCHE, Jon et David : *The Secret Roads*, Secker, Londres 1954.

KIRK, George : *A Short History of the Middle East*, Methuen, Londres 1961.

KIRK, George : *Survey of International Affairs : 1939-1946 : The Middle East in the War*, Oxford University Press, Londres, New York 1952.

KIRK, George : *Survey of International Affairs; The Middle East 1945-1950*, Oxford University Press, Londres, New York 1954.

KIRKBRIDE, Sir Alec : *A Crackle of Thorns*. J. Murray, Londres 1956.

KNOHL, Dov (éd.) : *Siege in the Hills of Hebron*, Yoseloff, New York 1958.

KOESTLER, Arthur : *Promise and Fulfilment*, Macmillan, New York 1949.

KOLLEK, Teddy et PEARLMAN, Moshe : *Jerusalem, Sacred City of Mankind : A History of Forty Centuries*, Steimatzky's Agency Ltd. Jérusalem, Tel-Aviv, Haïfa 1968.

KOTKER, Norman : *The Earthly Jerusalem*, Charles Scribner's Sons, New York 1969.

LAPIERRE, Jean : *Le Mandat Français en Syrie*, Librairie du Recueil Sirey, Paris 1937.

LATOUR, Anny : *The Resurrection of Israel*, The World Publishing Company. New York et Cleveland 1968.

LAU-LAVIE, Naphtalie : *Moshe Dayan*, Vallentine Mitchell, Londres 1968.

LAWRENCE, Thomas Edward : *Seven Pillars of Wisdom*, Doubleday, Garden City, N. Y. 1935.

LEARSI, Rufus : *Israel, A History of the Jewish People*, The World Publishing Company, New York et Cleveland 1949.

LEVER, Walter : *Jerusalem is Called Liberty*, Massadah Publication Co., Jérusalem 1951.

LEVIN, Harry : *I saw the Battle of Jerusalem*, Schocken Books, New York 1950.

L'HUILLIER, Fernand : *Fondements Historiques des Problèmes du Moyen-Orient*, Sirey, Paris 1958.

LIAS, Godfrey : *Glubb's Legion*, Evans, Londres 1956.

LIE, Trygve : *In the Cause of Peace*, Macmillan, New York 1954.

LILIENTHAL, Alfred M. : *What Price Israel?* Regnery, Chicago 1953.

LIRON, Aaron : *Old Jerusalem : Under Siege and in Battle*, Ma'arachot, Tel-Aviv 1957 (hébreu).

LITVINOFF, Barnet : *The Story of David Ben Gurion*, Oceana Publications, New York 1959.

LONGRIGG, Stephen Hemsley : *Oil in the Middle East, Its Discovery and Development*, Oxford University Press, Londres 1954.

LORCH, Netanel : *The Edge of the Sword*, Putnam, New York 1961.

LOTI, Pierre : *Jérusalem*, Plon, Paris.

LOWDERMILK, Walter C. : *Palestine Land of Promise*, Harper & Brothers, New York et Londres 1944.

LOWDERMILK, Walter C. : *The Untried Approach to the Palestine Problem*, American Christian Palestine Committee Publications, New York 1948.

LUKAN, Kadri : *After the Catastrophe*, Dar el Elm, Beyrouth 1950 (arabe).

MARDOR, Munya (Meir) : *Haganah*, New American Library, New York 1966.

MARIN, Max : *Le Retour d'Israël*, Desclée de Brouwer & Cie, Paris 1935.

MARLOWE, John : *Rebellion in Palestine*, Cresset Press, Londres 1946.

MARLOWE, John : *The Seat of Pilate*, Cresset Press, Londres 1959.

McDONALD, James G. : *My Mission in Israel*, Simon and Schuster, New York 1951.

MEINERTZHAGEN, Richard : *Middle East Diary*, Cresset Press, Londres 1959.

MILLIS, Walter, en collaboration avec DUFFIELD E. D. (éd.) : *The Forrestal Diaries*, Viking, New York 1951.

NADEL, Baruch : *Bernadotte*, Tel-Aviv 1968 (hébreu).

NASSER, Gamal Abdel : *Egypt's Liberation : The philosophy of the Revolution*, Public Affairs Press, Washington, D. C. 1955.

NEGUIB, Mohammed : *Egypt's Destiny*, Gollancz, Londres 1955.

NEHER-BERNHEIM, Renée : *La Déclaration Balfour. 1917 : Un Foyer National Juif en Palestine*, Julliard, Paris 1959.

O'BALLANCE, Edgar : *The Arab-Israeli War, 1948*, Faber, Londres 1956.

PARKES, J. W. : *A History of Palestine from 135 A. D. to Modern Times*, Gollancz, Londres 1949.

PEARLMAN, Maurice : *The Army of Israel*, Philosophical Library, New York 1950.

PERETZ, Don : *Israel and the Palestine Arabs*, Middle East Institute, Washington, D. C. 1958.

POLK, Willkam R., STAMLER, David M. et ASFOUR, Edmund : *Backdrop to Tragedy*, Beacon Press, Boston 1957.

RABINOWICZ, Oskar K. : *Vladimir Jabotinsky's Conception of a Nation*, Beechhurst Press, New York 1946.

REYNIER, Jacques de : *A Jérusalem un drapeau flottait sur la ligne de feu*, Histoire et Société d'Aujourd'hui, Genève 1950.

REYNOLDS, Quentin : *Leave It to the People*, Random House, New York, 1949.

ROBINSON, Donald : *Under Fire, Israel's 20 year Fight for Survival*. W. W. Norton & Company, New York 1968.

ROOSEVELT, Kermit : *Arabs, Oil, and History*, Harper & Brothers, New York 1949.

ROTH, Cecil : *History of the Jews*, Schocken, New York 1961.

ROUSAN, Mahmoud : *Palestine and the Internationalization of Jerusalem*, The Ministry of Culture and Guidance, Bagdad 1965.

ROUSAN Mahmoud : *Battles of Bad el-Wad*, Amman (arabe).

SACHAR, Howard M. : *Aliyah : The Peoples of Israel*, World Publishing, New York et Cleveland 1961.

SACHAR, Howard M. : *From the Ends of the Earth : The Peoples of Israel*, World Publishing, New York et Cleveland 1964.

SACHAR, Howard M. : *The Emergence of the Middle East : 1914-1924*, Alfred A. Knopf, New York 1969.

SACHER, Harry : *Israel : The Establishment of a State*, Weidenfeld, Londres 1952.

SADAT, Anouar el : *Revolt on the Nile*, Wingate, Londres 1957.

ST. JOHN, Robert : *Ben-Gurion : The Biography of an Extraordinary Man*, Doubleday, Garden City, N. Y. 1959.

ST JOHN, Robert : *The Boss : The Story of Gamal Abdel Nasser*, McGraw-Hill, New York 1960.

ST. JOHN, Robert : *Shalom Means Peace*, Doubleday, Garden City, N. Y. 1949.

SAYEGH, Fayez A. : *The Arab-Israeli Conflict*, The Arab Information Center, New York 1964.

SCHECHTMAN, Joseph B. : *The Mufti and the Fuehrer*, Yoseloff, New York 1965.

SHAHAN, Avigdor : *The Wings of Victory (Kanfer Hanizachon)*, Am Hassafer, Tel-Aviv 1966 (hébreu).

SHAREF, Zeev : *Three Days*, W. H. Allen, Londres 1962.

SHARETT, Moshe : *The Gates of the Nations (Beshar Haoumot)*, Am Oved, Tel-Aviv 1958 (hébreu).

SHERWOOD, Robert : *Roosevelt and Hopkins*, Harper & Brothers, New York 1948.

SHWADRAN, Benjamin : *The Middle East, Oil, and the Great Powers*, Council for Middle Eastern Affairs Press, New York 1959.

SLATER, Leonard : *The Pledge*, Simon and Schuster, New York 1970.

SMITH, Wilfred Cantwell : *Islam in modern History*, Princeton University Press, Princeton 1957.

SOUSTELLE, Jacques : *La Longue Marche d'Israël*, Fayard, Paris 1968.

SPICEHANDLER, Daniel : *Let my Right Hand Wither*, Beechhurst Press, New York 1950.

STARK, Freya : *Dust in the Lion's Paw*, J. Murray, Londres 1961.

STEIN, Leonard : *The Balfour Declaration*, Vallentine Mitchell, Londres 1961.

STEINBERG, Alfred : *The Man from Missouri*, Putnam, New York 1962.

STEINBERG, Milton : *Basic Judaism*, Harcourt, Brace & Co., New York 1947.

STONE, Isidor : *This is Israel*, Boni, New York 1948.

STORRS, Sir Ronald : *Lawrence of Arabia; Zionism and Palestine*, Penguin Books, Middlesex et New York 1943.

SYKES, Christopher : *Crossroads to Israel*, World Publishing, New York et Cleveland 1965.

SYKES, Christopher : *Orde Wingate*, Collins, Londres 1959.

SYRKIN, Marie : *Blessed Is the Match*, Jewish Publication Society of America, Philadelphie 1947.

SYRKIN, Marie : *Golda Meir : Woman with a Cause*, Putnam, New York 1961.

TALMAI, Menahem : *Convoys Under Fire (Shayarot Baesh)* Amihai, Tel-Aviv 1957 (hébreu).

TAYLOR, Alan R. : *Prelude to Israel. An Analysis of Zionist Diplomacy, 1897-1947,* Philosophical Library, New York 1959.

TELL, Abdullah : *The Tragedy of Palestine,* Dar al Kalam, Le Caire 1959 (arabe).

THARAUD, Jérôme et Jean : *Un Royaume de Dieu,* Plon, Paris 1920.

TREVOR, Daphne : *Under the White Paper,* The Jerusalem Press, Jérusalem 1948.

TRUMAN, Harry S. : *Years of Trial and Hope,* Vol. 2 : *Memoirs,* Doubleday, Garden City, N. Y. 1956.

TSUR, Jacob : *Prière du Matin. L'Aube de l'État d'Israël,* Plon, Paris 1967.

VAZE, Pinhas : *Objective : To acquire Arms (Ha-Mesima : Rechesh),* Ma'arachot, Tel-Aviv 1966 (hébreu).

VESTER, Bertha : *Our Jerusalem,* Doubleday, Garden City, N. Y. 1950.

VILNOY, Zev : *The Battle to Liberate Israel (Hamaaracha Leshichrur Israel),* Tor-Israel, Jérusalem 1953 (hébreu).

WEISGAL, Meyer W., et Joel CARMICHAEL (éd.), *Chaim Weizmann : A Biography by Several Hands,* Atheneum, New York 1963.

WEIZMANN, Chaim : *Trial and Error,* Harper & Brothers, New York 1949.

WEIZMANN, Vera : *The Impossible Takes Longer,* Harper, New York 1967.

WELLES, Sumner : *We Need Not Fail,* Houghton Mifflin, Boston 1948.

WYNN, Wilton : *Nasser of Egypt : The Search for Dignity,* Arlington Books, Cambridge, Mass. 1959.

ZEINE, Z. N. : *The Struggle for Arab Independence,* Beyrouth 1960.

ZURAYK, Constantine R. : *The Meaning of the Disaster,* Beyrouth 1956.

II. — JOURNAUX PERSONNELS, CORRESPONDANCES ET DOCUMENTS INÉDITS AUXQUELS LES AUTEURS DE « Ô JÉRUSALEM » ONT PU AVOIR ACCÈS

ABBAYE DES SEPT-DOULEURS DE LATROUN : Journal quotidien, 1948.

ABOUSSOUAN, Dr Samy : Journal personnel.

ARAZI, Tuvia : Documents personnels concernant les activités d'achat d'armes de Yehuda Arazi.

AVRIEL, Ehud : Documents personnels et contrats des achats d'armes de la Haganah à Prague en 1948.

AYAD, R. P. Ibrahim : Correspondance personnelle et Journal de la Custodie de Terre Sainte.

BAUER, Dr René : Journal personnel.

BIBLIOTHÈQUE TRUMAN, Independence (États-Unis) :
— CLIFFORD, Clark : Papiers personnels et correspondance.
— DANIELI, Jonathan : Histoire de l'administration Truman.
— JACOBSON, Eddy : Papiers personnels et correspondance.
— TRUMAN, Harry S. : Papiers personnels et correspondance.

CHAMOUN, Camille : Échange de télégrammes entre Beyrouth, Le Caire, Jérusalem et Amman. Télégrammes et correspondance personnels avec le Premier ministre et le ministre des Affaires étrangères du Liban.

CHRIST CHURCH : Journal, Jérusalem 1948.

CHURCHILL, Colonel Jack : Documents militaires britanniques, registres et messages concernant l'embuscade de l'hôpital de la Hadassah, 13 avril 1948.

Comité d'enquête sur l'embuscade du convoi de l'hôpital de la Hadassah : Rapport.

COOPER, Major Dereck : Comptes rendus quotidiens des opérations du régiment des Lifeguards, 1er janvier 1948 — 14 mai 1948.

DAVIS, Prof. Élie : Correspondance avec la Croix-

Rouge, les Nations unies et les autorités britanniques concernant le statut de l'hôpital de la Hadassah du mont Scopus.

DÉPARTEMENT D'ÉTAT AMÉRICAIN : Échanges de télégrammes non secrets et secrets entre :
Washington et :
— le consul général des États-Unis à Jérusalem,
— la Mission américaine,
— les Nations unies,
— les Missions américaines au Caire, Bagdad, Beyrouth et Amman.

GOUVERNEMENT D'ISRAEL : Archives du Premier ministre :
— Minutes du Conseil municipal de Jérusalem, 1948.
— Télégrammes entre le quartier général civil de Jérusalem et Tel-Aviv, 1948.
— Rapports de l'Agence Juive sur les négociations avec le sous-comité des Nations unies pour Jérusalem.
— Archives et correspondances de la municipalité de Jérusalem, 1948.

HERZOG, Vivian : Documents personnels.

HIGHLAND LIGHT INFANTRY : Journal du régiment en Palestine, 1948.

HOADE, R. P. Eugène : Journal.

HUSSEINI, Haïdar : Dépêches et archives du quartier général de Hadj Amin Husseini.

HUSSEINI, Mme Wahija Abdel Kader : Correspondance avec son mari, Abdel Kader Husseini.

KAOUKJI, Fawzi el : Correspondance personnelle, documents pris à la Haganah et registres des communications entre son quartier général et Damas, Jérusalem, Le Caire.

MACMILLAN, Sir Gordon : Rapports au ministère de la Guerre des activités de l'armée britannique en Palestine, du 29 novembre 1947 au 30 juin 1948.

MALIK, Dr Charles : Échanges de télégrammes entre la délégation libanaise aux Nations unies et Beyrouth pendant les débats sur le Partage.

MARDAM, Jamil : Papiers personnels, correspondance et archives du gouvernement syrien, 1948.

NEUVILLE, Mme René : Papiers personnels et journal.

NOTRE-DAME DE FRANCE : Journal quotidien, 1948.

NUSSEIBI, Anouar : Mémoires.

REYNIER, Jacques de, délégué de la Croix-Rouge en Palestine : Journal, 1948.

ROSENMAN, juge Samuel : Correspondance personnelle entre Chaïm Weizmann et le président Harry S. Truman, 1948.

SACHAROV, Élie : Rapports des Missions d'achat d'armes au quartier général de la Haganah à Tel-Aviv.

SHALTIEL, David : Papiers et correspondance personnels, dépêches et messages de l'État-Major de la Haganah de Jérusalem. Correspondance militaire entre Jérusalem et Tel-Aviv, 1948.

SHAMIR, Shlomo : Documents personnels.

SŒURS RÉPARATRICES DE MARIE : Journal du Couvent.

SŒURS DE SION : Journal du Couvent.

SOLH, Riad : Papiers personnels, correspondance et dépêches en provenance et à destination du Premier ministre libanais, 1948.

III. — DOCUMENTS FOURNIS AUX AUTEURS PAR DES PERSONNES PRÉFÉRANT GARDER L'ANONYMAT

— Rapports des services de renseignements juifs.

— Transcription des conversations téléphoniques entre Arabes et Britanniques enregistrées à Jérusalem, décembre 1947 — juillet 1948.

— Documents divers de l'armée britannique, directives, rapports, prévisions des services secrets de renseignements et autres documents officiels de la puissance mandataire.

— Minutes des Sessions du Comité politique de la Ligue arabe, 15 octobre 1947 — 18 juillet 1948.

IV. — PÉRIODIQUES ET JOURNAUX CONSULTÉS

Le Jour (Beyrouth).
L'Orient (Beyrouth).
Palestine Post (Jérusalem).
Haaretz (Tel-Aviv).
Ma'arachot (Tel-Aviv).
Ma'ariv (Tel-Aviv)
Yediot Achronot (Tel-Aviv).
Daily Telegraph (Londres).
London Times (Londres).
New York Herald Tribune (New York).
New York Times (New York).
Le Monde (Paris).

V. — PUBLICATIONS DIVERSES

A qui donc appartient la Palestine? par Henry Cattan. Édité par l'Institut des Études palestiniennes, Beyrouth, 1967.

Israel : The Arab Case, par Clovis Maksoud. Édité par New Statesman du 11 août 1967.

Israel's Record at the United Nations, par Mme Golda Meïr. Édité par le Centre d'Information des Femmes arabes.

Jérusalem — Le Cas arabe, par Whalid Khalidy. Édité par le Royaume hachémite de Jordanie, Amman, 1967.

Le Comité international de la Croix-Rouge en Palestine, par le Comité international de la Croix-Rouge, Genève, juillet 1948.

Palestine : Termination of the Mandate 15 th May 1948, H. M. S. O., Londres, 1948.

Rapports officiels de la 2e session ordinaire de l'Assemblée générale des Nations unies, 6 septembre-29 novembre 1947.

Rapports officiels de la 2ᵉ session extraordinaire de l'Assemblée générale des Nations unies, 16 avril-14 mai 1948.

The Arab Higher Committee, Its Origins, Personnel, and Purposes, Nation Associates, Mai 1947.

The Dimensions of the Palestine Problem, par Henry Cattan. Édité par l'Institut des Études palestiniennes, Beyrouth, 1967 (2 vol.).

The Old City in Peace and War, Ma'arachot.

The Political History of Palestine Under British Administration, British Information Services, New York, 1947.

INDEX

A

Abassya, gare (Le Caire) : 532.

ABDEL KADER : *voir* HUSSEINI, Abdel Kader el.

ABDULLAH, Mohamed : 596, 599.

ABDULLAH, roi de Transjordanie : *passim* et 268, 375, 571, arrivée au pouvoir : 126; et les Juifs : 124, 125, 418, 464-467; rencontres avec Golda Meïr : 125, 464-467, 480 et Hadj Amin : 125, 207, 268, 457; et le Partage : 125-127, 418, 559; et la Ligue arabe : 125, 561; et Jérusalem : 127, 406, 462, 559-561; projets d'annexion de la Palestine : 127, 128, 260, 263-264, 394, 398, 406, 418, 464-466, 733; et Farouk : 396, 398; entrée en guerre : 417-420, 526-527, 538-540; et les envoyés de Hadj Amin : 461-462; revue de ses troupes : 526, 527, 534; au secours de Jérualem : 559-561, 562, 563, 573, 574, 579, 580; et la prise de Jérusalem : 667-668; et le revirement britannique : 677-679; sous les bombardements juifs : 695; et le cessez-le-feu : 707, 717, 737, 742; à Jérusalem : 720; et Ibn Séoud : 733, 734; et la protestation populaire : 740; assassinat : 753.

ABOU GARBIEH, Baghet : 348-349, 353, 357, 371, 402, 514, 518, 539, 540, 591, 762.

Abou Gosh : 91, 716.

ABOUSSOUAN, famille : 157, 169-174.

ABOUSSOUAN, Dr Samy : 52, 83, 92-93, 157, 169-174, 762.

ABRAMOVICI, Robert Adam : 93-94.

Acre : 148, 419, 705.

ADIN, Benjamin : 379, 383, 411.

ADIN, Johnny : 741.

ADLER, Jonathan : 199

ADLERS, Menachem : 747.

AFLAK, Michel : 211.

Agence Juive : *passim* et 67,

138, 148, 153, 189, 247, 308, 316, 473, 480, 527, 535, 566; et le vote du Partage : 27, 29, 48, 123, 249, 378, 418; et les communications vers Jérusalem : 163; et le blocus du quartier juif : 174; et l'internationalisation de « Jérusalem : 193, 194 (note), 239, 321, 405; financement : 212, bureaucratie : 243; et les revirements américains : 252; et la mission de l'O.N.U à Jérusalem : 276, 405; et le massacre de Deir Yassin : 372, 374; et la proclamation de l'Etat d'Israël : 426, 427; et les propositions d'Abdullah : 466.

Agence Juive, immeuble de l'– : 45, 55, 86, 153, 187, 415, 428, 558, 602, 604, 670, 672, 720.

AGI, Immus : 657.

AGI, Mme : 657.

AIGES, Jacob : 312.

Ajaccio (Corse) : 361, 608.

Akir, aérodrome (Tel Aviv) : 608.

Al Azhar, université (Le Caire) : 54, 73.

ALBINA, Antoine : 184, 666.

ALBINA, Kay : 173.

Alcron, hôtel (Prague) : 218.

ALEXANDRE II, tsar : 60.

Alexandroni, Brigade (Palmach) : 637, 638, 641, 681, 732.

Aley (Liban) : 78, 741.

ALIMA, Nuria : 156.

Allemagne : 22, 58-61, 68, 71, 72, 77, 86, 232, 233, 486, 624.

ALLENBY, général Sir Edmund : 32, 158, 291, 501, 531, 538, 634.

Allenby, caserne : 274, 363, 451, 508, 512, 540.

Allenby, pont : 267, 268, 525, 534.

Al Maliha : 309, 310.

Al Mazah, aéroport (Le Caire) : 533, 741.

ALON, Yigal : 39, 453, 732, 765.

Altalena, cargo : 732, 733.

Amdurksy, hôtel : 257.

AMIR, Israël : 49-50, 101, 142, 143, 145, 239.

AMIRAN, David : 562, 744, 749.

Amman (Transjordanie) : 53, 124, 126, 148, 165, 261, 268, 417, 449, 461, 462, 464, 489, 495, 514, 539, 559-561, 563, 571, 575, 581, 652, 653, 666, 677, 678, 694-695, 705-709, 726, 737, 740.

Amwas : 641.

ANGEL, Léon : 417, 714.

Angleterre, voir Grande-Bretagne.

Antisémitisme : 57-61.

Antonia, forteresse : 445.

ANTONIOUS, Katy : 37, 143, 184, 380, 382, 762.

Antonious, villa : 380, 382, 386, 388.

Anvers (Belgique) : 159, 220, 681, 704.

Aqaba, golfe d'– : 458, 526, 544.

Arabie Saoudite : 115-118, 217, 733-734.

Aramco, compagnie pétrolière : 53.

ARANHA, Oswaldo : 28, 29.

ARAZI, Touvia : 394, 454.

ARAZI, Yehuda « don José » : 95, 99, 361-362, 477, 481, 608, 728.

ARBEL, Elie : 102, 122, 303–309, 405.

Argiro, caboteur : 731.

ARIELI, Elie : 373.

Aharm, Al (quotidien) : 399.

Armée de Libération : 204-212, 267-269, 391.

Armement arabe : 47, 50, 84, 85, 94, 95, 120, 182, 183, 194, 195, 202-203, 211, 212, 220, 221, 269, 331-333, 338, 347, 355, 356, 358-360, 391, 403, 448, 458, 459, 462, 544, 729, 730, 736; juif : 85-88, 93-100, 159-161, 198-202, 218-225, 319, 321, 323, 324, 327-331, 340, 341, 359-363, 444, 476-477, 481, 490, 498-499, 516, 609, 610, 638, 653, 672, 673, 728, 729, 736.

AROUK, Philippe : 135.

ASHTON, colonel T. L. : 564, 712.

Askhenaze, communauté : 245, 410, 656, 657.

ASSAD, Nazra : 367.

Atara, café : 51, 136, 230, 234, 254, 500, 519.

Atlantic, hôtel : 259.

ATTIYEH, Safiyeh : 367.

ATTIYEH, Zeinab : 368.

ATTLEE, Clement : 128, 149.

AUSTIN, Warren : 283-285.

Automobile Club Royal d'Egypte : 396.

AVIATION arabe : 360, 533, 536, 607; juive : 96, 222-225, 312, 322-323, 328-331, 354, 359-361, 483, 484, 607, 608, 695, 728, 729, 740, 741.

AVIDAN, Simon : 327, 330.

AVIDAR, Joseph : 200, 324, 477, 490, 693, 695, 704, 710, 765.

AVIGOUR, Shaul : 218-219.

AVNER, Gershon : 48, 156.

AVNER, Uri : 42.

AVRIEL, Ehud : 86-88, 93-95, 100, 101, 160, 203, 213, 216, 218-220, 318, 319, 329, 341, 361, 391, 477, 481, 607, 609, 695, 721, 729, 765.

AYAD, père Ibrahim : 447, 512.

AYALON, Ezra : 647.

AYALON, vallée d'– : 90, 539, 583, 637.

AYED, lieutenant Quassem el – : 645, 650.

AZCARATE, Pablo de – : 264-267, 433, 489, 519, 662, 767.

AZIZ, colonel Abdel : 610, 623, 631, 641, 700.

AZZAM PACHA, Abdul Rahman : 119-120, 207, 212, 393, 419, 420, 433, 462, 497, 534, 560, 561, 652, 708, 742, 762.

B

Baas, parti : 211.

Bab el Oued : 91, 331, 402, 403, 444, 476, 538, 582, 634, 640, 645, 646, 681, 683, 686, 690; embuscades arabes à – : 139, 186-190, 230, 249, 255, 294-297, 303, 318, 342, 344, 404, 405, 645.

Bab el Zahiri, quartier : 347.

Bagdad (Irak) : 55, 77, 116, 533, 547, 753.

Bâle (Suisse) : 62.

BALFOUR, Lord Arthur James : 22, 24, 65, 73.

Balfour, déclaration : 22, 24, 65, 73, 148, 522.

BARAKAT, Hafez : 513.

Barclay's, banque : 137, 423, 746.

Bari (Italie) : 355-356, 358, 391, 730.

BAR SHEMER, Bronislav : 334, 343-345, 411, 709.

BARUCH, Bernard : 26.

Batei, Masche : 554-555.

BAUER, Dr René : 141, 213.

BAZIAN, Jamil : 387-388.

BECKSTEIN, Daniel : 308.

Bédouins : 261.

BEELEY, Sir Harold : 129, 463, 764.

Beersheba : 460, 548, 610.

BEGIN, Menachem : 149, 728.

Beit Dagan : 90.

Beit Darras, aérodrome : 328-330.

Beit Hakerem : 364.

Beit Jiz : 649, 650, 681, 699, 709.

Beit Mahsir : 342.

Beit Nouba : 634, 642, 681.

Beit Safafa, hôpital de – : 164.

Beit Sousin : 681, 690, 709, 712.

Beit Surif : 131-133.

Bekaa, quartier : 107, 401, 512, 540.

Belgique : 426, 433, 501.

BELKIND, Ariel : 711.

BEN DAVID, Dr Moshe : 378, 389.

BEN DOR, Dan : 424, 503, 512, 715.

BEN GOURION, David : *passim* et 57, 284, 375, 404, 464, 504; et l'annonce du Partage : 47, 48, 55-56; vocation et arrivée en Palestine : 64; et la conférence de Yalta : 69, 70; et les nécessités de la défense : 70, 123-

125, 391, 474, 475; et l'armement de la Haganah : 87-88, 97, 100, 218-220, 319, 362, 363, 477, 478, 481-482, 607, 609, 721; et les collectes de fonds : 213-217; et la création d'une aviation juive : 222, 354, 361, 607; et Shaltiel : 239, 406; et la défense de Jérusalem : 239, 317-319, 323, 324, 333, 615, 616, 674, 693, 694, 735, 736; et l'opération Nachshon : 323, 333; et le massacre de Deir Yassin : 375; contre les évacuations : 404, 405; et l'internationalisation de Jérusalem : 405, 406; et le vote de la création de l'Etat d'Israël : 473-476; liquidation du Palmach : 475, 476, 480-483, 728; proclamation de l'Etat d'Israël : 521-524; et la reconnaissance d'Israël par les U.S.A. : 535, 536; et les opérations militaires : 548, 610-611, 694, 704, 705; et les batailles de Latroun : 616, 617, 625, 643, 644, 680, 681, 689; et les immigrants : 625; et le cessez-le-feu : 653, 705, 721, 723,-726, 727, 728, 731, 736, 737; et la « Route de Birmanie » : 692-694, 703; et la rébellion de l'Irgoun : 731-732; et les réfugiés palestiniens : 752; aujourd'hui : 754.

BEN GOURION, Paula : 48, 323, 536, 754.

BENJAMIN, Zev : 44.

BEN JAZZI, Haroun : 186, 294, 295, 297, 538.

BEN JOSEPH, Zvi : 468, 470, 472.

BEN NUN, Opération : 507.

BEN NUN II, Opération : 683.

BEN SIRA, Isaac : 300, 302, 492-495.

BEN SIRA, Nahum : 491-495.

BEN UR, Jacob : 528, 594, 598, 600, 601, 605, 606, 754.

BEN YEHOSHUA, Reuven : 44.

Ben Yehuda, rue, 44, 135, 136, 150, 321, 435, 519; attentat de la – : 253-259.

Ben Zakaï, synagogue : 140.

Beni Sakr, tribu : 459.

Bergen-Belsen, camp de déportation de – : 604.

BERGER, rabbin Elmer : 666 (note).

Berlin : 71-72, 208, 209, 232, 241.

BERNADOTTE, comte Folke : 520, 705, 715, 723, 734, 736, 753.

Bethléem : 44, 158, 192, 293, 302, 305, 307, 314, 412, 460, 529, 548, 581, 611, 734.

BEVIN, Ernest : 35, 129-130, 196, 260, 263, 453, 459, 462.

Bevingrad (zone britannique de Jérusalem) : 35, 137, 201, 274, 424, 432, 445, 507, 508, 578; occupation par la Haganah : 511-513, 516, 517, 543.

Beyrouth (Liban) : 54, 55, 67, 77, 96 (note), 165, 449, 457, 533, 547, 676, 705, 730, 742, 753.

BIDAULT, Georges : 78.

Bir Zeit : 236.

BLACKENDEN, colonel Hugh : 678.

BLUM, Léon : 78.

BONAR, commandant Dan : 509.

Boréa, cargo : 478, 489, 490, 499, 516, 529.

BOUILLON, Godefroi de – : 32, 37, 445, 569, 722.

BOULOS, Dr Hassib : 517, 540, 543, 745.

BOUXIN, adjudant : 61.

BRACKER, Pinhas, 703, 709, 710.

BRANDENBOURG, Robert : 611.

Brésil, café : 136.

Brigade Juive : 106, 141, 198, 476.

Brigade du Néguev (Haganah) : 610.

Bristol, hôtel (Tel-Aviv) : 619.

BRODIE, lieutenant-colonel Alec : 509.

BROMMAGE, lieutenant Nigel 458.

BROWN, Eddie : 233, 255, 259.

BUDER, Martin : 181.

BUCHANAN, major, John : 599, 679.

C

CADOGAN, Sir Alexander : 195.

CAILINGOLD, Esther : 439, 440, 553, 621, 655, 668, 669.

California, hôtel (Paris) : 93, 322, 329.

CAMPBELL, Sir Ronald : 394, 400.

Carmel, mont : 499, 530, 624.

CARMEL, Moshe : 724.

CARNEY, vice-amiral Robert B. : 251.

Casa Nova : 448.

CASSIDY : 386.

Castel : 32, 91, 186, 326, 332, 363, 364, 373, 403, 658;

prise par la Haganah : 336-340, 347-353, 357, 370, 402.

CATLING, Richard C. : 195, 369 (note).

CELLAR, Emmanuel : 28.

Central téléphonique : 137, 153, 294, 511, 517.

Centre Commercial : 83, 84, 92, 93, 157, 194, 352, 565.

CHARNY, Carmi : 104, 106, 579, 589, 596, 597, 598, 605, 765.

Chaskal, restaurant (Tel-Aviv) : 335.

Chedde (France) : 671.

Chicago (U.S.A.) : 214-217, 362.

Chine : 696.

CHOREV, Amos : 689, 691, 765.

CHORESH, Yehuda, 655.

CHORPI, Shlomo : 255.

Christ Church : 549.

CHURCHILL, colonel Jack : 382-386, 388, 412, 498, 764.

CHURCHILL, Sir Winston : 69, 126, 148.

Chypre : 476, 626, 725.

CLAUSEWITZ, Karl von – : 649.

CLAYTON, général Gilbert : 196.

Claridge, pension : 168.

CLIFFORD, Clark : 430, 535.

Club Mohamed Ali (Le Caire) : 399.

COHEN, Uri : 148, 150, 176-179, 765.

COHEN, Yeshuv : 669.

COKER, lieutenant-colonel Charles : 421.

Collège arabe : 36, 182, 288, 452.

COLOMB, Christophe : 59

Colonia : 91, 326

Colonial Office : 128.

Colonie allemande, quartier : 407, 538.

Colonie américaine, quartier : 514, 518.

Combattant de la guerre sainte : *voir* Djihad Moquades.

Colonie grecque, quartier : 538.

Comité des Nations unies pour la Palestine : 249, 433.

Communautés chrétiennes : 315, 450, 549-551, 613, 614, 615, 698.

Communications : 88-92, 133, 138, 139, 162, 163, 174, 185-190, 219-225, 291, 294-297, 301-306, 318-319, 326, 332, 334-335, 378, 384, 402-404, 468-469, 537 (carte), 545.

Compagnie nationale (autobus) : 137.

Congrès américain : 26, 28, 426.

Conseil des fédérations juives : 214.

Conseil national des Treize : 473, 474, 480-483, 524.

Conseils de l'Orthodoxie : 698.

Conseil de sécurité (O.N.U.) : 195, 249, 283, 321, 392, 395, 427 (note), 433, 532, 652-654, 704, 742.

Conseil suprême musulman : 74.

Consulat de France : 291-294, 527, 552, 697, 698.

COOKE, Dr : 52.

COOPER, Amy : 329, 330.

Cour suprême (U.S.A.) : 28.

CRAWFORD, capitaine James : 388, 509.

Criminal Investigation Department : 472.

Croix, monastère de la – : 224, 225.

Croix-Rouge : 433, 501, 514, 542, 657, 658, 662.

CUNNINGHAM, Sir Alan Gordon : 153, 267, 292, 313, 438, 510; départ de Palestine : 12, 13, 434, 503, 504, 513, 530, 531; et les tergiversations britanniques : 128-131; et le départ des troupes : 131; soutien aux Juifs : 194 (note); et le massacre de Deir Yassin : 369 (note), 372, 373; derniers efforts : 432; aujourd'hui : 764.

Custodie de Terre sainte : 448, 555.

D

Dachau, camp d'extermination de – : 145, 240, 241, 382, 529.

DAGOBERT, roi : 58.

DAI'ES, Nadi : 81, 142, 352, 658.

DAJANI, famille : 76.

DAJANI, Daoud : 541.

DAJANI, Ibrahim : 286.

Dalet, plan : 89, 139.

DALI Whalid el – : 742.

Damas (Syrie) : 53, 64, 118, 165, 443, 449, 533, 534, 538, 552, 731; préparatifs de guerre à – : 203-211, 331-332, 457, 458.

Damas, porte de – : 11, 53, 55, 150, 156, 231, 514, 580, 600, 601, 627.

DANIN, Ezra : 466, 467, 753.

Dangor, colonie : 548.

DAOUD, Antoine : 277-280.

DARWISH, Alia : 310, 311, 340, 364, 366.

DAVID, roi : 31, 57, 550, 572, 735.

David, tour de – : 558, 562, 568, 575, 745.

DAYAN, Moshe : 740.

DAYIEH Ibrahim Abou : 167, 338, 349-351; 402, 413-415.

DEEB, Gaby : 107, 147.

DEEB, Georges : 107, 400, 548, 676, 762.

DEEB, Raymond : 107.

Degania A, colonie; 610.

Degania B, colonie : 610.

Deir Ayoub : 642, 681, 686.

Deir Muhezin : 326.

Deir Yassin, un mariage à – : 310, 311; massacre de – : 363-375, 381, 382, 384, 391, 403, 454, 466, 731.

Département de la défense (américain) : 680.

Département d'Etat (américain) : 250, 251, 281-284, 425.

Deuxième Bureau (Haganah) : 151, 152, 353.

DJAOUNI, Azmi : 255.

Djihad Moquades (Combattants de la guerre sainte) : 110, 121, 183, 204, 369, 458.

DORI, Jacob : 88.

DORIA, Giuseppe : 359.

DORION, Abraham : 254, 258.

Dormition, église de la – : 572.

DOWNTOWN, Eric : 517, 600.

DREYFUS, Alfred : 61, 63, 521.

DROR, Shalom : 102, 290, 697.

Dung, porte de : 140.

DUROC, commandant : 359.

E

Eau : 137-138, 190, 191, 247, 321, 436–438, 604, 676, 710, 727, 728.

EDELSTEIN, Jacob : 470, 479, 484, 492-495

Eden hôtel : 437.

EDOUARD Ier, roi : 58

Egged, compagnie (autobus) : 137, 138.

Eglise d'Angleterre : 702.

Egypte, Egyptiens : accueil du Partage : 54, 55; et l'aide à la Palestine : 115-120; – de Farouk : 369, 397; entrée en guerre : 398-401, 455, 456, 496, 497, 525, 532, 533, 544; opérations militaires : 547, 548, 549, 610, 612, 615, 616, 623, 631, 632, 641, 652, 695, 700, 705, 706, 740; et le cessez-le-feu : 708, 726, 730, 734, 736; après la guerre : 751, 752

EID, Abou, 171.

EID, Ahmed : 363-364, 368.

EID, Haleem : 367.

Ein Fara, source : 676

Ein Karem, quartier : 622, 623, 631.

Ein Tsurim, kibboutz (Kfar Etzion) : 301, 471, 501, 515.

EISENHOWER, Dwight D. : 680.

EISSA, Salhyed : 367.

El Alamein, caserne : 274, 508.

El Aqsa, mosquée : 745.

El Arish, camp militaire (Egypte) : 456, 457.

ELATH, Elie : 535.

ELDAR, Chava : 51.

ELEAZAR, David : 357, 403-405, 584, 587, 765.

Elie Hanavi, synagogue : 140.

El Koubab : 644.

EMERANCE, Mère : 614, 615.

ERLIK, Ruth : 673, 723.

ERRHAVEL, lieutenant Zaal : 606, 628, 629.

Espagne des califes : 24, 59.

Espionnage arabe : 331; juif : 77, 151-152, 195, 242, 270, 498, 640.

Etats-Unis : 53, 70, 117, 501, 607, 680, 740; et le vote du Partage : 25, 26, 28; chasse aux armements aux – : 98-99; et l'internationalisation de Jérusalem : 193-194; collectes sionistes aux – : 212-217, 362, 727; communautés juives des – : 213-214, 216, 379, 426; et l'application du Partage : 249-252; 281-285, 318, 392, 394, 405; embargo sur les armes : 252, 318, 426, 609, 453; et la proclamation de l'Etat d'Israël : 426-427, 429-430, 473; reconnaissance de l'Etat d'Israël : 535-536; et la guerre : 652-653; pressions sur la Grande-Bretagne : 677.

Ethiopie : 94.

Europa, café : 146.

Euryalus, croiseur : 530.

Exode – arabe : 142, 143, 165, 184, 185, 287, 375, 391, 413, 418, 419, 449-454, 675, 676, 743, 751, 752; juif : 143, 165-167, 184, 191, 192, 245, 554, 555, 664-668.

Exodus, bateau : 22, 26, 624.

804

F

FADEL, Mounir Abou : 402, 447, 513.

FAROUK, roi : 54, 126, 259, 397-400, 417, 420, 449, 456, 544, 546, 708.

Fatah, Al (organisation) : 64, 119.

FAYÇAL, prince : 117-118.

FAYÇAL, roi d'Irak : 126.

Feddayin : 752, 757.

FEDERMAN, Xiel : 159-161, 216, 220, 362, 609, 681, 685, 704, 765.

FERDINAND, roi d'Espagne : 59.

FEUCHTWANGER, Elisa : 478, 492-495.

FINGER, Gershon : 442.

Fink's, bar : 41, 180.

FIRESTONE, Harvey : 28.

FITZGERALD, Sir William : 292, 431, 432, 503, 510.

Flushing Meadows (New York) : 19, 25, 27.

Fonds national juif : 43, 62, 299, 478, 480.

Foreign Office : 118, 129, 196, 250, 260, 267, 462, 653, 677.

FORRESTAL, James V. : 250-251, 430.

Fourche, opération : 485, 512, 555.

Foyer national juif : 66, 68.

France : 26, 27, 53, 58, 61, 65, 78, 249, 291, 405, 426, 433, 501, 721, 751.

FRANCK, « Monsieur » : 292.

FRANÇOIS-JOSEPH, empereur : 146.

FREDKENS, Freddy : 322, 323, 329, 354.

FREÏR, Shalheveth : 151.

Frères Musulmans, secte : 455, 514, 610, 753.

Furmanin (Palmach) : 187, 189.

Futweh (mouvement de jeunesse palestinien) : 110.

G

Gadna (mouvement de jeunesse de la Haganah) : 104, 287, 373, 381, 444, 528, 594, 598, 600, 628-630, 697, 701, 754.

Galilée : 424, 453, 477, 527, 617, 652, 705, 713, 733, 740, 751.

GALILI, Israël : 476.

GAULLE, général Charles de – : 78.

Gaza (Egypte) : 419, 547, 752.

GAZIT, Motke : 41, 339, 349-352, 578, 584, 586, 587, 593, 765.

Gédéon, réseau : 219.

GEIGER, Dr : 378.

GELAT, Mgr Vincent : 158.

Genève (Suisse) : 87, 218.

GENNO, Abou Khalil : 107, 230, 233, 234, 762.

GEORGE VI, roi : 13.

GEORGES-PICOT, Charles : 65.

Gestapo : 232, 241.

GESSNER, Abraham : 491, 492.

Gethsémani, jardin de – : 509, 550, 577, 676.

Gezer : 90.

GHANI, Sabah : 552.

GHORY, Emile : 50, 51, 81, 82, 167, 331, 353, 402-404, 444, 513, 762.

GIL, Abraham : 80, 171.

GIORA : 366.

Givati, Brigade (Palmach) : 327, 544, 582, 583, 610, 681.

Givat Ram, camp militaire : 287.

Givat Shaul, faubourg : 199, 671.

GIVITON, Isaac : 45.

GIVTON, Ruth : 143.

GLUBB PACHA (Sir John Bagot Glubb, dit –) : 338, 467, 477, 486; portrait et carrière : 260-263; et les bédouins : 262, 526; commandant de la Légion arabe : 262; négociations sur l'annexion de la Palestine : 264; et l'armement de la Légion : 264, 458, 546, 729, 730; négociations secrètes avec la Haganah : 421, 459, 464; et le « simulacre de guerre » : 460, 496, 497, 526, 556, 562-564; et la prise de Kfar Etzion : 470, 471, 485, 514, 515; et la prise de Jérusalem : 562-564, 565, 577, 579-580, 601, 613-615, 627-632, 670, 671; et les batailles de Latroun : 582-583, 616, 633; et le revirement britannique : 677-678; et le cessez-le-feu : 707, 726, 730, 734, 735; aujourd'hui : 764.

GODART, père Martin : 181, 646, 683, 721.

GOEBBELS, Paul Joseph : 71.

GOLANI, Benjamin : 312, 317.

GOLANI, Moshe : 313, 317.

Golani, Brigade (Haganah) : 324.

GOLDBERG, Tova : 701.

GOLDIE, colonel Desmond : 421, 422, 459, 464.

Goldman, restaurant : 257.

GORI, père Alberto : 555.

Government House : 386, 503, 510.

Grande-Bretagne : 58, 60, 70, 286, 291, 460; politique au Moyen-Orient : 12, 65, 117-119, 126, 129, 130, 195, 196; et la déclaration Balfour : 22, 24, 25; et le vote du Partage : 25, 400; et la Transjordanie : 126, 127, 260, 263-264, 560, 677, 678; ventes d'armes aux pays arabes : 195, 252, 264, 458, 459, 653; et la Ligue arabe : 207, 208; et Farouk : 397; et la guerre : 400, 462, 560, 653, 677, 706; embargo sur les armes : 677, 678, 729; et le cessez-le-feu : 704, 707, 734; *voir aussi* : Mandat britannique.

Grande Poste : 423, 448, 508, 511.

Grèce : 28.

GREENBERG, Elie : 144, 145.

Greta Asher, pension : 723.

GROSS, Ernest : 426.

GRYN, David : *voir* BEN GOURION, David.

Guatemala : 30.

GURNEY, Sir Henry : 163, 196, 292, 489, 516, 519.

H

Hachémites : 118, 127, 398, 560, 753.

Hadassah, hôpital de la – : 289, 378, 379, 388, 411, 512, 541; attaque du convoi de la – : 378-390, 542, 543.

HADAWI, Sami : 46, 450.

HADDINGTON, capitaine : 83.

Hadj Amin : *voir* HUSSEINI, Mohamed Saïd Hadj Amin.

Haganah (armée clandestine

juive) : *passim* et 38, 68, 395; et l'annonce du Partage : 50, 81; armement : 85-88, 95-100, 199-202, 323, 324, 477, 481, 499, 609; et l'accès à Jérusalem : 89, 139, 163, 187, 188, 290, 302-304, 308, 318, 391, 403, 404; organisation à Jérusalem : 101-104, 106, 270, 277, 286, 287, 380, 434-437; histoire et fonctionnement : 103-107; et le quartier juif : 141, 146, 174, 244-248, 437; terrorisme : 143, 165, 184, 230; espionnage : 152; radio-pirate de la − : 153, 154; destruction de l'hôtel Sémiramis : 167-174, 184; réorganisée par Shaltiel : 241-243; Opération Nachshon *voir* Nachshon, Opération; et l'Irgoun : 340; et le convoi de la Hadassah : 384-386; négociations secrètes avec Glubb Pacha : 421, 459, 581; premier défilé : 443-444; divisions : 474-476, 587; occupation des points stratégiques de Jérusalem : 499, 502, 510-514, 516-519, 540; et le pillage juif : 540; combats dans Jérusalem : *passim* 553-558; recrutement des immigrants : 625-627; défaites de Latroun *voir* Latroun, batailles de −; réorganisation après le cessez-le-feu : 725-726, 731.

Haganah Air Service : 223-225.

HAÏDAR PACHA, général : 400.

Haïfa : 11, 96, 194 (note), 332, 333, 395, 412, 432, 453, 460, 476, 490, 498, 515, 529, 534, 609, 623, 625, 626, 653, 725, 733.

Haïlé SÉLASSIÉ, empereur : 94.

Haïti : 28.

HALABES, Hayat : 364, 365.

HALABY, Assiya : 10, 11, 544, 762.

HALABY, Naïm : 440.

HALLER, Chaïm : 181, 321, 404, 666-668.

HALLER, Ruth : 181.

HALPERIN, Abraham : 244, 247.

HAMOUD, lieutenant Naouaf el − : 495-585.

HANNA, Nassib : 137.

Haram ech Cherif, esplanade : 370.

HARBI, lieutenant Ghazi el − : 629, 631.

Harel, brigade (Palmach) : 327, 336, 403, 406, 444, 568, 691.

HARPER, colonel George W. : 313, 316.

Hartouv : 634, 644.

HASSAN, capitaine Izzat : 685-686.

Haut Comité Arabe : 50, 107, 183, 207, 287, 321, 331, 375, 436, 450, 457, 461, 559.

HAWA, Brahim Abou : 451.

HAZAN, rabbin Reuven : 555, 661.

Hébron : 169, 298, 307, 468-470, 514, 515, 529, 548.

Hedjaz : 117.

HEIKAL, Mohamed : 400.

HELLNER, Murray : 516.

HENDERSON, Loy : 250, 251, 283, 285, 395.

HÉRACLIUS, empereur : 58.

Hermon, mont : 148.

HÉRODE : 32, 445, 538.

Hérode, porte d'– : 326, 628.

HERZL, Theodor : 61-66, 521.

HERZOG, Aura : 276, 280.

HERZOG, Isaac (Grand Rabbin de Jérusalem) : 313, 438, 636.

HERZOG, Vivian : 152, 274, 276, 279, 280, 313, 498, 502, 527, 619, 638, 689-691, 709, 766.

HESSE, Max : 180, 290.

Highland Light Infantry, régiment : 13, 146, 243, 380, 382, 383, 388, 390, 412, 502, 504, 509.

HILLMAN, Moshe : 379, 389.

HILMI, PACHA, Ahmed : 559.

HIMMLER, Heinrich : 71, 72, 232.

HISH, Jamili : 367.

Histadrouth (Confédération général des travailleurs juifs) : 49, 67, 106, 411, 703.

HITLER, Adolf : 68, 77, 206, 207, 290, 359.

HOADE, père Eugène : 549, 676, 677.

HOD, Mordechai : 607, 766.

Hôpital français : 615.

Hôpital gouvernemental : 488, 511, 543.

Hôpital italien : 424, 503, 512.

HORCHBERG, Mina : 255, 257.

HOROWITZ, Zerubavel : 312.

Hospice autrichien : 542, 548, 676, 739, 745.

Hôtel de police : 503, 516.

HOUDA, Tewfic Abou : 260, 263, 264, 459, 560, 677, 726, 734, 735.

HOULDA : 187, 294, 295, 297, 709.

Houlda, kibboutz de – : 635, 638-641, 648, 680, 681, 694.

HOURANI, Akram : 211.

HOURANI, Emile : 541.

HOUREWITZ, Zvi : 620, 626, 627, 637, 641, 644, 646, 648, 649.

Hourva, synagogue : 141, 254-258.

Howeitat, tribu : 459.

HUSSEIN, roi : 753, 757.

HUSSEINI, Abdel Kader el – : 235, 249, 325, 336, 391, 422, 582, 658, 684, 692; portrait et carrière : 132-134; retour en Palestine : 131-133; action terroriste à Jérusalem : 144, 168, 169, 231, 233, 235, 255, 258, 278, 293; contrôle de la route Tel-Aviv-Jérusalem : 186, 189, 224, 326, 403; et la pénurie d'armement : 202, 238, 331-333, 347; au Caire : 237, 348; et sa femme : 237, 238, 347, 348; et la Ligue arabe : 332, 333, 347; combats pour Castel : 336, 337, 349-352; mort : 351-353, 357; funérailles : 369, 370; conséquences de sa mort : 402, 446.

HUSSEINI, Jamal : 29.

HUSSEINI, Khaled : 402, 446, 513.

HUSSEINI, Mohamed Saïd Hadj Amin (Grand Mufti de Jérusalem) : passim et 153, 259, 263, 284, 316, 325, 402, 462, 501, 512, 513, 519, 534, 611, 618; à Berlin : 71-73; carrière politique : 73-79; et le vote du Partage : 79, 80; organisation des Combattants de la guerre sainte : 110-111,

121; et la Ligue arabe : 121, 206, 207, 332, 392, 395, 398, 399, 457; jugé par Abdullah : 126; et Abdel Kader : 132, 237, 353; préparatifs de guerre à Damas : 206-210, 458; et El Koutoub : 232, 233, 443; au Caire : 236; et l'exode palestinien : 287; et la perte de Katamon : 415-416; et le cessez-le-feu : 707; aujourd'hui : 753.

I

IBN'ABD AL-AZIZ, Faysal : 29.
IBN JEBEL : 633.
IBN SÉOUD, roi : 54, 117, 126, 127, 202, 733.
IBN WHALID, Whalid : 35.
ILLAH, prince Abdul : 560, 561.
« Immeubles de Varsovie » : 440, 552.
Immigrants : 26, 27, 63-68, 130 (note), 151, 195, 219, 242, 254, 282, 290, 300, 392, 395, 476, 524, 624-627, 637, 649, 650, 704.
Impérial, café : 136.
INAV, Chaïm : 649.
Inde : 26.
Indianapolis (U.S.A.) : 362.
Institut Sonnenborn : 98.
Institut Weizmann : 88.
Institution Evelyne de Rothschild : 443.
Intelligence Service : 96.
Internationalisation (de Jérusalem) : 21, 129, 149, 192, 193, 239, 270, 271, 321, 405, 433, 460, 560, 564, 702, 715.
Irak, Irakiens : 115, 118, 121, 125, 133, 195, 262, 263, 497, 534, 547, 548, 560, 561, 706, 736, 752, 753.
Irbid (Transjordanie) : 485.
IREKAT, Kamal : 111, 306-308, 316, 317, 337, 338, 402, 569, 571, 762, 763.
Irgoun (organisation terroriste juive) : 84, 148, 149, 151, 175, 176, 185, 201, 229, 231, 233, 242, 258, 270, 395, 432, 441, 444, 502, 517, 541, 557, 562, 588, 589, 731, 732, 735, 746 (note), 747, 749; histoire : 148-150; attentat de la porte de Jaffa : 176-179; accords avec la Haganah : 339, 340, 342, 364; massacre de Deir Yassin : 340, 342, 374; tentative de prise de pouvoir : 631, 632.
Isaac « le mitrailleur » : 553, 659.
Isabelle la Catholique : 59.
Isgo, cargo : 220, 609, 620.
Istanbul, synagogue d'– : 141, 554.
Italie : 59, 151, 354-357, 362, 728, 730.
Itayam, Mme : 180.

J

Jabba : 376.
JABER, Mohamed : 363, 368.
JABOTINSKY, Vladimir : 148.
JABOUR, Samir : 330, 331.
JACKSON, Andrew : 281.
JACOBSON, Eddie : 253, 280-282.
« Jacques » : 630, 697.
JAFFET, famille : 165.
Jaffa : 123, 208, 332, 333, 395, 453, 635.
Jaffa, boulevard de – : 32, 138, 345, 488, 510.

Jaffa, porte de – : 53, 81, 82, 140, 144, 155, 174, 488, 502, 531, 589, 746; attentat de l'Irgoun à la – : 177-179; échec de la Haganah devant la – : 557, 561-578.

JAFFE, Harry : 334, 344, 346.

JAHARAN, Judith : 621.

Jébussi, opération : 406, 412-417, 423, 445.

Jénin : 705.

Jéricho : 433, 500, 525, 561.

JERIES, Youssef : 496.

Jezréel, vallée de – : 326, 375.

JOHNSON, Hershel : 26.

JONES, général C.P. : 313, 412, 489, 508, 510, 764.

Jordanie : 751, 752, 756.

Josaphat, vallée de – : 34.

JOSEPH, Dov : 189, 191, 192, 271, 297, 303, 320, 322, 333, 334, 343, 345, 404, 411, 412, 417, 435, 436, 602-605, 615, 636, 666, 672-674, 689, 692, 698, 701, 702, 711, 714-716, 720, 723, 727, 756.

JOSEPH, Pr Edward : 542, 674.

JOSSELE : 356.

Jourdain, fleuve : 263, 267, 496, 525, 534, 538, 556.

Jour et Nuit, restaurant (Paris) : 322.

Judas Maccabée : 538, 585, 681, 717.

Judenstaat, Die, de Th. Herzl : 62.

Juifs, rue des – : 7, 554, 577, 585, 592.

JUMEAN, lieutenant Emile : 670, 671, 700, 715, 763.

K

KACHALSKI, Aaron : 199.

KAHLTSOUM, Om : 533.

Kalandia : 580.

Kalanit, paquebot : 624-626, 650.

Kalya, kibboutz de – : 48.

Kaman Adin Husseini, palais (Le Caire) : 115.

Kansas City (U.S.A.) : 252, 280, 362.

KAOUKJI, Anna Elisa el – : 208, 377.

KAOUKJI, Fawzi el – : 208, 209, 267-270, 272, 318, 325, 333, 347, 375, 376, 391, 396, 428, 447, 538, 539, 573, 582, 633, 763.

KAPLAN, Eliezer : 212, 213, 217, 271, 333, 480.

KARDOUS, Wida : 169-173.

KASHRAM, Emile : 450.

Kasr el Nil, avenue (Le Caire) : 115, 391.

Katamon, quartier : 181, 349, 402, 407, 422, 445, 468, 666, 668; quartier d'exode : 164-165; destruction de l'hôtel Sémiramis : 167-174, 412; prise par la Haganah : 413-416, 449; pillage : 416-417.

Katana, camp militaire (Syrie) : 211.

KATOUL, Gibraïl : 46, 165.

Kedem, opération : 744.

Kefalos, cargo : 728.

KERINE, capitaine Abdul Aziz : 47, 84, 120, 203, 221, 355, 357, 358.

Keritk, ruisseau de – : 525.

Kfar Bilou, camp militaire : 335, 342, 403, 640, 703.

Kfar Etzion, colonie de – : 311, 317, 405, 406, 410, 411, 527, 556, 572, 610,

665; histoire : 299-304; ravitaillement de – : 304-308; prise par la Légion arabe : 468-473, 478, 479, 483, 485, 490-495, 500, 501, 614, 615, 628.

Kfar Vitkin, plage : 732.

KHALIDY, famille : 76.

KHALIDY, Ambara : 35, 182, 288, 434, 451, 452, 454, 763.

KHALIDY, Hussein : 375.

KHALIDY, Rajhib : 52.

KHALIDY, Sami : 35, 36, 40, 182, 288, 434, 451, 763.

KHALIDY, Soulafa : 182, 288, 452.

KHALIDY, Tarif : 452.

KHALIL, Ahmed : 363.

KHALIL, Hassan : 363.

KHALIL, Naanah : 367.

Khan Younis : 547, 548.

KHATIB, Anouar : 513.

KHATIB, Zihad : 47, 52.

KHOURY, Fares el – : 41.

KIRKBRIDE, Sir Alec : 127, 206, 393, 419 (note), 462, 463, 534, 581, 582, 617, 632, 677, 764.

Kiryat Anavim, kibboutz : 91.

Kiryat Meir esplanade : 334.

KLINGER : 87, 93.

KOLLEK, Teddy : 727.

Koubeh, palais (Le Caire) : 398.

KOUTOUB, Fawzi el – : 232, 256, 277, 293, 443, 447, 551, 552, 566, 569, 572, 611, 621, 622, 658, 660, 667, 763.

KOUWATLY, Choukri el – : 208, 742.

KREISS, général von – : 208.

KRIM, Abdel : 240.

KURZ, Roy : 741.

LAFONT, commandant Jacques : 408.

Lamentations, mur des – : 8, 34, 75, 410, 665, 755.

La Nouvelle-Orléans (U.S.A.) : 362.

LASKOV, Chaïm : 619, 637, 642, 644, 645, 649, 650, 682, 684, 686, 688, 767.

LASH, général Norman : 580.

LASH, Yehuda : 187, 188, 314, 345.

Latran, concile de – (1215) : 59.

Latroun : 538, 544, 546, 582, 583, 633, 640, 641, 681, 696, 705, 706, 709, 711, 740.

Latroun, abbaye de – : 91, 344, 544, 545, 583, 635, 637, 644, 646, 681, 683, 690, 721.

Latroun, batailles de – conception : 582, 616, 631; préparatifs : 618-621, 626, 627, 633-635, 637-643, 681; première : 644, 651; deuxième : 681-689; troisième : 613, 614.

LAUFER, Dr Abraham : 554.

LA VOLAILLE : 361.

LAWRENCE, colonel Thomas Edward : 65, 118, 119, 126, 185, 261, 458, 486.

LAZAR, Ashor : 82.

Le Bourget (France) : 322, 329, 330.

Le Caire (Egypte) : 115-120, 236-238, 391-400, 455, 532-534, 536, 547, 548, 705, 706, 708, 730, 734, 741, 743, 753.

Légion arabe : 47, 124, 268, 395, 396, 406, 416, 418, 421, 445, 463, 464, 555,

561, 615, 618, 641, 696, 706, 740, 744, 746; réorganisation par Glubb Pacha : 262, 459-460; subventions britanniques : 264, 458, 459, 678; armement : 458, 459, 544, 740; prise de Kfar Etzion : 469-473, 478, 479, 485, 491-495, 514, 516, 527-529; départ pour la guerre : 495-496, 525, 526, 534, 538; départ pour Jérusalem : 563, 564, 575, 580, 581; bombardement de Jérusalem : 565, 588-590, 596, 602, 620, 621, 636, 655, 670-672, 675, 700, 714, 715; combats dans Jérusalem : 576-577, 585, 592-594, 597-601, 611, 620, 621, 627-638; entrée dans Jérusalem : 589-594; préparatifs à Latroun : 633-635; victoires à Latroun : 644-651, 683-689, 713-715; prise du vieux quartier juif : 655-668; amputée par la Grande-Bretagne : 677, 678; et la « Route de Birmanie » : 700, 705, 711, 712; et le cessez-le-feu : 718, 734, 737, 738, 749, 750.

Légion étrangère : 240, 242, 444.

LEHNER, Otto : 662.

LEHRS, Hugo : 164, 182.

LEIBOVITCH, David : 198.

LEIBOWITZ, Zvi : 191, 436, 437.

LÉNINE : 119.

LEVI, Akiva : 300.

LEVI, Asher : 650.

LEVI, Ephraïm : 562, 568, 569, 572, 575.

LEVI, Isaac, 306, 353, 512, 518, 558, 589, 672, 692, 694, 766.

LEVIN, Harry : 288, 372, 711.

LEYLAND, capitaine Michael Naylor : 388, 509.

Liban, Libanais : 53, 77, 115, 116, 118, 119, 360, 452, 533, 548, 550, 707, 741, 751, 753.

Libéria : 28.

Libye : 202, 681.

Lifeguards, régiment : 187, 384, 386, 509.

Lifta : 150.

Ligue arabe : 153, 231, 419; réunion de décembre 1947 : 115-121; divisions : 115, 116, 332, 394; et la Palestine : 116-121, 457; Abdullah et la – : 125, 561; et l'Armée de Libération : 202-206, 332; Hadj Amin et la – : 121; 208, 209; difficultés financières : 212, 395; réunion d'avril 1948 : 391-397; les dirigeants de la – : 392, 393; préparatifs de guerre : 395-401, 419, 420; Farouk et la – : 397; et Jérusalem : 561; et le cessez-le-feu : 652, 653, 706-708, 734, 735, 737, 741-743.

LIMPEL, Hadassah : 684-688.

Lino, cargo : 221, 355, 358, 730.

LINTON, Joseph : 546.

LIPSHITZ, Shimshon : 229, 230, 235.

LOCKETT, capitaine Geoffrey : 678.

Londres (Angleterre) : 260-264, 678.

LORCH, Natanael : 102, 104, 516, 561, 562, 564, 565, 573, 575, 766.

LORENZO, Hubert : 169, 173.

LOURIÉ, Ted : 230, 234, 235.

Lovett, Robert : 285, 426, 429.

Lydda : 476, 740.

Lydda aérodrome de – (Tel-Aviv) : 47, 223, 733.

M

Maagan Michel, kibboutz de – : 200.

Ma'an (Transjordanie) : 458.

Ma'ayteh, lieutenant Mahmoud : 635, 645, 647.

Ma'ayteh, capitaine Mohamed : 565, 588, 589, 596, 635.

MacMahon, Sir Henry : 65.

Mac Millan, général Sir Gordon : 130 (note), 131, 162, 267, 268, 313, 373, 376, 386, 453, 765.

Mafraq, camp militaire (Transjordanie) : 496.

Magnes, Dr Judah : 181.

Mahaneh, Yehuda : 435.

Mahmoud, général Nurreidin : 497.

Maimonide : 272.

Mairie : 488, 511, 518.

Maison-Rouge (Q.G. de la Haganah à Tel-Aviv) : 86, 87, 166, 324, 489, 625, 695.

Majaj, Hameh : 36, 175, 177-179, 763.

Majali, Hazza el – : 559.

Majelli, lieutenant-colonel Habes : 633-635, 637, 645, 648, 684, 711, 712, 713, 763.

Malouf, Berthe : 158, 159.

Malouf, Dr Michel : 158, 159, 164, 182.

Mamillah, avenue : 286.

Mammert, père : 148.

Mandat britannique, installation : 12; contradictions : 25; derniers jours : 7-13, 431-433, 487-490, 498, 499, 501-504, 507-515, 516-517, 530, 531; exercice après le Partage : 128-131, 162, 163, 174, 181, 193-197, 249, 363, 394, 403, 412; et la mission de l'O.N.U. à Jérusalem : 266, 519; et l'Armée de Libération : 267, 268.

Mandelbaum, maison : 519, 528, 594, 598, 600, 601, 605, 606, 614, 629, 754.

Mandelbaum, porte : 528, 754.

Mansour, Kadour : 293.

Manuscrits de la mer Morte : 45.

Mapaï, parti : 475, 480.

Mapam, parti : 475.

Marcus, général David : 680, 681, 689-691, 695, 699, 700, 709, 712, 716, 717.

Mardam, colonel Fouad : 358, 730, 731, 763.

Mardam, Jamil : 53, 119, 120, 207, 392, 394, 396, 457.

Mardor, Mounya : 355, 357.

Mar Elias, monastère de – : 305.

Marsden, Peter : 233, 256, 259.

Marshall, général George C. : 251, 283, 285, 426, 427, 429, 430, 474, 480, 491, 535, 653.

Marshall, plan : 251.

Mart, Zelman : 41, 458, 629.

Masada : 470, 471, 495.

Massuot, kibboutz de – (Kfar Etzion) : 301, 470, 500, 515.

Material for Palestine, association : 362, 728.

Matot, Dr Yehuda : 388.

Mauvais Conseil, colline du – : 12, 508, 698.

MAYER, Herman Josef : 152.

Mea Shearim, quartier : 32, 102, 125, 512, 588, 589, 591, 593, 594, 611, 755.

MEDAV, Emmanuel : 439, 553, 584.

MEGED, Matti : 425, 448, 449.

MEÏR, Golda : 37, 38, 40, 46, 55, 125, 156 (note), 162-164, 184, 213-217, 391, 434, 464-467, 480, 754.

MENACHE, Rika : 554, 586.

Menara, agence maritime (Italie) : 731.

Menorah, Club : 198, 671.

Mexique : 728.

Mekor Hayim, quartier : 147, 156, 165, 512.

MILSTEIN, Sarah : 600, 605.

MINTZBERG, rabbin Zeev : 555, 661.

Mishmar Haemek, kibboutz de – : 375, 376.

Moab, monts de – : 496, 524.

Molfetta (Italie) : 355.

MONTOR, Henry : 214.

MONTEFIORE, Moses : 63.

Montefiore, quartier : 63, 291, 293.

MONTGOMERY, maréchal Sir Bernard : 124.

MORGENTHAU, Henry : 216.

Moriah, mont : 57.

Motza, kibboutz de – : 339, 342.

MOUAWI, général Ahmed Ali el – : 456, 610.

MOUGHRABI, Quassem : 287.

MOUSSA, capitaine Mahmoud : 576, 577, 586, 592, 658, 661, 747.

MUHAIR, capitaine Hikmet : 471-473, 479, 485, 491.

Musrara, quartier : 518, 539, 722.

N

Nabuchodonosor : 32, 744.

Nachshon, opération : 324, 326-330, 333-353, 357, 384, 402, 435, 437, 539, 584, 619, 703, 709.

Naharayim, kibboutz de – : 421.

Nahariya, kibboutz de – : 86.

Nairn, compagnie : 210.

NAMARI, Aladin : 547, 739.

Naplouse : 269, 298, 460, 581.

Napoléon Ier, empereur : 90, 291, 292, 619.

NARKIS, Uzi : 337, 350, 351, 568, 572, 577, 578, 584-585, 587, 756, 766.

NASHASHIBI, famille : 76, 380.

NASHASHIBI, Nassereddin : 41.

NASSER, Gamal Abdel : 237, 425.

Natanya : 88.

Nations unies : 53, 55, 123, 362, 425, 483, 523, 561, 678; vote du partage de la Palestine 19-30; débats sur Jérusalem : 192, 193; mission à Jérusalem : 195, 265, 266, 433, 519; et l'application du Partage : 249-251, 282, 283, 331, 392, 395, 405; projets de trêves : 321, 392, 395, 433, 652, 653; cessez-le-feu : 705, 715, 716, 723, 735, 736, 742, 743; après la guerre : 751, 753, 755.

Nativité, église de la – (Bethléem) : 44, 157, 158.

NAVON, Isaac : 153.

Nazareth : 740.
Nebi Daniel, embuscade arabe de – : 307, 317, 468.
Nebi Samuel, mont : 336, 407, 428, 556, 565.
Nebi Samuel, mosquée de – : 670.
NEGGAR, Mohamed : 381.
Néguev : 405, 425, 476, 477, 527, 733, 751, 754.
NEGUIB, lieutenant Mohamed : 456, 596, 600.
Nétoré Karta, secte : 44.
NEUVILLE, René : 291, 294.
NEUVILLE, Sabine : 291-294, 527.
Neveh Yaacov, kibboutz de – : 518, 542.
NEVO, Joseph : 416, 422, 428, 429, 500, 519, 557, 562, 568-570, 572, 573, 589-601, 605, 721, 766.
NEVO, Naomi : 423, 428, 500, 519, 601.
NEWMAN, colonel Bill : 480, 431.
New York (U.S.A.) : 97, 252, 362, 546.
New York Times : 538.
NILES, David : 529.
Nissan Bek, synagogue : 146, 440, 621, 622.
Nora, cargo : 221, 341, 347, 350.
Norfolk (U.S.A.) : 362.
Notre-Dame de France, hostellerie de – : 274, 502, 508, 509, 511, 513, 518, 539, 550, 670, 697, 718, 746; combats pour : 612-614, 628, 629, 631, 672.
NOUKRACHY PACHA, Mahmoud : 54, 117, 394, 399, 400, 455, 456, 462, 532, 707, 708, 726, 734, 753.
Nouri Shami : 325.

NOUWAR, lieutenant Ali Abou : 496-564.
NUSSEIBI, Anouar : 357, 450.
NUSSEIBI, Hazem : 39, 47, 107, 375.

O

Ocean Trade Airways : 323, 330, 354, 607.
OFEK, Uriel : 514.
Oliviers, mont des – : 31, 138, 146, 181, 574, 578, 620, 670, 755.
Omar, calife : 36, 63, 578, 633, 661, 664.
Omar, mosquée d' – : 715, 746, 748.
OMEISH, lieutenant Fendi : 580, 628, 630.
Omeyyades, califes : 203.
O'NEILL, caporal-chef Gérard : 509.
O.N.U. : voir Nations unies.
ORNSTEIN, Abraham : 439, 528, 654, 666.
ORNSTEIN, rabbin Isaac : 528, 654.
ORNSTEIN, Sarah : 264.

P

Pakistan : 26.
Palais de justice : 137, 425, 431.
Palestine Post (quotidien) : 156, 229-231, 256, 723; destruction du – : 234, 235, 237.
Palmach (corps d'élite de la Haganah) : passim et 39, 70, 146, 187, 242, 302, 304, 306, 321, 327, 336, 342, 345, 352, 357, 358, 385, 403, 411, 413, 495, 545,

558, 562, 568, 572, 577, 581, 584, 587, 592, 593, 610, 612, 616, 619, 637, 732; histoire et fonctionnement : 475; liquidation par Ben Gourion : 475, 476, 725, 735.

Palm Beach (U.S.A.) : 216.

PALMON Yehoshua : 270, 325, 376.

Panama City, aérodrome de – (Panama) : 360.

Panamian Air Lines : 224.

Paris (France) : 60, 93, 322, 394, 607.

Partage (de la Palestine), conception : 19-20; vote par l'O.N.U. : 19-30; opposition arabe au – : 24, 25; pressions juives : 27, 28; nuit du – à Jérusalem : 35-51; premiers effets : 50-56; la Ligue arabe et le – : 115-120; jugé par Ben Gourion : 123; jugé par Abdullah : 125; jugé par Cunningham : 130; jugé par l'Irgoun : 149; les puissances internationales et le – : 249, 321, 405; les U.S.A. et le – : 249-253, 281, 318, ressenti par Adbullah Tell : 484.

PARODI, Alexandre : 27.

PASCAL, père : 550.

PASSMAN, Esther : 380, 382.

PEAKE PACHA, colonel F.G. : 262.

Petites Sœurs de la Charité : 450.

Pétrole : 115, 117, 250.

Philippe le Bel : 58.

Philippines : 28.

PICKER, Jacob : 603.

Pictet et Co., banque : 219.

PINCHAS, « le Fort » : 592.

PIREAU, Robert : 675.

Players Brigade : 424, 511.

POLLOCK, James H. : 83, 158, 313, 315, 373, 530.

Pologne : 56, 64.

Porte Neuve : 81, 550, 557, 562, 630, 746, 747, 749.

Port-Saïd : 330.

Prague (Tchécoslovaquie) : 47, 84, 95, 120, 218, 329, 358, 721.

Press Club : 502.

Princess-Mary, avenue de la – : 81.

Prophète-Samuel, rue du – : 512.

PROULOV, Jacob : 681, 683, 686, 688.

Prusse, voir Allemagne.

Ptolémée : 32.

PULLI, Antonio : 398, 763.

Pyramides, auberge des – (Le Caire) : 259.

Q

Quartier arménien : 140, 441, 557, 578, 585.

Quartier juif (Vieille Ville) : 317, 410; histoire et description : 140-143, 438; approvisionnement : 146, 244, 245, 442, 443, 564; blocus du – : 174, 175, 243, 244; organisation de la défense : 245, 246, 437-442; communautés religieuses du – : 245-247, 410, 438, 554, 557, 636, 654; combats dans le – : 551-554, 565-567, 577, 584-587, 592, 593, 611, 612, 620-622, 654-661; reddition : 259-261; évacuation : 663-668.

Qoubbet es Sakhra (Dôme du Rocher) : 33, 370.

R

RAANAN, Mordechai : 340, 367.

RABIN, Isaac : 39, 327, 403, 546, 558, 766.

RABINOVITCH, Mishka : 155, 156, 599, 600, 605, 606, 628, 629, 746, 747.

RACAH, Joël : 199, 743.

RACHEL, Moshe : 727.

RACHID, Fadel : 402, 446, 513, 573.

Radio-Le Caire : 532, 533.

Radio-Palestine : 39, 47, 137, 156, 164, 375, 502-504, 510, 517, 547, 566, 589.

RADWAER, Aiesch : 367.

R.A.F. (Royal Air Force) : 150, 152, 222, 328, 329, 354, 361, 373, 608.

RAFAT, lieutenant Mohamed : 532, 548, 549, 610.

Ragadan, hôtel : 518.

Ragdan, palais (Amman) : 695.

Ramallah : 137, 338, 510, 518, 538, 547, 566, 579, 581, 617, 641, 682, 740.

Ramat Rachel, kibboutz de – : 416, 512, 610, 611, 623, 631, 641, 750.

Ramleh : 90, 337, 476, 617, 635, 640.

RANANA, Elie : 414, 585.

RANGYE, Jacob : 657.

Raoudah, école de la – (Q.G. arabe de Jérusalem) : 445, 449, 513, 540, 555, 556, 571, 575, 611, 661, 720, 745.

Ras el Ain, sources : 190, 436.

RASHKES, lieutenant Moshe : 294-297, 303.

Ravitaillement : 92, 134, 174, 180-182, 190, 191, 290, 294, 295, 302-308, 321, 322, 334, 345, 403, 404, 411, 417, 434-438, 602-605, 672-674, 689, 693, 697, 698, 700, 701, 702-704, 711, 714, 720, 723, 736.

REECH, Saïd Abou : 402, 717.

Réhavia, café : 675.

Réhavia, quartier : 101, 176, 402.

Rehovot : 640, 692.

Reine-Mélisande, avenue de la – : 410.

REISMAN, Bobby : 103, 567, 579.

REISMAN, Leah : 103.

REMEZ, Aaron : 223, 328, 329.

Résurrection, cargo : 362.

Reuter, agence : 534.

Revadim, kibboutz de – (Kfar Etzion) : 301, 471, 500.

Rex, cinéma : 84, 181.

REYNIER, Jacques de – : 183, 316, 371, 372, 433, 767.

RICHARD Cœur de Lion : 90, 336, 538, 633.

Rijeka (Yougoslavie) : 221.

Rishon le Zion : 136.

RIVLIN, David : 254, 256, 258.

RIVLIN, Mme David : 673.

Riyad (Arabie Saoudite) : 733.

Roi David, hôtel du – : 10, 11, 149, 151, 265, 274, 363, 503, 508, 544.

Roi-George-V, avenue du – : 136, 155, 278, 339, 372.

Rome (Italie) : 57, 58, 219, 354, 355, 358, 360, 740.

Romema : 138, 150, 185, 255.

Roosevelt, Franklin D. : 69, 216.

ROSCHE-LUND, colonel : 280.

ROSENBLATT, Israël : 40.

ROSENFELD, Yosi : 493, 495 (note).

ROSENFELD, Zipora : 300, 493, 495 (note).

Ross, lieutenant Robert : 509.

ROTHSCHILD, Dave : 41.

ROTHSCHILD, Lord Walter : 22.

Rothschild, boulevard (Tel-Aviv) : 520.

Rothschild, école : 711.

ROTTENBERG, Isaac : 52.

ROUSSAN, capitaine Mahmoud : 534, 634, 647, 650, 687, 712, 713, 763.

ROUSSAN, Mahmoud Ali : 686.

« Route de Birmanie » : 705, 713, 724; conception : 690-696; construction : 699, 700, 703-705, 709; premier convoi : 709-711; « inauguration » : 716, 717; ravitaillement de Jérusalem : 726-727.

Royal, café : 136.

Royal Navy : 160, 195, 221, 728.

Russie : 60, 63.

RUSSNAK, Moshe : 145, 439, 441, 555, 567, 587, 612, 621, 654-664, 766.

Rutenberg, centrale électrique : 548.

S

SAAB, sergent-chef Youssef : 686.

SABELLA, Antoine : 499.

SADEH, Isaac : 38, 39, 406, 407, 412, 413, 423.

Safed : 63, 453.

SAFIEH, Antoine : 488, 518, 569, 676.

SAFIEH, Emile : 488.

SAFOUAT PACHA, Ismaïl : 204, 207, 332, 333, 347, 349, 376, 395, 447, 497.

SAÏD PACHA, Nouri : 118, 120, 392, 394, 533, 753.

Saint-Etienne, porte de : 50, 574, 577.

Saint-Georges, avenue : 599, 605.

Saint-Jacques, église : 500, 553.

Saint-Joseph : 542.

Saint-Paul, hospice : 382, 384.

Saint-Paul, rue : 510, 518.

Saint-Pierre en Gallicante, église de – : 698.

Saint-Sépulcre, église du – : 33, 50, 315, 501, 715.

Saint-Siméon, monastère de – : 413, 415.

Sainte-Thérèse, chapelle – : 157, 168.

Saladin : 32, 55, 63, 90, 204, 497, 525, 538, 633.

SALAM, lieutenant Whalid : 588, 591.

SALAMON Jacob : 43.

SALAMON, Moshe : 567, 568, 570, 571, 573.

SALAZAR, Manuel Allende : 157, 169, 174.

SALEH, Pierre : 170, 173, 570, 571, 574.

Salomon : 34, 57, 709.

SAMUEL, Sir Herbert : 74.

SAMMOUR, Shafikah : 368.

San Francisco (U.S.A.) : 362.

Sanhedria, quartier : 144, 181.

SAPHIR, Uri : 257.

Sarafand, camp militaire : 90.

Saris : 342.

Shaaron, plaine de – : 635, 637.

SATY, Dr Mohamed el – : 418, 465.

SAYHOUN, Raji : 504, 510, 566.

SCHIFF, Yeshurun : 339, 340, 373, 674, 727, 743, 748.

SCHMIDT, Dana Adams : 501.

Schneller, orphelinat : 273, 304, 500, 567, 578, 579, 670, 714.

SCHWIMMER, Al : 223.

SCHURR, Ariyeh : 423, 424, 508, 511, 515.

Scopus, mont : 191, 239, 378, 380, 388, 407, 411, 412, 445, 512, 541, 574.

SCOTT, major Mike : 498-499, 638, 646.

Sde Boker, kibboutz de – : 754.

S.D.N. (Société des Nations) : 22.

Sémiramis, hôtel : 156, 157, 231, 304; destruction par la Haganah : 168-174, 184, 413.

Sennacherib : 32.

Sépharade, communauté : 245, 410.

Sept-Douleurs, abbaye des – : *voir* Latroun, abbaye de –.

Septième Brigade (Haganah) : 619, 620, 627, 637, 639, 643, 651 (note), 680, 689, 709, 713.

Serpent, Opération : 441, 499.

Service Airways : 224.

Sète (France) : 624.

SHACHAM, Michel : 89, 166-170, 304-307, 317.

SHADMI, commandant Iska : 328, 341, 344, 345.

Shafat : 230.

SHALAF, Abdul Halim : 501.

SHALTIEL, David : 279, 339, 340, 403, 417, 441, 445-447, 460, 527, 631, 674, 697, 756, 766; nomination au commandement en chef de Jérusalem : 239; carrière : 240-242; réorganisation de la Haganah : 242, 243; organisation de la défense de Jérusalem : 270-273, 286, 438, 615, 714; occupation des points stratégiques de Jérusalem : 273-275, 423, 445; et le ravitaillement de Kfar Etzion : 298, 303-306; et l'embuscade de Nebi Daniel : 308, 309, 312, 313; et l'opération Nachshon : 342; et le massacre de Deir Yassin : 373, 374; et le convoi de la Hadassah : 384; polémique avec Ben Gourion : 405, 406; et le quartier juif : 438, 554; au premier défilé de la Haganah : 444; stratège : 438, 554; l'Opération Fourche : 445, 446, 512, 514, 519, 556, 557; et la prise de Kfar Etzion : 492, 501, 516; à l'assaut de la Vieille Ville : 556-558, 561, 562, 566, 567, 575, 577, 578, 581, 584, 587, 590, 612, 659, 715, 742, 743; et les bombardements de la Légion arabe : 672, 673; et le cessez-le-feu : 718, 720, 722, 723, 727; plan de gouvernement : 744; échec final : 747, 750.

SHALTIEL, Judith : 723.

SHAMIR, Shlomo : 421, 618-620, 626, 637-643, 644, 646, 680, 681, 683, 688, 689, 767.

Sharett, Moshe : 27, 29, 425-427, 430, 480, 481, 736.

Shari, Reuven : 45, 63.

Sheikh Badhour : 287.

Sheikh Badr, quartier : 143.

Sheikh Jerrah, quartier : 184, 190, 230, 239, 378, 379, 381, 407, 411, 412, 445, 512, 513, 518, 580, 589-591, 594, 596, 599, 670, 676, 750.

Sherabati, Ahmed el – : 85.

Shiloah, Reuven : 280.

Shoukairy, Ahmed : 534.

Shueib, ruisseau : 525.

Sidki Pacha, Ahmed : 456.

Sidon (Liban) : 456.

Sifroni, Gaby : 502.

Silberschmidt, Moshe : 468, 469, 472, 478, 495.

Silver, rabbin Hillel : 252.

Sinai, Zvi : 52, 81, 82, 384-389, 746-749, 766.

Singer, Alexandre : 166, 191, 436.

Sion, mont : 20, 140, 293, 553, 558, 562, 568, 572, 577, 579, 583, 698, 718, 747-749.

Sion, place de – : 256, 589.

Sion, porte de – : 9, 140, 442, 499, 553, 577, 579, 581, 585-587, 592, 622, 664, 666, 755.

Sionisme, étymologie : 21; naissance : 61-62; congrès : 62, 66; et l'immigration en Palestine : 62-68; philosophie sociale : 66; aboutissement : 521- 523.

Six Jours, guerre des – : 752, 756.

Slade, major Bob : 580, 589, 591, 596.

Slavine, Chaïm : 97-99, 200, 318, 477, 729, 767.

Smith, général Walter Bedell : 680.

Sochaczewer, Elie, 198, 671.

Sœurs réparatrices de Marie : 550, 556, 614.

Solel Boneh (entreprise de travaux publics) : 86, 699.

Solh, Alia : 533.

Solh, Riad : 118, 119, 360, 392-399, 456, 533, 737, 741, 742, 753.

Soliman le Magnifique : 90, 627.

Soliman, avenue : 628.

Soliman, citadelle de – : 144, 557, 627.

Soliman, rue : 614.

Sonnenborn, Rudolph : 97, 98, 99 (note), 362.

Soreq, vallée du – : 90, 635.

Soudan : 54, 73, 400.

Souki, Sam : 664.

Spellman, cardinal Francis : 194 (note).

Spicehandler, rabbin, 44.

Staline : 69.

Stavy, Nahum : 273, 274.

Steinberg, Natanaël : 300.

Stern, groupe : 148, 175, 229, 270, 271, 339, 340, 342, 395, 432, 441, 444, 502, 557, 562, 732, 746, 753; massacre de Deir Yassin : 364-374.

Stern, Robert : 156.

Sternberg, Eliezer : 484.

Stubbs, Richard : 489.

Suez, canal de – (Egypte) : 13, 117, 148, 400, 462, 729.

Suffolk Regiment : 509.

Suisse : 62.

Sukenik, Eleazar : 44.

Sykes, Sir Mark : 65.

Sykes-Picot, accords : 65, 66, 73.

Syrie, Syriens : 53, 65, 84, 85, 115-118, 358, 359, 395,

457, 526, 533, 616, 635, 652, 705, 707, 731, 740, 742, 751, 752.

T

T/118, plan : 193.

TABENKIN, Joseph : 558.

Tadmir (commando arabe) : 443, 552.

Tal Hashomer, hôpital (Tel-Aviv) : 620, 626, 627.

Talbieh, quartier : 165.

Talpiot, quartier : 512.

Tamerlan : 434.

TAMIR, Abras : 478, 484, 529.

TAMIR, Reuven : 42, 188, 600.

TANNOUS, Fouad : 487.

TANNOUS, Nimra : 448, 571, 763, 764.

Tannous, immeuble : 562, 565, 569, 572, 573, 575.

TAWIL, Shaul : 662.

Tchécoslovaquie : 47, 95, 218, 329, 358, 477, 606, 607, 695, 721, 729, 741.

Tel-Aviv : 55, 84, 88, 97, 123, 166, 334, 335, 341-343, 384, 385, 420, 426, 459, 476, 477, 489, 504, 609, 610, 616, 619, 625, 635, 640, 652, 682, 685, 691, 692, 694, 695, 703, 704, 706, 709, 741; la nuit du Partage à – : 45-47; proclamation de l'Etat d'Israël à – : 520-524, 527; bombardements égyptiens sur – : 536, 607; insurrection de l'Irgoun à – : 733.

Tel Haï, bataille de – : 219.

TELL, commandant Abdullah : 471, 479, 485, 490, 491, 495, 500, 527, 572-574, 576, 580, 600, 611, 620, 655-664, 667, 670, 717, 718, 720, 722, 739, 745, 749, 764.

TELL, Wasfi : 205, 395, 764.

Temple, esplanade du – : 140, 745, 746.

Tentation, mont de la – : 525.

Terrorisme arabe : 144, 167, 230-235, 255-259, 277-280, 292, 293; – juif : 84, 143, 149, 150, 176-179, 184, 231.

THÉODOSE II, empereur : 58.

Tibériade : 63, 452.

Tipat Chalav, organisation sociale : 439.

Tirat Zvi, kibboutz de – : 269, 325, 375.

TITO, maréchal : 211.

Titus : 8, 32, 91, 410.

TLEEL, Dr Ibrahim : 542, 543.

Tnuvah, coopérative de – : 136.

Toussus-le-Noble (France) : 354, 361.

Transjordanie : 53, 115, 126, 148, 261, 263, 395, 496, 500, 548, 559, 635, 659, 677, 706, 730.

TRUMAN, Harry S. : 26, 194, 249, 251-253, 280-284, 405, 426, 427, 429, 430, 535, 536, 653.

TSUR, Jacob : 272.

TUKAN, Jamal : 451.

Tulkarem : 476.

Turquie : 12.

TURGEMAN, Shalom : 53.

U

Udsiya, camp militaire (Syrie) : 332.
Union de Banques Suisses : 87.
Union soviétique : *voir* *U.R.S.S.*
United Jewish Appeal : 214.
Université hébraïque : 52, 103, 145, 199, 239, 241, 321, 378, 379, 452, 512.
Uri, réseau : 152.
U.R.S.S. : 25, 70, 119, 250, 430, 463 (note), 607, 653.
U.S.A. : *voir* Etats-Unis.
UZIELI, Abraham : 512, 518, 748.

V

Varsovie (Pologne) : 95, 96; ghetto de – : 300, 482.
Varsovie, synagogue de – : 145, 146.
Vasques de Salomon : 305, 309.
Vatican (Italie) : 702.
Venise (Italie) : 59.
VESPASIEN, empereur : 538.
Vienna, café : 604.
Vilenchik, immeuble : 257.
Voie Douloureuse : 445, 543, 655.
Voix du Défenseur, La (quotidien juif) : 602.
Voix de Jérusalem (radio juive) : 674, 675.
Voix de la Révolution, La (radio arabe) : 153.

W

WADSWORTH, George : 430.
Waldorf Astoria, hôtel (New York) : 252, 427, 546.
War Office : 677, 678.
Warspite, cuirassé : 161.
WEBB : 379.
WEINGARTEN, Masha : 666.
WEINGARTEN, rabbin Mordechai : 8, 247, 248, 499, 553, 555, 556, 585, 657, 666, 755.
WEINSTEIN, Yechezkel : 335, 343.
WEIZMANN, Chaïm : 66, 252, 280-284, 405, 427, 429, 546.
WEIZMANN, Ezer : 607, 767.
Whitehall, palais de (Londres) : 260.
WINDSBERG, Dr Aaron : 484.
WISE, Stephan : 216 (note).
WULTZ, Leah : 441, 592, 656, 666.

Y

YAAKI : 688.
Yad Mordechai, kibboutz de – : 616, 652.
YADIN, Yigael : 88, 89, 92, 133, 304, 317, 319, 480, 545, 582, 616, 617, 637-643, 680, 689, 767.
YAFFE : 672.
Yalou : 634, 642, 681.
Yalta, conférence de – : 69, 97.
YANI, Jacob : 536.
YASSKY, Dr Chaïm : 380, 385, 387.
YASSKY, Fanny : 380, 387.
Yémen : 115.
Yemin Moshe, quartier : 155, 230, 502, 747.

Yemin Moshe, synagogue de – : 568.

Z

ZAHARAN, Mohamed Moussa : 310.
Zatec (Tchécoslovaquie) : 606, 607, 721, 729, 741.
Zbrojovka Brno, fabrique d'armes (Tchécoslovaquie) : 85, 95, 221.
ZEIDAN, famille : 366.
ZEIDAN, Fahimi : 366.

ZEIDAN, Mohamed : 365, 366.
ZEIRA, Mordechai : 703.
Zerqa, camp militaire (Transjordanie) : 421, 496, 497, 560, 730.
ZETLER, Yehoshua : 271, 340.
Zichel, café : 136.
Zivnostenska Banka (Tchécoslovaquie) : 218.
ZOREA, Abraham : 748.
ZURBATI : 463, 464.
ZWETTELS, Dov : 290.

Table

Prologue   7

PREMIÈRE PARTIE

UN PARTAGE EN TERRE SAINTE
29 novembre 1947

1. La patinoire de New York   19
2. « Enfin nous sommes un peuple libre »   31
3. Une route longue et douloureuse   57
4. « Papa est revenu »   71
5. Pas de deux à Prague   80
6. La Bible et le revolver   101

DEUXIÈME PARTIE

DE L'ARGENT ET DES ARMES
Hiver 1948

7. « Nous étranglerons Jérusalem »   115
8. « Ne sommes-nous pas voisins depuis si long-
   temps ? »   135
9. Le père Noël de la Haganah   155
10. Voyage en Absurdie   162
11. « Bab el Oued, sur la route vers la ville »   180
12. Les vingt-cinq « stephans » de Golda Meïr   198
13. « Le salut viendra du ciel »   218

TROISIÈME PARTIE

LE SIÈGE DE JÉRUSALEM
Printemps 1948

14. Un légionnaire à Jérusalem 229
15. Un éclair de lumière blanche 249
16. Le rez-de-chaussée des diplomates 260
17. Le vieil homme et le Président 276
18. « Que les femmes viennent avec leurs fourrures » 286
19. « Une maison au milieu de l'enfer » 298
20. Un aérodrome dans la nuit 320
21. Quatre mots sur un pare-chocs 336
22. « Un des Arabes que nous avons tués » 347
23. La dernière nuit d'un village bien tranquille 354
24. « Adieu, ma chérie, c'est la fin » 378
25. Le chemin de la guerre 391
26. Des œufs, du sucre et du matsoth 402
27. Le clin d'œil de Glubb Pacha 409
28. « Nous serons de retour pour la rentrée des classes » 431
29. « Allez donc jeter vos pierres ! » 455
30. Par une seule voix 468
31. Le dernier poker 487

QUATRIÈME PARTIE

BATAILLE POUR LA VILLE SAINTE
14 mai - 16 juillet 1948

32. Le 5 Iyar 5708 507
33. « Ils tiendront » 532
34. « C'est le mois de Marie, c'est le mois le plus beau » 547
35. « A quelle montre regardez-vous l'heure ? » 559
36. Un remords pour une génération 576
37. « Naomi, ton mari a sauvé Jérusalem ! » 588
38. « Un témoin parlant et colossal » 602
39. « Nous avons besoin de chacun d'eux » 618
40. « Le premier à sortir avec un drapeau blanc sera fusillé » 633
41. « Des yeux trempés de rouge » 644
42. Un banquet de damnés 652
43. « Bonsoir et bonne nuit de Jérusalem » 670

44. « Nous avons bien traversé la mer Rouge, non? » 680
45. « Le peuple arabe ne vous pardonnera jamais » 697
46. Un toast aux vivants 713
47. « Comme la rosée du ciel » 722
48. Une frontière dans la ville 739

Epilogue 751

ANNEXES

Repères chronologiques 760
Ce qu'ils sont devenus en 1971 762
Remerciements 771
Bibliographie 779
Index 797

TABLE DES CARTES

Jérusalem et ses environs 15
Plan du partage de la Palestine en un Etat arabe et un
Etat juif (*29 novembre 1947*) 23
La route de Jérusalem 108-109
La Vieille Ville de Jérusalem dans ses remparts 289
Israël vient de naître, les armées de cinq Etats arabes
attaquent (*14 mai 1948*) 537
Entrée de la Légion arabe dans Jérusalem (*18-20 mai
1948*) 595
Première attaque juive contre le verrou de Latroun pour
ouvrir la route de Jérusalem (*25 mai 1948*) 642
Deuxième attaque et deuxième défaite juives devant
le verrou arabe de Latroun (*30 mai 1948*) 685
La « Route de Birmanie » pour ravitailler Jérusalem à
travers les collines de Judée 699
L'Etat d'Israël et la Palestine arabe après 29 jours de
combats (*Première trêve du 11 juin 1948*) 719
L'Etat d'Israël et la Palestine arabe à la fin du conflit
(*Armistice de Rhodes 1949*) 758